Literarische Säkularisierung im Mittelalter

Literatur | Theorie | Geschichte

Beiträge zu einer
kulturwissenschaftlichen Mediävistik
Band 4

Herausgegeben von
Udo Friedrich, Bruno Quast und Monika Schausten

Susanne Köbele, Bruno Quast (Hg.)

Literarische Säkularisierung im Mittelalter

DE GRUYTER

ISBN 978-3-11-055377-2
eISBN 978-3-05-006515-1

Bibliografische Information der Deutschen Nationalbibliothek
Die Deutsche Nationalbibliothek verzeichnet diese Publikation in der Deutschen Nationalbibliografie; detaillierte bibliografische Daten sind im Internet über http://dnb.dnb.de abrufbar.

© 2017 Akademie Verlag GmbH, Berlin
Dieser Band ist text- und seitenidentisch mit der 2014 erschienenen gebundenen Ausgabe.
Ein Unternehmen von De Gruyter

Titelabbildung: „Christus lässt sich von der minnenden Seele küssen". Heinrich Seuse: Schriften. Einsiedeln, Stiftsbibliothek, Cod. 710(322), f. 17r (www.e-codices.unifr.ch)

Druck und Bindung: Hubert & Co GmbH & Co. KG, Göttingen
♾ Gedruckt auf säurefreiem Papier

Printed in Germany

www.degruyter.com

Inhaltsverzeichnis

Vorwort 7

Susanne Köbele, Bruno Quast
Perspektiven einer mediävistischen Säkularisierungsdebatte. Zur Einführung 9

Mark Chinca
Der Horizont der Transzendenz. Zur poetologischen Funktion sakraler
Referenzen in den Erec-Romanen Chrétiens und Hartmanns 21

Jan-Dirk Müller
Gotteskrieger Tristan? 39

Albrecht Hausmann
Erzählen diesseits göttlicher Autorisierung: *Tristan* und *Erec* 65

Udo Friedrich
Topik und Rhetorik. Zu Säkularisierungstendenzen in der Kleinepik des
Strickers 87

Harald Haferland
Säkularisierung als Literarisierung von Glaubenselementen der Volkskultur.
Wiedergänger und Vampire in der *Krone* Heinrichs von dem Türlin und
im Märe von der *Rittertreue* bzw. im *Märchen vom dankbaren Toten* 105

Bernd Bastert
Schichtungen, Konsense, Konflikte. Mörderische Heilige, weltliche Konversen
und säkulare Wunder in deutschen Bearbeitungen französischer Heldenepik 139

Mireille Schnyder
Heidnisches Können in christlicher Kunst 159

Susanne Reichlin
Interferenzen und Asymmetrien. Zu einigen Kreuzliedstrophen Hartmanns
und Reinmars 175

Beate Kellner
Minne, Welt und Gottesdienst. Spannungen und Konflikte bei Walther von
der Vogelweide 197

Susanne Köbele
Frauenlobs *Minne und Welt*. Paradoxe Effekte literarischer Säkularisierung 221

Ute von Bloh
Spielerische Überschneidungen. Zur Zirkulation vielsagender Allusionen
in spätmittelalterlichen Kontrafakturen und Bildern 259

Karin Westerwelle
Grün als Farbe der Landschaft in Petrarcas *Canzoniere* 285

Bruno Quast
Differentielle Verkündigung. Säkularisierung als Effekt in Priester Wernhers
Maria 311

Aleksandra Prica
Das Stocken der Heilsgeschichte. Säkularisierungsdynamiken in der Literatur
aus dem Umfeld des Deutschen Ordens 329

Niklaus Largier
Säkularisierung? Mystische Kontemplation und ästhetisches Experiment 357

Gerd Althoff
Libertas ecclesiae oder Säkularisierung im Mittelalter 371

Rainer Warning
Arnulf Rainers Bibelübermalungen 385

Manuel Braun
Verdeckte Voraussetzungen oder: Versuch über die Grenzen der Hermeneutik.
Einige Vorüberlegungen zur Erfassung ‚literarischer Säkularisierung' 409

Abkürzungsverzeichnis 427

Abbildungsnachweis 429

Vorwort

Der vorliegende Band geht zurück auf eine von den Herausgebern organisierte Tagung, die unter dem Titel ‚Literarische Säkularisierung im Mittelalter' vom 4. bis 7. Oktober 2011 im Kloster Irsee stattfand.

Unser herzlicher Dank gilt den Beiträgerinnen und Beiträgern für ihre intensive Auseinandersetzung mit unserem Tagungsthema. Darüber hinaus danken wir den Moderatoren, die die Diskussionen der Tagung sehr bereichert haben (Burkhard Hasebrink, Peter Strohschneider, Friedrich Vollhardt und Hans-Joachim Ziegeler). Großer Dank gebührt außerdem der Fritz Thyssen-Stiftung für die großzügige Finanzierung des Kolloquiums. Die Hauptlast der Redaktion der Beiträge haben Ulrich Hoffmann (Münster) und Coralie Rippl (Zürich) getragen. Von Seiten des Verlages hat Katja Leuchtenberger mit großem Engagement die Publikation des Bandes betreut. Allen Genannten sei herzlich gedankt.

Zürich/Münster im Februar 2014

Susanne Köbele
Bruno Quast

Susanne Köbele, Bruno Quast

Perspektiven einer mediävistischen Säkularisierungsdebatte. Zur Einführung

I.

„Von Säkularisierung mag kaum noch einer sprechen",[1] stellt der Münsteraner Religionssoziologe Detlef Pollack in seiner Studie *Säkularisierung – ein moderner Mythos?* aus dem Jahr 2003 fest, und 2004 gibt Kocku von Stuckrad, gleichfalls Religionssoziologe, zu Protokoll: Säkularisierung „ist eine religionswissenschaftliche Kategorie zur Erklärung von Veränderungen der Moderne, die heute im Grunde vom Tisch ist".[2] Wenn aber dann Detlef Pollack im Frühjahr 2011 ein internationales Kolloquium zur Frage der Säkularisierung abhält[3] und darüber hinaus zu Fragen politischer Sakralisierung und Entsakralisierung kürzlich eine prominent besetzte Vortragsreihe publiziert wird,[4] dann deutet diese (ohne weiteres fortsetzbare) Beispielreihe wohl darauf, dass es doch noch etwas zu sagen gibt – über Säkularisierung und Resakralisierung wird jedenfalls heute allenthalben lebhaft und kontrovers diskutiert.[5] Totgesagte leben eben länger, so ließe sich das Phänomen kommentieren.

Ausgangspunkt unserer eigenen Überlegungen sind nun in der Tat die gegenwärtig geführten Debatten um Genese und Status „eines säkularen Zeitalters", so der Titel des vieldiskutierten Buchs von Charles Taylor aus dem Jahr 2007.[6] Die für unsere Fragestellung maßgeblichen Debatten seien hier knapp skizziert, bevor dann konzentriert das

---

[1] Detlef Pollack: Säkularisierung – ein moderner Mythos? Studien zum religiösen Wandel in Deutschland. Tübingen 2003, S. 1.
[2] Kocku von Stuckrad: Was ist Esoterik? Kleine Geschichte des geheimen Wissens. München 2004, S. 257.
[3] Umstrittene Säkularisierung. Soziologische und historische Analysen zur Differenzierung von Religion und Politik. Hrsg. von Karl Gabriel, Christel Gärtner, Detlef Pollack. Berlin 2012.
[4] Politik und Religion. Zur Diagnose der Gegenwart. Hrsg. von Friedrich Wilhelm Graf, Heinrich Meier. München 2013.
[5] Vgl. auch Rethinking Secularization. Philosophy and the Prophecy of a Secular Age. Hrsg. von Herbert de Vriese, Gary Gabor. Cambridge 2009.
[6] Charles Taylor: Ein säkulares Zeitalter. Frankfurt a. Main 2009 (Originalausgabe: A Secular Age. Cambridge 2007).

Phänomen ‚*literarischer* Säkularisierung im Mittelalter' in den Blick rücken wird. Wir setzen ein mit Jürgen Habermas' diagnostischem Blick auf die Moderne. Für die Gegenwart stellt er die These eines post-säkularen Zeitalters auf, in dem die in öffentliche Sprache übersetzte Praxis und Semantik der Religion einen Schutz vor einer totalitären Marktideologie und einem szientistischen Naturalismus darstellen könne.[7] Für das von Habermas Gemeinte liefert Bruno Latour mit seinem Buch *Jubilieren. Über religiöse Rede* ein Anschauungsbeispiel, wenn er aus der Perspektive postmetaphysischer Rationalität an der nichtreferentiellen religiösen Rede als einem Mittel der Konstruktion des Nächsten festhält.[8] In diesem Zusammenhang müssen auch jene Kräfte Erwähnung finden, die sich seit einiger Zeit formieren und – anders als Habermas und Latour – von einer ‚pluriformen Moderne' sprechen[9] und damit der Totalität eines Säkularisierungstheorems, dem der dialektische Umschlag eingebaut ist, eine entschiedene Absage erteilen.

Mit ihrer These von der „Wiederkehr der Götter"[10] haben die Religions-, Sozial- und Geisteswissenschaften gerade die religionsproduktiven Potenzen der Moderne und deren religiöse Wurzeln ins Zentrum der Aufmerksamkeit gerückt. Folgt man Sozialwissenschaftlern wie José Casanova,[11] dann ist die pauschale Säkularisierungsthese strikt abzulehnen, münden doch Prozesse moderner funktionaler Differenzierung nicht zwangsläufig in Säkularisierungserscheinungen. Der Abschied von einer reduktionistischen Säkularisierungsthese wird insbesondere in den Geschichts- und Religionswissenschaften vollzogen. Die Kritiker der Säkularisierungsthese berufen sich nicht nur auf die USA, auch in Lateinamerika und Asien lasse sich eine evidente Synchronisierung von Prozessen der Modernisierung und religiösen Vitalisierung beobachten, und in Westeuropa habe die Religion nicht an Bedeutung verloren, sondern nur ihre Formen gewandelt, etwa im Blick auf eine individualisierte, synkretistische Gestalt des Religiösen. Solche neuen Formen nicht-institutionalisierter Religiosität kann eine die strikte historische Abfolge von sakral geprägter Vormoderne und profaner Moderne in den Blick nehmende Säkularisierungsthese nicht angemessen erfassen.

---

[7] Vgl. Jürgen Habermas: Glauben und Wissen. Friedenspreis des Deutschen Buchhandels 2001. Laudatio: Jan Philipp Reemtsma. Frankfurt a. Main 2001; Jürgen Habermas/Joseph Ratzinger: Dialektik der Säkularisierung. Über Vernunft und Religion. Freiburg i. Breisgau 2005; Jürgen Habermas: Zwischen Naturalismus und Religion. Philosophische Aufsätze. Frankfurt a. Main 2005; ders.: Nachmetaphysisches Denken II. Aufsätze und Repliken. Berlin 2012, hier bes. S. 120–182, S. 308–327; ders.: Politik und Religion. In: Graf, Meier (Anm. 4), S. 287–300.

[8] Bruno Latour: Jubilieren. Über religiöse Rede. Berlin 2011.

[9] Shmuel N. Eisenstadt: Die Vielfalt der Moderne. Weilerswist 2000.

[10] Friedrich Wilhelm Graf: Die Wiederkehr der Götter. Religion in der modernen Kultur. München 2004. Vgl. auch Martin Riesebrodt: Die Rückkehr der Religionen. Fundamentalismus und der „Kampf der Kulturen". München 2000; The Re-Enchantment of the World: Secular Magic in a Rational Age. Ed. by Joshua Landy, Michael Saler. Stanford 2009.

[11] José Casanova: Public Religions in the Modern World. Chicago 1994.

Perspektiven einer mediävistischen Säkularisierungsdebatte. Zur Einführung 11

Die gegenwärtigen Diskussionen um das ideengeschichtliche Deutungsschema der Säkularisierung und (Re)Sakralisierung, Dechristianisierung und Rechristianisierung lassen die geschichtsphilosophisch und ideologiekritisch imprägnierte Zuspitzung der Debatten aus den 60er und 70er Jahren des letzten Jahrhunderts hinter sich. Diese Debatte war wesentlich durch Hans Blumenbergs Kritik an der These Karl Löwiths vom modernen Fortschrittsdenken als säkularisierter Heilsgeschichte geprägt.[12] Für Blumenberg, der den Blick mehr auf philosophisch-diskursive, weniger auf literarische Texte richtet, gründet die ‚Legitimität der Neuzeit' bekanntermaßen in einem radikalen Neuanfang.[13] Neu gegenüber der älteren Säkularisierungsdebatte, die die Frühe Neuzeit als Umbruchstelle fokussiert, ist die in den letzten Jahren beobachtbare Tendenz, Säkularisierung bereits im Mittelalter zu verorten und sie darüber hinaus als genuin christliches Phänomen zu begreifen.[14] Charles Taylor sieht im spätmittelalterlichen „Drang zur REFORM"[15] die primäre Ursache für weitere Umbrüche wie den ‚Humanismus der Renaissance', die ‚wissenschaftliche Revolution', das Aufkommen des ‚Polizeistaats' und die Reformation. Religiöse Zivilisationen funktionieren nach Taylor „mit verschiedenen Geschwindigkeiten".[16] Eine Besonderheit des lateinischen Christentums liege jedoch „in dem Drang, die ganze Gesellschaft auf höhere Standards zu trimmen".[17] Mit Pierre Chaunu unterscheidet er für das Mittelalter eine *religion du faire* des Volkes von einer *religion du savoir* der religiösen Virtuosen und Geistlichen. Schon im Hochmittelalter – etwa mit Blick auf die Einführung der jährlichen Ohrenbeichte im Zusammenhang des IV. Laterankonzils 1215 – registriert Taylor Versuche der geistlichen Hierarchie der Kirche, den magisch angereicherten Volksglauben an der ‚entzauberten' Religion der Eliten auszurichten. Säkularisierung ist demnach schon für das Mittelalter als gruppenübergreifende Spiritualisierung oder Intellektualisierung der Religion konzeptualisierbar. Man wird hier freilich die paradoxale Konfiguration dieser Spiritualisierung ins Auge fassen müssen. Caroline Walker Bynum hat zuletzt in ihrem Buch *Christian Materiality* darauf hingewiesen,[18] dass diese Spiritualisierung oder auch Interiorisierung der Religion im Spätmittelalter – sie hat den Zeitraum 1100–1550 im Blick – von einer nie da gewesenen Materialitätsbesessenheit begleitet war.

---

[12] Vgl. hierzu Giacomo Marramao: Säkularisierung. In: HWPh. Bd. 8. 1992, Sp. 1133–1161, hier bes. Sp. 1147 f.

[13] Hans Blumenberg: Säkularisierung und Selbstbehauptung. Erweiterte und überarbeitete Neuausgabe von ‚Die Legitimität der Neuzeit'. Erster und zweiter Teil. Frankfurt a. Main 1974.

[14] Vgl. auch den Beitrag von Arnold Angenendt: Sakralisierung und Säkularisierung im Christentum – Auswirkungen in Mittelalter und Reformation. In: Die Säkularisation im Prozess der Säkularisierung Europas. Hrsg. von Peter Blickle, Rudolf Schlögl. Epfendorf 2005, S. 113–126.

[15] Taylor (Anm. 6), S. 113.

[16] Ebd.

[17] Ebd., S. 115.

[18] Carolyn Walker Bynum: Christian Materiality. An Essay on Religion in Late Medieval Europe. New York 2011.

Die aktuellen Debatten thematisieren über die Schwerpunktverlagerung ins Mittelalter hinaus in viel stärkerem Ausmaß als früher die Vielfalt der Säkularisierungsdiskurse. Die Fachkulturen entwickeln verstärkt – das liegt in der Logik des jeweiligen Zugriffs auf die zu untersuchenden historischen Gegenstände – je eigene Vorstellungen von Säkularisierung. Säkularisierungsdiskurse gibt es in nahezu allen historisch operierenden Wissenschaften. Wir können hier nur punktuell einige Positionen aufführen, beschränken uns auf Positionen der Geschichtswissenschaft und der Literaturwissenschaften. In der Geschichtswissenschaft scheint es bis vor Kurzem verbreiteten Konsens darüber gegeben zu haben, dass Säkularisierung als „Nachlassen der Orientierung von Einzelnen, von Gruppen und der ganzen Gesellschaft an übernatürlichen Instanzen und Kräften"[19] ins Auge zu fassen sei: Säkularisierung figuriert hier als Schwund-, als Verlustkategorie, die sich dezidiert auf christliche und nicht anderweitige magische Inhalte bezieht. Daher taucht in der geschichtswissenschaftlichen Forschung der in der französischen Debatte geläufigere Begriff der Dechristianisierung auf. Daneben werden indes Forderungen laut, Säkularisierung über den Begriff der Aneignung zu konzeptualisieren, mit dem Ziel, den Prozess der Säkularisierung weder als Verlust-, noch als Erfolgsgeschichte zu beschreiben.[20]

In der germanistischen Literaturwissenschaft der 50er, 60er und 70er Jahre begegnen die bekannten und wirkungsmächtigen Untersuchungen – um nur die drei folgenreichsten zu nennen – von Albrecht Schöne (1958)[21] – Stichwort: Säkularisation als sprachbildende Kraft –, Gerhard Kaiser (1961)[22] – Stichwort: Säkularisierung als Übertragung, die religiöses Gut in seiner Bedeutung mindert, weltliches dagegen erhöht – und Dorothee Sölle (1973)[23] – Stichwort: Literatur als weltliche Konkretion religiös-mythologischer Rede. Dominiert bei Schöne und Kaiser, sehr verkürzt formuliert, die Vorstellung, dass das Religiöse zugunsten einer Emanzipation des Weltlichen in den Hinter-

---

[19] Hartmut Lehmann: Von der Erforschung der Säkularisierung zur Erforschung von Prozessen der Dechristianisierung und der Rechristianisierung im neuzeitlichen Europa. In: Säkularisierung, Dechristianisierung, Rechristianisierung im neuzeitlichen Europa. Bilanz und Perspektiven der Forschung. Hrsg. von Hartmut Lehmann. Göttingen 1997, S. 13. Dazu differenziert aus dem Blickwinkel der Frühneuzeitforschung: Säkularisierungen im frühneuzeitlichen Europa. Methodische Probleme und empirische Fallstudien. Hrsg. von Ute Lotz-Heumann u. a. Berlin 2008 (Zeitschrift für historische Forschung. Beiheft. 41), hier bes. S. 21–109 („Eine kritische Geschichte der Säkularisierungsthese").

[20] Vgl. Marian Füssel: Von der Förmlichkeit der Praktiken zu den Künsten des Widerstands. Theoretische und historiographische Kontexte des Begriffs Aneignung bei Michel de Certeau. In: Lire Michel de Certeau: La formalité des pratiques/Michel de Certeau lesen: Die Förmlichkeit der Praktiken. Hrsg. von Philippe Büttgen, Christian Jouhaud. Frankfurt a. Main 2008 (Zeitsprünge. Forschungen zur Frühen Neuzeit. 12), S. 237–255, hier S. 241.

[21] Albrecht Schöne: Säkularisation als sprachbildende Kraft. 2. Aufl. Göttingen 1968.

[22] Gerhard Kaiser: Pietismus und Patriotismus im literarischen Deutschland. 2. Aufl. Frankfurt a. Main 1973.

[23] Dorothee Sölle: Realisation. Studien zum Verhältnis von Theologie und Dichtung nach der Aufklärung. Darmstadt-Neuwied 1973.

Perspektiven einer mediävistischen Säkularisierungsdebatte. Zur Einführung 13

grund trete, hat man es bei Sölle weniger mit einem Schwund des religiösen *Gehalts* als mit einer Transformation der sprachlichen *Gestalt* zu tun. In den 80ern des letzten Jahrhunderts hat schließlich Hans-Georg Kemper unter Rückgriff auf systemtheoretische Überlegungen das Säkularisierungstheorem reformuliert.[24] Die sich vom Frondienst für die Kirche lösende Literatur übernehme seit der Frühen Neuzeit mehr und mehr die Funktion „als selbständiges Organ der Weltdeutung der bürgerlichen Selbstverständigung".[25]

In den mediävistischen Literaturwissenschaften hat, wenn wir recht sehen, als erster Rainer Warning, 1979, in seiner Studie *Lyrisches Ich und Öffentlichkeit bei den Trobadors* – in systematischer Hinsicht – auf *semantische* Operationen hingewiesen, die Phänomene der Säkularisierung tangieren – Stichwort: konnotative Ausbeutung christlicher Rollenkonzepte in der höfischen Minnelyrik. Gegen die Nichtidentität des Gehalts – die Dame des Sangs bleibe bei allen christlichen Konnotationen das irdische Objekt sexuellen Begehrens – stehe die formale Identität der sprachlichen Artikulation.[26] Im Jahr 2000 erschien für den Kontext der germanistischen Mediävistik ein von Christoph Huber, Burghart Wachinger und Hans-Joachim Ziegeler herausgegebener Sammelband, der der Forschung für das Problem religiöser und weltlicher Diskursverschränkungen wichtige Impulse gab.[27] In den letzten Jahren, angestoßen durch Thesen von Silvio Vietta, hat die mediävistische Säkularisierungsdebatte an Fahrt aufgenommen. Vietta formuliert in seiner *Europäischen Kulturgeschichte* von 2005 die These, dass der Prozess der Säkularisierung – er spricht von „Säkularisation" – im Bereich der Literatur bereits im 14. Jahrhundert begonnen habe, und zwar mit Dante, Petrarca und Boccaccio. Mit Dante beginne eine „Ästhetisierung der Religion, in der diese selbst zu einer Funktion der Ästhetik" werde.[28] In der Ästhetik formiere sich ein neuer, freierer Umgang mit den Glaubensgewissheiten.[29] Die Thesen Viettas wurden im Herbst 2006 auf einer Tagung in der Villa Vigoni diskutiert, der Tagungsband liegt seit 2008 vor. Karl-

---

[24] Hans-Georg Kemper: Gottebenbildlichkeit und Naturnachahmung im Säkularisierungsprozeß. Problemgeschichtliche Studien zur deutschen Lyrik in Barock und Aufklärung. 2 Bde. Tübingen 1981.

[25] Joachim Jacob: Inspiration und Säkularisierung in der Poetik der Aufklärung. In: Säkularisierung in den Wissenschaften seit der frühen Neuzeit. Bd. 2: Zwischen christlicher Apologetik und methodologischem Atheismus. Wissenschaftsprozesse im Zeitraum von 1500 bis 1800. Hrsg. von Lutz Danneberg u. a. Berlin u. a. 2002, S. 303–330, hier S. 307. Vgl. außerdem: Säkularisierung vor der Aufklärung? Bildung, Kirche und Religion 1500–1750. Arbeitsgemeinschafts-Tagung im Zentrum für Interdisziplinäre Forschung der Universität Bielefeld vom 15. bis 17.11. 2006. Hrsg. von Hans-Ulrich Musolff. Köln u. a. 2008 (Beiträge zur historischen Bildungsforschung. 35).

[26] Vgl. Rainer Warning: Lyrisches Ich und Öffentlichkeit bei den Trobadors. Wilhelm IX. von Aquitanien: *Molt jauzens, mi prenc en amar* (1979). In: ders.: Lektüren romanischer Lyrik. Von den Trobadors zum Surrealismus. Freiburg i. Breisgau 1997, S. 45–84, hier S. 65.

[27] Geistliches in weltlicher und Weltliches in geistlicher Literatur des Mittelalters. Hrsg. von Christoph Huber, Burghart Wachinger, Hans-Joachim Ziegeler. Tübingen 2000.

[28] Silvio Vietta: Europäische Kulturgeschichte. Eine Einführung. München/Paderborn 2005, S. 289.

[29] Ebd., S. 279.

heinz Stierle setzt darin den Säkularisierungsprozess bereits im 12. Jahrhundert an – und erinnert von Ferne an die ältere Emanzipationsthese Max Wehrlis aus dem Jahr 1969,[30] der als einer der Ersten die funktionalen Parallelen zwischen Legende und höfischem Roman ins Visier genommen hat, ohne freilich das ambivalente Deutungsschema Säkularisierung auch nur an einer einzigen Stelle zu bemühen. Der höfische Roman in Frankreich, so Stierle, sei „die Frucht einer Säkularisierung, die ihre eigene ästhetische Präsenz aus sich hervorbringt".[31] Stierle versteht Säkularisierung als Transzendenz-Entzug. In den französischen höfischen Romanen des 12. Jahrhunderts begegne eine „Tilgung der Transzendenz", ein „Zusammenspiel von Innerweltlichkeit und weltimmanenter Transzendenz des Ästhetischen"; die sekundäre Transzendierung des Ästhetischen greife auf die christliche Sprache der Transzendierung zurück und depontenziere diese so metaphorisch.[32] Schließlich hat sich der Sache nach auch Jan-Dirk Müller in den *Höfischen Kompromissen* mit der Verweltlichung des Sakralen, die von der Sakralisierung des Profanen phänomenologisch kaum zu trennen ist, beschäftigt. In der Legendenhaftigkeit des höfischen Romans und der Höfisierung mancher Legenden stoße man auf um Erzählkerne lagernde narrative Kompromissbildungen,[33] die der nach wie vor weit verbreiteten Vorstellung vom Mittelalter als „christlicher Einheitskultur"[34] entgegenträten. Soweit sei – notgedrungen holzschnittartig – der gegenwärtige Stand mediävistisch-literaturwissenschaftlicher Säkularisierungsforschung aufgerufen. Es fällt auf, dass mit der Betonung von Semantik, Metaphorik und Narrativik besonders den literarischen Verfahren Beachtung geschenkt wurde, Säkularisierung dezidiert als Literarizitätsphänomen wahrgenommen worden ist.

II.

Der Säkularisierungs-Begriff also ist einschüchternd vieldeutig. Ursprünglich kirchenrechtlich klar konturiert, diffundiert der Rechtsterminus ‚Säkularisierung' im Verlauf

---

[30] Max Wehrli: Roman und Legende im deutschen Hochmittelalter. In: ders.: Formen mittelalterlicher Erzählung. Aufsätze. Zürich/Freiburg 1969, S. 155–176. Zur Säkularisierung des christlichen Wunders im Schicksalsroman des Spätmittelalters vgl. Erich Köhler: Der altfranzösische höfische Roman. Darmstadt 1978, S. 1–15.

[31] Karlheinz Stierle: Säkularisierung und Ästhetisierung im Mittelalter und in der frühen Neuzeit. In: Ästhetik, Religion, Säkularisierung. I: Von der Renaissance zur Romantik. Hrsg. von Silvio Vietta, Herbert Uerlings. München 2008, S. 55–74, hier S. 59.

[32] Ebd., S. 60.

[33] Jan-Dirk Müller: Höfische Kompromisse. Acht Kapitel zur höfischen Epik. Tübingen 2007, S. 109. Vgl. auch: Christian Kiening: Unheilige Familien. Sinnmuster mittelalterlichen Erzählens. Würzburg 2009 (Philologie der Kultur. 1).

[34] Zum Begriff Otto Gerhard Oexle: Luhmanns Mittelalter. In: Rechtshistorisches Journal 10 (1991), S. 53–66, hier S. 65.

seiner Verwendungsgeschichte in einen universalen Modus kultureller Selbstbeschreibung. Dieser emphatische Begriff von ‚Verweltlichung' – belastet mit dem ganzen Gewicht der Trennung zwischen Transzendenz und Immanenz, Ewigkeit und Säkulum – ist je neu geschichtsphilosophisch instrumentalisiert, ideologiekritisch reflektiert, totgesagt und wiederbelebt worden, bis von ihm nur mehr der Schatten einer Säkularisierungs-„Hypothese" übriggeblieben ist, ein „moderner Mythos".[35] Aus literaturwissenschaftlicher Sicht halten wir trotzdem am Säkularisierungs-Begriff fest, in der Überzeugung, dass er ein hohes, für unsere Gegenstände nicht ausgeschöpftes Erschließungspotential hat. Er scheint uns umso belastbarer, je entschlossener wir seiner Universalisierung (seinem „ubiquitären Charakter"[36]) widerstehen. Aus diesem Grund haben wir unser Thema doppelt begrenzt als „*literarische* Säkularisierung im *Mittelalter*". Diese Eingrenzung nach zwei Richtungen systematischer wie historischer Bescheidung sollte unsere Debatte schärfen.

Im Dienst einer historisch-systematischen Präzisierung des Themas steht auch der Versuch, die Analyse von Säkularisierungsvorgängen möglichst weit aus hermeneutisch suggestiven Verlust-Gewinn-Bilanzen herauszuhalten. Auch wenn Säkularisierung in der Regel als Schwundkategorie und ihr Verlauf als Verlustgeschichte definiert wird (als Transzendenz-„Entzug", Bedeutungs-„Verlust" von Religion, „Erosion" von Metaphysik), sollte diese Negativ-Rhetorik der Säkularisierung nicht zu vorgreiflichen Wertungen und einseitigen Teleologien verführen, etwa zur pauschalen These eines zunehmenden Gewinns an „ästhetischer Präsenz".[37] Pauschale Säkularisierungsthesen (und „Ästhetisierung" wäre ein unkenntlich allgemeines Säkularisat) lassen sich schon durch begriffsimmanente Paradoxien widerlegen. Ein Beispiel: Der religiöse Virtuose flieht die Welt, aber sie sucht ihn, kommt zu ihm zurück. Jede Form asketisch-monastischer Welt-Distanzierung produziert im Ausschließen von Welt neue Welt, produziert daher permanenten Reformbedarf: gegen „Verweltlichung"?[38] Solche paradoxen Umschlagsmomente und Gegenläufigkeiten binnenreligiöser Säkularisierungsvorgänge liegen nicht selten im toten Winkel der Aufmerksamkeit.

Es gibt also manches, was unseren Optimismus dämpfen muss: Die historisch variable Vielfalt der Säkularisierungsdiskurse, über die eingangs gesprochen wurde, ist das eine; ihre konstitutive Unbestimmtheit das andere, und diese Unbestimmtheit sei hier noch einmal ins Auge gefasst, weil sie uns besonders zu schaffen macht. ‚Unbestimmtheit' ist der beunruhigende Problemkern, aber auch das Faszinationspotential des Themas literarischer Säkularisierung. Woher rührt diese Unbestimmtheit? Man hat sie auf die rhetorisch-poetische Konstruktion des Säkularisierungsdiskurses zurückgeführt, auf

---

[35] Pollack (Anm. 1).
[36] Giacomo Marramao: Die Säkularisierung der westlichen Welt. Aus dem Italienischen von Günter Memmert. Frankfurt a. Main/Leipzig 1996, S. 13.
[37] So die Tendenz bei Stierle (Anm. 31).
[38] Diese schon bei Max Weber scharfsinnig diskutierte Situation kehrt epochenübergreifend wieder. Im historischen Überblick Angenendt (Anm. 14).

blinde Stellen in den großen Theorie-Erzählungen über eine progressive „Entzauberung" und „Aufklärung" der Welt,[39] und hat zugleich daran erinnert, dass der Säkularisierungs-Begriff gar kein Begriff ist, sondern eine Metapher, wenn auch eine, für die der Akt der Übertragung vom Rechtskontext auf eine kulturelle Gesamtkonstellation kaum noch hörbar ist. Trotzdem hält sich mit ihr hartnäckig die Konnotation illegitimer Selbstermächtigung des Säkularen. Säkularisierung jedenfalls gilt als Phänomen der Übertragung von Geistlichem auf Weltliches,[40] und aus diesem Akt der Übertragung resultiert eben jenes hohe Unbestimmtheitspotential, das nicht nur die Diskurse *über* Säkularisierung kennzeichnet (das Säkularisierungsnarrativ, die Säkularisierungsmetapher), sondern in hohem Maße auch die Säkularisierungsphänomene auf der *Objekt*ebene, insbesondere die ästhetischen, im engeren Sinn literarischen. Denn literarische Texte privilegieren ihrerseits übertragene (evokative, allusive, implizite) Sprechakte mit dem Effekt spezifischer Referenzunsicherheiten, die die Entscheidung verunsichern, ob das Säkulare das Religiöse jeweils ergänzt, transformiert, verabschiedet oder substituiert.[41] Gerade in literarischen Texten kann der angespielte religiöse Sprechakt im indirekten Mitteilungsmodus des literarischen Textes fallweise ganz verschwinden. Dass darüber hinaus, wie angedeutet, eine Überschneidung von Gegenstands- und Metaebene naheliegt – weil Säkularisierung selber ein Narrativ ist –, macht die Situation nicht übersichtlicher. Mit anderen Worten: Das Problem *literarischer* Säkularisierung konfrontiert mit einer potenzierten Unbestimmtheit. Ob man, wie Pott/Schönert vorschlagen,[42] ihrer Herr wird durch Klassifikation, durch die Unterscheidung von vier Säkularisierungstypen auf der Basis von sieben Problemaspekten mit dem Effekt kaum überschaubarer Säkularisierungs-Subtypen, steht dahin. Für unseren Band besteht die Herausforderung literarischer Säkularisierung zunächst darin, möglichst genau auf die Differenz der verschiedenen religiösen und säkularen Sprach- und Bildregister, Denk- und Erzählmuster zu achten, genauer: auf deren Interaktion.

---

[39] Daniel Weidner: Parodie und Prophetie. ‚Literarische Säkularisierung' in Heines biblischer Schreibweise 1844. In: ZfG 18 (2008), S. 546–557; ders.: Zur Rhetorik der Säkularisierung. In: DVjs 78 (2004), S. 95–132.

[40] „Unter ‚Säkularisierung' faßt man [...] Phänomene der Übertragung: Religiöse Sprach- und Denkformen werden weltlich interpretiert, auf Profanes übertragen oder durch dieses ersetzt bzw. parodistisch gestaltet; umgekehrt dienen religiöse Motive einer Sakralisierung oder Remythisierung des Weltlichen." Ulrich Ruh, Friedrich Vollhardt: Säkularisierung. In: RL. Bd. 3. 2003, S. 342–344, hier S. 342.

[41] So Sandra Pott, Jörg Schönert: Einleitung. In: Säkularisierung in den Wissenschaften seit der Frühen Neuzeit. Bd. 2: Zwischen christlicher Apologetik und methodologischem Atheismus. Wissenschaftsprozesse im Zeitraum von 1500 bis 1800. Hrsg. von Lutz Danneberg u. a. Berlin/New York 2002, S. 1–17, hier S. 4 f. Vgl. auch Sandra Pott: Säkularisierung. Prozessbegriff für die Wissenschafts- und Literaturgeschichte. In: Ideen als gesellschaftliche Gestaltungskraft im Europa der Neuzeit. Beiträge für eine erneuerte Geistesgeschichte. Hrsg. von Lutz Raphael, Heinz-Elmar Tenorth. München 2006, S. 223–238.

[42] Pott, Schönert (Anm. 41), S. 6.

Mit welcher Verbindlichkeit dürfen wir Erec als Heilsbringer und Gotteskämpfer verstehen, wenn die Kampfkonstellation in der Cadoc-Episode mit dem David und Goliath-Kampf verglichen wird (V. 5562–5569), Erec im Kampf gegen Mabonagrin ausdrücklich als Wunderwirker (V. 10045) und von Gott geschickter Erlöser auftritt (V. 9585 f.)?[43] Handelt es sich um übertragene Rede? Wirkt Erecs Heilssouveränität *wie* ein göttliches Wunder, wunder-analog, oder erzählt Hartmann tatsächlich (proprie) ein Wunder, in dem Geschehen und Beweiskraft dasselbe sind? Mit wieviel Spiel im Ernst? Bei einem Text wie Gottfrieds *Tristan* gerät man für diese Fragen erst recht in Schwierigkeiten: Wer hat in der Gottesurteil-Episode die letzte Verfügung über die erzählten „Wunder", Isold, Gott oder diesseits göttlicher Providenz der Erzähler? Nach welchen Maßstäben: religiösen, magisch-mythischen oder säkularen? Und wenn auch Tristan im Kampf zum David wird, wird er es dann anders als Erec?[44] Wieviel Sakrales bleibt für Gottfrieds Grottenallegorese übrig, wenn sogar der Sprechakt Auslegung selber ins Zwielicht kommt? Ist der Zufall im *Tristan* ein blinder oder ein gnädiger, gottgelenkter? Bleibt die Sündenfall-Debatte im *Tristan*, gewissermaßen propositional entkernt, ohne jede religiöse Verbindlichkeit? Für die Lyrik ließen sich ähnliche Fragen stellen bezüglich des Gewichts der religiösen Semantik der Liebessprache. Hat die höfische Literatur ein wie auch immer entferntes religiöses Heilsinteresse? Oder steht die *saelde* des Artusritters, die *genâde* der Minneherrin im Dienst einer Verdiesseitigung von Heil? Was ist mit Gattungshybriden, mit Techniken ironischer Distanzbildung? Der Stellenwert religiöser Allusionen und Metaphern ist also ein Schlüsselproblem, das gattungsübergreifend bei der Frage nach literarischer Säkularisierung virulent bleibt. Je ferner der religiöse Horizont rückt, umso mehr verschwimmen die Konturen des ‚Gemeinten'.

Was wäre nun aber spezifisch mittelalterlich an dem angedeuteten doppelstöckigen Unbestimmtheitsproblem? Dass Bildrede im Mittelalter nicht immer schon, wie neuzeitlich gern missverstanden wird, eine Schwächung, eine metaphorische Depotenzierung dessen ist, worauf sie zurückgreift („bloße Metapher"), sondern im Gegenteil gerade dessen Potenzierung sucht, sollte dabei im Auge behalten werden. Voraussetzungsverschiebungen dieser Art sind für unser Thema mitzubedenken: die heterogenen Ontologien, die offene Situativität mittelalterlicher Texte, fließende Gattungsgrenzen, bedeutungsoffene, aber nicht beliebige Allusionen. Spezifisch vormodern scheint darüber hinaus auch die Spannung von Volkssprache und Sakralsprache, die unverwechselbare, konfliktbesetzte Säkularisierungsdynamiken erzeugen kann.

Je distanzierter die Forschung Säkularisierung als analytischen Strukturbegriff verwendet, umso schärfer treten die jeweiligen begriffsbestimmenden Hintergrundoppositionen hervor. Drei sind es mindestens: 1. transzendent-immanent (Säkularisie-

---

[43] Versangaben nach Hartmann von Aue: Erec. Hrsg. von Manfred Günter Scholz. Übersetzt von Susanne Held. Frankfurt a. Main 2004 (Bibliothek des Mittelalters. 5). Dazu Bruno Quast: „Ein saelic spil". Virtuosentum im arthurischen Roman. In: ZfG 19 (2009), S. 510–521.

[44] Dazu die Beiträge von Jan-Dirk Müller, Mark Chinca und Albrecht Hausmann in diesem Band.

rung als Transzendenz-Entzug); 2. heilig-profan (Säkularisierung als Profanierung); 3. geistlich-weltlich/säkular (Säkularisierung als Verweltlichung). Auffällig oft steht dabei der Begriff Transzendenz in Anführungszeichen, was – auch hier – Unbestimmtheit erzeugt. Man fragt sich, wie transzendent ist in Anführungszeichen gesetzte ästhetische „Transzendenz"? Und wie transzendent (nämlich im Wortsinn aus der Welt hinausreichend) ist innerweltliche „Transzendenz"?[45] Nicht immer wird in der Sekundärliteratur klar, ob Transzendenz in Anführungszeichen eine Metapher ist, wenn ja, eine Metapher auf der Beschreibungsebene oder bereits auf der Objektebene? Fallweise meint „Transzendenz" in Anführungszeichen, so unser Eindruck, gar keine Metapher, sondern den Rückzug auf eine formale Ebene, auf einen ‚rein' formalen Strukturbegriff von Transzendenz. Dann läge eine andere Gegenfrage nahe: Welche Verbindlichkeit – welche *historische* Kontur und Erschließungskraft – hätte ein nicht-metaphysischer (funktionsanalytisch oder metaphorisch säkularisierter) Transzendenzbegriff?

Der Band hält trotz der vielen Fragezeichen an der ‚Säkularisierung' als einem dialektischen Prozessbegriff fest und zielt jenseits reduktionischer Dichotomien auf die spezifisch mittelalterliche Gestalt literarischer Säkularisierung. Gerade weil Literatur das Verhältnis von ‚implizit' und ‚explizit' freier regeln kann im Vergleich mit nichtästhetischer Rede, kann durchaus innerhalb der in universalen Verweisungszusammenhängen aufgehenden mittelalterlichen Zeichenwelt eindeutige Bedeutungshierarchisierung immer auch abgebaut werden.

Das Problem der wechselseitigen Durchdringung geistlicher und weltlicher Diskurse überschneidet sich gerade für die institutionell instabile Literatur des Mittelalters auf unübersichtliche Weise mit der Frage nach der Affinität von religiöser und literarischer Rede.[46] Beides zusammengenommen bildet die Problemkonstellation, über die wir mit dem vorgelegten Band zur differenzierteren Beschreibung einer spezifisch vormodernen ‚Literarischen Säkularisierung' vorzustoßen hoffen. Das Thema gewinnt durch diese Doppelperspektive eine spannungsvolle intertextuelle und diskursübergreifende Dimension. Mit der systematischen Klammerung von theoretischer und texthermeneutischer Perspektive sollen vor allem Zwischenbereiche, Umschlagsphänomene, Übergangszonen und deren Dynamiken, in den Blick genommen und im interdisziplinären Gespräch präzisiert werden. Überblendet man für jeden Argumentationsschritt konsequent die Relation ‚geistlich-weltlich' mit der Relation ‚ästhetisch-religiös', dann wird, so hoffen wir, die für unseren Schlüsselbegriff ‚Säkularisierung' naheliegende Gefahr teleologischer Reduktion und ahistorischer Generalisierung besser kontrollierbar.

---

[45] Die Frage betrifft Jürgen Habermas (‚Transzendenz von innen') ebenso wie Ernst Tugendhat; zum Problem vgl. die kritischen Überlegungen von Susanne Köbele: Rezension von: Ernst Tugendhat: Egozentrizität und Mystik. Eine anthropologische Studie. München 2003. In: Arbitrium 27 (2009), S. 11–19.

[46] Zuletzt die Beiträge in: Literarische und religiöse Kommunikation in Mittelalter und Früher Neuzeit (DFG-Symposion 2006). Hrsg. von Peter Strohschneider. Berlin/New York 2009.

Die ‚Säkularisierungs'-Kategorie zeigte sich dabei umso ergiebiger, je enger methodische Reflexion an konkrete kulturelle Situationen und überlieferungsgeschichtliche, gattungspoetologische, wissensgeschichtliche oder mediale Gegebenheiten der Texte gebunden wurde. Auf diese Weise ergab sich jene Perspektivenvervielfältigung, auf die in den diversen Beiträgen schon allein die auf Schritt und Tritt anzutreffenden Pluralformen deuten: der Plural aspekthaft verschiedener, ineinander umschlagender „Dynamiken", „Tendenzen", „Strategien" oder „Effekte" von Säkularisierung, die – als Textphänomene – zugleich auf komplizierte Weise durchlässig sind auf übergreifende kulturelle Konstellationen. Wenn Säkularisierung ein (kulturell, textuell) grundsätzlich ambivalentes Phänomen von Übertragung ist, zielt der Sammelband in diesem Sinn auf Rhetoriken der Übertragung nach *beiden* Richtungen eines Auf- und Abbaus religiöser Semantik, auf Übertragungen, die nicht immer eindeutig sind, sondern im Gegenteil richtungsoffene Umbesetzungen sein können, mit gravierenden Auswirkungen auf das jeweilige Gesamtverständnis.

In diesem Sinn orientieren sich die hier vorgelegten Analysen literarischer Säkularisierungsphänomene in möglichst großer Vielfalt an rhetorischen (allegorischen, allusiven, topischen, intertextuellen) bzw. narrativen Verfahrensweisen, einerseits mit dem Ziel, die ambigen poetologischen Situierungen der jeweiligen sakralen Textreferenzen zur Geltung zu bringen – so für den höfischen Roman Mark Chinca und Jan-Dirk Müller, für Mären Udo Friedrich –, anderseits mit dem Interesse, eine solche Überschneidung geistlich-weltlicher Erzählmodelle als Effekt einer „Literarisierung von Glaubenselementen der Volkskultur" zu deuten (Harald Haferland) oder aber als spezifische Relation von „göttlicher Autorisierung" und Erzählerinszenierung (Albrecht Hausmann). Textprägende Gattungs- und Diskursinterferenzen – die vieldeutige Überschneidung von religiösen und nichtreligiösen, primär höfischen Axiologien – untersuchen für die Lyrik Susanne Reichlin, Beate Kellner, Ute von Bloh und, im Blick auf eine religiöse Semantik von Landschaft, Karin Westerwelle; für den Sonderfall eines strophischen Dialoggedichts deutet Susanne Köbele ästhetische und argumentationslogische Eigendynamiken des Textes als Symptom widersprüchlicher Diskursivierung des Transzendenten und Säkularen; für die deutsch-französische Heldenepik und den Typus ‚heiliger Helden' rekonstruiert Bernd Bastert konfligierende Vollkommenheitskonzepte; für die Bibelepik fasst Bruno Quast Säkularisierung als Effekt von erzähltem Heilsaufschub; Säkularisierungsdynamiken in Texten aus dem Umfeld des Deutschen Ordens deutet Aleksandra Prica als „Stocken der Heilsgeschichte". Nicht für alle, aber für viele dieser Fälle einer Überschreitung von Systemgrenzen scheint Minne ein privilegiertes Mittelpunktthema, das immer wieder die Leitdifferenzen ‚geistlich-weltlich' oder ‚Transzendenz-Immanenz' in sich zusammenfallen lässt, mit innovativen semantischen, diskursiven, ästhetischen Spielräumen und ineinandergreifenden Wahrheitsansprüchen. Doch die Linien lassen sich auch ganz anders ausziehen. So visiert Mireille Schnyder das Wechselspiel von „Sakralisierung der Kunst und Säkularisierung der geistlichen Rede" an, im Spannungsfeld christlicher und nichtchristlicher Kunstdiskurse; Niklaus Largier rekonstruiert noch in der modernen Ästhetikdebatte relevante Umbesetzungen, die die Produktion ästhetischer Erfahrung im Kontext mittelalterlicher Gebetspraktiken und mystischer Kontemplation prägen; Gerd Althoff zielt mit seinen Ausführungen auf die Analyse text- und kulturspezifischer Konstellationen von Herrschaftsordnungen; Rainer Warning, vom Text- zum Bilddiskurs wechselnd, auf den hermeneutisch hochkomplexen Fall von ‚Bibelübermalungen‘; Manuel Braun schließlich resümiert methodologische bzw. forschungskritische Beobachtungen auf der Metaebene.

Weil Effekte einer Verweltlichung des Sakralen von dem umgekehrten Fall einer Sakralisierung des Profanen phänomenologisch schwer zu unterscheiden sind, ist Säkularisierung eine höchst ambivalente Kategorie kultureller Selbstdeutung. Säkularisierung kann – standortabhängig – immer auch als Sakralisierung des Weltlichen erscheinen. Aufgrund dieser perspektivischen Ambivalenz und immanenten Asymmetrie macht die Säkularisierungskategorie sich angreifbar. Widersteht man ihren suggestiven Fortschritts- oder Verfallsimplikationen und weist schlichte Dichotomien ab, können perspektivische Inversionen oder paradoxe Gegenläufigkeiten ins Zentrum rücken. Unter dieser Voraussetzung kann, wie wir hoffen, gerade der Sonderfall literarischer Säkularisierung im Mittelalter für die Beschreibung ambivalenter Transformationen des Religiösen eine Kategorie von großer historisch-systematischer Differenzierungskraft sein. Natürlich liegt keine neuzeitlich imprägnierte Entkoppelung vor, keine offene Enthierarchisierung[47] von religiösem und literarischem Diskurs, aber ein verblüffend hoher literarischer (bzw. bildästhetischer) Diskursivierungsgrad, der die epochale Leitdifferenz ‚geistlich-weltlich‘ immer wieder ineinander umschlagen lässt.

---

[47] Klaus W. Hempfer: Zur Enthierarchisierung von ‚religiösem‘ und ‚literarischem‘ Diskurs in der italienischen Renaissance. In: Strohschneider (Anm. 46), S. 183–221.

Mark Chinca

Der Horizont der Transzendenz

Zur poetologischen Funktion sakraler Referenzen in den Erec-Romanen Chrétiens und Hartmanns

I.

Auf der Höhe seines Ruhmes bricht der Held von *Erec et Énide*, dem ersten Artusroman des Chrétien de Troyes, vom Artushof auf und kehrt mit seiner neuen Frau in sein Heimatland zurück. Auf dem Schloss Carnant werden die Neuvermählten festlich empfangen, allerdings erst nachdem sie das Münster besucht und es mit wertvollen Gegenständen beschenkt haben. Der am Kreuzaltar betende Erec stiftet sechzig Mark Silber und einen Splitter vom Kreuz Christi, der in einem kostbaren Reliquiar aus Gold und Edelsteinen aufbewahrt wird, das früher dem König Konstantin gehörte und ein dermaßen helles Licht ausstrahlt, dass man nachts in der Kirche keine Lampe oder Kerze und auch keinen Kronleuchter anzuzünden braucht.[1] Ebenso reich sind die Opfergaben, die Énide auf den Marienaltar legt: Ein einzigartiges Tuch aus grünem Brokat und ein goldbesticktes Messgewand mit einem Wert von über hundert Silbermark. Dieses prächtige Kleidungsstück wurde von der Fee Morgue angefertigt; sie hatte es allerdings nicht für den liturgischen Gebrauch, sondern als Geschenk für ihren Geliebten bestimmt. (Gemeint ist vielleicht Guingamars, der Herr der Insel Avalon, der in der Liste der Hochzeitsgäste am Artushof als *amis* der Fee aufgeführt wird; V. 1904–1908.) Guinievre erwarb es dann *par engin molt grant* (V. 2367: „mit einem sehr raffinierten Plan") von Kaiser Gassa (wie das Gewand in seinen Besitz kam, erfährt man nicht) und ließ daraus ein Messgewand für ihre Kapelle schneidern, wo es auch verwendet wurde, bis die Königin es Énide schenkte, die es nun dem Münster in Carnant übereignet (V. 2357–76).

Die kleine Geschichte von der Sakralisierung eines säkularen Gegenstandes – das als Minnegeschenk gedachte Kleidungsstück wird zunächst liturgisch umfunktioniert und schließlich auch kirchliches Eigentum – ist nur in einer Handschrift von *Erec et Énide*, der berühmten Guiot'schen Sammlung von Chrétiens Romanen aus dem zweiten Vier-

---

[1] Les romans de Chrétien de Troyes I: Erec et Énide. Hrsg. von Mario Roques. Paris 1978 (Classiques Français du Moyen Age. 80), V. 2321–2346.

tel des 13. Jahrhunderts, überliefert.[2] Dieser Umstand hat immer wieder die Vermutung genährt, es handele sich um eine Interpolation.[3] Doch selbst wenn die Geschichte vom Messgewand nicht von Chrétien stammt und einer frühen Phase der Rezeption seines Werks angehört, weist sie gleichsam emblematisch auf ein allgemeines Charakteristikum des frühen Artusromans hin: die Tendenz, weltliche Dinge in sakrale Bezüge zu stellen. Diese Tendenz ist so fest in das Gattungsrepertoire eingeschrieben, dass sie jeden modernen Leser irritieren muss, der von der These überzeugt ist, der Artusroman sei das Ergebnis eines emanzipatorischen oder sogar transformativen Säkularisierungsprozesses,[4] den man inhaltlich auf verschiedene Weise zu bestimmen versucht hat: als erzählerische „Emanzipation" von geistlichen Vorgaben und Deutungsmustern,[5] als „Verdiesseitigung von Heil" in Formen innerweltlichen religiösen Virtuosentums,[6] als „Tilgung christlicher Transzendenz" zugunsten einer sekundären „ästhetischen" oder „weltimmanenten" Transzendenz, die an der Stelle der primären entsteht, wenn das Kunstwerk sich absolut setzt und zum Ort der Überwindung der Faktizität irdischen Daseins wird.[7]

---

[2] Paris, BnF, fr. 794. Zur Überlieferung von *Erec et Énide* und insbesondere zu dieser Handschrift siehe Roques, Einleitung zur Ausgabe (Anm. 1), S. XVIII–XXXII, XXXVII–LI; François Gasparri, Geneviève Hasenohr, Christine Ruby: De l'écriture à la lecture: réflexion sur les manuscrits d'*Erec et Enide*. In: Les manuscrits de Chrétien de Troyes/The Manuscripts of Chrétien de Troyes. Hrsg. von Keith Busby u. a. Amsterdam 1993 (Faux Titre. 71–72). Bd. 1, S. 97–148, bes. S. 107–112; Terry Nixon: Catalogue of Manuscripts. In: Les manuscrits de Chrétien de Troyes. Bd. 2, S. 1–85, hier S. 28–31.

[3] Roques, Einleitung zur Ausgabe (Anm. 1), S. XLIX, möchte nicht ausschließen, dass die betreffenden Verse ein späterer Zusatz des Autors sein könnten; Peter F. Dembowski: Stellenkommentar zur Ausgabe von *Erec et Énide*. In: Chrétien de Troyes. Œuvres complètes. Hrsg. von Daniel Poirion. Paris 1994 (Bibliothèque de la Pléiade. 408), S. 1088, hält sie dagegen für eine Interpolation des Schreibers; desgleichen Tony Hunt: Chrestien de Troyes. The Textual Problem. In: Les manuscrits de Chrétien de Troyes (Anm. 2). Bd. 1, S. 28–40, hier S. 31.

[4] In vergleichbarem Zusammenhang spricht Dirk Kemper: Literatur und Religion. Von Vergil bis Dante. In: Ästhetik, Religion, Säkularisierung I: Von der Renaissance zur Romantik. Hrsg. von Silvio Vietta, Herbert Uerlings. München 2008, S. 37–53, von einem „emphatischen Säkularisierungsbegriff" und versteht darunter die Verwendung des Wortes ‚Säkularisierung' zur Beschreibung und Erklärung von Umsetzungsprozessen aus dem Sakralen ins Säkulare, deren Resultate nach Ansicht des Beschreibenden als kultureller Gewinn oder Fortschritt zu gelten haben (S. 42 f.).

[5] Max Wehrli: Geschichte der deutschen Literatur vom frühen Mittelalter bis zum Ende des 16. Jhs. Stuttgart 1984, S. 278. Vgl. außerdem Max Wehrli: Roman und Legende im deutschen Hochmittelalter. In: Max Wehrli: Formen mittelalterlicher Erzählung. Zürich 1969, S. 155–176, hier S. 156 (Erstveröffentlichung in: Worte und Werte. Bruno Markwardt zum 60. Geburtstag. Hrsg. von Gustav Erdmann, Alfons Eichstaedt. Berlin 1961, S. 428–443); Gisela Vollmann-Profe: Wiederbeginn volkssprachiger Schriftlichkeit im hohen Mittelalter. Königstein/Ts. 1986 (Geschichte der deutschen Literatur von den Anfängen bis zum Beginn der Neuzeit. 1/2), S. 91.

[6] Bruno Quast: „Ein saelic spil". Virtuosentum im arthurischen Roman. In: ZfG 19 (2009), S. 510–521, hier S. 521.

[7] Karlheinz Stierle: Säkularisierung und Ästhetisierung im Mittelalter und in der frühen Neuzeit. In: Ästhetik, Religion, Säkularisierung (Anm. 4), S. 55–74, bes. S. 55–62. Seine Thesen zum bereits in

Der Horizont der Transzendenz

Literatursoziologisch betrachtet ist die Entstehung des Artusromans unzweifelhaft ein Teil des Säkularisierungsschubs, der den Literaturbetrieb im westlichen Europa im Laufe des 12. Jahrhunderts erfasste und die etablierten Netzwerke geistlicher Schriftkultur um neue Trägerschichten an weltlichen Adelshöfen ergänzte.[8] Dennoch werden die gattungstypischen weltlichen Themen ritterliche Waffentat, Herrschaft und Minne mit religiösen Motiven kombiniert und in einer mit sakralen Anspielungen und Metaphern durchsetzten poetischen Sprache sowohl erzählend als auch kommentierend dargestellt. Diese Referenzen, die ebenso auf der Ebene der Konnotation wie der Denotation hergestellt werden, sind sehr viel mehr als beiläufige Reflexe der kulturellen Umgebung, in der die Romane entstanden sind und auch rezipiert wurden. Vielmehr wurden sie von den klerikal gebildeten Autoren bewusst selektiert und programmatisch eingesetzt, um sowohl die Welt des Romans als auch die diese Welt erzeugenden Tätigkeiten von Autorschaft und Narration mit dem System der christlichen Normen in Verbindung zu bringen und über diese Verbindung deutend zu perspektivieren. Dabei kann die religiöse Perspektivierung je nach Anwendungsweise verschiedene Effekte hervorrufen: Sie kann die Auratisierung des Perspektivierten bewirken und somit auch die Perspektive verleihende Instanz legitimieren; sie kann die Folie der allgemein geltenden Normen und Werte konstituieren, vor der die besonderen Ereignisse und Figuren einer Erzählung exemplarische Bedeutung gewinnen; zudem kann sie mehr oder weniger spielerische Effekte der Vieldeutigkeit oder Multiperspektivität erzeugen, indem sie dem Rezipienten zusätzliche, vom textinternen Sprecher oder Aktanten eventuell nicht wahrgenommene Dimensionen einer Aussage oder Situation suggeriert und diese als ambivalent oder ironisch erscheinen lässt. In jedem Fall ergibt sich ein Bedeutungszuwachs, der dem Rezipienten einen gesteigerten intellektuellen Genuss des als reich an Aspekten erlebten ästhetischen Objekts bereitet.[9]

---

der volkssprachlichen Lyrik und Epik des 12. Jh. sichtbar werdenden „Verhältnis von christlicher Transzendenz, Säkularisierung und sekundärer ästhetischer Transzendenz des Werks" (S. 62) sind Variante und zeitliche Erweiterung von Silvio Viettas Schlagwort von der „Ästhetisierung" bzw. „Um-" oder „Neukodierung der christlichen Pistis" in der italienischen Literatur und Kunst des Trecento; vgl. Silvio Vietta: Europäische Kulturgeschichte. Eine Einführung. München/Paderborn 2005, S. 279–310; Silvio Vietta: Dantes „Matelda" und Novalis' „Mathilde". Die säkularisierte Gestalt des irdischen Paradieses. In: Ästhetik, Religion, Säkularisierung (Anm. 4), S. 111–131.

[8] Zur literarischen Interessenbildung am Adelshof in Frankreich (einschließlich des anglonormannischen Bereichs) im 12. Jh. siehe die grundlegende Studie von Reto R. Bezzola: Les origines et la formation de la littérature courtoise en occident (500–1200). Bd. 3: La société courtoise: littérature de cour et littérature courtoise. Paris 1984 (Bibliothèque de l'École des Hautes Études. 319/320); einen Überblick über die Entwicklung in Deutschland bietet Joachim Bumke: Höfische Kultur. Literatur und Gesellschaft im hohen Mittelalter. München 1986, S. 595–675.

[9] Die Unterscheidung zwischen dem Kunstwerk als Artefakt, das jeder Rezeption vorausliegt, und dem Kunstwerk als ästhetischem Objekt, das sich erst im Bewusstsein des Rezipienten konstituiert, stammt aus dem tschechischen Strukturalismus; vgl. Jochen-Ulrich Peters: Artefakt. In: RL. Bd. 1. 1997, S. 147 f.

Dabei ist von kaum zu unterschätzender Bedeutung, dass die religiöse Perspektivierung des Romans immer vom Rezipienten als bedeutungssetzender Akt eines Erzählers wahrgenommen wird, der von seinem bestimmten Standpunkt aus das Geschehen sprachlich, perzeptuell und emotional vermittelt und den epistemischen Zugang dazu bedingt und steuert.[10] Rezeptionsästhetisch betrachtet tragen die sakralen Referenzen im Artusroman also zur Apperzeption der Erzählung als ein durch die Sprache, Wahrnehmungen und Ansichten eines anderen Vermitteltes bei. Da die Erzählung ihrerseits in einer Dichtung enthalten ist, die gewöhnlich als das Werk eines Autors firmiert und als solches verstanden sein will, führt der Rezipient die vom Erzähler geleistete Vermittlungsarbeit, einschließlich der religiösen Perspektivierung, letztlich auf die Intentionen und Entscheidungen des Autors zurück. Dieser geht aus der Summe der von ihm im Text realisierten Optionen als jemand hervor, der die christliche Transzendenz weder tilgt noch in Immanenz verwandelt, sondern vielmehr über die sakrale Referenz zu verfügen weiß, um das Erzählte, die Erzählinstanz und auch sich selbst vor dem Horizont des Überzeitlichen an Kontur und Tiefe gewinnen zu lassen. Die spezifischen Erscheinungsformen und Funktionen auktorialer Verfügung über die sakrale Referenz im Artusroman sollen nun anhand der beiden Gattungserstlinge in Frankreich und Deutschland, Chrétiens *Erec et Énide* und seiner Retextualisierung durch Hartmann von Aue, näher beschrieben werden.[11]

II.

Ob das Detail des Messgewands von Chrétien stammt oder nicht, es fügt sich nahtlos in eine Erzählwelt ein, in der die christliche Religion und die Institution der Kirche allgegenwärtig sind. Besonders die zwei großen Hoffeste anlässlich der Hochzeit und der Krönung von Erec und Énide werden unter Beteiligung der hohen Geistlichkeit mit allerlei liturgischen und paraliturgischen Zeremonien begangen. Énide empfängt den kirchlichen Hochzeitssegen vom Erzbischof von Canterbury *si com il doit* (V. 1982: „wie es sich gehört"); Erzbischöfe und Bischöfe sind am Abend in der Brautkammer zugegen (V. 2020). Die Krönung am Schluss des Romans wird von Erec für den Weihnachtstag in Nantes anberaumt. Die vorausgehende Woche begeht er mit Vigilien und

---

[10] Vgl. Rainer Warning: Formen narrativer Identitätskonstitution im höfischen Roman. In: Identität. Hrsg. von Odo Marquard, Karlheinz Stierle. München 1979 (Poetik und Hermeneutik. VIII), S. 553–589, bes. S. 576–578 u. 587, der in der Ausbildung der Erzählerrolle zur Instanz, welche die Identität und Homogenität des Erzählten gewährleistet, die epochale Errungenschaft des höfischen Romans sieht.

[11] Der Begriff der Retextualisierung wurde von Joachim Bumke und Ursula Peters als allgemeine und neutrale Bezeichnung für „die verschiedensten Ebenen und Aspekte vormoderner ‚Arbeit am Text' als eine Interaktion von Prä- und Re-Text" vorgeschlagen; siehe Joachim Bumke, Ursula Peters: Einleitung. In: ZfdPh 124 (2005) Sonderheft, S. 1–5, hier S. 2.

Der Horizont der Transzendenz

Messen für seinen Vater, den verstorbenen König, und macht fromme Stiftungen, *por Deu* und nach dem *droiz*, an Klöster und Kirchen sowie an arme Leute, Kleriker und Priester (V. 6471–6484). Am Heiligen Abend treffen die Gäste in Nantes ein, am nächsten Tag wird Erec von Bischöfen, Prioren und Äbten feierlich geweiht *selonc la crestiiene loi* (V. 6798: „nach christlichem Recht"); der Bischof von Nantes krönt und salbt ihn, anschließend wird Énide gekrönt (V. 6803–6807, 6825). Danach begibt man sich ins Münster, um die Weihnachtsmesse zu hören, und begegnet auf dem Weg dorthin den Mönchen, die mit Reliquien, Schätzen, Kruzifixen, liturgischen Büchern und Weihrauchgefäßen im Festzug auf die Hofgesellschaft zukommen; der Kirchenraum ist zum Bersten voll, sodass viele draußen vor der Tür stehen müssen (V. 6826–6856).

In der Romanwelt wie in der historischen Wirklichkeit stellen Hochzeit und Krönung wichtige Stationen im Lebensweg adeliger Dynasten dar; zugleich aber sind sie Ergebnisse narrativer Muster, die in der volkssprachlichen Dichtung des 12. Jahrhunderts geläufig waren: Brautwerbung und Herrschaftsübertragung.[12] Wenn man diese poetologische Überdeterminierung der großen Feste in *Erec et Énide* bedenkt, wird deutlich, dass die damit verbundenen religiösen und kirchlichen Motive nicht nur Attribute einer Welt sind, in der die Frömmigkeit sich vornehmlich in rituellen und konventionellen Handlungen ausdrückt; sie sind auch kompositorische Elemente, die der Autor einsetzt, um End- und Höhepunkte weltlicher Plottypen zu unterstreichen und mit der legitimierenden Aura des Sakralen zu umgeben.

Auch die gegenläufige Technik der Ironisierung narrativer Ergebnisse durch die konnotative Ausbeutung sakraler Metaphern gehört zum poetischen Repertoire Chrétiens.[13] Nachdem Erec und Énide miteinander versöhnt sind und Erec sich dank der Pflege durch Guivrets Schwestern in Pointurie von seinen Wunden erholt hat, fasst der Erzähler das Glück der Ehepartner, denen jetzt nichts lieber ist als Umarmen und Küssen (V. 5201 f.), mit folgendem Kommentar zusammen:

Tant ont eü mal et enui,
il por li et ele por lui,

---

[12] Diese Muster sind z. B. im *Roman de Brut* (um 1155) und *Roman de Rou* (um 1160/75) von Wace sowie im *Roman d'Eneas* (um 1165) literarisch fassbar.

[13] Der Begriff der „konnotativen Ausbeutung" stammt von Rainer Warning: Lyrisches Ich und Öffentlichkeit bei den Trobadors. In: Deutsche Literatur im Mittelalter: Kontakte und Perspektiven. Hugo Kuhn zum Gedenken. Hrsg. von Christoph Cormeau. Stuttgart 1979, S. 120–159. Warning meint damit die Verwendung eines mit bestimmten kalkulierbaren, jedoch nicht völlig automatisierten Assoziationen aufgeladenen Wortschatzes als poetische Strategie mit dem Ziel, „bestimmte Interpretationshypothesen zu provozieren und zugleich ihre systematische Einlösbarkeit zu verweigern" (S. 137). Besonders wichtig im Hinblick auf die Säkularisierungsproblematik ist das Argument, die „konnotative Ausbeutung christlicher Rollenkonzepte" in der höfischen Liebeslyrik – z. B. die Apostrophen der Minnedame als *bona domna* („gute Herrin") oder *mielhs de be* („besser denn gut") – sei „nicht mit deren Säkularisation zu verwechseln", da die sakralen Konnotatoren ihre primäre Referenz und Bedeutung beibehalten müssten, um die vom Dichter intendierte Interpretationshypothese überhaupt suggerieren zu können (S. 140).

> *c'or ont feite lor penitance.*
> *Li uns ancontre l'autre tance*
> *comant il li puise pleisir:*
> *del sorplus me doi bien teisir.*
> *Or ont lor dolor obliee.* (V. 5203–5209)

> Sie haben so viel Entbehrung und Mühsal gehabt, er um ihretwillen und sie um seinetwillen, dass sie jetzt ihre Buße getan haben. Sie überbieten sich im Gewähren von Vergnügen; das Weitere übergehe ich besser mit Schweigen. Jetzt haben sie ihr Leid vergessen.

Die Metapher des *feire penitence*, die den mühsamen Abenteuerweg des Ehepaars gleichsam kategorisiert, eröffnet durch ihre Konnotationen mehrere Perspektiven auf diese zentrale Handlungsstrecke des Romans. Einerseits lässt sie das von Erec und Énide Erlittene – ihr *mal*, *enui* und *dolor*, wie es wörtlich heißt – als säkulares Analogon zur sakramentalen Praxis des Sühnens von Sünde durch asketische Bußleistung auffassen. Tatsächlich ist die *penitence*-Metapher auch in wissenschaftlichen Interpretationen des Erec-Romans zur erklärenden Kategorie geworden: In einem zum ersten Mal im Jahr 1948 erschienenen Aufsatz, der nicht nur der *Erec*-Forschung auf lange Zeit die Weichen stellte, formulierte Hugo Kuhn mit Blick sowohl auf Chrétien als auch auf Hartmann, der Abenteuerweg stelle weder eine „Läuterung" noch eine „Entwicklung" der Charaktere dar – beides Begriffe, die das moderne psychologische Subjekt voraussetzten –, „sondern – eine Buße".[14] Andererseits lässt die Verwendung der sakramentalen Metapher durch den Erzähler eben diesen ‚Bußweg' in einem äußerst ironischen Licht erscheinen. Das Wort *penitence* ruft Konnotationen von Wiedergutmachung und Befreiung von Schuld auf. Vor diesem Hintergrund fällt auf, dass der ‚wiederhergestellte' Zustand der Büßer in Pointurie dem Zustand ihrer ‚Versündigung' in Carnant in einer sehr wesentlichen Hinsicht gleich ist: Die überglücklichen Ehepartner geben sich nach wie vor den Genüssen der Liebe hin. Die Parallele reicht bis in die sprachliche Formulierung und die Wahl der Reime: In Carnant wird Erec seines Fehlverhaltens gewahr, als er an einem hellen Morgen erwacht *la ou il jurent an un lit, | qu'il orent eü maint delit* (V. 2471 f.: „dort, wo sie in einem Bett lagen, nachdem sie manches Vergnügen gehabt hatten"); in Pointurie heißt es von der mit ihrem Mann versöhnten Énide, sie *ot sa joie et son delit. | Ansanble jurent an un lit* (V. 5199 f.: „hatte ihre Freude und ihr Vergnügen. Zusammen lagen sie in einem Bett"). Diese markante Parallele steht in einem ebenso auffallenden Kontrast zur Bemerkung des Erzählers, jetzt hätten Erec und Énide ihre Buße getan: Von einem Büßer erwartet man ja nicht, dass er die einmal erreichte Absolution zum Anlass nimmt, sein sündiges Verhalten gleich zu wiederho-

---

[14] Hugo Kuhn: Erec. In: Hugo Kuhn: Dichtung und Welt im Mittelalter. Stuttgart 1959, S. 133–150, 265–270, hier S. 150 (Erstveröffentlichung in: Festschrift für Paul Kluckhohn und Hermann Schneider. Gewidmet zu ihrem 60. Geburtstag. Hrsg. von ihren Tübinger Schülern. Tübingen 1948, S. 122–147); differenzierter und vorsichtiger Quast (Anm. 6), S. 515: Erecs Aventiuren seien „strukturell vergleichbar der wiederholten Bußübung des Asketen".

len. Dass Erec und Énide genau das tun, wird durch die kokette Verweigerung des Erzählers, die Details zu schildern, nur betont.

Der ironische Gebrauch der *penitence*-Metapher gehört zum Diskurs des Erzählers und weist ihn folglich als jemanden aus, der die Situation der Eheleute besser versteht, als sie es selbst tun. Damit wird neben der Auratisierung und der Ironisierung des Geschehens auch eine dritte Funktion der sakralen Referenz in Chrétiens Erec-Roman erkennbar, die Profilierung des Erzählers als diejenige Instanz, die mit souveränem Überblick die Geschichte zum Besten gibt. Sein überlegenes Wissen den Figuren gegenüber manifestiert sich des Weiteren in seinen ganz unironisch gemeinten Hinweisen auf das Handeln Gottes. Zweimal heißt es, Gott habe lebensrettend in den Lauf der Ereignisse eingegriffen: Er habe Erec vor dem tödlichen Schwertschlag des Gegners im Sperberkampf gerettet (V. 944: *Dex le gari a cele foiz*), und er habe die über den vermeintlichen Tod ihres Mannes verzweifelte Énide zum Zögern veranlasst, bevor sie ihren Entschluss, sich umzubringen, habe ausführen können (V. 4634 f.); in just dieser Pause kommen Graf Oringles und seine Ritter herbeigaloppiert und nehmen ihr die Selbstmordwaffe aus der Hand – ein Zufall, der dem Erzähler zufolge beweist, dass Gott Énide nicht vergessen wollte (V. 4642: *Dex ne la vost pas obli̇er*). Der diesem Kommentar zugrunde liegende Glaube an die göttliche Leitung menschlicher Geschicke wird auch von den Figuren der Erzählung geteilt. Als der mit Schande bedeckte Erec den Hof in Carnant verlassen und nach Abenteuern suchen will, tröstet er seinen Vater mit den Worten, er werde zurückkommen, *quant Deu pleira et je porrai* (V. 2754: „wenn es Gott belieben wird und ich in der Lage sein werde"); König Evrain, der Herr von Brandigan, wünscht Erec, als dieser das Abenteuer der Joie de la curt verlangt: *Dex […] vos an doint a joie partir* (V. 5619 f.: „Gott möge Euch geben, dass Ihr mit Freude davonkommt!"). Zwischen der Art der Figuren, ihren Glauben an die göttliche Vorsehung zu artikulieren und derjenigen des Erzählers besteht jedoch ein wesentlicher modaler Unterschied, an dem sich eine poetologisch signifikante Abstufung des epistemischen Zugangs ablesen lässt. Die Figuren drücken ihren Glauben in Konditional- oder Wunschsätzen aus;[15] solche modale Irrealität passt zu ihrer Perspektive als Charaktere innerhalb eines Geschehens, dessen Ausgang sie nicht absehen können. Der Erzähler dagegen behauptet kategorisch, Gott habe eingegriffen, und weitet seine Gewissheit bezüglich des Wirkens und Wollens des transzendenten Akteurs sogar auf die Zukunft aus, denn er erklärt, Gott werde Erec zu Hilfe kommen, als dieser von dem Heiratsantrag des ersten verliebten Grafen noch nichts weiß (V. 3418–3421).

Viertens und letztens wird auf die christliche Transzendenz Bezug genommen, um die Ruhmbegierde des Autors auf eine derart komplizierte und ambivalente Weise zu artikulieren, dass der Rezipient nicht mehr sicher sein kann, ob es sich dabei um maßlose Prahlerei oder Bescheidenheitstopik oder beides in einem handelt. Von dem in der dritten Person genannten *Crestïens de Troies* (V. 9) heißt es im Prolog, er leite von

---

[15] Vgl. des Weiteren die zu Formeln erstarrten Modalsätze in V. 2813, 3472, 3557, 5226, 6323–26.

einem *conte d'avanture* – gemeint ist die Geschichte von Erec, die durch berufsmäßige Erzähler verstümmelt und verdorben worden sei – eine *molt bele conjointure*, ein sehr schönes zusammengefügtes Ganzes, ab (V. 9, 13 f.).[16] Zum Schluss meldet sich der Erzähler als Ich-Stimme und würdigt die Leistung des Autors in Versen, die den antiken Topos der Dichtung als *monumentum aere perennius* in einen ausdrücklich christlichen Zeithorizont rücken:[17]

> *Des or comancerai l'estoire*
> *qui toz jorz mes iert an mimoire*
> *tant con durra crestïantez;*
> *de ce s'est Crestïens vantez.* (V. 23–26)
>
> Jetzt will ich anfangen, die Geschichte zu erzählen, die dauernd im Gedächtnis bleiben wird, solange die Christenheit besteht. Dessen hat sich Chrétien gerühmt.

Über den allgemeinen topischen Hintergrund hinaus weist der Ruhmesanspruch des Autors ganz spezifische intertextuelle Bezüge zur paganen und christlichen lateinischen Dichtung auf. Das personale Maß des Dichterruhms – das Nachleben des *Crestïens* soll nicht von kürzerer Dauer sein als die *crestïantez* – erinnert an Ovid, der in *Amores* 1,15 sein eigenes Streben nach der *fama perennis* der Dichter mit einem langen Katalog illustrer Vorgänger begründet, deren Ruhm je nach der Fortdauer des vom Einzelnen besungenen Themas gemessen wird: Hesiod und Aratus würden z. B. so lange leben wie die Menschen das Land bebauten bzw. Sonne und Mond existierten, die naturphilosophischen Gedichte des Lukrez würden nicht vergehen, „solange noch ein Tag vor dem Weltuntergang bleibt" (*exitio terras cum dabit una dies*).[18] Der Gedanke, Dichtung über die Weltordnung werde so lange dauern wie die Welt selbst, kehrt in christlicher Überbietung in der Vorrede der *Vier Bücher der Evangelien* des Juvencus wieder: Am Jüngsten Tag würden die lügenhaften Dichtungen selbst der berühmtesten heidnischen Poeten in Flammen untergehen; weil es die „lebensspendenden Taten Christi" (*Christi vitalia gesta*) zum Thema habe und vom Heiligen Geist inspiriert sei, werde sein eigenes Werk hingegen verschont bleiben und ihm, dem fest an die christliche Ewigkeit Glaubenden, den Lohn unsterblicher Herrlichkeit (*immortale decus*) eintragen.[19]

---

[16] Zur vieldiskutierten Bedeutung von *conjointure* siehe besonders Gerold Hilty: Zum Erec-Prolog von Chrétien de Troyes. In: Philologica Romanica. Erhard Lommatzsch gewidmet. Hrsg. von Manfred Bambeck, Hans Helmut Christmann. München 1975, S. 245–256, hier S. 249–251; Douglas Kelly: The Art of Medieval French Romance. Madison, Wisconsin 1992, S. 15–31.

[17] Zu diesem Topos, auch in der mittellateinischen Dichtung, vgl. Ernst Robert Curtius: Europäische Literatur und lateinisches Mittelalter. Bern 1948, S. 471 f.

[18] *Amores* 1,15, V. 11 f., 16, 23. Zitiert nach: Ovid: Carmina amatoria. Hrsg. von Antonio Ramírez de Verger. München/Leipzig 2003 (Bibliotheca Teubneriana).

[19] Juvencus: *Libri Evangeliorum IIII*. Hrsg. von Karl Marold. Leipzig 1886 (Bibliotheca Teubneriana), S. 2 f. Zur Vorrede vgl. Roger P. H. Green: Latin Epics of the New Testament. Juvencus, Sedulius, Arator. Oxford 2006, S. 15–23; Philip R. Hardie: Rumour and Renown. Representations of Fama in Western Literature. Cambridge 2012, S. 411 f. Juvencus gehörte zum Kanon der Schulautoren im 11. und 12. Jh.; vgl. die Hinweise bei Günter Glauche: Schullektüre im Mittelalter. Ent-

Vor diesem topischen und intertextuellen Hintergrund erweist sich Chrétiens Prahlerei, seine *estoire* werde so lange fortbestehen wie die Christenheit selbst, als neueste Variante des Ovid'schen personalen Maßsystems, wobei die entscheidende Neuerung darin besteht, dass nicht das Thema des Dichters die Dauer des Nachlebens bestimmt, sondern sein eigener Name. Das annominative Spiel mit *crestïantez* und *Crestïens*, hervorgehoben durch den Wechsel im Erzählerdiskurs von der ersten zur dritten Person (*des or comancerai l'estoire* [...] *de ce s'est Crestïens vantez*), lässt jedoch das Selbstlob des Dichters in einem ambivalenten Licht erscheinen, da es eine Äquivokation der Nomina bewirkt, die die Prahlerei gleichzeitig verstärkt und entkräftet. Indem das Nomen proprium *Crestïens* und das Singularetantum *crestïantez* in eine Relation wechselseitiger Ableitung gebracht werden, bedingen sie sich gegenseitig und werden doppeldeutig: *crestïantez* hat die übliche Bedeutung von „Christenheit" bzw. „Christentum", kann aber als Ableitung vom Autornamen auch als Ad-hoc-Bildung „Chrétien-tum" aufgefasst werden; *Crestïens* ist sowohl Nomen proprium als auch Appellativum („Christ").[20] Geht man von der personalen Bedeutungsachse („Chrétien" – „Chrétientum") aus, ergibt sich einerseits der anmaßende Anspruch eines Autors, der sich aufgrund des eigenen Namens einen Namen machen will. Diese Anmaßung wird jedoch zugleich zurückgenommen, weil mit „Chrétientum" vielleicht doch nichts Grandioses (etwa das „Chrétien'sche Zeitalter"), sondern nur das Nachleben des Autors in der Erinnerung anderer gemeint ist, was dann auf den bescheidenen, geradezu banalen Gedanken hinausläuft, Chrétiens Leistung werde so lange im kollektiven Gedächtnis bleiben, wie die Menschen seiner gedenken. Ähnlich zwischen Übermut und Demut changierend nimmt sich die Aussage bei Betonung der christlichen Bedeutungsachse aus. Die Hybris des Dichters liegt nicht darin, dass er sich eines ewigen Gedächtnisses rühmt („solange die Christenheit bzw. das Christentum besteht" bedeutet wohl: über den Jüngsten Tag hinaus), sondern vielmehr darin, dass er, im Gegensatz zu Juvencus mit seiner inspirierten Dichtung von den *vitalia gesta* Christi, seinen Anspruch auf unsterblichen Ruhm mit einer *estoire* weltlichen Inhalts begründet. Und trotzdem verlangt die *molt bele conjointure*, die schön zusammengefügte dichterische Schöpfung, die sogar die göttliche Schöpfung überdauern soll, als Leistung eines sich als Christ bezeichnenden Autors gewürdigt zu werden. Dieser will seine Kunst übrigens in Erfüllung einer christlichen moralischen Handlungsregel geübt haben. Sein Name fällt zum ersten Mal in Verbindung mit einer Maxime, die er von dem einleitenden Gedanken des Prologs, Nützliches und Ergötzliches sollten der Mitwelt nicht vorenthalten werden, abgeleitet haben soll:

---

stehung und Wandlungen des Lektürekanons bis 1200 nach den Quellen dargestellt. München 1970 (Münchener Beiträge zur Mediävistik und Renaissance-Forschung. 5), S. 69, 72, 78–80, 82 Anm. 46, 87, 90, 93, 100 Anm. 89, 110 f., 119, 124.

[20] Vgl. Sarah Kay: Who was Chrétien de Troyes? In: Arthurian Literature 15 (1997), S. 1–35, hier S. 34: „The name ‚Crestïen' acts as a description as well as a proper name."

> *Por ce dist Crestïens de Troies*
> *que reisons est que totevoies*
> *doit chascuns panser et antandre*
> *a bien dire et a bien aprandre;*
> *et tret d'un conte d'avanture*
> *une molt bele conjointure*
> *par qu'an puet prover et savoir*
> *que cil ne fet mie savoir*
> *qui s'escïence n'abandone*
> *tant con Dex la grasce l'an done.* (V. 9–18)
>
> Deshalb hat Chrétien de Troyes gesagt, es sei richtig, dass jeder sein ganzes Sinnen und Trachten darauf richte, gut zu reden und gut zu lehren; und aus einer Abenteuergeschichte bildet er eine sehr schöne zusammengefügte Komposition, wodurch man den Beweis hat, dass derjenige töricht handelt, der sein Wissen nicht mitteilt, solange Gott ihm die Gnade dazu gewährt.[21]

In der Schlussfolgerung des Erzählers erscheint der Autor Chrétien als jemand, der sein von Gott gegebenes Talent nicht brachliegen lässt; ein christlicher Dichter, der nach diesem Motto verfährt, darf wohl auf ein Nachleben hoffen, das so lange dauert wie die Christenheit, ohne sich dem Vorwurf der Überheblichkeit auszusetzen.

III.

Hartmanns *Erec*, wie er in der Ambraser Handschrift überliefert ist, weist gegenüber Chrétien ebenso komplexe wie bedeutsame Verschiebungen im Bereich der sakralen Referenz auf.[22] Diese Änderungen münden jedoch nur zum Teil in jene „Umstilisierung […] ins Religiös-Sittliche", in der nach Ansicht Hugo Kuhns die Haupttendenz von Hartmanns Retextualisierung des Chrétien'schen Romans besteht.[23] Wie sich im Folgenden zeigen wird, baut Hartmann tatsächlich die punktuellen Vorsehungshinweise seiner Vorlage zu einem allgemeinen Deutungsrahmen aus, der es erlaubt, bestimmte Aspekte einer längeren Handlungsstrecke als moraltheologisches Exemplum zu lesen. Andererseits – und entgegen der von der Forschung in der Nachfolge Kuhns einseitig betonten religiös-sittlichen Absicht[24] – beutet er die sakrale Konnotation neu eingeführ-

---

[21] Zum topischen Hintergrund („der Besitz von Wissen verpflichtet zur Mitteilung") vgl. Curtius (Anm. 17), S. 95 f.

[22] Der im sog. ‚Ambraser Heldenbuch' überlieferte Text ist eine vielleicht im 13. Jh. entstandene Bearbeitung von Hartmanns Dichtung; siehe Joachim Bumke: Der „Erec" Hartmanns von Aue. Eine Einführung. Berlin/New York 2006, S. 9–13.

[23] Kuhn (Anm. 14), S. 146. Kuhn glaubte außerdem im „Augustinischen Gedanken" des *uti ut frui* den ideologischen Mittelpunkt gefunden zu haben, von dem her nicht nur der *Erec*, sondern alle erzählenden Dichtungen Hartmanns zu erschließen seien; siehe ebd., S. 150.

[24] Vgl. Kurt Ruh: Höfische Epik des deutschen Mittelalters I: Von den Anfängen bis zu Hartmann von Aue. 2. Auflage. Berlin 1977, S. 139; Christoph Cormeau, Wilhelm Störmer: Hartmann von

Der Horizont der Transzendenz

ter Prädikate aber auch aus, um Unbestimmtheitseffekte zu erzeugen, die in keiner exemplarischen Interpretation aufgehen, sondern vielmehr das, was Rainer Warning „das artistische Spiel einer auf Wahrnehmung angelegten Bedeutungskomplexion" genannt hat, inszenieren.[25]

Hartmanns Änderungen betreffen zunächst die Quantität der sakralen Referenzen. Die in den Hochzeits- und Krönungsszenen der französischen Vorlage breiten Raum einnehmenden liturgischen und paraliturgischen Elemente sind fast zur Gänze getilgt worden. Bei Hartmann wird lediglich registriert, dass die Trauung des Paares von einem Bischof *von Cantwarje* [wohl Canterbury] *ûz Engellant* feierlich vollzogen wurde.[26] Dafür wird ein Aspekt der Frömmigkeit der Figuren auffallend erweitert. Die ritterliche Gewohnheit, die Messe zu hören, bevor man sich in den Kampf begibt, wird bei Chrétien nur einmal erwähnt, als Énides Vater und Erec am Tag des Sperberkampfes in aller Frühe aufstehen und die Messe vom Heiligen Geist von einem Einsiedler singen lassen (*Erec et Énide*, V. 700–704). Etwas verändert und ausgebaut erscheint das Motiv bei Hartmann wieder: Erec, der hier nicht von Enites Vater, sondern von Herzog Imain, dem Herrn von Tulmein, begleitet wird, hört die Messe vom Heiligen Geist. Der Erzähler fügt erklärend hinzu: *des phlegent si aller meiste | die ze ritterschefte sinnent | und turnieren minnent* (V. 665–667: „das ist eine Gewohnheit aller, die zum Ritterkampf gehen und gern an Turnieren teilnehmen").[27] Nicht nur der Kommentar, der keine Entsprechung bei Chrétien hat, unterstreicht den Brauchtumsstatus des Messehörens, sondern auch die narrative Wiederholung des Usus, die auch eine Besonderheit des deutschen Romans ist: Am Morgen des zweiten Tags des Turniers, das nach der Hochzeit stattfindet, besuchen Erecs Gefährten die Messe, *als sis beginnen solden | die turnieren wolden* (V. 2542 f.: „wie es für Turnierteilnehmer üblich ist"). Am Morgen des Joie de la curt-Abenteuers hört Erec zusammen mit Enite die Messe vom Heiligen Geist, er empfängt außerdem die Kommunion und trinkt zu seinem Schutz den Johannessegen (V. 8636–8645, 8652).[28]

Eine zweite signifikante Erweiterung Hartmanns betrifft die Hinweise auf die göttliche Vorsehung. Chrétiens Erzähler thematisiert das Eingreifen Gottes insgesamt dreimal.[29] Bei Hartmann vermehren sich die Kommentare, sodass Gott nicht nur als okkasioneller Nothelfer, sondern auch als ständiger Begleiter und Schirmherr der Protagonisten erscheint. Erec verdankt seinen ritterlichen Erfolg am ersten Tag des

---

Aue. Epoche – Werk – Wirkung. 2. Auflage. München 1993, S. 173; Jürgen Wolf: Einführung in das Werk Hartmanns von Aue. Darmstadt 2007, S. 69.

[25] Warning (Anm. 13), S. 138.
[26] Hartmann von Aue: Erec. Hrsg. von Kurt Gärtner. Tübingen 2006 (Altdeutsche Textbibliothek. 39), V. 2125 (zitierte Ausgabe). Vgl. Bumke (Anm. 22), S. 30 f., 34 f., 67 f.
[27] Vgl. hierzu den Kommentar zur Stelle in Hartmann von Aue: Erec. Hrsg. von Manfred Günter Scholz. Frankfurt a. Main 2004 (Bibliothek des Mittelalters. 5), S. 652.
[28] Es handelt sich um den ersten Beleg für den Brauch des Johannestrunks; vgl. Scholz, Stellenkommentar zur Ausgabe (Anm. 27), S. 952.
[29] Siehe oben, S. 27.

Turniers der *sælde* und der *werdekeit*, mit denen ihn Gott begnadet hat (V. 2437–2439); *gotes höveschheit* unterstützt Enite bei der schweren Aufgabe, acht Pferde zu pflegen (V. 3461–3467); Gott, der David die Stärke gab, Goliath zu besiegen, steht Erec in seinem Kampf mit dem Riesen bei (V. 5559–5565); er vereitelt Enites Selbstmordversuch *mit genædeclîchem liste* (V. 6071: „mit einem Plan, den er in seiner gnadenvollen Vorsehung fasste"): Während sie Erecs Schwert verflucht, kommt Graf Oringles herbeigeritten, *den got dar gesande* und *dar zuo erkorn [hâte] | daz er si solde bewarn* (V. 6117, 6123 f.: „den Gott dorthin gesandt [und] dazu ausgewählt hatte, sie zu retten"); es ist *gotes wille*, dass der von Limors flüchtende Erec sein Ross wiederfindet (V. 6726); nachdem er die Not der Abenteuerfahrt überwunden hat, heißt es, *got und sîn* [d. h. Erecs] *vrümekeit* hätten ihn wie einen Schiffbrüchigen *an der genâden sant | ûz kumbers ünden gesant* (V. 7070–7072: „aus den Wogen der Mühsal an das Ufer der Gnade geführt"); am Ende des Romans schickt Gott Erec nach Hause (V. 10054), wo sein Ansehen bis zu seinem Tod ohne Makel bleibt, *als ez der himelvoget gebôt* (V. 10105: „nach dem Willen des Himmelskönigs"); außerdem schickt er Enites Eltern ins Land, um ihr eine Freude zu machen (V. 10116–10118).[30] Des Weiteren liegt ein impliziter Hinweis auf das gnadenvolle Wirken Gottes in der Beschreibung Erecs vor, als dieser auf der Burg Limors aus seiner Ohnmacht erwacht: Sein Gesicht, seine Hände und Füße in Grabtücher gewickelt, tritt er hervor wie der auferstandene Lazarus im Johannesevangelium (V. 6669–6673, vgl. Joh 11,44).

Der Unterschied zwischen Chrétien und Hartmann bezüglich der Hinweise auf die Vorsehung Gottes ist jedoch nicht nur quantitativ, er ist auch qualitativ. Bei Chrétien sind die Kommentare, ob vergangenheits- oder zukunftsbezogen, immer auf den besonderen Fall beschränkt: Gott hat in dieser bestimmten Situation eingegriffen oder wird eingreifen, um diesem Menschen zu helfen. Bei Hartmann werden solche Äußerungen verallgemeinert, indem der Erzähler den besonderen Fall des Begnadetseins zur Regelerscheinung oder zum Exempel macht oder wiederum zum allgemeinen Ziel des menschlichen Begehrens erklärt. Der Erzähler tut das übrigens an den zwei herausragenden Stellen der Handlung, wo der Protagonist von der Mitwelt gerade wegen seiner Exzeptionalität bewundert wird. Nach dem großen Erfolg am ersten Tag des Turniers wird der mit *sælde* und *werdekeit* begnadete Erec von allen Anwesenden als *der baz tuonde man | den unser lant ie gewan* gepriesen (V. 2481 f.: „der vortrefflichste Mann, den es hierzulande je gegeben hat"). Vor den Kämpfen des zweiten Tages besucht er die Kirche und ergibt sich der Gnade Gottes, fest darauf vertrauend, dass Gott sich seiner ritterlichen Ehre annehmen wird (V. 2490–2492, 2498–500). Hier flicht der Erzähler erklärend eine Sentenz ein, die die allgemeine Regel zum besonderen Fall angibt: *wan der in* [d.h. Gott] *vor im hât | an allen sînen dingen, | der versehe sich gelingen* (V. 2495–2497: „Wer in all seinen Taten Gott vor Augen hat, kann sich auf Erfolg ver-

---

[30] Lesart der Ambraser Hs.; vgl. hierzu Scholz, Stellenkommentar zur Ausgabe (Anm. 27), S. 996–998.

Der Horizont der Transzendenz

lassen"). Die zweite Stelle kommt am Ende des Romans, als Erec, den Gott in sein Heimatland geschickt hat und dessen Ruhm jetzt die Welt erfüllt, von der ganzen Hofgesellschaft als *wunderære* („der Staunenswerte") gefeiert wird (V. 10045–10054). Der Erzähler preist ihn darüber hinaus als Beispiel für die richtige christliche Einstellung zum weltlichen Erfolg, denn es heißt, Erec *tete sam die wîsen tuont, | die des gote genâde sagent | swaz si êren bejagent | und ez von im wellent hân* (V. 10085–10088: „Er handelte wie die Weisen, die Gott für das danken, was sie an Ruhm erwerben, und es als Gottesgeschenk annehmen"). Es folgt ein Resümee der irdischen und auch himmlischen Güter, die Gott beiden Ehegatten schenkt – ein ehrenvolles Leben ohne Rückfall in seinen alten Fehler des *sich verligens* für Erec, Freude und Ansehen für Enite, ewiges Leben für beide (V. 10103–10129) –, dann wird im Schlussgebet das besondere Glück der Protagonisten als Ziel hingestellt, auf das alle, der Erzähler wie auch sein Publikum, ihre Wünsche richten sollen: *durch got des bitet alle | daz uns der lôn gevalle | der uns gote gehulde, | daz ist goldes übergulde, | nâch disem ellende* (V. 10130–10134: „Betet alle zu Gott, dass uns der Lohn zuteil wird, der uns zu Gott führt – das ist mehr wert als alles Gold – nach diesem Leben in der Fremde").

Sowohl die Regelhaftigkeit als auch die Exemplarität des Protagonisten werden durch Sentenzen begründet: „Wer in allen seinen Taten Gott vor Augen hat, kann sich auf Erfolg verlassen" bzw. „Die Weisen halten ihre Ehre für ein Geschenk von Gott". Auch die Aufforderung zum Gebet enthält eine Sentenz, die die Bitte um das ewige Heil rechtfertigt: „Der Lohn, der uns zu Gott führt, ist mehr wert als alles Gold". Diese drei Sprüche sind im Text übrigens so platziert, dass sie das ganze Eheleben von Erec und Enite bis auf ihre Hochzeit einrahmen. Darüber hinaus umschließen sie fast jeden Hinweis des Erzählers auf das Einwirken Gottes auf das besondere Schicksal der Protagonisten (die einzige Ausnahme ist die Erklärung für Erecs ritterlichen Erfolg am ersten Tag des Turniers, die allerdings derselben Rahmenepisode angehört wie die erste Sentenz, der sie um etwa sechzig Verse vorangeht). Diese Verteilung der Sentenzen, die wohl nicht zufällig ist, erlaubt es ihnen, stark integrierend auf das Verstehen des Geschehens zu wirken. Der Rezipient, der den ganzen Roman hört oder liest, bemerkt ein narratives Muster, das sich im Lebensweg des Ehepaars mehrmals wiederholt: Gott steht Erec und Enite bei und verhilft ihnen zu ihrem Erfolg. Durch die Sentenzen am Anfang und Ende werden all diese Vorfälle thematisiert und auf den erklärenden Grundsatz zurückgeführt: „Alles Gelingen, im Diesseits wie im Jenseits, ist ein Geschenk von Gott, das er seinen Frommen gibt." Diese Erklärung wird schließlich zur Maxime für den Rezipienten selbst, der ja am Ende des Romans aufgefordert wird, Gott um denselben Lohn zu bitten, den dieser Erec und Enite zuteil werden ließ.

Der Glaube, alles Glück komme von oben, ist tief in die Struktur des Werks eingebettet, nicht in die Handlungsstruktur des sogenannten Doppelwegs, dessen sinnstiftende Funktion lange im Mittelpunkt des Forschungsinteresses gestanden hat, sondern in das System der ideologischen Haltungen, die in jeder narrativen Dichtung die erzählten Ereignisse begleiten und diesen eine zusätzliche Dimension von Aspekthaftigkeit verleihen.[31] Diese Haltungen umfassen Werturteile, Normvorstellungen, Ansichten und Überzeugungen; sie können sowohl vom Erzähler als auch von den Figuren geäußert oder gedacht werden, und sie können miteinander und mit den erzählten Ereignissen entweder harmonieren oder dissonieren. Je nach Inhalt und Interrelation der in ihm artikulierten Haltungen erhält das narrative Werk sein besonderes ideologisches Gepräge. Im *Erec* sind die Verhältnisse im ideologischen System teils durch Dissonanz, teils durch Konsonanz gekennzeichnet. Das berühmteste Beispiel für Dissonanz ist wohl die Beurteilung der schweren Strafen, die Erec seiner Frau auf der Abenteuerfahrt auferlegt. Nach Erecs eigener Überzeugung war sein Verhalten, dessen Sinn ihm erst im Rückblick aufgeht, dazu gedacht, seine Frau auf die Probe zu stellen: *und westez rehte âne wân. | ez was durch versuochen getân | ob si im wære ein rehtez wîp* (V. 6780–6782: „und er wusste ganz sicher: es war geschehen, um zu erweisen, ob sie ihm eine treue Frau war"); der Erzähler teilt jedoch die Gewissheit seiner Figur nicht, denn er meint, Erecs Behandlung von Enite sei *âne sache* („ohne Grund") gewesen (V. 6775). Die Dissonanz der Urteile, die ebenso dissonierende Interpretationsversuche der Forschung gezeitigt hat, leistet einer Gesamtwürdigung des Romans als ideologisch schillernd oder ironisch Vorschub.[32] Was nun die Vorsehung betrifft, ist gerade die *Konsonanz* von Erzähler- und Charakteransichten frappierend. Während die Figuren bei Chrétien lediglich die Hoffnung aussprechen, Gott möge eine bestimmte Handlung zu einem guten Ausgang bringen, äußern sich Hartmanns Charaktere gelegentlich auch auf eine Weise, die nicht weniger allgemein-theoretisch ist als der Kommentar des Erzählers. Koralus, der verarmte Vater Enites, erklärt Erec, Gottes Macht sei so groß, dass er die Reichen leicht zu Armen machen könne und umgekehrt (V. 540–543); Enite hält es für Selbsttäuschung, wenn man meint, man könne das, was von Gott bestimmt ist, verhindern (V. 5985–5990); Erec, der unmittelbar vor dem gefährlichen Zweikampf im Baumgarten von Brandigan steht, tröstet Enite mit einer Sentenz und einer Schlussfolgerung: *got sî als guot als er ie was. | hei wie dicke er noch genas | dem er genædic wolde wesen! | wil er, sô trûwe ich wol genesen* (V. 8856–8859: „Gott ist noch so gnädig, wie er es immer war. Ei, wie oft ist der gerettet worden, dem er gnädig sein wollte! Wenn er es will, glaube ich fest daran, dass ich mit dem Leben davonkomme").

Obwohl der *Erec* eine sehr konsistente und tief verankerte Schicht sakraler Referenz enthält, die es dem Rezipienten ermöglicht, eine längere Strecke der Handlung *sub*

---

[31] Dies entgegen Joachim Theisen: Des Helden bester Freund. Zur Rolle Gottes bei Hartmann, Wolfram und Gottfried. In: Geistliches in weltlicher und Weltliches in geistlicher Literatur des Mittelalters. Hrsg. von Christoph Huber, Burghart Wachinger, Hans-Joachim Ziegeler. Tübingen 2000, S. 153–169, bes. S. 156–159. Seine These, der Erzähler des *Erec* „[lasse] sich von Gott den Doppelzyklus begründen" (S. 159), weil Gott als Handelnder an genau der Stelle im Roman auftrete, wo die Doppelwegstruktur transparent werde, wird dadurch geschwächt, dass sie nur eine Textstelle, die Vereitlung von Enites Selbstmordversuch durch Graf Oringles und seine Ritter, berücksichtigt.

[32] Vgl. den Überblick über die Forschungskontroversen bei Scholz, Stellenkommentar zur Ausgabe (Anm. 27), S. 869–876.

specie providentiae verstehend zu integrieren, wäre es verfehlt, den ganzen Sinn von Erecs *âventiure*-Fahrt auf diese Perspektive zu reduzieren, denn neben der Providenz behandelt die Erzählung bekanntermaßen eine Reihe anderer Themen, die sich mit dem religiösen Grundsatz vom Gelingen durch Gottes Gnade kaum berühren, z. B. die sozial zersetzende Wirkung der zur Obsession gewordenen Minne, das Geschlechterverhältnis innerhalb der feudalen Ehe, die Rolle von Reden und Schweigen in der höfischen Kommunikation.[33] Ebenso verfehlt wäre es zudem, die religiöse Perspektivierung des Romangeschehens ausschließlich mit der Herstellung eines exemplarischen Sinnangebots zu identifizieren. Hartmann versteht es auch, Interpretationshypothesen zu vermehren und gegeneinander auszuspielen, indem er bei der Darstellung einer Person oder Situation eine sakrale Dimension andeutet, die möglicherweise den Figuren selbst entgeht, sodass der Rezipient keine letztgültige Gewissheit darüber erlangen kann, wie die Figuren ihre eigene Situation verstehen. Dieses poetische Unbestimmtheitsprinzip soll abschließend anhand einer Episode dargelegt werden, die Hartmann gegenüber der Vorlage bedeutend umgestaltet hat.

Der Eintritt der prächtig eingekleideten Enite in den Saal, wo König Artus und die Ritter der Tafelrunde sich versammelt haben, bringt im deutschen wie im französischen Erec-Roman den eröffnenden Erzählstrang von der Jagd auf den Weißen Hirsch zu seinem Abschluss: Als erfolgreicher Jäger darf Artus die schönste Dame am Hof küssen, die nach einmütigem Urteil der Anwesenden nur Enite sein kann (*Erec et Énide*, V. 1733–1795; *Erec*, V. 1750–1796). Nach dem Gewähren des Kusses setzt Chrétien mit der erzähltechnischen Bemerkung *ici fenist li premiers vers* (V. 1796: „Hier endet der erste Abschnitt") eine deutliche Grenze, die Hartmann indes überspielt, indem er mit der Schilderung des anschließenden Hoffestes fortfährt und die Szene erst dann ausklingen lässt, als Erec, der mittlerweile mit der Versorgung von Koralus beschäftigt war, zum Hof zurückkehrt und von der Schönheit seiner Braut überwältigt wird (V. 1840–1886).[34] Enites außerordentliche Ausstrahlung bildet somit den Rahmen der verlängerten Episode; sie wird am Anfang derselben auch ausführlich beschrieben.[35] Dabei greift Hartmann Elemente des rhetorisch-topischen Schönheitspreises auf, die Chrétien noch beim ersten Auftreten Énides im Haus ihres Vaters verwendet hatte.[36]

---

[33] Überblick über diese Themenbereiche bei Bumke (Anm. 22), S. 93 f., 104–111, 113–121.

[34] Dass dies alles Fortsetzung derselben Szene ist, wird durch die Erecs Wiederkehr begleitende Erzählerbemerkung *nû grîfe wir wider an die vart | dâ von der rede begunnen wart* (V. 1838 f.) hervorgehoben.

[35] Zu Hartmanns Neugestaltung der Szene siehe Wilhelm Kellermann: Die Bearbeitung des ‚Erec-und-Enide'-Romans Chrestiens von Troyes durch Hartmann von Aue. In: Hartmann von Aue. Hrsg. von Hugo Kuhn, Christoph Cormeau. Darmstadt 1973 (Wege der Forschung. 359), S. 511–531, hier S. 515, und vor allem Franz Josef Worstbrock: *Dilatatio materiae*. Zur Poetik des ‚Erec' Hartmanns von Aue. In: Frühmittelalterliche Studien 19 (1985), S. 1–30, hier S. 6–9.

[36] Zu den Musterbeschreibungen von Frauenschönheit in den Poetiken des 12. Jh. siehe Edmond Faral: Les arts poétiques du XIIe et du XIIIe siècle. Recherches et documents sur la technique littéraire du moyen âge. Paris 1924 (Bibliothèque de l'École des Hautes Études. 238), S. 77; Ernest

Dort wird ihre Schönheit als die wunderbare Schöpfung der personifizierten *Nature* beschrieben, die, sich selbst und sogar Gott in der Ausübung ihrer Kunst überbietend, Énides Gesicht, das noch weißer ist als die Lilie, mit frischer roter Farbe bemalt und zum Strahlen gebracht hat (*Erec et Énide*, V. 412–423, 427–436). Der Topos der *Natura artifex*, die die Farben des Gesichts mischt, kehrt bei Hartmann zu Beginn des großen Auftritts am Artushof wieder, allerdings in vermenschlichter Form: Enites Teint wirkt *als der rôsen varwe | under wîze liljen güzze, | und daz zesamene vlüzze* (V. 1701–1703: „als ob jemand die Farbe der Rose auf weiße Lilien gegossen hätte und beide Farben vermischt wären"). Hartmann hat nicht nur die Naturpersonifikation übergangen,[37] er beutet auch die religiösen Konnotationen der topischen Frauenpreiselemente aus, indem er das strahlende Rot und Weiß des Gesichts mit Rosen und Lilien gleichsetzt und dadurch die Ähnlichkeit Enites zur Himmelskönigin Maria suggeriert.[38] Diese Ähnlichkeit wird durch den gleich darauf folgenden Vergleich mit Sonne und Mond nur noch verstärkt: Beim Betreten des Saals erbleicht Enite vor Scheu, sodass die *rôsen varwe* in ihrem Teint verschwindet und ihre Ausstrahlung wie die von einer vorüberziehenden Wolke verdeckte Sonne einen Augenblick lang getrübt wird (V. 1708–1725); sobald sie jedoch hineingetreten ist, *gevie ir schœnez antlütze [...] der wünneclîchen varwe mê | und wart schœner dan ê* (V. 1727–1729: „gewann ihr schönes Gesicht die herrliche Farbe wieder und wurde schöner als zuvor"). Sie übertrifft alle anderen Damen an Glanz und Schönheit, wie der Mond alle anderen Sterne am Firmament (V. 1766–1783).[39] An der entsprechenden Stelle bei Chrétien wird lediglich angemerkt,

---

Gallo: The *Poetria Nova* and its Sources in Early Rhetorical Doctrine. Den Haag/Paris 1971 (De Proprietatibus Litterarum. Series Maior. 10), S. 183–187.

[37] Auch bei der Einführung von Enites Figur in Tulmein wird die Naturpersonifikation übergangen. Anstatt ihr Handwerk zu loben, erklärt der Erzähler: *ich wæne got sînen vlîz | an si hâte geleit | von schœne und von sælekeit* (V. 339–341).

[38] Enites Ähnlichkeit mit Maria wird bereits in Tulmein angedeutet; dort scheint ihr schöner Körper durch ihre schmutzige Kleidung *alsam diu lilje, dâ si stât | under swarzen dornen wîz* (V. 337 f.). Zu den Bildern der *lilia inter spinas* und *lilia mixta rosis* bei Hartmann siehe Uwe Ruberg: Bildkoordinationen im ‚Erec' Hartmanns von Aue. In: Hartmann von Aue (Anm. 35), S. 532–560, hier S. 548 f., 550 (Erstveröffentlichung in: Gedenkschrift für William Foerste. Hrsg. von Dietrich Hofmann, Willy Sanders. Köln 1970 (Ndt. Studien. 18), S. 477–501); Scholz, Stellenkommentar zur Ausgabe (Anm. 27), S. 637 f., 691. Zu den Bildern der Lilien und Rosen in der Mariendichtung siehe Anselm Salzer: Die Sinnbilder und Beiworte Mariens in der deutschen Literatur und lateinischen Hymnenpoesie des Mittelalters. Mit Berücksichtigung der patristischen Literatur. Eine literar-historische Studie. Seitenstetten 1886–1894, ND Darmstadt 1967, S. 68 f., 162–170, 183–192; Peter Kesting: Maria – *frouwe*. Über den Einfluß der Marienverehrung auf den Minnesang bis Walther von der Vogelweide. München 1965 (Medium Aevum. Philologische Studien. 5), S. 12–14; zum antiken Hintergrund des Topos vgl. außerdem Werner Fechter: Lateinische Dichtkunst und deutsches Mittelalter. Forschungen über Ausdrucksmittel, poetische Technik und Stil mhd. Dichtungen. Berlin 1964 (Philologische Studien und Quellen. 23), S. 50–61.

[39] Vgl. zu dieser Stelle Ruberg (Anm. 38), S. 551; Scholz, Stellenkommentar zur Ausgabe (Anm. 27), S. 693; zur Bildtradition in der Mariendichtung Salzer (Anm. 38), S. 78 f., 377–384, 391–399; Fechter (Anm. 38), S. 117–120.

Énide sei vor Scham errötet und habe deswegen nur noch schöner ausgesehen (*Erec et Énide*, V. 1711–1714). Hartmanns *dilatatio* des vorgegebenen Themas („Enite war schöner denn je, als sie zu den Tafelrundern hineinging") unter Umkehrung der auslösenden körperlichen Veränderung (Erbleichen statt Erröten) ergänzt die Schönheitsbeschreibung um eine himmlische Komponente, die der Vorlage gänzlich fehlt und zum Schluss der Episode gleichsam als Höhepunkt aus dem impliziten Bereich der Konnotation heraustritt: Nachdem Erec seinen Schwiegervater beschenkt hat, schließt er sich der Tafelrunde wieder an und erblickt in ihrer Mitte Enite, *diu dort als ein engel saz* (V. 1843).

Dabei weiß Hartmann die sakralen Referenzen so zu verteilen, dass man nicht sicher sein kann, ob der himmlische Aspekt von Enites Schönheit auch von den intradiegetischen Beobachtern und Bewunderern wahrgenommen wird. Sämtliche Vergleiche, die die Ähnlichkeit mit Maria und den Engeln unterstellen bzw. behaupten, gehören zum Erzählerdiskurs. Es besteht also kein Zweifel, dass sie seine Wahrnehmung artikulieren und an den Rezipienten des Romans vermitteln. Ob sie auch die Eindrücke und Gedanken der Figuren wiedergeben, ist dagegen fraglich. Zwar legt die narrative Umrahmung die Vermutung nahe, die Vergleiche würden auch von den Figuren angestellt und erklärten ihre Reaktion auf das Gesehene – auf den Vergleich von Enites Gesichtsfarbe mit Rosen und Lilien folgt unmittelbar die Angabe, *man gesach nie ritterlîcher wîp* (V. 1707); gleich vor dem Mondvergleich merkt der Erzähler an, es habe niemanden unter den Anwesenden gegeben, der bestreiten wollte, dass Enite die Schönste sei (V. 1763–1765); der Engelvergleich fällt mitten im Bericht von Erecs Entzückung durch die *schœne* und *güete* seiner Braut (V. 1840–1846) –, nirgends wird jedoch ausdrücklich gesagt, dass die Figuren etwas Himmlisches an Enite wahrnehmen. Was das Brautpaar selbst betrifft, wird im Gegenteil immer der fleischliche Aspekt ihrer Empfindungen unterstrichen. Der Anblick der engelgleichen Enite löst in Erec so große Sehnsucht aus, dass er kaum bis zur nächsten Nacht auf ihre *minne* warten kann (V. 1847–1850). Ihr ergeht es genauso, und nur der Umstand, dass man sich in der Öffentlichkeit befindet, verhindert, dass sofort *ein vil vriuntlîchez spil* vor sich geht (V. 1851–1856). Anschließend wird das gegenseitige Begehren der Brautleute mit Personifikations- und Vergleichsfiguren ausgestaltet, die das sexuelle Moment weiter herausstellen: *Minne* beherrscht und quält das Paar (V. 1857–1860), beim wechselseitigen Anblick ergeht es ihnen wie einem verhungerten Habicht, der sein Futter bereits sieht, aber noch nicht fressen darf und folglich vom Hunger um so mehr bedrückt wird (V. 1861–1871), beide empfinden ein heftiges Verlangen nach einem zwei- oder dreinächtigen Zusammensein, wobei ihre *sinne* eine andere Art von Liebe begehren als das Kind, das sich nach der Mutter sehnt (V. 1872–1883). Der Habichtvergleich hat seine ungefähre Entsprechung bei Chrétien, der im späteren Zusammenhang der Brautnacht berichtet, dass die Neuvermählten größere Sehnsucht empfinden als ein dürstender Hirsch, der nach dem Brunnen lechzt, und dass sie das Liebesspiel schneller aufnehmen als ein hungriger Sperber, den man zurückruft (*Erec et Énide*, V. 2027–2032). Hartmann ersetzt den Sperber durch den Habicht, zieht den Vergleich zeitlich vor und übergeht den Hirsch, wohl deswegen, weil es ihm an dieser Stelle auf die Betonung der fleischlichen Empfindungen des Paares ankommt, wohingegen der Vergleich mit dem *Cers chaciez qui de soif alainne* und *desirre tant la fontainne* (*Erec et Énide*, V. 2027 f.: „[dem] gejagten Hirsch, der vor Durst keucht [und] den Brunnen so stark begehrt") als Anspielung auf die geistliche Allegorie von Psalm 42,2 verstanden werden könnte: *Sicut cervus desiderat ad fontes aquarum ita desiderat anima mea ad te Deus* („Wie der Hirsch lechzt nach frischem Wasser, so lechzt meine Seele, Gott, nach dir").[40]

In der Forschung wird Enites Schönheit sehr kontrovers beurteilt: Auf der einen Seite stehen die Interpreten, die in der Wirkung ihrer körperlichen Reize auf die Mitwelt etwas Gefährliches und Verführerisches, sogar Böses zu sehen meinen, auf der anderen diejenigen, die die Teilhabe ihrer Ausstrahlung am Göttlichen betonen.[41] Diese Kontroverse geht m. E. am wesentlichen Punkt vorbei. Hartmann kommt es nicht in erster Linie darauf an, Enites Schönheit als gut oder böse, himmlisch oder irdisch zu kategorisieren; es geht ihm vielmehr darum, durch die ambige narrative Einrahmung der sakralen Referenzen Ungewissheit darüber zu erzeugen, ob seine Figuren und insbesondere Erec dieselbe himmlische Dimension von Enites Schönheit wahrnehmen, die sein Erzähler zu erkennen und in Worte zu fassen vermag. Dass diese Frage in der Schwebe gehalten wird, trägt zum Facettenreichtum der Episode bei und macht einen nicht geringen Teil ihres Reizes für den Rezipienten aus. Selbstverständlich ist der Genuss eines als mehrperspektivisch wahrgenommenen höfischen Romans eine säkulare Angelegenheit; das intellektuell reizvolle Spiel der Perspektiven und Interpretationshypothesen setzt jedoch den Horizont christlicher Transzendenz voraus, auf den im virtuos gehandhabten Erzählerdiskurs sowohl denotativ als auch konnotativ referiert wird, ohne dass die Transzendenz selbst von der poetischen Verfügungsmacht weltlicher Autoren in etwas anderes verwandelt oder auch nur angetastet würde.

---

[40] Weniger überzeugend ist m. E. die Erklärung, Hartmann habe den Vergleich getilgt, weil die Jagd auf den Weißen Hirsch in seinem Roman eine wesentlich geringere Rolle spiele als bei Chrétien; vgl. Scholz, Stellenkommentar zur Ausgabe (Anm. 27), S. 697. Da der Anfang des *Erec* in der Fassung des Ambraser Heldenbuchs fehlt, lässt sich außerdem kaum beurteilen, welchen Stellenwert Hartmann dem Motiv beigemessen hat.

[41] Vgl. Otfrid Ehrismann: Enite. Handlungsbegründungen in Hartmanns von Aue ‚Erec'. In: ZfdPh 98 (1979), S. 321–344, hier S. 328; Kathryn Smits: Die Schönheit der Frau in Hartmanns ‚Erec'. In: ZfdPh 101 (1982), S. 1–28, hier S. 10–14; forschungsbilanzierend Scholz, Stellenkommentar zur Ausgabe (Anm. 27), S. 692.

Jan-Dirk Müller
Gotteskrieger Tristan?

I.

Der Begriff der Säkularisation ist an bestimmte Vorgänge in der Frühen Moderne gebunden: die Überführung kirchlicher Besitztümer und vor allem kirchlicher Herrschaften in die Verfügungsgewalt des weltlichen Staats, wie sie dann endgültig im alten Reich im Jahre 1803 stattfand. Doch bezeichnet er viele gleichartige Vorgänge: „wenn die weltliche Gewalt der Kirche ihren Besitz an wirtschaftlicher und politischer Macht entzieht".[1] Der Begriff der Säkularisierung ist schwieriger, „von jenem amorphen Charakter, der vielen Großbegriffen eigen ist. Säkularisierung kann Profanisierung, Entchristlichung, Desakralisierung und Rationalisierung heißen."[2] In dem geschichtswissenschaftlichen Band, dem die beiden Zitate entnommen sind, sind beide Prozesse an die Geschichte des christlichen Europa gebunden. Ein Beitrag definiert sogar ausdrücklich: „Säkularisierung soll die politische Entmachtung der Kirche bezeichnen."[3]

Dieser engere Begriff von Säkularisierung wurde jedoch längst ausgeweitet auf jedwede Herauslösung von materiellen wie ideellen Gegenständen aus einem religiösen

---

[1] Peter Blickle, Rudolf Schlögl: Einleitung. In: Die Säkularisation im Prozess der Säkularisierung Europas. Hrsg. von Peter Blickle, Rudolf Schlögl. Epfendorf 2005, S. 11–17, hier S. 11. Dies untersucht besonders Thomas A. Brady, Jr.: Reformation und Rechtsbruch – Territorialisierung der Kirchen im Heiligen Römischen Reich im europäischen Vergleich. In: ebd., S. 141–153. Eine „Fiskalsäkularisierung" nennt das Arnold Angenendt: Sakralisierung und Säkularisierung im Christentum – Auswirkungen in Mittelalter und Reformation. In: ebd., S. 113–126, hier S. 126.

[2] Blickle, Schlögl (Anm. 1), S. 12. Prominent vertreten (und inzwischen vielfach kritisiert) wurde diese Position von Jacob Burckhardts *Kultur der Renaissance* mit seiner These, dass in der Renaissance der mittelalterliche „Schleier […] gewoben aus Glauben, Kindesbefangenheit und Wahn" zerreißt; zit. nach Bernd Roeck: Säkularisierungstendenzen in der Renaissance? Jacob Burckhardts Modell heute. In: Blickle, Schlögl (Anm. 1), S. 127–139, hier S. 128.

[3] Peter Blickle: Säkularisierung und Sakralisierung politischer Macht in der Reformationszeit in Oberdeutschland. In: Blickle, Schlögl (Anm. 1), S. 83–94, hier S. 83. „Säkularisierung wurde immer als Auseinandersetzung zwischen Staat und Kirche gedeutet"; Blickle, Schlögl (Anm. 1), S. 16, mit Ausnahme in Frankreich.

Kontext und ihre Überführung in einen profanen Zusammenhang. Dies kann man, je nach Standpunkt, als Prozess einer Usurpation oder aber einer Emanzipation sehen. Von jenem politisch-juristischen Initialakt her haftete der Säkularisierung auf der einen Seite der Ruch des Illegitimen an, gegen den sich vor einem halben Jahrhundert schon Blumenbergs epochemachendes Buch über die „Legitimität der Neuzeit" wendet. Mit der Abwertung verbunden war die Unterstellung, dass unter der Oberfläche der profanen modernen Welt eine tiefere Schicht einer religiösen Ordnung liege, die im Zuge der Säkularisierung verdeckt wurde, jetzt aber wieder freizulegen sei, weil sie deren wahres Wesen offenbare. Blumenberg arbeitete als das Ziel von Gadamers Säkularisierungsbegriff heraus, in vermeintlich säkularen Texten diese „Dimension verborgenen Sinns" religiöser Provenienz aufzuspüren.[4] Demgegenüber wandte sich Blumenberg gegen die (ab-)wertenden Konnotationen des Terminus und restituierte ihn als einen zentralen Selbstverständigungsbegriff der Moderne, der „Legitimität der Neuzeit".[5]

Damit knüpfte er an die im 19. und frühen 20. Jahrhundert vorherrschende Auffassung von Säkularisierung als einem wesentlichen Aspekt der Emanzipation der Moderne an. Noch 1959 schreibt C. Wright Mills: „Once the world was filled with the sacred – in thought, practice, and institutional form. After the Reformation and the Renaissance, the forces of modernization swept across the globe and secularization, a corollary historical process, loosened the dominance of the sacred. In due course, the sacred shall disappear altogether except, possibly, in the private realm."[6] Säkularisierung wird als langfristiger, doch insgesamt zielgerichteter Prozess gesehen, in dem sich in der Befreiung von sakralen Ordnungen die für moderne westliche Gesellschaften zentralen Konstellationen herausbildeten.

Diese Ansicht ist nicht nur unter dem Eindruck zunehmender religiöser Fundamentalismen in den letzten Jahren in die Kritik geraten.[7] Auch das darin vorausgesetzte optimistische Modernisierungskonzept ist fragwürdig geworden. Der De-Sakralisierungsprozess ist weder als Fortschrittsprozess beschreibbar, noch ist er so zwangsläufig und unumkehrbar, wie dies im Blick auf die europäische Geschichte seit der Frühen Neuzeit schien. Im Blick über Europa hinaus erscheint er ohnehin als ein historisch begrenztes Phänomen.[8] Sakralität wird ansonsten in der Regel als genuin christliche vorausgesetzt.

---

[4] Dagegen Hans Blumenberg: Säkularisation und Selbstbehauptung. Erweiterte und überarbeitete Neuausgabe von ‚Die Legitimität der Neuzeit'. Erster und zweiter Teil. Frankfurt a. Main 1974, S. 24 (in Auseinandersetzung mit Gadamer).

[5] So der ursprüngliche Titel der ersten Fassung.

[6] C. Wright Mills: The Sociological Imagination. Oxford 1959, S. 32 f., zit. n. Pippa Norris, Ronald Inglehart: Sacred and Secular. Religion and Politics Worldwide. Cambridge 2004, S. 3.

[7] Vgl. Norris, Inglehart (Anm. 6). Dort ist die neuere Literatur verzeichnet. Ihre eigene Untersuchung geht durchaus von einer „systematic erosion of religious practices, values, and belief" in den prosperierenden westlichen Gesellschaften aus (S. 5), stellt sie jedoch in einen größeren Kontext.

[8] Das geht so weit, dass in manchen außereuropäischen Sprachen und Kulturen sowohl ein einheitliches Konzept des Sakralen fehlt wie die entsprechenden Gegenbegriffe (profan, säkular usw.).

Das Christentum mit seiner Entgegensetzung von *geistlich* und *weltlich* ist Ausgangspunkt von Säkularisierungsprozessen, die es in anderen Weltreligionen so nicht gibt.

So hat sich in der jüngeren Forschung die Ansicht durchgesetzt, dass die Beschreibung des Phänomens selbst unzulänglich ist. Säkularisierungsprozesse sind immer von Sakralisierungsprozessen begleitet, und es sind manchmal dieselben Akteure, die beide vorantreiben. So diskutieren im selben Band Kaspar von Greyerz im 17. Jahrhundert das Phänomen des Barock als Prozess einer Sakralisierung Europas und Heinz Duchardt den Absolutismus als Bedingung seiner Säkularisierung.[9] Ergebnis der europäischen Säkularisierung ist der autonome Staat, der seine sakralen Begründungen abgestreift hat, ohne sie je ganz aufzugeben. Wichtiger noch ist ein anderer Aspekt: Was aus späterer Perspektive als Säkularisierungsprozess erscheint, kann ursprünglich als Reinigung des Sakralbereichs von Profanem intendiert gewesen sein. Dies zeigt sich etwa in der mittelalterlichen und reformatorischen Kritik an Besitz und politischer Macht der Kirche. In diesem Sinne bemerkt Angenendt zur Reformation: „Die Verschiebungen aus dem Sakralbereich in den Profanbereich verstanden sich vom christlichen Erstansatz her und waren daher zunächst keineswegs als christentumsfeindliche, sondern als reformerische Säkularisierung gemeint".[10] Das Bild der Säkularisierung als eines einsinnigen Prozesses ist also zu einfach. Sakralisierung und Säkularisierung stehen in keinem eindeutigen Konsekutionsverhältnis; scheinbar gegenläufige Tendenzen können miteinander verknüpft sein, Re-Sakralisierung kann in De-Sakralisierung umschlagen.

Schon in der Einleitung des zitierten Bandes, aber auch in einer Reihe seiner Beiträge wird Säkularisierung nahezu synonym mit Rationalisierung gebraucht oder mindestens mit ihr parallelisiert. Rudolf Schlögl schreibt z. B.: „Säkularisierung bedeutet nicht einfach ‚Verschwinden' von Religion, und ‚Rationalisierung' verläuft nicht einfach als ‚Entsinnlichungsprozess'".[11] Mit ‚Rationalisierung' ist ohne Zweifel ein wesentlicher Aspekt von neuzeitlicher Säkularisierung (im erweiterten Sinne) benannt. Trotzdem fragt sich, ob diese Verknüpfung zwingend ist und ob Sakralisierung und Rationalisierung immer Oppositionsbegriffe sein müssen. Die Frage stellt sich gerade auch für das Mittelalter.

Der Säkularisierungsbegriff wird ganz entscheidend von der Epoche geprägt, die ihm nahezu immer als Induktionsbasis dient, nämlich von Spätmittelalter und Früher Neuzeit, in denen die Konstitutionsbedingungen der modernen westlichen Gesellschaften entstehen. Die Anwendung des Begriffs auf das Mittelalter läuft insofern Gefahr, un-

---

[9] Vgl. Blickle, Schlögl (Anm. 1), S. 211–221 bzw. S. 223–230; ebenso Blickle (Anm. 3).

[10] Angenendt (Anm. 1), S. 125; vgl. S. 117–121. Säkularisierung betrifft insofern unmittelbar die Geschichte der Frömmigkeit; Thomas Fuchs: Spätmittelalterliche Frömmigkeit und Rationalisierung der Religion – Beobachtungen in der süddeutschen Städtelandschaft. In: Blickle, Schlögl (Anm. 1), S. 67–81.

[11] Rudolf Schlögl: Rationalisierung als Entsinnlichung religiöser Praxis? Zur sozialen und medialen Form von Religion in der Neuzeit. In: Blickle, Schlögl (Anm. 1), S. 37–64, hier S. 64; vgl. Anm. 2 sowie die meisten Beiträge des Bandes zur Moderne. Auch Max Webers *Entzauberung der Welt* weist in diese Richtung.

passende Begriffsoppositionen ungeprüft zu übertragen und nach deren Vorgeschichten zu fahnden. Die Suche nach Vorläufern (*schon* vs. *noch nicht*) ist, wie Alois Hahn einmal mündlich bemerkte, nicht zuletzt deshalb problematisch, weil sich in der Regel zu jedem *schon* ein noch früheres *schon* und zu jedem *noch nicht* ein noch späteres *immer noch nicht* finden lässt. Mein Interesse wird es deshalb nicht sein, Säkularisierung vor dem Zeitalter der Säkularisierung aufzuspüren, also etwa Haarrisse und Unstimmigkeiten innerhalb sakraler Sinnentwürfe des Mittelalters aufzuweisen, die eine Tendenz zu deren Überschreitung erkennen lassen, sondern nur an einem Beispiel das Verhältnis von Sakralem und Profanem zu beschreiben, in dem die neuzeitlichen Oppositionen offensichtlich nicht aufgehen.

Die neuzeitliche Rede von Säkularisierung setzt einen Zustand *vor der Säkularisierung* voraus, der dann angeblich Schritt für Schritt abgebaut wird. Nach Genese und Inhalt dieses Zustandes *vorher* wird meist nicht gefragt. Der Konzentration auf Spätmittelalter und Frühe Neuzeit ist es außerdem zu verdanken, dass Säkularisierung als Entchristlichung verstanden wird, als Abbau, Zerfall, Transformation eines sinndurchwalteten christlichen Kosmos. Das setzt ein ganz spezifisches Mittelalterbild voraus, wie es in den letzten Jahren zunehmend in Frage gestellt worden ist.[12] Die Christlichkeit des christlichen Mittelalters wäre grundsätzlicher zu diskutieren, als es hier geschehen kann. Um das Problem wenigstens z. T. einzuklammern, schlage ich vor, allgemeiner von sakralen bzw. nicht-sakralen Sachverhalten zu sprechen, denn es muss nicht immer ein christlicher Gehalt sein, der *säkularisiert* wird.

II.

Der Fall, an dem ich diese grundsätzlichen Probleme diskutieren möchte, ist die Morolt-Episode in Gottfrieds von Straßburg *Tristan*. Es ist eine Episode, die weder umstandslos einem christlichen Weltverständnis zugeschlagen werden kann noch einen klaren Richtungssinn erkennen lässt, eine Episode, die vielmehr nicht-sakrale und sakrale Deutungsperspektiven auf intrikate Weise überblendet. Das entspricht nicht der dominierenden Meinung der Forschung, die die Episode durchweg im Sinne einer christlichen Werteordnung interpretiert hat. Aber gibt der Text das her?

Morolt hat kein gutes *image*. In Christoph Hubers Einführungsbuch zum *Tristan*, das den Stand der Forschung in den letzten Jahrzehnten zusammenfasst, liest man über ihn: „Er kämpft als Diener des Teufels für die Partei des Unrechts, und dies in der Haltung

---

[12] Dorothea Weltecke: „Der Narr spricht: Es ist kein Gott". Atheismus, Unglauben und Glaubenszweifel vom 12. Jahrhundert bis zur Neuzeit. Frankfurt a. Main/New York 2010 (Campus Historische Studien. 57). Weltecke hat gezeigt, wie die vielfältigen Devianzen vom Glauben von neuzeitlichen Positionen her fehlinterpretiert werden und wie stark die Diskussion von neueren Atheismus-Debatten geprägt ist.

frevelhaften Hochmuts".[13] Die Forschung kann sich, wie es zunächst scheint, auf den Text stützen; Huber fährt fort:

> Diesen Gegensatz liest das Mittelalter gern dem biblischen Kampf des Riesen Goliath mit dem Knaben David ab. Goliath als die Macht des Bösen wird von David überwunden, der als alttestamentlicher Typus auf den Erlöser Christus vorausweist. Politisch-rechtlich ist David der Befreier von böser Gewaltherrschaft. [...] Der Erzählabschnitt gibt so den Durchblick auf einen mythischen, biblisch-rechtlichen (vielleicht auch realhistorischen) Konflikt frei. Tristan siegt. Er tötet Morold, wird dabei aber selbst lebensgefährlich verwundet.

Der Episode wäre also ein typologischer Sinn eingezeichnet. Tristan wiederholt eine Konstellation der biblischen Geschichte und befestigt damit Recht gegen illegitime Gewalt.

Bei näherem Zusehen ist der Fall freilich komplizierter. Zu Beginn spielt die Szene allenfalls ganz flüchtig auf die Situation des Davidskampfes an, denn Morolt ist wie Goliath *vorvehtære* (V. 5941), wie Goliath ein Mann *dazwischen*,[14] Kämpfer für ein ganzes Reich, so wie Tristan für Cornwall antreten wird. Folgt man dem Erzähler, sieht es deshalb anfangs auch keineswegs nach einem Davidskampf aus. Stattdessen motiviert dieser ungeheuer umständlich, wie es zu dem Konflikt kommt. Diese Geschichte weicht in vielen Details von dem ab, was andere Tristan-Dichtungen berichten. Man hat sich kaum um sie gekümmert, scheint sie doch unendlich weit entfernt von der zentralen Konstellation des Romans. Umso mehr muss man sich fragen: Warum dieser Aufwand? Über hundert Verse braucht der Erzähler, um zu erklären, was es mit Morolts Zinsforderung auf sich hat. Es gibt eine komplizierte politisch-militärische Verwicklung, von der *der lantlose Tristan* (V. 5868) ziemlich unvermittelt erfährt, wenn er aus seinem Land nach Cornwall zurückkehrt.

Combridge hat die Episode einer ausführlichen rechtsgeschichtlichen Untersuchung unterzogen und dabei wahrscheinlich zu machen versucht, dass die rechtlichen Konstellationen bei Gottfried schon bei Thomas, soweit das aus dessen Adaptation durch Bruder Robert ersichtlich ist, vorhanden sind und dass die ganze Episode in sich stimmig ist.[15] Das scheint communis opinio.[16] Liest man freilich Bruder Robert[17] nicht von vor-

---

[13] Christoph Huber: Gottfried von Straßburg: Tristan. Berlin 2000 (Klassiker-Lektüren. 3), S. 67.
[14] Mündlicher Hinweis Christoph Petersen. – Ich zitiere nach Gottfried von Strassburg: Tristan und Isold. Hrsg. von Friedrich Ranke. Text. 7. Auflage. Berlin 1963.
[15] Rosemary Norah Combridge: Das Recht im ‚Tristan' Gottfrieds von Strassburg. 2. Aufl. Berlin 1964 (Philologische Studien und Quellen. 15), S. 48–55.
[16] Typisch ist eine Untersuchung von Alexander J. Denomy, der vorab erklärt, es komme auf Detailunterschiede nicht an, und der deshalb seiner Analyse die Erzählung des Kampfes nach Joseph Bédier zugrunde legt; Alexander J. Denomy: Tristan and the Morholt: David and Goliath. In: Medieval Studies 18 (1956), S. 224–232. Dann passen die Ergebnisse natürlich bestens auf das David-Goliath-Modell.
[17] Da der *Tristan* des Thomas von Bretagne für diese Stelle nicht überliefert ist, ist nur ansatzweise ermittelbar, was Gottfried vorfand. Bruder Robert ist weit unpräziser und bringt die Vorgeschichte des Zinses wenigstens nicht mit Markes Friedensherrschaft am Beginn zusammen; er berichtet,

neherein aus der Perspektive Gottfrieds und interpretiert man nicht einzelne verwandte Motive von Gottfried her, dann erheben sich durchaus Zweifel an dieser Ansicht.

Gottfrieds Erzählung, wie es zu dem Tribut kam, stimmt mit seiner eigenen Version der Geschichte Markes nur schwer zusammen und spielt im Übrigen im Fortgang der Erzählung nicht die geringste Rolle. Wo sie handlungslogisch so sperrig ist, muss sie eine andere, eine paradigmatische Bedeutung haben. Da gibt es im fernen Afrika den Königssohn Gurmun Gemuotheit, der sein väterliches Erbe (von dem nie mehr die Rede sein wird) nicht mit seinem Bruder teilen will, sondern sich mit seinen Leuten ein eigenes Reich erstreiten möchte.[18] Das ist ein plausibles, einem feudalen Publikum unmittelbar einsichtiges Motiv – siehe Gahmuret, siehe Willehalm, die auch mangels väterlichen Erbes sich selbst eine Herrschaft erobern müssen –, allerdings bleibt es hier blind, wird nicht wie bei Wolfram als Ausgangspunkt einer problematischen Karriere entfaltet.[19] Wohl aber zeitigt es weitere, für die Liebesgeschichte freilich ebenso irrelevante Komplikationen. Von *den gewaltegen Romæren* (V. 5906) erhält Gurmun die Erlaubnis, das *zeigen* (V. 5909) zu beherrschen, was er sich erobert.[20] So kommt er nach Irland, besiegt die Iren, sodass sie *sin ze herren ane ir danc | und ze künege namen* (V. 5918 f.) und ihm und seinen Leuten helfen müssen, *diu bilant* – umliegende Länder – zu bezwingen (V. 5923). Auch Cornwall und England, die sich unter dem jungen Marke (*kint*) nicht wehren können, werden Gurmun zinspflichtig (V. 5926–5930). Der Zins ist also kein ‚uralter' Rechtsbrauch wie bei Bruder Robert,[21] sondern eine Folge komplizierter politischer Geschehnisse, an denen unterschiedliche Rechtsverhältnisse beteiligt sind (Erbauseinandersetzung in Afrika, Oberherrschaft Roms, auf Eroberung

---

„dass die Irländer um diese zeit zins von England erhielten und dieser viele Jahre schon bestanden hatte, weil die Irländer ein besonderes Interesse für England hatten; denn der englische könig, welcher damals regierte, konnte sich nicht wehren, obwohl er es versuchte, und deshalb war England Irland lange zeit tributpflichtig. Eine frühere Abgabe jedoch hatte der römische König erhalten [...]." Die nordische Version der Tristan Sage. Tristrams Saga ok Ísondar. Hrsg. von Eugen Kölbing (1878). Hildesheim/New York 1978, S. 135.

[18] Zu dieser Gestalt vgl. Gottfried von Straßburg: Tristan. Nach dem Text von Friedrich Ranke neu hrsg., ins Nhd. übersetzt, mit einem Stellenkommentar und einem Nachwort von Rüdiger Krohn. Bd. 3: Kommentar, Nachwort und Register. Stuttgart 1980, S. 82.

[19] Solch beiläufig-desinteressierte Behandlung zentraler Probleme der Feudalgesellschaft ist auch sonst für Gottfried typisch, etwa bei Tristans Karriere im Reich nach der Trennung von Isolde.

[20] Allerdings soll er wohl weiter in einer Art Abhängigkeit zu den Römern stehen; die Abmachung sieht vor, dass er *ouch in da von tæte | eteslich reht und ere* (V. 5910 f.); hierzu Combridge (Anm. 15), S. 49: „Es handelt sich dabei um die konkreten Zeichen der Unterwerfung unter die Herrschaft dessen, der bestimmte Privilegien (*reht und ere*) besitzt"; vgl. Krohn (Anm. 18), S. 82.

[21] Vgl. das Zitat Anm. 17. Vor allem geht die Zinspflicht nicht auf einen älteren englischen König, „der damals regierte" zurück, und der Empfänger des Zinses war vorher Rom. Selbst in Bruder Roberts lakonischem Bericht ist diese Herleitung damit weit besser auf die Haupthandlung, aber auch die Fortsetzung der Episode abgestimmt. Sollten sich diese Angaben schon bei Thomas befunden haben, dann verschieben sich die im Folgenden diskutierten Probleme nur auf ihn.

beruhende Herrschaft in Irland, deren Expansion auf andere Länder), ohne dass recht klar würde, wie all das ineinandergreift.

Doch es geht weiter. Gurmuns Macht wird durch die Ehe mit der Schwester des furchterregenden Herzogs Morolt noch gesteigert, der selbst ein großer Herr und als solcher eben sein *vorvehtære* (V. 5941) ist. Der Zins besteht im ersten Jahr aus 300 Mark Messing, im zweiten aus 300 Mark Silber, im dritten aus 300 Mark Gold, im vierten aus zweimal 30 Knaben aus den vornehmen Familien Cornwalls und Englands.[22] Im fünften Jahr wird von den zwei Ländern auf Gurmuns Geheiß, nicht *durch reht noch durch got* (V. 6005) eine Gesandtschaft nach Rom geschickt, zu *ir vrouwen* (V. 6002), also offenbar ihrer Oberherrin, um dort zu hören,

welch gebot und welhen rat
der gewaltege senat
enbüte unde sande
einem iegelichem lande,
daz undertan ze Rome was;
wan man in alle jar da las
und teten ouch kund mit mæren,
wie si nach Romæren
loys unde lantreht solten wegen,
wies ir gerihtes solten pflegen;
und muosen ouch reht also leben,
als in da lere was gegeben. (V. 5987–5998)[23]

Weder die Jahre 1–3 noch Jahr 5 spielen für die Handlung irgendeine Rolle. Vor allem die letzte Bedingung bleibt völlig funktionslos. Wo Bruder Robert von einem langen Rechtsbrauch spricht, bleiben bei Gottfried viele Fragen offen: Ist bisher das Edelmetall gezahlt worden? Wurden Geiseln gestellt? Es sind Fragen, die den Erzähler offensichtlich nicht interessieren.

Aber gerade deshalb: Welch ein Aufwand an Motivation, aber auch welche Wirrnis! Die Episode ist provozierend schlecht narrativ integriert: Wenn Marke damals jung war,

---

[22] Solch ein Tribut aus Gefangenen ist ein weit verbreitetes Motiv; er findet sich z. B. auch in der griechischen Mythologie. Sein mythischer Gehalt ist freilich bei Gottfried verwischt. Dass es ausschließlich junge Männer sind (*niht megede, niuwan knebelin*; V. 5963), verschiebt die Tributforderung in Richtung auf Überstellung von Geiseln zwecks Friedenssicherung. Dem entspricht, dass die jungen Männer im Blick auf ihre Eignung für den Hofdienst ausgewählt werden (V. 5962). Damit wird der Unrechtscharakter reduziert. Bruder Robert lässt die Absicht offen. In Eilharts *Tristrant* sind es Mädchen, die Morhold fordert, um sie in sein Bordell (V. 439) zu bringen, wo sie für ihn „anschaffen" sollen. Hier ist die Ungeheuerlichkeit der Forderung eindeutig; Eilhart von Oberg: Tristrant und Isalde mittelhochdeutsch/neuhochdeutsch von Danielle Buschinger und Wolfgang Spiewok. Greifswald 1993 (Wodan. 1,7).

[23] Hier klingt die ursprüngliche römische Oberherrschaft an, von der auch Bruder Robert sprach. Sie steht bei Gottfried im Hintergrund, wird etwa in Tristans ritterlichem Dienst *zAlmanje*, dem *rœmesch riche* (V. 18448; 18451) noch einmal aufgenommen, doch nie als politische Perspektive thematisiert.

hätte Cornwall schon einen oder mehrere Tributzyklen, inklusive Versklavung junger Adliger, über sich ergehen lassen müssen. Auch darf man nicht fragen, wie die Tributpflicht mit dem Bild des glanzvollen jungen Marke zusammengeht, dessen Hof Tristans Vater Riwalin aufgesucht hatte.[24] Hier ist nicht nach handlungslogischer Kohärenz zu fragen, sondern nach paradigmatischer Stimmigkeit: Der Morolt-Kampf ist der erste Schritt der Depotenzierung Markes, und da kommt es auf Konsistenz der Figur nicht an.

Was schon bei Bruder Robert (und also vermutlich bei Thomas) als Erklärung erratisch in den bisherigen Handlungsverlauf ragt, wird durch die zusätzlichen Details bei Gottfried erst recht unplausibel. Man halte Eilhart dagegen,[25] bei dem die Episode sich glatt in den Handlungsverlauf fügt. Da gibt es einen *herr in Irland* (V. 371), *ain held herlich* (V. 383) mit Namen Morhold, stark wie vier Männer, der seinem Schwager, dem König von Irland, alle Reiche ringsum zinspflichtig gemacht hat bis auf Markes Cornwall und der, um diese Schande auszumerzen, ein Heer sammelt, um auch von Marke Zins zu erzwingen. Er wirft, um den Gewaltakt zu verschleiern, Marke *erzúrnet* (V. 423) vor, den Zins schon mehr als 50 Jahre schuldig geblieben zu sein (V. 431), und verlangt jedes dritte Kind bis zum Alter von fünfzehn Jahren, aus allen Ständen. Das ist offenkundig rechtlose Erpressung eines Usurpators, die Tristrant herausfordert, sich am scheinbar übermächtigen Gegner zu messen. Unstimmigkeiten betreffs der Stellung Markes als Herrscher ergeben sich nicht: Die Bedrohung bricht unvermutet herein. Und das sollte Gottfried, der viel raffiniertere Erzähler, nicht gekonnt haben – zumal er offenbar andere Versionen des Stoffes (Eilhart?) kannte? Oder wollte er es vielleicht nicht? Lag ihm gerade an der Undurchsichtigkeit, aber letztlich auch Gleichgültigkeit derartiger politischer Abhängigkeitsverhältnisse? Offensichtlich hat die Stelle metapoetische Bedeutung, indem sie den ersten verhängnisvollen, mit nichts zuvor plausibel verbundenen und in seinen Konsequenzen nie mehr bewältigten Einbruch in die höfische Idealität anzeigt, aus dem in einer *catena fatalis*[26] alles folgende Heil und Unheil hervorgeht.

Gottfrieds komplizierte Vorgeschichte gibt jedenfalls Morolts Auftreten eine rechtsförmige Gestalt. Jahr für Jahr kommt Morolt *ze wige und ouch ze kampfe* (V. 5952). Vor ihm haben sich die Großen zu versammeln und diesmal per Los passende adlige Knaben, *als es dem hove gezæme* (V. 5962), auszusuchen. Es gibt nur eine Möglichkeit, dies zu vermeiden, die Bestreitung des Anspruchs durch Zweikampf oder Krieg:

und ensolte dirre schande
nieman anders widerstan,

---

[24] Bei Bruder Robert (und Thomas?) ist die Frage entschärft, da es ein früherer englischer König war, der den Tribut zugestehen musste.

[25] Vgl. Anm. 22.

[26] Franz Josef Worstbrock: Der Zufall und das Ziel. Über die Handlungsstruktur in Gottfrieds *Tristan*. In: Ausgewählte Schriften. Hrsg. von Susanne Köbele, Andreas Kraß. Bd. 1: Schriften zur Literatur des Mittelalters. Stuttgart 2004, S. 229–245, hier S. 235.

ezn müese mit einwige ergan
oder aber mit lantvehte. (V. 5966–5969)

Mit dieser Zusatzvereinbarung kommt ein weiteres rechtliches Element ins Spiel. Auch Bruder Robert vermerkt zwar, dass die gewaltsame Forderung nur mit Gegengewalt zurückgewiesen werden kann, aber Gottfried formuliert das wie eine *Ausstiegsklausel* (*ensolte*) aus einem Vertrag.[27] Die Verschiebung ist, wie sich zeigen wird, weniger minimal, als sie scheint. Hier steht nicht Gewalt gegen Gewalt, sondern es gibt eine Regel, wie über konträre Ansprüche entschieden werden kann.

Gottfried erzählt nicht von einem Verhältnis nackter Gewalt, wie Eilhart das tut, bei dem der Aggressor ein Unhold ist, der die als Zins geforderten Mädchen in einem Bordell für sich arbeiten lassen will.[28] Auch Bruder Robert trägt, nachdem er von den Tributforderungen berichtet hat, noch nach, dass Morolt „von bösem charakter" war.[29] Nichts davon bei Gottfried. Bei ihm entfernt sich die Auseinandersetzung vom mythischen Kampf zwischen Gewalt und Recht (selbst wenn die Form der Austragung des Konflikts dieselbe bleibt), denn da gäbe es keine Regeln. Das Monster (der Drache, Riese, Usurpator) wäre einfach da und müsste vom Helden beseitigt werden. Es forderte seinen Tribut aufgrund überlegener Gewalt und argumentierte nicht, wie Morolt das tun wird, mit dem Recht. Hier dagegen gibt es ein kompliziertes Geflecht von politischen Abhängigkeiten und Abmachungen. Erst dadurch, dass die Option der Aufkündigung des Vertrags nicht genutzt wird, da keiner wagt, gegen Morolt anzutreten (V. 5973–5978), entsteht die mythische Situation einer scheinbar ausweglosen Bedrohung des Gemeinwesens, die nur der von außen kommende Heros abwenden kann.

Gottfrieds überschüssige Erklärungen lassen weniger einen Erlösungskampf erwarten als die Lösung eines politischen Konflikts, für den immerhin drei Optionen offen stehen: Unterwerfung, Zweikampf oder Krieg. Bisher scheint der Zins ordentlich gezahlt worden zu sein, wenn Morolt im 4. Jahr kommt. Natürlich löst seine Forderung Verzweiflung aus, doch keinerlei Bereitschaft zur Gegenwehr. Das Land ist gelähmt. Die Großen des Landes befinden sich in hilfloser Trauer,

kniuwende unde an ir gebete
daz iegelicher sunder tete
unschamelich unde untougen [...]

---

[27] Bei Bruder Robert ist diese Möglichkeit nicht als Regel formuliert, sondern als selbst nicht-rechtsförmiger Versuch, sich der Forderung zu entziehen, indem man auf Irlands Vorkämpfer mit Gegengewalt antwortet: „Wenn ihm aber der tribut verweigert würde, da will er allein es fertig bringen, ihn von dem zu erzwingen, der ihn abschlägt, denn entweder soll man den tribut zahlen oder zum kampfe sich gegen ihn stellen." (S. 135) Von einem kollektiven militärischen Unternehmen, einem Krieg, ist überhaupt nicht die Rede. Ich halte es deshalb mindestens für zweifelhaft, dass es schon bei Thomas einen ähnlichen „Zinsvertrag" gegeben habe. Combridge (Anm. 15), S. 51, gesteht selbst zu: „Nur Gottfried scheint die Vertragsklausel als solche auszunützen, indem er Tristan sie anwenden lässt, um den trotzigen Morolt zum Kampf zu zwingen."

[28] Eilhart, V. 460–464.

[29] Bruder Robert, S. 135; er führt die Kinder in „sklaverei und knechtschaft"; ebd., S. 136.

*daz im got der guote
beschirmete unde behuote
sin edelkeit und ouch sin kint* (V. 6039–6041; 6045–6047).

Nur Gott kann bewirken, dass jemand vom Los verschont bleibt; das Los selbst stellt niemand in Frage. Das bedeutet auch, dass gemeinschaftliches Handeln unterbleibt; jeder sucht seine eigene Sache zu retten; auf die Wahrung von Ehre kommt es nicht mehr an (*unschamelich*). Markes Hof ist in rapidem Zerfall begriffen. Ein Zustand völliger Anomie ist eingetreten.

III.

Doch dann kommt Tristan. Er erinnert in einer langen Rede (V. 6063–6137) den Adel daran, dass er ein Kollektiv bildet und für kollektive Werte verantwortlich ist; schon die Anrede hebt die Zersplitterung des Hofs in Einzelinteressen auf:

*‚ir herren' sprach er ‚alle samet,
alle mit einem namen genamet* (V. 6063 f.).

Er wirft den Herren vor, dass sie *ir edelkeit verkoufent* (V. 6066) und erinnert sie an ihre Ehre, um die sie sich in ihrem schamlosen *sauve qui peut* nicht kümmern:[30]

*schamt ir iuch der schanden niht,
diu disem lande an iu geschiht?* (V. 6067 f.)

Er prangert die Schande feiger Unterwerfung unter das Zinsgebot an. Damit artikuliert er den heroischen Widerstand gegen den Eindringling. Diesen Widerstand erklärt er für legitim, denn der Forderung zu folgen hieße adlige *vriheit* (V. 6075) aufgeben. Damit gibt er der Bedrohung, bei der es jeden einmal treffen kann, eine Bedeutung. Hinter der ständischen Ordnung steht Gott. Sie fordert Verteidigung adliger *vriheit* als Kern adligen Selbstverständnisses.[31] Adlige *ere* und *vriheit* sind untrennbar verbunden (V. 6074 f.). Da Adel auf Bluterbe basiert, erstreckt sich die Verteidigung von *vriheit* notwendig auch auf die Kinder. Damit reduziert Tristan, was der Erzähler zuvor umständlich und etwas unübersichtlich aufgebaut hatte, auf einen elementaren Konflikt: Schande gegen Ehre, Versklavung (*eigenschaft*) contra *vriheit* (V. 6107 f.), Recht gegen *unrecht* (V. 6100). Gleich, wie es ausgeht: Ungünstigenfalls ist *der kurze tot* besser als eine ehrlose *lange lebende not* (V. 6095 f.); günstigenfalls, wenn man im Zweikampf siegt, hat man *dort gotes lon, hie ere* (V. 6102). Zusätzlich erhält der Konflikt eine religiöse Bedeu-

---

[30] Zur Dialektik von Scham und Ehre Jan-Dirk Müller: Scham und Ehre. Zu einem asymmetrischen Verhältnis in der höfischen Epik. In: Scham und Schamlosigkeit. Grenzverletzungen in Literatur und Kultur der Vormoderne. Hrsg. von Katja Gvozdeva, Hans Rudolf Velten. Berlin 2012 (Trends in Medieval Philology. 21), S. 61–96.
[31] Morholds Gewalt bei Eilhart kennt keine ständischen Grenzen; die Zinsforderung trifft alle. Erst bei Gottfried betrifft sie den Kern eines adligen Selbstverständnisses.

tung. Ein Zweikampf für die Kinder ist in Übereinstimmung *mit gote*, der Verzicht darauf dagegen *wider gotes gebote* (V. 6105 f.). Man habe sich *nach gote und nach den eren* auszurichten (V. 6112). Hinter den unübersichtlichen Verflechtungen, die zum Zins führten, taucht eine stabile ständische und religiöse Ordnung auf. Über Art und prospektiven Ausgang des Kampfes ist damit noch nichts gesagt. Doch beginnt sich die Argumentation allmählich zu verschieben. Zuerst ist noch von offenem Risiko die Rede (*an die wage*, V. 6092). Jemand solle den Zweikampf, gleich wie er ausgehe, riskieren und seinen Ausgang *an gelücke* (V. 6118) lassen. Alle sollen beten, *daz ime der heilege geist | gelücke gebe und ere* (V. 6122 f.).

Doch geht Tristan weiter; aus der Legitimierung des Kampfes wird ein Muster für seinen *richtigen*, einer christlichen Weltordnung gemäßen Verlauf. Gott hat dafür zu sorgen, dass die richtige Seite gewinnt. Gott hat noch nie jemanden im Stich gelassen, der für das Recht eintrat (V. 6127 f.). Daraus folgert Tristan: Sollte sich keiner finden, der *getürre nach dem rehten | in gotes namen vehten* (V. 6151 f.), dann sollten die Barone den Kampf ihm überlassen. In seiner provokanten Formulierung lautet das: *an got gelazen unde an mich* (V. 6155). Damit legt er die passende Rolle für sich bereit, die des Vorkämpfers für Gott und Recht.

Wieder ist der Vergleich mit anderen Tristan-Dichtungen aufschlussreich. Bei Eilhart tritt die Rechtsfrage zurück. Es bleibt beim Verhältnis von Gewalt und Gegengewalt. Tristrant hört empört von Morholds Forderung und will gleich gegen den *hochmût* (V. 482) des Usurpators kämpfen. Erzählt wird ausführlich und in mehreren Szenen, wie er diesen Wunsch gegen alle Widerstände durchsetzt. Auch Morhold geht es primär darum, sich als Heros zu erweisen und nirgends den Eindruck von *vorcht* (V. 885) zu erwecken.[32] Bei Bruder Robert steht ebenfalls die heroische Auseinandersetzung, weniger deren religiöse Überhöhung im Vordergrund. Tristram bietet sich, sollte sich kein Kämpfer finden, selbst an, „mit der kraft, die gott mir verliehen hat; wenn aber dieser stark ist, da ist gott auch mächtig, mir zu helfen": Er vertraut bei dem gefährlichen Vorhaben auf Gott.[33] Erst bei Gottfried stilisiert sich Tristan selbst zu einem Erlöser, wie ihn der Kampf gegen das Unrecht verlangt. Die provokante Aufforderung, Markes Adel solle die Sache *an got gelazen unde an mich* (V. 6155), stellt ihn mit Gott auf eine Stufe. Das schwächt Tristan im Fortgang etwas ab, bestimmt seinen Anteil etwas bescheidener als riskanten Einsatz für die göttliche Ordnung: Er wolle seine *jugent und min leben | durch got an aventiure geben*, ‚aufs Spiel setzen' (V. 6157 f.). Es stehe zu hoffen, dass Gott den Sieg des Rechts will: *got laze in iu ze guote ergan | und bringe iuch wider ze rehte!* (V. 6160 f.). Hat Gottfried „seinem Tristan eine Frömmigkeit gegeben,

---

[32] Von *hochmût* spricht Tristrant auch, wenn er Morhold seine Niederlage vorhält (V. 970–972); religiöse Konnotationen kann ich da nicht erkennen: Es ist die Selbstüberschätzung des Heros, die am Stärkeren zuschanden wird; vgl. Jan-Dirk Müller: Spielregeln für den Untergang. Die Welt des Nibelungenliedes. Tübingen 1998, S. 237–242. Bei Eilhart geht es allenfalls um das schlechte Bild von Markes Leuten als *zagen*, wenn sie einen Fremden für sich kämpfen lassen (V. 686 f.).

[33] Bruder Robert, S. 137; der Verlauf ist eng verwandt, aber nicht mehr.

die dem Thomasschen abgeht",[34] oder ist Frömmigkeit nur eines der Instrumente, die Tristan virtuos handhabt? Ausgangspunkt ist keine sakrale Konstellation, die dann nachträglich verweltlicht werden könnte, sondern es ist eher umgekehrt, dass erst Tristan eine sakrale Interpretation herstellt, indem er den Konflikt zur Auseinandersetzung zwischen (göttlichem) Recht und Unrecht stilisiert.

Tristan weist einen Ausweg aus der Situation: die Möglichkeit des Zweikampfes. Vorerst tritt allerdings das Argument, dass ja ein möglicher Ausstieg aus dem Zins durchaus vertraglich vorgesehen ist, zurück hinter die Bewertung dieses Zweikampfes. Erst Morolt gegenüber wird Tristan damit argumentieren. Insgesamt zeichnet Tristan einer diffusen Bedrohungssituation, die das Land in Starre versetzt – eine fromme Starre immerhin –, einen Sinn ein, indem er (1) daran erinnert, dass es eine vertraglich vereinbarte Möglichkeit gibt, sich der Gewalt zu entziehen und die Bedrohung abzuwenden, und (2) dass der Tributforderung Folge zu leisten göttlichem und menschlichem Recht widerspricht, ihre Bestreitung also Gott und Recht auf ihrer Seite hat. Bei (1) wird man nicht zögern, darin eine Rationalisierung des Konflikts zu sehen; Cornwall muss nicht hilflos sein wie das sprichwörtliche Kaninchen vor der Schlange, sondern kann die Forderung mit legalen Mitteln abweisen. Doch wie ist es mit (2)? Auch dies könnte man als Rationalisierung auffassen: Ein dumpf erlittener, quasi mythischer Zwang, dem sich Markes Leute widerstandslos ausgesetzt fühlen, dem sich zwar jeder einzelne entziehen zu können hofft, den sie aber allesamt nicht in Frage stellen, wird in den Koordinaten Recht und Unrecht vermessen und damit klar qualifizierbar: Der Zwang ist Unrecht und muss bekämpft werden. Indem Tristan dies zum Kern des Konflikts erklärt, sakralisiert er ihn, indem er ihn zur Auseinandersetzung mit widergöttlichen Mächten erklärt. Was Tristan leistet, ist Rationalisierung und Sakralisierung in einem Zug. Beides sind zwei Seiten einer Medaille. Gerät damit aber nicht die übliche Koppelung von Rationalisierung und Säkularisierung ins Rutschen?[35]

Folgt man genau dem Erzählvorgang, dann erscheint Tristans Interpretation vorerst als eine Setzung, die noch keineswegs den Erfolg garantiert. So schließt auch vorerst die Berufung auf Gott taktische Überlegungen keineswegs aus: Seine Niederlage, argumentiert Tristan – sie scheint also doch möglich![36] –, würde für Markes Leute ihre Situation nicht verschlechtern, denn dann *so stat es aber rehte als e* (V. 6169), d. h. der Tribut wird zwar fällig, aber man hat wenigstens versucht, ihn abzuwenden. Tristans Niederlage, angesichts der Kräfteverhältnisse erwartbar, ist für Markes Adel ohne Risiko, sein Sieg wäre dagegen ein Triumph von Gottes Recht; er wäre *binamen von gotes gebote: | desn danket nieman niuwan gote* (V. 6171 f.). Niederlage und Sieg rücken damit in ein asymmetrisches Verhältnis. Sakrale und profane Konstellation bestehen

---

[34] Combridge (Anm. 15), S. 52.
[35] Weltecke (Anm. 12), S. 17, hat daran erinnert, dass die Hochphase des mittelalterlichen Christentums, die mit dem 12. Jahrhundert beginnt, eine Phase der Rationalität ist.
[36] „Die Einrichtung des Zweikampfes als Mittel zur Erhärtung der Wahrheit sieht Gottfried als eine unzuverlässige an." Combridge (Anm. 15), S. 49.

nebeneinander. Unter profanem Aspekt kennt Tristan seine Unterlegenheit; der Ausgang ist mindestens unsicher. Doch in sakraler Perspektive ist er überzeugt, er habe zwei Helfer *an gote und ouch an rehte* (V. 6184), zu denen sich als dritter seine Kampfbereitschaft (*willige[r] muot*, V. 6187) geselle. Mit den dreien müsste er siegen.

Erst im Rahmen dieser allegorischen Konstellation[37] folgt die eigentliche Pointe: Es ist kein anderer als Tristan selbst, der das biblische Beispiel herbeiruft, das die Forschung zum Kern des Konflikts erklärt hat:

man hat des wunder gesehen,
daz unrehtiu hohvart
mit cleiner craft genidert wart (V. 6216–6218).

Damit sind die Kulissen für den Kampf David gegen Goliath aufgebaut. Tristan erfindet sich als neuer David, so wie er immer wieder passende Rollen für sich erfindet. Er stilisiert sich zum Instrument Gottes und Heilsbringer zum Wohl von Markes Adel. Der solle sehen, *ob iu got hab uf geleit | an mir [!] dekeine sælekeit | und ob ich [!] selbe iht sælden habe* (V. 6239–6241). Man muss diese Ungeheuerlichkeit genau lesen: Tristan will den Beweis antreten, dass Gott durch ihn, Tristan, dem Land Heil (*sælekeit*) schicke und damit ineins seine, Tristans, Fortüne (*sælde*) bestätige. Tristan will die Probe darauf erzwingen, ob Gott durch ihn wirkt. Das ist eine Rolle, die in legendarischem Erzählen der Heilige hat, freilich nicht als Selbstzuschreibung, sondern als Zuschreibung des Erzählers und der frommen Gemeinde.[38] Tristan instrumentalisiert fromme Zuversicht für seinen Auftritt als Gottesstreiter.

Für das Problem der Säkularisierung ist das ein alarmierender Befund. Wenn die Rede von der Säkularisierung impliziert, dass „etwas weg [ist], das vorher da gewesen sein soll"[39], dann müsste man hier sagen: Es kommt etwas hinzu, was vorher fehlte, kommt hinzu aufgrund der Deutungskompetenz, die der Held beansprucht. Der Sinn, den Tristan dem Morolt-Kampf gibt, klingt in den übrigen Versionen zwar indirekt an, indem Morolt als böse bezeichnet wird und seine Zinsforderung als brutale Willkürtat.[40] Doch gilt das von Anfang an, ist unbestrittene Perspektive des Erzählers und nicht erst die Interpretation von einem der Akteure.

---

[37] Die Forschung ist überwiegend der Ansicht, dass diese Allegorie zwar von Thomas angeregt sein könnte, doch in dieser Form Gottfrieds Werk ist; vgl. F. Piquet: L'originalité de Gottfried de Strassbourg dans son poème de Tristan et Isold. Lille 1905, S. 156; Blake Lee Spahr: Tristan versus Morolt: Allegory against Reality. In: FS Helen Adolf. Hrsg. von Sheema Z. Buehne. New York 1968, S. 72–85, hier S. 72. Wenig Beachtung gefunden hat die Tatsache, dass es zuerst Tristan ist, der diese allegorische Deutung vorträgt, und dass erst im Verlauf des Kampfes selbst der Erzähler ihm folgt. Spahr erwähnt es immerhin (S. 73), doch ohne Konsequenz für seine Interpretation.

[38] Susanne Köbele: Die Illusion der ‚einfachen Form'. Über das ästhetische und religiöse Risiko der Legende. In: PBB 134 (2012), S. 365–404.

[39] Blumenberg (Anm. 4), S. 10.

[40] Wieder ist der Vergleich mit Eilhart aufschlussreich: Auch Tristrant und seine Leute hoffen auf Gott: *got helf mir zů dem rechten* (V. 486); aber das geschieht im Bewusstsein des Risikos: *daß wil ich an ain hail lŏn* (V. 599; ähnlich die Leute V. 627).

IV.

Wie aber reagiert Morolt? Tristan nähert sich ihm wie einem Verhandlungspartner in einem politischen Geschäft: *waz werbet ir?* Wozu seid ihr eigentlich gekommen? (V. 6254). Wenn Morolt ihm unwirsch antwortet, das wisse doch jeder, wirft er ihm die unrechte und schändliche Praxis der Zinszahlung vor, die revidiert werden müsse:[41]

> *man sol ez wider keren*
> *daz unz her verkeret ist,*
> *wan unser aller genist*
> *muoz sus hin an gewalte wesen:*
> *sul wir iemer genesen,*
> *daz müeze wir beherten*
> *mit wige und mit herverten.* (V. 6296–6302)

(Ich übersetze das: Man soll es rückgängig machen, was bislang verkehrt ist. Denn künftig darf nicht unser aller Leben auf Gewalt beruhen [unser Überleben muss ohne Gewalt sein]; wenn wir je davon kommen wollen, müssen wir das durch Zweikampf und mit Krieg durchsetzen.)

Nachdem Morolt sich vergewissert hat, dass Tristan mit seiner Verweigerung des Tributs im Namen von König und Land spricht, wirft er ihm Vertragsbruch vor:

> *so brechet ir*
> *minem herren unde mir*
> *iuwer triuwe und iuwern eit*
> *und alle die sicherheit,*
> *diu under uns allen ie geschach.* (V. 6353–6357)

Morolt beruft sich also keineswegs auf seine überlegene Stärke, sondern auf vertragliche Abmachungen, d. h. er kehrt auf die Ebene zurück, auf der der Erzähler ursprünglich die Geschichte des Konflikts eingeführt hatte. Damit aber hat Tristan leichtes Spiel. Er weist Morolt kühl auf die Ausstiegsklausel hin, die Bestandteil der vertraglichen Abmachungen war, *ein gelübede unde ein sicherheit* (V. 6364), an die man sich getreulich halten werde (*stæte*, V. 6366): Entweder der Zins werde bezahlt

> *oder aber si sazten sich ze wer*
> *mit einwige oder lanther* (V. 6371 f.)

Großzügig stellt er Morolt anheim, zwischen *kampf* und *lantstrit* zu wählen (V. 6381).[42] Der gerichtliche Zweikampf, in dem sich göttliches Recht offenbaren soll, ist nur eine,

---

[41] Wieder wird gegenüber Bruder Robert der Konflikt verschärft. Dort wirft Tristram Morhold vor, die Tributforderung beruhe auf unrechter Gewalt und müsse deshalb mit Gewalt verhindert werden: „was er mit gewalt nehmen will, wollen wir mit gewalt vertheidigen" und so die „ungerechtigkeit" der Forderung beweisen (S. 138).

[42] Gottfried macht die Option der kriegerischen Auseinandersetzung stark; sie wird bei Bruder Robert mangels unzureichender Ausrüstung der Iren von Morolt selbst von vorneherein verworfen und fehlt bei Eilhart ganz.

von den Umständen nahegelegte Option, um den Konflikt zu lösen. Es gäbe eine Alternative: Gott könnte auch durch das Kriegsglück entscheiden.

Morolt fasst das als Bruch friedlicher Abmachungen auf. Er erwidert, er sei *vrideliche* (V. 6397) gekommen und habe gehofft, *mit rehte und ouch mit minnen* (V. 6404), d. h. gestützt auf die vertraglichen Abmachungen und einvernehmlich[43] den Tribut zu erhalten; daher führe er kein Heer mit sich. Darauf bietet Tristan ihm an, zurückzufahren und ein Heer zu rekrutieren; oder er selbst werde mit einem Heer nach Irland aufbrechen, denn *gewalt hœre wider gewalt | und craft wider crefte* (V. 6420 f.), wobei er gegen Morolts ungerechte Forderung, ungerecht, weil sie bedeutet *herren ze schalken machen* (V. 6424), auf Gott vertraut.

Den Krieg verwirft Morolt. Auf Tristans Großsprecherei und *übermüetekeit* hin (V. 6443) – der klassische Vorwurf unter Heroen – will er im Zweikampf klären, *weder ir reht habet oder ich* (V. 6449). Auch Morolt fasst also den Zweikampf als Rechtsentscheid auf. Er besteht auf seinem *zinsreht* (V. 6813), wogegen Tristan *mit gotes helfe* (6451) beweisen will, wer *unreht* hat (V. 6453), dass er, Tristan, *daz reht niht breche* (V. 6460) und dass sowohl Morolt wie sein König den *zins ze rehte nie gewan* (V. 6464), die irische Forderung also zu Unrecht besteht. Gewiss, Tristans Kampf gegen den barbarischen Brauch der Versklavung mag heutigem Rechtsempfinden näher stehen, aber im Wortwechsel berufen beide sich aufs Recht. Morolt vertraut auf das gegebene Wort (*triuwe* und *eit*), und das ist die Rechtsgarantie schlechthin in einer oralen Gesellschaft. Die Zusage hat eine Art Gewohnheitsrecht begründet. Tristan stützt sich dagegen auf den Unrechtscharakter der Abmachung und bemüht die Zusatzvereinbarungen, um sie abzuschaffen.

Beides dürfte es in einem mythischen Kampf gegen Chaosmächte eigentlich gar nicht geben. Es differiert nur, was beim Zweikampf als Mittel der Rechtsfindung den Ausgang bestimmen soll. Wo Tristan zwar anfangs von *gelücke* sprach, dann aber auf Gott setzte, da vertraut Morolt allein auf seine *schanze* (V. 6490). Erst damit sind die Gewichte so verteilt, wie es das David-Goliath-Modell verlangt.

V.

Nun wird der Kampf als traditionelles Rechtsritual inszeniert: Das ganze Land ist anwesend, der Kampfplatz ist gehegt, eine kleine Insel, auf der nur die beiden Kämpfer sind; niemand anderer darf eingreifen. Bis hierher war das alles Tristans Selbstentwurf. Ab

---

[43] Es ist darauf zu achten, dass es sich hier nicht um eine Alternative handelt, also nicht „durch Übereinkunft oder gerichtliches Urteil", wie Krohn (Anm. 18), S. 85, übersetzt, sondern dass Recht und Einvernehmen zusammengehören; die Abmachung (Recht qua Vertrag) soll Gewalt vermeiden; zur Rechtsformel Hugo Kuhn: Minne oder reht. In: Hugo Kuhn: Dichtung und Welt im Mittelalter. 2. Aufl. Stuttgart 1969, S. 105–111.

jetzt wird seine Position vom Erzähler übernommen. Hübner hat dieses Erzählverfahren Gottfrieds beschrieben: dass der auktoriale Erzähler Erleben und Wertung seiner Protagonisten übernimmt,[44] sodass Erzähler- und Figurenperspektive konsonant sind. Er hat dieses Verfahren allerdings auf die Erzählung von der Liebe (Riwalins und Blanscheflurs bzw. Tristans und Isoldes) eingeschränkt:[45] Indem der Erzähler der Sicht der Liebenden folge, lenke er die Sympathie des Rezipienten und artikuliere so im Sinne der Liebenden das *Recht der Grotte*, das der Innenwelt gegen die Außenwelt. Diese Einschränkung ist, wie die Schilderung des Kampfes zeigen wird, zu eng. Es scheint vielmehr ein durchgängiger Zug von Gottfrieds Erzählweise zu sein, dass die figurengebundene Interpretation von Welt von der übergeordneten Erzählinstanz bestätigt werden kann (freilich nicht immer bestätigt wird).[46] Tristans Ordnung der Welt wird zu einer Ordnung des Erzählers.

Von Anfang an ist die Sympathielenkung eindeutig. Tristan ist nicht nur äußerlich, in seiner Rüstung und hoch zu Ross, sondern auch seinem *muot* nach als eine Epiphanie ritterlicher Vollkommenheit inszeniert:

*so was doch innerthalp der muot
so reine gartet und so guot,*

---

[44] Zur Verschränkung von Figuren- und Erzählerperspektive im *Tristan* vgl. Gert Hübner: Erzählform im höfischen Roman. Studien zur Fokalisierung im *Eneas*, im *Iwein* und im *Tristan*. Tübingen/Basel 2003 (Bibliotheca Germanica. 44), S. 264–397.

[45] Ebd., zusammenfassend S. 367–371; der Erzähler bewohne gewissermaßen zusammen mit seinen Protagonisten die ‚Grotte' der Liebe (S. 364). Hübners These hat – wie viele, weit weniger problembewusste vor ihr – eine Entproblematisierung der passionierten Tristan-Liebe zur Folge, indem sie die Innensicht privilegiert. Es ist richtig, dass das Verfahren der Sympathielenkung dient. Doch passt sich die Erzählerperspektive eben nicht immer der Figurenperspektive an. Um dies sagen zu können, muss Hübner entgegenstehende Erzählerkommentare wie den vom Sündenfall als bloß ironisch abwerten (S. 321). Hübner übersieht, dass die Grotte und das Leben in ihr ihrerseits problematisiert werden.

[46] Es ist zu überlegen, ob dies eine Station in der Ablösung *epischen Erzählens* ist; hierzu bereite ich eine größere Untersuchung vor. Während dort die Erzählwelt insgesamt von einer kollektiv verbürgten Erzählinstanz her entfaltet wird, erzählt der höfische Roman von unterschiedlichen Wahrnehmungen von Welt, ohne dass bereits polyperspektivisch erzählt würde; es sind nämlich zwar verschiedene begrenzte Wahrnehmungen möglich, nicht aber verschiedene Weltsichten und konkurrierende Urteilsinstanzen. Gottfried geht hier einen Schritt weiter: Die Sicht der Liebenden selbst und die der Hofgesellschaft auf die Liebespassion sind nicht miteinander vereinbar; was im Urteil der einen Seite ideale Liebe ist, ist in dem der anderen Ehebruch. Der Erzähler sympathisiert zwar oft mit der einen Seite, aber nicht durchweg, denn er bringt auch entgegenstehende Normen zur Geltung (Sündenfall, *huote*-Exkurs). Der *Tristan* ist insofern ebenfalls nicht polyperspektivisch (denn der einen Seite fehlt die Stimme für ihren Blick aufs Geschehen), aber das Schwanken des Erzählers nimmt vorweg, was polyperspektivisches Erzählen leisten wird. In der Morolt-Episode ist der Riss zwischen Figuren- und Erzählerinstanz daran sichtbar, dass der Erzähler erst nachträglich das bekräftigen muss, was die Figur entworfen hat. Eine genauere Ausführung muss der genannten Studie vorbehalten bleiben.

*daz edeler muot und reiner art
under helme nie bedecket wart.* (V. 6717–6720)

Den Sieg, der damit vorweggenommen scheint, erklärt Tristan im Vorhinein zum Sieg Gottes:

*unser sige und unser sælekeit
diun stat an keiner ritterschaft
wan an der einen gotes craft.* (V. 6764–6766)

Alle sollen sich, mahnt Tristan, Gott anvertrauen:

*so lat ir iuch doch hiute,
iuwer lant und iuwer liute,
an den ich mich verlazen han:
got selbe, der mit mir sol gan
ze ringe und ouch ze vehte,
der bringe reht ze rehte!* (V. 6775–6780)

Und er geht noch einen Schritt weiter:

*got muoz binamen mit mir gesigen
oder mit mir sigelos beligen* (V. 6781 f.)

Damit erklärt er den Ausgang des Kampfes zur Erprobung Gottes. Tristans Niederlage wäre Gottes Niederlage, und das kann natürlich kaum sein. Damit baut er auf einen ähnlichen Automatismus wie später Isolde im Gottesurteil. Gott wird so handeln, wie der Held als Sprachrohr der ritterlich-höfischen Ordnung erwartet. Dieser Gott ist ein Experte in ritterlichem Kampf: *got selbe möhtez gerne sehen*, heißt es an späterer Stelle (V. 6865), und sollte deshalb wissen, was er zu tun hat.

Tristan hatte als seine Helfer im Kampf Gott, Recht und *willigen muot* (V. 6184–6192) genannt, und die nennt jetzt auch der Erzähler als Tristans *rotte* (V. 6883–6892), die zusammen mit Tristans Kampfkraft Morolts Viermännerstärke aufwiege. In dieser *rotte* ist kaum Vergleichbares zusammengezwungen. Gott wird zu einem Teil der Allianz der ritterlich-höfischen Gesellschaft, aber nicht als deren Lenker insgesamt (wie das in der providentiellen Zuversicht des Artusromans der Fall ist), sondern als ein Akteur unter mehreren, neben dem *willigen muot*. Wenn man Gott auf seiner Seite hat, sollte alles klar sein. Aber zunächst kommt es ganz anders. In der ersten Phase des Kampfes, in der Tristan die vergiftete Wunde empfängt, kommen nämlich weder Gott noch Recht Tristan zu Hilfe; er ist in einem gewöhnlichen Zweikampf auf sich allein gestellt, sodass Morolt schon triumphieren zu können glaubt:[47] Morolt interpretiert den Ausgang, der sich abzuzeichnen scheint, als Entscheidung über Recht und Unrecht:

---

[47] Combridge (Anm. 15), S. 49, notiert als auffällig: „Gott u. Recht auf einer Ebene; beides wiederum auf einer Ebene mit Tristan und dem willigen muot."

hier an mahtu wol selbe sehen,
daz nieman unreht vüeren sol:
din unreht schinet hier an wol. (V. 6932–6934)

Wohlgemerkt, Morolt beruft sich wieder nicht auf seine physische Überlegenheit („da siehst Du, was passiert, wenn man sich mit so jemand Starkem einlässt"), sondern er sieht das Institut des Rechtskampfes durch die Offenbarung von Recht bestätigt. Wieder scheint alles klar; doch dabei bleibt es nicht, denn der Kampf geht in die zweite Runde.

Durch diese Aufteilung markiert der Erzähler die Nachträglichkeit der christlich-sakralen Interpretation des Kampfes: Gott und Recht müssen ausdrücklich *hinzugeholt* werden, damit der Kampf zu Tristans Gunsten (und im Sinne einer göttlich garantierten Rechtsordnung) entschieden werden kann. Sie greifen so spät ein, dass das Publikum schon ungeduldig wird:

nu sprichet daz vil lihte ein man,
ich selbe spriche ez ouch dar zuo:
‚got unde reht, wa sint si nuo,
Tristandes stritgesellen? (V. 6978–6981)

Man muss genau auf die narrative Inszenierung achten. Der Kampf scheint nicht nur anfangs auf das entgegengesetzte Ergebnis zuzusteuern – das ist bei solchen Kämpfen nahezu die Regel –, sondern seine religiöse Sinngebung setzt zunächst einmal aus. Das frustriert den Hörer, der ein Gottesgericht zugunsten Tristans erwartet; der Erzähler schließt sich ihm an und erzählt, dass Gott und Recht in letzter Sekunde doch noch erscheinen:

got unde reht diu riten do in
mit rehtem urteile,
ir rotte ze heile,
ir vinden ze valle. (V. 6996–6999)

Das ist die Entscheidung. Tristan fasst bei ihrer Ankunft neuen Mut und erschlägt Morolt.[48] Die Allianz wird vom Erzähler bestätigt, aber selbstverständlich gegeben ist sie nicht von Anfang an.

Der Kampf hat zwei Phasen – so wie der Streit um den Tribut zwei Aspekte hatte. Der ersten, gewissermaßen der profanen, bleiben Gott und Recht fern; Morolt interpretiert zwar den Ausgang, der sich abzeichnet, – im Sinne der Institution des Gottesurteils – als Sieg des Rechts, aber diese Interpretation erweist sich als verfrüht. Die Herstel-

---

[48] Beiseite kann hier bleiben, ob die Art des Sieges, besonders die Enthauptung des todwunden Feindes, Tristans Sieg ins Zwielicht rückt; vgl. Andreas Hammer: Tradierung und Transformation. Mythische Erzählelemente im *Tristan* Gottfrieds von Straßburg und im *Iwein* Hartmanns von Aue. Stuttgart 2007, S. 94 f. Die nachträgliche Enthauptung fehlt bei Eilhart wie bei Bruder Robert. Sollte die „betonte Brutalität" nur den „Unterhaltungswert" für ein „an derlei rauhe Töne und Taten" gewöhntes Publikum erhöhen, so Krohn (Anm. 18), S. 89, oder sucht Gottfried ein weiteres Mal die Zweideutigkeit des Gerichtskampfs zu unterstreichen? Oder soll gerade dieses Moment aus dem David-Goliath-Kampf übernommen werden?

lung der richtigen Ordnung gelingt aber erst im zweiten Anlauf durch einen Erzähler, der seinem unzufriedenen Hörer zustimmt und Tristans Interpretation übernimmt. Der Sieg ‚Davids' über ‚Goliath' ist also nicht selbstverständliche Erfüllung eines typologischen Musters, sondern voraussetzungsreiche Inszenierung, an der der Protagonist, der sich als David stilisiert, und der Erzähler, der Gott und Recht herbeizitiert, beteiligt sind. In Morolts voreiliger Interpretation scheint Gottfried die Institution des Gottesurteils infrage zu stellen: Es ist der Stärkere, der seine Überlegenheit zum Recht erklärt; gesiegt hätte, wäre es bei diesem Stand geblieben, die überlegene Gewalt. Doch gleichzeitig bestätigt er die Institution des Gottesurteils, denn der Sieger heißt zuletzt Tristan, der Vorkämpfer für *ere*, *vriheit* und *lant*, und der Erzähler lässt keinen Zweifel daran, dass dieser Ausgang der gottgefällige ist.

Durch die Zweiteilung des Gottesurteils öffnet sich ein Spalt zwischen profanem Kampf und seiner Sinngebung in einer gottgeordneten Welt. Ich sehe nicht, wie man diesen Spalt aus einem Verschulden von Tristan in der ersten Runde des Kampfes ableiten kann.[49] Er besteht objektiv zwischen zwei unterschiedlichen Ansichten von Welt. Beide beanspruchen das Gottesurteil für sich, doch siegreich ist die zweite, die nicht auf überlegener Gewalt basiert. Es ist der Erzähler, der den Zwiespalt heilen kann, indem er kraft seiner Autorität herbeiruft, was in der ersten Phase des Kampfes fehlte.

Man stößt hier auf eine Grundfigur der Gottfried'schen Poetik, die sich etwa auch im Gottesurteil und der Minnegrotte zeigt, eine Überblendung von allegorisch-metaphorischer und auf die Erzählwelt referierender Rede.[50] Allegorese tritt nicht nach-

---

[49] Der Text gibt keinerlei Hinweis, dass Tristan, wie Spahr (Anm. 37), S. 74, behauptet, bis dahin sein höheres Ziel vergessen habe und, moralisch defizient, nur auf seine Stärke vertrauend, gekämpft hätte: „A knight who fights without a noble purpose for his goal and who relies only upon his own strength is waging battle without justification" (S. 74). Aus diesem Grund empfange er die lebensgefährliche Wunde, denn allein aufgrund seiner Stärke war er für Morolt kein ebenbürtiger Gegner; „he is […] punished for having relied upon his personal quality alone" (S. 80). Die „morality of battle", die Spahr hier sieht (S. 75; vgl. S. 77), hat keine Stütze im Text. Zu bedenken ist auch, dass die Interpretation des Kampfes für Gott und das Recht ursprünglich von Tristan stammt.

[50] Erstmals hingewiesen hat auf dieses Phänomen Susanne Köbele: Zwischen Klang und Sinn. Das Gottfried-Idiom in Konrads von Würzburg *Goldener Schmiede* (mit einer Anmerkung zur paradoxen Dynamik von Alteritätsschüben). In: Alterität als Leitkonzept für historisches Interpretieren. Hrsg. von Anja Becker, Jan Mohr. Berlin 2012 (Deutsche Literatur. Studien und Quellen. 8), S. 303–334, hier S. 319: „In der komplexen Allegorese der Minnegrotte verwendet Gottfried dieselben Attribute, die in der Erzählwelt wörtlich gelten. Zugleich macht er sie als Metaphernfundus verfügbar, aus dem er dann auf einer dritten Ebene (eines ‚autobiographischen' Diskurses) erneut schöpft, so dass auch auf diese Weise, zusätzlich zum ‚genuinen Formprinzip' einer ‚Verklanglichung des Sinns' [Karl Bertau: Über Literaturgeschichte. Literarischer Kunstcharakter und Geschichte in der höfischen Epik um 1200. München 1983, S. 136], im narrativen Syntagma eine auffällige paradigmatische Verdichtung entsteht [Rainer Warning: Erzählen im Paradigma. Kontingenzbewältigung und Kontingenzexposition. In: Romanistisches Jahrbuch 52 (2001), S. 176–209]." Vgl. grundsätzlich in Bezug auf das Anspielungsgeflecht des *Tristan* bereits Susanne Köbele: Mythos und Metapher. Die Kunst der Anspielung in Gottfrieds *Tristan*. In: Präsenz des Mythos. Konfigurationen einer Denkform in Mittelalter und Früher Neuzeit. Hrsg. von Udo Fried-

träglich hinzu als Deutung eines Vorfindlichen, sondern allegorisch gedeutete und in ihrer Faktizität erzählte Welt sind von Anfang an ununterscheidbar. Die Minnegrotte ist allegorischer Bau und zugleich die Umgebung, in der das Paar lebt. Isolde besteht tatsächlich die Probe des heißen Eisens, aber ihr Gelingen ist auch ein Zeichen für Gottes (höfische?) *vuoge*. Ohne Gott und Recht als allegorisch-reale Gehilfen wäre Tristan verloren gewesen. Die narrative Inszenierung des Kampfes gegen Morolt scheint mir deshalb kein Fiktionssignal zu sein, sondern poetisches Mittel, um auf den prekären Status einer Wahrheit zu zeigen; in die gleiche Richtung weist die rhetorische Inszenierung der religiösen Deutung: vierfache Betonung von Recht und zweifache des wahren Gottes; Tristan tönt, kaum liegt Morolt am Boden:

> *der rehte und der gewære got*
> *und gotes wærlich gebot*
> *die habent din unreht wol bedaht*
> *und reht an mir ze rehte braht.* (V. 7075–7078)

Aber so ähnlich hatte, was den letzten Punkt betrifft, auch Morolt gesprochen, als der Kampf noch anders stand. Kommt die Definitionsmacht darüber, was Recht, was Unrecht ist, dem Sieger zu, oder hat der Sieger Tristan einfach die richtige Instanz auf seiner Seite? Offenbar soll das zweite gelten, aber Gottfried macht deutlich, wie prekär diese Geltung ist. Erst wenn das gewünschte Ergebnis da ist, lenkt er das Urteil so, dass jeder sieht: Die richtige Seite hat gesiegt:[51]

> *wan Morolt lac billiche tot:*
> *der was niwan an siner craft*
> *und niht an gote gemuothaft*
> *und vuorte zallen ziten*
> *ze allen sinen striten*
> *gewalt unde hohvart,*
> *in den er ouch gevellet wart.* (V. 7224–7230)

Trotzdem, Morolt ist nicht einfach Repräsentant des Bösen. In Tristans Worten an die irischen Boten ist vom Verstoß gegen Gottes Gebot schon nicht mehr die Rede. Tristan höhnt nur, dass er ihnen als Erfüllung ihres *zinsreht* (V. 7115) Morolts Leiche zum

---

rich, Bruno Quast. Berlin/New York 2004 (Trends in Medieval Philology. 2), S. 219–246; vgl. Mark Chinca: Metaphorische Interartifizialität. Zu Gottfried von Straßburg. In: Interartifizialität. Die Diskussion der Künste in der mittelalterlichen Literatur. Hrsg. von Susanne Bürkle, Ursula Peters. Berlin 2009 (ZfdPh 128, Sonderheft), S. 17–36. Ich selbst habe die Überblendung am Verhältnis von Gegenständlichkeit und Allegorese der Minnegrotte untersucht; Jan-Dirk Müller: Mythos und mittelalterliche Literatur. In: Mythos – Sage – Erzählung. Gedenkschrift für Alfred Ebenbauer. Hrsg. von Johannes Keller, Florian Kragl. Göttingen 2009, S. 331–349. Diese poetologische Konstellation kann hier nicht weiter verfolgt werden.

[51] Combridge (Anm. 15), S. 49, urteilt: „In dieser Szene sieht man, wie selten bei Gottfried, ein Zusammentreffen von Recht und Macht"; Gottfrieds „Teilnahme und sein moralisches Gefühl" seien „ganz auf Tristans Seite, und dessen Sieg entspricht den Rechten der menschlichen Freiheit sowie des wörtlichen Vertrages".

prisant (V. 7120) gebe und dass sie sich diese Art von *zinse* (V. 7125) auch künftig gerne holen können. Und in Irland beklagt man den politischen Verlust *in den bilanden* (V. 7163). Morolt ist kein Satan; er wird begraben, wie der Erzähler betont, *alse ein ander man* (V. 7203). Seltsamerweise bleibt auch nichts vom Vorwurf des Unrechts an Gurmun hängen, der doch als Morolts Auftraggeber der eigentliche Widersacher der göttlichen Rechtsordnung sein müsste. Man wird sich mit ihm auf die übliche profane Weise versöhnen, durch eine dynastische Allianz.

VI.

In der Morolt-Episode sind also auf verwickelte Weise profane und sakrale Auffassungen des Zweikampfes ineinander verschränkt; es gibt zwei konträre Deutungen des Gottesurteils, und auch wenn der Erzähler der einen von ihnen zuletzt Recht gibt, dominiert keineswegs von vorneherein die sakrale Deutung gegenüber der profanen. Überblickt man die Episode insgesamt, dann entsteht vor allem zu Anfang und zu Ende der Eindruck eines komplexen politischen Geschehens, dem Tristan, zuletzt im Bunde mit dem Erzähler, eine religiöse Sinnstruktur einzeichnet.

Was besagt nun all das für die Frage der Säkularisierung? Man muss zunächst die Episode von der Hauptfigur her betrachten. Tristan ist ein Trickster; sein erfolgreiches Handeln basiert gewöhnlich auf List: Verkleidung, Dissimulation, der Zweideutigkeit der Sprache usw. Das gilt nur scheinbar nicht in diesem Fall. Recht im Kampf zu schaffen ist das mythische Geschäft des Heros. Doch ist die Situation, in der das geschehen kann, Ergebnis von Tristans Arrangement. Er selbst ernennt sich zum Heilsbringer. Der Trickster arrangiert den Auftritt des Heros. Insofern ist auch hier List am Werk. Tristan ist ein Meister des äußeren Aptum; er passt sich selbst virtuos jeder Situation an und jede Situation sich selbst, um das Beste daraus zu machen. Von den Kaufleuten entführt, spielt er vor den fremden Pilgern den Einheimischen und vor den Einheimischen den Fremden. Nachdem er im Baumgarten die Lauscher eines intimen Gesprächs entdeckt hat, nutzt er die intime Situation für eine offizielle Verlautbarung aus, nämlich für die von ihm gewünschte Lesart seines Verhältnisses zu Isolde. An Kaedins Hof nutzt er die Gelegenheit, dass er die Gesellschaft und Isolde Weißhand mit traurigen Liedern unterhalten soll, dafür aus, um auf diese Weise ungestört an seine Liebe zur blonden Isolde zu denken und von ihr zu sprechen.[52] Und so wird ihm auch in der Morolt-Episode bei seiner Rückkehr nach Cornwall eine Situation zugespielt, die die Rolle des heroischen Heilsbringers verlangt. Tristan übernimmt sie und macht wie stets *bella figura*.

---

[52] Jan-Dirk Müller: Höfische Kompromisse. Acht Kapitel zur höfischen Epik. Tübingen 2007, S. 260–262.

Wie stets stellt sich allerdings – durch die stinkende Wunde – nachträglich heraus, dass die übernommene Rolle beschädigt ist, wie alle anderen konventionellen Rollen, die er hernach noch spielt: Der Heilsbringer fügt mit der Tat für die Gemeinschaft sich selbst Unheil zu, der Drachentöter ertrinkt fast in einer Pfütze, der Gerettete wäre im Bad um ein Haar von einer Frau erschlagen worden, die Befreiung der Königin aus der Macht Gandins gelingt nur dank einem Trick statt – wie im Artusroman – im ritterlichen Kampf, der Wiederhersteller von Markes Ehe, der Tristan dadurch wird, ist der Ehebrecher,[53] dem Riesentöter geht es statt um die Befreiung eines Landes um ein Hündchen, das sich dann noch als nutzlos erweist.

Die Beschädigung ist jedoch nicht Zeichen, dass jene Muster verabschiedet werden; sie werden nur auf problematische Weise gefüllt. Trickster stellen die geltende Ordnung nicht in Frage; sie nutzen sie aus. Tristan hat es mit einer Welt zu tun, in der es Rechtskämpfe und Gottesurteile gibt, aber er erfährt sie nicht als passiv hinzunehmende Vorgabe, sondern macht sie zum Gegenstand von Berechnung. Indem er sich dieser Welt einpasst, ist er über sie hinaus. Gottfrieds Held agiert gewissermaßen auf der Schwelle zwischen rationalem Kalkül und mythischer Determination, während Morolt in dieser befangen bleibt. Man kann sich hier an eine Denkfigur Adornos erinnern,[54] der über den homerischen Odysseus sagt, dass der Held, indem er das Gesetz des Mythos befolgt und sich ihm unterwirft, den Mythos verabschiedet. Auch Tristan unterwirft sich einem mythischen Schema, aber dieses mythische Schema wird nicht von außen an ihn herangetragen wie die monströse Wunderwelt an den in die Irre fahrenden Odysseus, sondern er ist selbst sein Schöpfer, indem er eine vorgefundene Situation interpretiert. Allerdings beherrscht er das Schema keineswegs vollständig; er hat es nicht in der Hand, dass er die Rolle des Gottesstreiters wirklich erfüllt, denn er kann nicht sicher wissen, dass Gott und Recht ihm tatsächlich helfen zu siegen. Er handelt, wie es das Schema verlangt, und kann sich, wenn sich der Erfolg einstellt, als Herr des Schemas gerieren.

Die Pointe ist aber: Gott und der Erzähler geben ihm Recht. Tristan siegt als David. Ist die Episode ein weiterer Beleg für Gottfried, den Aufklärer *avant la lettre*, der die Sakralisierungsmechanismen politischer Theologie durchschaut? Eher im Gegenteil: Für den Erzähler scheint die religiöse und rechtliche Ordnung außer Frage zu stehen und dem Gewirr kontingenter säkularer Verkettungen, wie sie die Vorgeschichte des Tributs erzählt, prinzipiell überlegen. Aber sie ist nichts Vorgegebenes, sondern etwas erst Herzustellendes. Die sakrale Ordnung ist nicht Ausgangspunkt – vom Erzähler augenzwinkernd in ihrer Manipulierbarkeit durch den Trickster entlarvt –: Sie ist Tristans (und des Erzählers) Werk. Dabei sind Sakrales und Rationales unauflöslich verklammert. Tristan löst den Morolt-Konflikt, indem er beides – Vertragsauslegung und

---

[53] Rainer Warning: Die narrative Lust an der List. Norm und Transgression im ‚Tristan'. In: Transgressionen. Literatur als Ethnographie. Hrsg. von Gerhard Neumann, Rainer Warning. Freiburg i. Breisgau 2003, S. 175–212.

[54] Max Horkheimer/Theodor W. Adorno: Dialektik der Aufklärung. Philosophische Fragmente (1944). Frankfurt a. Main 1969, am Beispiel des Odysseus S. 64 f. u. 67.

Interpretation einer göttlichen Rechtsordnung – miteinander verbindet, und zuerst der Erzähler, dann Gott unterstützen ihn dabei. Sakralität und Rationalität sind zwei Seiten derselben Sache, nicht aber die Pole eines Folgeverhältnisses im Sinne der Säkularisierungsthese, indem das eine dem anderen vorausgeht und das andere eine Auflösung des einen ist. In Umkehrung einer Formulierung im Prospekt der Tagung könnte man statt von „Säkularisierung als Selbstbehauptung" von „Sakralisierung als Selbstbehauptung" sprechen.

Solch paradoxe Verklammerung kommt in Gottfrieds *Tristan* auch sonst vor, so im Gottesurteil.[55] Isolde muss sich ihm als mythischer Instanz der Rechtsfindung unterwerfen, und sie tut das, indem sie sich – durch Kleidung, durch Bußakte – als Opfer, bloßes Objekt eines mythischen Mechanismus, inszeniert. Als Instanz der Rechtsfindung ist das Gottesurteil aber schon bestimmten Regeln unterworfen und damit rational steuerbar. Damit es zu ihren Gunsten ausgeht, muss Isolde Gott eine Eidesformel anbieten, die ihre Rede – obwohl sie den eigentlichen Prozessgegenstand verschleiert und damit verfehlt – formal als wahr erscheinen lässt. Damit macht sie möglich, dass Gott zu ihren Gunsten ein Wunder wirken kann.[56] Es ist müßig, darüber zu spekulieren, aber der Erzählverlauf legt es nahe: Bei einer weniger geschickt gewählten Eidesformel wäre die Probe danebengegangen.[57] Indem Isolde sich dem Gottesurteil unterwirft, beherrscht sie seinen Ausgang. Der Kommentar des Erzählers über den *tugenthafte[n] Crist*, der *wintschaffen alse ein ermel ist* (V. 15735 f.) ironisiert diesen Mechanismus, hebt ihn aber nicht auf: Schließlich geschieht das Wunder ja tatsächlich, das Gottesurteil funktioniert im Sinne Isoldes und wird von der kornischen Gesellschaft als Mittel der Wahrheitsfindung akzeptiert. Auch Isolde stellt es nirgends in Frage; sie vertraut seiner Wirksamkeit, indem sie Bußübungen für nötig und eine Manipulation seiner Regeln für denkbar hält. Sie erwartet ein Wunder und schafft nur die Bedingungen, dass Gott es wirken kann. Das Eintreten dieses Wunders setzt rationales Handeln voraus.

Mir scheint, dass das Interpretament der Säkularisierung derartige Szenen verfehlt. Zumindest gibt es keinen Gegensatz zwischen Sakralisierung und Rationalisierung. Beide Male besteht die sakrale Ordnung fort; beide Male wird sie aber allererst durch rationales Handeln in ihr Recht gesetzt, und beide Male scheint der Richtungssinn *vom Sakralen zum Profanen* nicht zu gelten. In makrohistorischer Sicht mag es in der Frühen Neuzeit eine Verschiebung vom Sakralen auf das Säkulare gegeben haben, doch hat das die grundsätzliche Verklammerung der beiden Aspekte dauerhaft nicht auflösen kön-

---

[55] Zur Diskussion: Klaus Grubmüller: *ir unwarheit bewæren*. Über den Beitrag des Gottesurteils zur Sinnkonstitution in Gotfrids *Tristan*. In: Philologie als Kulturwissenschaft. Studien zu Literatur und Geschichte des Mittelalters. FS für Karl Stackmann. Hrsg. von Ludger Grenzmann u. a. Göttingen 1987, S. 149–163. Ralph J. Hexter: Equivocal Oaths and Ordeals. London 1975.

[56] Zur listigen Ausnutzung eines mythischen Formalismus Horkheimer, Adorno (Anm. 54), S. 67 f.

[57] Solch ein Trick wie der in des Strickers *Heißem Eisen* liegt außer Reichweite; er zeigt im Übrigen die gleiche Skepsis gegen die Institution der Gottesurteile, löst aber die intrikate Verschränkung von sakraler und profaner Sphäre in ein schlichtes Entweder-Oder auf.

nen. Daher die in neuerer Forschung immer wieder angeführten Kipp-Phänomene, die keine eindeutige Entscheidung zugunsten der einen oder der anderen Seite zulassen; um ein Beispiel aus der Einleitung dieses Bandes aufzunehmen: Indiziert der Papst im Bundestag eine Sakralisierung des Parlaments zur Gemeinde oder gerade umgekehrt eine Säkularisierung des Hirtenamtes Petri zum Auftritt eines Staatsoberhaupts?

Beide Male hängen Sakralisierung und Rationalisierung eng zusammen. Am Anfang steht eben kein Einverständnis über eine von Gott garantierte Rechtsordnung, nur die Drohung überlegener Gewalt. Gottfried stellt das Davor, wie es zur Tributzahlung kam, mit ebenso großer Umständlichkeit wie Desinteresse an Nachvollziehbarkeit dar: Die Ausgangslage ist kompliziert, unübersichtlich, besteht aus einer unnötig großen Anzahl von Regelungen, von denen die meisten für die Handlung gänzlich irrelevant sind, aber sie paralysiert die kornische Gesellschaft und verbreitet lähmenden Schrecken. Wenn Blumenberg zufolge der Mythos und die Arbeit am Mythos den Schrecken bannen sollen,[58] dann spiegelt der *Tristan* solche Arbeit. Die Situation dumpfer Bedrohung könnte durch das mythische Instrument eines Gerichtskampfes bewältigt werden. Freilich hat Gottfried das Gottesurteil im Zweikampf schon in der Form einer *Ausstiegsklausel* aus dem Zwang der Tributzahlung präsentiert. Auch Morolt muss sich aus diesem Grund nach einigem Zögern auf den Zweikampf einlassen. Allerdings bleibt er auf dieser Stufe stehen, indem er auf die rechtsetzende Kraft überlegener Gewalt vertraut. Seine Deutung des Kampfes ist deshalb voreilig und hat keinen Bestand.

Es ist Tristan, der der Situation dumpfer Bedrohung eine klare Struktur einzieht, in der eine klare Entscheidung möglich ist. Es gelingt ihm durch die Doppelstrategie des Vertrags und des typologischen Musters. Er beruft sich auf eine abstrakte, ständisch geprägte und religiös abgesicherte Rechtsordnung, auf *ere*, adlige *vriheit* und die gottgewollte Sorge der Eltern für ihre Kinder. Die Herstellung dieser Ordnung, in der er erfolgreich handeln kann, setzt das Beiseiteschieben all der komplizierten und kontingenten Vorgänge voraus, die zum Tribut geführt hatten. Daraufhin bewährt sich – nach einigem Zögern, nachdem man auf Tristans Kampfgefährten lange gewartet hat – eine Ordnung, die sich auf Gott berufen kann und im Davidskampf ihr typologisches Muster hat. Der Bann wird gebrochen, und niemand versucht je wieder, ihn zu erneuern.

Es gehört zur Paradoxie des Romans, dass mit solchen Lösungen auf Dauer nichts gewonnen ist, der Etappensieg sofort neue Komplikationen nach sich zieht: nach dem Sieg über Morolt die Stigmatisierung des Heros durch die stinkende Wunde, nach dem erfolgreich bestandenen Gottesurteil Markes neuer Verdacht bei nächster Gelegenheit, der dem ironischen Kommentar des Erzählers[59] Recht gibt: Der *wintschaffen Crist* hat eine unmögliche Situation bereinigt, aber nicht, wie einige Interpreten glauben, das

---

[58] Hans Blumenberg: Arbeit am Mythos. Frankfurt a. Main 1979.
[59] Hübner (Anm. 43), S. 375, weist darauf hin, dass sich das gelungene Gottesurteil „im weiteren Verlauf der Handlung als nutzlos" erweist. Trotzdem frage ich mich, ob man den Kommentar nur metapoetisch lesen darf: Er stellt Dauer und Gültigkeit des durch ein Gottesurteil erreichbaren Rechtszustands in Frage.

Recht der Liebenden gegen die starre höfische Gesellschaft bestätigt. Der Verklammerung von Rationalität und Sakralisierung in beiden Szenen tut dies keinen Abbruch. Sie kann nur auf Dauer keine Ordnung garantieren.

Problematisch und diskussionswürdig ist die Säkularisierungsthese also nicht nur, wie immer neue Untersuchungen zur Gegenwartsdiagnose zeigen, in Bezug auf das angebliche Ziel des Säkularisierungsprozesses, das durch zahllose Gegenwartserfahrungen dementiert wird. Problematisch ist sie nicht minder in Bezug auf ihre Voraussetzungen im Mittelalter. Jene gottdurchwaltete Ordnung ist bei Gottfried gerade nicht selbstverständliche Voraussetzung. Die Beobachtung trifft sich mit der These einiger ihrer Kritiker, die dem Säkularisierungskonzept eine Überschätzung und Romantisierung religiöser Gebundenheit in der Vergangenheit vorwerfen.[60] In Gottfrieds Welt kann man nicht von einer intakten sakralen Ordnung ausgehen. Sollte sie als Ausgangspunkt der modernen Säkularisierungsthese ein Mythos sein, der der Moderne ihre Identität garantieren soll?

---

[60] Norris, Ingelhart (Anm. 3), S. 11, zitieren Rodney Stark: Secularization. RIP. In: Sociology of Religion 60 (1999), S. 249–273, und Jeffrey Hadden: Toward desacralizing secularization theory. In: Social Forces 65 (1987), S. 587–611.

Albrecht Hausmann
Erzählen diesseits göttlicher Autorisierung: *Tristan* und *Erec*

Die moderne Narratologie hat die Unterscheidung zwischen *histoire* und *discours* nicht an geistlichen Erzähltexten des Mittelalters entwickelt – aber sie hätte es tun können.[1] Mittelalterliche Bibelepik und Hagiographie weisen nämlich gerade im Hinblick auf diese Unterscheidung eine aufschlussreiche Struktur auf, weil hier Erzähltes (Geschichte, *histoire*) und die Art und Weise des Erzählens (*discours*) unterschiedlichen Urhebern bzw. ‚Autoren' zugeordnet werden können. Denn in einer nicht säkularisierten Welt, in der Existenz und Allmacht des einen Gottes außer Zweifel stehen und zu den grundlegenden Wissensbeständen gehören, muss im Prinzip alles, was als *histoire* erzählt werden kann, auf Gott zurückgehen;[2] Gott autorisiert das Erzählte.[3] Der menschli-

---

[1] Émile Benveniste: Probleme der allgemeinen Linguistik. München 1974 (frz. zuerst Paris 1966), hier v. a. S. 61–68 und 287–297, entwickelt die Grundlagen der Unterscheidung zwischen *histoire* und *discours* nicht aus der Beobachtung historischer Textbestände, sondern aus sprachtheoretischen Kategorien des französischen Strukturalismus. Während Benveniste dabei an unterschiedliche Arten des Sprachgebrauchs denkt, durch welche sich *histoire* und *discours* in verschiedenen Textgattungen manifestieren (es gibt also Texte, die vor allem *histoire*, und andere, die vor allem *discours* sind), verstehen die Erzähltheoretiker Tzetvan Todorov (Littérature et signification. Paris 1967) und Gerard Genette (Discours et récit, Figures III. Paris 1972) *histoire* und *discours* als Aspekte ein und desselben Erzähltextes, die aus dem doppelten situativen Bezug jeder Erzählung resultieren (Situation der erzählten Geschichte und Situation des Erzählens). Vom Grundsatz her findet sich diese Unterscheidung auch schon in mittelalterlichen Poetiken, und zwar dort, wo zwischen *materia* und dem gestaltenden Umgang mit derselben (*dilatatio materiae*) unterschieden wird (vgl. dazu Franz Josef Worstbrock: *Dilatatio materiae*. Zur Poetik des *Erec* Hartmanns von Aue. In: Ders.: Ausgewählte Schriften. Hrsg. von Susanne Köbele, Andreas Kraß. Bd. 1: Schriften zur Literatur des Mittelalters. Stuttgart 2004, S. 197–228). Zwar ist hier zunächst an den Prozess der Reformulierung/Übertragung eines vorgängigen Textes gedacht, jedoch impliziert das Modell, dass sowohl die Vorlage als auch der neu zu gestaltende Text nicht nur durch die (vorgegebene) *materia* selbst, sondern auch durch die (dem jeweiligen Autor verfügbare) Art und Weise der Gestaltung dieser *materia* bestimmt wird. Sehr vereinfacht formuliert gehört dann alles, was der Gestaltung durch einen reformulierenden Autor zugänglich ist, d. h. der gesamte Bereich der *elocutio*, zum *discours*.

[2] Selbstverständlich sind damit vermutliche Wahrnehmung und Interpretation durch den zeitgenössischen Rezipienten gemeint; das gesamte Konzept dieses Beitrags versteht sich rezeptionsorientiert.

che Autor agiert dagegen im Bereich des *discours*: Er gestaltet aus, was Gott als Geschichte (im doppelten Wortsinn!) vorgegeben hat, er berichtet von den Wundern und Taten Gottes und seiner Helden – der Heiligen.[4] Weil die *histoire* damit aber immer Heilsgeschichte ist, wird sie von den Rezipienten nicht als fiktional wahrgenommen, selbst wenn sie tatsächlich von einem menschlichen Autor erfunden wurde.[5] Derartige

---

Das betrifft auch die Unterscheidung zwischen *histoire* und *discours*: Es geht nicht darum, was der Autor tatsächlich selbst zur erzählten Geschichte beigetragen („erfunden") hat, sondern darum, was der Rezipient als Produkt des Autors wahrnehmen kann. Dabei gab es sicher Überschneidungsbereiche: Dass nicht jede direkte Rede in einer Legende genau einer gottgegebenen *histoire* entspricht, sondern vom Autor gestaltet wurde, dürfte auch den mittelalterlichen Rezipienten klar gewesen sein. Die grundlegende Wahrnehmung der *histoire* als Heilsgeschichte störte dies aber nicht; vgl. dazu Benedikt Konrad Vollmann: Erlaubte Fiktionalität: die Heiligenlegende. In: Historisches und fiktionales Erzählen im Mittelalter. Hrsg. von Fritz Peter Knapp, Manuela Niesner. Berlin 2002 (Schriften zur Literaturwissenschaft. 19), S. 63–72, hier S. 65. Wichtige Anregungen zur Rolle Gottes als narrativer Instanz in mittelalterlichen Erzähltexten verdanke ich dem Beitrag von Joachim Theisen: Des Helden bester Freund. Zur Rolle Gottes bei Hartmann, Wolfram und Gottfried. In: Geistliches in weltlicher und Weltliches in geistlicher Literatur des Mittelalters. Hrsg. von Christoph Huber u. a. Tübingen 2000, S. 153–169.

[3] Ich blende hier die Frage der göttlichen Inspiration aus, die insbesondere heilige Texte im engeren Sinn betrifft und im Christentum seit frühkirchlicher Zeit diskutiert wird, weil sie für die volkssprachigen Texte, um die es mir im Folgenden geht, wenig Relevanz hat. Allerdings scheint die gängige mittelalterliche Auffassung tatsächliche Verbalinspiration selbst für die Bibel weitgehend abzulehnen; vgl. Helmut Gabel: Inspiration. III. Theologie- u. dogmengeschichtlich. In: LThK. Bd. 5. 1996, Sp. 535–541, hier Sp. 536.

[4] Wenn ich im Folgenden die Unterscheidung zwischen *histoire* und *discours* in den Mittelpunkt meiner Überlegungen stelle, dann versteht sich dies auch als Ergänzung zu dem Modell von Matias Martinez: Doppelte Welten. Struktur und Sinn zweideutigen Erzählens. Göttingen 1996 (Palaestra. 298), v. a. S. 9–36. Für Martinez liegt das Phänomen der „doppelten Welten", das er zunächst anhand der mittelalterlichen Faustinian-Erzählung aus der *Kaiserchronik* entwickelt (Die Kaiserchronik eines Regensburger Geistlichen. Hrsg. von Edward Schröder. Hannover 1892 [MGH Dt. Chroniken. 1,1], V. 1219–4038), vollständig im Bereich der *histoire*. In der Konsequenz führt das allerdings zu einem Autorkonzept, das ganz von der Moderne her gedacht ist: „Durch die Instanz Gottes, die das Geschehen final motiviert, wird die komponierende Kraft und die retrospektive Kompetenz des Autors in der erzählten Welt selbst repräsentiert." (ebd., S. 28) In der vormodernen Wahrnehmung dürfte es aber umgekehrt gewesen sein: Gott ist nicht der Repräsentant des Autors im Text, sondern der Autor ist das Werkzeug Gottes. Vgl. auch Matias Martinez: Fortuna und Providentia. Typen der Handlungsmotivation in der Faustinianerzählung der Kaiserchronik. In: Formaler Mythos. Beiträge zu einer Theorie ästhetischer Formen. Hrsg. von Matias Martinez. Paderborn u. a. 1996.

[5] Vgl. dazu Vollmann (Anm. 2). Mit dem Begriff Fiktionalität und der damit verbundenen Problematik beschäftige ich mich im vorliegenden Beitrag nur am Rande, obwohl klar ist, dass die Überlegungen zur Rolle Gottes innerhalb der narrativen Struktur eines Textes unmittelbar damit zusammenhängen. Die Vermutung liegt nahe, dass eine Entsakralisierung/Säkularisierung von Erzählen einhergeht mit einer Fiktionalisierung des dargestellten Geschehens. Für eine erste, knappe Darstellung meines Modells erscheint es mir jedoch geboten, genau diesen Zusammenhang weitgehend auszuklammern. Ich verstehe meine Überlegungen auch als Versuch, den für vormodernes Erzäh-

Erzählungen funktionieren nur dann, wenn sie vom Rezipienten geglaubt werden. In der radikalen Konsequenz liefe Erzählen in einer solchen nicht säkularisierten Welt stets auf die Spaltung jener Instanz hinaus, die wir heute Autor nennen und die wir mit einer gewissen Selbstverständlichkeit als (logisches und/oder tatsächliches) Subjekt des Ganzen einer Erzählung verstehen. Während Gott der eigentliche Autor der Geschichte (*histoire*) ist, kann der menschliche Autor nur auf die eine oder andere Weise (*discours*) von Gottes Geschichte(n) berichten.

Natürlich ist damit keine tatsächliche historische Konstellation beschrieben. Einen absoluten Primat geistlichen und damit einen Nullpunkt weltlichen Erzählens hat es im europäischen Mittelalter nicht gegeben. Zwar dominieren im frühen und hohen Mittelalter geistliche Erzählformen, allen voran Hagiographie und Bibelepik, sowohl die lateinische als auch die volkssprachige Überlieferung von Erzähltexten;[6] im französischen Bereich ist auch die Heldenepik stark christlich geformt (*Chanson de geste*), und die Chronistik versteht sich überall als Dokumentation göttlich disponierter Heilsgeschichte.[7] Neben dieser im weitesten Sinne geistlichen Erzählliteratur gab es aber immer auch anderes: im germanischen Bereich eine Heldenepik, die dem christlichen Gott im narrativen Gefüge allenfalls eine Nebenrolle zubilligte (*Hildebrandslied*, *Nibelungenlied*); die antiken Stoffe, auf die der höfische Roman seit dem 12. Jahrhundert zurückgreifen konnte; in der Romania schließlich das Stoffreservoire der *Matière de Bretagne*.

Trotz dieser also keineswegs eindeutigen Situation, die von Interferenzen zwischen geistlichen und weltlichen (im Ursprung wohl: vorchristlichen/mythischen) Erzählformen geprägt ist, möchte ich im Folgenden den Versuch unternehmen, zwei narrative Innovationen des 12. Jahrhunderts als Reaktionen auf das geistliche Erzählmodell zu verstehen und als Auseinandersetzung mit der Trennung von *histoire* und *discours* zu interpretieren: den von Chrétien de Troyes entwickelten Artusroman und den Tristanroman des Thomas von England. Dabei ist weniger entscheidend, dass das geistliche

---

len wenig ergiebigen Fiktionalitätsbegriff durch die Vorstellung der Autorisierung von Handlung abzulösen. Zur Debatte: Jan-Dirk Müller: Literarische und andere Spiele. Zum Fiktionalitätsproblem in vormoderner Literatur. In: Poetica 36 (2004), S. 281–311; Sonja Glauch: An der Schwelle zur Literatur. Elemente einer Poetik des höfischen Erzählens. Heidelberg 2009 (Studien zur historischen Poetik. 1). Eine Übersicht über Positionen bis etwa 2000 bietet Walter Haug: Geschichte, Fiktion und Wahrheit. Zu den literarischen Spielformen zwischen Faktizität und Phantasie. In: Historisches und fiktionales Erzählen im Mittelalter. Hrsg. von Fritz Peter Knapp, Manuela Niesner. Berlin 2002 (Schriften zur Literaturwissenschaft. 19), S. 115–131; vgl. dazu Hartmut Bleumer: Rez. zu Knapp/Niesner (Hrsg.): Historisches und fiktionales Erzählen im Mittelalter. Berlin 2002. In: Jahrbuch für Internationale Germanistik 35 (2003), S. 187–190.

6   Zur Rolle der Hagiographie innerhalb der volkssprachlichen Erzählliteratur vgl. Ursula Ernst: Studien zur altfranzösischen Verslegende (10.–13. Jh.). Die Legende im Spannungsfeld von Chanson de geste und Roman. Frankfurt am Main 1989.

7   Ich stelle dies stark verkürzt dar und gehe nicht auf einzelne Prozesse ein. Vgl. Friedrich Wolfzettel: Historizität und Roman. Zu einer alternativen Sicht der altfranzösischen Gattungsgeschichte. In: Historisches und fiktionales Erzählen im Mittelalter. Hrsg. von Fritz Peter Knapp, Manuela Niesner. Berlin 2002 (Schriften zur Literaturwissenschaft. 19), S. 91–114, hier S. 91.

Erzählmodell mit seiner scharfen Unterscheidung zwischen den Subjekten von *histoire* und *discours* niemals alleine und in Reinform existiert hat. Wichtiger erscheint mir, dass es für die Kleriker, die zunächst die neue höfische Literatur in der Volkssprache produzierten und etablierten, ein idealtypischer Ausgangspunkt gewesen sein dürfte. Wer vor diesem Hintergrund im 12. Jahrhundert ‚weltlich' erzählen wollte und dies eben nicht wie die *joglars* tun wollte, der musste die Frage beantworten, wie eine *histoire* aussehen kann, deren Autorisierung durch Gott zumindest nicht ständig präsent ist und die doch mehr ist als nur ‚irgendeine Geschichte'. Es geht also um einen eigenen Raum für ein weltliches Erzählen, das den Sinngebungsansprüchen einer höfischen, kulturell von Klerikern bestimmten Gesellschaft gerecht wird, die sich mit geistlichen Sinngebungsangeboten auseinandersetzen muss und will.[8] Aus dieser Perspektive ist es sinnvoll, Texte wie Chrétiens *Erec* und den *Tristan* des Thomas von England vom geistlichen Erzählmodell mit seiner idealtypischen Trennung zwischen *histoire* – von Gott – und *discours* – vom menschlichen Autor – her zu verstehen. Dabei wird, so meine These, das geistliche Erzählmodell in zwei einander genau entgegengesetzte Richtungen weiterentwickelt und dabei jeweils entsakralisiert: zum einen in Richtung auf den *Tristan* in der Gestalt, die Thomas von England dem Stoff gegeben hat, und zum anderen in Richtung auf den *Erec* des Chrétien de Troyes. Im Tristanroman des Thomas bleibt die Trennung von *histoire* und *discours* scharf, aber es ist hier nicht Gott, der als autorisierende Instanz hinter der *histoire* zu erkennen ist. Seine narrative Funktionsstelle wird weitgehend durch eine andere Instanz besetzt – die ‚Liebe'. Im *Erec* tritt – andersherum – der Autor in die funktionale Position Gottes ein: Er verantwortet nun den Ablauf der Geschichte und vor allem ihre Ordnung, die besonders deutlich in der paradigmatisch markierten Wiederholungsstruktur zum Ausdruck kommt. Die deutschsprachigen Wiedererzähler dieser beiden Romane, Hartmann von Aue und Gottfried von Straßburg, werden sich mit diesem gegenüber geistlichem Erzählen je veränderten Verhältnis von menschlichem Autor und Gott kritisch auseinandersetzen – und damit die historische Relevanz des Diskurses, den ich zu rekonstruieren versuche, bestätigen.

I. Hagiographische Erzählmuster als intertextuelles Superstrat im *Tristan* des Thomas von England

Von seinen wohl keltischen Ursprüngen her hat der Tristanstoff mit christlichen Erzähltraditionen und geistlichen Erzählkonzepten nichts zu tun. In den Diskurs um die Möglichkeiten weltlichen Erzählens tritt der *Tristan* dadurch ein, dass Thomas durch eine Reihe von Maßnahmen auf geistliche Erzählformen anspielt und damit einen Horizont

---

[8] Chrétiens Prolog zum *Erec* thematisiert genau diese Situation, in der sich der ‚weltliche' Autor offenbar befindet; vgl. dazu unten S. 77.

erzeugt, vor dem die Spezifik der *Tristan*-Geschichte gerade im Vergleich mit geistlichen Erzählungen deutlich wird.[9]

Bekanntlich ist es aufgrund der desolaten Überlieferung nicht leicht zu bestimmen, welche Eingriffe in den überkommenen *Tristan*-Stoff[10] tatsächlich auf Thomas von England zurückgehen.[11] Für den über weite Erzählstrecken verlorenen Text des Thomas wird gewöhnlich zum einen ersatzweise die norwegische *Tristram-Saga* (*Tristrams saga ok Ísondar*) herangezogen.[12] Es handelt sich dabei um eine im Jahr 1226 von einem Bruder Robert für den norwegischen König Hákon Hákonarson (geb. 1204, reg. 1217–1263) verfasste Prosaübertragung,[13] die zwar mitnichten eine exakte Übersetzung der altfranzösischen Vorlage sein wollte, die aber im grundlegenden Handlungsverlauf weitgehend mit dem Text des Thomas übereinstimmen dürfte.[14] Zum anderen kann insbesondere der *Tristan* Gottfrieds von Straßburg für die mehr oder minder detaillierte Rekonstruktion des Thomas'schen Romans genutzt werden. Gottfried bezieht sich explizit auf Thomas und bezeichnet dessen Fassung als die einzige, welche die Geschichte von Tristan und Isolde gültig überliefere (Gottfried: *Tristan*, V. 150). Joseph Bédiers bis heute eindrucksvoller Versuch, den Text des Thomas bis in den Wortlaut hinein zu rekonstruieren, beruht über weite Strecken auf Gottfried.[15] Man wird Bédiers Optimis-

---

[9] Thomas: Tristan. Eingeleitet, textkritisch bearbeitet und übersetzt von Gesa Bonath. München 1985 (Klassische Texte des Romanischen Mittelalters in zweisprachigen Ausgaben. 21); zu vergleichen ist jetzt: Gottfried von Strassburg: Tristan und Isold. Hrsg. von Walter Haug, Manfred Günter Scholz. Mit dem Text des Thomas, hrsg., übersetzt und kommentiert von Walter Haug. 2 Bde. Berlin 2011 (Bibliothek des Mittelalters. 10; 11).

[10] Zur Stoffgeschichte vgl. Peter K. Stein: Tristan. In: Epische Stoffe des Mittelalters. Hrsg. von Volker Mertens, Ulrich Müller. Stuttgart 1984, S. 365–394.

[11] Zu Überlieferung und Rekonstruktionsversuchen vgl. Bonath (Anm. 9), S. 9–16, sowie unten Anm. 16.

[12] Die nordische und die englische Version der Tristan-Sage. Hrsg. von Eugen Kölbing. Erster Theil: Tristrams saga ok Ísondar. Heilbronn 1878. Neuere Übersetzung: Heiko Uecker: Der mittelalterliche Tristanstoff in Skandinavien. Einführung – Texte in Übersetzung – Bibliographie. Berlin/New York 2008.

[13] So die Auskunft des Prologs, der wohl von Bruder Robert selbst stammt; deutsche Übersetzung bei Uecker (Anm. 12), S. 10.

[14] Der Vergleich der Saga mit den Textpassagen der erhaltenen Thomas-Fragmente hat in den letzten Jahren zu einer differenzierten Beurteilung geführt: Die Saga ist eine Adaptation ihrer Vorlage an eine kulturelle Situation, die eine völlig andere war als diejenige des Ursprungstextes. König Hákon ging es bei der Rezeption der französischen höfischen Literatur, die mit der Tristram-Saga beginnt, um eine Neuorganisation seines Hofes „nach internationalem Vorbild, und hierzu gehörte auch der Import ausländischer Literatur, insbesondere der französischen"; Uecker (Anm. 12) S. 7. Ausführlich analysiert wird die Arbeitsweise Roberts von Joanna Kjaer: *Tristrams saga ok Ísondar – une version christianisée de la branche dite courtoise du Tristan*. In: Courtly Literature. Culture and Context. Hrsg. von Keith Busby, Erik Kooper. Amsterdam u. a. 1990 (Utrecht Publications in General and Comparative Literature. 25), S. 367–377.

[15] Le roman de Tristan par Thomas. Poème du XIIe siècle. 2 Bde. Hrsg. von Joseph Bédier. Paris 1905.

mus trotz seines (im Rahmen der gewählten Methode) umsichtigen Verfahrens nicht mehr teilen können, doch hat insbesondere der Neufund des Carlisle-Fragments gezeigt, dass Gottfried offenbar tatsächlich recht nah an seiner Vorlage bleibt.[16] Aus der *Saga* und dem freilich fragmentarischen *Tristan* des Gottfried von Straßburg lässt sich jedenfalls eine einigermaßen klare Vorstellung vom Text des Thomas, jedenfalls vom grundsätzlichen Handlungsverlauf entwickeln. Weiteres Profil gewinnt dieses Rekonstrukt vor allem durch den Vergleich mit jenen Tristanversionen, die den zweiten großen Strang der mittelalterlichen Stofftradition bilden. Diese von Jean Frappier „version commune"[17] genannte Texttradition ist freilich kaum besser überliefert als die insbesondere von Thomas und Gottfried repräsentierte „version courtoise". Am besten greifbar wird sie im deutschsprachigen *Tristrant* des Eilhart von Oberge.[18]

Vor diesem Hintergrund lassen sich nun mehrere Merkmale genauer bestimmen, die für den Thomas-Zweig charakteristisch sind und offenbar von Thomas in die *Tristan*-Tradition eingeführt wurden. Erstaunlicherweise handelt es sich dabei um eine Reihe von Eigenschaften, die den *Tristan* insbesondere in den Passagen bis zum Minnetrank wie eine Kontrafaktur zur bekannten *Vie du pape saint Grégoire* (kurz: *Grégoire*) erscheinen lassen – also zu jener altfranzösischen Legende, die Vorlage für Hartmanns von Aue *Gregorius* wurde.[19] Sichtbar wird dies in den folgenden Punkten:

(1) Die Rolle des Meeres: In beiden Erzählungen trennt das Meer die Schauplätze und stellt als Ort der sujethaften Passagen selbst einen wichtigen Ereignisraum dar. Im *Grégoire* gibt es Inseln, auf denen eine geistliche Lebensform geübt wird (Klosterinsel,

---

[16] Vgl. dazu Walter Haug: Gottfrieds von Straßburg Verhältnis zu Thomas von England im Lichte des neu aufgefundenen *Tristan*-Fragments von Carlisle. Amsterdam 1999 (Koninklijke Nederlandse Akademie van Wetenschappen. Mededelingen van de Afdeling Letterkunde. Nieuwe Reeks. 62,4); Nicola Zotz: Programmatische Vieldeutigkeit und verschlüsselte Eindeutigkeit. Das Liebesbekenntnis bei Thomas und Gottfried von Straßburg (mit einer neuen Übersetzung des Carlisle-Fragments). In: GRM 50 (2000), S. 1–19; Günter Eifler: Das Carlisle-Fragment und Gottfried von Straßburg. Unterschiedliche Liebeskonzepte? In: *Vox Sermo Res*. Beiträge zur Sprachreflexion, Literatur- und Sprachgeschichte vom Mittelalter bis zur Neuzeit (FS Uwe Ruberg). Hrsg. von Wolfgang Haubrichs, Wolfgang Kleiber, Rudolf Voß. Stuttgart/Leipzig 2001, S. 213–229.

[17] Jean Frappier: Structure et sens du *Tristan*: version commune, version courtoise. In: Cahier de Civilisation Médiévale 6 (1963), S. 225–280 u. S. 441–454; die Begriffe selbst gelten heute als überholt und dienen hier nur der Zuordnung der verschiedenen überlieferten Fassungen.

[18] Zu den beiden großen Traditionslinien vgl. insbesondere Monika Schausten: Erzählwelten der Tristangeschichte im hohen Mittelalter. Untersuchungen zu den deutschsprachigen Tristanfassungen des 12. und 13. Jahrhunderts. München 1999, die mit dem Begriff der „Mehrfacherzählung" einen wichtigen Beitrag zur methodischen Bewältigung auch der komplexen Überlieferungssituation bietet.

[19] La vie du pape saint Grégoire ou La légende du bon pécheur. Übersetzt und eingeleitet von Ingrid Kasten. München 1991 (Klassische Texte des romanischen Mittelalters in zweisprachigen Ausgaben. 29).

Erzählen diesseits göttlicher Autorisierung: Tristan *und* Erec   71

Stein der Buße), und Höfe auf dem Festland (Aquitanien, Rom).[20] Dazwischen liegt das
Meer, das Grégoire insgesamt vier Mal überqueren muss; er ist dabei Mächten ausgeliefert, die zwar innerhalb der erzählten Welt agieren, aber offenbar über dem einzelnen
Menschen stehen: Gott, Teufel und Fortuna.[21]

Im *Tristan* gruppieren sich die Schauplätze Bretagne/Normandie, Cornwall und Irland ebenfalls um das Meer. Tristan überquert es mehrfach, Yseut insgesamt nur zweimal (von Irland nach Cornwall; am Ende um Tristan zu heilen), Marke gar nicht (darin
entspricht Marke erzählsystematisch der Mutter des Grégoire, die ebenfalls immer auf
dem Festland bleibt).[22] Aus dieser maritimen Topographie ergibt sich in den *Tristan*-Erzählungen eine grundsätzlich andere Handlungsorganisation als in den frühen Artusromanen, die ‚festländisch' geprägt sind, aber eine ähnliche wie im *Grégoire*.[23] Einen
durch das Meer gegliederten Handlungsraum weisen alle *Tristan*-Versionen auf, aber
erst Thomas lässt das Meer zum bewusst gestalteten Ereignisraum werden, über den
sich die Spannung zwischen Lenkung und Zufall in einer Weise thematisieren lässt, wie

---

[20] So gliedert beispielsweise Peter Strohschneider: Inzest-Heiligkeit. Krise und Aufhebung der Unterschiede in Hartmanns *Gregorius*. In: Geistliches in weltlicher und Weltliches in geistlicher Literatur des Mittelalters. Hrsg. von Christoph Huber, Burghart Wachinger, Hans-Joachim Ziegeler. Tübingen 2000, S. 105–133, hier S. 113–115.

[21] Das Verhältnis dieser Instanzen ist kompliziert: *Fortuna* ist es vor allem, die auf dem Meer zur Geltung kommt. Das ausgesetzte Kind wird dorthin geleitet, wohin *Fortuna* will (*Si com fortune le voleit*; *Grégoire* A, V. 772); doch Gott hält seine schützende Hand über das Kind, führt es, wohin er will (*Deu* […] *le conduseit | Si com li suens plaisir esteit*; *Grégoire* A, V. 775 f.; ähnlich in der Fassung B), und sorgt dafür, dass es von Fischern gefunden wird (V. 786). *Fortuna* (*Grégoire*, V. 1223) aber führt Grégoire in der Fassung A auch von der Abtinsel in das Land der Mutter zurück; in der Fassung B ist es der Teufel: *Cil diables, ki le volt damner, | Le fait tut dreit ariver | U sa mere cuntesse fu* (B1, V. 1037–1039: „der Teufel, der seine Verdammnis wollte, läßt ihn geradewegs dorthin gelangen, wo seine Mutter Gräfin war"). *Fortuna* erscheint also nicht selbst als Instanz, sondern eher als eine Art Voraussetzung dafür, dass verschiedene Instanzen – Gott und/oder der Teufel – Macht über Grégoire gewinnen können. Dafür aber ist das Meer im *Grégoire* der offenbar besonders geeignete Ereignisraum. Das Schwanken der Überlieferung gerade an dieser Stelle zeigt auch, dass die Motivierung der Handlung hier prekär ist; im Hintergrund steht immerhin die Theodizee-Frage, die im altfranzösischen *Grégoire* durch eine ihrerseits nicht unproblematische, in letzter Konsequenz dualistische Sichtweise entschärft wird. Die verschiedenen Fassungen sind dokumentiert in: La Vie du Pape Saint Grégoire. Huit versions de la légende du bon pécheur. Hrsg. von Hendrik Bastiaan Sol. Amsterdam 1977.

[22] Eine weitere strukturelle Ähnlichkeiten zwischen Marke und der Mutter des Grégoire besteht in der Verwandtschaft mit dem jeweiligen Protagonisten, die in beiden Erzählungen das Verbot der zentralen Liebesbeziehung bedingt: Grégoire darf nicht mit seiner Mutter zusammen sein, eben weil sie seine Mutter ist; Tristan darf Yseut nicht lieben, weil sie die Frau seines Onkels werden soll bzw. ist. Sowohl Inzestverbot als auch Exogamiegebot sind für die genealogischen Ordnungskonzepte des Adels elementar; tatsächlich lässt sich das Inzestverbot als besonderer Fall des Exogamiegebotes verstehen. Zum Gesamtzusammenhang Strohschneider (Anm. 20), S. 115–118.

[23] Nach wie vor lesenswert zur Topographie im *Tristan* sind die Arbeiten von Ingrid Hahn u. a.: Ingrid Hahn: Raum und Landschaft in Gottfrieds *Tristan*. Ein Beitrag zur Werkdeutung. München 1963 (Medium Aevum Philologische Studien. 3).

sie auch vom *Grégoire* her bekannt ist. Am deutlichsten wird dies im Rahmen der Entführungsgeschichte: Der junge Tristan gelangt bei Thomas zu seinem Onkel Marke über einen mehrstufig angelegten Weg, an dessen Beginn die Entführung durch norwegische Kaufleute steht. Dieser Weg beginnt auf einem Schiff und ist wesentlich durch das Meer und die dort virulente Spannung zwischen Zielgerichtetheit und Zufall geprägt. In Eilharts Version ist das Meer an dieser Stelle dagegen fast ausgeblendet: Tristram beschließt hier auf Ruals Rat hin, in ein fremdes Land zu reiten (!), nur ein kurzes Stück des Weges wird notgedrungen auf dem Schiff zurückgelegt.[24]

(2) Die erweiterte Elterngeschichte:[25] Die zweite große Neuerung des Thomas betrifft die Elterngeschichte, die bei ihm zu einer eigenen Erzählung geworden ist und zugleich als Präfiguration der Hauptgeschichte fungiert.[26] Erst bei Thomas stirbt auch Tristans Vater noch innerhalb der Elterngeschichte, die dadurch inhaltlich stärker abgeschlossen erscheint. Mit all diesen Maßnahmen nähert sich die Elterngeschichte merklich der Erzählung vom ersten Inzest im *Grégoire* an. Wie im *Grégoire* unterscheiden sich die Eltern- und Hauptgeschichte durch den Grad der Bewusstheit des jeweils zentralen Ereignisses: Der erste Inzest im *Grégoire* erfolgt in der Figurenperspektive ebenso bewusst wie der Beginn der Liebe zwischen Rivalin und Blancheflor; unbewusst und damit in gewisser Weise ‚schuldlos' dagegen erfolgen sowohl der zweite Inzest im *Grégoire* als auch die Einnahme des Minnetranks.

(3) Die unbekannte Identität des Helden: Offenbar erst Thomas hat das Problem der für den Helden selbst unbekannten eigenen Identität in die Tristanerzählung eingefügt: Erst bei ihm weiß Tristan – wie Grégoire – zunächst nicht, wer er tatsächlich ist; er erfährt es – wiederum wie Grégoire – von seinem Erzieher und väterlichen Freund (im *Grégoire* der Abt, im *Tristan* der Marschall Roald).

(4) Die Tafel und der sprechende Name: Viertens gibt es erst bei Thomas den etymologisch sprechenden (und explizit erklärten) Namen Tristan; dieser bietet wie die Tafel des Grégoire einen Text, der von den Akteuren (Mutter, Roald) als Rückverweis auf die

---

[24] Eilhart von Oberge. Hrsg. von Franz Lichtenstein. Straßburg 1877 (Quellen und Forschungen zur Sprach- und Culturgeschichte der germanischen Völker. XIX), V. 256–267.

[25] Zur Elterngeschichte (bezogen v. a. auf Gottfried, aber mit Hinweisen auf den Roman des Thomas) vgl. Marianna Wynn: Nicht-tristanische Liebe in Gottfrieds *Tristan*. Liebesleidenschaft in Gottfrieds Elterngeschichte. In: Liebe – Ehe – Ehebruch in der Literatur des Mittelalters. Hrsg. von Xenia von Ertzdorff, Marianne Wynn. Gießen 1984 (Beiträge zur deutschen Literatur. 58), S. 56–70; Danielle Buschinger: Riwalin und Blanscheflur, Tristan und Isolde. Gemeinsamkeiten und Gegensätze. In: Studien zur deutschen Literatur des Mittelalters. Hrsg. von Danielle Buschinger (Greifswalder Beiträge zum Mittelalter. 53, Studien zur mittelalterlichen Literatur. 6), Greifswald 1995, S. 81–88.

[26] Dagegen ist die Elterngeschichte bei Eilhart „äußerst verknappt"; Schausten (Anm. 18), S. 147. Ebenso wahrscheinlich ist, dass Eilhart eine ausführlichere Elterngeschichte in seiner Vorlage gar nicht vorgefunden hat. Allgemein wird davon ausgegangen, dass die *Estoire*, also die älteste hypothetische Vorlage aller bekannten Fassungen, bereits eine Elterngeschichte enthielt; vgl. Wynn (Anm. 25), S. 56.

Elterngeschichte gemeint ist, tatsächlich aber auch einen Vorverweis auf das eigene Schicksal des Protagonisten enthält. Aufgabe sowohl von Grégoire als auch von Tristan wird es sein, diese scheinbar primär die Eltern betreffende Geschichte als die in einem ganz neuen Sinn eigene zu begreifen.

Pointiert lässt sich sagen: Vieles von dem, was im Anfangsteil des Thomas'schen *Tristan* als Zutat des Thomas identifizierbar ist, lässt sich als Übernahme aus dem *Grégoire*-Stoff interpretieren. Die Vorstellung drängt sich auf, dass Thomas den Beginn seines Tristanromans in Anlehnung an die *Vie du pape Saint Grégoire* gestaltet hat. Ob dies als bewusste und für das zeitgenössische Publikum wahrnehmbare intertextuelle Anspielung gemeint war oder ob Thomas die *Vie du pape Saint Grégoire* eher ausgebeutet hat, ohne damit Reminiszenzen an die Vorlage wecken zu wollen, lässt sich heute nicht mehr endgültig feststellen. Allerdings spricht einiges dafür, dass die beiden Werke in ein und demselben historischen Kontext entstanden sind, nämlich am oder im Umfeld des angevinischen Hofes.[27] Den *Grégoire* denkt man sich heute am ehesten entstanden um die Mitte des 12. Jahrhunderts im französischen Südwesten, das heißt in Aquitanien.[28] Damit gehört der Text in den angevinischen Herrschaftsbereich, dem man andererseits auch die literarische Tätigkeit des Thomas von England zuordnet, wobei der *Tristan* heute meist in die 1160er Jahre datiert wird.[29] Es spricht nichts dagegen, die beiden Texte in ein und denselben Kontext, nämlich den des angevinischen Herrscherhauses, einzuordnen. Hier wäre sowohl beim Verfasser des *Tristan* als auch beim Publikum Kenntnis der *Grégoire*-Erzählung ohne Weiteres anzunehmen. Dass die *Vie du pape Saint Grégoire* nicht nur eine regional bekannte Erzählung war, sondern auch an den Höfen mit Kontakten etwa in den deutschsprachigen Bereich verfügbar war, zeigt ja schon die Bearbeitung Hartmanns.

---

[27] Zur Bedeutung des angevinischen Hofes vgl. Amy Kelly: Eleanor of Aquitaine and her Courts of Love. In: Speculum 12 (1937), S. 3–19; M. Dominica Legge: Anglo-Norman Literature and its Background. Oxford 1963, S. 45–59; Eleanor of Aquitaine, Patron and Politician. Hrsg. von William W. Kibler. Austin 1976, S. 35–59; sowie Alfons Hilka: Der Tristanroman des Thomas und die Disciplina clericalis. In: Zeitschrift für französische Sprache und Literatur 45 (1919), S. 38–46.

[28] Brigitte Herlem-Prey: Le Gregorius et la Vie de Saint Grégoire. Determination de la source de Hartmann von Aue. Göppingen 1979 (GAG 215), S. 8 f.

[29] Gottfried von Straßburg: Tristan. Translated entire for the first time. With the surviving fragments of the ‚Tristran' of Thomas. With an Introduction edited by Arthur T. Hatto. Harmondsworth 1967, S. 8 (Frühdatierung um 1160); zur Diskussion vgl. Anna Keck: Die Liebeskonzeption der mittelalterlichen Tristanromane. Zur Erzähllogik der Werke Bérouls, Eilharts, Thomas' und Gottfrieds. München 1998, S. 129 f.; letztlich bleibt die Frage der genauen Datierung ungeklärt. Als Terminus post quem gilt das Vorliegen des *Roman de Brut* des Wace, der 1155 abgeschlossen war; vgl. auch Bonath (Anm. 9), S. 18, Anm. 9: „Die Art, wie Thomas den *Brut* verwendet hat, spricht m. E. dafür, daß dieser noch sehr aktuell war." Ein weiteres wichtiges Argument für eine relative Frühdatierung bietet ebenfalls Bonath, S. 18: „[D]ie geographische Perspektive des Romans ist die des angevinischen Großreichs, nicht die des poitevinischen Hofs der Eleanore nach 1166", d. h. nach deren Zerwürfnis mit Heinrich II. Plantagenet.

Entscheidend ist hier jedoch weniger der Beweis eines tatsächlichen historischen Zusammenhangs der beiden Werke als vielmehr der systematische Punkt: Auch wenn niemand im Publikum die konkrete Anspielung verstanden haben sollte, bleibt es doch dabei, dass Thomas anscheinend ein hagiographisch konnotiertes Erzählmuster als Superstrat für seine Gestaltung des Tristanstoffes verwendet hat. Ein ganz ähnliches Verfahren ist auch an einer anderen Stelle im Text zu beobachten: Für die Darstellung der Minnegrotte konnte Ulla Erika Lewes überzeugend zeigen, dass sich Thomas hier an der Ägidius-Legende orientiert hat; aus dem entbehrungsreichen Waldleben wird so eine mit geistlichen Konnotationen aufgeladene Eremitage.[30]

Nimmt man an, dass die verwendeten hagiographischen Erzählmuster und Versatzstücke für das Publikum zumindest ansatzweise erkennbar waren, dann lassen sie sich als programmatische Äußerungen des Autors verstehen: Thomas stellt damit Bezüge nicht nur zu einzelnen Texten, sondern auch zu einer narrativen Konstellation her, wie sie in einer Legende vorliegt.[31] Ein solches intertextuelles Verfahren erzeugt eine Bedeutungsebene jenseits der erzählten Geschichte selbst, oder anders ausgedrückt: Die Art und Weise des Erzählens wird damit intertextuell markiert und auch semantisiert. Erzählt man die Geschichte von Tristan und Isolde so, wie es Thomas tut, dann erweckt sie den Eindruck einer weltlich-höfischen ‚Legende'.[32]

Allerdings wird die damit verbundene Rezipientenerwartung durch den Thomas'schen *Tristan* in einem wichtigen Punkt gerade nicht oder auf überraschende Weise erfüllt: Die narrative Funktionsstelle, die in einer Legende Gott als Verantwortlicher für die *histoire* einnehmen müsste, wird durch die Reminiszenzen an den geistlichen Erzähltypus zwar markiert, aber gerade *nicht* durch Gott besetzt. Der Text provoziert auf diese Weise die Frage, wer eigentlich der ‚Gott' dieser ‚Minnelegende' ist. Bei Thomas tritt eine andere Macht an die Stelle Gottes als Subjekt der *histoire*, und diese verantwortet gerade keine Heils-, sondern eine Unheilsgeschichte: Es ist offenbar die schicksalhafte Macht der Liebe, die hier die Geschichte vorantreibt und letztlich deren Urheber ist. Gott kommt zwar vor, auch als Handelnder, aber er ist gegenüber der Liebe selbst machtlos. Das geistliche Erzählmodell wird also bei Thomas anzitiert, um es zu entsakralisieren – und umgekehrt die Liebe als eine durchaus zerstörerische Macht[33] in eine Position zu setzen, die in der Tat eine Minnelegende entstehen lässt.

---

[30] Ulla Erika Lewes: The Life in the Forest. The Influence of the Saint Giles Legend on the Courtly Tristan Story. Chattanooga 1978.

[31] Vgl. hierzu (jedoch ohne Überlegungen zu Interferenzen zwischen *Vie du pape Saint Grégoire* und *Tristan*): Ernst (Anm. 6).

[32] Gerade die ältere Forschung hat den Tristan (mehr noch den des Gottfried als den des Thomas) gerne als Minnelegende gesehen; vgl. Frappier (Anm. 17), S. 260: „la religion de l'amour".

[33] Die zerstörerische Macht der Liebe betont Keck (Anm. 29), S. 132–168. Kecks Arbeit bezieht einen guten Teil ihrer eindrucksvollen Signifikanz aus ihrem pointierten Leitgedanken (Problematisierung der Minne in den Tristanromanen als unheilvolle Macht). Auf der anderen Seite wirken Kecks Überlegungen an einigen Stellen forciert – und davon ist insbesondere das Gottfried-Kapitel betroffen.

Erzählen diesseits göttlicher Autorisierung: Tristan *und* Erec 75

Der menschliche Autor bleibt im Erzählmodell des *Tristan* auf der Position, die er auch schon im geistlichen Erzählen hat: Er geriert sich in der Erzählerstimme so, als wäre er für das Erzählte nicht zuständig, sondern allenfalls für die Art und Weise des Erzählens. Thomas (und Gottfried wird ihm darin folgen) hält sich in seinem nur bruchstückhaft überlieferten Roman als Erzähler von der *histoire* so weit es geht fern: Er erstattet angeblich nur kommentierend Bericht von etwas, was nicht er selbst verantwortet, sondern was er schon vorgefunden hat. Hier liegt die narrative Funktion des behaupteten Gewährsmanns Breri, auf den sich der Erzähler im Fragment Douce bezieht und „der die Taten und die Erzählungen von allen Königen, von allen Grafen wußte, die in der Bretagne lebten".[34] Die Geschichte selbst steht nicht zur Disposition, sondern ist angeblich historisch verbürgt. Zwar gibt es, so Thomas, eine Reihe von Erzählungen von Tristan, und es ist Aufgabe des Autors, diese durch eine bestimmte Art von rationalisierender Musterung und Auswahl auf einen Nenner zu bringen (*unir*),[35] aber das ist keine eigenverantwortliche schöpferische Tätigkeit, sondern es ist und bleibt Wiedergabe einer angeblich vorgegebenen Liebesgeschichte.

II. Gottes Rolle in Chrétiens *Erec*

In Chrétiens *Erec* finden sich insgesamt nur zwei Stellen, an denen der Erzähler auktorial bestätigt, dass Gott das Geschehen unmittelbar beeinflusst.[36] Beim Sperberkampf zwischen Erec und Yders schützt Gott Erec nach Auskunft des Erzählers vor einem potentiell tödlichen Schlag:[37]

> *Deus le gari a cele foiz!*
> *Se li cos ne tornast defors,*
> *Tranchié l'eüst parmi le cors.* (V. 948–950)

> Diesmal schützte ihn Gott. Wäre der Schlag nicht nach außen abgeglitten, so hätte er ihm den Körper mittendurch gespalten.

Interessant ist hier die Bemerkung *a cele foiz* („diesmal"; V. 948). Sie kennzeichnet das Eingreifen Gottes als auf diese eine Situation – und nicht einmal auf den ganzen Kampf – bezogen. Gottes Hilfe wird an dieser Stelle gerade nicht als Teil eines übergreifenden Planes oder gar einer von Gott verbürgten Ordnung verstanden. Grundsätzlich gewinnt

---

[34] *Ky solt les gestes e les cuntes / De tuz les reis, de tuz les cuntes / Ki orent esté en Bretaigne* (Thomas: *Tristan* [Anm. 9], V. 2121–2124; D 849–851).
[35] Thomas: *Tristan* (Anm. 9), V. 2106–2156; D 835–885.
[36] Vgl. zum weitgehenden Fehlen einer göttlich-transzendenten Instanz bei Chrétien auch Beate Schmolke-Hasselmann: Der arthurische Versroman von Chrestien bis Froissart. Zur Geschichte einer Gattung. Tübingen 1980, S. 9.
[37] Chrétien de Troyes: Erec und Enide. Übersetzt und eingeleitet von Ingrid Kasten. München 1979 (Klassische Texte des romanischen Mittelalters in zweisprachigen Ausgaben. 17).

Erec den Kampf nicht, weil Gott ihm hilft, sondern weil er im richtigen Moment den entscheidenden Schlag platzieren kann (V. 973), also aufgrund seiner eigenen Handlung und seiner Fähigkeiten als Ritter. Diese Partikularität der göttlichen Aktion erscheint sogar notwendig, wenn man das wenige Verse zuvor aus der Perspektive der Kämpfenden geschilderte Verhalten der beiden Frauen betrachtet. Enide und die Verlobte des Yders beten zu Gott für ihren jeweiligen Kämpfer:

> *Andeus les puceles plorpient.*
> *Chascuns voit la soe plorer,*
> *A Deu ses mains tandre et orer*
> *Qu'il doint l'enor de la bataille*
> *Celui qui por li se travaille.* (V. 890–894)

> Beide Mädchen weinten. Jeder Ritter sieht die Seine weinen, die Hände zu Gott erheben und beten, er möge dem die Ehre des Kampfes zukommen lassen, der sich um ihretwillen abmüht.

Wie sollte Gott sich hier entscheiden? Anders als Hartmann es tun wird, hat Chrétien keineswegs von Anfang an klargestellt, dass die Ansprüche des Yders auf den Sperber unberechtigt sind, weil seine Dame tatsächlich gar nicht die Schönste ist. Zumindest in den vergangenen Jahren scheint Yders bei Chrétien den Sperberpreis durchaus zu Recht gewonnen zu haben; er hat nicht etwa mit bloßer Gewalt einen Schönheitspreis für seine gar nicht so schöne Frau erobert. In der gegenwärtigen Situation halten die umstehenden Leute zwar Enide für die schönere und gestehen Erec zu, mit Recht (*par droit*; V. 757) Anspruch auf den Sperber zu erheben, doch Yders wird nicht von vornherein als Gewalttäter diskreditiert. Damit aber sind die Gebete beider Damen gleichermaßen berechtigt und als Sorge um den jeweiligen Freund von ihrem subjektiven Anspruch her auch gleichwertig. Das Problem lässt sich deshalb nicht durch einen göttlichen Eingriff lösen, denn dadurch würde Gott parteiisch, sondern nur durch die im Kampf selbst erst manifeste Überlegenheit eines der Kämpfer. Kampf und Sieg sind bei Chrétien als solche legitimiert, sie brauchen keine Rechtfertigung durch einen gerechteren oder höherwertigen Anspruch des einen der beiden Kämpfer.

Chrétien bestimmt an dieser relativ frühen Stelle im Roman – der ersten Kampfszene – die Möglichkeiten, aber auch die Grenzen direkter göttlicher Eingriffe in die ‚weltliche' Handlung: Der barmherzige Gott rettet den Protagonisten vor dem Tod, aber er mischt sich ansonsten nicht ein, denn das auf Kampf und Minne basierende ritterliche Lebensmodell und die damit verbundenen Konflikte liegen bei Chrétien diesseits religiöser Handlungs- und Legitimationsmuster. Der Sieg im Kampf resultiert tatsächlich aus der kämpferischen Überlegenheit, mit der freilich auch die Legitimität des Anspruchs konvergiert, denn Enide ist ja tatsächlich die Schönste. Chrétiens Gott ist barmherzig, wenn er Erec rettet – nicht ritterlich. Chrétien hält ihn – vielleicht auch um ihn nicht zu beschädigen – weitgehend aus der Welt des ritterlichen Kampfes heraus.

Nur noch ein weiteres Mal lässt Chrétien Gott direkt in die Handlung eingreifen. Als Enide nach dem Cadoc-Abenteuer glaubt, Erec sei tot, und sein Schwert aus der Scheide zieht, um sich selbst damit zu töten, lässt Gott sie ein wenig zögern:

Erzählen diesseits göttlicher Autorisierung: Tristan *und* Erec

> *Deus la fist un po retarder,*
> *Qui plains est de misericorde.* (V. 4672 f.)

Gott, der voll Erbarmen ist, ließ sie ein wenig zögern.

Auch hier wird Gottes Eingreifen nicht als Teil eines Planes erkennbar, der zugleich der Plan des ganzen Romans oder wenigstens dieser *avanture* wäre, sondern als Ausdruck einer auf den Augenblick gerichteten Barmherzigkeit. Gott verhindert auch hier wieder den Tod eines Protagonisten, mehr aber nicht.

Chrétien hält Gott aus der Diegese sehr weitgehend heraus, aber er tut dies gerade nicht so wie Thomas:[38] Er lässt die Funktionsstelle Gottes, nämlich das Subjekt der *histoire* zu sein, weder frei, noch füllt er sie mit einer Instanz, die wie Gott innerhalb der Diegese agieren würde – also etwa mit einem geradezu mythischen Subjekt „Minne" oder „Schicksal".[39] Vielmehr besetzt er diese Stelle mit sich selbst, mit dem Autor. Er tut dies, indem er die Geschichte auf eine ganz bestimmte Weise ablaufen lässt und im Prolog als Erzähler sehr deutlich sagt, dass er diesen Ablauf – also die Fügung der *histoire* und nicht nur die Komposition im Bereich des *discours* – selbst verantwortet:[40]

> *Por ce dit Crestiiens de Troies,*
> *Que reisons est que totes voies*
> *Doit chascuns panser et antandre*
> *A bien dire et a bien aprandre,*
> *Et tret d'un conte d'avanture*
> *Une mout bele conjointure* (V. 9–14)

Deshalb erklärt Chrétien de Troyes, dass es jedenfalls vernünftig ist, wenn jeder sein Denken und Bemühen darauf richtet, gut zu erzählen und gut zu belehren, und er stellt aus einer Abenteuergeschichte eine sehr schön geordnete Erzählung zusammen.

---

[38] Zum Verhältnis zwischen Thomas und Chrétien vgl. Keck (Anm. 29), S. 169–171. Der Bezug zwischen Thomas und Chrétien wird hier allerdings v. a. im Zusammenhang mit dem *Cligés* diskutiert. Eine neue Perspektive nimmt Glauch (Anm. 5) ein, die vor dem Hintergrund der Fiktionalitätsdebatte einen systematischen Vergleich zwischen Chrétiens Erzählkonzept und der Poetik des Thomas'schen *Tristan* unternimmt.

[39] Zum Begriff Mythos vgl. Udo Friedrich, Bruno Quast: Mediävistische Mythosforschung. In: Präsenz des Mythos. Konfigurationen einer Denkform in Mittelalter und früher Neuzeit. Hrsg. von Udo Friedrich, Bruno Quast. Berlin/New York 2004 (Trends in Medieval Philology. 2), S. IX–XXXVII. Meine eigene Begriffsverwendung ist angeregt durch das Konzept von Ernst Cassirer: Philosophie der symbolischen Formen. Zweiter Teil: Das mythische Denken. Darmstadt 1958 (zuerst 1923).

[40] Nach wie vor bestimmend für die Diskussion um Chrétiens *Erec*-Prolog sind die Thesen von Walter Haug: Literaturtheorie im deutschen Mittelalter von den Anfängen bis zum Ende des 13. Jahrhunderts. Eine Einführung. Darmstadt 1985, S. 91–106, der hier die Reflexion einer neuen Art von Fiktionalität im europäischen Mittelalter sieht. Eine neue Musterung und Weiterführung jetzt bei Brigitte Burrichter: Fiktionalität in französischen Artustexten. In: Historische Narratologie. Mediävistische Perspektiven. Hrsg. von Harald Haferland, Matthias Meyer. Berlin/New York 2010 (Trends in Medieval Philology. 19), S. 263–280.

Die „sehr schöne Zusammenfügung" in Chrétiens *Erec* bezieht sich nicht – oder jedenfalls nicht nur – auf eine Geordnetheit, die allein im Erzählen (*discours*) von Erec und Enide liegen würde, sondern auf eine Ordnung, die im Erzählten (*histoire*) selbst begründet ist.[41] Diese Ordnung ist mehr als das, was ein Berichterstatter einer vorgefundenen Geschichte im Rahmen einer Neukomposition geben kann. Eine solche Ordnung – und das ist der eigentliche Anspruch des Chrétien'schen Prologs – wird nun hier nicht durch eine göttliche Instanz autorisiert, sondern allein durch den Autor.[42] Mit dem Begriff der *conjointure* wird also eine unmittelbare Verbindung von *histoire* und *discours* behauptet, und zwar im Sinne einer Autorisierung des intradiegetischen Geschehens durch eine extradiegetische Instanz, nämlich den Autor.[43] Weil aber ein Autor innerhalb einer heterodiegetischen Erzählung eigentlich nichts tun kann, zum Beispiel anders als Gott auch keine Wunder wirken kann, muss er sich auf einen einzigen Kunstgriff verlassen, der diesen Romantyp auch tatsächlich geprägt hat – auf den Zufall. Ein Beispiel dafür mag genügen.

In Chrétiens *Erec* ereignet sich nach der Befreiung Enides aus den Händen des Grafen von Limors ein erstaunlicher, freilich für den Fortgang der Handlung auch notwendiger Zufall: Erec und Enide laufen auf den Burghof hinaus und benötigen für die Flucht dringend ein Pferd. Die Rettung kommt wie gerufen: Ein Knappe geht gerade in dem Moment mit seinem[44] Pferd über den Hof, als die beiden Flüchtenden es brauchen; es ist sogar gesattelt und gezäumt:

Erec corut son escu prandre;
Par le guige a son col le pant,
Et Enide la lance prant;
Si s'an vienent parmi la cort.
N'i a si hardi, qui la tort;
Car ne cuidoient pas, que fust
Hon, qui si chacier les deüst,
Mes deables ou anemis,
Qui dedanz le cors se fust mis.

---

[41] Zu ganz ähnlichen Ergebnissen kommt jetzt Burrichter (Anm. 40), S. 273–279, die den *Erec*-Prolog ausführlich untersucht und dabei auch nach der Rolle Gottes fragt (S. 274): „Chrétiens Arbeit setzt also [...] nicht erst auf der Ebene des *discours*, der *elocutio*, ein. Er nimmt die einzelnen Elemente der überlieferten Geschichte quasi als Verfügungsmasse, mit der er nach eigenem Gutdünken umgehen kann und die er neu komponiert, um daraus eine ganz neue Geschichte zu machen." Vgl. zum gesamten Komplex auch Rainer Warning: Heterogenität des Erzählten – Homogenität des Erzählens. Zur Konstitution des höfischen Romans bei Chrétien de Troyes. In: WS 5 (1979), S. 79–95.

[42] Vgl. dazu Glauch (Anm. 5), S. 33–35.

[43] Eine ähnliche Problematisierung des *conjointure*-Begriffs bietet auch ebd., S. 32 f.; vgl. zur (älteren) Forschungssituation: Brigitte Burrichter: Wahrheit und Fiktion. Der Status der Fiktionalität in der Artusliteratur des 12. Jahrhunderts. München 1996, S. 138.

[44] Es ist nicht ganz klar, ob sich das Possessivpronomen in V. 4898 auf den *garcon* oder auf Erec bezieht; bei Hartmann ist sicher Erecs Pferd gemeint.

Erzählen diesseits göttlicher Autorisierung: Tristan *und* Erec

Tuit s'an fuient, Erec les chace,
Et trueve fors anmi la place
Un garcon, qui voloit mener
Son destrier a l'eve abevrer,
Atorné de frain et de sele. (V. 4886–4899)

Erec lief, um seinen Schild zu holen. Er hängt ihn am Riemen um den Hals, und Enide nimmt die Lanze. Sie gelangen mitten auf den Hof. Keiner ist so kühn, Widerstand zu leisten, denn sie glaubten nicht, dass es ein Mensch wäre, der sie verjagte, sondern der Teufel oder ein Dämon, der in den Leichnam gefahren wäre. Alle fliehen, Erec jagt hinter ihnen her und trifft draußen mitten auf dem Platz einen Knappen, der sein gesatteltes und gesäumtes Roß zur Tränke führen wollte.

Chrétien kommentiert diesen Zufall, den er selbst geschaffen hat, mit der lakonischen Bemerkung:[45]

Ceste avanture li fu bele. (V. 4900)

Das war ein glücklicher Zufall für ihn.

III. Hartmann von Aue: Der höfische Gott im *Erec*

Die zufällige Rettung des Protagonistenpaares auf Limors zeigt: Zweifellos gibt es in Chrétiens *Erec* eine Ordnung, die am Ende auch zum Heil führen wird, aber diese beruht letztlich auf Zufällen. Solche Zufälle sind zwar Ausdruck des Autorwillens und auf dieser metadiegetischen Ebene auch begründet und notwendig, aber das ändert nichts daran, dass die arthurische Struktur in Chrétiens *Erec* innerhalb der Diegese auf das Paradox einer zufälligen Ordnung hinausläuft. In dieses Paradox mündet eine säkulare Erzählhaltung um 1170 offenbar, weil im weltlichen Erzählen die Instanz, die Ordnung garantiert, nicht mehr innerhalb der Diegese agiert und die *histoire* von dort aus verantwortet (Gott, der Wunder wirkt), sondern ‚von außen' in die Diegese eingreift (der Autor, der Zufälle geschehen lässt).

Genau hier setzt Hartmann von Aue mit seiner Umarbeitung an.[46] Hartmann ist Chrétien bei seiner Übertragung ins Deutsche an dieser Stelle, auf dem Burghof von Limors, nicht gefolgt. Bei ihm ist die Rettung kein Zufall, sondern unmittelbare Folge göttlicher Gnade und damit Ausdruck von Erecs *saelikeit*.[47] Durch die direkte Anrufung

---

[45] Vgl. zur Stelle Ursula Kuttner: Das Erzählen des Erzählten. Eine Studie zum Stil in Hartmanns *Erec* und *Iwein*. Bonn 1978, S. 23 u. 190.
[46] Hartmanns *Erec* wird zitiert nach: Hartmann von Aue: Erec. Hrsg. von Manfred Günter Scholz. Übersetzt von Susanne Held. Frankfurt a. Main 2004 (Bibliothek des Mittelalters. 5).
[47] Mit Scholz (Anm. 46), S. 865, sehe ich beides als zusammenhängend an. Zur metaphysischen Dimension von *saelikeit* vgl. Rudolf Voß: Die Artusepik Hartmanns von Aue. Untersuchungen zum Wirklichkeitsbegriff und zur Ästhetik eines literarischen Genres im Kräftefeld von soziokulturellen Normen und christlicher Anthropologie. Köln 1983, S. 11.

Gottes hat der Erzähler die Macht über das Geschehen schon im Vorfeld der Rettung aus der Hand gegeben:[48]

> *nû müeze got gesenden*
> *disen ellenden,*
> *Êrecke und Ênîten,*
> *ros dâ si ûfe rîten.* (V. 6698–6701)

Aber nicht nur die Erfüllung dieser Bitte in der Handlung selbst bestätigt für den Rezipienten die Wirksamkeit göttlicher Fügung, der Erzähler tut es auch noch einmal explizit und lässt so keinen Zweifel:

> *ez vuocte eht gotes wille.* (V. 6726)

Dieser emphatische (*eht*!) Satz lässt sich tatsächlich als Revision des Erzählerkommentars bei Chrétien lesen: Nicht nur zufällig geschieht hier etwas, also nicht nur, weil es ein Autor so will, vielmehr stellt Hartmann das Geschehen als Ausdruck göttlicher Lenkung dar. Offenbar war die Zufälligkeit der Rettung und die Autorisierung von Handlung allein durch den Autor für Hartmann nicht ausreichend. Es zeigt sich, dass Gottes besondere Gnade auf Erec ruht. Als Wiedererzähler[49] des Chrétien'schen Romans behauptet Hartmann an dieser Stelle nicht die Souveränität über den Handlungsverlauf, sondern präsentiert sich (genauer: seine Erzählerfigur) als Interpreten eines von Gott gelenkten Geschehens, dessen Berichterstatter er ist; er gibt sich als eine Art sekundärer Autor aus, der nur wiedergibt, was der eigentliche Autor – Gott – hat geschehen lassen. Er separiert also *histoire* und *discours* genau an dem systematischen Punkt wieder, an dem Chrétien beides sehr eng zu führen versuchte.

Hartmann verfährt so in seiner Überarbeitung durchgängig. Er bringt Gott als Autor der eigentlichen Geschichte immer wieder ins Spiel und agiert damit erkennbar gegen die narrative Innovation, die Chrétien mit seinem *Erec* eingeführt hat. Erec ist bei Hartmann, wie man in der Forschung immer wieder gesehen hat, nicht nur ein ritterlicher Held, er ist und wird zum Ende hin immer mehr eine Art Heilsbringer, ein ‚Heiliger'. Damit ist bei Hartmann auch das von mir für Chrétien behauptete Problem der zufälligen Ordnung obsolet geworden: Was im narrativen Prozess zufällig erscheint, erweist sich ex post als göttliche Fügung, Erecs Weg wird zum Heilsweg mit abschließender Erlösungstat (Brandigan).

Was Hartmann hier tut, also letztlich die Wiedereinführung göttlicher Providenz in einem weltlichen Text, ist aus zwei Gründen riskant. Erstens muss Hartmann voraussetzen, dass Gott höfisch ist – und wenn die Konjektur von Moriz Haupt stimmt, dann

---

[48] Vgl. zu dieser Stelle Dennis H. Green: Irony in the Medieval Romance. Cambridge 1979, S. 145.
[49] Vgl. Franz Josef Worstbrock: Wiedererzählen und Übersetzen. In: Franz Josef Worstbrock: Ausgewählte Schriften. Hrsg. von Susanne Köbele, Andreas Kraß. Bd. 1: Schriften zur Literatur des Mittelalters. Stuttgart 2004, S. 183–196 (zuerst 1999), sowie Kuttner (Anm. 45).

Erzählen diesseits göttlicher Autorisierung: Tristan *und* Erec   81

kommt dieser Ausdruck: Der *hövesche* Gott, in Vers 5517 tatsächlich vor.⁵⁰ Höfisch ist
dieser Gott, weil sein Tun mit dem Ethos des höfischen Ritters nicht nur punktuell,
sondern umfassend konvergiert. Vorausgesetzt wird damit eine Fundierung der ritterlichen Welt im Heiligen und damit eine substantielle Identität der Maximen göttlichen
und (gerechten!) ritterlichen Handelns. Dieser Gott ist als Akteur in das Geschehen
involviert und er ist auf der Seite derer, die die höfischen Werte als christliche vertreten.
Er ist nicht nur barmherzig, er ist selbst höfisch.

Die *hövescheit* Gottes wird von Hartmann vor allem in Bezug auf Enite mehrfach
thematisiert: Enite ist Verkörperung eines höfischen Ethos, dem Gottes *hövescheit* nahtlos entspricht. Deutlich wird dies beispielsweise im Zusammenhang mit Enites Pferde-
dienst. Hartmann bringt hier in einer kommentierenden Erweiterung gegenüber
Chrétien Gott als insgeheimen Helfer Enites ins Spiel:

wan daz vrou Saelde ir was bereit
und daz diu gotes hövescheit
ob mîner vrouwen swebete
und dâ wider strebete
daz ir dehein grôz ungemach
von den rossen niene geschach,
sô waere kumberlîch ir vart:
des wart diu vrouwe wol bewart. (V. 3460–4367)

Die Vorstellung von einem höfischen Gott, die bei Hartmann als pointierte Gegenposition zu Chrétien erkennbar wird, ist jedoch nicht unproblematisch. Ein solchermaßen in
die Welt von Kampf und Minne involvierter ‚höfischer' Gott muss sich immer dann
Fragen gefallen lassen, wenn er anscheinend nicht höfisch handelt. Ereignisse, die den
Figuren, aber auch dem Erzähler gemessen an einem religiös fundierten höfischen
Weltbild sinnlos, ungerecht oder auch schlicht kontingent erscheinen, provozieren nun
– anders als bei Chrétien – die Frage nach der Rechtfertigung Gottes. Für Hartmann ist
diese Frage offensichtlich von einiger Bedeutung, denn er thematisiert sie in seinem
Text mehrfach an prominenten Stellen, vor allem in Enites Klage, ohne dass er dafür in
seiner Vorlage auch nur den geringsten Ansatzpunkt vorgefunden hätte.⁵¹

---

⁵⁰ Hartmann: *Erec*, V. 5516 f.: *er stach in zuo der erde tôt | als ez der hövesche gebôt*. Dies ist der
(normalisierte) Wortlaut des Ambraser Heldenbuches. Die meisten Herausgeber seit Moriz Haupt
haben hier eingegriffen und schreiben: *er stach in zuo der erde tôt, | als ez der hövesche got gebôt*.
Die religiöse Assoziation wird in der Nähe der Stelle auch durch den Vergleich mit dem Kampf
Davids gegen Goliath (V. 5561–5569) nahegelegt. Vgl. Scholz (Anm. 46), S. 824 (Kommentar zur
Stelle).
⁵¹ Hartmann: *Erec*, V. 5774–5780 (der Beginn von Enites Klage). Weitere Passagen, in denen die
Frage nach der Rechtfertigung Gottes virulent wird: V. 8086–8094 (die Bewohner Brandigans fragen, als sie Erec erblicken, warum Gott es zulasse, dass so ein vollkommener Mann sein Leben verlieren sollte); V. 8295–8298 (Erec reflektiert angesichts der 80 Witwen über Gottes Unbegreiflich-
keit).

Riskant ist die Vorstellung vom höfischen Gott aber noch aus einem anderen Grund: Nur auf den ersten Blick nämlich stellt diese Re-Integration Gottes eine Rückkehr des Autors in die Rolle des Berichterstatters, des sekundären Autors dar, wie sie aus der geistlichen Literatur – etwa der Legende – bekannt ist. Tatsächlich aber lässt sich das scheinbare Zurücktreten des Autors hinter die göttliche Macht auch als Ausdruck einer Usurpation der göttlichen Instanz durch den Autor verstehen. Das ist die andere Seite des Konzepts vom höfischen Gott: Dieser ist nun eben so, wie ihn uns der Autor vorführt; er ist letztlich sein Produkt. Unproblematisch erscheint dies so lange, wie ein gesellschaftlicher Konsens über die Frage besteht, was nun in der rechten Weise höfisch ist. Was aber geschieht, wenn die Dinge komplizierter liegen, wenn das Spiel der Übereinstimmung von Innen und Außen zerbricht und die Frage nach der Rechtfertigung Gottes nicht durch das Mittel der Ironie wie in Enites Klage aufzulösen ist?[52] Es ist dies das Thema, mit dem sich Gottfried von Straßburg im *Tristan* beschäftigt, wenn er Gottes *hövescheit* – auch dort der entscheidende Begriff – mit einer ethisch höchst ambivalenten Situation konfligieren lässt. Es ist dies das Thema der bekannten Gottesurteilepisode.

IV. Gottfried von Straßburg: Gottes *hövescheit* am Ende

Die Forschung hat gezeigt, dass Gott als Akteur im *Tristan* eine durchaus ambivalente Rolle spielt.[53] Zwar stellt der Erzähler Tristans Leben mit einer globalen Aussage zu Beginn unter die Souveränität Gottes:[54]

und sagen wir umbe daz kindelîn,
daz vater noch muoter haete,
waz got mit deme getaete. (V. 1788–1790)

---

[52] Enite glaubt ja nur, dass Erec tot ist; der Rezipient weiß es besser, und dadurch stehen die Anklagen Enites von vornherein unter dem Vorbehalt der Ironie.

[53] Zur Schwierigkeit, die Gottesdarstellung im *Tristan* auf einen gemeinsamen Nenner zu bringen, vgl. Dietmar Mieth: Dichtung, Glaube und Moral. Studien zur Begründung einer narrativen Ethik mit einer Interpretation zum Tristanroman Gottfrieds von Straßburg. Mainz 1976 (Tübinger theologische Studien. 7), S. 223. Rüdiger Schnell: Suche nach Wahrheit. Gottfrieds „Tristan und Isold" als erkenntniskritischer Roman. Tübingen 1992 (Hermaea N. F. 67), S. 59, ist der Meinung, „daß dieses Werk unterschiedliche Gottesbilder enthält", die über ein Erzählkonzept an das „den ganzen Roman beherrschende Thema der Wahrheitssuche anzubinden" seien. Franz Josef Worstbrock: Der Zufall und das Ziel. Über die Handlungsstruktur in Gottfrieds *Tristan*. In: Ders.: Ausgewählte Schriften. Hrsg. von Susanne Köbele, Andreas Kraß. Bd. 1: Schriften zur Literatur des Mittelalters. Stuttgart 2004, S. 229–245 (zuerst 1995), sieht Gott als eine Instanz unter mehreren, die die Handlung bestimmt.

[54] Gottfrieds *Tristan* wird zitiert nach: Gottfried von Straßburg: Tristan. Nach dem Text von Friedrich Ranke neu hrsg., ins Neuhochdeutsche übersetzt, mit einem Stellenkommentar und einem Nachwort von Rüdiger Krohn. 3 Bde. Stuttgart 1980.

Erzählen diesseits göttlicher Autorisierung: Tristan *und* Erec

Doch im Handlungsverlauf erscheint Gott keineswegs als der planvolle Akteur, den Gottfried an dieser Stelle ankündigt. Die vom Erzähler auktorial bestätigten Eingriffe Gottes sind selten, und wenn sie vorkommen, reihen sie sich – wie bei der Entführung und Aussetzung durch die Norweger (V. 2406–2417) – in eine Folge von Handlungsmotivierungen ein, die mit Gott nicht unmittelbar in Verbindung gebracht werden können. Die Figuren – allen voran Tristan und Isolde – beten zwar häufig zu Gott um Gelingen oder Rettung, aber gerade in solchen Situationen handeln sie danach so planvoll und überlegt, dass ein Eingreifen Gottes gerade nicht notwendig ist (mit der Ausnahme des Gottesurteils, auf das noch zu kommen ist).[55] Innerhalb der Lebensgeschichte Tristans erscheinen die wenigen auktorial bestätigten Handlungen Gottes ähnlich punktuell wie etwa in Chrétiens *Erec*. Angekündigt wird in den Versen 1788–1790 also ein Geschehen, dessen letztendliches Subjekt Gott ist; eingelöst wird diese Ankündigung aber nicht. Die Aussage der Verse 1788–1790 wird auf diese Weise ironisiert. Jedoch wird dabei nicht die globale Verfügungsmacht Gottes in Zweifel gezogen, sondern eine Vorstellung, die Gottes Allmacht an dessen ständiges Eingreifen bindet. Wer eine Geschichte erwartet, in der Gott permanent aktiv wird, der hat nicht verstanden, was das heißt: *waz got mit deme getaete*.

Der Verzicht auf einen ständig intervenierenden Gott, den der Autor ja als Kunstgriff für die Plausibilisierung der Handlung verwenden könnte, ist Teil einer Rationalisierung und Entmythisierung, die auch sonst in Gottfrieds Werk zu beobachten ist.[56] Damit ist aber gerade keine Säkularisierung gemeint; Gott ist da, aber er wird von dem Minnegeschehen um Tristan und Isolde weitgehend ferngehalten. Nur an einer Stelle nutzt Gottfried eine Vorgabe bei Thomas, um zu zeigen, was passiert, wenn im Zusammenhang einer irreduzibel kontingenten Handlung ein Geschehen auf Gott zurückgeführt wird; es handelt sich dabei um die bekannte Gottesurteilszene, die ich als Auseinandersetzung Gottfrieds mit der Konzeption des höfischen Gottes bei (oder sogar seit?) Hartmann interpretieren möchte.

Die Geschichte ist bekannt, ich fasse sie so knapp wie möglich zusammen: Marke verlangt von Isolde die Eisenprobe, um ihre Treue zu beweisen. Isolde, die ja objektiv Ehebrecherin ist, hofft dennoch auf Gottes *hövescheit* und bedingt sich aus, die Eidesformel selbst angeben zu dürfen. Durch ein geschicktes Arrangement fällt Isolde beim Absteigen von einem Schiff, das sie zur Gerichtsstätte bringt, in die Arme des als Pilger

---

[55] Insofern unterscheidet sich die Gottesurteilsszene doch erheblich von den vorausgehenden Szenen, in denen – so Schnell (Anm. 53), S. 60 – die Menschen stets glaubten, „Gott handle so, wie sie es gerade wünschten, bzw. glaubten, über Gott verfügen zu können."

[56] Vgl. dazu Gerd Dicke: *Gouch Gandin*. Bemerkungen zur Intertextualität der Episode von ,Rotte und Harfe' im *Tristan* Gottfrieds von Straßburg. In: ZfdA 127 (1998), S. 121–148, hier S. 146: „Auf der Oberflächenebene der erzählten Wirklichkeit mithin nicht mehr präsent, bleibt das […] Mythische aber gleichwohl semantisch wirksam, denn durch unterschwellige Bezüge und deutliche inhaltliche Korrespondenzen ist eine Assoziationsebene installiert, von der aus die Oberflächenrealität einen mythologischen Deutungshintergrund gewinnt."

verkleideten Tristan. Nun schwört sie, dass sie noch nie in den Armen eines anderen Mannes lag als in denen ihres Gatten – und dieses Pilgers da.

Das ist der berühmte *gelüppete* Eid, der gefälschte Eid, und Gott muss nun in der Geschichte tatächlich aktiv werden, er muss den *gelüppeten* Eid als ‚wahr' akzeptieren, denn anders ist nicht zu erklären, dass Isolde die Eisenprobe tatsächlich besteht. Diesem Ereignis selbst widmet Gottfried gerade einmal zwei Verse:

> *In gotes namen greif si'z an*
> *und truog ez, daz si niht verbran.* (V. 15731 f.)

Das ist das Wunder, und damit, so der Erzähler, sei nun etwas vor aller Welt bewiesen worden: *dâ wart wol g'offenbaeret | und al der werlt bewaeret* (V. 15733 f.) – man möchte meinen: dass Isolde keine Ehebrecherin ist, denn das müssen jetzt die Zeugen des Ereignisses ja glauben. Aber der Erzähler sagt etwas anderes: Als Wahrheit sei nun vor allen Leuten „bewahrheitet", *daz der vil tugenthafte Crist | wintschaffen alse ein ermel ist* (V. 15735 f.). Haupt- und Konsekutivsatz spielen auf verschiedenen Ebenen.[57] Man denkt bei *al der werlt* zunächst einmal an die Zeugen der Feuerprobe in der erzählten Welt: die glauben aber nun an Isoldes Unschuld, denn sie haben die Feuerprobe gesehen und wissen ja nichts von der Manipulation. Davon wissen nur diejenigen, die die Geschichte gehört oder gelesen haben, die Rezipienten außerhalb der erzählten Welt. Gottfried spielt also nicht auf den Effekt des Gottesurteils selbst, sondern auf die Wirkung des Erzählens vom Gottesurteil an. Nicht die Figuren der Geschichte haben nun dieses schräge Bild vom *tugenthaften/wintschaffen Crist*, sondern die Rezipienten, denen diese Geschichte zugemutet wird. Diese Wendung, die genau in dem interpretatorisch so problematischen Satz steckt, ermöglicht es, die Ironie, die Klaus Grubmüller in diesem Erzählerkommentar gesehen hat,[58] als eine metapoetische zu verstehen. Es wird nicht nur das Gegenteil dessen gesagt, was gemeint ist, sondern auch gezeigt, dass die ‚unmögliche' Aussage Folge eines bestimmten Erzählverfahrens ist,[59] das damit *ad absurdum* geführt wird: Wer Gott an so einer Stelle ins Spiel bringt, der riskiert, dass dieser am Ende als verfügbar und unzuverlässig dasteht. Das ist der Preis für ein Erzählen, das Gott in derart prekären Zusammenhängen benutzt, ja missbraucht.[60]

---

[57] Vgl. Petrus W. Tax: Wort, Sinnbild, Zahl im Tristanroman. Studien zum Denken und Werten Gottfrieds von Straßburg. Berlin 1961 (Philologische Studien und Quellen. 8), S. 108 f.

[58] Klaus Grubmüller: *ir unwarheit warbaeren*. Über den Beitrag des Gottesurteils zur Sinnkonstitution in Gottfrieds *Tristan*. In: Philologie als Kulturwissenschaft. Studien zur Literatur und Geschichte des Mittelalters (FS Karl Stackmann zum 65. Geburtstag). Göttingen 1987, S. 149–163, hier S. 161–163.

[59] Schnell (Anm. 53), S. 69, kommt – wenn ich recht sehe – zu einem ähnlichen Ergebnis, deutet dieses aber nicht poetologisch, sondern allein erkenntnistheoretisch: Zentral sei „die Problematisierung des Anspruchs der Menschen, darüber [über die Frage des Ausgangs des Gottesurteils] überhaupt Aussagen machen zu können."

[60] Damit führe ich die Argumentation von Rosemary Norah Combridge: Das Recht im *Tristan* Gottfrieds von Straßburg. 2. Aufl. Berlin 1964 (Philologische Studien und Quellen. 15), S. 112, auf einer metapoetischen Ebene weiter. Es geht nicht nur um einen „naiven höfischen Gottesglauben, der

In den folgenden Versen (V. 15737–15744) ist Christus nur grammatisches Subjekt; gemeint ist: So kann man Christus handeln lassen, so kann beispielsweise ein Autor ihn auftreten lassen. *er ist ie, swie sô man will.* Die Inanspruchnahme Gottes für alles mögliche (*ist ez ernest, ist ez spil*; V. 15743) führt zu einer Entwertung und macht Gott verfügbar. Dabei kann das Wort *spil* durchaus auch auf Formen der Unterhaltung anspielen, die auch Literatur einschließen. So ist Gottfrieds Erzählerkommentar gerade nicht blasphemisch,[61] sondern kann im Gegenteil als exemplarische Warnung eines theologisch geschulten Autors gegen die (bedenkenlose) Inanspruchnahme Gottes im weltlichen Erzählen verstanden werden.

Es ist genau der Punkt, auf den Chrétien mit den gleichberechtigten Ansprüchen der beiden Frauen beim Sperberkampf im *Erec* vielleicht hinweisen wollte (s. o.): Wenn hier ein Autor Gott mehr tun lässt, als den Protagonisten vor dem Tod retten, dann verstrickt er sich (und Gott!) in unlösbare Konflikte.

V. Zusammenfassung

Vor dem Hintergrund geistlicher Erzählmodelle lassen sich sowohl der Tristanroman des Thomas als auch Chrétiens *Erec* als Weiterentwicklungen verstehen, die um 1160/70 die Möglichkeiten eines weltlichen Erzählens ausloten wollen, das sich den Deutungsansprüchen einer kultivierten Hofgesellschaft stellt und damit mehr bieten will als die Geschichten der *joglars*. Die beiden Romane lösen sich auf unterschiedliche, systematisch entgegengesetzte Weisen vom geistlichen Erzählmodell, das den menschlichen Autor nur als Urheber des *discours*, Gott aber als ‚Autor' der *histoire* als (Heils)geschichte sieht: Bei Thomas bleibt es bei der (vorgeblich) strikten Trennung, doch wird Gott als handlungsmotivierende Instanz innerhalb der Diegese weitgehend durch die quasi-mythische Macht der Liebe ersetzt. Die Referenzen auf hagiographische Prätexte (*Grégoire*, Ägidiuslegende) machen diese Umbesetzung deutlich und lassen den Roman des Thomas als (freilich heillose) Minnelegende erscheinen. Ganz anders verfährt Chrétien im *Erec*: Die vom Autor als eigenes Werk präsentierte Struktur mit ihren sinngebenden Doppelungen ist nicht nur Ausdruck einer Kompositionsleistung des Autors auf der Ebene des *discours*, sondern stellt einen Eingriff in die erzählte Welt selbst dar und gibt dieser eine bestimmt Ordnung. Gott wird hier also nicht durch eine andere innerdiegetische Instanz ersetzt, vielmehr übernimmt der Autor innerhalb der Diegese die Funktion des ‚Herrn der Geschichte'. Dieses ausgestellte Eingreifen des Autors in die *histoire* ist die eigentliche Innovation im *Erec*. Strukturell greifbar wird

---

für alle und seien es noch so fragliche Vorhaben himmlische Unterstützung erwartet", sondern um ein Erzählverfahren, das einen solchen Gottesglauben zur Geschehensmotivierung missbraucht.

[61] Die Gegenposition markiert Gottfried Weber: Gottfrieds von Straßburg „Tristan" und die Krise des hochmittelalterlichen Weltbildes um 1200. Stuttgart 1953, S. 123: „Christusabsage".

sie einerseits in den deutlich markierten Wiederholungsstrukturen, andererseits aber auch im prägenden Element der *avanture*, welche diese Strukturen innerdiegetisch ermöglicht: Der Zufall, also das innerhalb der Diegese nicht kausal notwendige, sondern von außen durch den Autor erzeugte Ereignis, ersetzt in Chrétiens Erzählkonzept das Wunder, das im geistlichen Erzählmodell durch die innerdiegetische Instanz Gott bewirkt wird und von dem der Autor dort nur Bericht erstattet.

Hartmann von Aue nimmt in seiner Übertragung des *Erec* Chrétiens Innovation, deren größtes Problem sicher das der Präsentation einer letztlich nur zufälligen Ordnung ist, zu einem guten Teil wieder zurück: Gott spielt bei Hartmann als innerdiegetische Instanz eine deutlich prominentere Rolle als bei Chrétien, das Erzählmodell nähert sich ein Stück weit wieder dem hagiographischen an. Damit vertritt Hartmann eine optimistisch-integrierende Konzeption, deren Kernthese lautet, dass es ein weltliches Erzählen geben könnte, in dem Gott eine eigene, eine höfische Rolle spielen kann. Wolfram von Eschenbach wird dieses Konzept im *Parzival* weiterdenken und mit dem Gral einen Kristallisationspunkt für die Verknüpfung von geistlichem und weltlichem Anspruch präsentieren. Wie prekär aber das Konzept des höfischen Gottes ist, zeigt Gottfried im *Tristan*. Er entlarvt im Gottesurteil diesen höfischen Gott als Konstrukt des Autors und nimmt damit eine in der Tat radikale Säkularisierung des Erzählens wahr: Wer weltlich von höfischen Dingen erzählen will, der muss auf den Kunstgriff eines ständig intervenierenden und Partei ergreifenden Gottes (eines ‚höfischen Gottes' also) verzichten, denn die Funktionalisierung Gottes im weltlichen Erzählen bedeutet eben nicht eine Rückkehr zu einem geistlichen Erzählmodell, sondern eine Instrumentalisierung Gottes durch den Autor. Nirgends in der Literatur um 1200 wird dies deutlicher vorgeführt als im Gottesurteil des Gottfried'schen *Tristan*.

Ein weltliches Erzählen im Sinne Gottfrieds ist nicht einfach säkularisiert, aber es bedingt ein bestimmtes Gottesbild, das sowohl bei Chrétien als auch bei Gottfried sichtbar wird: Gott steht über allem und er ist barmherzig, wenn es darauf ankommt. Für den Rest sind die Menschen selber verantwortlich. Dieser Rest ist der Spielraum für weltliches Erzählen um 1200.

Udo Friedrich

Topik und Rhetorik

Zu Säkularisierungstendenzen in der Kleinepik des Strickers

Die Frage nach den Verlaufsformen der Geschichte hat sichtbar an Konjunktur verloren. Hatte die Kritik der Geschichtsphilosophie dazu geführt, dass die großen Geschichtsentwürfe des 19. Jahrhunderts suspekt geworden waren, so hat die Postmoderne auch die *Großen Erzählungen* der Moderne dekonstruiert.[1] Noch nach dem ‚Ende der Geschichte' wirken innerhalb der modernen Kultur, selbst innerhalb von Wissenschaften und Philosophie, immer noch versteckte Annahmen über den Lauf der Welt. Erzählen beschränkt sich nicht nur auf Texte, vielmehr strukturieren die zentralen narratologischen Koordinaten offen oder verdeckt die Vorstellungen von Kollektiven vom Lauf der Welt: Auch Kulturen besitzen ihre Narrative.[2] An die Stelle der großen Verlaufsformen – mythische Zyklik, christliche Heilsgeschichte, Modernisierung – treten andere *grands récits* und ihre latenten Funktionen in beinah allen Gesellschaftsentwürfen.

Das betrifft auch die Rede von der Säkularisierung, dem wohl wirkungsmächtigsten Narrativ der Moderne. Die umkämpfte Deutungshoheit über den Begriff lässt sich an der Frage nach der Wirkungsmacht religiöser Tradition und der Emanzipation von ihr nachzeichnen. Säkularisierung bezeichnet den Fortschrittsapologeten die Überwindung metaphysischer Bedingungen zugunsten rationaler Ansprüche.[3] Die Vorstellung lebt von der Opposition heilig-profan und trägt dem Umstand Rechnung, dass sich dieser Dualismus im Verlauf der Geschichte zu jener Homogenität von Raum und Zeit auflöst, die Voraussetzung neuzeitlichen oder modernen Weltverständnisses geworden ist.[4] Säkularisierung wird geschichtsphilosophisch als Prozess der Verweltlichung, soziologisch als funktionale Differenzierung oder Privatisierung gefasst.[5] Aus globaler Perspektive bildet sie ein spezifisch europäisches Phänomen, dem über zweitausend Jahre

---

[1] Jean-Francois Lyotard: Das postmoderne Wissen. Ein Bericht. Wien 1986 (zuerst Paris 1979).
[2] Wolfgang Müller-Funk: Die Kultur und ihre Narrative. Eine Einführung. Wien 2002.
[3] Charles Taylor: Ein säkulares Zeitalter. Aus dem Englischen von Joachim Schulte. Frankfurt a. Main 2009.
[4] Ernst Cassirer: Philosophie der symbolischen Formen. Zweiter Teil: Das mythische Denken. Darmstadt 1923/1958.
[5] José Casanova: Rethinking Secularisation: A Global Comparative Perspective. In: The Hedgehog Review 2006, S. 7–22, hier S. 7.

die geschichtliche Spannung von Transzendenz und Immanenz zugrunde liegt, in deren Auslaufhorizont wir noch leben.[6] Wenn auch nicht universal wirksam, so bietet sie für die europäische Tradition durchaus eine legitime Kategorie der Erschließung historischer Sinndynamiken.[7] In ihrer Relation zur Transzendenz lassen sich Phasen der Monopolisierung, der Separierung und der Aushandlung unterscheiden: zum einen die geistliche Homogenisierung der Welt durch christliche Hermeneutik und amtskirchliche Autorität im Mittelalter gegenüber der Homogenisierung der Welt durch moderne Rationalität in Wissenschaft, Technik, Politik, Ökonomie und Kunst; zum anderen in der Moderne die Trennung in zwei Kulturen, die in separierter Koexistenz ihre Wirkung entfalten; schließlich die komplexen Wechselwirkungen beider Systeme in ihren Begriffen, Werten und Narrativen.

So kann Säkularisierung auch das Fortwirken christlicher Gehalte in säkularer Form bedeuten: Der These vom Schwinden des christlichen Geltungsanspruchs wird diejenige seiner fortdauernden latenten Wirksamkeit gegenübergestellt. Hans Blumenberg hat die Ambivalenz des Wortes Säkularisierung als intransitiven und transitiven Begriffsgebrauch beschrieben: Weniger als analytische Kategorie denn als Narrativ und Metapher zeichnet Säkularisierung dem geschichtlichen Prozess eine Sinndimension ein.[8] Säkularisierung als Narrativ gefasst, fragt nach Werten, Strukturen und Teleologien der *Großen Erzählungen*, Säkularisierung als Metapher verstanden, rückt vor allem Prozesse der Umbesetzung in den Blick. Wolfgang Müller-Funk hat noch einmal nachgezeichnet, dass die Opposition von christlich-weltlich vielfältig substituierbar ist, wie etwa an den *Großen Erzählungen* des Rousseauismus und Marxismus, ja selbst noch an denen des Feminismus und der Ökologie sichtbar wird: Ohne dass das narrative Verlaufsmodell sich ändert, wirkt die Heilsgeschichte als verdecktes Narrativ auf die säkularisierten Geschichtsentwürfe ein.[9] Die Moderne bleibt scheinbar dem alten Modell verpflichtet.

Die Literaturwissenschaft hat dort, wo sie nicht nur systematisch Phänomene untersucht, sondern diese auch in den Horizont der Geschichte stellt, in der Literaturgeschichte, immer wieder auf Modelle der Säkularisierung zurückgegriffen: Die Unsicherheit, den wissenschaftlich erarbeiteten Befund in eine historische Perspektive zu bringen, prägt die Literaturgeschichtsschreibung bis heute.[10] Zwar ordnen wir den Be-

---

[6] Hans Blumenberg: Säkularisierung und Selbstbehauptung. Erweiterte und überarbeitete Neuausgabe von ‚Die Legitimität der Neuzeit'. Erster und zweiter Teil. Frankfurt a. Main 1974, S. 9–18.
[7] Casanova (Anm. 5), S. 12.
[8] Blumenberg (Anm. 6), S. 9–18. Vgl. Daniel Weidner: Zur Rhetorik der Säkularisierung. In: DVjs 78 (2004), S. 95–132.
[9] Müller-Funk (Anm. 2).
[10] Jan-Dirk Müller: Literaturgeschichte/Literaturgeschichtsschreibung. In: Erkenntnis der Literatur. Theorien, Konzepte, Methoden der Literaturwissenschaft. Hrsg. von Dietrich Harth, Peter Gebhardt. Stuttgart 1982, S. 195–227. Jürgen Fohrmann: Das Projekt der deutschen Literaturgeschichte. Entstehung und Scheitern einer nationalen Poesiegeschichtsschreibung zwischen Humanismus und deutschem Kaiserreich. Stuttgart 1989.

stand nicht mehr organologisch nach den Modellen von Blüte und Verfall oder Wiedergeburt, auch nicht teleologisch in Richtung auf eine Volks- oder Nationalgeschichte, doch ist auch der letzte systematische Ansatz, der der Sozialgeschichte, in Verdacht geraten, da er die Entwicklung von Gesellschaft und Kunst einem Modernisierungsnarrativ unterwirft:[11] Die These von der Autonomie der Literatur in der Moderne, für den der Weg vom Epos zum Roman oder vom Exempel zur Novelle stehen kann, seien nur exemplarisch genannt: Literaturtheorie und Literaturgeschichte stehen hier in einem nicht aufzulösenden methodischen Konflikt. Das wissenschaftlich solideste Modell sowohl für die Geschichte wie für die Literaturgeschichte bildet wohl das der Evolution, doch weil ihre Erzählung sich nicht auf die Zukunft perspektivieren lässt, mithin kein Ziel in den Blick nimmt, konkurriert sie weiter mit einer Reihe von kulturellen Metanarrativen.

Das Säkularisierungsnarrativ liefert mit seiner harten Opposition von geistlich-weltlich ein verführerisches Modell der zeitlichen Ordnung, doch bleibt auch hier die Frage, wie sich der Ablösungsprozess über die Geschichte hin konstituiert. Dass mit der Aufklärung im 18. Jahrhundert eine Schwelle markiert ist, scheint unbestritten, dass aber die Renaissance des 15. oder die Reformation des 16. Jahrhunderts bereits einen Säkularisierungsschub bewirkten, indem sie die Spannung von Christentum und Humanismus initiierten, kann ebenfalls kaum geleugnet werden; Konsens zu sein scheint auch, dass mit dem Aufkommen der volkssprachlichen Literatur im 12./13. Jahrhundert die Dominanz theologischer Diskurse und Erzählformen herausgefordert wird. Den Rückverlagerungen scheinen keine Grenzen gesetzt zu sein, allenfalls der repräsentative Status des jeweiligen Säkularisierungsschubs wäre zu diskutieren. Wenn Hans Blumenberg aber jenseits eines historischen Anspruchs auf Erklärung die Hypothese aufstellt, dass bereits in der Antike Epos und Fabel je auf eigene Weise eine reflexive Arbeit am Mythos darstellen, das Epos die alten Götter anthropomorphisiert und ironisiert und ihnen gegenüber den Menschen heroisiert, die Fabel hingegen die Götter animalisiert und durch Typisierung in Normalität überführt, dann zeigt schon diese frühe Konkurrenz von Erzählformen, dass dem linearen Prozess der Säkularisierung ein uralter Konflikt vorausgeht, den jede Kultur auf ihre eigene Art konfiguriert.[12]

---

[11] Thomas Mergel: Kulturgeschichte – die neue „große Erzählung"? Wissenssoziologische Bemerkungen zur Konzeption sozialer Wirklichkeit in der Geschichtswissenschaft. In: Kulturgeschichte Heute. Hrsg. von Wolfgang Hardtwig, Hans-Ulrich Wehler. Göttingen 1996 (Geschichte und Gesellschaft. Sonderheft 16), S. 41–77. Vgl. Frank Rexroth: Meistererzählungen und die Praxis der Geschichtsschreibung. Eine Skizze zur Einführung. In: Meistererzählungen vom Mittelalter. Epochenimaginationen und Verlaufsmuster in der Praxis mediävistischer Disziplinen. München 2007 (Historische Zeitschrift. Beihefte N. F. 46), S. 1–22.

[12] Hans Blumenberg: Arbeit am Mythos. Frankfurt a. Main 1979, S. 148 f.

I. Exempel – Märe – Novelle

Auch die Diskussion über den Status der mittelalterlichen Kurzerzählung lässt sich mit der Kategorie der Säkularisierung beschreiben. Seit dem 13. Jahrhundert etabliert sich neben der Legende als dominanter geistlicher Erzählform ein breites volkssprachiges Spektrum an einfachen Erzählformen. Zwar ist die Typik der Figurendarstellung und der Schematismus der Handlung noch stark von christlichen Werten imprägniert – z. B. Geschlechterverhältnis, Körperkonzept und soziale Ordnung –, eine Vielzahl von Erzählungen offenbaren aber Spielräume an Gestaltung, die sich von christlichen Implikationen lösen. So wird die mittelalterliche Fabel einerseits der Allegorese unterworfen und auf christliche Heilswahrheiten hin perspektiviert.[13] Zugleich aber entwirft die Fabel eine Fülle von weltlichen Verhaltensmustern, die sich jenseits des religiösen Diskurses behaupten. Gegenüber dem auf Lehre ausgerichteten geistlichen Exempel, dem *bîspel*, rekurriert sie auf das breite Spektrum an Lebenserfahrungen. Ihre Vielfalt an Typen und Rollen bannt nach Hans Robert Jauß geradezu die Idealität von Legende und Epos und trägt damit Anforderungen der Wirklichkeit Rechnung. Die „menschliche Natur", so Jauß, werde „jenseits von Gut und Böse in ihrer unvollkommenen Durchschnittlichkeit" vor Augen geführt.[14] Helmut de Boor sieht nach der Allegorisierung des Exempels im *bîspel* eine Phase folgen, die eine Säkularisierung seines narrativen Gehalts betreibt.[15] Und Hans Ulrich Gumbrecht interpretiert selbst die Opposition von Legende und Mirakelerzählung als Profanierung und Depotenzierung der amtskirchlichen Autorität.[16] Nicht nur als quantitativer Befund etabliert sich ein säkulares Schrifttum, sondern auch die Transformation genuin christlicher Formen lässt sich über deren Form- und Funktionswandel konstatieren.

Für die Frage nach Umfang und Reichweite literarischer Säkularisierung ist vor allem die Diskussion über das Verhältnis von Märe und Novelle wirkungsvoll gewesen. Auch sie ist weitgehend unter gattungstheoretischen und -geschichtlichen Gesichtspunkten geführt worden. Während einerseits eine Entwicklung vom Exempel über das Märe hin zur Novelle postuliert wird, die zugleich Ausdruck eines literarischen Evolutionsprozesses sein und für die Emanzipation des Erzählens aus den Fesseln von Typi-

---

[13] Klaus Grubmüller: Fabel, Exempel, Allegorese. Über Sinnbildungsverfahren und Verwendungszusammenhänge. In: Exempel und Exempelsammlungen. Hrsg. von Walter Haug, Burghart Wachinger. Tübingen 1991 (Fortuna vitrea. 2), S. 58–76, hier S. 66.

[14] Hans Robert Jauß: Alterität und Modernität in der mittelalterlichen Literatur. In. Ders.: Alterität und Modernität in der mittelalterlichen Literatur. München 1977, S. 9–47, hier S. 28. Jauß hat überdies in der Entstehung des Tierepos eine Politisierung des vermeintlich allgemeinmenschlichen Gehalts der Fabel gesehen.

[15] Helmut de Boor: Über Fabel und Bîspel. München 1966.

[16] Hans Ulrich Gumbrecht: Faszinationstyp Hagiographie. Ein historisches Experiment zur Gattungstheorie. In: Deutsche Literatur im Mittelalter. Kontakte und Perspektiven. Hugo Kuhn zum Gedenken. Hrsg. von Christoph Cormeau. Stuttgart 1979, S. 37–84.

sierung und Exemplarik stehen soll, werden andererseits schon in den Mären jene Leistungen realisiert gesehen, die später bei Boccaccio zur vollen Ausbildung gelangen, indem er anstelle der Religion die Liebe als Wertzentrum einsetzt.[17] Dass Boccaccios *Dekameron* nicht nur mit einer Antilegende beginnt, sondern auch in einer ganzen Reihe von Novellen geistliche Kultur- und Erzählmuster invertiert, ist als „säkularisierende Parodie" beschrieben worden.[18] Bereits die veränderte und explizit ausgestellte neue Kommunikationssituation – das konversationelle Erzählen in geselliger Runde – weist den adaptierten geistlichen Erzählformen eine andere Funktion zu.[19] Dass auch hier kein linearer Prozess vorliegt, dass Modernes früher aufblitzen kann und Mittelalterliches noch bei Boccaccio aufzufinden ist, ist vielfach beschrieben.[20] Auf lange Sicht aber verschieben sich doch die diskursiven Formationen und schwindet der Geltungsanspruch religiösen Erzählens. Bevor aber die Novelle als eigenständiger Erzähltyp hervortritt, finden sich Texte, in denen schon früh eine Spannung von religiösem und säkularem Diskurs inszeniert wird. Die Konfiguration der beiden Wertesphären erfolgt als Nebeneinander, Miteinander und Ineinander ihrer Geltungsansprüche.

II. Topik und Rhetorik der Kurzerzählungen

Als strategischen Ort, an dem Beispielgeschichten gesammelt und geordnet werden, definiert die Rhetorik die Topik.[21] Die Topik bildet das Archiv an kollektivem Wissen, an Sentenzen und Erzählungen, auf das der Redner für seine Argumentation zurück-

---

[17] Hans Jörg Neuschäfer: Boccaccio und der Beginn der Novelle. Strukturen der Kurzerzählung auf der Schwelle zwischen Mittelalter und Neuzeit. München 1969, S. 90–99. Joachim Heinzle: Boccaccio und die Tradition der Novelle. Zur Strukturanalyse und Gattungsbestimmung kleinepischer Formen zwischen Mittelalter und Neuzeit. In: WS 5 (1979), S. 41–62.

[18] Neuschäfer (Anm. 17), S. 97. Karl Heinz Stierle: Geschichte als Exemplum – Exemplum als Geschichte. Zur Pragmatik und Poetik narrativer Texte. In: Geschichte – Ereignis – Erzählung. Hrsg. von Reinhart Koselleck, Wolf Dieter Stempel. München 1973 (Poetik und Hermeneutik. 5), S. 347–375.

[19] Winfried Wehle: Novellenerzählen. Französische Renaissancenovellistik als Diskurs. München 1981 (Humanistische Bibliothek. 1). Caroline Emmelius: Gesellige Ordnung. Literarische Konzeption von geselliger Kommunikation in Mittelalter und Früher Neuzeit. Berlin/New York 2010 (Frühe Neuzeit. 139).

[20] Andreas Kablitz: Boccaccios *Decameron* zwischen Archaik und Modernität. Überlegungen zur achten Novelle des zehnten Tages. In: Literarhistorische Begegnungen. Festschrift zum sechzigsten Geburtstag von Bernhard König. Hrsg. von Andreas Kablitz, Ulrich Schulz-Buschhaus. Tübingen 1993, S. 147–181.

[21] Lothar Bornscheuer: Topik. Zur Struktur der gesellschaftlichen Einbildungskraft. Frankfurt a. Main 1976. Roland Barthes: Die alte Rhetorik. In: Ders.: Das semiologische Abenteuer. Frankfurt a. Main 1988, S. 15–101. Uwe Hebekus: Topik/Inventio. In: Einführung in die Literaturwissenschaft. Hrsg. von Miltos Pechlivanos u. a. Stuttgart/Weimar 1995, S. 82–96.

greift. Innerhalb der rhetorischen Argumentationsstrategie finden mit *historia*, *argumentum* und *fabula* drei paradigmatische Erzählformen ihren Platz, die sich in Wirklichkeits- und Wahrheitsanspruch unterscheiden.[22] Zwischen der *historia* als verbürgter und wahrer Geschichte und der Fabel als fingierter Geschichte ohne Wirklichkeitsbezug steht das *argumentum*, das zwar nicht auf Wirklichkeit rekurriert, als fingierte Erzählung wohl aber den Anspruch auf Wahrscheinlichkeit erhebt.[23] In der Form des Gleichnisses besitzt das *argumentum* nicht den historischen Geltungsanspruch der *historia*, ist aber der Fabel aufgrund der potentiellen Wahrscheinlichkeit überlegen. Das Ensemble von Historien, Gleichnissen und Fabeln bildet ein topisches Archiv an Erzählungen, das narrative kulturelle Gedächtnis, aus dem sich die Argumentationspraxis des Redners bedient, um Evidenz und Überzeugungen herzustellen. Von der wahren Rede der Logik unterscheidet sich die narrative Argumentation der Rhetorik durch ihren reduzierten Wahrheitsanspruch: Der dreigliedrige Syllogismus wird durch das zweigliedrige Schlussverfahren des Enthymems ersetzt, die natürliche Wahrheit durch die metaphorische Wahrscheinlichkeit.[24] Zwar nimmt die Rhetorik in den mittelalterlichen Überzeugungsstrategien gegenüber der Logik einen nachgeordneten Rang ein, da sie über Analogien und Ähnlichkeiten ihren Geltungsanspruch formuliert, doch scheint dieser Argumentationstyp gerade dort unhintergehbar zu sein, wo es um die Verarbeitung von Erfahrung und Geschichte geht. Der *sensus communis*, modern Common Sense, bildet das Argumentationsreservoir der Rhetorik.[25] Das Feld der narrativen Grundformen behauptet dort seinen Geltungsanspruch, wo Wahrheitsforderungen an ihre Grenzen geraten. Der Geltungsanspruch der Rhetorik konstituiert sich aber nicht nur jenseits der Logik, sondern auch jenseits des christlichen Diskurses, er dringt aber auch in ihn ein, sodass ein Amalgam christlicher und rhetorischer Strategien entsteht, Christianisierung der Rhetorik und Rhetorisierung des Christentums mithin kaum zu unterscheiden sind. Die Wahrheit der christlichen Lehre gerät in Spannung zum Wahrscheinlichkeitspostulat der auf Wirklichkeit rekurrierenden Rhetorik.

---

[22] Aristoteles: Rhetorik. Übersetzt, mit einer Bibliographie, Erläuterungen und einem Nachwort von Franz G. Sieveke. München 1993.

[23] Arno Seifert: Historia im Mittelalter. In: Archiv für Begriffsgeschichte 21 (1977), S. 226–284, hier S. 229 f. Stefan Willer, Jens Ruchatz, Nicolas Pethes: Zur Systematik des Beispiels. In: Das Beispiel. Epistemologie des Exemplarischen. Hrsg. von Jens Ruchatz, Safia Azzouni. Berlin 2007 (Literaturforschung. 4), S. 7–59.

[24] Barthes (Anm. 21), S. 15–101. Bornscheuer (Anm. 21), S. 11–25.

[25] Clifford Geertz: Common Sense als kulturelles System. In: Dichte Beschreibung. Beiträge zum Verstehen kultureller Systeme. Übersetzt von Brigitte Luchesi. Frankfurt a. Main 2009, S. 261–288. Ruchatz, Azzouni (Anm. 23), S. 13. Vgl. Jörg Villwock: Mythos und Metapher. Zum inneren Zusammenhang zwischen Mythos und Metaphorologie in der Philosophie Hans Blumenbergs. In: Philosophische Rundschau 32 (1985), S. 68–91, hier S. 81.

III. Exempel und narrativer Überschuss: Der Stricker

Der Stricker zählt zu den konservativen Erzählern seiner Generation. Er verfügt mit Heldenepik, höfischem Roman, Schwankzyklus und Kleindichtungen souverän über ein ganzes Arsenal an Erzählgattungen, in denen religiöse und ständische Normen verteidigt werden.[26] Nimmt man die Stricker'schen Kurzerzählungen einmal nicht unter gattungstheoretischen Gesichtspunkten in den Blick, sondern unter rhetorischen, wird ein breites Spektrum an narrativen Argumentationstechniken sichtbar, die sich innerhalb und jenseits des geistlichen Diskurses artikulieren. Unter den Kleindichtungen des Strickers findet sich neben Gebet, Rede und Allegorie mit Fabeln, Gleichnissen und Mären auch eine Reihe narrativer Formen, die auf die Harmonisierung von geistlicher und weltlicher Ordnung zielen, zugleich aber auch ihre Spannungen thematisieren.

Mit dem Stricker'schen Märe tritt erstmals im deutschen Sprachraum ein weltlicher Erzähltyp deutlich hervor.[27] Die formale Technik vieler Erzählungen überschreitet quantitativ und qualitativ sichtbar die Anforderungen exemplarischen Erzählens. An die Stelle allgemeiner Typik tritt mehr und mehr die Situationsgebundenheit der Handlungen, die die Regeln und Werte des zeitgenössischen sozialen Kontextes absorbieren. Das abstrakte moralische Regel-Fall-Schema wird mit konkreten sozialen Interaktionsformen angereichert.[28] Bereits im einfachen Märe korrespondiert der Extension des Erzählvorgangs eine Komplexitätssteigerung sowohl der Gehalte als auch der Darstellung, eine Reihe von Mären thematisiert dabei zugleich Spielräume des Erzählens. Indem der Stricker die Konkurrenz sozialer Wertesysteme narrativ entfaltet und mit Hilfe amplifizierender Mittel poetisch gestaltet, befördert er eine Form des Erzählens, die auf die Novellistik hinsteuert, bei ihm aber noch im Horizont mittelalterlichen Ordnungsdenkens gebunden ist: Weltliches und Geistliches werden auf vielfältige Weise miteinander verbunden, wobei als bestimmende Kennzeichen einerseits die Betonung der List – *gevüegiu kündikeit* –, andererseits die rationale Hinterfragung von Wunder- und Aberglauben konstatiert worden ist.[29] Eine Absage an den religiösen Werthorizont ist damit aber keinesfalls verbunden.

---

[26] Hedda Ragotzky: Gattungserneuerung und Laienunterweisung in Texten des Strickers. Tübingen 1981 (Studien und Texte zur Sozialgeschichte der Literatur. 1). Die Kleinepik des Strickers. Texte, Gattungstraditionen und Interpretationsprobleme. Hrsg. von Emilio González, Victor Millet. Berlin 2006 (Philologische Studien und Quellen. 199). Patrick de Duca: Der Stricker. In: Kleinepik, Tierepik, Allegorie und Wissensliteratur. Hrsg. von Fritz Peter Knapp. Berlin 2013 (Germania litteraria mediaevalis francigena. 6), S. 66–91.

[27] Klaus Grubmüller: Die Ordnung, der Witz und das Chaos. Eine Geschichte der europäischen Novellistik im Mittelalter: Fabliau – Märe – Novelle. Tübingen 2006, S. 79–107.

[28] Ragotzky (Anm. 26).

[29] Ebd.; Ines Heiser: Wunder und wie man sie erklärt. Rationale Tendenzen im Werk des Strickers. In: WS 20 (2008), S. 161–175.

Die komplexe Faktur der Stricker'schen Kurzerzählungen zeigt sich in ganz unterschiedlichen methodischen Zugriffen. Die Erzählung *Der Richter und der Teufel* etwa bietet mehr als ein einfaches moralisches Exempel, in dem ein hybrider Rechtsvertreter ‚vom Teufel geholt' wird. Indem der Stricker nicht nur ein Sprichwort zu einer Erzählung ausfaltet, sondern auch die Lehre des Exempels zum Kasus öffnet, der durch eine Serie von Fallbeispielen auf das ausgewogene Verständnis von juristischen Urteilen zielt, und schließlich noch die Wirksamkeit performativer Flüche auf die Probe stellt, verbindet er die religiöse und moralische Dimension mit der sozialen und juristischen in einem rhetorisch-poetischen Arrangement:[30] Der Teufel wird geradezu zum Garanten verbindlicher Rechtspraxis, Theologisches und Juristisches stehen in enger Wechselbeziehung. In seinem Schwankroman *Pfaffe Amis* verhandelt der Stricker am Beispiel der Karriere eines Geistlichen die Spannung von feudalem Statuskonsum und akkumulierendem Profitdenken, von Anökonomie und Ökonomie, und er formt sie zu einer „Kippfigur", die komplementäre Lektüren evoziert.[31] Dass gerade ein Kleriker die Spannung gegenläufiger Wirtschaftslogiken seiner Zeit austrägt, bildet eine Pointe des Textes und demonstriert in diesem Fall die Interferenzen von Religion und Ökonomie. Bereits Strickers „Erzählformen voller Widersprüche und Unabgestimmtheiten" bilden Spuren des ‚epochalen frühneuzeitlichen Umbaus der Welt' ab.[32] Die „Radikalisierung des weltimmanenten Standpunktes und das Profanieren heiliger Gegenstände" ist denn auch als formale Funktion der Schwankform selbst beschrieben worden, um die Spannung von Transzendenz und Immanenz in religiöser Kommunikation hervortreten zu lassen.[33] Aus der schwankenden Form, die Gegensätze in harter Fügung ironisch konfrontiert, resultiert eine Beobachtungsposition, die die Konkurrenz von Wertesystemen und Erzählmustern allererst in den Blick geraten lässt.[34] Selbst dort, wo die Stri-

---

[30] Hartmut Bleumer: Vom guten Recht des Teufels. Kasus, Tropus und die Macht der Sprache beim Stricker und im Erzählmotiv „The Devil and the Lawyer" (AT 1186; Mot M 215). In: Recht und Literatur, LiLi 41 (2011), S. 149–173. Zur ‚Protokasuistik' des Strickers vgl. Caroline Emmelius: Kasus und Novelle. Beobachtungen zur Genese des *Decameron* (mit einem genetischen Vorschlag zur mhd. Märendichtung). In: LJb 51 (2010), S. 47–74, hier S. 70–74.

[31] Peter Strohschneider: Kippfiguren. Erzählmuster des Schwankromans und ökonomische Kulturmuster in Strickers ‚Amis'. In: Text und Kontext. Fallstudien und theoretische Begründungen einer kulturwissenschaftlich angeleiteten Mediävistik. Hrsg. von Jan-Dirk Müller unter Mitarbeit von Elisabeth Müller-Luckner. München 2007 (Schriften des Historischen Kollegs. 64), S. 163–190. Vgl. Maria E. Müller: Vom Kipp-Phänomen überrollt. Komik als narratologische Leerstelle am Beispiel zyklischen Erzählens. In. Historische Narratologie. Mediävistische Perspektiven. Hrsg. von Harald Haferland, Matthias Meyer. Berlin/New York 2010 (Trends in Medieval Philology. 19), S. 69–97.

[32] Strohschneider (Anm. 31), S. 171.

[33] Hans-Jürgen Scheuer: Schwankende Formen. Zur Beobachtung religiöser Kommunikation in mittelalterlichen Schwänken. In: Literarische und religiöse Kommunikation in Mittelalter und Früher Neuzeit. DFG-Symposion 2006. Hrsg. von Peter Strohschneider. Berlin/New York 2009, S. 733–770.

[34] Scheuer (Anm. 33), S. 733–770.

cker'schen Mären über einen „methodischen Theismus" wieder christlich eingemeindet werden, wird eine paradoxe Grundkonstellation zugrunde gelegt, an der die Texte sich abarbeiten.[35] Kasuistik, Kippfigur, schwankende Form, Paradoxie: In allen Fällen demonstrieren die unterschiedlichen Ansätze gegenüber dem moraldidaktischen Exempel eine Komplexitätssteigerung des Erzählens, das sich eine Reihe von formalen Freiheiten erarbeitet, inhaltlich aber noch ideologisch gebunden bleibt.

IV. Gleichnis, Common Sense und Kasuistik

Der christliche Gehalt in den Kurzerzählungen des Strickers kommt zum einen unmittelbar in Appellen (Gebet), diskursiven Erörterungen (Rede) und metaphorischen Bildauslegungen (Allegorie) zum Ausdruck, zum andern auch in Erzählungen. Zum Grundtypus Stricker'schen Erzählens gehört bekanntlich das geistliche *bîspel*, eine zweigeteilte Erzählform, die auf einen knappen Erzählteil eine längere Auslegung folgen lässt.[36] Der Stricker greift hier auf soziale Konfliktkonstellationen zurück, um ihnen einen geistlichen Gehalt abzugewinnen und Theologisches und Politisches zu relationieren. Im Gleichnis *Von den drei Waffen* übersetzt er die christliche Dingallegorese, wie sie aus Predigten, Tugend- und Lastertraktaten sowie aus literarischen Texten bekannt ist, in eine Erzählung über einen Mann, der schutzlos auf einen Gegner trifft und ihm unterliegt. Ihm mangeln im geistlichen Sinn Glaube (Schwert), Herz (Scheide), Buße und Reue (Schild).[37] Analoge Formen geistlicher Gleichnisse finden sich wiederholt, wenn etwa die Frau Weltallegorie in eine Wirtshauserzählung (*Der Gast und die Wirtin*, Nr. 136) transformiert wird, die Zwei-Reiche-Lehre einmal in eine Marktszene – *dem marchet ist diu werlt gelich* (*Der Marktdieb*, Nr. 103, V. 23) –, das andere Mal in eine politische Erzählung (*Die beiden Königinnen*, Nr. 137), das Verhältnis von Gott und Mensch in eine Vater-Sohn-Konstellation: *der herre und ouch sin chint: | daz ist der mensch und got* (*Der ungeratene Sohn*, Nr. 120, V. 38 f.). Das ganze Spektrum sozialen Handelns, Recht, Ökonomie, Politik und Moral, wird dem Stricker zur Metapher geistlicher Gehalte. Das etwa wäre die konventionelle Form der Stricker'schen Gleichniserzählung.[38]

---

[35] Silvan Wagner: Gottesbilder in höfischen Mären des Hochmittelalters. Höfische Paradoxie und religiöse Kontingenzbewältigung durch die Grammatik des christlichen Glaubens. Frankfurt a. Main 2009 (Bayreuther Beiträge zur Literaturwissenschaft. 31).

[36] Zur Gleichnisstruktur vgl. Hermann-Josef Meurer: Die Gleichnisse Jesu als Metaphern. Paul Ricoeurs Hermeneutik der Gleichniserzählung Jesu im Horizont des Symbols „Gottesherrschaft/Reich Gottes". Bodenheim 1997 (Bonner biblische Beiträge. 111).

[37] Der Stricker: Die drei Waffen. In: Die Kleindichtung des Strickers. Gesamtausgabe in fünf Bänden. Hrsg. von Wolfgang Wilfried Moelleken. Göppingen 1973–78 (GAG. 107, I–V), hier Bd. 1. 1973, Nr. 9, S. 157 f., V. 35–40.

[38] Ute Schwab: Zur Interpretation der geistlichen Bîspelrede. In: Annali sezione germanica 1 (1958), S. 153–181. Michael Schilling: Poetik der Kommunikativität in den kleineren Reimpaartexten des

Die metaphorische Operation, die solchen Gleichnissen zugrunde liegt, ermöglicht eine Fülle von allegorischen Bezügen. Stets ist beim Stricker die Erzählform knapp, während die Auslegung den Großteil des Textes ausmacht. Indem aber die Auslegung bisweilen über den gebotenen Plot hinausweist, ergeben sich schon Spielräume für Exkurse: Bereits die Allegorie der drei Waffen rekurriert nicht nur auf den geistlichen Bereich, sondern bezieht auch pragmatische – *hiet jener auch gewarnt sich, | er het sein nicht bestanden* (V. 14 f.) – und topische Argumente mit ein: *swer ie daz leichter erkoz, | dem geviel auch ze unheil | ie der pöser tail* (V. 20–22), d. h. schon das schlichte Gleichnis erlaubt den Schluss auf Regeln unterschiedlicher Reichweite, die vom Common Sense bis zur Allegorese reichen. Aus rhetorischer Perspektive ist das Geistliche nicht Ziel der metaphorischen Deutung, sondern nur eine Option.

Das Gleichnis vom *Gefangenen Räuber* beginnt in Analogie zu den *Drei Waffen* mit einer abstrakten Erzählung über eine Machtkonkurrenz: Ein Vasall raubt und stiehlt, und obwohl sein Herr ihn nachdrücklich ermahnt, setzt er sein gewaltsames Treiben fort. Erst als der Herr ihn festsetzt und unnachgiebig verurteilt, besinnt er sich, bittet um Gnade, und bietet sowohl Gut als auch Dienst als Kompensation an.[39] Die abstrakte Erzählkonstellation findet ihre Pointe in der Allegorie der zu späten Reue. Die vierfache Not – Gefangenschaft, Ehrverlust, Hoffnungslosigkeit und Leiden – wird zum Zeichen der Sünde: *dem tut gelich ein sundich man* (V. 49). Wer erst im Alter die Unbeständigkeit der Welt einsehe, dessen *conversio* nehme Gott nicht als Dienst an. Wie der Feudalherr die Untaten seines Mannes erfährt, so kennt Gott, *der herre ist uber elliu lant | und herre uber alle herre ist* (V. 56 f.), alle Übel, die der Sünder begeht. Und wer der Rede der Pfaffen, den Vertretern Gottes auf Erden, nicht folgt und sich beratungsresistent zeigt, den trifft das Alter mit aller Macht: *daz was ein lebentiger tot* (V. 46).

Das Gleichnis könnte hier zu Ende sein, doch fügt der Stricker der Auslegung eine Reflexion über das Alter an, die schon aufgrund ihres Umfangs über den geistlichen Appell hinausweist. Was er in der Folge mit explizitem Adressatenbezug vorstellt – *nu merket* –, das sind die sozialen Folgen des Alterns: Die jungen Frauen übersehen ihn, die Herren ebenso, weil er nicht mehr zum Dienst taugt, Freunde, Land, Leute und Verwandte grüßen ihn nur noch träge, da er nicht mehr mithalten kann, Schwester, Brüder und Kinder sind mehr auf das Erbe als auf sein Wohl aus, und selbst die Ehefrau wird seiner überdrüssig und wünscht sich, frei zu sein (V. 175–200). Nicht nur durch Sünde schließt sich der Einzelne aus, sondern auch der Sozialverband selbst produziert im Alter Exklusion, d. h. ein sozialer Effekt tritt an die Stelle des individuellen Mangels. Systematisch-topisch arbeitet der Stricker das ganze Register sozialer Beziehungen ab, die im Alter prekär werden, und bezieht aus ihnen seine Argumente. Rhetorisch gesprochen dringt ein Stück Wirklichkeit in die christliche Wahrheitslehre ein, das nicht

---

Strickers. In: Die Kleinepik des Strickers (Anm. 26), S. 28–46. Franz-Josef Holznagel: Gezähmte Fiktionalität. Zur Poetik des Reimpaarbispels. In: Die Kleinepik des Strickers (Anm. 26), S. 47–78.

[39] Der Stricker: Der gefangene Räuber. In: Die Kleindichtung des Strickers (Anm. 37), hier Bd. 4. 1977, Nr. 132, S. 251–268.

mehr in der Sündenlehre aufgeht. Wie auch christliche Glaubenssätze der rhetorischen Argumentation unterworfen werden können, zeigt der Fortgang der Auslegung, die die Verbindlichkeit der Glaubenspraktiken hinterfragt. Wäre eine späte Reue erfolgreich, so würden alle die zu Toren, Mönche und Klausner, die ihr ganzes Leben der Mühsal, Reue und Buße widmen und an ihrer Erlösungsfähigkeit doch zweifeln (V. 227–238). Berufungsinstanz ist hier die Erfahrung, nicht die Norm. Die rhetorische Argumentation treibt in der Folge die Widersprüche des Glaubenssystems hervor. Theologisch gerät der Stricker in ein Dilemma zwischen alttestamentlicher Strafpraxis und neutestamentlicher Gnadenlehre. Das Gleichnis vom Weinberg und die Erlösung des Schächers am Kreuz widersprechen offensichtlich der Lehre seines Ausgangsbeispiels. So endet die Erzählung in einer Gnadenhoffnung, die dem einführenden Gleichnis und weiten Strecken der Auslegung entgegensteht. Das Gleichnis wechselt unmerklich in ein Abwägen kontradiktorischer christlicher Werte über und erhält so die Form eines echten Kasus, in dem beide Positionen gleichermaßen ihr Recht beanspruchen können: Erst die Entscheidung für eine Position würde zum Exempel überführen.[40]

V. Ironisierung

Jenseits dieser direkten geistlichen Allegorese steht eine Reihe von Mischformen, die die Wirksamkeit geistlicher Gehalte bestätigen, sich aber auch schon emanzipieren. Im *Unbelehrbaren Zecher* stilisiert der Stricker die Rede eines Trunkenbolds zur Lobrede auf den Wein, die sich selbst destruiert.[41] Der Rausch wird zum Ort höchsten Glücks, der die Versprechen aller Glücksgüter – Liebe, Macht, Weisheit – weniger kompensiert als imaginär in sich vereint und übererfüllt. Das kleine Musterstück rhetorischer Überzeugungstechnik unterminiert ironisch seine Botschaft, indem zum einen die Rationalität der Sprecherinstanz infrage gestellt ist und die hyperbolischen Glücksphantasien allein aus dem Delirium hervorgehen, zum anderen die Panegyrik wohl nur noch den Redner selbst als Adressaten ausweist, mithin ein Stück Selbstrhetorik darstellt. Der christlich-moralische Erzählimpuls, der den Rahmen der Erzählung bildet, tritt gegenüber dem amplifizierenden rhetorischen Spiel mit unfreiwilliger Ironie deutlich in den Hintergrund. Solche Geschichten von Delirien bieten denn auch die Gelegenheit, die Wahrnehmungsstörung für den Einfall fingierter Transzendenz zu nutzen und inszenierte Heiligkeit an das Thema der List zu koppeln, d. h. ironisch zu rationalisieren. Resultat sind Erzählungen, in denen Trunkene oder Einfältige zum Opfer von Betrügern werden. In der Erzählung *Der durstige Einsiedel* wird die Verbindung von Transzendenz

---

[40] André Jolles: Einfache Formen. Legende, Sage, Mythe, Rätsel, Spruch, Kasus, Memorabile, Märchen, Witz. Tübingen 1999 (zuerst 1930), S. 171–199, hier S. 191.
[41] Der Stricker: Der unbelehrbare Zecher. In: Der Stricker: Verserzählungen I. Hrsg. von Hanns Fischer. Tübingen 1979, S. 155–160.

und List syntagmatisch entfaltet, indem der Trunkenbold nach seiner Konversion zum Eremiten die neu erworbene heilige Aura dazu nutzt, um weiter an Alkohol zu gelangen. In der *Martinsnacht* wird sie paradigmatisch inszeniert, indem ein ertappter Dieb sich gegenüber einem betrunkenen Bauern als Epiphanie des Heiligen Martin ausgibt und dadurch doch noch zum Erfolg kommt. Transzendenz wird in der Immanenz taktisch verfügbar, ohne notwendig sanktioniert zu werden.[42]

Das Wunder der Legende kann auch nur der Form nach, nicht substantiell Einzug in die Erzählung halten und in seiner metaphysischen Wirkung depotenziert werden. Strickers Erzählung von der *Eingemauerten Frau* bietet den Fall einer widerspenstigen Ehefrau, die von ihrem Gatten nach allerlei Ermahnungen und Schlägen in einen Raum ohne Türen, nur mit einem kleinen Fenster versehen, eingemauert wird, in dem sie ein tristes Dasein fristen muss.[43] Der Erzählung folgt keine lange Auslegung wie in den Gleichnissen – z. B. ‚wer nicht hören will, muss fühlen' –, sondern ein zweiter narrativer Teil, der mit der Konversion der Ehefrau einsetzt. Die Erzählung über die gestörte Eheordnung geht in eine geistliche Erzählung über, die aus dem Motivarsenal der Legende schöpft und den sozialen Konflikt über ein religiöses Modell schlichtet.[44] Bindeglied zwischen beiden Sphären sind der Ort sozialer Exklusion, das Gefängnis, und die Praxis der Strafe, die in einer metaphorischen Operation zum geistlichen Ort der Inklusion und Buße werden.[45] Der Einbruch des Wunders vollzieht sich allein innerhalb der Figur als Konversionserlebnis, das am Ort der Strafe nun auch handlungslogisch jene geistliche Semantik fortschreibt, die die sonderbare Architektur des Gefängnisses schon implizit eingeführt hatte. Analog wandelt sich über das Inklusenmodell auch die Rolle der Ehefrau von der Delinquentin zur Heiligen, deren Fama sich rasch über das Land verbreitet.

Der Umschlag vom *übelen* zum *edelen wîp* vollzieht sich zwar unter religiösen Prämissen, die Konversion und ihre Entfaltung, die Selbststilisierung der Frau als Inkluse und ihre Fama als Heilige, scheint aber ironisch gebrochen. Indem ihr Missionseifer sich nicht auf die christliche Lehre, sondern nur auf widerspenstige Ehefrauen bezieht, wird das geistliche Modell sogleich wieder profaniert. Überdies tritt die Kategorie der Wahrscheinlichkeit in Konkurrenz zur Wahrheit des Wunders, denn die *conversio* folgt auch einer psychologischen Motivation.[46] Der Erzähler verwendet einigen narrativen

---

[42] Der Stricker: Der durstige Einsiedel. In: Der Stricker: Verserzählungen I. (Anm. 41), S. 143–155; Die Martinsnacht. In: Der Stricker: Verserzählungen I. (Anm. 41), S. 131–142.

[43] Der Stricker: Die eingemauerte Frau. In: Die Kleindichtung des Strickers (Anm. 37), hier Bd. 4. 1977, Nr. 118, S. 91–107. Gary C. Shockey: *Vrümecheit unt Spil*: Symbols of Iconoclastic ‚moraliteit' in Stricker's ‚Die Martinsnacht' and ‚Die eingemauerte Frau'. In: Intertextuality, Reception and Performance. Interpretations and Texts of Medieval German Literature. Hrsg. von Sibylle Jefferis. Göppingen 2010, S. 49–61.

[44] Vgl. Wagner (Anm. 35), S. 350 f.

[45] Stephen Wailes: Immurement and Religious Experience in the Stricker's „Eingemauerte Frau". In: PBB 96 (1974), S. 79–102, hier S. 88.

[46] Anders Wagner (Anm. 35), S. 353.

Aufwand darauf, die Strafpraxis des Ehemanns sozial abzusichern und sich des Einverständnisses der Verwandten zu vergewissern, und erst als die soziale Isolierung der Frau vollständig ist und jede Hoffnung auf Befreiung entfällt, stellt sich die *conversio* ein, die nunmehr auch auf Erlösung ausgerichtet ist.[47] Resultat dieser zusätzlichen Motivierung ist eine Spannung zwischen religiöser und sozialpsychologischer Kausalität, die interpretatorisch kaum aufzulösen ist. Die Erzählung lässt sich zum einen als Christianisierung eheherrlicher Gewalt lesen. Indem das Syntagma des Ehestreits über die Konversion in eine geistliche Form übergeht, wird das Eherecht in das übergeordnete heilsgeschichtliche Narrativ eingebettet. Indem der Stricker aber mit der Distanzierung der Verwandten der Konversion eine soziale Motivierung vorschaltet und diese syntagmatisch breit entfaltet, lässt sich die Episode zugleich als Säkularisierungsvorgang lesen,[48] der das heilsgeschichtliche Narrativ auf die Domestizierung der Frau reduziert. Während das Gleichnis in der Entfaltung des narrativen Plots sich auf ein Minimum beschränkt, bezieht das Märe die rechtlichen und sozialen Rahmenbedingungen über das Verfahren der *amplificatio* in den Erzählvorgang ein: die patriarchale Ehegewalt, die Rechtsposition der Verwandten, die Praxis der Gabe.

Die Kombination einer weltlichen und geistlichen Sequenz innerhalb der Erzählung führt dazu, dass die Frau einen Wertewandel vollziehen kann. Zugleich interagieren die Semantiken anders als im Gleichnis: Sie stabilisieren sich nicht nur wechselseitig, wenn einerseits die Mittlerfunktion des Priesters sich von Gott auf den Ehemann verschiebt und die eherechtliche Position des Mannes metaphysisch aufgeladen wird – der Mann wird zum Stellvertreter („Symbol"?) Gottes –, andererseits die Macht Gottes ihrerseits in feudalrechtlichen Termini beschrieben wird.[49] Sie depotenzieren sich auch, wenn das Gefängnis nicht nur zur Klause mutiert, sondern diese auch wieder zum Gefängnis, dessen Mauern schließlich eingerissen werden, um die Inkluse zu befreien und ihre Karriere als Heilige in Gang zu setzen. Die Schwierigkeiten, die die Forschung mit dieser doch recht einfachen Erzählkonstellation hat, resultieren nicht zuletzt aus der Gegenläufigkeit konventionalisierter Ähnlichkeiten – Eheherr/Gott, feudal strukturiertes Gottesbild – und subversiver Analogien – Gefängnis/Klause –, d. h. widerstrebender Metaphernkonzepte. Während erstere im gelehrten Diskurs wie im Common Sense Identität reklamieren, werden über letztere Differenzen modelliert, die Irritationen hervorrufen.[50] Dem Umschlag von der Delinquentin in die Heilige zum Zweck der Stabilisierung patriarchaler und metaphysischer Ordnung haftet etwas Ironisches an: Die Se-

---

[47] Zur sozialhistorischen Funktion vgl. Ragotzky (Anm. 26), S. 134 f.
[48] Wernfried Hofmeister: Rebellion und Integration in Strickers „Eingemauerter Frau". In: Mediävistik 5 (1992), S. 71–77.
[49] Hierzu Wagner (Anm. 35), S. 355.
[50] Ähnlichkeit und Analogie bilden nach Aristoteles (Poetik 21) zwei komplementäre Operationen der Metaphernbildung. Zu ihrer differenten Funktion vgl. Gilles Deleuze, Felix Guattari: Kapitalismus und Schizophrenie. Tausend Plateaus. Aus dem Französischen übersetzt von Gabriele Ricke und Ronald Voullié. Berlin 1992, S. 319–321.

mantik der konstruktiven poetischen Metapher unterwandert die Ähnlichkeit von religiösem Weltbild und Gesellschaft.

VI. ‚Mythisches Analogon' und Sprachspiel

Jenseits der religiösen Funktionalisierung entwirft der Stricker auch rein säkulare Gleichnisse. Die Erzählung *Der Hort* bietet einen Fall, in dem ein Mann einen Schatz findet, sich über ihn freut, ihn aber durch die Gewalt seines Herrn verliert. Metaphorisch steht der Schatz für eine schöne Frau, die man gewinnt und einen in freudige Stimmung versetzt, die aber nach der Trennung nur noch Leid hinterlässt.[51] Der metaphorische Transfer in der Erzählung basiert auf den Oppositionen von Gewinn und Verlust einerseits, Liebe und Leid andererseits, die den materiellen Schatz und die Affektökonomie verbinden. Die Rückbindung des Gleichnisses an soziale Konfliktkonstellationen praktiziert der Stricker auch in den weltlichen Gleichnissen. So lassen sich falsche und rechte Minnewerbung auf alternative Belagerungsformen abbilden (*Die zwei Herren*, Nr. 52), der innere und äußere Wert von werbenden Männern auf eine Marktszene (*Die Krämer*, Nr. 54) und die Ehe- und Geschlechterordnung auf die Domestizierung von Pferden (*Das wilde Roß*, Nr. 57). Wie in der Erzählung vom Richter und dem Teufel führt der Stricker hier metaphorische Redewendungen und Sentenzen auf ihre konkrete Praxis zurück und faltet sie zu einer Erzählung aus: die Frau als ‚Schatz', eine Frau ‚erobern' oder ‚bändigen'. Während in den geistlichen *bîspeln* das gesamte Feld sozialer Interaktion zum Impuls geistlicher Allegorese wird, werden hier soziale Handlungsmuster – Eroberung, Ökonomie, Domestizierung – zur moralischen Metapher für das Geschlechterverhältnis. Das Verfahren geistlicher *significatio* wird dabei nicht nur auf den weltlichen Bereich übertragen, es verliert mit diesem Vorgang auch den unmittelbaren Bezug auf eine religiöse Wahrheit, an deren Stelle die rhetorische Wahrscheinlichkeit der Erfahrung tritt. Wenn die ausgehandelten Werte der Geschlechterordnung und der Ausgang der Gleichnisse aber durchaus mit christlichen Wertrelationen – *stæte/triuwe*, eherechtliche Gewalt, Dienst – korrespondieren –, so ist dieser Bezug nur noch latent vorhanden.[52]

Die agonale Struktur der Feudalgesellschaft kommt vor allem in Bildern des Raubs, der Gewalt und Rivalität immer wieder zum Ausdruck. Der politische Fokus, auf den der Stricker eine Reihe seiner Erzählungen bezieht, kann sich auch verselbständigen, selbst alternative Konstellationen durchspielen. Die Erzählung vom *Jungen Ratgeber*

---

[51] Der Stricker: Der Hort. In: Die Kleindichtung des Strickers (Anm. 37), hier Bd. 3,1. 1975, Nr. 67, S. 185–187.
[52] Noch in der Binnenerzählung des *Klugen Knechts*, d. h. in einer rein weltlichen Erzählung, können so, wie Hans-Jürgen Scheuer gezeigt hat, Reminiszenzen an den vierfachen Schriftsinn aktiviert werden. Scheuer (Anm. 33), S. 742–747.

Topik und Rhetorik

bietet die Geschichte eines treuen Vasallen, dessen Sohn der König nach dem Tod des Vaters als Verwalter über seinen Besitz einsetzt.[53] Während einer mehrjährigen Hungerperiode sichert der Sohn mit Hilfe des ihm anvertrauten Gutes das Überleben seiner Landsleute. Von Neidern beim König der Veruntreuung von Königsgut beschuldigt, erklärt der junge Ratgeber die Logik seines Handelns in einer langen Rede: Mehr als von Besitz hänge das Wohl eines Landes vom Überleben der Untertanen ab, während ersterer wieder angesammelt werden könne, führe der Verlust der Menschen zum Untergang des Reichs (V. 231–253). Damit erweist sich die Klugheit des jungen Ratgebers, der denn auch vom König rehabilitiert wird.

Der Stricker hat für diese Erzählung wohl auf eine Vorlage aus der *Disciplina clericalis* des Petrus Alfonsi zurückgegriffen, den Konflikt aber schärfer gestaltet.[54] Argumentiert wird im politischen Kontext, die Funktion des treuen Vasallen und seines Rats bildet das Zentrum der Erzählung: Gegenüber der Logik des Raubs, die die vorangehenden Gleichnisse als bedrohliches Szenario sozialen Handelns zugrunde legten, steht hier die Logik der Gabe als sozial stabilisierender Praxis im Zentrum der Geschichte: Die Erzählung verhandelt die Relation von Herr und Vasall, Freund und Feind, Gemeinnutz (*milte*) und Eigennutz (Geiz). Nicht als Gleichnis, sondern als Exempel bietet sich die Geschichte an, das Allgemeine wird nicht als Besonderes, sondern im Besonderen aufgespürt.[55] Statt metaphorisch aus der Geschichte extrapoliert zu werden, wird die Lehre auf gleicher Ebene gesucht, überdies an die Rede einer Figur delegiert. Ganz im Sinne topischer Argumentation, die eine Erzählung auf unterschiedliche Weise auf ein Allgemeines beziehen kann, bietet das Märe denn auch eine doppelte Lehre: Während die Rede des jungen Ratgebers auf die Relation Besitz und Leben abhebt, fügt der Erzähler am Ende eine Warnung vor schlechten Ratgebern an. Die Erzählung zielt nicht auf eine absolute (religiöse) Wahrheit, sondern auf ein relativ Allgemeines, das als Common Sense bezeichnet werden kann. Und doch besitzt sie eine mythologische Grundstruktur, ein mythisches Analogon, das in diesem fingierten, aber prinzipiell möglichen, *argumentum* dann darin sichtbar wird, dass die politische Logik letztlich durch eine moralische fundiert wird. Die Gabe der *milte* wird zur *charitas* umgeformt und doch säkular begründet. Die rein weltliche Erzählung verschiebt ihr christliches Substrat – *charitas* und Happy End – in die Axiologie und in die Erzählstruktur.

Die Erzählung vom *Armen und reichen König* handelt von einem typisch feudalen Konfliktkonflikt: von der Machtkonkurrenz adeliger Herren.[56] Bekannt ist die Konstellation aus den Gleichnissen, doch wird sie nun selbst auf komplexe Art narrativ entfaltet. Ein mächtiger König beabsichtigt ohne konkreten Anlass, einen armen, aber klugen

---

[53] Der Stricker: Der junge Ratgeber. In: Die Kleindichtung des Strickers (Anm. 37), hier Bd. 2. 1974, Nr. 39, S. 286–299. Ragotzky (Anm. 26), S. 137–140. Grubmüller (Anm. 27), S. 101–104.
[54] Vgl. ebd.
[55] Stierle (Anm. 18), S. 356.
[56] Der Stricker: Der arme und der reiche König. In: Die Kleindichtung des Strickers (Anm. 37), hier Bd. 2. 1974, Nr. 38, S. 278–284.

König unter seine Gewalt zu bringen. Obwohl schon sein Vater daran gescheitert war und seine Räte ihn warnen, kündigt er ihm Fehde an. Der arme König bestellt den Aggressor an einen Fluss, der die Grenze des Landes bildet, und erkundigt sich nach dem Grund der Forderung. Aufgrund eines Traums, so der reiche König, fühle er sich provoziert und fordere Unterwerfung. Der arme König bietet ihm daraufhin als Entschädigung die Bilder seiner Ritter an, die sich am Flussufer aufgestellt haben und darin spiegeln. Derart der Lächerlichkeit preisgegeben muss der reiche König erfolglos abziehen, da seine Truppen den Fluss nicht ohne Risiko überschreiten können.

Die Axiologie der Werte, die die Geschichte verhandelt, basiert auf der Konfrontation des Mächtigen mit dem Weisen, eine topische Konstellation, wie sie etwa in den Erzählungen von Krösus und Solon über Alexander und Dindimus, Salomon und Markolf bis hin zu Karl IV. und Petrarca, Saladin und Nathan überliefert und im kulturellen Gedächtnis verankert ist. Dass der Stricker auf eine topische, d. h. wahrscheinliche Konstellation rekurriert, wird daran deutlich, dass er nicht auf historische Vorbilder Bezug nimmt, sondern stattdessen eine Vorgeschichte vorschaltet, nach der schon der Machtanspruch des Vaters an der Klugheit des armen Königs gescheitert war. Dem Grundprinzip topischer Argumentation, dass Geschichte sich wiederholt, ist damit ebenso Genüge getan wie dem Umstand, dass man aus Geschichte auch nicht lernen kann: eine Umkehrung des *Historia magistra vitae*-Topos.[57] Die Konfrontation des Mächtigen mit dem Weisen wird überdies an die Bedingungen der mittelalterlichen Feudalkultur angepasst, indem die politische und intellektuelle Asymmetrie der Opponenten mit der ständischen Symmetrie verbunden wird. Ganz im Sinne exemplarischen Erzählens werden zwei gegenläufige Exponenten von Herrschaft vorgeführt: Indem der mächtige König weder aus der Geschichte seines Vaters lernt noch auf den Rat seiner Weisen hört, fallen in ihm die politischen Tugenden *fortitudo* und *sapientia* auseinander, während sie im armen König, ganz im Sinn des politischen, auch christlichen Ideals, eine Einheit bilden.[58]

Die rhetorische Faktur der Erzählung wird schon an Beratungsszenen und extensiven Redepartien deutlich, mehr aber noch darin, dass auch die Konfliktlösung auf einer sprachlichen List basiert: der Äquivalenz von Traum und Spiegelbild, mit der der arme König zwar der Logik der Kompensation folgt, zugleich aber seinen Gegner der Lächerlichkeit preisgibt. Die Lösung des Problems unterhöhlt aber sowohl die Logik der Gewalt wie sie auch das Konzept der Weisheit unterminiert: Weisheit artikuliert sich nurmehr als Sprachwitz, als rhetorische Schlagfertigkeit: Dass solche Weisheit aber im Rahmen feudaler Statuskonkurrenz kaum geholfen haben wird, kann der Stricker am Ende nur durch Einführung einer Zusatzbegründung, den unüberwindbaren Fluss, kom-

---

[57] Zur exemplarischen Geschichtsauffassung vgl. Stierle (Anm. 18), S. 357 f. Reinhardt Koselleck: Historia Magistra Vitae. Über die Auflösung des Topos im Horizont neuzeitlich bewegter Geschichte. In: Ders.: Vergangene Zukunft. Zur Semantik geschichtlicher Zeiten. Frankfurt a. Main 1979, S. 38–66.

[58] Ragotzky (Anm. 26), S. 122–128.

pensieren, um der Geschichte einen halbwegs stimmigen Schluss zu geben: Der rhetorische Agon geht zu Lasten der narrativen Kohärenz, sodass nunmehr der politische und rhetorische Diskurs in Spannung geraten. Gegenüber den Gleichnissen und dem *Jungen Ratgeber* aber emanzipiert sich die Erzählung noch weiter von metaphysischen Bedingungen. Auf der Basis eines bekannten Topos (der Mächtige und der Weise) entwirft der Stricker seine Erzählung, fundiert sie über Standesgleichheit, Ratgeberrolle und Fehdehandlung im zeitgenössischen Herrschafts- und Rechtsgefüge, löst aber den Plot durch die Verlagerung der Motivierung ins Rhetorische zugleich aus dessen Wahrscheinlichkeitspostulat und gewinnt dadurch einen poetischen Mehrwert.

Die Erzählungen vom *Jungen Ratgeber* und vom *Armen und reichen König* artikulieren jenseits ihrer moralischen und poetischen auch eine pragmatische Funktion. Indem sie die Leistung von Ratgebern und Rednern exponieren und narrativ wie performativ entfalten, decken sie das breite Funktionsspektrum von Rhetorik ab: von der Technik ausgedehnter weiser Rede bis hin zur pointierten Schlagfertigkeit zum Zweck der Selbstbehauptung. Der Stricker passt nicht nur das Register der Rhetorik an die Erfordernisse einer Klerikerkultur an, wenn er Gebete, Laudationes, Gleichnisse und Allegorien formt, er demonstriert nicht nur in seinen Mären mit Gerichtsrede, politischer Rede und Lobrede die Wirksamkeit der klassischen *genera orationis*, er setzt auch ein breites Spektrum rhetorischer Techniken ein: z. B. Wechselreden, Erzählungen, Sentenzen, Metaphern, subversive Ironie. Der Stricker entfaltet die Form des rhetorischen *argumentum*, des Gleichnisses, von der konservativen geistlichen Allegorese über die soziale Allegorie bis hin zur paradigmatischen Erzählung eigenen Rechts. Wenn er die Unterscheidung von Transzendenz und Immanenz in weitere Unterscheidungen von Macht/Reichtum und Weisheit, Recht und Gerechtigkeit, *milte* und Profit, Strafe und Buße, Herrschaft und Dienst differenziert, rekurriert er auf topische Werterelationen, die vor dem Hintergrund sowohl religiöser Orientierung als auch des Common Sense narrativ verhandelt werden. Noch was wiederholt als zentrale Kennzeichen des Stricker'schen Erzählens herausgearbeitet wurde, der konkrete Situationsbezug (Ragotzky), die exemplarische Funktion (Grubmüller), die Kasuistik (Bleumer, Emmelius) oder die reversible Perspektivierung (Strohschneider), lässt sich auch als Handhabung rhetorischer Techniken beschreiben.

Einen mittelalterlichen Autor wie den Stricker und seine Erzählverfahren im Prozess der Säkularisierung zu verorten und zu bewerten erscheint vielleicht unangemessen: Zu sehr ist er im religiösen System des Mittelalters verankert, zu konservativ sein Bemühen um die göttlich sanktionierte soziale Ordnung. Und doch gilt er der Literaturgeschichte als Agent einer neuen Erzählform weltlicher Ausrichtung. In den Gleichniserzählungen und den ihnen korrespondierenden Auslegungsfeldern lassen sich einerseits geistlicher und weltlicher Diskurs klar trennen. Neben solche Koexistenz heterogener Diskurse tritt andererseits ihre Koordination, wenn Mären weltliche und geistliche Muster syntagmatisch verbinden und in Spannung bringen. Schließlich können in den Mären die Grenzen von Weltlichem und Geistlichem paradigmatisch interferieren, wenn den scheinbar rein weltlichen Erzählungen christliche Substrate zugrunde gelegt werden. Im Prozess der Evolution einer volkssprachlichen Literatur besitzt der Stricker seinen konstitutiven Ort.

Wenn die Erzählungen des Strickers gegenüber dem einfachen moraldidaktischen Exempel zunehmend auch den sozialen Rahmenbedingungen Rechnung tragen, differenziert sich der Bereich der Immanenz in die Felder Politik, Recht, Ökonomie und Moral mit ihren je eigenen topischen Regelsystemen aus, die mit dem Normenhorizont der Transzendenz abgeglichen werden: Wie der religiöse Diskurs sich in die Felder Politik, Recht und Ökonomie einschreibt, so wird auch jener von diesen strukturiert. Säkularisierung als Verweltlichung und Ausdifferenzierung vollzieht sich hier noch im Horizont transzendenter Gewissheiten, und doch werden über die narrative Inszenierung schon Spannungen zwischen beiden Sphären sichtbar. Tendenzen zur Privatisierung des Religiösen erteilt der Stricker weitgehend eine Absage (*Drei Wünsche*, *Der durstige Einsiedel*), mit der *Eingemauerten Frau* liefert er aber auch schon einen Fall, in dem die Inszenierung privater Religiosität (Inkluse) ‚ins Schwanken gerät' zwischen aufrichtiger Konversion und rationalem Kalkül. Selbst die immer wieder betonte Rationalität der Stricker'schen Figuren schwankt zwischen weiser und taktischer Funktion, kluger, raffinierter und zerstörerischer Selbstbehauptung, sodass die Transzendenz nicht mehr nur als Ordnungsmacht erscheint, sondern auf allen Feldern sozialen Handelns durch rationale Kalküle herausgefordert wird.

Harald Haferland

Säkularisierung als Literarisierung von Glaubenselementen der Volkskultur

Wiedergänger und Vampire in der *Krone* Heinrichs von dem Türlin und im Märe von der *Rittertreue* bzw. im *Märchen vom dankbaren Toten*

Harry Brittnacher zum 21.12.2012

I. Säkularisierung im weiten Sinn

Seit den 60er Jahren des letzten Jahrhunderts wird der Begriff der Säkularisierung nach begriffsgeschichtlichen Erhebungen u. a. von Hermann Zabel auf den kirchenrechtlichen Vorgang der Verweltlichung kirchlicher Güter (Säkularisation) zurückgeführt und in metaphorischem Anschluss daran als Verweltlichung des Christentums verstanden.[1] Damit ist aber nur ein Stadium eines sehr viel komplexeren und umfassenderen Prozesses bezeichnet. Ursprünglich richten sich eine Vielzahl von affektiven Bindungen auf die natürliche Umgebung, auf Objekte oder auf Lebewesen/Personen, die je als Träger oder Konkretisierungen einer hinter ihnen stehenden oder in ihnen gegenwärtigen (Heils- oder Unheils-)Macht gesehen werden. Solche affektiven Bindungen bilden den Ursprung religiöser Gefühle und dienen dazu, Heil oder Trost zu erfahren, Verlust und Schmerz zu verarbeiten, Wünsche und Hoffnungen zu bündeln sowie Angst zu bewältigen. Ihre Auflösung verstehe ich als Säkularisierung im weiten Sinn.

Säkularisierung im engeren Sinn hat eine historische Dimension – Charles Taylor spricht vom säkularen *Zeitalter* –, die Auflösung affektiver Bindungen an konkretisierte Heils- oder Unheilsmächte hat dagegen universalgeschichtliche Ausmaße. Sie schreitet überall dort entscheidend fort, wo ‚funktional differenzierte' Gesellschaften entstehen und Theokratien ablösen oder abzulösen versprechen. Sie stellt das letzte Kapitel religiöser Evolution dar, in dem Religion sich in ihren Alltagspraktiken selbst aufzuzehren beginnt.[2] Im Rahmen dieser Säkularisierung werden jene die physische Welt überschreitenden affektiven Bindungen durch Orientierung in der Welt freigesetzt und durch soziale Institutionen überflüssig gemacht. Wo etwa das Versicherungswesen entsteht, muss das Orakel einen Bedeutungsverlust erleiden.

---

[1] Ich verweise summarisch auf die zugehörigen Artikel in den *Geschichtlichen Grundbegriffen*, dem *Historischen Wörterbuch der Philosophie*, dem *Staatslexikon* sowie in der *Theologischen Realenzyklopädie* und die dort angeführte und aufgearbeitete Literatur.

[2] Zu soziologischen und evolutionstheoretischen Ansätzen in der Säkularisierungsdebatte siehe Ulrich Barth: Säkularisierung I. In: TRE. Bd. 29. 1998, S. 603–634, hier S. 620–626.

Das Wagnis der Behauptung ‚Gott ist tot' ist sicher ein ganz besonderer Schritt im Schlussspurt beider Säkularisierungen, der im engeren, eigentlich terminologischen und der im weiteren, soziologischen und evolutionstheoretischen Sinn. Noch hundert Jahre vor Nietzsche hätte die Behauptung ungeachtet der Aberglaubens-[3] und Glaubenskritik der Aufklärung gewaltige Erregung hervorgerufen. Aber eigentlich war der Schritt schon vorbereitet in Prägungen der mittelalterlichen Philosophie wie *Deus est esse* oder *Deus est intellectus*; die gesamte philosophische Diskursivierung Gottes könnte man wohl als Bildung von Paraphrasen und Argumenten über einer Leerstelle auffassen. Gott ist, was gesucht ist, wenn eine sehr prinzipielle Argumentation angesetzt wird. Wenn man die Gesamtheit alles Seienden zu denken sucht: Was ist es nämlich, das den Gedanken und die Formulierung überhaupt verbürgt? (Das Sein.) Wenn man Gegenstandwahrnehmung auf das reduziert, was die allgemeinste Form eines Gegenstandes ausmacht: Was ist diese kognitive Form? (Nämlich der Intellekt.) Wenn man eine Handlungsentscheidung trifft: Gibt es jemanden, der vorausweiß, was man tun wird; oder weiß er das auch nicht, weil er nicht weiß, was er selbst tun wird? (Gott ist Kontingenz.) Voraus geht schon seit Aristoteles die Frage nach dem, der alles bewegt und deshalb nicht selbst bewegt werden kann. Gott besetzt hier hypothetische Argumentpositionen, aus denen er ganz leicht verdampft, wenn der hypothetische oder vordergründig sprachgebundene Charakter der Argumentation offenbar wird. Die Aufwertung der Philosophie an der Artistenfakultät der Pariser Universität im 13. Jahrhundert bereitet die Befreiung des Denkens aus der theologischen Fesselung mit vor. Wenn Gott philosophisch mannigfach (re)konstruiert wird, wird die Subjektposition entsprechender Sätze als potentielle Leerstelle sichtbar.

Wo Gott sich dagegen aus der alltäglichen oder sonntäglichen Frömmigkeitspraxis verflüchtigt, sind andere Haftpunkte aufzuweichen. Kollektiv geteilte Praktiken und Vorstellungen erhalten ihn lange am Leben. Wer zuletzt den sonntäglichen Kirchenbesuch einstellt, von dem fallen andere Fesseln ab als solche der Argumentation. Wer nicht betet, wer kein inneres Zwiegespräch mit Gott führt, der hat sich individuell von ihm befreit. Was alle glauben, ist aber solange eine unlösbare Fessel des Geistes, solange der Prozess der Individualisierung nicht zumindest einen inneren Raum der Abwendung von kollektiven Praktiken und Vorstellungen bereitstellt.

Soviel hier nur zu Gott. An Gott nicht mehr zu glauben, ist eine Sache, etwas anderes aber ist es, die aus der Hoffnung auf Heil, aus dem Trostbedürfnis, aus dem Wunsch nach Glück und aus der Angst vor Unheil hervorgezauberte Welt mit den konkretisierten Mächten und Wesen der niederen Mythologie bis hin zum Heiligen und zu den Heiligen zu verlieren, die in religiöser Alltagspraxis noch lange nachlebt. Luther bestritt zum Beispiel Existenz und Rechtsgrund von Heiligen und entzog damit dem katholischen Gläubigen nachgerade den Boden seiner Frömmigkeit. Konsequent tut er die

---

[3] Hierzu bes. Martin Pott: Aufklärung und Aberglaube. Die deutsche Frühaufklärung im Spiegel ihrer Aberglaubenskritik. Tübingen 1992.

Säkularisierung als Literarisierung von Glaubenselementen der Volkskultur 107

Gattung der Legende als im Interesse des Papsttums *erdichtetes*, lügenhaftes Gespinst, als ‚Lügende' ab.[4] Den dabei unvermeidlich eintretenden ‚Säkularisierungssprung' ersieht man an einer propagandistischen Zuspitzung wie der folgenden:

Jtzt zwahr lacht man ſolcher lügen, und wils niemand gleuben, Aber wol euch, lieben jungen leute, die jr jtzt das liecht habt und unter dem Lügenreich des Bapſts nicht geweſt seid, wie ich und meines gleichen. Hette noch vor zwentzig jaren einer ſollen von dieſer Legenden Chryſoſtomi halten, das ein einiges ſtücklin drin erlogen were, Er hette müſſen zu aſchen verbrand werden on alle barmhertzigkeit [...].[5]

Mit der Gattung der Legende will Luther gleich die mittelalterliche Heiligenverehrung ganz abgeschafft sehen. Affektive Bindungen, die die mittelalterliche Frömmigkeitspraxis noch am Leben erhielt, werden ihres Gegenstandes beraubt. Für Luther bleibt nur Gott übrig, der bloße Glaube an Gott allein, und dann noch die ihn bezeugende Bibel (*sola fide, sola scriptura*).

Es mag Schwierigkeiten bereiten, den Protestantismus als Säkularisierungsbewegung zu verstehen, aber er bedeutet kirchengeschichtlich sehr wohl eine Säkularisierung, und das nicht nur im Sinne der Auflösung überkommener katholischer Alltagspraktiken. Dies zeigt, dass der Begriff der Säkularisierung eine erhebliche Reichweite und zugleich Unschärfe gewinnen kann. Und doch bleibt es der Beobachtung wert, den tausendfältigen Prozess dieser Säkularisierung im weiten Sinn zu verfolgen. Dabei ist er in eine Vielfalt ungleichzeitiger Teilsäkularisierungen zu zerlegen.

Im Vergleich mit der aufklärerischen Säkularisierung im säkularen Zeitalter ist die Verflüchtigung der genannten affektiven Bindungen mitsamt ihren Konkretisierungen, die erst in einer Hochreligion in Gott fokussiert und dann – wie eben zu sehen war – zugunsten allein Gottes preisgegeben werden können, der menschheitsgeschichtlich umfassendere und sehr viel gewichtigere Vorgang. Wenn Max Weber in *Wirtschaft und Gesellschaft* einmal von der „Säkularisierung des Denkens" spricht,[6] dann bezieht er sich nicht auf eine historisch terminierte Entwicklung mit dem Kulminationspunkt der Aufklärung, sondern er meint jenen von ihm etwa auch als Entzauberung gefassten universalgeschichtlichen Prozess, der dort zum Abschluss gelangt, wo magische und sakramentale Praktiken der Heilssuche nichts mehr gelten – soweit Webers anhand seiner Analyse gerade des Protestantismus gewonnene Beschreibung. Das darf man in seinem Sinne verallgemeinern: Wo jede heilige Scheu vor der geheiligten Umgebung, vor geheiligten Objekten oder Lebewesen und Personen, wo jedes religiöse Gefühl mitsamt der zugehörigen Praxis verflogen ist, dort hat sich das Denken säkularisiert.

---

[4] Das geschieht am Beispiel der Legende vom hl. Chrysostomos: Die Lügend von S. Johanne Chrysostomo. In: D. Martin Luthers Werke. Kritische Gesamtausgabe. Bd. 50. Weimar 1914, S. 48–64.
[5] Ebd., S. 63.
[6] Max Weber: Wirtschaft und Gesellschaft. Grundriss der verstehenden Soziologie. Fünfte, revidierte Auflage, besorgt von Johannes Winkelmann. Studienausgabe. Tübingen 1972, S. 469; die Formulierung ist hier bezogen auf die Verwandlung religiös gebundenen Rechts in frei gesatztes.

Dieser Prozess wird immer sichtbar, wenn Institutionen ohne Rücksicht und Rückgriff auf religiös bedingte Bindungen gegründet oder wenn Gegenstandsbereiche entsprechend erschlossen werden; und er hat die rein negative Seite, dass religiöse Affekte nicht mehr bemüht werden, weil sie nicht mehr wahrgenommen werden oder irrelevant erscheinen; er schafft aber auch den positiven Zwang, eine Eigengesetzlichkeit von Institutionen zu finden und die Eigenlogik von Gegenstandsbereichen herauszuarbeiten. In einer seiner weniger bekannten Arbeiten hat Max Weber zu zeigen versucht, wie das musikalische Material der abendländischen Musik, wie das tonale System aus einem Rationalisierungsprozess hervorgegangen ist, der über Jahrtausende beharrende, magisch bedingte Tonintervalle überwinden musste.[7] Rationalisierung würde hierbei den konstruktiven Prozess der Entfaltung einer Eigenlogik beschreiben – angefangen mit der Teilung einer Saite sowie dann der Festlegung von Tondistanzen –[8], der über die magisch verbürgte Tradition weit hinauswächst. Musik konnte so aus der Formen versteifenden Wirkung magischer Besetzung gelöst werden. Es handelt sich um einen durchaus parallelen Vorgang, wenn aus Zaubermärchen irgendwann Literatur wird.

Nicht immer lässt sich allerdings an den unmittelbarsten Gegenständen des volkstümlichen Glaubens eine Eigenlogik entdecken, vieles unterliegt einfach einer Verflüchtigung, ohne dass dies je ausdrücklich beobachtet oder thematisiert würde. Hier hatte Schleiermacher recht mit seiner Annahme, dass weniger die aufgeklärte Kritik der Religion den Garaus mache als vielmehr der Alltagsverstand jener „Verständigen und praktischen Menschen", die – absorbiert vom Tagesgeschäft – Religion immer weniger beachteten.[9] Es ist der soziale Lauf der Dinge, dass man irgendwann nicht mehr glaubt, was einmal geglaubt wurde. Mit anderen sozialen Gehalten, die im Kollektiv gebunden erscheinen, verfliegt im Prozess der Individualisierung und mit dem Hervortreten von Welt auch die Religion. Gegebenenfalls wird sie aus dem individualisierten Gedankenraum hinwegrationalisiert, wenn der Sinn für Eigenlogiken gestärkt erscheint. Eigenlogiken mobilisieren eine Distanz zum Glauben.

Säkularisierung im weiteren Sinn lässt die Verflüchtigung affektiver Bindungen und religiöser Gefühle immer mitlaufen. Heil und Trost, Wünsche/Hoffnungen und Angst gegenüber den Heil verbürgenden Instanzen lösen sich in ihrer gewohnten Form in nichts auf. Soziale Ereignisse ändern ihren Charakter grundlegend. Natürlich lassen sich Affekte neu binden – man hat von der Ersatzreligion gesprochen und kann sie in der Welt der Konsumgüter, der Unterhaltung, des Sports usw. wiederfinden –, aber dabei handelt es sich dann auch um eine neue Gestalt dieser Affekte, ohne dass sie unbedingt eine Transformation durchlaufen hätten. Sie sind vielmehr durch eine neue

---

[7] Max Weber: Die rationalen und soziologischen Grundlagen der Musik. München 1921. Zur magischen Fixierung von Intervallen siehe ebd., S. 30 f.
[8] Ebd., S. 72 f.
[9] Friedrich Schleiermacher: Über die Religion. Reden an die Gebildeten unter ihren Verächtern. Hamburg 1958, S. 80 f. Ich vermerke, dass Max Webers Begrifflichkeit in seiner Religionssoziologie wiederholt an Schleiermachers *Reden* anschließt.

Umwelt neu elizitiert worden. Und wenn sich eine ‚Legende' an einen Spitzensportler heftet oder sich ein Jüngerkreis um einen Popstar bildet, werden vorgängige Formen zitiert, nachgelebt oder einfach neu gefunden, die auch neu zu bestimmen sind.[10] Denn Konsumgüter, Unterhaltungsindustrie und Sport konstituieren eine schlechthin andere Welt, als die Religion es tut.

Als Begleitnarrativ stelle ich meinen folgenden Materialien die antike Sage von Erysichthon an die Seite.[11] Sie steht hinter der Rede vom heiligen Hain, der zu bloßem Holz geworden ist. Im Holz hat sich die einstige affektive Besetzung säkularisiert. Erysichthon schlägt den höchsten Baum im Demeter/Ceres geweihten heiligen Hain, um seiner eigenen Festhalle ein festes Dach verschaffen zu können. Demeter/Ceres straft ihn darauf mit unstillbarem Hunger. Bei Ovid heißt es, dass er sich am Ende selbst verzehrt (*minuendo corpus alebat*).[12] Man kann Erysichthon als götterlosen Frevler verstehen, aber gegen die antike Intention auch als modernes Individuum, das die Scheu nicht mehr kennt, die einen davor bewahrt, ein Sakrileg zu begehen.

II. Der Glaube an Wiedergänger und Vampire. Mit einem Blick auf Williams von Newburgh *Historia rerum Anglicarum*

Aus der gewaltigen Masse an Material zu einer Säkularisierung des Denkens suche ich mir einen kleinen Ausschnitt: den erzählenden Umgang mit lebenden Toten, mit den so genannten Untoten, die zwar tot, aber doch noch nicht endgültig tot sind. An ihm lässt sich die Säkularisierung im weiten Sinn demonstrieren.

Der Glaube an ein Nachleben der Toten ist ursprünglich gemeinsames Erbe wohl aller menschlichen Kulturen, aber er ist weitgehend säkularisiert worden. So muss heute mühselig rekonstruiert werden, welche Vorstellungen sich einst mit diesem Nachleben verbanden. Rechtshistoriker haben etwa erschlossen, dass der Tote eine eigene Rechtspersönlichkeit besaß, die nur zu denken war, wenn er eben auf bestimmte Weise fortexistierte. Mit dem zunehmenden Schwinden dieser Vorstellung verliert sich auch die Rechtspersönlichkeit des Toten. So entspricht „der Übergang von Totenrechten in die Hände der Lebenden der allgemein nachweisbaren Säkularisierung der toten Hand. Das Vermögen des Toten, zunächst streng vom Nachlaß geschieden, wird zur Erbschaft."[13]

---

[10] Vgl. auch Hans Ulrich Gumbrecht: Faszinationstyp Hagiographie. Ein historisches Experiment zur Gattungstheorie. In: Deutsche Literatur im Mittelalter. Kontakte und Perspektiven. Hugo Kuhn zum Gedenken. Hrsg. von Christoph Cormeau. Stuttgart 1979, S. 37–84.

[11] Von Kallimachos wird die Sage erzählt und wieder von Ovid in den *Metamorphosen*.

[12] Ovid: Metamorphosen. Buch 8, V. 738–884, hier V. 878.

[13] Hans Schreuer: Das Recht der Toten II. In: Zeitschrift für vergleichende Rechtswissenschaft 34 (1916), S. 1–209, hier S. 207.

Das Vermögen des Toten war ihm aber immer schon ins Grab mitzugeben. Heute halten die Erben die Hand auf.

Ursprünglich lebt der Tote in seinem Körper fort, der Körper kann noch wirken, der Tote wird also in einem eingeschränkten Sinn als lebendig gedacht, er erscheint als ‚lebender Leichnam'[14] oder, wohl treffender, als ‚fortlebender Toter'.[15] Tatsächlich hören ja einige Körperfunktionen mit dem Tod nicht gleich auf, so das Nachwachsen der Haare und Nägel. Das Leben nach dem Tode „haftet an dem Diesseits u. wird vorherrschend als eine Art Halbleben, als ein schattenhaftes, unfreundliches, für die Lebenden unheimliches vorgestellt, u. das Hauptglück nur in der Ruhe gefunden".[16] Wenn der Tote noch fortlebt, kann das auch heißen, dass er noch einmal zurückkommen kann. Viele Elemente des Brauchtums dienen deshalb dazu, den Toten daran zu hindern wiederzukehren. Dabei wird u. a. bereits dem Eindruck entgegengewirkt, er könne noch fortleben: Man schließt deshalb die Augen des Toten. Man legt ihm etwas in den Mund, um ihn davon abzuhalten, nachzuzehren; man trägt ihn im Sarg mit dem Kopf zuerst aus dem Haus, darf den Sarg nicht auf der Schwelle niedersetzen usw.[17] Mit der leichten Öffnung des Mundes – die Leichenstarre beginnt in der Kieferpartie – verbindet sich die Angst, er könne etwas hineinwürgen, und so finden sich Berichte, Tote hätten im Grab ihr Leichentuch, ihr Totenkleid, ja selbst Teile des eigenen Körpers aufgezehrt.[18] Daran aber macht sich die Angst fest, Nachzehrer könnten auch noch Verwandte nachholen. Der Nachzehrerglaube erscheint archaisch, doch verzeichnet der *Atlas der deutschen Volkskunde* noch bis ins 20. Jahrhundert eine gewisse Verbreitung des Glaubens auch in Deutschland, vornehmlich aber im ostdeutschen, slawisch beeinflussten Raum.[19]

Totenehrung und Bestattungsformen und -riten sowie die Mitgabe des Vermögens zeigen, dass ein Fortleben im Grab überall auf der Welt vorausgesetzt wird. Es gibt

---

[14] Hans Schreuer: Das Recht der Toten I. Eine germanistische Untersuchung. In: Zeitschrift für vergleichende Rechtswissenschaft 33 (1916), S. 333–432, hier S. 342–370.

[15] Vgl. zur problematischen Terminologie Günter Wiegelmann: Der ‚lebende Leichnam' im Volksbrauch. In: Zeitschrift für Volkskunde 62 (1966), S. 161–183, hier S. 161 f.

[16] Adolf Wuttke: Der deutsche Volksaberglaube in der Gegenwart. Berlin 1900, S. 468 f.

[17] Ebd., S. 464 f. Vgl. zu den verschiedenen Elementen des bis ins 20. Jahrhundert fortexistierenden Brauchtums zum Nachzehrerglauben besonders Gerda Grober-Glück: Der Verstorbene als Nachzehrer. In: Atlas der deutschen Volkskunde. Neue Folge. In Zusammenarbeit mit H. L. Cox, Gerda Grober-Glück und Günther Wiegelmann hrsg. von Matthias Zender. Marburg 1966–1982, Bd. II, S. 427–456.

[18] Paul Geiger: Nachzehrer. In: HdA. Bd. 6. 1935, Sp. 812–823, hier Sp. 814; Stefan Hock: Die Vampyrsagen und ihre Verwertung in der deutschen Literatur. Berlin 1900, S. 26 f.

[19] Atlas der deutschen Volkskunde. Aufgrund der von 1929–1935 durchgeführten Sammlungen der Deutschen Forschungsgemeinschaft hrsg. von Matthias Zender. Lieferung 7, Karte 73–84. Marburg 1979; vgl. zu den Karten 73–76 die Erläuterungen von Grober-Glück (Anm. 17). Vgl. auch Wiegelmann (Anm. 15); Thomas Schürmann: Nachzehrerglauben in Mitteleuropa. Marburg 1990; Wolfgang Schwerdt: Vampire, Wiedergänger und Untote. Auf der Spur der lebenden Toten. Berlin 2011.

Kulturen, die den Toten eine geraume Zeit nicht begraben und im Haus bzw. innerhalb der Familie/Sippe aufbewahren, wobei der Verwesung entgegengearbeitet wird; oder das Begräbnis erfolgt im eigenen Wohnbereich oder am Herd. In diesen Fällen bleibt das Fortleben des Toten unter Kontrolle: Nur Tote, die außerhalb des Hauses begraben sind, können überhaupt Wiedergänger werden.[20]

Der Zeitraum bis zur endgültigen Bestattung in einem Grab außerhalb des eigenen Wohnbereichs kann terminiert sein, in Europa sind es oft dreißig oder vierzig Tage.[21] Die französische Ethnologie hat diesen Zeitraum bis zur zweiten, endgültigen, Bestattung in Analogie zur Initiation, zur Geburt und zur Heirat als Schwellenphase aufgefasst, die entsprechend mit vielen Tabus belegt ist und durch *rites de passage* begleitet wird.[22] Karl Meuli hat solche Tabus wiederum aus der Ambivalenz gegenüber dem Toten erklären wollen, der immer gut und böse zugleich sei. Man liebt ihn, aber fürchtet ihn auch.[23] Allemal bei sozial auffälligen Personen sucht man schädliche Wirkungen ihres untoten Körpers oder ihres Fortlebens zu vermeiden.

Bedeutsam für die Vorstellung eines Fortlebens des Toten ist der Umgang mit dem Erinnerungsbild von ihm, das bei den nächsten Angehörigen in Träumen auftaucht, aber auch in Erinnerung gerufen werden kann, und das in *eidola* oder *imagines* materialisiert werden kann.[24] Als Bild oder Skulptur springt es der Vorstellung bei, dass der Tote nicht sofort ganz tot ist, verkörpert ihn sogar.[25] Der Ahnenkult, der sich an dieses Bild hängen kann, lässt die Sippe als Gemeinschaft der Lebenden und der Toten kenntlich werden. Natürlich spielen die Gefühle der nächsten Angehörigen, die den toten Körper noch lebhaft als lebenden zu denken vermögen, eine wesentliche Rolle bei der Herstellung dieser Gemeinschaft.

Es ist dann eine Angelegenheit der Sippe und der weiteren Gemeinschaft (des Dorfs o. ä.), wenn die Toten sich unzufrieden zeigen. Der Totenfriede ist überhaupt Teil des Hausfriedens oder Friedens innerhalb der Gemeinschaft. Der friedlose Tote, der als Mörder oder Verbrecher aus der Gemeinschaft ausgeschlossen und hingerichtet oder

---

[20] Zur Hausgemeinschaft mit dem Toten siehe Schreuer (Anm. 13), S. 89–128. „Erst mit der Lösung der Hausgemeinschaft tritt meines Erachtens das gespannte Verhältnis zwischen den Lebenden und dem Toten ein." Ebd., S. 145 f.

[21] Kurt Ranke: Indogermanische Totenverehrung. Bd. 1: Der dreißigste und vierzigste Tag im Totenkult der Indogermanen. Helsinki 1951.

[22] Robert Hertz: Das Sakrale, die Sünde und der Tod. Religions-, kultur- und wissenssoziologische Untersuchungen. Hrsg. von Stephan Moebius, Christian Papilloud. Konstanz 2007, S. 156–168.

[23] Karl Meuli: Drei Grundzüge des Totenglaubens. In: Ders.: Gesammelte Schriften. Erster Band. Hrsg. von Thomas Gelzer. Basel/Stuttgart 1975, S. 306–331. Anführen lässt sich zweifellos auch, dass es verschiedene Personengruppen sind (nah verwandte Erwachsene, Kinder, ferner stehende Unbeteiligte), bei denen der Tote sehr unterschiedliche Reaktionen hervorrufen kann.

[24] Schreuer (Anm. 14), S. 371–393.

[25] Vgl. Hinweise hierzu auch bei Kurt Ranke: Der *Hölzerne Johannes*. In: Ders.: Die Welt der Einfachen Formen. Studien zur Motiv-, Wort- und Quellenkunde. Berlin/New York 1978, S. 187–206, hier S. 200 f.

getötet wurde, bedeutet immer schon eine Gefahr für sie. Sie muss verhindern, dass er als Toter wiederkehrt. Deshalb wird er weit außerhalb der Gemeinschaft bestattet, seine Gebeine werden zerteilt, oder seine Asche wird zerstreut.[26] Überhaupt hat man Brandbestattungen auf die Angst vor einer Wiederkehr der Toten zurückführen wollen.[27] Schon die nur unzufriedenen Toten, die sich beschweren, stellen ein Problem für die Verwandten dar. Gelegentlich wehren sie sich gleich selbst unter körperlichem Einsatz etwa gegen Grabräuber.[28] Sie können aber auch in die Gemeinschaft zurückkehren, hier stören oder Schaden anrichten, zumal als Nachzehrer, die den Lebenden die Kraft rauben und sie sterben lassen. Blut als Lebensprinzip führt zu der archaischen Vorstellung von Blutsaugern, Vampiren, die Lebenden die Kraft aussaugen – Erklärung vielleicht auch der Nachwirkungen der Trauer bei den von ihr betroffenen nächsten Verwandten.

Für unerklärliche Sterbefälle, auch für Viehseuchen, hat man immer wieder Wiedergänger und Nachzehrer verantwortlich gemacht und ihre Leichen noch bis ins 20. Jahrhundert hinein gepfählt.[29] Wiedergänger müssen zufrieden oder ruhig gestellt[30] oder endgültig unwirksam gemacht werden. „Um den Toten von der Wiederkehr abzuhalten, wird er gefesselt, zerschmettert, geköpft, gepfählt, mit Steinen verschüttet, ins Moor versenkt und mit Dornen bedeckt, verbrannt."[31] Er kann auch im Grab mit seinem Gesicht nach unten gedreht werden, wohl ein Versuch, das Erinnerungsbild mit ‚abzuschalten'.

Der Wiedergänger kann bequem als Sündenbock dienen, weil er sowieso schon tot ist; und er kann die ambivalenten oder gar ablehnenden Gefühle der Nachkommen, der Nachkommensgemeinschaft oder der Siedlungsgemeinschaft dem Toten gegenüber, als er noch lebte, verkörpern. In dieser Form lebt der Tote tatsächlich in der kollektiven Erinnerung nach, und es ist dann kein allzu großer Schritt, ihn als seinerseits unzufriedenen Toten umgehen sehen zu wollen. Wie die Volkskultur allerorten Affekte materialisiert oder zu eigenständigen Mächten und Wesen (Dämonen) erhebt, so auch im Fall der fortlebenden Toten. Dem Spiel der Phantasie und den Zwängen der Religion bleibt dann überlassen, wie man sich die besondere Existenzform dieser Untoten vorstellen soll: ob sie etwas essen, ob sie körperliche Konsistenz, gar einen neuen Körper besitzen, wie ihre Seele sich zu ihrem Körper verhält und ob sie erst zum Zeitpunkt des endgültigen Verlusts der Integrität des Körpers sich von ihm befreien. Der Glaube variiert hier

---

[26] Schreuer (Anm. 14), S. 362 f.
[27] Hans Naumann: Primitiver Totenglaube. In: Ders.: Primitive Gemeinschaftskultur. Beiträge zur Volkskunde und Mythologie. Jena 1921, S. 18–60, hier S. 59 f.
[28] Ebd., S. 162 f. Vgl. auch Claude Lecouteux: Geschichte der Gespenster und Wiedergänger im Mittelalter. Köln/Wien 1987, S. 89–92.
[29] Vgl. Wiegelmann (Anm. 15), S. 169 f.
[30] Reinhard Bodner: Wiedergänger. In: Reallexikon der Germanischen Altertumskunde. Bd. 35. 2007, S. 598–604, hier S. 602 f.
[31] Schreuer (Anm. 13), S. 147.

bereits, und das Christentum führt mit der Trennung der Seele vom Körper beim Tod eine höchst wirksame neue Vorstellung ein.[32]

Wiedergänger, unter ihnen die Nachzehrer und unter diesen die Vampire, sind über den volkstümlichen Glauben und sein Brauchtum hinaus in der – in ihrer herkömmlichen Form heute weitgehend abgestorbenen – Sage zuhause. Üblicherweise verbürgen Orts- und Zeitangaben in Sagen auch die Wahrheit des Erzählten: An einem bestimmten Ort ‚soll' dies oder jenes stattgefunden haben oder wiederholt stattfinden, wie ‚man sagt'; man kann also vor Ort von den Leuten Näheres erfahren oder es selbst in Erfahrung bringen. Es ist als Kollektivwissen (Glaube) unbezweifelbare, aber gelegentlich wohl doch bezweifelte Erfahrungswirklichkeit. Deshalb verbürgt sich oft auch ein Erzähler für die Wahrheit seiner Sagenerzählung, indem er gezielt homodiegetisches Erzählen aufgreift und vorgibt, weniger oder mehr am erzählten Ereignis beteiligt gewesen zu sein:

> In meinem früheren Hause wohnte, es können wohl achtzig Jahre und darüber her sein, der Feldscher Andreas. Dieser Mann mußte bei seinen Lebzeiten eine recht schwere Sünde begangen haben, denn er fand keine Ruhe im Grabe. [...][33]

Hier ist die Beteiligung am Geschehen marginal, denn es ist ein *früheres* Haus des Erzählers, in dem es stattfand, und man muss mit seinen Lebensverhältnissen vertraut sein, um zu wissen, wo dieses Haus steht oder stand. Dagegen kann ein Erzähler auch erzählen, was ihm selbst passiert ist. Dies dürfte überhaupt die Ausgangsform von Sagen darstellen: Jemand erinnert, was ihm bei einer bestimmten Gelegenheit Außeralltägliches zugestoßen ist. Ursprünglich derart im Memorat festgehaltene persönliche Erlebnisse können von Nacherzählern auch angereichert und zu einer eigenständigen Geschichte ausgebaut werden, dem Fabulat.[34] Grundsätzlich unterliegen die narrativen Formen der Möglichkeit zur Imitation, weshalb die Feststellung eines Memorats problematisch sein kann. Zudem sind die Erlebnisinhalte von Sagen in der Regel bereits kollektiv gebunden, wenn sie persönlich beglaubigt werden. Dass solche Beglaubigungen sich dann dem kollektiven Glauben anschließen, ohne einer Prüfung aus der Dis-

---

[32] Im Kontext des Totenglaubens dürfte das 4. Buch der *Dialogi* Gregors des Großen überaus wirksam gewesen sein, in dem Gregor drei *vitales spiritus* unterscheidet: einen, der nicht mit Fleisch versehen ist, einen, der mit Fleisch versehen ist, ohne mit ihm zu sterben, und einen, der mit Fleisch versehen ist und mit dem Fleisch stirbt. Vgl. Gregorius Magnus: Dialogorum libri quattuor (Patrologia Latina 77). Paris 1896, Sp. 149–430, hier Sp. 321. Die Seele stirbt aber eben nicht mit dem Fleisch, sodass ihr ein Fortleben nach dem Tod bestimmt ist. Das 4. Buch erzählt Fälle solchen Fortlebens und diskutiert das Seelenkonzept anhand von Exempla.

[33] Karl Bartsch: Sagen, Märchen und Gebräuche aus Mecklenburg. 2 Bde. Wien 1879/80, Bd. 1, Nr. 209.

[34] Zur Konstitution von Sagen nach der Theorie Carl von Sydows sowie zu Erzählerpersönlichkeiten vgl. Leander Petzoldt: Einführung in die Sagenforschung. 3. Aufl. Konstanz 2002, S. 45 f. u. 94 f. Zu Sydows Unterscheidung zwischen Memorat und Fabulat vgl. ders.: Kategorien der Prosa-Volksdichtung. In: Vergleichende Sagenforschung. Hrsg. von Leander Petzoldt. Darmstadt 1969, S. 66–89, hier S. 78–81.

tanz heraus standzuhalten, liegt auf der Hand. Deshalb können in Memoraten sehr verschiedene Dinge zusammenlaufen. Hinzu kommt noch die Tendenz, Sagen zu gerundeten Geschichten mit mehr als nur einem Kernereignis auszufabulieren.

Was das Brauchtum bei der Behandlung von Toten praktisch zu bewältigen sucht und was der Glaube als gegeben annimmt, bekommt über die Sage Erlebnishintergründe zugewiesen und angedichtet; Brauchtum und Sage sind insofern miteinander verzahnt und stabilisieren sich gegenseitig.[35] Ein Beglaubigungsmodus kann in einer ausfabulierten Sage gleichwohl umso stärker hervortreten, je mehr ihr Wahrheitsgehalt schon in Zweifel stehen könnte. Was der Erzähler nicht selbst gesehen hat, haben ihm zuverlässige Informanten mitgeteilt oder man weiß es noch als ganz sicher vor Ort. Die Homodiegese erscheint aus dieser Sicht immer schon auch als ein Beglaubigungsmodus.[36]

Es gibt allein in Deutschland weit über Tausend in mehr als hundert Sammlungen aufgezeichnete Totensagen,[37] die im Übrigen noch weitere Typen von Untoten aufführen als nur die genannten.[38] Wie alle Sagen können sich auch diese zu in sich geschlossenen Geschichten aufblähen[39] – so z. B. zu Geister-, Spuk- und Gespenstergeschichten –, über denen sich wiederum literarische Gattungen ausbilden. Im Zuge dieses fließenden Übergangs aus der Mündlichkeit in die Schriftlichkeit mit im übrigen verfließenden Gattungsgrenzen wird aus einem anwesenden (Sagen-)Erzähler ein gelesener Autor. Was jener bezeugen oder allein durch seine Präsenz beglaubigen kann, muss dieser durch Formen literarischer Beglaubigung künstlich erzeugen. Die Wirkungen auf die Hörer bleiben dabei für uns leider unzugänglich, ihre Welt bleibt weitgehend verschlossen: Was sie je unterschiedlich als Wirklichkeit anzunehmen bereit und in der Lage sind, könnte man einzig aus den Anstrengungen der Beglaubigung erschließen wollen und muss es sonst einem zu unterstellenden kulturellen Standard angleichen. Dabei ist die Spanne groß: Der Sagenerzähler wird auf Hörer treffen, die seine Erzählung als isolierten Tatsachenbericht aufnehmen und natürlich nicht als Vertreter der Gattung der

---

[35] Dieser Umstand rechtfertigt das Vorgehen der hier als Beispiel herangezogenen Sammlung von Karl Bartsch (Anm. 33), die im zweiten Band Gebräuche und Glaubenselemente versammelt. Dies hat Mitte des 19. Jahrhunderts modellbildend Adalbert Kuhn in seinen verschiedenen Sammlungen vorgeführt.

[36] Zu den Beglaubigungsmodi vgl. u. a. Linda Dégh: Prozesse der Sagenbildung. In: Petzoldt (Anm. 34), S. 374–389, hier S. 388.

[37] Vgl. die regestenmäßige Auswertung der wichtigsten Sammlungen nach Typen und Motiven bei Ingeborg Müller, Lutz Röhrich: Der Tod und die Toten. In: Deutsches Jahrbuch für Volkskunde 13 (1967), Deutscher Sagenkatalog, S. 346–397.

[38] Vgl. ebd., S. 381 f. Eine Kategorisierung versucht z. B. Claude Lecouteux: Die Geschichte der Vampire. Metamorphose eines Mythos. Düsseldorf 2001, Kap. 4.

[39] Besonders instruktive Fälle versammelt Lutz Röhrich: Erzählungen des späten Mittelalters und ihr Weiterleben in Literatur und Volksdichtung bis zur Gegenwart. Sagen, Märchen, Exempel und Schwänke. Mit einem Kommentar hrsg. von Lutz Röhrich. 2 Bde. Bern/München 1967.

Sage identifizieren, während der Autor angesichts vieler gelesener Geschichten nur einen behaglichen Schauder herzustellen vermag.

Auch wenn es scheint, dass Geister- und Gespenstergeschichten um 1800 den Geister- und Gespensterglauben neubelebt haben,[40] dürfte doch allein schon die Leseroutine solchen Glauben schnell wieder abgestumpft und den Schrecken in Lesegenuss verwandelt haben. Entsprechend äußert sich etwa Johann Gottfried Hoche in seinen *Vertrauten Briefen über die jetzige abentheuerliche Leselust* aus dem Jahr 1794:

> Das Lesen so vieler Geistergeschichten macht gleichgültig gegen die schrecklichen Auftritte; die Einbildung schwebt zu sehr in grausenvollen Scenen, und muß endlich ein Wohlbehagen daran finden. Was zur Gewohnheit wird, unterdrückt die Empfindung, und was sonst Schrecken und Abscheu erregte, kann die Quelle des Vergnügens werden.[41]

Für einen erheblichen Teil der Lesergemeinde nachaufklärerischer Geister- und Gespenstergeschichten hat die Säkularisierung längst stattgefunden, und die nur mehr literarische Existenz der Untoten hat sie einer Ästhetik des Horrors zugeführt,[42] und das nicht erst im Zuge und infolge der Aufklärung, sondern der schon seit Jahrhunderten betriebenen Literarisierung von Sagenfiguren und -motiven und einer allerdings neugewonnenen Eigendynamik der Lektüre. Im Zuge einer Literarisierung der Sage verliert sich die ursprünglich enge Verzahnung von Brauchtum und seinem Erlebnishintergrund in der Sage. Auch der Glaube evaporisiert. Untote erscheinen nicht an den Erfahrungsraum der Leser gebunden, sondern aufs Blatt gebannt, wo die Leser ihnen ohne große Gefährdung und befreit von der kollektiven Verankerung im ungetrübten Glauben in einsamer Lektüre begegnen können.

Untote spielen etwa als Vampire eine gewichtige Rolle im Rahmen einer modernen Wiederverzauberung der Welt durch das Buch und/oder den Film mit ihren Wiederbelebungen archaischer Mächte.[43] Solche Wiederverzauberung, literarisch inszeniert schon in der Schauerliteratur und der Gothic Novel des 18. und 19. Jahrhunderts und heute noch durch Filme genährt, bewirkt nicht den realen Horror, der sich mit der einstigen Erwartung von Wiedergängern verband. An seine Stelle tritt vielmehr die Angst-

---

[40] So verfasst z. B. Heinrich Jung-Stilling eine *Theorie der Geisterkunde*. Vgl. Rudolf Schenda: Volk ohne Buch. Studien zur Sozialgeschichte der populären Lesestoffe 1770–1910. Frankfurt a. Main 1970, S. 401–403.
[41] Zit. n. ebd., S. 401.
[42] Entsprechend Titel und Konzeption der Arbeit von Hans Richard Brittnacher: Ästhetik des Horrors. Gespenster, Vampire, Monster, Teufel und künstliche Menschen in der phantastischen Literatur. Frankfurt a. Main 1994. Brittnacher zeigt u. a. am Vampir eine Phänomenologie solcher Motive auf, die Folge der Literarisierung sind.
[43] Als Materialsammlung und Analyse des Übergangs von der Sage zur Literatur unersetzt ist Hock (Anm. 18). Die neuere literaturgeschichtliche Forschung wird aufgeführt bei Clemens Ruthner: Untote Verzahnungen. Prolegomena zu einer Literaturgeschichte des Vampirismus. In: Poetische Wiedergänger. Deutschsprachige Vampirismus-Diskurse vom Mittelalter bis zur Gegenwart. Hrsg. von Julia Bertschik, Christa Agnes Tuczay. Tübingen 2005, S. 11–41.

lust der Fiktion. Besonders prominent ist hier Bram Stokers *Dracula* geworden.[44] Stoker versteht aus den mosaikartig montierten Tagebuchauszügen der Hauptfiguren einen perspektivenreichen Handlungsverlauf zu konstruieren und betreibt erheblichen narrativen Aufwand zur Steigerung der Glaubwürdigkeit seines Romans.[45] Dazu fingiert er etwa die Umschrift des stenographischen Tagebuchs von Jonathan Harker, hinzu kommen Briefe, Telegramme, ein phonographisch festgehaltenes Tagebuch, eingeklebte Dailygraphs, Artikel aus der Tagespresse, Extraausgaben der Tagespresse usw. – das ist 1897 bei Erscheinen des Romans der absolut neueste Stand der modernen Medienkultur. Noch der letzte Abschnitt des Romans, der vertrackt die Wirklichkeitsillusion bedient, thematisiert die Schwierigkeit, eine solche Illusion herzustellen, und verstärkt sie damit zugleich. Die Hauptfiguren stellen nämlich fest, dass sich

> in all der Masse von Material, aus dem sich dieser Bericht zusammensetzt, kaum ein einziges authentisches Dokument befindet. Außer den letzten Notizen von Mina, Seward und mir [Jonathan Harker] sowie Van Helsings Aufzeichnungen war alles andere mit Schreibmaschine getippt, und wir konnten kaum annehmen, daß irgend jemand dies als Beweis für eine so wilde Geschichte gelten ließe, falls wir ihn zu überzeugen wünschten.[46]

Gegen die moderne Medienkultur steht eine archaische Welt, die auf ihre Weise eine Wirksamkeit beibehält. Ich zitiere aus Jonathan Harkers Tagebuch:

> Ich [...] schreibe in Kurzschrift alles das in mein Tagebuch, was sich ereignet hat, seit ich es das letzte Mal schloß. Das entspricht völlig dem modernen 19. Jahrhundert; und doch, wenn mich meine Sinne nicht trügen, so hatten und haben die vergangenen Jahrhunderte ihre besonderen Mächte, die bloße Modernität nicht umbringen kann.[47]

So kann Jonathan Harker am Ende des Romans dem untoten Dracula, der Harkers Umgebung bedroht, auch nur mit dem archaischen Mittel des Köpfens die Grundlage seines Fortlebens entziehen. Auf seinem Gesicht ist dabei vor seiner endgültigen Auflösung zu Staub ein „Ausdruck tiefen Friedens" zu sehen.[48] Dracula scheint sich dankbar für seine Erlösung vom blutsaugerischen Fortleben zu zeigen, und sein Frieden spiegelt den des durch ihn beinahe ins Unglück gestürzten Freundeskreises um Harker.

Das Archaische ist fern, aber es ist noch existent. Wirklichkeitsnähe oder -ferne finden sich im Roman in Geographie umgedeutet. Seit John William Polidoris erster Vampirerzählung, erschienen 1819 zunächst unter dem Namen Lord Byrons, sind Vampire oft in den archaischen Gegenden Südosteuropas zuhause, von wo aus sie den modernen Kontinent bedrohen. Sie garantieren noch ‚wilde Geschichten', wie sie aus der Moderne vertrieben wurden. Tatsächlich liegen der modernen Entdeckung von Vampiren Vorgänge in Südosteuropa zugrunde, die Mitte des 18. Jahrhunderts einen

---

[44] Eine MLA-Recherche zu Bram Stokers *Dracula* führt zu mehr als einem halben Tausend Titeln.
[45] Vgl. Brittnacher (Anm. 42), S. 119–123.
[46] Bram Stoker: Dracula. Frankfurt a. Main 1988, S. 541.
[47] Ebd., S. 61.
[48] Ebd., S. 539.

aufklärerischen Diskurs beflügelten.[49] Die *curieuse Welt* sollte wissen, was es mit den blutsaugenden Vampiren auf sich hat.[50] Doch dass sie deshalb Vampire für wirklich hielt, war bereits nicht mehr absehbar.

In die Literatur dringt der Wiedergängerglaube am ehesten aus der orts- und personengebundenen Sage vor, zunächst allerdings nicht sehr weit. Eher sind es der Sage noch nahestehende Exempel, die ihn in christlichem Kontext anverwandeln und die erzählten Fälle zur Mahnung vor der Sünde ausstellen. Schon in den *Dialogi* Gregors des Großen büßt der Wiedergänger begangene Sünden, der Wiedergängerglaube wird hier folgenreich mit dem christlichen Sündenbegriff amalgamiert.[51] Danach bekommen Wiedergänger in den Exempelsammlungen des Mittelalters oft einen besonderen Platz zugewiesen, bei Caesarius von Heisterbach[52] etwa oder bei Jacob von Paradies, der ihnen sogar eine eigene Abhandlung widmet.[53] In den Exempla werden die Wiedergänger immer als historische Personen ausgewiesen und lokalisiert. Allerdings kehren sie nicht körperlich zurück, sondern als Schattenbilder, Gespenster o. ä.[54] Gleichzeitig verbleibt ihnen der Realitätsstatus, den schon die Sage ihnen zumaß. Die christliche Anverwandlung rationalisiert sie indes und sieht sie im Fegefeuer, aus dem sie nur vorübergehend zurückkehren.[55]

Da die altnordische Sagaliteratur zumindest noch latent sagenmäßig angelegt ist, findet sich hier auch eine nicht unerhebliche Zahl von Wiedergängern, die ganze Hand-

---

[49] Vgl. das Material bei Klaus Hamberger: Mortuus non mordet. Dokumente zum Vampirismus 1689–1791. Wien 1992.

[50] So die Leseranrede von Michael Ranft: Tractat von dem Kauen und Schmatzen der Todten in Gräbern, Worin die wahre Beschaffenheit derer Hungarischen Vampyrs und Blut-Sauger gezeigt, Auch alle von dieser Materie bißher zum Vorschein gekommene Schrifften recensiret werden. Leipzig 1734.

[51] Vgl. Lecouteux (Anm. 28), S. 64 f.

[52] Caesarius von Heisterbach: Dialogus miraculorum – Dialog über die Wunder. Übersetzt und kommentiert von Nikolaus Nösges, Horst Schneider. 5 Bde. Turnhout 2009 (Fontes Christiani. 86), Dist. XII.

[53] *De apparitionibus animarum post exitum*. Siehe dazu Peter Assion: Jacob von Paradis. In: EM. Bd. 7. 1993, S. 453. Vgl. auch Christoph Fasbender: Von der Wiederkehr der Seelen Verstorbener. Untersuchungen zu Überlieferung und Rezeption eines Erfolgstextes Jakobs von Paradies. Mit einem Abdruck des Autographs. Heidelberg 1999.

[54] Lecouteux (Anm. 28), S. 55f

[55] So in einem spektakulären Fall aus dem 15. Jahrhundert, dem Bericht Arnt Buschmanns. Vgl. den Text bei Wilhelm Seelmann: Arnt Buschmanns Mirakel. In: Jahrbuch des Vereins für niederdeutsche Sprachforschung 6 (1880), S. 32–67, hier S. 40–67. Vgl. dazu Hartmut Beckers: Buschmann, Arnt. In: ²VL. Bd. 1. 1978, Sp. 1142–1145, sowie Helga Neumann: *und were vil me zuo schriben dan geschriben ist*. Nachrichten aus dem Fegefeuer in *Arnolt Buschmanns Mirakel*. In: ZfG 9 (1999), S. 691–695. – Weitere Fälle bei Jacques Le Goff: Die Geburt des Fegefeuers. Stuttgart 1984, S. 216–220 u. ö. Vgl. auch Jean-Claude Schmitt: Die Wiederkehr der Toten. Geistergeschichten im Mittelalter. Stuttgart 1995.

lungszüge bestimmen.⁵⁶ Es konsterniert, wenn sie in ihrer Körperkraft beinahe den unmäßig starken Grettir besiegen oder – nachdem sie ganze Landstriche veröden ließen – mit größtem körperlichen Einsatz unschädlich gemacht werden müssen, als wären sie übermächtige Lebende.

Dem wohl frühesten Beleg für den Vampirglauben begegnet man in der *Historia rerum Anglicarum* des William von Newburgh. William will die Geschichte Englands in den Jahren 1166–1198 erzählen und flicht am Rande auch Nachrichten über Wiedergänger ein.⁵⁷ Mit Sagen hat man es dabei noch nicht zu tun, sondern mit Berichten, die William, trotz des Zweifels an ihrem Wahrheitsgehalt, in den Kontext seiner historischen Erzählung stellt. Im 24. Kapitel des 5. Buchs erzählt er für das Jahr 1196 von mehreren Wiedergängern, darunter einem von seiner Frau betrogenen Mann, der – nachdem er die Sakramente der Beichte und Eucharistie nicht empfangen hatte – krank stirbt und als Untoter in Yorkshire nachts die Lebenden bis zum Morgengrauen heimsucht. Durch die verunreinigte Luft seiner Ausdünstungen löst er eine Pestepidemie aus. Die Söhne eines der Verstorbenen graben ihn aus und schlagen erzürnt auf den immens aufgeschwollenen Körper in seinem aufgeplatzten Leichentuch ein. Eine große Menge Blut quillt hervor, und man meint nun, den Untoten deshalb für einen Blutsauger (*sanguisuga*: ‚Blutegel') halten zu können.⁵⁸ Die Epidemie ist beendet, nachdem man ihm das Herz herausgeschnitten und zerstückelt hat, um seinen Körper danach dem reinigenden Feuer zu überantworten.

Von Interesse ist hier die Erläuterung, mit der William seine Wiedergabe der Wiedergängerberichte einleitet:

> Es wäre für einen vernünftigen Menschen nicht leicht, als wahr anzunehmen, dass Leichname von Toten, von ich weiß nicht welchem Geist getrieben, das Grab verlassen und umgehen, um die Lebenden mit Grauen (*terror*) oder Verderben (*pernicies*) heimzusuchen – und dass sie in ihre Gräber zurückgehen, die sich ihnen von selbst öffnen –, wenn es nicht viele zeitgenössische Beispiele gäbe und wenn sich nicht zahllose Augenzeugenberichte (*testimonia*) fänden. Es ist wahrlich verblüffend, dass, wenn sich solche Dinge in der Vergangenheit zugetragen haben, nichts darüber in den Büchern der Alten steht, die so sorgfältig alles Denkwürdige aufzeichne-

---

⁵⁶ Vgl. die umsichtige Zusammenstellung und Analyse der Isländersagas bei Matthias Teichert: Nosferatus nordische Verwandtschaft. Die Erzählungen von vampirartigen Untoten in den Isländersagas und ihr gesamtgermanisch-europäischer Kontext. In: ZfdA 141 (2012), S. 2–36.

⁵⁷ Ich zitiere: Richard Howlett (Hrsg.): Chronicles of the Reigns Stephen, Henry II., and Richard I. William of Newburgh, Historia rerum Anglorum. Vol. 1 [Bücher I–IV], London 1884, Vol. 2 [Buch V]. London 1885 (Rerum Britannicarum medii aevi scriptores). Auf Williams von Newburgh Berichte hat zuerst Ernst Havekost: Die Vampirsage in England. Diss. Halle a. d. Saale 1914, S. 16 f., hingewiesen. Mögliche Tradierungswege für den Glauben vom Kontinent her sind nicht geklärt, ebenso wenig, ob man es mit einem autochthonen Glauben zu tun hat. Vgl. zu William zuletzt: Carl Watkins: The Undiscovered Country. Journeys Among the Dead. London 2013.

⁵⁸ Buch V, Kap. 24, S. 480–482.

ten. Da sie nämlich nie versäumten, minder wichtige Sachen niederzuschreiben, wie konnten sie denn etwas verschweigen, das soviel Aufsehen und Horror (*horror*) erregt?[59]

Es ist deutlich, dass William von schwersten Zweifeln geplagt wird, was denn von solchen Geschichten, wie er sie weitergibt, zu halten sei.[60] Gleichzeitig wird deutlich, dass er sich nicht unabhängig machen kann von der Dominanz eines Glaubens, den alle oder doch fast alle teilen. Was er erzählt, ist ihm von Augenzeugen berichtet worden, die er persönlich kennt. Gerade auch die persönlichen Bindungen an Freunde und Bekannte, deren Vertrauenswürdigkeit man nicht anzuzweifeln wagt – worauf diese selbstverständlich vertrauen, ohne dass es hierüber zu einem Austausch käme –, halten die Glaubensbestandteile von Sagenberichten intakt. Sie kristallisieren sich aber immer wieder über vordergründig unerklärlichen Abweichungen von der Normalität des Alltagslebens, denen der volkstümliche Glaube denn doch eine Erklärung zu verleihen scheint.

In ein weiteres von William berichtetes Ereignis[61] um einen Wiedergänger sind eine Vielzahl von Personen involviert: zunächst die betroffene Familie und die Nachbarschaft, dann die alarmierte Geistlichkeit sowie schließlich hochstehende Geistliche wie der heilige Hugo, Bischof von Lincoln, und ein Erzdiakon mit dem Namen Stephanus, auf dessen Bericht sich William maßgeblich stützt. Anders als bei den Sagensammlungen des 19. und 20. Jahrhunderts, in denen die primären Tradierungsgemeinschaften nicht durchleuchtet werden, sodass die Berichte nur noch auf das ‚Man sagt' o. ä. der Sage beschnitten erscheinen, lässt Williams Aufzeichnung eine solche Gemeinschaft doch kenntlich werden: In der Grafschaft Buckingham stirbt ein Mann, der bald nach seinem Tod nachts seine Ehefrau heimsucht und mit seinem Körpergewicht zu erdrücken droht. Nachdem man ihn hat vertreiben können, spielt er seinen Brüdern ebenso mit und terrorisiert, als man ihn auch hier abwehrt, auch noch die Tiere der Umgebung. Nach Einrichtung von Nachtwachen geht er auch tags um, bis man sich veranlasst sieht, die Kirche um Rat zu fragen. Der Erzdiakon Stephan zieht den in London weilenden Bischof Hugo zu Rate. Während die terrorisierte Gemeinschaft den Leichnam ausgraben und verbrennen will, mag der konsternierte Bischof (*Episcopo vero stupente super*

---

[59] *Sane quod mortuorum cadavera de sepulchris egredientia nescio quo spiritu ad viventium vel terrorem vel perniciem circumferantur, et ad eadem sepulchra sponte se illis aperientia revertantur, non facile in fidem reciperetur nisi et crebra nostri temporis exempla suppeterent et testimonia abundarent. Mirum plane si talia olim contigere, cum nihil tale in libris veterum reperiatur, quibus utique ingens studium fuit memorabilia quæque literis mandare. Cum enim quædam etiam modica conscribere nequaquam neglexerint, quomodo rem tanti stuporis simul et horroris, si forte illo seculo contigit, supprimere potuere?* (Buch V, Kap. 24, S. 477) Ich schließe mich an die Übersetzung von Lecouteux (Anm. 28), S. 147, an. William fährt fort mit dem Hinweis, dass die zwei noch berichteten Ereignisse jüngeren Datums sind und nur eine schmale Auswahl aus der Unmenge vergleichbarer darstellen. Er versteht sie als Warnung an die Nachkommen.
[60] Das passt zu seiner Kritik an einem Geschichtsschreiber wie Geoffrey von Monmouth, der erfundene Geschichten über Artus aufgegriffen, selbstständig vermehrt und ihnen auf Latein den Anstrich tatsächlicher Ereignisse verliehen habe (so William im Proömium zur *Historia*).
[61] Buch V, Kap. 22, S. 474 f.

hoc) Leichenschändung offenbar nicht billigen und schreibt mit eigener Hand einen Absolutionsbrief, den man dem Toten auf die Brust legt. Danach ist Ruhe.

Dies ist insoweit noch keine Sage, sondern ein Ereignisbericht, der den Glauben einer Gemeinschaft an das Umgehen von Wiedergängern voraussetzt. Die eintretende Ereignisfolge zieht Personen in Mitleidenschaft, die – wie der Bischof Hugo – möglicherweise nur wenig geneigt sind, dem volkstümlichen Glauben ein großes Gewicht beizumessen. Gleichwohl orientieren sie ihr Handeln an den Erwartungen der betroffenen Gemeinschaft bzw. finden einen neuen Lösungsweg, um dem eigenen Glauben unter den gegebenen Umständen Geltung zu verschaffen. Eine Sage kann aus diesem unmittelbaren Ereignisbericht erst werden, wenn eine größere – raum-zeitliche und soziale – Distanz zu den Ereignissen eingetreten ist und ein von den konkreten Umständen abstehender Erzähler auf Ohren von Hörern trifft, die etwas hören wollen, was vom Alltagsleben absticht, auch und gerade wenn es dann durchaus immer noch lokalisiert bleibt. Erst in einer sehr viel weiter gehenden Distanz, auch der Distanz zum Glauben selbst, ist es dann auch möglich, von einer kognitiven Involvierung abzurücken. Die Moderne pflegt Distanzen dieser Art. Säkularisierung kann deshalb durch Weisen der Distanznahme vonstatten gehen. Eine unter ihnen ist die Literarisierung.

Im eigentlichen Sinne literarisiert werden Wiedergänger erst in der Literatur, d. h. in nicht mehr sagenmäßig oder exempelartig angelegten Erzählungen mit ausgeprägten Plots, die entsprechend nicht mehr notwendig mit einem Wahrheitsanspruch datiert, lokalisiert und auf historische Personen bezogen sind und in denen ein Beglaubigungsmodus keine bevorrechtigte Rolle mehr spielt. Die Zahl solcher literarisierter Wiedergänger ist zunächst nicht allzu groß, Zeichen vielleicht dafür, dass die Literatur mit ihnen nicht mehr viel anzufangen wusste.

Mit der Literarisierung der Wiedergänger wird der Glaube an sie denn auch schon säkularisiert. Diese Annahme besitzt vermutlich ebenso für andere Sagenmotive und Elemente des volkstümlichen Glaubens Geltung, sobald diese in den Bannkreis der Literatur geraten. Denn die Literatur löst Sagenmotive und Elemente des Glaubens aus der Verankerung in der ihnen natürlichen Umgebung, sie trennt die Verzahnung von Sage und Brauchtum und löst die Zugehörigkeit zu lokalisierten Lebensgemeinschaften. Die freie Verfügbarkeit der Figuren und Motive raubt ihnen ihren angestammten Charakter. Das ist eine der Bedeutungen, die man dem Begriff der ‚literarischen Säkularisierung' geben kann: Säkularisierung nicht allein in der Literatur, sondern auch durch Literatur, wobei ein Ebenenwechsel und ein Moment der Diskontinuität ins Spiel kommen. Literatur bildet einen neuen, ungewohnten und unvermuteten Kontext für Glaubenselemente, der diese literarisch modalisiert – und das heißt ggf. virtualisiert oder fiktionalisiert – und ihnen ihren Wahrheitsanspruch bzw. ihren Glaubenscharakter nimmt. Es bleibt den Rezipienten im Prinzip freigestellt, wie sie mit den Glaubenselementen umgehen. Gegebenenfalls werden diese auch nicht mehr verstanden.

III. Wiedergänger und Vampire in Heinrichs von dem Türlin *Krone*

Ich will das an zwei Beispielen und Beispieltypen zeigen: dem Wiedergänger und Vampir als Figur im Artusroman und dem Wiedergänger als Helfer des Protagonisten im sehr verbreiteten *Märchen vom dankbaren Toten*. In der Artusdichtung werden Wiedergänger dem Arsenal exotischer und monströser Figuren anverwandelt und begegnen ununterschieden im Verein mit ihnen. Sie werden in gewissem Maße entzaubert, schon weil sie einzig auf ihre Schrecken erregenden Figureneigenschaften reduziert erscheinen. Im *Daniel* vom Stricker bekämpft Daniel ein bauchloses, blutsaugendes Ungeheuer, das nicht als Untoter oder Wiedergänger gekennzeichnet und unter andere Ungeheuer eingereiht ist.[62] Deshalb kann man es nicht eindeutig als Vampir identifizieren. Im *Wigalois* dagegen begegnen Wiedergänger.[63] Wigalois trifft nämlich, nachdem ihn ein gekröntes Tier in das ansonsten unzugängliche Land Korntin führt, auf turnierende Wiedergänger, die für ihr vorheriges, sündhaftes Leben mit unablässigem Turnierkampf büßen – ein Motiv, das auch bei Caesarius von Heisterbach vorkommt.[64] Wigalois erkennt, *ezn wæren rehte liute niht* (V. 4556), und folgt dem Tier, das sich auf einer unzugänglichen Wiese in einen Mann zurückverwandelt – eine entsprechende Verwandlungsfähigkeit ist gelegentlich für Wiedergänger bezeugt.[65] Der Mann gibt sich als verlorene, arme Seele (*armiu sêle*) zu erkennen,[66] der wie die turnierenden Wiedergänger keine dauerhafte Ruhe findet (V. 4658–4735). Er erkennt in Wigalois den Sohn Gaweins (V. 4793–4796) – auch übermenschliche Personenkenntnis wird Wiedergängern oft zugeschrieben – und weist Wigalois dann den Weg zu seiner entscheidenden *âventiure*. Er fungiert damit als Schwellenmarkierung.

Anders noch einmal in der *Krone* Heinrichs von dem Türlin,[67] wo das zweimal von Gawein aufgefundene und beim zweiten Besuch erlöste Gralschloss ein Wiedergänger-

---

[62] Claude Lecouteux: Das bauchlose Ungeheuer. Des Strickers *Daniel von dem blühenden Tal*, 1879 ff. In: Euphorion 71 (1977), S. 272–276.

[63] Wirnt von Grafenberg: Wigalois. Text – Übersetzung – Kommentar. Text der Ausgabe von J. M. N. Kapteyn übersetzt, erläutert und mit einem Nachwort versehen von Sabine Seelbach, Ulrich Seelbach. Berlin/New York 2005.

[64] *Dialogus miraculorum* (Anm. 52), Dist. XII, Kap. 16 u. 17. Im *Wigalois* wird der Zustand der Untoten als Fegefeuer bzw. als Strafe für Sünde im christlichen Sinne rationalisiert. Zur dabei vorausgesetzten christlichen Deutung der Wiedergänger vgl. Lecouteux (Anm. 28), S. 62–65.

[65] Hock (Anm. 18), S. 25; Lecouteux (Anm. 38), S. 100 f.; Lecouteux (Anm. 28), S. 154.

[66] Vgl. hierzu Leonhard Intorp: Fegefeuer. In: EM. Bd. 4. 1984, Sp. 964–979, hier bes. Sp. 970–973.

[67] Ich beziehe mich auf folgende Ausgabe: Heinrich von dem Türlin. Die Krone (Verse 1–12281). Nach der Handschrift 2779 der Österreichischen Nationalbibliothek. Nach Vorarbeiten von Alfred Ebenbauer, Klaus Zatloukal und Horst P. Pütz hrsg. von Fritz Peter Knapp, Manuela Niessner. Tübingen 2000; Heinrich von dem Türlin: Die Krone (Verse 12282–30042). Nach der Handschrift Cod. pal. germ. 374 der Universitätsbibliothek Heidelberg. Nach Vorarbeiten von Fritz Peter Knapp und Klaus Zatloukal hrsg. von Alfred Ebenbauer, Florian Kragl. Tübingen 2005.

schloss ist. Die versammelten Wiedergänger und mit ihnen der Gralkönig leben in einem „Totenreich, das aus seiner Gespensterexistenz zum Tode erlöst wird"[68]. Gawein erlöst es mit seiner Frage bei seinem zweiten Besuch zum endgültigen Totenfrieden. Der Gralkönig erscheint zuvor als Vampir, der sich durch Blut ernähren muss. Zwei Umstände sind entscheidend für seine Kategorisierung als Vampir: 1. Er ist tot (und lebt als Untoter). 2. Einmal im Jahr versorgt ihn eine blutende Lanze mit Blut, das er zu sich nimmt und das sein Fortleben nach dem Tode sichert. Zwei weitere Umstände sind nachrangig: Natürlich ist der Begriff des Vampirs im 13. Jahrhundert nicht bekannt;[69] unklar ist auch, seit wann die Blutaufnahme eines Vampirs als Saugen vorgestellt wird.[70]

Heinrichs Vorlage für die Gralpartien, die *Erste Fortsetzung* von Chrétiens *Perceval*, lässt von einem Vampir als Gralkönig nichts erkennen.[71] Als Gauvain das zweite Mal der wunderhaften Speisung des Gralkönigs und der Gralgemeinschaft durch den Gral beiwohnt (V. 17227–17880), wird vorher ein aufgebahrter Toter in den Saal getragen. Dies und anderes – so die Erscheinung von Lanze und Gral – kennt Gauvain bereits von seinem ersten Besuch (V. 3631–3969), der ihn im Wissen hergeführt hatte, dass er eine Lanze suchen solle (V. 3646–3649; das schließt sich an Chrétiens *Perceval*, V. 6112 f., an). Nachdem der Gral die Gralgemeinschaft beim zweiten Besuch mit Speisen versorgt, verschwindet er wie beim ersten Besuch, und Gauvain sieht an der Bahre des Toten aufs Neue jene Lanze, die im Folgenden vom Gralkönig als diejenige Lanze vorgestellt wird, die dem gekreuzigten Christus in die Seite gestoßen wurde (V. 17504–17529).[72] Seitdem habe sie geblutet und werde bis zum Jüngsten Tag bluten (V. 17519–17522). Von der Lanze rinnt in der Tat Blut in eine silberne Schale herab und von dort

---

[68] So die zutreffende Formulierung von Christoph Cormeau: *Wigalois* und *Diu Crône*. Zwei Kapitel zur Gattungsgeschichte des nachklassischen Artusromans. München 1977, S. 226, der seine Formulierung aber nicht weiter untermauert hat. Wichtige Hinweise geben Matthias Meyer: Die Verfügbarkeit der Fiktion. Interpretation und poetologische Untersuchungen zum Artusroman und zur aventiurehaften Dietrichepik des 13. Jahrhunderts. Heidelberg 1994, S. 165 f., und – im Rahmen einer allerdings unvollständigen Analyse der Stellen – Christa A. Tuczay: ... *swem er den tôt getuot, dem sûgents ûz daz warme bluot*. Wiedergänger, Blutsauger und Dracula in deutschen Texten des Mittelalters. In: Bertschik, Tuczay (Anm. 43), S. 61–82, hier S. 64 f.

[69] Vgl. die ab 1734 sprudelnden Belege im *Deutschen Fremdwörterbuch*. 6. Bd. U–Z. Berlin/New York 1983, S. 105–108. Zur Vorgeschichte des Begriffs sowie zur Vorstellung siehe Peter Mario Kreuter: Vampir. In: EM. Bd. 13. 2010, Sp. 1319–1327.

[70] Sie ist schon bei den frühen Belegen des Begriffs – vgl. Ranft (Anm. 50) – mit diesem verbunden. Einiges spricht dafür, dass sie schon im Mittelalter geläufig ist. Siehe auch oben die Hinweise zu William von Newburgh.

[71] Als Ausgabe vgl. William Roach (Hrsg.): The Continuations of the Old French *Perceval* of Chrétien de Troyes. Vol. 2. The First Continuation. Philadelphia 1950.

[72] Nach den apokryphen *Pilatusakten* vom römischen Soldaten Longinus. Zur Longinuslanze und ihrer literarisch-motivischen Tradierung bis zu Chrétien und Robert von Boron vgl. Konrad Burdach: Der Gral. Forschungen über seinen Ursprung und seinen Zusammenhang mit der Longinuslegende. Mit einem Vorwort zum Neudruck von Johannes Rathofer. Darmstadt 1974.

durch ein Rohr aus Gold (V. 17407: *tüel d'or*) in ein weiteres smaragdenes Röhrchen (*conduit d'une esmeraude*). Man könnte an eine Injektionskanüle für eine Infusion denken, die den Toten mit dem heiligen Blut ins Leben zurückbringen soll.[73] Der Gralkönig wünscht indes Rache, nicht Gesundung, für den Getöteten herbei (V. 17427–17430), und vermittels einer erneuerten Schwertprobe richtet er seine Hoffnungen auf Gauvain. Doch während er Gauvain noch die Herkunft des Grals als jener Schüssel erläutert, in der Joseph von Arimathia das Blut Christi am Kreuz auffing (V. 17553–17778), schläft Gauvain wie bei seinem ersten Besuch ein, sodass er wieder nichts über den Toten, die blutende Lanze und die Verwendung des Blutes erfährt.

Heinrich fügt zu diesem Geschehen den Vampirglauben hinzu. Die Röhrchen seiner Vorlage deutet er als Trinkhalm und lässt den *altherren*, in dem der seit Polidori übliche Gentleman-Vampir vorgeprägt scheint, aus einer Kristallschale rotes Blut durch eine *schöne röre* saugen.[74] Der *altherre* ist am nächsten Morgen tot und schon vorher als tot vorzustellen.[75] Durch das Blutsaugen erhält er sich am Leben, ohne seine endgültige Totenruhe zu finden.[76] Der volkstümliche Glaube lässt offen, wie man sich das Saugen

---

[73] Claus Wisse und Philipp Colin verstehen die Stelle allerdings so, dass die Röhren das Blut aus dem Saal herausleiten, ohne dass Gawan sehen kann wohin. Karl Schorbach (Hrsg.): Parzifal von Claus Wisse und Philipp Colin (1331–1336). London 1888, Sp. 269, Z. 27–32.

[74] Vielleicht hat er dabei an die ‚eucharistische Röhre' gedacht, „durch die die Laien den Wein bei der Kommunion empfingen"; so Gudrun Felder: Kommentar zur *Crône* Heinrichs von dem Türlin. Berlin/New York 2006, S. 400 zu V. 14760 f., im Anschluss an Belege, die von Wolfgang Golther und Christine Zach beigebracht wurden. Vgl. zur Röhre auch Jakob Hoffmann: Geschichte der Laienkommunion bis zum Tridentinum. Speyer 1891, S. 112 f. Nach Heinrichs Vorlage, der *Ersten Fortsetzung*, steht die Röhre aber in keinem Zusammenhang mit einem eucharistischen Wunder (zu solchen Wundern siehe Peter Browe: Die Eucharistischen Wunder des Mittelalters. Breslau 1938, S. 111–128). Vielmehr ist das Blut, das von der Lanze rinnt, erklärtermaßen das Blut Christi, das wie sonst öfter in Legenden (vgl. Heinrich Günther: Psychologie der Legende. Studien zu einer wissenschaftlichen Heiligen-Geschichte. Freiburg 1949, S. 267 f.) über so lange Zeit nicht fest geworden, sondern flüssig geblieben ist. Man muss also das eucharistische Wunder, das an die Transsubstantiation anknüpft, von einem Legendenwunder unterscheiden, das in diesem Fall Christi reales Blut flüssig hält.

[75] Bei Felder (Anm. 74), S. 401 f., wird der Tod des *altherren* als Scheintod fehlinterpretiert und in der Folge die Konzeption des Gralbereichs als Wiedergängerschloss verkannt. Auch Johannes Keller: *Diu Crône* Heinrichs von dem Türlin: Wunderketten, Gral und Tod. Bern u. a. 1997, S. 145 f., versteht den Tod des *altherren* nicht. Das gilt für weite Teile der Forschung zur Krone. Korrekt bezeichnet aber z. B. Justin Vollmann: Das Ideal des irrenden Lesers. Ein Wegweiser durch die *Krone* Heinrichs von dem Türlin. Tübingen/Basel 2008, S. 121, die Bewohner des Gralschlosses im Anschluss an Meyer (Anm. 68), S. 165, als Untote.

[76] Die Forschung hat „leicht vampiristische Züge der ersten Gralszeremonie" festgestellt – so zuletzt Vollmann (Anm. 75), S. 119, im Anschluss an Keller (Anm. 75), S. 394 – und sich mit solcher Zurückhaltung den Zugang zum Verständnis von Heinrichs Gralkonzeption verbaut, wenn sie nicht überhaupt im Dunkeln tappte. Der Zusammenhang zwischen dem Tod des *altherren* und seiner eigentümlichen Versorgung mit Blut wird zumeist nicht hergestellt.

vorzustellen hat und wie es konkret bewerkstelligt wird.[77] Angesichts der charakteristischen Umdeutung der Röhre durch Heinrich muss man unterstellen, dass er im Südosten Deutschlands Kenntnis des offenbar schon zu dieser Zeit im slawischen Raum verbreiteten Vampirglaubens gehabt haben muss.[78] Damit bilden die Gralpartien aus der *Krone* Heinrichs (entstanden wohl zwischen 1220 und 1230) neben Williams von Newburgh *Historia* den frühesten Schriftbeleg für den europäischen Vampirglauben.[79] Dabei weisen sie Züge auf, die sich auf überraschende Weise ins Verhältnis zu Stokers *Dracula* setzen lassen. Freilich nutzt Heinrichs Gentleman-Vampir nicht den Gast als Blutbank, sondern kann auf andere Blutkonserven vertrauen.

Ich gehe die Gralpartien näher durch: Beim ersten Besuch weist der Pförtner Gawein in den Palas, wo ein uralter Greis auf einem Bett sitzt und Gawein mit seinem Namen begrüßt, obwohl beide sich nie gesehen haben (V. 14637, vgl. die Parallele zum *Wigalois*). Gawein beginnt aber kein Gespräch, sondern besichtigt das Schloss. In einer Kapelle trifft er auf einen Sarg, in dem ein blankes Schwert liegt. Vor seinen Augen verschwindet der Sarg. Zwei aus der Wand ragende Hände halten eine blutende Lanze, Donner grollt, das Licht erlischt, eine klagende Stimme ist zu hören, und als es wieder hell wird, hört Gawein einen Priester die Messe lesen, ohne ihn zu sehen. Das alles scheint eine szenische Umsetzung eines Zustandes systematisch unvollständiger Information darzustellen.[80]

Zurück im Palas findet Gawein eine große Abendgesellschaft von Rittern um den *altherren* versammelt, die nach Einbruch der Nacht mit ihm speist. Ein von vier Mädchen flankiertes weiteres Mädchen trägt ein Kristallgefäß mit frischem Blut herein, das der *altherre* vornehm mit jener *röre* trinkt, die das Mädchen in ein Tuch gewickelt mitgebracht hat, ohne dass das Blut dabei weniger wird (V. 14754–14791). Gawein wagt zunächst nicht nach dem *wunder* zu fragen, trifft aber nach dem ausgedehnten Abendessen niemanden mehr an, da alle das Schloss verlassen haben. Auf der Suche nach dem bettlägerigen alten Mann findet er ihn tot (V. 14840–14870). Aus den später ver-

---

[77] Vgl. Geiger (Anm. 18), Sp. 814–818. Die Vorstellung eines Saugens dürfte sich letztlich aus dem infolge der Totenstarre des Kiefers oft leicht geöffneten Mund von Verstorbenen erklären.

[78] Zu Heinrichs Heimat vgl. Christoph Cormeau: Heinrich von dem Türlin. In: ²VL. Bd. 3. 1981, Sp. 894–899, hier Sp. 894 f.

[79] Frühere Belege für das Pfählen im Grab als Abwehrmaßnahme beziehen sich noch nicht auf blutsaugende Wiedergänger; die nächsten Belege für blutsaugende Wiedergänger auf dem Kontinent hat Hock für die Jahre 1345 und 1357 in der *Böhmischen Chronik* des Wenzel Hajek von Liboaan ausgemacht; vgl. hierzu insgesamt Hock (Anm. 18), S. 30 f. – Das Problem, geographischhistorisch weit auseinander liegende Zeugnisse zu einem bloßen Forschungskonstrukt zusammen zu ziehen, lässt sich nicht von der Hand weisen, ist aber durch den Gegenstand bedingt unvermeidlich. Siehe dazu eine exemplarische methodische Reflexion bei Carlo Ginzburg: Hexensabbat. Entzifferung einer nächtlichen Geschichte. Berlin 1990, hier die Einleitung.

[80] Es sind neu zusammengesetzte Züge aus der *Ersten Fortsetzung*, die dem hier geforderten Erzählverfahren folgen. An die Stelle der Bahre (*biere*) tritt bei Heinrich der Sarg, das Schwert erscheint nicht mehr zerbrochen usw. Vgl. zu den Einzelheiten Felder (Anm. 74), S. 396–399.

mittelten Informationen kann man schließen, dass er auch schon vorher tot gewesen sein muss und nur für diese Nacht aufgewacht ist. Wo er sich als Toter aufhält, erfährt man nicht. Man kann aber erschließen, dass er vor der Ankunft Gaweins dem Sarg entstiegen sein muss, den Gawein zu sehen bekam. Auch kann man – im Sinne der nur gestückelt verabreichten und zusammen zu setzenden Informationen – schließen, dass das aus der Schale aufgesaugte Blut von der Lanze abgenommen wurde. Freilich kann man nicht schließen, dass dieses Blut das Blut Christi ist, denn Heinrich unterdrückt systematisch alle Bezüge seiner Vorlage auf die Kreuzigung Christi.

Die *Krone* zeigt Gawein öfter von allen Informationen abgeschnitten, und das Ertragen von Extremsituationen unter unvollständiger oder fehlender Information ist ein zentraler Teil des Erzählverfahrens der *Krone*, das die Hörer/Leser auf die Folter spannt und oft ratlos macht.[81] Damit folgt Heinrich seiner Vorlage, die mit einem Verfahren partieller Informationsvergabe dem Gralgeheimnis Respekt zollen will. Wer nicht in angemessener Weise vom Gral erzähle, dem werde er Unglück verursachen (vgl. V. 17157–17164). Angemessen kann heißen, Informationen stückweise und abgestimmt preiszugeben oder auch gar nicht.

Diese Informationsvergabe wird motivisch mit Gauvains Fragen verknüpft. Dieser muss nämlich in der *Ersten Fortsetzung* zu Chrétiens *Perceval* am Gral Fragen stellen. Seine Fragen erschließen Informationslücken, und er erfährt jeweils so viel, wie er erfragt. Zugleich lösen seine Fragen je partielle Heilswirkungen aus – wie dann auch in der *Krone* bei Gaweins zweitem Besuch auf dem Gralschloss. Das Informationen zurückhaltende Erzählverfahren – das auch Wolfram im *Parzival* beherzigt und im Bogengleichnis kommentiert – wird in der *Krone* beibehalten und in der Person Gaweins reflektiert, der nämlich schon beim ersten Besuch alles bis ans Ende in Erfahrung bringen will (V. 14810–14839). Das allerdings bleibt ihm verwehrt, und auch am Ende erfährt er nicht alles.

Der *altherre* weilt bei Gaweins zweitem Besuch in seinem Palas inmitten einer großen Abendgesellschaft wieder unter den Lebenden (V. 29238–29283). Das heißt, dass er wieder umgeht. Sechs Mädchen[82] tragen unter Kerzenschein feierlich den Gral – einen Reliquienbehälter – sowie die Lanze herein, von der drei Blutstropfen rinnen. Sie werden in einer goldenen Schale aufgefangen. Der *altherre* nimmt sie zu sich – hier wird der beim ersten Besuch unterdrückte Zusammenhang durchsichtig – und verspeist im Anschluss den dritten Teil einer Hostie aus einem im Gral verwahrten Gefäß. Damit ist ein klarer Bezug auf die Eucharistie hergestellt. Gawein fragt nun endlich nach dem *wunder*, alle springen freudig erregt vom Tisch auf: Eine mechanische Heilswirkung ist eingetreten. Der *altherre* eröffnet Gawein allerdings – und mit ihm dem enttäuschten Hörer/Leser: *Dis gottes wonder, Gawein, | Mag niht werden gemein, | Es müsz wesen*

---

[81] Dies ist Gegenstand der Arbeit von Vollmann (Anm. 75).
[82] Eine Informantin ist gegenüber dem ersten Besuch hinzugekommen, die Gawein kurz vor seinem Eintreffen auf der Gralburg vor einem Einschlafen gewarnt hatte (V. 28501–8): vgl. das zweimalige Einschlafen Gauvains in der *Ersten Fortsetzung* (V. 3929–3937 u. 17781–17783).

taugen (V. 29463–29465). Gawein habe den Gral gesehen, mehr werde er nicht erfahren; die anwesende Gemeinschaft sei indes von ihrem Kummer erlöst worden. Hätte Parzival – so immer noch der vornehme *altherre* – bei seinem ersten Gralbesuch nicht versagt, so hätte er *manig mutterbarn | Da mit erlöset von groszer not,| Die beyde lebent vnd auch sint dot* (V. 29494–29496). Demnach wäre schon Parzival beim *altherren*, nämlich bei Anfortas als einem Vampir, vorbeigekommen (der *altherre* wäre kein anderer als Anfortas).[83] Und da sein Erlösungshandeln auch Toten gegolten hätte (V. 29496!), hätte auch er eine Gemeinschaft von Wiedergängern zur Totenruhe erlösen können, wenn er nicht eben versagt hätte (Heinrich thematisiert nur Parzivals ersten Gralbesuch nach der an Chrétiens Fragment anschließenden *Ersten Fortsetzung*).

Über die dem Hörer/Leser vorenthaltene Bedeutung (V. 29600: *bezeichenung*) des Grals als Wunder Gottes, das geheim bleiben müsse, kann man sich enttäuscht zeigen und die *Krone* als narrativen Budenzauber abtun.[84] Aber auch Wolfram enthielt seinen Hörern die Bedeutung von im *Parzival* weithin verteilten Informationen als Geheimnisse des Grals vor.[85] Und nach dem Vorgesagten wird man die gänzlich anders motivierte Zurückhaltung Heinrichs, die nur im Vergleich mit seiner Vorlage sichtbar wird, doch nachvollziehen können: Ein Vampir bedient sich hier am Blut Christi, das von der heiligen Lanze rinnt.[86] Die Heilswirkung der Lanze für den *altherren* dürfte ausschließen, dass an ihr gewöhnliches Blut von getöteten Rittern klebt – dieses würde auch schwerlich flüssig bleiben. Das Geheimnis des Grals ist deshalb weniger in eucharistischer Metaphorik und Symbolik zu suchen[87] als in der ganz realen Verfügbarkeit göttlichen Blutes für einen Untoten. Bevor der *altherre* noch weiter auf das Geheimnis des Grals eingehen kann, tagt es, und er verschwindet mit seinem Gesinde vor den Augen Gaweins (V. 29603 f.).[88]

---

[83] Heinrich zieht im *altherren* Wolframs Titurel und Anfortas bzw. ihre Entsprechungen bei Chrétien, denen Chrétien seinerseits keine Namen gegeben hatte, zusammen. Es scheint nicht so, dass er sich irgend auf Wolfram bezieht, sondern ausschließlich auf Chrétiens *Perceval*, dessen Abbrechen er mit der *Ersten Fortsetzung* voraussetzt. Vgl. Felder (Anm. 74), S. 395 zu V. 14622 ff. Volker Mertens: Der Gral. Mythos und Literatur. Stuttgart 2003, S. 131 f., klärt diese Verhältnisse wie auch die Bedeutung des Grals und seines Geheimnisses nicht auf.

[84] Vgl. die Zusammenfassung entsprechender Forschungsreaktionen bei Felder (Anm. 74), S. 683–690.

[85] Harald Haferland: Parzivals Pfingsten. Heilsgeschichte im *Parzival* Wolframs von Eschenbach. In: Euphorion 88 (1994), S. 263–301; ders.: Die Geheimnisse des Grals. Wolframs *Parzival* als Lesemysterium? In: ZfdPh 113 (1994), S. 23–51.

[86] Bei Wolfram ist diese Rolle der Lanze getilgt, es ist das Blut des Anfortas, das von der Lanze rinnt.

[87] Vgl. auch Matthias Meyer: Filling a bath, dropping into the Snow, drunk through a glass straw. Transformations and Transfigurations of Blood in German Arthurian Romances. Plenarvortrag auf dem Internationalen Kongress der Arthurian Society, Utrecht 2005. In: Bulletin bibliographique de la Société Internationale Arthurienne 58 (2006, erschienen 2007), S. 399–424, hier Abschnitt IV (zur *Krone*).

[88] Meyer (Anm. 68), S. 166, sieht darin eine Anspielung auf die auf die Nacht beschränkte Aktivität von Vampiren. Dieser Zug ist regelmäßig bezeugt, so etwa für die Wiedergänger, von denen Willi-

Wenn es Christi Blut ist, das hier nicht kenntlich gemacht wird, dann – und doch wohl nur dann – kann es füglich auch als *gottes wonder* (V. 29463) gelten. Denn:

> blood is uniquely appropriate to represent life in and through death, Christ both gone to glory and present on earth. It images a power that can descend or fall away from, and yet remain in continuity with. Hence blood is not merely a reminder of the pain and humiliation of Christ's death. Nor is it only a metaphor that evokes the material stuff of the sacrament, wether water or wine. What blood means [...], is the power of life within it – a life that [...] is Christ itself.[89]

Christi Blut verbürgt die Funktion Christi als lebenserhaltendes Prinzip – freilich wird dies in einer Weise konkret gedacht, dass Heinrich es verheimlichen zu müssen glaubt. Damit folgt er zugleich den Vorgaben seiner Vorlage, die darauf drängt, vom Gral nur so zu erzählen, dass seine Geheimhaltung deutlich werde und gewährleistet sei.

Erklärt ist allerdings noch nicht, warum dann eine simple Frage das Fortleben der Wiedergänger beendet: Die Frage bedeutet eine Bekanntmachung, denn indem der *altherre* seinen Zustand wenigstens zum Teil aufhellen kann, sind Kummer und Unruhe beendet, die ihn umtrieben. Bei ihm ist sein Gesinde von Wiedergängern versammelt, die alle eigentlich längst tot sind und nur *lebens schin* haben (V. 29507): *Jch bin dot, wie wol ich niht dot schijne, | Vnd daz gesind min | Das ist auch dot mit mir*, sagt er (V. 29532–29534). Nun sei aber mit Gaweins Frage ihr Kummer endgültig beseitigt. Tatsächlich verschwinden der Herr und sein Gesinde für immer, als es nach Gaweins Einweisung in die Herrschaft durch eine Schwertübergabe tagt, denn sie haben ihre *ruowe*, ihren Totenfrieden gefunden.[90]

Den Grund für den fehlenden Totenfrieden gibt der *altherre* an (V. 29497 f.), aber die kaum verständlichen Verse lassen allenfalls so viel erkennen, dass ein Verwandtenmord in seiner Familie (der Parzivals an Ither?) um eines Landbesitzes willen ihn mitsamt seinem Gesinde umtreibt. Gott habe ein Strafgericht verhängt und die im Konflikt Getöteten zu Wiedergängern werden lassen. Da er selbst unschuldig sei, ernährten ihn Lanze und Gral (V. 29527: *Dis spere vnd dirre trost*), der Gral ernähre zudem auch sein Gesinde. Einmal im Jahr nämlich hätten die sechs Mädchen, die ihrerseits nicht zu den Wiedergängern gehörten, den Gral gebracht und seine Heilswirkung entfacht.

Gawein bringt diese Umstände mit seiner Frage, anders als Parzival, ans Licht – und das als Verwandter des *altherren* (V. 29468: *neue*): Seine Investitur als nächster Herrscher kann stattfinden. Mithin erlöst die Frage den Herrn und sein Gesinde. Dass sich ein Blutmysterium damit verbindet, das mit der endgültigen Totenruhe der Gralgemein-

---

am von Newburgh (Anm. 57), S. 476, erzählt, dass einer vor Tagesanbruch (*ante lucem*) in sein Grab zurückkehrt.

[89] Caroline Walker Bynum: Wonderful Blood. Theology and Practice in Late Medieval Northern Germany and Beyond. Philadelphia 2007, S. 172.

[90] Auf die Parallelen zur Korntin-Episode im *Wigalois*, wo zumindest der als Tier umgehende König Lar erlöst wird, hat Lewis Jillings: *Diu Crône* of Heinrich von dem Türlein. The Attempted Emancipation of Secular Narrative. Göppingen 1980, S. 126, verwiesen. Dass Heinrich den *Wigalois* kennt, geht aus V. 2942 f. hervor.

schaft aber wohl eingestellt wird, macht bei Heinrich das Geheimnis des Grals aus. Anders als bei Wolfram leitet sich keine innerweltliche Heilsperspektive aus dem Gralgeheimnis ab, sondern die Erlösung und Ruhe von Toten. Deshalb kann und muss Gawein in die Ritterwelt zurückkehren, der Gral hat ausgedient.

Hinter den monströsen Figuren der *Krone*, die etwa ein Mischwesen mit Haaren wie Fischflossen auftreten und den von Gawein geköpften Zauberer Gansguoter mit seinem abgeschlagenen Kopf unter dem Arm herumlaufen lässt (das Motiv wird später auch in *Sir Gawan and the Green Knight* ausgebreitet), werden die Ängste des volkstümlichen Glaubens eher unkenntlich, auch wenn sie natürlich den Ausgangspunkt der Figurenkonstitution bilden. Es geht Heinrich um eine möglichst abenteuerliche Bestückung des Figurenarsenals. Das Geheimnis, das er dann daraus macht, dass ein Vampir mit dem Blut Christi fortleben kann, ist zweifellos narrativer Budenzauber. Wo der Exotismus der Figur(en) zählt, befindet sich der volkstümliche Glaube schon auf dem Rückzug. Zugleich wird bei Heinrich die Eucharistie auf prekäre Weise mystifiziert, Legendenmotivik wird mit ihr verschränkt und das Blut Christi beinahe blasphemisch materialisiert.

Gewiss wird hier noch nicht die einsame Leselust bedient. Doch die Hörlust wird bereitet, den Ausschweifungen mittelalterlicher *descriptiones* ins Monströse zu folgen.[91] Darin nimmt die nachklassische Artusdichtung die sehr viel spätere Gothic Novel und Stokers *Dracula* vorweg. Das Monströse ist indes noch Gemeinschaftserlebnis und nicht aufs Format einsamen Lesens zurückgeschrumpft. Dass es gemeinsam gehört wurde, dürfte ihm ein ganz anderes Wirkungsspektrum eröffnet haben als die spätere Lektüre. Sollte ein geteilter Glaube der Volkskultur bei den Hörern mitgelaufen sein, so dürfte er allerdings im Kontext des Artusromans, der alle konkrete Verankerung monströser Figuren in der ortsgebundenen Sage aufhob, zu einem allenfalls noch abstrakten Horror neutralisiert worden sein.

IV. Der dankbare Tote im Märe von der *Rittertreue* bzw. im *Märchen vom dankbaren Toten*. Mit einem Blick auf Wilhelm Zielys *Olwier und Artus*

Ich komme zu meinem nächsten Beispiel, das in die Welt der Kurzerzählungen des späten Mittelalters und der Frühen Neuzeit, aber auch des Prosaromans, führt. Allerdings gerät hier ganz anders als bei der *Krone* eine hinsichtlich ihres Alters nach Jahr-

---

[91] Vgl. hierzu auch Matthias Däumer: *Hje kann von sinen augen / Das wunderlich taugen*. Überlegungen zur Sinnesregie in den Wunderketten und Gralspassagen der *Krone* Heinrichs von dem Türlin. In: Artusliteratur und Artushof. Hrsg. von Matthias Däumer, Cora Dietl, Friedrich Wolfzettel. Berlin 2010, S. 215–235.

Säkularisierung als Literarisierung von Glaubenselementen der Volkskultur 129

tausenden zu bemessende Erzählung in den Blick, die der anfänglich aufgemachten Perspektive einer Säkularisierung im weiten Sinn zu entsprechen vermag. Die europäische Literatur wird im späten Mittelalter überschwemmt mit Stoffen und Motiven, die auch Glaubenselemente der Volkskultur enthalten und transportieren. Aus der narrativen Folklore dringen solche Stoffe und Motive leicht in die Kurzerzählung (Lai, Fabliau, Novelle, Schwank, Märe u. a. m.),[92] aber auch in den Prosaroman ein. Da die Kurzerzählung sich zugunsten komischer Effekte nicht um ein Erzählen des Wahrscheinlichen bemüht und der Roman andererseits ganz neue Gegenstände und Formen des Erzählens entdeckt und langsam eine Fiktionsdistanz ausbildet, verändern auch die Glaubenselemente unvermeidlich ihren Charakter, wenn sie den Glauben nicht schon längst verloren haben.

So erzählt Boccaccio im *Decamerone* von Leuten, die in ihrer Einfalt bereit sind, alles zu glauben, was man ihnen einredet, nachdem sie ohnehin schon einem einfältigen Glauben an Übernatürliches anhängen: Ferondos Frau lässt sich durch die Überredungskunst eines Abts darauf ein, ihren eifersüchtigen Mann betäuben, begraben und ins Fegefeuer schicken zu lassen; als Ferondo nach der Betäubung in einem Verlies zu sich kommt, lässt er sich seinerseits einreden, er befinde sich als Toter im Fegefeuer, während der Abt – als Ferondo verkleidet – zahllose Nächte hindurch seine Frau zum Beischlaf aufsucht. Die Leute glauben nun, Ferondo sei als Wiedergänger unterwegs. Nach zehn Monaten ist die Frau schwanger, und Ferondo muss schleunigst aus dem Fegefeuer geholt werden. Der Abt lässt ihn auferstehen, und bleich, wie Ferondo nach den Monaten unter der Erde ist, erscheint er den Leuten als Auferstandener und der Abt hinfort – während er sein Kind alsbald durch Ferondo aufziehen lässt – als Heiliger (*Decamerone* III 8). Oder eine Frau lässt sich einreden, der Erzengel Gabriel sei in sie verliebt (*Decamerone* IV 2), usw. In solchen absurden Szenarien erscheinen Wiedergänger nicht weiter anstößig.

So begegnet denn Nastagio auf einem Spaziergang im Wald einem sehr schönen, nackten Mädchen, das schreiend auf der Flucht vor einem schwarzen Ritter und seiner Hundemeute ist, bis sie eingeholt, angefallen und schließlich vom Ritter mit dem Schwert durchbohrt wird. Nastagio erfährt fassungslos, dass es sich um Messer Guido handelt, der – durch die herzlose Abweisung des schönen Mädchens in den Selbstmord getrieben – diese Verfolgungsjagd mit der ihrerseits bald darauf Verstorbenen in fegefeuermäßiger Repetition exerzieren muss, um immer freitags zur selben Stunde die zur Hölle gefahrene Nackte zu durchbohren. Nastagio führt seiner eigenen spröden Dame das Schauspiel der zwei Wiedergänger gleich in der nächsten Woche vor Augen, woraufhin sie ihn aus Furcht vor einem vergleichbaren Schicksal umgehend heiratet (*Decamerone* V 8). Botticelli hat die bestürzende, doch glücklich ausgehende Geschichte von Nastagio degli Onesti in vier Tempera-Gemälden festgehalten und sich dabei of-

---

[92] Vgl. dazu Klaus Grubmüller: Die Ordnung, der Witz und das Chaos. Eine Geschichte der europäischen Novellistik im Mittelalter: Fabliau – Märe – Novelle. Tübingen 2006.

fenbar durch den latent allegorischen Charakter des Wiedergänger-Motivs angezogen gefühlt. Die Wiedergänger besetzen die Bildmitte.

Teils werden die Wiedergänger im *Decamerone* wie bei der Geschichte Nastagios aus dem warnenden Exempel bezogen, teils veranschaulichen sie nur die Einfalt der Leute, die noch einem entsprechenden Glauben aufsitzen, und dienen als Brückenmotiv dem Fortgang der Handlung. Dass die Novellen Absurditäten häufen, erregt keinerlei Anstoß. Dies gilt nun auch für das mittelhochdeutsche Märe: Ein einfältiger Mönch wird hier etwa überredet, er sei schwanger, ein Pfarrer kann gleich mehrfach getötet werden, Ehefrauen erkennen ihre Ehemänner nicht mehr, nachdem man ihnen einredete, es handele sich nicht um diese, und noch jede billige Täuschung geht auf erstaunlich leichte Weise durch.

Das Märe von der Rittertreue ist allerdings nicht an der hierdurch ermöglichten Komik interessiert, sondern erzählt bieder eine ernste Geschichte.[93] Graf Willekin von Montabaur, der seine elterliche Familie infolge seiner Lebensführung in Armut zu stürzen droht, kann noch einmal Mittel zusammenbringen, um an einem Turnier teilzunehmen, das die Tochter eines reichen Landesherrn ausgelobt hat. Herberge findet er, indem er bei einem Wirt die Schulden eines im Pferdemist liegenden toten Ritters bezahlt, den Freunde und selbst die eigene Familie nicht ausgelöst hatten. Den Toten lässt er ehrenvoll begraben. Als Willekin für das Turnier ein Pferd braucht, vermacht ihm ein Ritter ein prächtiges Exemplar, fordert aber die Hälfte des Turniergewinns. Willekin gewinnt das Turnier und die Hand der künftigen, noch jungfräulichen Landesherrin, die das Turnier ausgerichtet hatte. In der Nacht nach dem Hochzeitsfest kommt aber der Ritter und will seinen Gewinn. Willekin bietet ihm das Preisgeld an, aber der Ritter will auch die Hälfte der gewonnenen Landesherrin und appelliert, als Willekin das ablehnt, an seine *triuwe*, d. h. an sein beim Handel gegebenes Wort (V. 719–726 mit Bezug auf V. 507–514).[94] Nach langer Auseinandersetzung muss Willekin nachgeben und bleibt weinend vor der Tür des Schlafgemachs. Er hat nun die *triuwe* über seine *minne* gestellt – nicht leicht geraten sonst *triuwe* und *minne* so in Gegensatz zueinander. Da kehrt der Ritter um und eröffnet Willekin: *Ich bin einez armen vleischez schin, | Ir habt mich vz grozer not erlost* (V. 798 f.):[95] Es handelt sich also um den begrabenen Toten. Um sich als Wiedergänger zu erkennen zu geben, fordert er Willekin auf, ihn anzufassen. Der greift mit seiner Hand *als dvrch den schin an der want* (V. 810), wie durch einen Schatten. Man hat es hier mit einer schon rationalisierten Vorstellung zurückkehrender Toter zu tun, sie werden nicht mehr körperlich gedacht. Der Wiedergänger verzichtet auf

---

[93] Marlis Meier-Branecke: Die Rittertreue. Kritische Ausgabe und Untersuchungen. Hamburg 1969. Ich zitiere die von Meier-Branecke gedruckte Fassung der Heidelberger Handschrift (H).

[94] Hier setzt zu Recht an die Interpretation von Sonja Zöller: *Triuwe* gegen Kredit. Überlegungen zur mittelhochdeutschen Verserzählung *Rittertreue*. In: Der fremdgewordene Text. FS für Helmut Brackert zum 65. Geburtstag. Hrsg. von Silvia Bovenschen. Berlin u. a. 1997, S. 58–72.

[95] V. 798 (*Ich bin einez armen vleischez schin*) fügt die Heidelberger Handschrift als rationalisierende Erklärung des Wiedergängerstatus ein.

seinen Anteil und fährt erlöst zum Himmel auf. Das Epimythion fordert die Ritter auf, die *triuwe* wie Willekin wert zu halten.

Das Märe wäre wohl mit dem *Mauritius von Craûn*, in dem gleichfalls ein Wiedergänger eine Rolle spielt und der auch einen Minnekasus erzählt,[96] in eine gemeinsame Gruppe des ritterlich-höfischen Märe zu setzen. Der Plot der *Rittertreue* stellt allerdings keinen wirklichen Minnekasus dar, sondern schließt sich dem im Nachlass der Brüder Grimm so genannten *Märchen vom dankbaren Toten* an. Der Tote wurde nicht begraben und hilft später demjenigen, der seiner Leiche ein Begräbnis verschaffte. In Boltes und Polívkas Anmerkungen zu den Grimm'schen Märchen sind ca. 150 Varianten des Märchens in verschiedener Ausprägung nachgewiesen, die geographisch weit über Europa hinaus gestreut liegen und historisch bis zum alttestamentlichen *Buch Tobit* (um 200 v. Chr.) zurückreichen.[97] Sven Liljeblad hat weitere Varianten gesichtet – allein sechzehn Varianten davon sind literarisch –, das Material sortiert und in unterschiedliche Typen eingeteilt.[98]

Drei Haupttypen lassen sich dabei unterscheiden. Den ersten kann die *Rittertreue* recht gut repräsentieren. Der zweite Typ (*The Rescued Princess* [AaTh 506]) hat ungefähr folgenden Erzählverlauf:

> Ein Kaufmann lässt einen Toten auf eigene Kosten begraben. Auf einer Kauffahrt kauft er eine in Sklaverei geratene Prinzessin und heiratet sie. Der König und Vater der Prinzessin erfährt von ihr und ihrem Aufenthaltsort – durch eine Stickerei, die sie verfertigte – und schickt den Helden, um sie zu holen. Auf dem Rückweg wird der Held von einem Amtsträger des Königs über Bord geworfen. Aus dieser Not errettet ihn ein unerwartet auftauchender Helfer und bringt ihn später – unter der Bedingung, danach zur Hälfte am Besitz des Helden beteiligt zu werden – zum Königshof, wo jener Amtsträger gerade der Prinzessin vermählt werden soll. Der Held wird indes als rechtmäßiger Ehemann an seinem Ring erkannt, der Amtsträger bestraft und die Ehe wiederhergestellt. Ein Jahr darauf kommt der Helfer noch einmal und fordert die Hälfte von allem, auch die Hälfte des inzwischen geborenen Kindes. Über dem Schrecken des Helden offenbart der Helfer seine Dankbarkeit, gibt sich als der Tote zu erkennen und verschwindet.[99]

Der dritte Typ (*The Monster's Bride* [AaTh 507A]) lässt sich etwa folgendermaßen zusammenfassen:

---

[96] Vgl. Karl-Heinz Schirmer: Stil- und Motivuntersuchungen zur mittelhochdeutschen Versnovelle. Tübingen 1969, S. 191 f.

[97] Johannes Bolte, Georg Polívka: Anmerkungen zu den Kinder- und Hausmärchen der Brüder Grimm. 5 Bde. Nachdruck Hildesheim 1963, Bd. 3, S. 490–517.

[98] Sven Liljeblad: Die Tobiasgeschichte und andere Märchen mit toten Helfern. Lund 1927, S. 28–43 u. S. 44–57.

[99] Ebd., S. 30 f. Mehrere Varianten dieses Typs sind abgedruckt bei Karl Simrock: Der gute Gerhard und die dankbaren Toten. Ein Beitrag zur deutschen Mythologie und Sagenkunde. Bonn 1856, S. 46–89. Die Typenbezeichnungen sind bezogen auf Antti Aarne und Stith Thompson: The Types of the Folktale. A Classification and Bibliography. Second Revision (FFC 184). Helsinki 1964. Bei der Wiedergabe der Typen orientiere ich mich an Liljeblad (Anm. 98).

Ein Königssohn löst einen misshandelten Toten aus und begräbt ihn ehrenvoll. Darauf tötet er einen Raben, dessen Blut in den Schnee tropft. Er will nun nur eine Frau mit schwarzen Haaren, weißer Haut und roten Wangen heiraten, die er suchen geht. Ein Diener verdingt sich ihm unter der Bedingung, die Hälfte des in einem Jahr erworbenen Besitzes zu bekommen. Dieser Diener erwirbt daraufhin drei Zaubermittel (Schwert, Tarnmantel, Schuhe), die dem Königssohn beim Erwerb der Prinzessin, die er sucht, weiterhelfen: Sie ist aber einem Unhold verfallen und hat alle bisherigen Werber köpfen lassen. Mithilfe der Zaubermittel wird sie in drei Nächten vom Diener überwunden. Schließlich soll der Königssohn die Prinzessin dreimal schlagen, woraufhin ihr jedes Mal Teufel entfahren. Er heiratet sie, beide bekommen ein Kind, dessen Hälfte der Diener nach Jahr und Tag fordert. Als der Königssohn dazu bereit ist, gibt sich der Diener als der Tote zu erkennen und verschwindet.[100]

Alle drei Typen lassen sich unter der folgenden Struktur subsumieren: 1. Der Held lässt einen Toten auf eigene Kosten begraben. 2. Bei der Lösung einer bevorstehenden Aufgabe (Gewinnung einer Landesherrin im Turnier, Rückgewinnung seiner Ehefrau, Gewinnung einer Braut) hilft ihm ein Fremder bzw. ein Diener (der Tote; in den meisten Varianten wird seine Identität erst am Ende offenbart), freilich nur gegen das Versprechen, den Gewinn zur Hälfte zu teilen. 3. Er löst die Aufgabe (siegt im Turnier, gewinnt die Ehefrau zurück, gewinnt die Braut) mit der Hilfe des Fremden/Dieners bzw. mit Mitteln, die dieser bereitgestellt hat. 4. Der Fremde/Diener (der Tote) fordert die Hälfte; damit ist für den Helden eine unerwartete und schwer zu erfüllende Zumutung verbunden: die Hälfte nämlich auch einer Person, d. h. der Braut oder ihres Kindes. 5. Noch während der Held sich mit der Zumutung konfrontiert sieht (oder schon bereit ist, ihr zu entsprechen), gibt der Tote sich zu erkennen und zeigt seine Dankbarkeit. 6. Der Tote verschwindet.

So allgemein die Struktur hier formuliert ist, so sehr ist sie immer noch Abweichungen ausgesetzt. Intakt bleibt aber fast immer eine Art Kompositionskern: 1. Der Held lässt einen Toten auf eigene Kosten begraben. 2. Der Tote hilft dem Helden, und er fordert die Hälfte eines erwarteten Gewinns. 3. Er verzichtet auf die Forderung. Dies lässt sich noch einmal auf die Struktur ‚Dienst an einem Toten – Gegendienst (mit Forderung) (Aufhebung der Forderung)' reduzieren.

Die Identität dieses Strukturkerns ist aufgegeben, wenn die Struktur ‚Dienst – Gegendienst' abstrahiert und das signifikante Klammermotiv des dankbaren Toten preisgegeben wird. In diese Richtung bewegt sich eine Variante dann, wenn sie den toten Helfer z. B. gegen einen Tierhelfer austauscht. Das kann insofern leicht geschehen, als nämlich auch Tiere sich im Märchen recht oft dankbar zeigen.[101] Dann stellt sich die Frage, was man überhaupt als identischen Kern der Erzählung gelten lassen will. Aber auch an anderen, weniger kardinalen Punkten gelangt der Strukturkern beim Weiterer-

---

[100] Ebd., S. 32 f. sowie Teil II.
[101] Vgl. Lutz Röhrich: Dankbarer Toter. In: EM. Bd. 3. 1981, Sp. 306–322, hier Sp. 315. Im durch ein kaukasisches Märchen vertretenen Typ E Liljeblads (Anm. 98), S. 33 f., wagt ein Königssohn nicht, einen bunten Fisch zu töten, der zur Herstellung einer Medizin benötigt wird. Daraufhin taucht der Fisch – in einen unbekannten Begleiter verwandelt – als Helfer des Königssohns auf.

zählen und unter den Kapriolen des Erzählgedächtnisses unter Druck: Die Forderung der Hälfte des Gewinns kann zugunsten des Versprechens einer Hälfte verschwinden[102] und vieles andere mehr. Im Übrigen kann die Struktur aufgeschwellt, überwuchert und Teil einer längeren Erzählung, welcher narrativen Gattung auch immer, ja selbst eines ganzen Romans werden. Schaut man bei Liljeblad auf die Verteilung der literarischen Belege, so finden sich etwa französische Verserzählungen und -romane seit dem 12. Jahrhundert darunter, eine italienische Novelle aus dem 12. Jahrhundert, eine mittelenglische Romanze aus dem 13. Jahrhundert (*Sir Amadace*), eine altschwedische Legende, die den Frankenkönig Pippin zum Helden macht, eine deutsche Legende, die den Toten gegen den heiligen Nikolaus austauscht, ein jüdisches Legendenmärchen und neben der *Rittertreue* weitere deutsche Versdichtungen, aber auch Prosaromane sowie anderes mehr.[103]

Es ist wahrscheinlich, dass eine Variante des Typs B (*The Rescued Princess* [AaTh 506]) partiell die Plotbildung des *Guten Gerhard* von Rudolf von Ems beeinflusst hat, wobei allerdings der dankbare Tote unberücksichtigt geblieben ist.[104] Diese Abtrennung wäre ein Beleg für eine implizite Säkularisierung der Struktur des *Märchens vom dankbaren Toten*. Sie bietet sich insofern an, als es bei diesem Typ in den Handlungsbestandteilen 2 und 3 des obigen Strukturschemas nicht eigentlich eine Aufgabe zu lösen gilt. Eher ist der Held einem kontingenten Geschehen ausgesetzt, das an sich schon romanhafte Züge aufweist. Der Freikauf der Prinzessin, ihr Verlust und ihre Wiedergewinnung sind Erzählzüge, die an den antiken Liebes- und Abenteuerroman erinnern. Da der Typ B aus dem orientalischen Raum zu stammen scheint und in den Geschichten aus *Tausend und einer Nacht* mehrfach prominent belegt ist,[105] wäre eine solche Herkunft letztlich nicht ganz unwahrscheinlich.

In den vielen Varianten des *Märchens vom dankbaren Toten* ist der Tote kein üblicher Wiedergänger, da ihn keine antisoziale Unruhe umtreibt, sondern eine (prosoziale) Dankesschuld ihn an das Leben des Helden bindet. Es war eine folgenreiche Idee, ihn an die Stelle des für das Zaubermärchen obligatorischen Helfers zu setzen. Hier gerät er allerdings in eine kompositorische Spannung und sein Handeln ist doppelt markiert: Ein Helfer kann einen Preis für seine Hilfe fordern; da der dankbare Tote aber in der Initial-

---

[102] So beim Typ C Liljeblads (Anm. 98), S. 31 f., vertreten durch ein schwedisches Volksbuch.
[103] Ebd., S. 44 f. Eine Auswahl dieser Erzählungsvarianten ist bequem zugänglich bei Röhrich (Anm. 39), Bd. 2, S. 156–212. Vgl. zur umfangreichen Literatur insbesondere Röhrich (Anm. 101), Sp. 321 f.
[104] Daher die Bemühungen der älteren Forschung – zuerst Simrock (Anm. 99) –, den *Guten Gerhard* mit dem *Märchen vom dankbaren Toten* in Verbindung zu bringen.
[105] Ohne das Klammermotiv des dankbaren Toten in der *Geschichte von Alî Schâr und Zumurrud* (Bd. 3, S. 207–258), der *Geschichte von Nûr Ed-Dîn und Marjam der Gürtlerin* (Bd. 5, S. 624–757) sowie der *Geschichte von dem jungen Manne aus Bagdad und seiner Sklavin* (Bd. 5, S. 764–775). Die Angaben beziehen sich auf: Die Erzählungen aus Tausendundein Nächten. Vollständige deutsche Ausgabe in sechs Bänden. Zum ersten Mal nach dem arabischen Urtext aus dem Jahre 1839 übertragen von Enno Littmann. Wiesbaden 1953. Vgl. auch Liljeblad (Anm. 98), S. 69–73.

sequenz eingeführt und begraben wird, hat er danach eine Dankesschuld abzuleisten. Deshalb wirkt seine Forderung wenig passend, da seine Hilfe doch als Abtragung der Dankesschuld aufzufassen sein müsste. Seine Forderung lässt sich als Prüfung der Vertragstreue des Helden verstehen,[106] aber es wird nicht recht einsichtig, wozu diese Prüfung eigentlich erfolgt. Der Held ist ja schon als gerecht erwiesen. So gibt es Varianten, in denen der Helfer die Prüfung am Ende sang- und klanglos aufgibt, nachdem nur erst das Erschrecken oder der Unwille des Helden über die weitgehende Forderung deutlich geworden ist. Dass der Helfer in der Regel erst ganz am Ende seine Identität preisgibt, ist als Spannungsmoment und narrative Pointierung auch des Erzählvorgangs ein besonders origineller Zug des Märchens. Er dürfte dafür gesorgt haben, dass auch der Prosaroman sich noch seiner narrativen Struktur bedient.

Der Typ C (*The Monster's Bride* [AaTh 507A]) stellt sicher die ursprünglichste Form des Märchens dar.[107] Es handelt sich hier um ein typisches Zaubermärchen – der Held löst seine Aufgabe mit magischen Mitteln –, und es ist damit zu rechnen, dass das Motiv des dankbaren Toten erst sekundär in das Zaubermärchen eingewandert ist und etwa einen ursprünglichen Tierhelfer ersetzt hat. Danach ist es allerdings gleichsam als festes Präfix des Märchens auch über den Austausch der Aufgaben/Schicksale des Helden hinaus erhalten geblieben. Das alttestamentliche *Buch Tobit* zeigt einen frühen Zustand – das Zaubermärchen erscheint hier nur theologisiert: An die Stelle des dankbaren Toten ist der Engel Raphael getreten, der Tobit für seinen Dienst an unbestatteten Toten belohnt. Sein Gegendienst gilt Tobits Sohn Tobias – und ist damit in die nächste Generation verschoben –, dessen künftige Frau Sara er durch magische Mittel von Dämonen befreit. Immerhin dürfte das Zaubermärchen in Anbetracht seiner geographischen Verteilung in urindoeuropäische Zeit zurückdatieren, in welcher der Glaube an das Fortleben der Toten genauso wie der Glaube an das Messen des Menschen mit Dämonen und/oder überirdischen Wesen uneingeschränkt intakt war.

Insofern ersieht man an der Ersetzung der Aufgaben/Schicksale des Helden nach der Präfigierung durch die ehrenvolle Bestattung des Toten eine schleichende Säkularisierung über einen Zeitraum von Jahrhunderten und Jahrtausenden. Der Plot des Zaubermärchens wird ersetzt durch das romanhafte Schicksal eines kaufmännischen Helden, der seine Ehefrau verliert und wiedergewinnt. Dieses Schicksal wird im Mittelalter durch eine ritterliche Aufgabe für den Helden ersetzt: den Kampf und Sieg in einem Turnier. Die *Rittertreue* gehört zu einem Erzähltyp, der seit dem 12. Jahrhundert weitgehend literarisch bezeugt ist. Liljeblad will ihn als realistisches Novellenmärchen mit stark rationalisierten Zügen bestimmen.[108] Der Realismus besteht in dem ausgearbeiteten Kolorit der erzählten Welt, in den Formen adliger Repräsentation und Prachtentfaltung etwa beim Turnier. Hier lässt sich wieder der *Mauritius von Craûn* als Vergleichstext anführen. Der Rationalismus wird in der *Rittertreue* besonders daran deutlich, dass

---

[106] Vgl. Tobias Bulang: Teilung der Frau. In: EM. Bd. 13. 2010, Sp. 319–321, hier Sp. 319 f.
[107] Liljeblad (Anm. 98), S. 252–257.
[108] Ebd., S. 20.

der Wiedergänger im christlichen Sinne unkörperlich gedacht wird: *ich han keinen lip*, sagt er selbst (V. 814).

Auch im mndl. *Roman van Walewein* erscheint nur der Geist eines Toten: Walewein verwundet einen roten Ritter, der eine Jungfrau misshandelt hatte, tödlich und lässt ihn, nachdem er sein Handeln bereut hat, ehrenvoll begraben (V. 3655–4931). Später erscheint der Tote als Geist (V. 8366) und befreit Walewein aus einer prekären Lage (V. 8366–8465).[109] Dass Wiedergänger unkörperlich gedacht werden, ist allerdings ein auch anderswo auftauchender Zug.[110] Doch sticht die Unkörperlichkeit auffallend gegen jene antisozialen Wiedergänger ab, die nach dem volkstümlichen Glauben eben körperlich umgehen.

Immerhin lässt auch Wilhelm Zielys Roman *Olwier und Artus*, erschienen im Jahre 1521, der eine französische Vorlage (*Histoire d'Olivier de Castille et Artus d'Algarbe*) aus der Mitte des 15. Jahrhunderts übersetzt und bearbeitet, den Wiedergänger wieder körperlich fortleben.[111] Hier wird die Handlung, wie sie weitgehend auch in der *Rittertreue* erscheint, auf hundert und mehr Seiten ausgewalzt. Dabei überlagert sie allerdings die Geschichte zweier Stiefbrüder, Olwiers und Artus', deren Trennung und Vereinigung in Aufopferung füreinander erzählt wird. Das spätmittelalterliche Turnierwesen bietet sich mit seiner Prachtentfaltung an, die Struktur des *Märchens vom dankbaren Toten* aufzuschwellen und über den Freundschaftsroman zu legen. Hier nur der Schluss: Als der ehrenvoll begrabene Ritter zur Einforderung der Hälfte des vereinbarten Gewinns erscheint – das ist hier neben einem seiner Kinder zur Hälfte auch Olwiers Frau Helena –, wehrt Olwier sich hinhaltend dagegen. Als er das Schwert zur Teilung Helenas schließlich doch zieht, besteht für das retardierende Erzählen Zielys die Gelegenheit, eine herzzerreißende Klage der beiden mit nicht aufhören wollenden Tränen, Küssen und Umarmungen zu exponieren. Daraufhin kündigt die nächste Kapitelüberschrift bereits an: *Wie der ritter erbermd hat gegen Olwier / vnnd hat erkent ſyn gůte trüw vnd ließ jn ledig vmb alle anſprach / vnd gab ſich im zů erkennen wer er was.* Er sagt dann:

> *Fürwar ich ſag dir ſprach der ritter / Jch bin der ſelbig dem du da alſo gedienet haſt / dar gegen ſo han ich dir ouch gedienet vff dem turnieren / das da iſt gehalten worden in Engellandt / vnnd umb den großen dienſt ſo du mir gethan haſt / vnd ich dir ſo gantz unerkant bin geſyn / ſo gibe ich dir wyder alles das gut / es ſyge ſilber oder gold / vnnd ſprich dir ouch ledig dinen ſun / Deſglichen den halben teil an diner frowen / Vnd was ich yetzt han than das iſt allein da-*

---

[109] Penninc und Pieter Vostaert: Roman van Walewein. Mittelniederländisch/Neuhochdeutsch. Hrsg. und übersetzt von Johan H. Winkelman, Gerhard Wolf. Münster 2010. Auf die Stelle weist Matthias Meyer mich hin.

[110] Walter F. Otto: Die Manen oder von den Urformen des Totenglaubens. Darmstadt 1962, S. 46, hat auf parallele Belege aus altindischen Erzählungen hingewiesen.

[111] Wilhelm Ziely: Olwier und Artus. Basel (Adam Petri) 1521. Zum Text und seiner Vorlage vgl. Xenja von Ertzdorff: Romane und Novellen des 15. und 16. Jahrhunderts in Deutschland. Darmstadt 1989, S. 223–229.

rum beſchehen das ich an dir wolt innen werden ob du din trüw wölteſt halten / das ich nun geſehen han an dir / das du gantz gerecht bist.[112]

Schon im Zuge des Turniers und bei der Inszenierung der Auftritte Olwiers während dreier Tage waren in seiner Rüstung verschiedene Stadien der Zuständlichkeit des toten Ritters zur Darstellung gelangt: Finsternis, Fegefeuer und Erlösung. Das erläutert der Ritter jetzt. Nun aber sei er endlich aller Pein entledigt und könne in das Reich Gottes auffahren. Mit diesen Worten verschwindet er vor dem Angesicht Olwiers und fährt in einem Lichtglanz gen Himmel. Damit ist die Prüfung des Helden geschickt zu einem Erlösungshandeln des Helden umgemünzt worden. Während in den vielen Varianten des *Märchens vom dankbaren Toten* der Tote jeweils eher als Supervisor unterwegs war und am Ende aus eigener Machtvollkommenheit verschwand, erscheint er hier als Sünder, der durch das Fegefeuer muss, um schließlich erlöst werden zu können. Dazu dient das uneigennützige, *gerechte* und *trüwe* Handeln des Helden.

Das Motiv des dankbaren Toten gehört in eine Welt, in der eine Art Schuldhaft verbreitet war, nach der man den Leichnam eines verschuldeten Toten nicht bestattete oder den Hunden vorwarf. Dass dies als unerträgliche Strafe galt, ist seit der *Ilias* vielfach bezeugt. Umso mehr musste sich die Härte einer solchen Verletzung der würdigen Behandlung eines Toten zur Beunruhigung auch für Erzähler narrativer Folklore auswachsen. Während die bösartigen Wiedergänger nicht schon von sich aus zu einem gerundeten Plot drängen und meist in der Sage verbleiben, konnte sich der dankbare Tote schon vom Zaubermärchen aus gesehen leicht als Helferfigur aufdrängen. Die gewöhnlichen Wiedergänger schaden nur, die Hilfe des dankbaren Toten muss aber einen konkreten Grund haben und dann auch eine konkrete Form annehmen. Diese Momente tendieren zusammengenommen zur Ausbildung einer narrativen Gestalt, die sich einzuprägen vermochte. Das erklärt die extreme Verbreitung der Erzählungen vom dankbaren Toten. Es sind Erzählungen mit einer ausgeprägten narrativen Struktur, keine Sagen, und sie bahnen sich einen Weg zu anderen Gattungen bis hin zur literarischen Großerzählung im Prosaroman. Sie sind nicht auf geographische Orte oder historische Personen fixiert, um diese Fixierung dann zu verlieren, sondern erzählen ursprünglich von namenlosen Protagonisten, die erst sekundär wieder Namen zugewiesen bekommen (Willekin von Montabaur, Olwier u. a. m.). Das geschieht, wenn die Erzählungen zu Legenden, Novellen, Mären und Romanen/Romanteilen ausgebaut werden.

Misst man das Märe von der *Rittertreue* und zumal Zielys *Olwier und Artus* am Glaubensgehalt einer Sage, so bleiben sie ohne Ansprüche. Vom bedrohlichen oder anrührenden Ernst des Wiedergängerglaubens ist nichts zu spüren. Der dankbare Tote erscheint stattdessen als archaischer Rest, der nur in geeigneten Gattungskontexten durchgeht. Das Märe kann einen solchen Kontext bilden, da es jede erdenkliche Verletzung der Wahrscheinlichkeit zulässt, wenn sich nur eine Nutzanwendung – bei der *Rittertreue* eine recht biedere Rittermoral – daraus ableiten lässt. Anders beim Roman.

---

[112] Ziely (Anm. 111), Bl. LIIII[r].

Hier könnten die Mittel des Romans bemüht werden, um das Erzählte *deſter baß für ein warhaffte geſchehne ſach* ansehen zu können. Ziely nutzt sehr wohl die neuen narrativen Mittel der Prosaerzählung, darunter eine hoch sentimentalisierte Gefühlsdarstellung, zeigt sich aber im mit den zitierten Worten eingeleiteten Schlusskapitel vom Wahrheitsgehalt seines Romans dennoch nicht überzeugt. Es heißt weiter:

> *Ich han by minen tagen gar dick geleßen hiſtorien vnd Cronicken die mich in minem ſynn duchten nit ſo gantz warhafft zeſyn / vß vrſach dz die capitel nit einander nach dienetten als ſy von rechten ſtan ſolten / wunderbarliche ding darinn warend geſchriben als ich ouch hie in diſem büch finden.*[113]

Wunderbarliche ding bilden den Gegenstand seines Romans, und ohne dass Ziely ein klares Konzept einer Romanfiktion entfalten könnte,[114] macht er doch deutlich, dass solche Dinge schwerlich geschehen sind.

Der Roman erscheint auch sonst noch nicht um die Sphäre des Übernatürlichen bereinigt. So stoßen sich Glückssäckel und Wunschhütlein auch im *Fortunatus* nicht mit der dezidierten Wiedergabe zeitgenössischer Wirklichkeit. Beides geht zusammen, doch kann man wohl Wege finden, *wunderbarliche ding* und Dinge, die der Wirklichkeit entsprechen, auseinanderzuhalten. Entsprechend findet auch Ziely einen Weg, an der originellen Erzählstruktur des *Märchens vom dankbaren Toten* zu partizipieren und das Übernatürliche mit zeitgenössischem Kolorit zu verbinden.

So stellt also die Einwanderung von Motiven, die ursprünglich im volkstümlichen Glauben gebunden sind, mitsamt ihren Erzählstrukturen in literarische Gattungen eine Art der Säkularisierung dar, die sie allein mittels der Ausbildung zur literarischen Form durchlaufen. Im Fall der Erzählungen vom dankbaren Toten ist die Säkularisierung schon vorbereitet durch die verschiedenartigen Ersetzungen des Zaubermärchenplots. Schon hier bleibt der dankbare Tote als archaisches Präfix bestehen, das dann noch in eine halbwegs zeitgemäße Form eines unkörperlichen oder eines aus dem Fegefeuer zu erlösenden Wiedergängers hineinrationalisiert wird. Lebendigen Glauben kann dieser nicht mehr beanspruchen.

Ursprünglich heften sich an das Aussehen von Verstorbenen (Öffnung des Mundes und der Augen), an die Beziehung der Angehörigen und der Dorfgemeinschaft zu ihnen (Ambivalenz oder Feindseligkeit) und an die Behandlung der toten Körper (nicht zufrieden- oder zufriedenstellende Bestattung) Vorstellungen, die mit einer temporären Rückkehr der Toten als Untote rechnen. Wenn Bestattungsformen wie das Hockergrab mit Fesselung der Beine und die Brandbestattung auch auf die Furcht vor Wiedergängern zurückzuführen sind, dann reichen solche Vorstellungen bis weit ins Neolithikum zurück. Bräuche bezeugen sie noch bis ins 20. Jahrhundert. Aus historischer Zeit datieren Sagen und Berichte, die vom Auftreten Untoter erzählen. Charakteristische Formen

---

[113] Ebd., Bl. LVI[r] f.
[114] Vgl. dazu Christine Putzo: Wilhelm Ziely (*Olwier und Artus*, *Valentin und Orsus*, 1521) und das Fiktionsproblem des frühneuhochdeutschen Prosaromans. In: Oxford German Studies 40 (2011), S. 125–152.

von Sagen (z. B. homodiegetische Einkleidung) verzeichnen bereits Zweifel an der Realitätshaltigkeit entsprechender Vorstellungen. Die Literatur greift sie in Form von Motiven und vollständigen Plots auf, doch im Zuge dieser Literarisierung ist der Glaube an Untote schon auf dem Rückzug. Je stärker die Anstrengungen der Beglaubigung, desto schwächer der Glaube, der sich zu säkularisieren begonnen hat. Es sind Teilsäkularisierungen, die die verschiedenen Elemente des volkstümlichen Glaubens evaporisieren lassen. Jene affektiven Bindungen, die dazu dienen, Heil oder Trost zu erfahren, Verlust und Schmerz zu verarbeiten, Wünsche und Hoffnungen zu bündeln sowie Angst zu bewältigen, transformieren oder verflüchtigen sich. Für den Glauben an Untote bedeutet das: Am Ende sind die Toten einfach tot. Die säkulare Welt besteht aus Lebenden.

Bernd Bastert

Schichtungen, Konsense, Konflikte
Mörderische Heilige, weltliche Konversen und säkulare Wunder in deutschen Bearbeitungen französischer Heldenepik

„Die Frage der Säkularisation ist für das hohe und späte Mittelalter akut. Man kann die ganze höfische Dichtung grundsätzlich unter diesem Aspekt betrachten."[1] Mit diesen Worten, die auf das „ritterliche Tugendsystem" sowie die angeblich in der Stauferzeit entstandene, aber auch später vermeintlich noch gültige Ideologie des „höfischen Rittertums" zielen, die sich von der klerikalen Weltanschauung emanzipiert hätte, eröffnete Helmut de Boor vor rund einem halben Jahrhundert in einer Sektion, die dem Rahmenthema *Säkularisation* gewidmet war, seinen Vortrag auf einer Tagung des Germanistenverbandes. Im Verlauf seiner Ausführungen behandelt er dann allerdings nicht „die ganze höfische Dichtung", sondern konzentriert sich allein auf historische Stoffe. Am Beispiel chronikalischer und historiographischer Literatur, aber auch an Kreuzzugsdichtungen versucht de Boor zu demonstrieren, dass das Aufeinandertreffen von Heilsgeschichte und politischen Realitäten, die häufig nur schwer mit einem göttlichen Plan in Verbindung zu bringen gewesen seien, zwischen dem 12. und 15. Jahrhundert einen „Wandel des mittelalterlichen Geschichtsdenkens" bewirkt hätte, in dessen Folge Säkularisierungstendenzen immer deutlicher sichtbar werden würden. Unverkennbar leitet dabei die Vorstellung einer im hohen Mittelalter einsetzenden und sich zum späten Mittelalter hin beschleunigenden Entwicklung – die, so darf man seine Intentionen wohl ergänzen, in der Neuzeit dann ihren endgültigen säkularen Zielpunkt erreichte – de Boors Überlegungen, die in einer relativ frühen Phase der damals einsetzenden germanistischen Debatte um literarische Säkularisierungstendenzen immerhin einen ersten mediävistischen Beitrag darstellten. Seine traditionellen geistesgeschichtlichen Paradigmen folgenden Ausführungen wurden, wie der anschließenden „Aussprache" und weiteren Reaktionen zu entnehmen ist, offenbar jedoch bereits von den Anwesenden mehrheitlich kritisch bewertet,[2] und sind – nach einer nicht nur in der Germanistik in-

---

[1] Helmut de Boor: Der Wandel des mittelalterlichen Geschichtsdenkens im Spiegel der deutschen Dichtung. In: ZfdPh 82 (1963), Sonderheft, S. 6–22, hier S. 6.
[2] Vgl. ebd., S. 22 f.; vgl. auch einen Brief von Herbert Singer an Richard Alewyn vom 6.11.1963, der zitiert wird bei Friedrich Vollhardt: „Verweltlichung" der Wissenschaft(en)? Zur fehlenden Negativbilanz in der apologetischen Literatur der Frühen Neuzeit. In: Säkularisierung in den Wis-

tensiv geführten Diskussion um die Säkularisierung – mittlerweile fraglos überholt. Allerdings scheint der ihnen inhärente Leitgedanke eines an künstlerischen und literarischen Zeugnissen mehr oder weniger deutlich ablesbaren linear voranschreitenden Säkularisierungsprozesses auch heute noch manche Beiträge epistemologisch zu grundieren.³

Eben diese Grundannahme soll im Folgenden am Beispiel eines Genres überprüft werden, das man auf den ersten Blick vielleicht nicht unbedingt mit literarischer Säkularisierung in Verbindung bringen würde.

> Echte Heldendichtung handelt von Menschen, und obwohl sie Götter in die Handlung eingreifen lassen kann, bleibt das Hauptinteresse auf den Menschen konzentriert. [...] In monotheistischen Gemeinwesen ist das göttliche Eingreifen in heroische Aktionen äußerst selten und bleibt gewöhnlich auf Vorgänge beschränkt, die außerhalb der Sphäre der Kühnheit und des Ehrgeizes stehen.⁴

So charakterisiert Cecil M. Bowra in seinem zuerst in den 1950er Jahren erschienenen und bald zum Klassiker gewordenen Standardwerk einer „Vergleichende[n] Phänomenologie der heroischen Poesie aller Völker und Zeiten" das Verhältnis zwischen Heldenepik und religiösen Vorstellungen. *Echte* Heldenepik wäre damit eine profan weltliche Literaturgattung par excellence und böte folglich kaum Untersuchungspotential für die Frage nach den komplexen Interferenzen und Ambivalenzen von literarischen Säkularisierungs- und Sakralisierungsprozessen. Die von Bowra vorgeschlagene Antwort einer gleichsam chirurgischen Trennung zwischen kategorial unterschiedlichen Arten von Heldendichtung bietet keine Lösung. Sein Grundanliegen dabei war die Aufwertung einer postulierten archaischen, endogenen, rein profanen Heldendichtung gegenüber Spätformen der Heroik, die ihm von fremden, etwa christlichen, Motiven und Diskursen depraviert und kontaminiert erschienen. Die von Bowra favorisierte distinkte Demarkationslinie zwischen Spätformen religiös aufgeladener Epik und einer vermeintlichen Urform authentisch säkularer Heroik wird der mittelalterlichen Literatursituation aber bei Weitem nicht gerecht. Sind doch in der auf uns gekommenen (buchepischen) Heldenepik religiöse und profane Elemente und Effekte von Anfang an in unterschiedlicher Art und Weise miteinander, zuweilen auch gegeneinander, verzahnt. Verschärft stellt sich die Frage nach Sakralisierungs- oder Säkularisierungseffekten für eine spezifische Form der Heldenepik, in der dies ganz besonders der Fall ist und die Bowra des-

---

senschaften seit der Frühen Neuzeit. Bd. 2. Hrsg. von Lutz Danneberg u. a. Berlin/New York 2002, S. 67–93, hier S. 88, Anm. 5.

3   Zur Kritik an der neuzeitlichen „Meistererzählung" eines linear verlaufenden Säkularisierungsprozesses, der auf ältere literarische Zeugnisse rückprojiziert wird, vgl. Dirk Kemper: Literatur und Religion. Von Vergil bis Dante. In: Ästhetik – Religion – Säkularisierung. Bd. I. Hrsg. von Silvio Vietta, Herbert Uerlings. Paderborn 2008, S. 37–53.

4   Cecil M. Bowra: Heldendichtung. Eine vergleichende Phänomenologie der heroischen Poesie aller Völker und Zeiten. Stuttgart 1964, S. 25 u. 91.

halb vor erhebliche Schwierigkeiten stellte – gemeint ist die französische Heldenepik, die Chanson de geste und deren deutsche Rezeption.[5]

I. Literarische Sakralisierungseffekte in oberdeutschen Chanson de geste-Bearbeitungen des 12. und 13. Jahrhunderts

Kämpfe und Kriege, Mord und Gewalt sind für heldenepische Erzählformen nicht ungewöhnlich. Heilige, die körperliche Gewalt anwenden oder sogar töten, sind hingegen rar, denn ein solches Verhalten konfligiert mit dem neutestamentlichen Tötungsverbot.[6] Im Laufe des 11. Jahrhunderts entwickelte sich im Kontext der Kreuzzugsbewegung allerdings ein Modell der *militia Christi* fort, das Waffentragen und die physische Ausschaltung der Feinde des christlichen Glaubens erlaubte, ja forderte. Eng verknüpft war diese Ideologie, die schon vor dem ersten Kreuzzugsaufruf im Jahr 1095 entwickelt und seitdem noch weiter ausgebaut worden war, mit Buß- und Askesevorstellungen, die seit jeher Voraussetzung eines heiligmäßigen Lebens gewesen waren und nun auf kriegerische Aktivitäten gegen die Feinde des christlichen Glaubens und der römischen Kirche transferiert wurden.[7] Die neue Ideologie erwies sich als höchst attraktiv für Adel und

---

[5] Bowra (Anm. 4) hat nach seiner oben zitierten Gattungsbeschreibung erhebliche Probleme, das älteste erhaltene Werk der französischen Heldenepik, die *Chanson de Roland*, die er für ein wertvolles Zeugnis *echter* Heroik hält, in seine Kategorisierung einzuordnen. Er behilft sich, indem er zentrale Textpassagen, in denen ein unmittelbares Eingreifen Gottes in den Kampf zwischen Christen und Heiden geschildert wird und insofern eindeutig religiöse Diskursivierungen dominieren, als „kleine Ausnahmen" bezeichnet: „Diese Ausnahmen sind nicht sehr wichtig und verletzen kaum die allgemeine Regel, daß in monotheistischen Gemeinwesen die Heldendichtung Gott nur eine geringe aktive Beteiligung zugesteht." Ebd., S. 91. Vgl. dagegen Joachim Küpper: Transzendenter Horizont und epische Wirkung. Zu *Ilias*, *Odyssee*, *Aeneis*, *Chanson de Roland*, *El Cantar de mio Cid* und *Nibelungenlied*. In: Poetica 40 (2008), S. 211–267, hier S. 224–233.

[6] Vgl. dazu etwa Arnold Angenendt: Heilige und Reliquien. Die Geschichte ihres Kultes vom frühen Christentum bis zur Gegenwart. 2. Aufl. München 1997, S. 51 f.: Der „wahre Streiter Christi" übte sich im geistlichen Kriegsdienst, wie es im 6. Kapitel des Epheser-Briefes geschrieben steht: „Werdet stark durch die Kraft und Macht des Herrn, zieht die Rüstung Gottes an, damit ihr den listigen Anschlägen des Teufels widerstehen könnt [...]. Gürtet euch mit Wahrheit, zieht als Panzer die Gerechtigkeit an und als Schuhe die Bereitschaft, für das Evangelium vom Frieden zu kämpfen. Vor allem greift zum Schild des Glaubens! [...] Nehmt den Helm des Heiles und das Schwert des Geistes, das ist das Wort Gottes." (Eph 6,10–17). Das Tragen weltlicher Waffen, selbst zur persönlichen Verteidigung, war dem Gottesstreiter untersagt.

[7] In ihrer Materialfülle noch immer nützlich ist die klassische Studie von Carl Erdmann: Die Entstehung des Kreuzzugsgedankens. Stuttgart 1935 (Forschungen zur Kirchen und Geistesgeschichte. 6); vgl. auch Arnold Angenendt: Toleranz und Gewalt. Das Christentum zwischen Bild und

Rittertum, da der Waffengebrauch jetzt unter genau definierten Bedingungen von Seiten der Kirche sanktioniert war, adelig-ritterliche und klerikal-monastische Lebensentwürfe mithin partiell kongruent wurden, wie sich dies beispielsweise in den Entwürfen und der Programmatik der ab dem frühen 12. Jahrhundert im Heiligen Land entstehenden geistlichen Ritterorden deutlich abzeichnet. Das neue Modell hinterließ seine Spuren bald ebenfalls in der volkssprachigen Literatur, wo es erheblichen Einfluss auf die französische Heldenepik und stärker noch auf deren deutsche Rezeption gewann.

Stärker noch als in der französischen Quelle manifestiert sich die Idee einer geistlichen Belohnung für den sehr weltlichen Akt des Tötens im deutschen *Rolandslied* des Klerikers Konrad, und dort besonders eindringlich in der predigtartigen Ansprache, die Bischof Turpin vor der entscheidenden Schlacht gegen die Heiden im Angesicht des versammelten Christenheeres hält:[8]

> *‚wâ mäht ir nû gewinnen*
> *alsô guoten soldât,*
> *sô er selbe gehaizen hât?*
> *volstêt ir an deme gelouben,*
> *mit vlaisclîchen ougen*
> *scult ir sîn antlütze gesehen*
> *unt iemer mit im vrœlîchen leben.*
> *mit den worten sprechen wir iu antlâz.*
> *in der wârheit sage wir iu daz,*
> *vor gote birt ir enbunten*
> *von allen werltlîchen sünden*
> *sam ain niuborn westebarn.*
> *swaz ir der haiden hiute müget erslân,*
> *daz setze ich iu ze buoze.'*
> *nach dirre rede süeze*
> *vielen si alle zuo der erde.*
> *dô segenôt si der hêrre.*
> *er sprach in indulgentiam.*
> *der antlâz was vor gote ze himele getân.* (V. 3922–3940)

In seiner Predigt, die vom Erzähler mit einem geistlichen Ausdruck als *rede süeze* (V. 3936) bezeichnet und damit entsprechend theologisch aufgeladen wird, verspricht Turpin, ähnlich wie in der französischen *Chanson de Roland*, dabei allerdings noch präziser auf die kirchliche Terminologie zurückgreifend, nichts weniger als einen vollständigen Nachlass der Sündenstrafen durch einen Bußakt, der im Töten von Ungläubigen besteht. Die *indulgentia*, die den Kämpfern gegen die Heiden hier in einem performativen Akt gewährt wird, zitiert exakt den kirchlichen *terminus technicus* für die Tilgung, die Vergebung der im Fegefeuer zu büßenden zeitlichen Sündenstrafen und

---

Schwert. 3., durchgesehene Aufl. Münster 2007; sowie neuerdings Gerd Althoff: „Selig sind, die Verfolgung ausüben". Päpste und Gewalt im Hochmittelalter. Darmstadt 2013.

[8] Das Rolandslied des Pfaffen Konrad. Mittelhochdeutsch/Neuhochdeutsch. Hrsg., übersetzt und kommentiert von Dieter Kartschoke. Stuttgart 1993.

Schichtungen, Konsense, Konflikte 143

den daraus resultierenden Eingang in die ewige Seligkeit. Wie um letzte Zweifel zu zerstreuen, heißt es zum Schluss der Passage ausdrücklich, dass dieser Ablass vor Gott im Himmel Gültigkeit besitze: *der antlaz was vor gote ze himele getan* (V. 3940). Handelt es sich dabei um eine Profanierung und militärische Umcodierung der für den christlichen Ritus zentralen Vorstellung der Buße und insofern um eine Säkularisierung? Oder liegt nicht eher eine durch klerikale Schlüsselbegriffe und -vorstellungen bewirkte und unterstützte literarische Sakralisierung typisch adelig-kämpferischer Ideale und Verhaltensweisen vor? Eine zweite Szene, ebenfalls aus dem *Rolandslied*, die diese Dichotomie noch einmal zuspitzt, ist die Darstellung von Rolands Tod.

Ruolant viel in criuzestal.
er sprach: ‚hêrre, nu waistu vil wol,
daz dich mîn herze mainet.
dîne tugent hâstu an mir erzaiget.
an mînem ende,
hêrre, dînen boten ruoche mir ze senden.
nu gnâde mîner armen sêle,
daz ir dehain bœser gaist niene werre. […]
daz houbet er nider naicte,
die hende er ûf spraite.
dem altwaltigen hêrren,
dem bevalch er sîne sêle. […]
Dô Ruolant von der werlt verschiet,
von himel wart ain michel liecht.
sâ nâch der wîle
kom ain michel ertbîbe,
doner unt himelzaichen
in den zwain rîchen,
ze Karlingen unt ze Yspaniâ.
die winte huoben sich dâ.
si zevalten die urmæren stalboume.
daz liut ernerte sich kûme.
si sâhen vil dicke
die vorchlîchen himelblicke.
der liechte sunne, der relasc.
den haiden gebrast.
diu scheph in versunken,
in dem wazzer si ertrunken.
der viel liechte tac
wart vinster sam diu nacht.
die türne zevielen.
die scœne palas zegiengen.
die sternen offenten sich.
daz weter wart mislîch.
si wolten alle wæne,
daz diu wîle wære,
daz diu werlt verenden sollte
unt got sîn gerichte haben wolte. (V. 6895–6949)

Literarisch gestaltet wird Rolands Abschied von der diesseitigen und sein Eingang in die jenseitige Welt vom Pfaffen Konrad ganz offenkundig als *imitatio Christi*, als Postfiguration, bei der Roland mit ausgebreiteten Armen zur Erde sinkt, sein Haupt neigt und stirbt, wobei die Sonne sich verdunkelt, Erdbeben und Himmelserscheinungen seinen heiligmäßigen Tod anzeigen und zugleich die Ungläubigen in Schrecken versetzt werden. Wieder also die gleiche Frage: Haben wir es hier mit einer Sakralisierung des kriegerischen Heros zu tun oder nicht eher mit einer Profanierung der Urszene eines christlichen Todes, indem Jesu Leiden und Sterben auf einen Kämpfer übertragen wird, der unmittelbar zuvor selbst noch massenhaft getötet hatte – oder mit beidem zugleich? Argumente lassen sich wohl für alle Alternativen vorbringen. Aus der Perspektive der modernen Literaturwissenschaft handelt es sich um ein literarisches Kipp-Phänomen, durch das eine Dichotomisierung von Sakralisierung und Säkularisierung verwischt wird.[9]

Aus der Perspektive der Zeitgenossen stellt sich das allerdings etwas anders dar. Obschon die exakte Vorlage des deutschen *Rolandslieds* nicht bekannt ist, geht aus allen erhaltenen altfranzösischen Handschriften der *Chanson de Roland*,[10] nicht zuletzt aus der zeitlich nahe stehenden Oxforder Fassung, eindeutig hervor, dass der klerikal gebildete Konrad sein Werk im Vergleich zu seiner Vorlage sehr viel stärker hagiographisch überformte, indem er es unter anderem mit einem nach dem Muster zeitgenössischer Legenden gearbeiteten Prolog mit der Bitte um göttliche Inspiration beim Schreibprozess versah und sehr viel intensiver einschlägige biblische und theologische Terminologie sowie typologische Verfahren nutzte. So wird in der *Chanson de Roland* der gleichnamige Protagonist nach seinem Tod auf dem Schlachtfeld zwar von den Erzengeln Michael und Gabriel zum Paradies geleitet, es fehlen jedoch die literarischen Markierungen, die seinen Tod im deutschen *Rolandslied* unübersehbar als *imitatio Christi* erscheinen lassen. Stattdessen betonen die französischen *Chanson de Roland*-Fassungen stärker als die deutsche Adaptation typisch feudale Werte, wie etwa das Streben nach Ehre. Noch gesteigert erscheinen die im deutschen *Rolandslied* nachweisbaren Vergeistlichungseffekte in der literarischen Überarbeitung des Werks durch den Stricker,[11] der rund 30 Jahre nach dem Pfaffen Konrad mit seinem *Karl* eine schemakonforme Heiligenvita vorlegt, inklusive ungewöhnlicher Geburt Karls, dem Bestehen erotischer Versuchungen in der Jugend, einem durch Wunder bestätigten, Gott gefälligen Leben und schließlicher Aufnahme von *sante Karle* (V. 12208) in den Himmel. Nicht uner-

---

[9] Das hatte, generell für das *Rolandslied*, bereits de Boor (Anm. 1), S. 16, ähnlich gesehen und etwas schwülstig formuliert: „Aber wie Roland zugleich Krieger und heiliger Märtyrer ist, so trägt jeder Kreuzfahrer in Schwert und Kreuz beides an sich und in sich."

[10] Vgl. die verschiedenen französischen Fassungen der *Chanson de Roland* in: La Chanson de Roland. The Song of Roland. The French Corpus. Joseph J. Duggan, General Editor. Karen Akiyama, Ian Short, Robert F. Cook, Joseph J. Duggan, Annalee C. Rejhon, Wolfgang van Emden, William W. Kibler. Editors. 7 parts in 3 volumes. Turnhout 2005.

[11] Karl der Große von dem Stricker. Hrsg. von Karl Bartsch (1857). Mit einem Nachwort von Dieter Kartschoke. Berlin 1965 (Deutsche Neudrucke, Texte des Mittelalters).

wähnt bleiben darf in diesem Zusammenhang auch die Mitüberlieferung und die Materialität von *Rolandslied-* und *Karl*-Handschriften, die sich zum Teil auf einem Ausstattungsniveau befinden, wie man es ansonsten eher von geistlichen Codices gewohnt ist, und so eine noch eindeutigere geistliche Zurichtung der in der Romania ursprünglich zwischen profanen und geistlichen Valenzen changierenden Erzähltradition bewirken. Der gleiche Stoff kann demnach, wie die unterschiedlichen Umsetzungen des Karl/Roland-Stoffes demonstrieren, in ähnlichen kulturellen und ideologischen, literarisch allerdings differierenden Systemen, wie das für die Feudalgesellschaften des romanischen und deutschsprachigen Raums gilt, in jeweils andere Richtungen ausgefaltet werden, die in sich indes mehr oder weniger konsistent sind. Während die *Chanson de Roland*-Bearbeitungen im deutschsprachigen Bereich stärker klerikalen Literaturmustern gehorchen, wodurch profane selbstverständlich nicht eliminiert werden, dominieren in der Romania die profanen Muster der Heldenepik, ohne dass indes geistliche Erzählmodelle dadurch ausgeschlossen wären. Lineare literarische Säkularisierungsprozesse allerdings, die sich vom hohen über das späte Mittelalter bis in die frühe Neuzeit hinein entwickelten, lassen sich weder in den französischen noch und erst recht nicht in den deutschen Verschriftlichungen des Karl/Roland-Stoffes konstatieren, der, in etwa gleichbleibenden Formen, offenbar noch bis ins spätere 15. Jahrhundert auf Resonanz stieß, wie man aus den einschlägigen Rezeptionszeugnissen ersehen kann.

Eine gegenüber den einschlägigen französischen Fassungen erhebliche Intensivierung von hagiographisierenden, geistlichen Elementen und insofern gewissermaßen auch von Sakralisierungseffekten lässt sich ebenfalls in der deutschen *Willehalm*-Tradition nachweisen, die einen dreiteiligen Zyklus, bestehend aus *Arabel*, *Willehalm* und *Rennewart*, bildet. Schon in Wolframs *Willehalm*, dem ältesten und zugleich zentralen Teil des Zyklus, der sich auf der *histoire*-Ebene als Fortsetzung des im *Rolandslied* dargestellten Krieges gegen die Ungläubigen geriert, während die *discours*-Ebene die im *Rolandslied* dominierende Ideologie zuweilen konterkariert, finden sich entsprechend gestaltete Szenen und Passagen – ohne dass indes in einem vergleichbaren Maße wie etwa beim *Karl* von einem legendarischen Werk die Rede sein könnte, dafür ist die Diskursvielfalt des *Willehalm* entschieden zu groß. Da sich die Forschung bereits mehrfach mit den komplexen Diskursinterferenzen in Wolframs Chanson de geste-Adaptation beschäftigt hat,[12] soll hier auf eine nähere Beschäftigung mit ihnen verzich-

---

[12] Aus der Fülle der Forschungsbeiträge in den letzten Jahrzehnten seien nur genannt Kurt Ruh: Drei Voten zu Wolframs *Willehalm*. In: Kritische Bewahrung. Beiträge zur deutschen Philologie. FS für Werner Schröder zum 60. Geburtstag. Hrsg. von Ernst-Joachim Schmidt. Berlin 1974, S. 283–297; Christian Kiening: Reflexion – Narration. Wege zum *Willehalm* Wolframs von Eschenbach. Tübingen 1991 (Hermea N. F. 63); Burghart Wachinger: Schichten der Ethik in Wolframs *Willehalm*. In: Alte Welten – neue Welten. Akten des IX. Kongresses der Internationalen Vereinigung für germanische Sprach- und Literaturwissenschaft. Bd. 1, Plenarvorträge. Hrsg. von Michael S. Batts. Tübingen 1996, S. 49–59; Annette Gerok-Reiter: Die Hölle auf Erden. Überlegungen zum Verhältnis von Weltlichem und Geistlichem in Wolframs *Willehalm*. In: Geistliches in weltlicher und Weltliches in geistlicher Literatur des Mittelalters. Hrsg. von Christoph Huber u. a. Tübingen 2000,

tet und der Fokus vielmehr auf die weniger erforschten Ergänzungen des *Willehalm* gerichtet werden: die durch Ulrich von Türheim wohl um 1260/70 verfasste Fortsetzung des nicht vollendeten Wolfram'schen Werks, den *Rennewart*,[13] sowie die vermutlich etwa gleichzeitig entstandene ätiologische *Willehalm*-Vorgeschichte von Ulrich von dem Türlin, die nach der Protagonistin *Arabel* genannt wird.[14]

Auch für Türheims *Rennewart* kann man sich der Frage nach literarischen Säkularisierungs- bzw. Sakralisierungseffekten durch einen Vergleich mit den erhaltenen französischen Werken nähern, die ihm als Vorlage dienten. Wie Charlemagne und Roland in der *Chanson de Roland* kämpfen in der französischen *Bataille d'Aliscans*, dem Analogon des *Willehalm*-Erzählstoffes, gleichfalls Guillaume d'Orange und der riesenhafte Rainouart mit Gottes Hilfe in vielen Schlachten erfolgreich gegen die in die Provence eindringenden sarazenischen Heere. Im Unterschied zu Roland sterben sie allerdings nicht als Märtyrer im ritterlichen Glaubenskampf, sondern treten gegen Ende ihres Lebens in ein Kloster ein und verwandeln durch diese *conversio* ihr bisheriges heroisches Leben in ein geistlich-asketisches. Geschildert wird das in der *Moniage Rainouart* und in der *Moniage Guillaume*, die Türheim beide offensichtlich als Quelle für seine Fortsetzung des unvollendet hinterlassenen *Willehalm* genutzt hat.[15] Geistliche und profane Erzählregister fügen sich in den französischen Chansons freilich nicht bruchlos zusammen und die Texte verdecken diese Differenzen keineswegs, stellen sie vielmehr noch aus und schlagen narratives Kapital daraus.[16] Der alte Kämpe Guillaume hat beispielsweise vom Moment seines Klostereintritts an die größten Schwierigkeiten mit der neuen Lebensform. Weder kann er, wie es das entsprechende literarische Muster einer vorbildlichen Konversion verlangen würde, lesen und singen und so die liturgischen Riten mitgestalten, noch gelingt es ihm, seine adligen Affekte zu bezähmen; stattdessen erscheint er als stets hungrig, durstig und vor allem bereit, jederzeit seine Körperkräfte gegen seine klösterlichen Mitbrüder einzusetzen, die ihrerseits den wenig kontemplativen Haudegen dafür hassen und ihn sogar zu beseitigen versuchen. Noch weitaus konfliktuöser und damit zugleich burlesker als bei Guillaume gestaltet sich in den französischen Chansons das Klosterleben Rainouarts, der schon bei seinem Eintritt ins Kloster im Wortsinn mit der Tür ins Haus fällt und den dahinter sitzenden Pförtner erschlägt.

S. 171–194; Tobias Bulang, Beate Kellner: Wolframs *Willehalm*: Poetische Verfahren als Reflexion des Heidenkriegs. In: Literarische und religiöse Kommunikation in Mittelalter und Früher Neuzeit. DFG-Symposion 2006. Hrsg. von Peter Strohschneider. Berlin/New York 2009, S. 124–160.

[13] Ulrich von Türheim: Rennewart. Aus der Berliner und Heidelberger Handschrift. Hrsg. von Alfred Hübner. Berlin 1938 (Deutsche Texte des Mittelalters. 39).

[14] Ulrich von dem Türlin: Arabel. Die ursprüngliche Fassung und ihre Bearbeitung kritisch herausgegeben von Werner Schröder. Stuttgart/Leipzig 1999.

[15] Zu den Quellen des *Rennewart* vgl. Thordis Hennings: Französische Heldenepik im deutschen Sprachraum. Die Rezeption der Chanson de geste im 12. und 13. Jahrhundert. Überblick und Fallstudien. Heidelberg 2008, S. 264–501.

[16] Vgl. zum Folgenden ausführlicher auch Bernd Bastert: Helden als Heilige. Chanson de geste-Rezeption im deutschsprachigen Raum. Tübingen 2010 (Bibliotheca Germanica. 54), S. 304–313.

So turbulent, dass es der älteren Forschung als geradezu unmoralisch erschien, gestaltet sich auch der weitere Verlauf seines Klosterlebens. Nach seinem gewaltsamen Eindringen gelangt Rainouart, nachdem er mit großem Appetit die üppig gedeckte, von den Mönchen bei seinem Anblick jedoch fluchtartig verlassene Tafel vollständig leergegessen und -getrunken hat, zunächst in die Kirche des Klosters. Als er ein großes Kreuz erblickt, hält er die dort fixierte Figur für einen Hilflosen, der von den Mönchen in feindlicher Absicht aufgehängt worden sei und bietet ihm Hilfe an. Da der Gekreuzigte auf seine Ansprache nicht reagiert und stumm bleibt, wünscht er ihn – zum Teufel. Dem heroischen Stoffregister sind im französischen Werk offenkundig geistliche Literaturmuster eingeschrieben, die aber sogleich konterkariert werden. Man kann das vielleicht als ein, vermutlich von einem klerikal gebildeten Verfasser, inszeniertes Spiel mit Formen verstehen, die die Dichotomie zwischen christlichen und profanen Werten, gleichsam den *Spalt* zwischen Sakralem und Säkularem,[17] literarisch noch unterstreichen – und zugleich durch Ironie füllen.

Im krassen Gegensatz dazu bereitet in Türheims *Rennewart* das Klosterleben dem Konversen Willehalm keinerlei Schwierigkeiten. Willehalm erweist sich vielmehr als vorbildlicher und, für einen hochadeligen Krieger ganz ungewöhnlich, als schriftkundiger Mönch (V. 33767), der einträchtig mit seinen Mitbrüdern zusammenlebt und von ihnen sowie vom Abt des Klosters seinerseits sehr geschätzt wird. Ausschlaggebend dafür sind insbesondere Willehalms Demut, seine Disziplin und sein Gehorsam gegenüber der Klosterregel. Wirklich zufrieden mit seiner Stellung im Kloster zeigt Willehalm sich aber erst, nachdem er, hagiographischen Schemata folgend, das niedrigste Amt innehat, das niemand sonst verrichten möchte: die Pflege des Hühnerhofes (V. 34103–34145). Die in der französischen Chanson de geste souverän erzeugte und narrativ fruchtbar gemachte Diversifizierung und zugleich Ironisierung einer zwischen Sakralisierung und Säkularisierung changierenden Erzählung wird in der deutschen Adaptation also nicht übernommen, sondern in Richtung eines legendarischen Narrativs vereindeutigt. Ganz Ähnliches lässt sich bei der Schilderung von Rennewarts monastischer Karriere beobachten. Obwohl auch Türheim nicht völlig auf das Einspielen unterschiedlicher literarischer Register und die daraus resultierenden Möglichkeiten und Spannungen verzichten kann und will, wird Rennewarts Übergang vom Welt- zum Klosterleben in der *Willehalm*-Fortsetzung weitaus unproblematischer dargestellt als in der französischen Fassung. Zwar hat auch der Rennewart der deutschen Adaptation erhebliche Schwierigkeiten mit der monastischen Lebensform. Die Probleme resultieren dabei jedoch weniger aus der mit der mönchischen *vita contemplativa* unvereinbaren Lebensweise eines Ex-Kriegers, als vielmehr ganz konkret aus der mangelnden religiösen und klerikalen Bildung des Ex-Heiden und Ex-Kriegers. Bei Türheim entspricht er kaum mehr dem Typus des komischen, nicht unbedingt mit überragendem Intellekt gesegneten Kraftprotzes, wie man ihn aus der französischen Chanson kennt. Folgerichtig wird die Rennewart-Figur, deren burleske Züge bereits in Wolframs *Willehalm* ab-

---

[17] Vgl. dazu den Beitrag von Jan-Dirk Müller im vorliegenden Band.

geschwächt worden waren, von Türheim zu einem regelrechten Gottsucher stilisiert, der sich zwar bemüht, Glaubenswahrheiten auch mit dem Verstand zu begreifen und den Abt oder Willehalm danach fragt (V. 10885–10893; 11082–11086; 11284 f.; 16310–16330). Von Gott besonders ausgezeichnet wird er aber schließlich gerade wegen seiner heiligen Einfalt. Denn nicht der theologisch hochgebildete Abt ist es, der in der deutschen Adaptation Gott besonders nahe kommt, sondern der *pauper spiritu* Rennewart in seiner *sancta simplicitas*.[18] Ganz in diesem Sinne gestaltet Türheim jene humorvoll-ironische Szene aus der französischen Quelle um, in der der einfältige Rainouart vergeblich mit dem Abbild des Gekreuzigten zu sprechen versucht. Bei Türheim redet Christus hingegen in einer Passage, die an mirakulöse oder mystische Texte erinnert, tatsächlich vom Kreuz herab mit Rennewart, als dieser ein Zeichen für die Wahrheit des christlichen Glaubens begehrt (V. 11201–11229). Die zwischen literarischen Sakralisierungs- und Säkularisierungseffekten changierende Ambivalenz der französischen Fassung wird auf diese Weise nivelliert und schließlich in plane Kreuzzugsideologie verwandelt:

,[…] *swa du durch mich vihtest*
und zu der heiden shaden pflihtest
und in den ungelauben werst,
swa du des libes sie beherst,
dar an lit gar min wille.'
da mit sweig ez do stille,
daz bilde, und sprach niht mer. (V. 11223–11229)

Während Türheim die Ambivalenzen seiner Vorlagen glättet, indem er die von den französischen Verfassern aufgerufenen, dann aber abgewiesenen und ironisierten geistlichen Muster ausformuliert, nutzt Ulrich von dem Türlin, Autor der zweiten *Willehalm*-Ergänzungsdichtung, in seiner ohne französische Vorlage entwickelten ätiologischen Vorgeschichte, der *Arabel*, andere narrative Möglichkeiten. Im Zentrum des Erzählgeschehens steht bei ihm nicht der Glaubenskrieg, sondern eine dezidiert profane Thematik – die Liebe zwischen dem in heidnische Gefangenschaft geratenen Willehalm und der vorerst noch mit Tybalt verheirateten Heidenkönigin Arabel, die gefährliche Flucht und endlich die Hochzeit des Liebespaares.[19] Auch in dieser Ergänzung von Wolframs

---

[18] Vgl. zum Typus des *pauper spiritu* Paul Lehmann: Die heilige Einfalt. In: Paul Lehmann: Erforschung des Mittelalters. Ausgewählte Abhandlungen und Aufsätze. Bd. III. Stuttgart 1960, S. 213–224.

[19] Vgl. Holger Höcke: *Willehalm*-Rezeption in der *Arabel* Ulrichs von dem Türlin. Frankfurt a. Main u. a. 1996 (Europäische Hochschulschriften, Reihe I. 1586), S. 161: Ulrich von dem Türlin „bemüht sich, eine geistliche Sinngebung des Kampfes zu etablieren. Im ganzen jedoch bleibt die religiöse Perspektive in der *Arabel* eher rudimentär und erreicht nicht die Tiefe des Wolframschen *Willehalm*. Das gesamte Schlachtgeschehen in Südfrankreich dient letztlich nur einem epischen Zweck: Es soll erzählt werden, wie Willehalm trotz couragierten Einsatzes und großer Kampftüchtigkeit gefangengenommen und in den Orient gebracht wird. Danach nimmt die Handlung einen

Chanson de geste-Bearbeitung begegnen jedoch narrative Schemata, die religiösen Modellen entlehnt sind. Entsprechende Signale setzt bereits der Prolog (vgl. Fassung *R, V. 1,1–7,39), der bei aller Differenz dem paradigmatischen Willehalm-Prolog und dessen Dichtergebet wesentliche Anregungen verdankt. Symptomatisch ist indes, dass im Arabel-Prolog nicht das Bild vom kriegerischen Heidenkämpfer Willehalm dominiert, wie man es aus Wolframs Prolog kennt. Bei Türlin wird Willehalm vielmehr in einem Atemzug mit dem Apostel Thomas genannt, dem unkriegerischen Missionar des fernöstlichen Indien (*R, V. 6,25–31).[20] Nicht als Krieger, sondern gleichsam als Missionar macht dann auch Türlins Willehalm seine wichtigste Eroberung, wenn er während einer Schachpartie mit Arabel, die als geistliche Schachallegorie gestaltet ist, der Heidenkönigin Grundaussagen des christlichen Glaubens näher bringt, sie dadurch für die fremde Religion zunächst interessiert und schließlich vom Christentum überzeugt (*R, V. 100,1–114,31).[21] Zu dieser Verschränkung von profanen und geistlichen Narrativen gesellt sich ein weiteres, die gesamte Erzählung durchziehendes und immer wieder erinnertes Motiv, durch das der Erzähler den religiös aufgeladenen Diskurs, der von ihm selbst aufgebaut wurde, partiell unterläuft.

Unmittelbar vor ihrer geplanten Flucht hatte Arabel Willehalm durch eine List aus seinem Verlies befreit und versteckt ihn, bevor beide das Fluchtschiff besteigen, eine Nacht lang in ihrer Kemenate.[22] Der Erzähler wirft im Rückblick auf diese Szene nun mehrfach die suggestive Frage auf, was wohl während jener Nacht auf *dem matraz* geschehen sein möge, verweigert jedoch, mit dem topischen Hinweis, er sei nicht dabei gewesen, konsequent die Antwort darauf.[23] Die daraus zwangsläufig resultierenden Fantasien der Rezipienten werden erst gegen Ende der Arabel sistiert, wenn Willehalm in einem ausführlichen Bericht über seine Gefangenschaft und Flucht zu verstehen gibt, dass er die Situation seinerzeit *durch glaubens eren* nicht ausgenutzt habe (*R, V. 237,10–28). Türlin beutet mit der immer wieder umspielten Erzählerfrage, was in jener Nacht geschehen sein möge, und der späten Auflösung durch den Protagonisten

---

ganz anderen Verlauf. Die Thematik des Heiligen Krieges scheint Ulrich im Grunde nur am Rande interessiert zu haben."

[20] Zum Arabel-Prolog vgl. Höcke (Anm. 19), S. 175–180; zu dessen religiösen Dimensionen Melanie Urban: Kulturkontakt im Zeichen der Minne. Die Arabel Ulrichs von dem Türlin. Frankfurt a. Main 2007 (Mikrokosmos. 77), S. 56–70.

[21] Wie kunstvoll in dieser ersten geistlichen Schachallegorie in deutscher Sprache religiöser Diskurs und Minnediskurs miteinander verschmelzen, hat Melanie Urban (Anm. 20), S. 176–186, demonstriert. Zugleich konnte sie zeigen, dass nicht nur in dieser Passage die beiden Diskurse übereinander geblendet werden, sondern jene „Engführung", wie sie von Urban treffend genannt wird, ein konstitutives Moment des gesamten Textes bildet.

[22] Vgl. zu Arabels Kemenate als einem spezifischen, der totalen männlichen Verfügungsgewalt entzogenen Raum Peter Strohschneider: Kemenate. Geheimnisse höfischer Frauenräume bei Ulrich von dem Türlin und Konrad von Würzburg. In: Das Frauenzimmer. Die Frau bei Hofe in Spätmittelalter und früher Neuzeit. Hrsg. von Jan Hirschbiegel, Werner Paravicini. Stuttgart 2000 (Residenzenforschung. 11), S. 29–45, hier S. 33–39.

[23] Vgl. dazu Höcke (Anm. 19), S. 217–224 u. S. 241–243, sowie Urban (Anm. 20), S. 259–262.

das bekannte Legendenmotiv der standhaften Bewährung eines christlichen Ritters angesichts der Verführungskünste einer attraktiven Heidin aus, das zunächst anzitiert, dann durch suggestive Erzählerfragen irritiert und erst ganz am Schluss durch eine Figurenrede bestätigt wird. In der *Arabel* kommt es somit zu einer permanenten Überblendung von profaner, entschieden erotisch-sexuell konnotierter Minnethematik und christlichen Literaturmustern, zu einem Oszillieren von Säkularem und Religiösem. Dabei erscheinen die Beziehungen und Grenzen zwischen beiden Bereichen nicht immer als völlig eindeutig, sie löschen sich gegenseitig nicht aus – und sollen es wohl auch gar nicht. So wird vielleicht besser verständlich, weshalb selbst ein so ausgewiesener Kenner des Textes wie dessen Herausgeber Werner Schröder Willehalms späte Antwort auf die immer wieder vorgebrachte Erzählerfrage nach der gemeinsamen Nacht in Arabels Kemenate offenbar überliest oder für vorgeschoben hält und sich darüber mokiert, dass Arabels „Liebesnacht mit Willehalm in demselben Gemach, das sie wenige Wochen vorher noch glücklich mit Tybalt vereint hatte, [...] wenig Einfühlung, Takt und Geschmack" verrät.[24] Schröder ist offenbar der von Türlin geschickt aufgebauten Suggestion einer Irritation des legendarischen Erzählmusters und insofern einem literarischen Säkularisierungseffekt erlegen.

Betrachtet man die *Arabel* jedoch im Erzählzusammenhang des gesamten *Willehalm*-Zyklus, wie dies für mittelalterliche Rezipienten der Regelfall gewesen sein dürfte, kommt es zu hagiographischen Hypostasierungen bzw. Vereindeutigungen durch Sakralisierungseffekte. So werden beispielsweise im Schlussteil des Zyklus, anders als in den französischen Quellen, sämtliche Protagonisten als Heilige bezeichnet (neben Willehalm und Gyburc sowie Willehalms sechs Brüdern sind dies auch Rennewart und dessen Frau, deren gemeinsamer Sohn Malefer und seine Frau Penthesilea samt deren Sohn Johannes). Da verwundert es dann wenig, wenn sich in einer lateinischen Handschrift, die von einem Mönch des Benediktinerklosters St. Ulrich und Afra an der Wende zum 16. Jahrhundert in Augsburg kompiliert wurde, der Vermerk findet, dass „der heilige Willehalm in der Diözese Margilonie in Montpasiliere (Montpellier) mit seiner Gemahlin Gyburg zur letzten Ruhe gebettet ist und der heilige Rennewart die Schwester des heiligen Willehalm zur Ehefrau hatte".[25] Kurt Gärtner charakterisiert diese Notiz zutreffend „als Zeichen für die Wertschätzung des Stoffes bei einem monastischen Publikum um 1500".[26] Auch daran lässt sich ablesen, dass vom frühen 13. Jahrhundert bis in die frühe Neuzeit hinein im deutschsprachigen Bereich, genauer im oberdeutschen Raum, für den Willehalm-Stoff ähnlich wie für den Karl/Roland-Stoff vielfach stärker

---

[24] Werner Schröder: Ulrich von dem Türlin. In: ²VL. Bd. 10. 1999, Sp. 39–50, hier Sp. 48.
[25] Kurt Gärtner: Ein Zeugnis für die *Willehalm*-Rezeption um 1500. In: WS 6 (1980), S. 201–205, hier S. 202: „Item sanctus wilhalmus quiescit seu sepultus est in dyocesi margilonie in montpasiliere cum coniuge sua kyburga. Sanctus rennwart habuit sororem sancti wilhelmi in coniugem uxorem filiam regis portepaliart prouincie etc. kyburga fuit soror rennwart et ambo progeniti ex rege sarracenorum terramere".
[26] Ebd.

geistliche als profane Werte die Rezeptionsinteressen steuerten – selbstverständlich ohne dass andere Verständnismöglichkeiten dadurch gänzlich ausgelöscht worden wären. In der Romania dominieren den gleichen Stoff über den gesamten Zeitraum hinweg hingegen andere Produktions- und Rezeptionsprozesse, in denen sich zwar bestimmte literarische Säkularisierungseffekte ausmachen lassen; allerdings zeichnet sich auch hier keine darauf beziehbare Entwicklungslinie vom hohen Mittelalter bis in die frühe Neuzeit ab.

II. Mythische Säkularisierung und Rationalisierung des Religiösen – *Herzog Herpin* und *Malagis* als Beispiele spätmittelalterlicher Chanson de geste-Adaptationen

In den nun zu behandelnden deutschen Bearbeitungen französischer Heldenepik, die im Unterschied zu den bisher in den Blick genommenen chronologisch später anzusiedeln und entstehungsgeographisch anders, nämlich im rheinfränkischen Raum, zu verorten sind,[27] schlägt sich ein differierender, aber deshalb nicht weniger interessanter Umgang mit den auch in diesen Werken komplexen Relationen zwischen profanen und religiösen Narrativen nieder. Demonstriert werden soll das an je einem Vertreter der im 15. Jahrhundert im Umkreis des Saarbrücker und Heidelberger Hofes entstandenen späten deutschen Chanson de geste-Adaptationen: Dem *Herzog Herpin* und dem *Malagis*.

Im *Herzog Herpin*,[28] einer um 1430/40 ins Deutsche übertragenen, auf der französischen Chanson von *Lion de Bourges* beruhenden Erzählung um drei Generationen einer Dynastie, die stets zwischen Trennung und Wiedervereinigung ihrer Mitglieder schwankt, begegnet neben vielen anderen Erzählmodellen und Diskursen[29] ebenfalls das für die französische Heldenepik grundlegende Narrativ antagonistischer Auseinandersetzungen zwischen Christen und Sarazenen. Gott unterstützt die christlichen Streiter dabei zum Beispiel dadurch, dass ein vom Himmel herabkommendes Heer unter Führung der Heiligen Georg, Jakobus und Dionysius heidnische Kriegsmassen in Spanien besiegt:

---

[27] Vgl. zu diesem Typus Bastert (Anm. 16), S. 368–399.
[28] Eine wissenschaftlichen Ansprüchen genügende Ausgabe des *Herzog Herpin* wird z. Zt. von mir vorbereitet. Sie erscheint, ebenso wie die durch Ute von Bloh betreute Edition des *Loher und Maller*, der aus dem gleichen Erzählzyklus stammt, 2013/14 in der Reihe ‚Texte des späten Mittelalters und der frühen Neuzeit' im Erich Schmidt Verlag Berlin. Ich zitiere aus dieser Edition (die Blattverweise beziehen sich auf den als Leithandschrift dienenden Codex Wolfenbüttel, Herzog August Bibliothek, Cod. Guelferbytanus 46 Novissime 2°).
[29] Vgl. Ute von Bloh: Ausgerenkte Ordnung. Vier Prosaepen aus dem Umkreis der Gräfin Elisabeth von Nassau-Saarbrücken: Herzog Herpin, Loher und Maller, Huge Scheppel, Königin Sibille. Tübingen 2002 (Münchener Texte und Untersuchungen zur deutschen Literatur des Mittelalters. 119).

> *Aber got der almechtige, der vergysset syner fründe nit. Da geschag ein groß wonder zeychen vmb der cristenheyt willen. Als die heyden die crysten vmb satzt hatten, da quamen yne zu helffe von gotz verhencheniß der heyliger herre sant Georgen vnd sante Iacob vnd sante Dionijs vnd viel ander heyligen, die warhen alle wieß gewappent. Sye ryden zu dem stryt zu vnd slügen der heyden viel darnieder.* (fol. 93v)

Oft hilft überdies ein weiterer von Gott gesandter Helfer den christlichen Protagonisten in unterschiedlichen gefährlichen Situationen: der weiße Ritter. Es handelt sich dabei um eine nach dem Vorbild des dankbaren Toten modellierte Figur, die in der mittelalterlichen Literatur auch sonst vielfach begegnet. Die Prosachanson integriert überdies noch eine Reihe weiterer hagiographisch getönter Motive. So wird Herpins Gattin Adelheid mit dem ewigen Leben belohnt, weil sie sich auf Gottes Weisung selbst erniedrigt, sogar lange Zeit als Bettlerin im Schmutz lebt und selbst von ihrem Mann, der sie viele Jahre lang gesucht hatte, nicht erkannt wird – Anklänge an die populäre Alexius-Legende sind hier kaum übersehbar. Der Erzähler nutzt die Passage überdies zu einem moraltheologischen Einschub, insofern kann man hier von einer zusätzlichen geistlichen Aufladung des Textes sprechen:

> *Die hertzogyn lieff yme alles noch, das sij yne gerne gesehen hette. Ir cleyder slügen ir vmb ire beyne, das sij nit mochte balde lauffen. Sye lieff als eyn vnselich mensch, das in vnseliger stunden geborn ist, aber sij ist in dem ewigen leben gecrönet. Da wart ir gelonet ir vnselyger dage, die sij vff diessem ertrich gehabt hatt. Man hellet die vor vnseligen, die arm sint, die richen lachen vnd spotten ire. Das groß armüt, das yne got zu gefüget hat, vnd hat gedolt dar vmb, so verdienet er das ewyge leben aen ende. Vmb die vnseligen dage, die er in dieser vergangen zijt gehabt hat, wirt er deste me erhöhet in dem hymelrich. Das finden wir beschriben vnd dar vff liget vnser glaube. Wand die hoffartigen hertzen, die yren leip der werlet gezieret hant, die essent die wurme in der erden, syn sele fert in abgronde der hellen, dar zu brenget yne die hoffart. Wer nü wyse ist, der laß von dem hoffart vnd von böser gedenck vnd nyme demütikeit bij sich. By den artikeln mage er wole zu dem ewigen leben kommen. Ihesus wolle vns soliche gnade dün, das wir alle bijt einander zü dem ewigen leben komen. Amen.*
>
> *Nü komen ich widder vff myn rechte materien: Ich han vns das dar vmb gesagt, vmb der edeln hertzogyn willen, das sij also iemerlich ginge. Het sij aber gewolt, sy were wol viel hoher kommen, dann sij were wol ein groß konnigyn worden. Aber sij gedacht an ir arme sele, die yrme libe beuollen was. Sij hatt ir sele also wol gehüt, das sij in dem ewigen leben gecrönet ist.* (fol. 95v)

In anderen Passagen des *Herpin* werden geistliche Erzählmuster hingegen außer Kraft gesetzt, ja sogar desavouiert. Gleich zwei Mal wird beispielsweise die Erwartungshaltung evoziert, dass einer der hochadligen Protagonisten sein Weltleben aufgeben und als Eremit eine *conversio* erleben würde – beide Male wird diese Erwartung jedoch nicht eingelöst. Herzog Herpin hält in der ersten dieser Szenen das entsagungsvolle Leben eines Klausners exakt so lange durch, wie ein ehemaliger Abt zusammen mit ihm in der Waldeinsamkeit vor Rom lebt. Sobald der Abt von einfallenden Sarazenen getötet wird, die ihrerseits von Herpin natürlich ausgeschaltet werden, gibt er die klerikale Lebensform sogleich zugunsten der altvertrauten eines adlig-ritterlichen Heidenkämpfers auf:

Da sich hertzog Herpin alleyn sach in syner clusen, er was sere bekommert in syme synne vnd sprach zu ym selber: „Ich han dörlich gedan, das ich so lange in der clusen bin gewest. Man dient got als wol in einer stat als in dem walde. Ich bin zu lange hie gewest, ich achten mich nit wijse. Aber daz dede ich vmb myns bruder, des aptz willen, den hant mir die heyden erslagen. Des bin ich betrübt, got wolle yme barmhertzig sin. Ach du edeler geselle myn, wie liep hette du mich ane alle boßheit! Das sage ich wol, das du din aptij vmb mynen willen ließte. Die hiemelsche konnigynne habe din sele. Ich kan dich nit herwider geschrien, des ist myn hertze betrübet. Ich han dich gerochen, das batt dich aber wenig. Ich wil numme in diesem walde bliben, ich wil gein Rome gene zu dem babest, wider die heyden yme zu helffen. Ich wil mich wappenen wieder die heyden, wil er mir ein phert geben, ich achten vff mynen lyp also vil als vff ein kese." (fol. 16r)

Gegen Ende der Prosachanson zieht sich Herpins Sohn Lewe in eben jene Klause vor Rom zurück, in der zuvor sein Vater eine Zeit lang gelebt hatte. Legendarischen Erzählmodellen gemäß wird Lewe auf wunderbare Weise vom Himmel gespeist und verbringt dort ein heiligmäßiges Leben: Er *was gar ein heylig man* (fol. 154v). Als Lewe jedoch vom weißen Ritter erfährt, dass seine Söhne und damit die dynastische Herrschaft in größter Gefahr sind, erweist sich das eingespielte religiöse Muster sogleich als untauglich. Der Text markiert das deutlich, indem selbst die unmissverständliche Warnung des weißen Ritters, durch ein Verlassen der Klause Gott zu erzürnen und fortan für immer auf dessen Hilfe verzichten zu müssen, Lewe von seinem Entschluss nicht abbringen kann. Die Hilfe für seine Söhne und die genealogische Sicherung der Herrschaft erscheinen ihm wichtiger:

„vnd solde dar zü myn sele vmmer vnd ewiclich verdampt werden, so wil ich myn süne trosten vnd wil yme her vß helffen. Ich bin hie zu vil lange gewest, ich sal nu ander kauffmanschafft triben. Mich dunket, er sij nit wyse, der sich vnd sin erben lesset von siner erbeschafft dryben. Lieber geselle, ich müß ye mit üch." „Geselle", sprach der wyß ritter, „ir erzurnent got gar groblich vmb der glübde willen, die yr yme gedann hant. So ist is uch ouch nit noit, dann ich wil yn an üch wol vß helffen." „Lieber geselle", sprach Lewe, „erzornen ich got hie mit, so wil ich is dar nach follich bussen." „Wol an! Wol an!", sprach der wyß ritter, „ich laß uch mit mir rijden, aber affter dis male, so gesehent ir mich nummer me." „Das lassent gewerden", sprach Lewe, „dann ich kan des nit geleucken, das ich got da mit erzürne, das ich mynen kinden helff. Ich dün is vmb keins gudes willen, dann alleyn vmb myner kinde willen." (fol. 155r/v)

Interessanterweise kennt die Prosachanson, nach der erfolgreichen Herrschaftssicherung durch Lewe, gleichwohl einen Rückzug Lewes aus der Welt. Literarisch umgesetzt wird dies aber eben nicht in Form einer *moniage*, sondern durch ein anderes prominentes Narrativ mittelalterlicher Literatur: Lewe verschwindet spurlos und endgültig aus der (Erzähl-)Welt, indem er sich, so kann man mit guten Gründen zumindest vermuten, in das andersweltliche Reich der Artusschwester begibt. In deren Bannkreis war er zuvor schon einmal geraten, später hatte sie ihm Rüstung und Schwert unter der Bedingung gestellt, dass er ihr beides innerhalb eines Jahres zurückbrächte:

Lewe sprach mit luder stymme widder sin kinde vnd ritterschafft: „Ir herrn, ich müß zu hant hinweg, dan ich han es Mallabrons süster gloubt vnd ouch Glorianden, kunnig Artus suster, den han ich geredt in dem grunde vor Burges vnd han yne das mit mynen trüwen in yre hant globt. Diewile ir nü alle vß dem gefengnis loyß sint, so wyl ich mich nü hinweg machen vnd bidden uch nü alle vmb des willen, der die marttel vor vns alle gedragen hatt, das uwer eyner dem andern getruwe wolle sin vnd wollent vch zü hauff halden. [...]" Des morgens frü stunt Lewe vff vnd nam vrloup von synen sünen vnd von syner ritterschafft vnd ouch von Grassien. Syn sone wolden ye mit yme rijden, aber Lewe enwolde des nit gestaden. Da begonden sij alle gemeynlich sere heyß zu weynen, man mocht da groß iamer vnd leyt gesehen han. Lewe reyt alleyn hin weg, vnd als vns die hystorye sagt, so enmocht nie kein man erfahren, war Lewe ye were bekomen. (fol. 170r/v)

Durchgespielt wird im *Herpin* somit eine profane Variation des bekannten Modells christlicher Weltentsagung samt dem daraus resultierenden Eingang in einen transzendenten Raum. Man könnte dies unter der Rubrik literarische Säkularisierung verbuchen, doch ist der Sachverhalt wohl noch komplizierter. Es handelt sich hier nämlich nicht nur um eine simple Profanierung, sondern um eine Art Untertunnelung des geläufigen religiösen Narrativs einer Abkehr von der diesseitigen Welt, um umso sicherer die jenseitige zu erreichen. Die Dichotomie geistlich-weltlich wird aufgebrochen und ergänzt um ein Drittes. Beschreiben ließe sich das als eine Säkularisierung in die andere Richtung – hinter die Religion zurück zum Mythos. Dieser Mythos ist freilich ein nicht mehr geglaubter, ein literarischer – insofern gewinnt das Ästhetische in dieser Passage einen gewissen Eigenwert.

Eine andere Art der Relationierung religiöser und profaner Literaturmodelle lässt sich in einer der letzten deutschen Umsetzungen französischer Heldenepik ausmachen: in dem um 1460/70 im Umkreis des Heidelberger Hofes niedergeschriebenen und rezipierten *Malagis*.[30] Anders als alle bislang behandelten Werke geht der deutsche *Malagis* nicht auf eine französische Vorlage zurück, er stellt vielmehr eine vergleichsweise genaue Übersetzung eines niederländischen Werkes dar, das seinerseits auf der französischen Chanson von *Maugis d'Aigremont* basiert.[31] Malagis wird kurz nach seiner Geburt entführt und wächst bei der Fee Oriande und ihrem zauberkundigen Bruder auf. In dessen Bibliothek eignet er sich aus Fachbüchern überragende Kenntnisse der *Nigromancij* an, die ihn schon als Heranwachsenden selbst den besten Lehrern an der Universität Paris überlegen machen. Seine nigromantischen Qualitäten, durch die Malagis jede Gestalt annehmen, aus allen Gefängnissen entkommen und anderen seinen Willen aufzwingen kann, nutzt er immer wieder, um sich und die Seinen aus gefährlichen Situationen zu befreien. Er entspricht erkennbar dem in der französischen Heldenepik häufig begegnenden Typus des *larron enchanteur*, des zauberkundigen Diebes,[32] den z. B.

---

[30] Der deutsche Malagis nach den Heidelberger Handschriften cpg 340 und cpg 315 unter Benutzung der Vorarbeiten von Gabriele Schieb und Sabine Seelbach. Hrsg. von Annegret Haase u. a. Berlin 2000 (Deutsche Texte des Mittelalters. 82).

[31] Zur Stoffgeschichte vgl. die Einleitung der *Malagis*-Ausgabe (Anm. 30), S. XLI–LXIX.

[32] Bob W. Th. Duijvestijn: *Er hett gelert und was eyn clerg gut / von nygromancij. Die Zauberkunst im ‚Malagis'*. In: Sprache und Literatur des Mittelalters in den *Nideren Landen*. Gedenkschrift für Hartmut Beckers. Hrsg. von Volker Honemann u. a. Köln/Weimar/Wien 1999, S. 67–86 (Niederdeutsche Studien. 44).

auch der *Herzog Herpin* mit der extrem negativen Figur des Teufelsbündners Gombaus kennt. Malagis wird ebenfalls als Figur entworfen, die als nigromantischer Magier eine Affinität zum Diabolischen besitzt, wenn er mit Hilfe seiner Zauberkünste Teufel erscheinen lassen und beschwören kann, damit sie ihm dienstbar sind. Als Beschwörungsformeln benutzt er dabei Sprüche, die im Text als *experment* (Experiment) bezeichnet werden und damit eine pseudowissenschaftliche Tönung erhalten. Nicht allein dadurch bemüht sich der Autor der deutschen (und das heißt eigentlich der niederländischen) Bearbeitung, der mit einiger Sicherheit ein gebildeter Kleriker war, wie zahlreiche wissenschaftliche und theologische Interpolationen belegen,[33] den Magier vom Odium des Teufelsbündners zu befreien. Dazu gehört auch die Tatsache, dass, im Unterschied zu den französischen Fassungen, die von Malagis benutzten Zaubersprüche und Beschwörungsformeln häufig im Wortlaut angeführt werden. Überraschenderweise – oder vielleicht auch gerade nicht – enthalten sie stets eine meist umfangreichere christliche Anrufung, die mehr oder weniger passende Passagen aus der Bibel aufgreift, so etwa, wenn Malagis den Teufel Ranas unter einem Marmorblock fixiert:

Da sach Malagiß uff einer sijden
Einen marmelstein hart groß.
Ranas er darunder schoß,
Da mit er sere was geschent.
Da sprach er diß experment:
‚Ich mane und bespellen
Bij alle der crafft der gesellen,
Der appostein unsers herren,
Bij alle der wißheit, die sie leren
Und allen, die hie sint beleben,
Bij dem verdienst in irem leben
Sie verdienten, als den strijt
Sie hielten in der welt wijt,
Zu stercken unser weet.
Darumb got was an das crucz gereckt,
Der ine die nüwe gesecz hat gelaßen,
Und sie hielt in steter maßen
Das sie nit achten den dot,
Zu verstorczen ir blut rot,
Bij dem wellichen sie sint beschreben,
Zu haben das ewige leben
Und ewige freüde ummermer.
Also müß dir ewig sere
Hie gescheen sonder ende.'

---

[33] Orlanda S. H. Lie: ‚Alsoe leerde Madelghijs sine const'. Magie in de Middeleeuwen: fictie of werkelijkheid? In: Karolus Rex. Studies over de middeleeuwse verhaaltraditie rond Karel de Grote. Hrsg. von Bart Besamusca, Jaap Tigelaar. Hilversum 2005 (Middeleeuwse Studies en Bronnen. 83), S. 181–192; Erwin Huizinga: Wetenschap in dienst van de fictie. Het gebed over de zeven planeten in de Malagis. In: ebd., S. 167–180.

> *Ranas sprach: ‚ich bin geschent,*
> *Das begynn ich wol bezeben.'* (V. 6015–6040)

Gedacht ist das offenkundig als eine Art christlicher Exorzismus (man fühlt sich an althochdeutsche Segenssprüche mit *historiola* und *incantatio* erinnert), um die in den analogen französischen Fassungen negativ konnotierten magischen Qualifikationen zu positivieren und solcherart gleichsam zu *taufen*. Die Termini *experment*, *orison* (niederl. für Gebet) und *gebeet* sind dann auch austauschbar und werden im *Malagis* für christliche Gebete wie für magische Beschwörungen gleichermaßen benutzt. Die magischen Fähigkeiten des Teufelsbeschwörers Malagis bleiben dem Text, trotz vorangestellter christlicher Gebete, gleichwohl problematisch. Intradiegetisch wird das deutlich, wenn Karl sie immer wieder verdammt und auch Malagis' Zwillingsbruder Vivien sich von dessen zauberischen Fähigkeiten distanziert – was ihn allerdings nicht daran hindert, bei passender Gelegenheit selbst eine wirkungsvolle Formel zu nutzen, die Malagis ihm ins Ohr flüstert (V. 11090 f.). Die vom Bearbeiter vielleicht gezielt literarisch hergestellte, möglicherweise aber auch nur gespürte fatale Nähe von christlichem Wunder und durch magisches Wissen bewirkter Welt- und Naturbeherrschung erhellt insbesondere aus jener Szene, in der Malagis den Oberteufel Beelzebock zwingen kann, ihm in Zukunft dienstbar zu sein, wodurch Malagis alles, was er sich in seiner Phantasie vorstellt, mit Beelzebocks Hilfe Gestalt annehmen lassen kann. Drei Möglichkeiten werden jedoch ausdrücklich von diesen magisch-phantastischen Fähigkeiten ausgenommen: Wasser in Wein zu verwandeln, aus Steinen Brot zu machen und Tote wieder zum Leben zu erwecken – Wunder also, die mit Christus selbst verbunden sind, wobei die vom teuflischen Versucher insinuierte Verwandlung von Steinen in Brot von Jesus allerdings zurückgewiesen worden war:

> *Ich lig uberwonden und wil sin*
> *All myn leben der knecht din.*
> *Was ir bedenckt in uwerm synne,*
> *Des wil ich uch alles bringen inn*
> *Und sol von allem uwerm willen sin,*
> *Sonder bronnen machen zu win*
> *Und von den harten steinen brot*
> *Und uff thün stan die da sint dot,*
> *Hye von han ich kein macht.* (V. 2864–2872)

Gerade in dem hier sichtbar werdenden, angestrengten Bemühen, Magisches und Christliches auseinander zu halten – also Sakrales und das aus Fachbüchern stammende, mithin als wissenschaftlich markierte, säkulare Potential zur Realisierung kühnster Phantasien zu trennen – in diesem Bemühen einer Dichotomisierung der beiden Kräfte und ebenso in der den gesamten Text durchziehenden wiederholten Versicherung der göttlichen Suprematie über die Schöpfung blitzt nun aber, wenn auch nur kurz, ein Säkularisierungseffekt auf. Denn hinter dem Rücken der durch Malagis mit gleichsam wissenschaftlicher Präzision bewirkten Verzauberung der Welt lugt im fiktionalen Versuchslabor der Literatur eine Entzauberung, eine Rationalisierung des Religiösen hervor.[34]

Lässt man abschließend noch einmal literarische Sakralisierungs- und Säkularisierungstendenzen und -effekte in den behandelten deutschen Chanson de geste-Bearbeitungen Revue passieren, könnte sich eventuell doch der anfangs, im Zusammenhang mit den Ausführungen de Boors erwähnte Eindruck eines in Richtung Neuzeit emergierenden linearen Säkularisierungsprozesses aufdrängen: von den dort dominierenden Hagiographisierungstendenzen, quasi also einer verweigerten Säkularisierung, in hochmittelalterlichen oberdeutschen Chanson de geste-Bearbeitungen über den literarische Säkularisierung und Hagiographisierung verschränkenden und gegeneinander führenden *Herzog Herpin* aus der ersten Hälfte des 15. Jahrhunderts bis zum *Malagis* aus der zweiten Hälfte des 15. Jahrhunderts, in dem sich – nicht unbedingt beabsichtigt und keineswegs dominant, aber doch punktuell – eine Rationalisierung des Religiösen in der zugleich abgewehrten wie vorgeführten Gleichsetzung von Christlichem und Magischem andeutet. Schon allein aus entstehungsgeschichtlichen Gründen wäre eine solche teleologische Sichtweise jedoch fatal. Denn wenn man die französischen bzw. niederländischen Vorlagen der im 15. Jahrhundert ins Deutsche übertragenen Chansons de geste mit berücksichtigt, die sich, nach allem was wir wissen, in den fraglichen Punkten nicht kategorial von den deutschen Adaptationen unterscheiden, ändert sich der Befund gravierend. *Lion de Bourges*, die französische Vorlage für *Herzog Herpin*, wurde vermutlich um die Mitte des 14. Jahrhunderts verfasst, der niederländische *Madelgijs*, den der deutsche *Malagis* sehr genau überträgt, möglicherweise sogar schon um 1300.[35] Damit ist man dann nicht mehr sehr weit von der im späteren 13. Jahrhundert anzusetzenden Entstehungszeit des *Rennewart* und der *Arabel* entfernt. Vom *Willehalm*-Zyklus existiert überdies eine tiefgreifend überarbeitete Prosaauflösung aus dem späten 15. Jahrhundert, die die hagiographischen Potentiale der hochmittelalterlichen Texte weiter steigert und aus der unterschiedlichste Diskurse vereinigenden *Willehalm*-Trilogie, fast zur gleichen Zeit, in der der *Malagis* ins Deutsche übersetzt wird, eine

---

[34] Es wäre, gerade im Hinblick auf literarische Säkularisierungstendenzen, ein lohnendes Unterfangen, die insgesamt zwölf zwischen dem 16. und 19. Jahrhundert erschienenen niederländischen Prosadrucke des *Malegijs* (vgl. zu deren Überlieferung die Einleitung der *Malagis*-Ausgabe [Anm. 30], S. XXXII f.) auf entsprechende Umsetzungen zu untersuchen. Die Passage um die von Malagis trotz seiner magischen Fähigkeiten nicht zu bewerkstelligenden Christus-Wunder fehlt zumindest im ältesten – und mir einzig zugänglichen – Druck, der 1556 bei Jan van Ghelen in Antwerpen erschien; vgl. dessen moderne Ausgabe in: Die schoone Hystorie van Malegijs. Hrsg. von E.T. Kuiper. Leiden 1903 (Nederlandsche Volksboeken. 5), S. 18.

[35] Sämtliche der nur fragmentarisch erhaltenen zehn mittelniederländischen *Madelgijs*-Handschriften datieren aus dem 14. Jahrhundert, wobei die älteste (Fragment 2) zu Anfang jenes Jahrhunderts geschrieben wurde, sodass eine Entstehung des Werks um 1300 nicht ganz unwahrscheinlich sein dürfte; vgl. zur *Madelgijs*-Überlieferung das Vorwort in der *Malagis*-Ausgabe (Anm. 30), S. XXVII–XXXII.

schemakonforme Legende macht.[36] Auch das spricht gegen eine lineare Entwicklung in Richtung frühe Neuzeit. An dem hier präsentierten Ausschnitt aus der literarischen Reihe deutscher Adaptationen französischer Heldenepik lässt sich vielmehr ablesen, dass in ihr literarische Sakralisierung und Säkularisierung von Beginn an komplexe Symbiosen eingehen, die keiner eindeutigen Entwicklungslinie folgen, sich vielmehr in Schichtungen, Konsensen oder Konflikten manifestieren, die immer wieder neu auszuhandeln sind.

---

[36] Hystoria von dem wirdigen ritter sant Wilhelm. Kritische Edition und Untersuchung einer frühneuhochdeutschen Prosaauflösung. Hrsg. von Holger Deifuß. Frankfurt a. Main 2005 (Germanistische Arbeiten zu Sprache und Kulturgeschichte. 45).

Mireille Schnyder
Heidnisches Können in christlicher Kunst

I. Schein und Sein

In Mandevilles Reisen (3. Viertel 14. Jh.), diesem kompilierten Reisebericht eines belesenen Stubenhockers, der aber über Jahrhunderte in alle möglichen Sprachen übersetzt als tatsächlicher Reisebericht die europäischen Fremdbilder prägte, findet sich – zwischen sehr viel spektakuläreren Darstellungen östlicher Regionen – die kurze Beschreibung der Insel Dracorde. Auf dieser Insel lebt ein Volk, das mit allen Attributen fehlender Kultur und Zivilisation belegt wird: Es baut weder Wein noch Korn an, lebt mehr oder weniger nackt in Höhlen, hat keine artikulierte Sprache und ernährt sich von Schlangen. Dabei verehrt, begehrt und liebt es als größten Schatz einen vielfarbigen Stein, nur wegen seiner farbigen Schönheit. Von irgendwelchen Kräften im Stein wissen die Inselbewohner nichts, wie explizit gesagt wird:

> *Zů dracorde sind die lüte wild vnd hand tieren sitten und hand nit husser vnd wonend in hülinen vnd redent nit. Aber sie huwlent vnd plerent so sie zornig oder wol gemůt sind vnd buwent weder win noch korn vnd essent nit anders denn schlangen. Vnd der ist gnůg da vnd begerent kains anderen richtůms denn eins steins. Der da zů land wachset vnd heisset darcordica vnd ist der selb stein ir rihtůmz vnd ir schatz vnd wissend doch nit was krafft er hat. Vnd hat der selb stein wol sechtzigerley farben vnd so menig krafft.*[1]

Mehr als deutlich wird hier die Lust am sinn- und zwecklosen schönen Schein einem unkultivierten Volk zugeschrieben. Dabei wird die Reaktion der Inselbewohner auf die Schönheit als Begehren bezeichnet; in der Übersetzung von Velser heißt es, dass sie nicht wissen, wozu dieser Stein gut sein soll, außer *das sy in lieb haben von seiner*

---

[1] Jean de Mandeville, Reisen. Reprint der Erstdrucke der deutschen Übersetzung des Michel Velser (Augsburg, bei Anton Sorg, 1480) und des Otto von Diemeringen (Basel, bei Bernhard Richel, 1480/81). Hrsg. und mit einer Einleitung versehen von Ernst Bremer, Klaus Ridder. Hildesheim/Zürich/New York 1991 (Deutsche Volksbücher in Faksimiledrucken Reihe A. 21), hier: Diemeringen (1480/81), S. 306 f.

schône wegen.² Dieses sinnlose Begehren des schönen Scheins ist im christlichen Fremdheitsdiskurs Grundkonstituens einer fremden, nicht-christlichen und damit auch falschen Begehrensstruktur. Es ist aber auch diese sinnleere Faszination durch äußerliche Form und Glanz des Materials, die zu den Grundargumenten christlicher Kunst-Kritik und Kunst-Skepsis gehört.

Weist die Verehrung des schönen Steins durch die Dracordier aber lediglich auf deren vollkommene Unwissenheit hin, entsteht die wirkliche Gefahr für den Menschen über die kunstvolle Zurichtung der kostbaren Materialien, die zweite Schöpfung und Nachahmung der *creatura*.³ Das unkultivierte, ignorante und so auch noch weitgehend unschuldige Begehren nach dem schönen Schein des Schöpfungswerks wird durch das kunstvolle mimetische Bildwerk gesteigert zu einem Begehren des falschen, das heißt aber immer auch teuflisch infizierten Scheins. Denn das menschengemachte Bild ist Mittel, eine falsche Präsenz vorzutäuschen, Illusionen zu erzeugen und den Verstand auszuschalten.⁴

Und ist – aus christlicher Perspektive – die Verehrung des schönen Steins insofern defizient, als sie den Kern der Erscheinung nicht erkennen kann, weder die dem Stein innewohnenden Naturkräfte, noch die Schöpferhand dahinter, ist die Verehrung des von Künstlerhand in täuschender Nachahmung gemachten Bildes die Unfähigkeit, Zeichen zu lesen, die präsentische Illusion auf eine über das Zeichen zu erschließende Bedeutung zu durchbrechen, das Bild als Zeichen zu erkennen und als präsentische Realität zu destruieren. Es ist diese Unfähigkeit, die – im christlichen Erzählrahmen – die Bühne bereitet, auf der sich in täuschender Nachahmung und im Vergessen der Materialität und Technizität, das heißt der Bedingungen der Kunst, der Teufel inszeniert.⁵

---

[2] Michel Velser (1480) (Anm. 1), S. 124. Vgl. auch: Sir John Mandevilles Reisebeschreibung in deutscher Übersetzung von Michel Velser. Nach der Stuttgarter Papierhandschrift Cod. HB V 86. Hrsg. von Eric John Morrall. Berlin 1974 (Deutsche Texte des Mittelalters. 66), S. 121, Z. 7–14.

[3] Dies zeigt sich schon in der im Mittelalter gut bekannten Ursprungsgeschichte des Götzenbildes, der Geschichte des König Ninus. Vgl. dazu: Mireille Schnyder: Die Verfügbarkeit des Teufels und die Kunst. In: Paragrana 21 (2012): UnVerfügbarkeit. Hrsg. von Ingrid Kasten. Berlin 2012, S. 47–59.

[4] Seit den frühen christlichen Schriften wird dies immer wieder betont. Vgl. u. a. Minucius Felix, der in seinem „Octavius" den Christen sagen lässt, dass „der Verstand der Unwissenden getäuscht ist durch die Perfektion der Kunst, geblendet durch das Glänzen des Goldes, verdunkelt durch das Leuchten des Silbers und die Weisse des Elfenbeins." Marcus Minucius Felix: Octavius. Lateinisch/Deutsch. Hrsg., übersetzt und eingeleitet von Bernhard Kytzler. München 1965, S. 136 f. (Kap. 24). Vgl. zu der Diskussion der Materialität von Bildern und deren Bewertung im westlichen Mittelalter auch mit einschlägigen Belegen Caroline Walker Bynum: Christian Materiality. An Essay on Religion in Late Medieval Europe. New York 2011, S. 46–52 u. ö.

[5] In der gleichen Logik wird topisch den nicht-christlichen Religionen die Fähigkeit der Exegese mit mehrfachem Schriftsinn, die allegorische Lektüre, abgesprochen. Vgl. zu dieser, im religionspolitischen Diskurs bis heute wirksamen Topik die immer wieder anzutreffende Behauptung, dass der Koran rein literal zu lesen sei.

Das nun aber stellt das christliche Kultbild in einen gefährlichen Kontext, von dem es aufwändig und mit immer neuen rhetorischen und inszenatorischen Tricks distanziert werden soll. Das wird entweder dadurch versucht, dass das Kultbild dem Bereich der menschlichen Künste entzogen wird, oder dass der Zeichencharakter des Bildes ausgestellt wird. Im ersten Fall wird dem Bild, als einem nicht von Menschenhand geformten (*non manu factum*), jede Möglichkeit einer menschlichen, intentionalen, das heißt auch willkürlichen Manipulation der Bildwirkung entzogen und ein direktes Wirken Gottes über das Bild konzipiert.[6] Zur intrikaten Abgrenzung vom teuflisch gewirkten Bild, das topisch über den Hinweis auf seine Materialität und Leblosigkeit destruiert wird, werden die Entstehung des Bildes und seine technische Beschaffenheit konsequent ausgeklammert und verwischt.[7] Der zweite Fall dagegen zielt auf eine intellektuelle Brechung der Rezeption des Bildes in eine Reflexion seiner Bedeutungsstrukturen und eine die (oberflächliche) Zeichenhaftigkeit und Materialität übersteigende Erkenntnis.[8] Der christliche Kunstdiskurs interessiert sich entsprechend auffallend nicht für die Kunstproduktion, sondern fast ausschließlich für die Kunstrezeption. Christliche Bildkritik ist Rezeptions- und Wahrnehmungskritik.

Die Kunstfertigkeit als handwerkliches Geschick, als Beherrschung von Materie und konzeptuelle Kraft im Sinne einer mimetischen Erschließung natürlicher Potenzen, interessiert nicht.[9] Denn dieses, auf ein *artes*-Wissen sich gründende Können, wird im heilsgeschichtlichen Narrativ in eine Tradition gestellt, die dem Geschlecht von Kain und dem verfluchten Noah-Sohn Cham zugeschrieben wird, zu deren Linie dann auch der Erfinder der Magie, Zoroaster, gehört.[10] Angelegt auf eine bewusste Sinnestäu-

---

[6] Vgl. dazu Hans Belting: Bild und Kult. Eine Geschichte des Bildes vor dem Zeitalter der Kunst. München 1990, S. 95. Die kleinen anbetenden Stifter-Figuren, die schon in den frühen Heiligenbildern mit inszeniert wurden, indizieren genau diese Charakteristik des Bildes und konstituieren über die Geste der Anbetung die spezifische Wirkmacht des Bildes. Vgl. ebd., S. 93.

[7] Vgl. Belting (Anm. 6), S. 65 f. Dabei wird auf eine Argumentation zurückgegriffen, die schon aus dem Bild-Diskurs der Antike bekannt ist: Das Bild soll nicht von Hand gemacht sein (*non manu factum*). Vgl. dazu Thomas Pékary: Imago res mortua est. Untersuchungen zur Ablehnung der bildenden Künste in der Antike. Stuttgart 2002 (Heidelberger Althistorische Beiträge und Epigraphische Studien. 38).

[8] Vgl. z. B. die seit dem 11. Jh. nachweisbaren Rahmeninschriften bei Passions- und Heiligendarstellungen: *Nec deus est, nec homo, praesens, quam cernis imago // Sed Deus est, et homo, quem sacra figurat imago*. Vgl. dazu Ragne Bugge: *Effigiem Christi, qui transis, semper honora*. Verses Condemning the Cult of Sacred Images in Art and Literature. In: Acta ad archaeologiam et artium historiam pertinentia 6 (1975), S. 127–139.

[9] Zum Verständnis von Naturähnlichkeit und Naturnachahmung vgl. Andreas Speer: *Kunst* und *Schönheit*. Kritische Überlegungen zur mittelalterlichen Ästhetik. In: *Scientia* et *ars* im Hoch- und Spätmittelalter. Hrsg. von Ingrid Craemer-Ruegenberg, Andreas Speer. Berlin/New York 1994 (Miscellanea Mediaevalia. 22), S. 945–966, hier v. a. S. 952–954.

[10] Vgl. dazu mit entsprechenden Literatur- und Quellenangaben Schnyder (Anm. 3), S. 48, Anm. 3.; S. 53, Anm. 17 und 18. Künstlerschaft im Sinne von handwerklichem und technischem Geschick wird so in den Kontext der Magie und Zauberei gestellt. Vgl. Udo Friedrich: Contra naturam. Mit-

schung, eine innerweltliche und menschengemachte Scheinwelt, geleitet von Interessen der Repräsentation, der Macht, der Unterhaltung, der Wissensvermittlung, der Verzierung und der scheinbaren Überwindung menschlicher und weltlicher Bedingtheit, ist diese Kunst weder Idolatrie noch Gottes-Kunst, sondern *list* im doppelten Sinn: Handwerks- und Technikgeschick wie aber auch Täuschungs-Geschick.[11]

In der Konsequenz dieses hier kurz skizzierten doppelten Kunstverständnisses in der christlichen Tradition, das das (un)heilwirkende Bild als Heils- oder Teufelsbild von der technisch-magischen Könnerschaft einer Beherrschung von Materie und Naturgesetzen, aber auch einer artistischen Brillanz und Illusionsproduktion absetzt, sind die in der mittelalterlichen Literatur beschriebenen großen Kunstwerke alle im außerchristlichen, im heidnischen Bereich zu finden (durch die Herkunft der Künstler oder den Standort). Die Perfektion der in diesen Kunstwerken angestrebten Wahrnehmungstäuschung ist die Belebung des Kunstwerks, sei es mit mechanischen oder illusionistischen Mitteln („als wenn es leben würde").[12] Kunstwerke im christlichen Kontext dagegen werden nie in ihrer Entstehung beschrieben, sondern nur in ihrem Wirkungszusammenhang. Und hier dann *ad bonam* und *ad malam partem*, als heilwirkende, wunderwirkende Bilder oder als Teufelsinstrumente und Mittel teuflischer Irreführung.[13] Wenn hier beschrieben wird, bezieht es sich auf die Rahmung eines Heilsgegenstandes, die allein zur Einbindung des immateriellen Werts in einen materiellen Wertkontext dient, ohne das Eingefasste zu berühren. Die dafür benötigten Materialien entstammen in der Regel der Fremde, der nicht-christlichen Welt, sind eine Art spolienhaft instrumentalisierte fremde

---

telalterliche Automatisierung im Spannungsfeld politischer, theologischer und technologischer Naturkonzepte. In: Automaten in Kunst und Literatur des Mittelalters und der Frühen Neuzeit. Hrsg. von Klaus Grubmüller, Markus Stock. Wiesbaden 2003 (Wolfenbütteler Mittelalter-Studien. 17), S. 91–117, hier S. 96. Die Verbindung von Zoroaster und Magie in der christlichen Tradition geht wohl auf die Ps.-Clementinen zurück.

[11] Zur Semantik von ‚machina', die noch die Bedeutung von ‚Trick', ‚List', ‚Manipulation gegen die Natur' bewahrt vgl. Friedrich (Anm. 10), S. 97. Zu einer differenzierten Darstellung des intrikaten und engen Verhältnisses von Mechanik/Technik und Magie vgl. den reichen Aufsatz von William Eamon: Technology as Magic in the Late Middle Ages and the Renaissance. In: Janus 70 (1983), S. 171–212. Zu differenzieren ist aber zwischen einer auf Nutzen hin angelegten Mechanik und einer auf Unterhaltung, Repräsentation angelegten Mechanik und Technik, die stärker innerhalb eines „Kunstdiskurses" (avant la lettre) mit Magie verbunden werden.

[12] Dazu Klaus Niehr: ad vivum – al vif. Begriffs- und kunstgeschichtliche Anmerkungen zur Auseinandersetzung mit der Natur in Mittelalter und früher Neuzeit. In: Natur im Mittelalter. Konzeptionen – Erfahrungen – Wirkungen. Akten des 9. Symposiums des Mediävistenverbandes, Marburg 14.–17. März 2001. Hrsg. von Peter Dilg. Berlin 2003, S. 472–487. Zu den Automaten als Illusionspoduktoren vgl. auch Friedrich (Anm. 10), S. 91. Dies gehört in den Bereich eines schon in der Antike unzählige Anekdoten hervorrufenden Kunstverständnisses, dessen Grenze die Lebendigkeit ist und dessen Ziel es ist, diese Grenze zumindest im „als wenn" zu überschreiten. Vgl. dazu: Ernst Kris, Otto Kurz: Die Legende vom Künstler. Ein geschichtlicher Versuch. Frankfurt a. Main 1995, S. 89–99; Eamon (Anm. 11), S. 174.

[13] Ausführlicher zu den hier sehr kurz skizzierten zwei Kunstkonzepten: Schnyder (Anm. 3).

Heidnisches Können in christlicher Kunst 163

Kunst.¹⁴ Sehr deutlich wird dies in der Gralsszene in Wolframs von Eschenbach „Parzival", die in ihrem unglaublichen Pomp als Rahmung des Grals gelesen werden kann, der seinerseits sowohl in seinem Aussehen wie seiner Herkunft eine Leerstelle in der fremden Exotik bleibt.¹⁵ Die kostbaren Gegenstände und Materialien, die rundherum aufgefahren werden, haben alle eine fremde, heidnische Herkunft. Handwerker oder Künstler gibt es in der Gralswelt selber nicht, genauso wie die Gralswelt bildlos ist und der Gral nur in seiner heilsbringenden Wirkung Thema wird.¹⁶

Wenn in der christlichen Welt ein kostbar und teuer gefertigtes Kunstwerk Thema wird, gilt es auch immer gleich das Materielle durch eine Bedeutungsstruktur zu überhöhen und zu negieren. Sehr deutlich wird das in den Baukonzeptionen für Cluny und den diese begleitenden Schriften des Abtes Suger. Einerseits werden hier der unglaubliche ökonomische Aufwand wie auch die materielle Kostbarkeit des Baus herausgestrichen, gleichzeitig aber auch immer sofort die Materialität in die Spiritualität, in die Bedeutung hin aufgelöst. Dies geschieht durch Bildprogramme (das Leben Jesu auf den Haupttüren) und/oder Inschriften, wie zum Beispiel auf dem Antependium, dessen Inschrift in den zwei Versen gipfelt: *Significata magis significante placent.*¹⁷ Der abundante ökonomische Aufwand wird zum Rahmen und materiellen Anlass einer unbezahlbaren Wahrheitserkenntnis. Die Kostbarkeit ist einerseits einzig adäquater Hinweis auf den unsichtbaren und unfassbaren Wert, der darüber erschlossen werden kann, wird gleichzeitig aber auch gerade durch den so erschlossenen Wert depotenziert und zunichte gemacht. Die Darstellung fremder Kunstwerke dagegen, heidnische Heiligtümer und Prachtbauten mit ihrer kunstvollen Ausstattung, bleibt in der materiellen Kostbarkeit und deren Glanz stecken, ohne Deutungspotenzial auf einen geistigen Sinn hin.

Schematisierend kann man in Bezug auf die literarische Kunst-Darstellung von einer Rhetorik der christlichen Kunst sprechen, die eine Rhetorik der Entmaterialisierung, der Durchsichtigkeit, der Ursprungslosigkeit und der offenbarenden Authentizität ist; in Bezug auf die Darstellung nicht-christlicher Kunst aber von einer Rhetorik der Materialisierung, der Gemachtheit, der Kunstfertigkeit, der Technik und der täuschenden Raffinesse.¹⁸

---

¹⁴ Vgl. zu der Funktion der umhüllenden Materialität auch Bynum (Anm. 4), S. 58 u. ö. Zu denken ist in diesem Kontext auch an die Reliquienschreine.
¹⁵ Wolfram von Eschenbach: Parzival. Nach der Ausgabe Karl Lachmanns revidiert und kommentiert von Eberhard Nellmann, übertragen von Dieter Kühn. Frankfurt a. Main 1994 (Bibliothek des Mittelalters. 8,1–2).
¹⁶ Vgl. dazu auch: Mireille Schnyder: Überlegungen zu einer Poetik des Staunens im Mittelalter. In: Wie gebannt. Ästhetische Verfahren der affektiven Bindung. Hrsg. von Martin Baisch, Andreas Degen, Jana Lüdke. Freiburg 2013, S. 95–113.
¹⁷ Andreas Speer, Günther Binding (Hrsg.): Abt Suger von Saint-Denis. Ausgewählte Schriften: Ordinatio, De consecratione, De administratione. Darmstadt 2008, S. 323–325 u. S. 330 f.
¹⁸ Wenn Bynum für das Spätmittelalter eine Fokussierung und Ausstellung der Materialität der Bilder konstatiert, so im Kontext einer Brechung jeder Illusionierung, einer Negation dessen, was das heidnische Bild als belebtes Bild auszeichnet. Und auch da ist nicht die Herstellung, die Kunstfer-

II. Meisterliche (Wort)Kunst

Was in der mittelalterlichen Literatur auf der Ebene der Beschreibung von Kunstwerken sehr deutlich als Differenz der Kunstkonzeption bezüglich christlicher oder heidnischer Kultur und damit als Differenz von christlicher und heidnischer Kunst gesehen werden kann, hat auch Implikationen für die Poetik oder besser: die Konzeptualisierung des Dichtens. Denn die Entstehung und raffinierte Gemachtheit der fremden Kunstwerke (Statuen, Bauten, Grabmäler, [Wand-]Bildprogramme, Brunnen, Räume, Betten, etc.) wird nicht nur detailliert beschrieben, sondern oft auch eng an das Erzählen zurückgebunden und so zu einem Modell dichterischen Schaffens. Die beschriebenen Werke, *meisterlîch geworht* und *meisterlîch gezieret*, sind immer auch Teil einer Texttradition und damit (auch) Werke eines Erzählers.[19] So wendet sich zum Beispiel der Erzähler im „Herzog Ernst", nach der üppigen Beschreibung des blendend schön gebauten und geschmückten Grippia und dem Hinweis, dass *wir* das alles aus Büchern wissen, *dâ ez an geschriben stât* (V. 2245), an das Publikum mit dem Wunsch: *wol im derz uns getihtet hât | sô rehte wol ze tiute* (V. 2245 f.: „Möge es dem wohl ergehen, der es für uns geschaffen hat, so richtig gut zu verstehen."). In dieser Engführung von Ekphrasis und Bauwerk wird das letztere zu Text und darüber zum Objekt der Auslegung, der Deutung, der Exegese, aber auch der Übertragung in die deutsche Sprache, den eigenen Verstehensraum.[20]

Damit schließt der Dichter sein Erzählen bewusst an das Kunstwerk der „Fremden" an und stellt damit implizit seine Kunstfähigkeit, seine Technikbeherrschung und seine auf Illusionierung angelegte Könnerschaft aus. Die beschriebene *meisterschefte* ist seine eigene. Es ist nicht der von Gott inspirierte Dichter, der sich hier inszeniert, sondern der Könner, der sich der Wirkmacht illusionistischer Effekte bewusst ist und deren Techniken beherrscht. Gleichzeitig ist es das in den Kontext des Erzählkunstwerks, in die eigene Sprache gebrachte fremde Bauwerk, das *ze tiute* vorgelegt wird. Damit wird die Kunst der Materialbeherrschung über die Kunst der Wortbeherrschung in einen Kontext der Sinnhaftigkeit und Sinngenerierung hereingeholt, der das fremde Kunstwerk deutbar macht.[21]

---

tigkeit im Blick, sondern die Materialität des Kunstprodukts, die Entlarvung des Scheins auf ein im Material Bedeutetes hin. Bynum (Anm. 4), S. 38: „Indeed, it is a characteristic of medieval images that their crafters tended to employ materials explicitly as themselves rather than creating an illusion, or a naturalistic depiction, of them through other media."

[19] Zitate aus der Beschreibung von Grippia in: Herzog Ernst. Ein mittelalterliches Abenteuerbuch. In der mittelhochdeutschen Fassung B nach der Ausgabe von Karl Bartsch mit den Bruchstücken der Fassung A. Hrsg. von Bernd Sowinski. Stuttgart 1979, V. 2239 u. V. 2235.

[20] V. 2246 f. kann auch auf den am Ende der Überlieferungsreihe deutsch erzählenden Autor bezogen werden.

[21] In Bezug auf den Herzog Ernst sind es über das Narrativ konstituierte Deutungen im heilsgeschichtlichen Rahmen einer Versuchungslogik und Scheinhaftigkeit des Teuflisch-Bösen.

Anders als die Machart und Technik fremder Kunstwerke ist die Machart christlicher Kunstgegenstände dagegen in den Texten nicht Vergleichsmoment für das Dichten. Hier wird kein Mechanismus beschrieben, keine technische Raffinesse entlarvt, sondern nur verschleiert, ohne dass ein Kunst-Werk in den Blick käme: die Beschaffenheit des Grals ist unvorstellbar.[22] Dafür aber schließt sich die dichterische Rede an die Anfangslosigkeit und Ungemachtheit dieser Gegenstände an und stellt sich als Mittel einer wahren Rede dar. Die Setzung eines transzendenten Ursprungs legitimiert und valorisiert *das dinc*, aber auch den im Text geschlossenen Glaubenspakt zwischen Erzähler und Rezipient, der jeden Zweifel an der Heils- und Wirkmacht des Grals und deren Darstellung ausschließt.[23]

Was in der Kunst-Beschreibung innerhalb der Texte wirksam ist, gilt auch für die Inszenierung der Textproduktion selber. Ein geistlicher Text ist ein *non manu factum*, eine nur durch göttliche Inspiration ermöglichte Dichtung, deren Erzähler Sprachrohr Gottes ist. Anders die weltliche Dichtung, die sich in eine innerweltliche Texttradition stellt, die in der Regel in die heidnische Zeit zurückgeht, in ihrer christlichen Lesart dann aber zum eigentlichen Sinn findet.

Übertragungen I

Die der heidnischen Fremde zugeschriebene Kunstfertigkeit als Vergleichsmoment für die dichterische Fähigkeit der Illusionierung und deren Techniken wird in der zweiten Hälfte des 13. Jahrhunderts vermehrt in den eigenen Handlungs- und Lebensbereich hereingeholt. Es ist nicht mehr nur die Anbindung der eigenen Wortkunst an die heidnische Beherrschung der Künste und Verfügung über materielle Kostbarkeit, wie in den als Kunstwerke des Dichters inszenierten fremden Kunstgegenständen innerhalb des Narrativs, sondern die Wortkunst selber wird Thema und als mit kostbarsten Materialien und größtem Geschick arbeitendes Handwerk dargestellt.[24] Wird die exquisite Kostbarkeit heidnischer Kunstwerke durch die Einbindung in die sprachliche Darstellung in den christlichen Deutungsrahmen hereingeholt, indem der Schein mit Sinn aufgeladen zum Zeichen wird, wird nun vermehrt die (christliche) Wortkunst, als rare Kunst, die mit kostbarsten Materialien in größter Raffinesse umgeht, in den Kontext fremder, auch magisch konnotierter Objekte gestellt. Dabei ist es gerade die Exquisität der Dichtkunst, ihre Seltenheit, die das Dichtwerk zu etwas Exotischem, Fremdem, Seltenem und Kostbarem macht, das sich mit raren Edelsteinen oder auch dem Phönix

---

[22] Vgl. auch Schnyder (Anm. 16).
[23] Vgl. Wolfram von Eschenbach: Parzival (Anm. 15), V. 238,8–17. Genauer dazu: Schnyder (Anm. 16), S. 107–111.
[24] Zu dem in der Zeit verstärkt auftretenden Bildfeld des Handwerks für das Dichten vgl. Sabine Obermeier: Von Nachtigallen und Handwerkern. ‚Dichtung über Dichtung' in Minnesang und Sangspruchdichtung. Tübingen 1995 (Hermaea NF 75), S. 333–338.

vergleichen lässt, wie es Konrad von Würzburg im Prolog zum „Trojanischen Krieg"
sagt.

> *sît man gimmen reine*
> *dar umb ie künde triuten,*
> *daz si niht al den liuten*
> *wol veile sint, sô diuhte mich*
> *gevellic unde mügelich,*
> *daz guot getihte wære*
> *ze hove niht unmære*
> *durch sîne tiuren fremdekeit.*
> *diu schrift von einem vogele seit,*
> *der fênix ist genennet.*
> [...]
> *ich wil den spæhen orden*
> *getihtes ime gelîchen.* (V. 24–47)

Nachdem man seit jeher schöne Edelsteine deshalb wert schätzt, weil sie nicht allen Menschen wohlfeil sind, so scheint es mir recht und billig, dass ein gutes Gedicht am Hof nicht missachtet würde, wegen seiner wertvollen Seltenheit. Die Schrift berichtet von einem Vogel, der Phönix heißt. [...] Den exklusiven Stand der Dichtung will ich mit ihm vergleichen.

Auffallend bei diesem Vergleich ist jedoch, dass die (gute) Dichtung nicht mit fremden Kunstwerken, mit raffiniert bearbeiteten kostbaren Materialien verglichen wird, sondern mit Schöpfungswundern, deren seltene Schönheit und wunderbare Kräfte letztlich auf Gott zurückgehen. Damit wird das Dichten zu einem Wunderwirken Gottes, gehört die Dichtkunst zu den *mirabilia mundi*. Das Verständnis der (weltlichen) Dichtkunst, als Sprachkunst, lehnt sich so trotz allem auch an die das christliche Bildverständnis prägende Tradition des nicht von Menschenhand gemachten Kunstwerks an. Entsprechend ist das A und O des Dichters die Herzenseinsicht, *daz sîne fuoge und sîne kunst | nâch volleclichen êren | mac nieman in gelêren, | wan gotes gunst aleine* („dass seine Geschicklichkeit und sein Können zu vollkommenem Ansehen niemand ihn lehren kann außer Gottes Gunst allein").[25]

Der Spruch 32,301 von Konrad von Würzburg formuliert diese Idee einer absoluten Kunst der Dichtung aus:[26]

> *Für alle fuoge ist edel sang getiuret und gehêret,*
> *darumbe daz er sich von nihte breitet unde mêret.*
> *elliu kunst gelêret*
> *mac werden schône mit vernunst,*
> *wan daz nieman gelernen kan red und gedœne singen;*

---

[25] Konrad von Würzburg: Der Trojanischer Krieg. Nach den Vorarbeiten K. Frommanns und F. Roths hrsg. von Aadalbert von Keller. Stuttgart 1858 (Bibliothek des literarischen Vereins in Stuttgart. 44), V. 72–77.

[26] Konrad von Würzburg: Kleinere Dichtungen III, Die Klage der Kunst, Leiche, Lieder und Sprüche. Hrsg. von Edward Schröder, mit einem Nachwort von Ludwig Wolf. 4. Aufl. Dublin/Zürich 1970, S. 66.

Heidnisches Können in christlicher Kunst

> *diu beidiu müezen von in selben wahsen unde entspringen:*
> *ûz dem herzen clingen*
> *muoz ir begin von gotes gunst.*
> *ander fuoge durfen alle rates und geziuges wol.*
> *swer si trîben rehte sol,*
> *der muoz hân daz gerüste,*
> *dâmite er si volende nâch der liute muotgelüste;*
> *son darf der sanc niht helfe wan der zungen und der brüste:*
> *sunder valsche âküste*
> *gât er dâvon für alle kunst.*

Vor allen Kunstfertigkeiten ist der edle Gesang geliebt und verehrt, weil er sich aus Nichts ausbreitet und mehrt. Alle erlernte/gelehrte Kunst kann mit Hilfe von Verstand schön werden, nur Rede und Töne-Singen kann niemand lernen; diese beiden müssen aus sich selber wachsen und entstehen: Aus dem Herzen klingen muss ihr Anfang durch die Gnade Gottes. Andere Künste brauchen alle Unterweisung und Gerätschaften. Wer auch immer sie richtig betreiben will, der braucht die Ausrüstung, damit er sie nach der Leute Verlangen ausführen kann. Der Gesang aber braucht keine Hilfsmittel außer der Zunge und der Brust: Ohne falsche Tücke geht er deshalb aller Kunst vor.

Konrad greift das christlich-religiös aufgeladene Kunstverständnis auf, das in der Ungemachtheit, der Materialitätslosigkeit, der Unabhängigkeit von menschlich erlernbaren Techniken und damit der Unverfälschtheit einer göttlich inspirierten Aussage sein Ideal hat.[27] Während sich jede andere Kunst *nâch der liute muotgelüste* (32,312) richte, also von Willkür und Rezipientenwünschen abhängig sei, brauche der Gesang nichts als Zunge und Brust und ist so frei von falscher Absicht, ohne Tücke und ohne Entstellung. In der Wortwahl geht Konrad sogar so weit, über die ersten sieben Verse eine Parallelisierung zur Schöpfung *ex nihilo* (*von nihte/von in selben*) zu evozieren, die dann genau in der Mitte des Spruchs ihre Differenz zur göttlichen Schöpfung in der Bestimmung der bewegenden Kraft im Anfang findet: *gotes gunst*. Damit werden Anfang und Produktionsprozess der Dichtung verschleiert. Die Logik der Unterscheidung von Dichtung und anderen Künsten ist dieselbe Logik, die im christlichen Kunstdiskurs das christliche Kultbild von dem heidnischen Kunstbild unterscheidet. Entsprechend ist diese Dichtungstheorie auch wieder eine Rezeptionstheorie: Gute Dichtung zu bestimmen ist Aufgabe der Rezipienten. Diese können entweder mit hellem Geist die wahre Dichtung erkennen, oder mit der Blindheit der Fledermäuse das faulende Holz für das wahre Licht nehmen, wie es im Prolog zum Trojanischen Krieg heißt (Tr.Kr. V. 154–169).

Was im allgemein formulierenden Spruch zum inspirierten, gott-gemachten Werk wird, ist dann aber im Moment, wo ein sprechendes Ich ins Spiel kommt, in den Raum der menschlichen Fähigkeiten, der Willkür, der Verpflichtungen und Arbeitsmühen geholt. Mit dem Auftreten eines Erzähler-Ich tritt die göttliche Inspiration zurück zugunsten der Vernetzungen des Ich in soziale und ökonomische Zusammenhänge und der Betonung seiner Abhängigkeit von physischen und intellektuellen Fähigkeiten

---

[27] Zur Tradition dieses Dichtungsverständnisses vgl. auch Pékary (Anm. 7).

(Tr.Kr. V. 176–269). Gleichzeitig tritt die Kunstfähigkeit, das Können dieses Ich in den Vordergrund und wird der Arbeitsprozess Thema, die Suche nach dem Anfang der Erzählung, den Textquellen, den richtigen Worten. Und die in der Dichtungs-Theorie des Spruchs ausgeschlossenen *muotgelüste* sind hier durch die Nennung des Auftraggebers wieder eingeholt: *daz ich ez hebe mit willen an, | dar ûf hât wol gestiuret mich | der werde singer Dietrich | von Basel an dem Orte* (Tr.Kr. V. 244–247).

Das Dichtungsverständnis changiert so zwischen der abstrakten Idee (göttlich) inspirierter Rede und dem Konzept artistisch-raffinierter Könnerschaft im Dienste weltlicher Interessen, zwischen christlicher Inspiration und heidnischer Kunstbeherrschung (Meisterschaft), göttlicher Wirkung und magischen Techniken, Gottwirken und Kunstkönnen.

Dem Spruch 32,301 geht ein Spruch im gleichen Ton voran,[28] in dem der Gesang des Meissners vorgestellt wird als eine Kunst, die dieser während eines Greifenflugs von Sirenen gelernt hätte und sie nun im Schrein seines Herzens bewahre, um damit alle rheinländischen Sänger zu übertrumpfen. Diese nicht inspirierte, sondern erlernbare, wenn auch in einem mythisch überhöhten Raum erlernbare Kunst, ist jedoch reine Unterhaltungskunst, eng verbunden mit der Heldenepik.[29]

Der Mîssenær hât sanges hort in sînes herzen schrîne,
sîn dôn ob allen ræzen dænen vert in êren schîne,
dâmit er bî Rîne
die singer leit in sîn getwanc.
in fuorten überz lebermer der wilden grîfen zwêne:
dâ lêrte in underwegen dæne singen ein syrêne:
lebte noch Elêne
von Kriechen, si seit im ir danc
durch sîn adellichez dænen, daz dâ klinget hôhe enbor.
er gât an der wirde vor
smaragden und saphîren;
er dænet vor uns allen sam diu nahtegal vor gîren;
man sol ze sînem sange ûf einem messetage vîren.
‚alsus kan ich lîren',
sprach einer der von Ecken sanc. (32,286–300)

Der Meissner hat einen Liederschatz im Schrein seines Herzens, seine Weise fliegt über allen scharfen Tönen im Schein der Ehre, damit er am Rhein die Sänger in seinen Zwang nimmt. Zwei wilde Greife führten ihn übers Lebermeer: Unterwegs lehrte ihn da eine Syrene Melodien singen. Wenn Helena aus Griechenland noch leben würde, sie würde ihm danken für sein edles Singen, das da hoch hinauf klingt. Er übertrifft an Wert Smaragde und Saphire, er klingt vor uns allen wie die Nachtigall vor Geiern; man soll zu seinem Sang auf einem Jahrmarkt feiern. ‚Genau so kann ich leiern', sagte einer, der von Ecke sang.

---

[28] Konrad von Würzburg (Anm. 25), S. 65.
[29] Zur pejorativen Deutung dieser Stelle in Bezug auf die Heldenepik als Unterhaltungsliteratur vgl. Rüdiger Brandt: Konrad von Würzburg. Kleinere epische Werke. Berlin 2000 (Klassiker Lektüren. 2), S. 60.

Heidnisches Können in christlicher Kunst 169

Die Differenz zwischen christlich-inspirierter Kunst als Gottes-Kunst in Spr 32,301 und magisch-heidnischer Kunst als erlernbarem Können, das hier mit mythisch-magischen Mitteln arbeitet, ist deutlich bezeichnet. Ist die eine dank göttlicher Gnade ein Herzens-Klang, ist die andere, dank mythisch-magischem Wissen ein Herzens-Schatz, von einer Kostbarkeit (*wirde*), die jeden Edelstein in den Schatten stellt. Aber die Sirenenklänge dieser Dichtung sind verführerisch, ihre Weise (*dôn*) erhebt sich im Glanz der Ehre (*êren schîne*) über alle scharfen (*ræzen*) Klänge, wodurch die Sänger am Rhein überwältigt werden. Doch gehört diese Art des Singens vor ein Jahrmarkt-Publikum.

Auffallend ist, dass Konrad die zwei Sprüche mit einer konträren Medialität ausstattet. Ist das Lob der idealen Dichtung in 32,301 ein Lob des Klangs, ist die kritisierte magisch-verführerische Kunst in 32,286 über ihren Glanz und ihren Smaragde wie Saphire übertreffenden Schatz im Schrein des Herzens vor Augen gestellt. Damit ist die göttlich inspirierte Dichtung Klang-Kunst, die magisch-mythisch wirkende Dichtung aber ein in exotischen Gegenden gelerntes, verführerisches, glänzendes Singen, das nicht nur magisch bezwingt, sondern auch als Schatz im Herzen gehortet werden kann. Ist das erste ursprungsloses, göttlich initiiertes Klingen, ist das andere magisch wirkendes, kostbares Wissen, wie es der schönen Helena – als Inbegriff fataler Schönheit – gefallen hätte und wie es die ungebildete Masse blendet.[30]

Übertragungen II

Im Kontext dieses Konrad'schen Verständnisses einer wahren Dichtung, in dem das Herz Quell eines von Gott initiierten Singens ist, während jede auf blendende und verführerische Tricks setzende Dichtung zwar die Kostbarkeit von Edelsteinen übersteigen mag, in der Wirkung aber fatal ist, ist es nun doch erstaunlich, wenn Konrad sein großes Marienlob mit dem Wunsch beginnt, in seiner Herzensschmiede ein Gedicht für Maria aus Gold herzustellen:[31]

Ei künde ich wol enmitten
in mines herzen smitten
getihte uz golde smelzen,
und liehten sin gevelzen
von karfunkel schone drin

---

[30] Zur Bedeutung des Klangs für Konrads Poetik vgl. die präzisen, bis in die feinsten Strukturen des Textes eindringenden Analysen von Susanne Köbele: Zwischen Klang und Sinn. Das Gottfried-Idiom in Konrads von Würzburg *Goldener Schmiede* (mit Anmerkungen zur paradoxen Dynamik von Alteritätsschüben). In: Alterität als Leitkonzept für historisches Interpretieren. Hrsg. von Anja Becker, Jan Mohr. Berlin 2012 (Deutsche Literatur. Studien und Quellen. 8), S. 303–333, hier S. 310 ff.

[31] Konrad von Würzburg: Die goldene Schmiede. Hrsg. von Edward Schröder. 2. Aufl. Darmstadt 1969. Die angekündigte historisch-kritische Ausgabe von Karl Bertau ist mir leider noch nicht zugänglich.

dir, hohiu himelkeiserin!
so wolte ich diner wirde ganz
ein lop durliuhtec unde glanz
daruz vil harte gerne smiden. (V. 1–6)

Ach könnte ich doch mitten in meiner Herzensschmiede Dichtung aus Gold schmelzen und hellen Karfunkel-Sinn einlassen für dich, hohe Himmelskaiserin! So würde ich zu deiner vollkommenen Ehre sehr gern ein durch und durch leuchtendes und glänzendes Lob daraus schmieden.

Gleich am Anfang des Textes wird der Blick in die Herzkammer gelenkt, in der sich eine Goldschmiedewerkstatt installiert, in der das Marienlob geschaffen werden soll. Damit kommt da, wo sonst gerade die Kunstlosigkeit des Inspirationsvorgangs als Verschleierung des Herstellungsprozesses inszeniert wird, der Dichtungsprozess als Handwerk in den Blick. Gleichzeitig stellt sich das Ich ins Zentrum des Schaffensprozesses. Das Herz, Ort göttlicher Inspiration, wird – im idealen Wunsch – zur Werkstatt, in der das Ich mit wertvollen Materialien zu Gange ist. Das hier so prominent auftretende Ich ist dieses Ich, das sich auch in den Prologen der weltlichen Werke jeweils sozusagen im Rücken der idealen Konzeption der Dichtkunst als Werk göttlicher Inspiration an die mühevolle, in weltlichen Netzen verstrickte Arbeit macht. Anders als dort steht es hier aber am Anfang und stellt sich – sowohl im Text wie im Bild – in den Raum, der eigentlich der göttlichen Inspiration vorbehalten ist. Und es ist kein Klingen, das hier aus dem Herzen fließt, sondern nur der leise Klang der Werkzeuge, die das Gold und die Edelsteine zu einem leuchtenden, glänzenden Kunstwerk als Lob Mariens verarbeiten sollen. Nicht *von nihte*, sondern mit Hilfe von Materialien bester Qualität wird hier gearbeitet. Die dafür notwendigen Werkzeuge sind zwar – wie in der topischen Abgrenzung von den Instrumenten der anderen Künste – nur Zunge und Mund, doch wird über die Metaphorik die Distinktion unterwandert: Hier wird gehämmert und gereinigt. Und es ist gerade der meisterhafte Umgang mit diesen Werkzeugen, woran die Defizienz des Ich deutlich wird: Es ist zu wenig geschickt für seine Aufgabe. So bereiten ihm die Gliederwerkzeuge Zungenhammer und Mund Schwierigkeiten:

nu bin ich an der künste liden
so meisterliche niht bereit,
daz ich nach diner werdekeit
der zungen hamer künne slahen,
und minen munt also getwahen
daz er ze dime prise tüge. (V. 10-15)

Nun bin ich in Bezug auf die Glieder der Künste nicht so meisterlich ausgestattet, dass ich deiner Würde gemäß den Zungenhammer schlagen und meinen Mund so reinigen könnte, dass er zu deinem Preis taugen würde.

Hier interessiert nun nicht die Unsagbarkeits- und Unfähigkeitstopik, sondern die Inszenierung der Dichtung als Kunst-Werk am Anfang eines Marienlobs, das im Kontext der Tradition geistlicher Dichtungen eine initiale Inspirationsbitte erwarten ließe. Wenn hier nun der Schaffensprozess thematisiert wird als ein Arbeitsprozess, der Kunstfertig-

Heidnisches Können in christlicher Kunst

keit verlangt, stellt sich dieser Anfang in direkten Gegensatz zu der die Kunst religiös legitimierenden Tradition der Verschleierung der Künstlerhand. Dass das Kunstwerk als Menschenwerk deutlich gemacht wird, kann im Kontext der von Bynum betonten Aufmerksamkeit auf die Materialität im späteren Mittelalter gesehen werden.[32] Anders als in den von ihr vorgestellten Beispielen aber geht es hier nicht nur darum, das Material als Hülle, als Anlass oder als Mittel der Wahrnehmung von Transzendenz zu erkennen, sondern in der Beobachtung des Herstellungsprozesses geht es um die Einbindung des Künstler-Ichs in das Werk. In diesem Ich ist der Ursprung von Wille, Konzept und Ausführung des kostbaren Kunstwerks zu finden. Was mit den heidnischen Kunstgegenständen immer schon in Verbindung gebracht war, Geschicklichkeit, exklusives Wissen und technische Fähigkeit ihrer Hersteller als Mittel der Transformation der Materie in einen Gegenstand, der Verwunderung und Bewunderung hervorruft, als Mittel aber auch der Transgression der Materie in illusionistischen Schein, wird hier – im Marienlob – für christliches Kunstschaffen reklamiert. Damit wird aber auch die Grenze zwischen christlich-religiös legitimierter Kunst als Wahrheitsvermittlerin und nur im heidnisch-fremden Raum sich legitimierender Kunst der Illusionierung, technischen Manipulation und Faszination durchlässig.

Dass das Werk Konrads dann an der Aufgabe einer Darstellung von Mariens *unbilde* (V. 566) scheitert, ja scheitern muss, unterstreicht gerade seinen Ursprung im menschlichen Ich, das mit den ihm gegebenen Mitteln und Fähigkeiten auskommen muss und deshalb immer im Wunsch, im Nicht-Erreichten bleibt. Es ist nicht die Gnade Gottes, die ihm die Möglichkeit des Dichtens gibt, sondern die Güte Mariens, die das in der Ausführung nicht den Willen einholende Kunstwerk als Marienlob akzeptiert.[33]

Die Kunsthandwerksmetaphorik des Marienlobs schreibt dem Künstler im geistlichen Kontext eine Präsenz und Beteiligung am Werk zu, die zuvor nur im weltlichen (wenn nicht heidnischen) Kontext beobachtet werden kann. Entsprechend führt dies implizit zu einer „Säkularisierung" des geistlichen Dichtens. Wenn de Boor in Bezug auf Konrad von einem „kunsthandwerklich bestimmten Selbstgefühl" spricht, trifft das in einem heutigen Verstehenshorizont von „kunsthandwerklich" nur die eine Seite.[34] Denn „kunsthandwerklich" im Kontext dieses dichterischen Schaffens meint auch ein Kunstkonzept, das das Ich des Dichters aus seiner Mittlerrolle zwischen Gott und Welt befreit und in den Bereich innerweltlicher Kunst stellt, die menschlichem Wünschen und Wollen Form gibt.[35]

---

[32] Vgl. Bynum (Anm. 4).

[33] *also daz mir Cuonrade | von Wirzeburc daz heil geschehe, | daz mir din güete übersehe | swaz ich vermide an dinem lobe*. Die goldene Schmiede (Anm. 30), V. 120–123.

[34] Helmut de Boor, Richard Newald: Geschichte der deutschen Literatur Bd. 3/1: Die deutsche Literatur im späten Mittelalter 1250–1350. Neubearbeitet von Johannes Janota. München ⁵1997, S. 46.

[35] Die Überlegungen lassen sich bis zu einem gewissen Grad an Stierles These einer neuen „Idee des Kunstwerks als Ort der Überschreitung der Faktizität aber zugleich der in keiner Dienstbarkeit mehr aufgehenden Selbstbezüglichkeit" anschließen, wobei ich den von Stierle gebrauchten Begriff einer „immanenten Transzendenz" nicht aufnehmen wollte, da er die kategoriale Differenz einer re-

Wenn dann – in der Fortsetzung des hier beobachteten Wandels im Dichtungsverständnis – in einem Spruch des Langen Tons von Frauenlob (V,13) das Dichten selber mit der Arbeit eines Baumeisters gleichgesetzt wird, ist die Technik und Kunstfertigkeit des Dichters, seine Könnerschaft als menschliche Könnerschaft, ganz aus dem Horizont der Inspirationslehre gelöst, dafür – als Fürstenlob – in den Kontext repräsentativer Architektur gestellt. Dabei fällt auf, dass auch hier prominent ein Ich sich in (die weltliche) Szene setzt:[36]

Ja tun ich als ein wercman, der sin winkelmaz
ane unterlaz
zu sinen werken richtet,
[ ] uz der fuge tichtet
die höhe und lenge: wit und breit,   alse ist ez geschichtet;
und swenne er hat daz winkelrecht   nach sinem willen gezirket,

Darnach er danne wirket, als man wirken kan.
nu merket an,
ich forme, ich model, ich mizze:
wie gerne ich mich flizze
eins lobes, daz hat so hoch ein name,   daz ich sin nicht vergizze!
ez höhet, lenget, breitet sich,   sin nennen niendert lirket.

Ez ist gekrönet, guldin, glanz,
gespiegelt, luter, sunder schranz,
materjen ganz,
milte als ein cranz
ez zafet, zieret sinen swanz:
froun Eren diener Vivianz
ist Waldemar, der fürste stolz,   sin lob noch wunder wirket.

Ja, ich mache es wie ein Baumeister, der sein Winkelmaß ständig an seine Werke anlegt, [ ] aus der Fuge heraus die Höhe und Länge entwirft: Weit und breit, so ist es angelegt. Und wenn er den rechten Winkel nach seinem Willen abgemessen hat, schafft er, wie man schaffen kann. Nun passt auf: Ich forme, ich modelliere, ich vermesse: Wie gern befleißige ich mich eines Lobes,

---

ligiösen Transzendenz und der dichterischen/künstlerischen Überschreitung des Realen nivelliert. Karlheinz Stierle: Säkularisierung und Ästhetisierung in Mittelalter und Früher Neuzeit. In: Ästhetik, Religion, Säkularisierung I. Von der Renaissance zur Romantik. Hrsg. von Silvio Vietta, Herbert Uerlings. München 2008, S. 55–74, Zitat S. 57.

[36] Frauenlob (Heinrich von Meissen). Leichs, Sangsprüche, Lieder. 1. Teil. Einleitung, Texte. Auf Grund der Vorarbeiten von Helmuth Thomas hrsg. von Karl Stackmann, Karl Bertau. Göttingen 1981, S. 396. Dabei wird mit dem Baumeisterbild eine prominente poetologische Bildlichkeit aufgenommen, die die Dichtung als im Geist konzipiertes Werk thematisiert, das dann in der Ausführung erst ins Werk gesetzt wird. Vgl. dazu mit weiteren Verweisen: Obermeier (Anm. 24), S. 249 f. u. Anm. 342. Zur Tradition der im Bild des planenden Baumeisters implizierten Parallelisierung göttlicher und menschlicher Schöpfung vgl. Michael Stolz: ‚Tum'-Studien. Zur dichterischen Gestaltung im Marienpreis Heinrichs von Mügeln. Tübingen/Basel 1996 (Bibliotheca Germanica. 36), S. 136–139, hier auch weitere Literatur.

das einen so hohen Namen trägt, dass ich ihn nicht vergessen möge. Es höht, längt, breitet sich, sein Nennen stottert nie.

Es ist gekrönt, golden, glänzend, spiegelnd, rein, ohne Bruch, ein Stück. Freigebigkeit schmückt es wie ein Kranz, ziert seine Herrlichkeit: Der Ehrendiener Vivianz ist Waldemar, der stolze Fürst, sein Lob wirkt noch Wunder.

III. Schluss

Die grundsätzlich verschiedene Art der Kunstkonzeption und Kunstwahrnehmung, die sich in der christlich-theologischen Tradition zwischen dem Bild in christlichem Kontext und dem Bild in heidnischem Kontext installierte – und die in der literarischen Kunstdarstellung perpetuiert wurde –, wird im Blick auf Konrads Texte unfest. Und dies in doppelter Hinsicht: Einerseits wird Kunst (Dichtkunst) im allgemeinen Sinn (nicht nur im geistlichen Bereich) über eine in religiöser Tradition stehende Argumentation in einen die irdischen Bedingungen transzendierenden Kontext gestellt und damit der Künstler/Dichter implizit in einem Bezug zur Transzendenz (dem Sakralen) gesehen.

Anderseits wird durch die Fokussierung der Gemachtheit der Dichtkunst, des Entstehungsprozesses mit all seinen Wissen, Können und Geschick fordernden Schritten – und dies im geistlichen Bereich –, die Gewalt des Einzelnen, der souverän und raffiniert über die Materie und deren Kräfte verfügt, hervorgehoben.

In diesem Spiel zwischen Sakralisierung der Kunst und Säkularisierung der geistlichen Rede kann ein Reflex eines beginnenden Ablösungs- und Ausdifferenzierungs-Prozesses des Kunst- und Dichtungsdiskurses aus dem religiös-theologischen Diskurs gesehen werden. Ob dies letztlich gelungen ist, kann man sich fragen.

Die Ansätze einer Ent-Auratisierung der Kunst, wie sie in der „Goldenen Schmiede" durch Übertragung der Darstellungsart „heidnischer" Kunst auf das geistliche Dichtwerk zu sehen sind, sind durch die Auratisierung der Kunst durch Übertragung des Konzepts sakraler Kunst auf die Kunst allgemein, verdrängt worden. Die bis in jüngere Zeit deutliche literaturgeschichtliche Vernachlässigung genau dieser „ent-auratisierten" Texte,[37] aber auch die kunstgeschichtliche Abwertung aller ausgestellten Kunstfertigkeit und Könnerschaft (man denke an bis heute nicht wertneutral verwendete Begriffe wie: Virtuosentum und Kunsthandwerk) ist nicht unbedingt Ausdruck eines säkularen Kunstverständnisses.

---

[37] Für eine prägnante Zusammenfassung der Werturteile bezüglich der „Goldenen Schmiede" Konrads vgl. Köbele (Anm. 30), S. 303–333, hier S. 305 ff.

Susanne Reichlin

Interferenzen und Asymmetrien
Zu einigen Kreuzliedstrophen Hartmanns und Reinmars

Die Kreuzlieder von Hartmann und Reinmar (MF 209,25; 218,5; 180,28; 181,13) werden in der Forschung erstaunlich kontrovers beurteilt. Sie werden einerseits als Resakralisierung von Minnesangmotiven beschrieben, andererseits aber auch als Effekt von Säkularisierungsbestrebungen. Ausgangspunkt beider Positionen ist die Gegenüberstellung von *minnedienst* und *gottesdienst*. Im Rahmen der Resakralisierungsthese wird postuliert, dass die im Minnesang entwickelte Semantik in den Kreuzliedern religiös gewendet werde. Der irdische Lohn werde zu einem göttlichen verschoben oder die Frauenminne in eine Gottesminne transformiert. Dementsprechend ist von einer „religiösen Vertiefung" oder einer „Hinwendung zur religiösen Dichtung" die Rede.[1] Die Säkularisierungsthese betont dagegen die Autonomie des Wertes Minne gegenüber der Kreuzzugspropaganda. Mittels des Rückgriffs auf die Minne als Instanz mit eigenem Recht gelinge es den Kreuzliedern, sich von religiösen Vorgaben zu emanzipieren oder die religiöse Kreuzzugspropaganda zu hinterfragen.[2]

---

[1] Für Hartmann: Friedrich-Wilhelm Wentzlaff-Eggebert: Hartmann von Aue: *Dem kriuze zimt wol reiner muot*. In: Wege zum Gedicht. Mit einer Einführung von Edgar Hederer. Hrsg. von Rupert Hirschenauer, Albrecht Weber. 7., erweiterte Aufl. München/Zürich 1968, S. 45–53, hier S. 47 u. 53; Wolfgang Haubrichs: *Reiner muot* und *kiusche site*. Argumentationsmuster und situative Differenzen in der staufischen Kreuzzugslyrik zwischen 1188/89 und 1227/28. In: Stauferzeit: Geschichte, Literatur, Kunst. Hrsg. von Rüdiger Krohn, Bernd Thum, Peter Wapnewski. Stuttgart 1978 (Karlsruher kulturwissenschaftliche Arbeiten. 1), S. 295–324, hier S. 320–322; Hugo Kuhn: Minnesang als Aufführungsform. In: Text und Theorie. Stuttgart 1969, S. 182–190, hier S. 185–190; vgl. zudem Anm. 15. Für Reinmar: Carl von Kraus: Die Lieder Reimars des Alten. 3 Bde. München 1919, S. 75; Peter Hölzle: Die Kreuzzüge in der okzitanischen und deutschen Lyrik des 12. Jahrhunderts (das Gattungsproblem „Kreuzlied" im historischen Kontext). 2 Bde. Göppingen 1980 (Göppinger Arbeiten zur Germanistik. 278), S. 269 f.; Marie-Luise Dittrich: Reinmars Kreuzlied (MF 181,13). In: Festschrift für Ludwig Wolff. Zum 70. Geburtstag. Hrsg. von Werner Schröder. Neumünster 1962, S. 241–264, hier S. 258–260; Ingrid Kasten (Hrsg.): Deutsche Lyrik des frühen und hohen Mittelalters. Frankfurt a. Main 1995 (Bibliothek des Mittelalters. 3), S. 878.

[2] Dorothea Klein: *varn über mer und iedoch wesen hie*. Diskursinterferenzen in der frühen mittelhochdeutschen Kreuzzugslyrik. In: Vom Mittelalter zur Neuzeit. FS Horst Brunner. Hrsg. von Dorothea Klein, Johannes Rettelbach, Elisabeth Lienert. Wiesbaden 2000, S. 73–93, hier S. 92

Ich möchte im Folgenden weder für Resakralisierung noch für Säkularisierung Partei ergreifen, sondern vielmehr fragen, weshalb dieselben Texte so unterschiedlich bewertet werden. Ich möchte dazu – im Sinne des Sammelbandes – bei der Säkularisierung ansetzen. Daniel Weidner spricht treffend davon, dass die Säkularisierungsthese zwei gegensätzliche Dinge zugleich aussagen will: „daß aus der Religion etwas anderes geworden ist, daß dieses andere aber immer noch Religion sei".[3] Anstatt diese logische Unstimmigkeit zu verdecken, schlägt er vor, dies als rhetorische Figur zu verstehen: Ein erster, gewöhnlich als religiös beurteilter Sinn werde durch einen zweiten überschrieben, wobei der erste weiterhin sichtbar bleibe – ähnlich wie bei komplexen Theorien der Metapher, des Zitats oder der Übersetzung.[4] Säkularisierung sei entsprechend als „Spannung zwischen einem Text der Religion" und dessen „Nachbildung" in einem anderen Bedeutungssystem zu verstehen, oder als „Prozess der Um- oder Überschreibung".[5] Die Stärke des Ansatzes von Weidner liegt sicherlich darin, auf die Frage der Blumenberg-Löwith-Debatte, wie im religiösen Kontext entwickelte Konzepte in einem säkularisierten Umfeld weiter wirken können,[6] mit dem Modell der rhetorischen Übertragung zu antworten. Dadurch wird Säkularisierung nicht als Andauern von ‚etwas' gefasst, sondern als „Bedeutungsgeschehen". Im Fokus steht nicht die Frage, ob x (politische Souveränität) ein Säkularisat von y (göttliche Allmacht) ist, sondern welche Be-

---

u. ö.; Manuel Braun: Autonomisierungstendenzen im Minnesang vor 1200. Das Beispiel der Kreuzlieder. In: Geltung der Literatur. Formen ihrer Autorisierung und Legitimierung im Mittelalter. Hrsg. von Beate Kellner, Peter Strohschneider, Franziska Wenzel. Berlin 2005 (Philologische Studien und Quellen. 190), S. 1–28 sowie S. 25 f. für MF 218,5; jedoch bestimmt er nur MF 218,5 als Minne-Kreuzlied, dagegen MF 209,25 als religiöses Lied. Für Hartmann vgl. insbesondere Christa Ortmann: Minnedienst – Gottesdienst – Herrendienst. Zur Typologie des Kreuzliedes bei Hartmann von Aue. In: Lied im deutschen Mittelalter. Überlieferung, Typen, Gebrauch. Chiemsee-Colloquium 1991. Hrsg. von Cyril Edwards, Ernst Hellgardt, Norbert H. Ott. Tübingen 1996, S. 81–99, hier S. 83, 94. Für Reinmar: Albrecht Hausmann: Reinmar der Alte als Autor. Untersuchungen zur Überlieferung und zur programmatischen Identität. Tübingen u. a. 1999 (Bibliotheca Germanica. 40), S. 269 f. u. 274–277; Dorothea Klein: Ritter zwischen militia Christi und Frauendienst. Männlichkeitskonzepte in den mittelhochdeutschen Kreuzliedern. In: Krieg, Helden und Antihelden in der Literatur des Mittelalters. Beiträge des II. Internationalen *Giornata di Studio sul Medioevo* in Urbino. Hrsg. von Michael Dallapiazza, Federica Anichini, Francesca Bravi. Göppingen 2007 (Göppinger Arbeiten zur Germanistik. 739), S. 28–45, hier S. 39–41 für MF 180,28.

[3] Daniel Weidner: Zur Rhetorik der Säkularisierung. In: DVjs 78 (2004), S. 95–132, hier S. 116; vgl. den Nachsatz: „daß die Religion der Moderne ähnlich, aber doch auch radikal verschieden sei".

[4] Ebd., S. 129–131.

[5] Ebd., S. 131.

[6] Ebd., S. 98 f. Weidner wirft Blumenberg vor, er unterstelle Löwith zu Unrecht ein substantialistisches Verständnis von Ideen; vgl. Hans Blumenberg: Die Legitimität der Neuzeit. Erweiterte und überarbeitete Neuausgabe. Frankfurt a. Main 1999, S. 5–134. Dabei wird allerdings oft übersehen, dass Blumenberg versucht, die „Bedingtheit" der Frühen Neuzeit komplexer zu denken als durch eine einfache Säkularisierungsthese; vgl. u. a. S. 137 f.

Interferenzen und Asymmetrien 177

deutungsstiftung durch diese Hypothese statt hat.⁷ Dieser Ansatz ist für die Kreuzlieder deshalb produktiv, weil so nicht die Herkunft, sondern die Effekte von Interferenzen im Vordergrund stehen. An den Kreuzliedern werden jedoch auch die Probleme von Weidners Ansatz sichtbar: Ausgangspunkt seines Modells ist die Spannung zweier Terme, Texte oder Diskurse.⁸ Den einen bezeichnet er als religiös, den anderen meist schon vielfältiger als nicht-religiös, säkularisiert oder ästhetisch.⁹ Mit Blick auf die mittelalterlichen Texte stellt sich jedoch die Frage, wie sich diese beiden Texte oder Diskurse voneinander unterscheiden lassen. Was wäre der so genannte religiöse Text, der den Ausgangspunkt einer Metaphorisierung oder Übersetzung bilden würde?

Um dies genauer zu erörtern, möchte ich in einem ersten Teil anhand von Hartmanns Strophe MF 210,35 die Interferenzen zwischen einem religiösen Diskurs und der Minnesangsemantik untersuchen. Im Rahmen der Analyse soll auch gefragt werden, ob und wie sich ein religiöser und ein nicht-religiöser (oder gar ästhetischer) Diskurs voneinander unterscheiden lassen. Dieser Unterscheidung möchte ich in einem zweiten Schritt systematisch nachgehen. Ich werde bei der Asymmetrie der Unterscheidung religiös/säkular oder geistlich/weltlich ansetzen. Darunter ist zu verstehen, dass die Unterscheidung weltlich/geistlich von der religiösen Seite aus entworfen wird und von der anderen aus betrachtet ganz anders aussehen würde (z. B. höfisch/nicht-höfisch).¹⁰ Auch die Unterscheidung religiös/säkular kann immer nur von einem der beiden (meist einem säkularisierten) Standpunkt aus vorgenommen werden und erzeugt vom anderen Standpunkt aus eine ganz andere Dynamik. Anhand des *conversio*-Motivs wird deshalb im zweiten Teil gefragt, welche methodischen Konsequenzen diese Asymmetrie für die Analyse literarischer Texte und die Fragestellung des Sammelbandes hat.¹¹

---

⁷ Weidner (Anm. 3), S. 99, 105, 132.
⁸ Der Begriff ‚Diskurs' wird hier in einem Vor-Foucault'schen Sinne verwendet. D. h. es geht um eine spezifische Redeweise und damit um kulturell und historisch spezifische Formen der Bedeutungsstiftung.
⁹ Dabei lässt Weidner (Anm. 3), S. 109, 116, 119, 131, offen, auf welcher Ebene die „strukturellen Ähnlichkeiten", „Äquivalenzen" oder Entsprechungen liegen, ob auf der der Produktion oder der Rezeption. Wenn er davon spricht, dass sich „Religion und Kapitalismus [...] wechselseitig erklären", suggeriert er, dass die Ähnlichkeiten erst im historischen Rückblick ‚entstehen' würden. Dagegen unterstellt die Rede vom „dualen Zeichen", dass dies immer schon angelegt gewesen wäre.
¹⁰ Burghart Wachinger: Einleitung. In: Geistliches in weltlicher und Weltliches in geistlicher Literatur des Mittelalters. Hrsg. von Burghart Wachinger, Christoph Huber, Hans-Joachim Ziegeler. Tübingen 2000, S. 1–15, hier S. 4: „Die Begriffe ‚geistlich' und ‚weltlich' sind also als Gegensatzpaar aneinander gekoppelt, aber nicht symmetrisch. Denn der Begriff ‚weltlich' ist aus dem Begriff ‚geistlich' ableitbar, die umgekehrte Ableitung aber ist nicht möglich." Er versteht geistlich/weltlich als christliche Unterscheidung im Gegensatz zu „religiös/profan" oder „numinos/alltagsweltlich" (S. 2 f.). Diskutiert wird die Asymmetrie auch von Blumenberg (Anm. 6), S. 18 f., wenn er unterstellt, die Säkularisierungsthese sei implizit theologisch; vgl. dazu auch unten Anm. 33 u. 34.
¹¹ Ich enge somit die mit der Säkularisierungsdebatte verknüpften Fragen ein. Während ausgehend von der Frage nach ‚Säkularisierung' meist langwährende geschichtliche Prozesse untersucht wer-

I. Die Gleichsetzung des nahezu Gleichen

Für die Analyse der Interferenzen möchte ich von der nur in C überlieferten Strophe MF 210,35 ausgehen.[12] Sie ist in den Editionen meist als fünfte Strophe von MF 209,25 *Dem kriuze zimmet wol reiner muot* zu finden. Während jedoch die ersten vier Strophen in BC überliefert sind (B13–16/C17–20), finden sich am Beginn der über B hinausgehenden Plusstrophen in C zwei weitere Strophen desselben Tons (C33–34), die jedoch geringe formale Abweichungen aufweisen.[13] Dementsprechend gibt es breite Diskussionen, ob es sich bei C33–34 um Ergänzungs-, um Variationsstrophen, oder um ein neues Lied im selben Ton handelt.[14] Da die Strophe insbesondere dann, wenn sie als Teil

---

den, analysiere ich nahezu synchron stattfindende Umbesetzungen und Interferenzen. Die dabei diskutierten methodischen Fragen sind jedoch m. E. auch für den Blick auf langwährende historische Prozesse wichtig. Zum Säkularisierungsbegriff als ‚epochenübergreifend' vgl. u. a. Weidner (Anm. 3), S. 97; Niklas Luhmann: Die Religion der Gesellschaft. Hrsg. von André Kieserling. Frankfurt a. Main 2002, S. 278–281.

[12] Aus pragmatischen Gründen werde ich im ganzen Aufsatz von der methodischen Einheit Strophe ausgehen. Es fehlt der Raum, die Lieder mit ihren eigenen Fragen und Problemen in den Blick zu nehmen. Ich verweise dazu jedoch auf die Analyse der ganzen Lieder in der sich in der Vorbereitung zum Druck befindenden Arbeit *Ästhetik der Inklusion. Inklusionsverfahren und Inklusionssemantiken der mhd. Kreuzzugslyrik*. Da ich von Strophen ausgehe, zitiere ich nach Hugo Moser, Helmut Tervooren (Hrsg.): Des Minnesangs Frühling. 38., revidierte Aufl. unter Benutzung der Ausgaben von Karl Lachmann u. a. Stuttgart 1988. In einzelnen Fällen weiche ich davon ab und begründe dies in den Fußnoten.

[13] Vgl. zur Überlieferung der Lieder Hartmanns und zum Verhältnis der Handschriften: Jürgen Kühnel: Anmerkungen zur Überlieferung und Textgeschichte der Lieder Hartmanns von Aue. In: *Ist zwîvel herzen nâchgebûr*. Günther Schweikle zum 60. Geburtstag. Hrsg. von Rüdiger Krohn, Jürgen Kühnel, Joachim Kuolt. Stuttgart 1989 (Helfant-Studien. 5), S. 11–41; Franz-Josef Holznagel: Wege in die Schriftlichkeit. Untersuchungen und Materialien zur Überlieferung der mittelhochdeutschen Lyrik. Tübingen 1995 (Bibliotheca Germanica. 32), S. 185.

[14] Karl Lachmann, Moriz Haupt (Hrsg.): Des Minnesangs Frühling. Leipzig 1857, setzen die beiden Strophen ab, gehen aber von einem Ton aus. Gustav Roethe: Regelmässige Satz- und Sinneseinschnitte in mittelhochdeutschen Strophen. In: Untersuchungen und Quellen zur germanischen und romanischen Philologie. Johann von Kelle dargebracht von seinen Kollegen und Schülern. Bd. 1. Prag 1908 (Prager Deutsche Studien), S. 505–514, hier S. 512, hat als erster darauf hingewiesen, dass in den Strophen I–IV Auf- und Abgesang „reinlich abgesetzt" seien, in den Strophen C33–34 dagegen syntaktisch verknüpft. Carl von Kraus (Hrsg.): Des Minnesangs Frühling. Untersuchungen (MFU). Leipzig 1939, S. 457 f., stellt deshalb die These auf, dass C33–34 von Hartmann später hinzugefügt worden seien, um das ältere Lied zu erweitern. Ulrike Theiss: Die Kreuzlieder Albrechts von Johansdorf und die anderen Kreuzlieder aus „Des Minnesangs Frühling". Freiburg i. Breisgau 1974, S. 224 f., betont, dass die beiden Lieder auf einer höheren Ebene wieder eine Einheit bilden würden. Für ein Lied plädieren u. a. Max Hermann Jellinek: Zu Hartmanns Lyrik. In: PBB 45 (1921), S. 59–71, hier S. 69; Ekkehard Blattmann: Die Lieder Hartmanns von Aue. Berlin 1968 (Philologische Studien und Quellen. 44), S. 150–156; Helmut Brackert: *Kristes bluomen*. Zu Hartmanns Kreuzlied 209,25. In: Liebe als Literatur. Aufsätze zur erotischen Dichtung in Deutschland. FS für Peter Wapnewski. Hrsg. von Rüdiger Krohn. München

eines sechsstrophigen Liedes verstanden wird, als Beleg für Hartmanns Abkehr vom
Minnesang und als Resakralisierung von Minnesangmotiven gelesen wird,[15] kann es
ergiebig sein, die Strophe stärker isoliert zu betrachten.[16]

Min vröide wart nie sorgelôs
unz an die tage,
daz ich mir Kristes bluomen kôs,
die ich hie trage.
die kündent eine sumerzît,
diu alsô gar
in süezer ougenweide lît.
got helfe uns dar
Hin in den zehenden kôr,
dar ûz ein hellemôr
sîn valsch verstôzen hât
und noch den guoten offen stât. (MF 210,35; *33C*)

1983, S. 11–23, hier S. 13–15, der die formale Differenz zwischen I–V und C 33–34 in seine Interpretation einbaut; dem schließt sich Kasten (Anm. 1), S. 721, an. Vgl. für den detaillierten Überblick über die verschiedenen Positionen Kraus (Anm. 14), S. 455; Blattmann (Anm. 14), S. 150; Ernst von Reusner (Hrsg.): Hartmann von Aue: Lieder. Mittelhochdeutsch/Neuhochdeutsch. Stuttgart 1985, S. 110. Haubrichs (Anm. 1), S. 322, geht als einer der wenigen der jüngeren Interpreten von vier Strophen aus und sieht C33–34 nur in einer „lockeren Beziehung" dazu. Kühnel (Anm. 13), S. 15, deutet die Strophen als Variations- und nicht als Ergänzungsstrophen – was die Interpretation des Liedes nochmals entscheidend verändert, jedoch in der Interpretationsdiskussion bis heute kaum eine Rolle gespielt hat – mit Ausnahme von Rüdiger Schnell: Kreuzzugslyrik. Variation der Argumentation. In: Spuren. FS Theo Schumacher. Hrsg. von Doris Petersen, Heidrun Colberg. Stuttgart 1986 (Stuttgarter Arbeiten zur Germanistik. 184), S. 21–58, hier S. 49 f.

[15] Vgl. Hölzle (Anm. 1), S. 585: Das „gaudium temporale" werde durch eine „doppelte Metamorphose" zu einem „gaudium coeleste". Gewöhnlich wird diese These durch die Annahme einer Entwicklung Hartmanns abgestützt. In MF 210,35 (sowie im ganzen Lied MF 209,25) würden sich erste Anzeichen dessen finden, was in Hartmanns berühmtem Kreuzlied MF 218,5 *Ich var mit iuweren hulden* Vollendung finde: nämlich die Transzendierung der irdischen Minne in eine Gottesliebe; so Blattmann (Anm. 14), S. 276–283; Reusner (Anm. 14), S. 174 f. Brackert (Anm. 14), S. 16: „Das in der Minnelyrik geläufige Bild der *sumerzît* [...] wird ins Geistliche transponiert"; ähnlich Theiss (Anm. 14), S. 212. Dies relativiert Braun (Anm. 2), S. 24, der dies nicht als zwingend ansieht.

[16] Die Datierung von MF 209,25 ist nicht unumstritten. Das Lied wird meist im Kontext des Mainzer Hoftags von 1188 angesiedelt und auf Bezüge zur entsprechenden Kreuzzugspublizistik verwiesen; so Franz Saran: Hartmann von Aue als Lyriker. Eine literarhistorische Untersuchung. Halle 1889, S. 20 ff.; Friedrich-Wilhelm Wentzlaff-Eggebert: Kreuzzugsdichtung des Mittelalters. Studien zu ihrer geschichtlichen und dichterischen Wirklichkeit. Berlin 1960, S. 195 f.; Haubrichs (Anm. 1), S. 320 f.; Günther Schweikle: Der Stauferhof und die mhd. Lyrik, im besonderen zur Reinmar-Walther-Fehde und zu Hartmanns *herre*. In: Minnesang in neuer Sicht. Hrsg. von Günther Schweikle. Stuttgart/Weimar 1994, S. 67–88, hier S. 84–88; Theiss (Anm. 14), S. 191 ff.; Reusner (Anm. 14), S. 175 f. Die Verweise auf die Publizistik kritisiert Hölzle (Anm. 1), S. 564–568, mit guten Gründen. Er versucht seinerseits Bezüge zur Kreuzzugspropaganda von Coelestin III. (Bulle von 1195) nachzuweisen. Auch Georg Wolfram: Kreuzpredigt und Kreuzlied. In: ZfdA 30 (1886), S. 89–132, hier S. 114 ff. u. 120, datiert das Lied aus stärker werkimmanenten Gründen auf 1195.

Ganz der Resakralisierungsthese entsprechend beginnt die Strophe mit einem Überbietungsgestus: Die vergangene *fröide* wird aus dem Rückblick als defizitär beschrieben. Sie war nicht *sorgelôs* und damit keine richtige oder wahre Freude. Erst mit der Wahl der *Kristes bluomen* stellt sich diese wahre *fröide* ein. Doch im Unterschied zur später zu diskutierenden *conversio* wird in dieser Strophe die minderwertige Vergangenheit nicht der auf Gott ausgerichteten Gegenwart gegenüber gestellt, sondern erstere wird durch die *Kristes bluomen* geradezu vergessen.

Die Metapher der *Kristes bluomen* wurde in der Forschung breit diskutiert. Sie wird entweder auf das Kreuzzeichen am Kleid bezogen[17] – wobei dann der Plural für Irritation sorgt –, oder auf die Wundmale Christi[18] – wobei man sich auf typologische Bezüge zwischen Kreuz und Lebensbaum sowie pflanzliche Darstellungen des Kreuzes stützt.[19] Beide Argumentationen stimmen jedoch darin überein, dass sie die *Kristes bluomen* als Verweis auf die Kreuznahme des Ich deuten: entweder stärker äußerlich (beim Kreuzzeichen) oder stärker innerlich (bei den Wunden, die die innere *imitatio* betonen). Unberücksichtigt bleibt dabei, dass auch der zweite Stollen auf die *Kristes bluomen* Bezug nimmt. Allerdings wird hier die Ich-Perspektive des ersten Stollens aufgegeben und es dominiert ein allgemeine Geltung beanspruchendes Sprechen. Mittels eines der formal auffälligen Enjambements[20] heißt es von den *Kristes bluomen: die kündent eine sumer-zît*. Dementsprechend wird das Wortfeld der *bluome* in Richtung Sommer und Natur (*ougenweide*) weiterentwickelt. Die *Kristes bluomen* gehen somit nicht mehr wie im ersten Stollen in ihrer uneigentlichen Bedeutung auf, sondern ihre literale Bedeutung

---

[17] So Anton E. Schönbach: Über Hartmann von Aue. Drei Bücher. Untersuchungen. Graz 1894, S. 162, der den Plural damit erklärt, dass die Kreuzfahrer mehr als ein Kreuz auf ihr Gewand geheftet hätten; so auch Jellinek (Anm. 14), S. 68, der jedoch von mehreren Kreuzen auf verschiedenen Kleidern ausgeht; ebenso Kraus (Anm. 14), S. 460; Blattmann (Anm. 14), S. 243 Anm. 16. Karl-Friedrich Kemper: Zum Verständnis der Metapher *Kristes Bluomen*, Hartmann von Aue 210,37. In: ZfdPh 90 (1971), Sonderheft, S. 122–133, hier S. 124 ff., bietet einen Forschungsüberblick. Er versucht zu widerlegen, dass zur Zeit Hartmanns mehrere Kreuze oder farbige Kreuze getragen wurden (S. 126 f.).

[18] J. V. Zingerle: Cristi Blumen. In: Germania 19 (1874), S. 182 f., sowie J. V. Zingerle: Cristi bluomen. In: ZfdPh 11 (1880), S. 482 f., deutet die *Kristes bluomen* als Wundmale Christi. Kemper (Anm. 17), S. 132 f., schließt an Zingerle an und liest das Tragen der *Kristes bluomen* zusätzlich als Verinnerlichung der Nachfolge.

[19] Schönbach (Anm. 17), S. 163; Kemper (Anm. 17), S. 128–131. Brackert (Anm. 14), S. 18 f., bezieht die *Kristes bluomen* zudem auf die Form der Stollenstrophe (sowie des Gedichts). In beiden würde das letzte (zweiteilige) Drittel (Abgesang bzw. Strophe V–VI) von den ersten zwei Dritteln abgesetzt und dies ergäbe ein Taukreuz. Der Plural erklärt sich dann daraus, dass es sich um ein Kreuz aus vielen kleinen Kreuzen handelt. (Brackert geht von einem sechsstrophigen Lied aus.) Vgl. auch Saran (Anm. 16), S. 21 f., der *Kristes bluomen* und *Kristes schar* auf *curia Jhesu Christi* bezieht.

[20] Es handelt sich hierbei um ein Enjambement, das die Strophe formal von C17–20 bzw. B 13–16 unterscheidet; vgl. Anm. 14. Allerdings zeigt sich hier auch, dass die Enjambements, wie Blattmann (Anm. 14), S. 156 f., hervorhebt, in der fünften Strophe nur als leichte Abweichung, erst in der sechsten als Bruch mit dem Vorangehenden erscheinen.

tritt hervor. Dies verändert den Status der Metapher: Das Heilsversprechen wird nicht oder nicht allein aus ihrer Bedeutung (i. e. der Kreuznahme und der Hinwendung zu Christus) abgeleitet, sondern es ist auch in der Sprache selbst begründet. Man kann dies vielleicht auf Kuhns umstrittene These vom „objektiven Wort" beziehen. Kuhn entwickelte den Begriff, um die Formkunst des späten Minnesangs (Neifen u. a.) genauer zu charakterisieren. Darunter versteht er die Erstarrung der Motive zu „objektiven Worten", die zugleich den Fortgang des Liedes durch formale und lautliche Korrespondenzen bestimmen.[21] Bei den *Kristes bluomen* handelt es sich zwar nicht um eine oft benutzte Formulierung, doch wirkt die Formulierung im ersten Stollen erstarrt, während sie sich im zweiten verselbständigt. Die prägnant gesetzte Wendung wird so auf der Basis ihrer wörtlichen Form zum Heilsversprechen transformiert. Selbstredend steht dabei die übertragene Bedeutung im Vordergrund: Der zweite Stollen verheißt eine erfüllte Zukunft, die eine transzendente oder überirdische ist. Doch gründet dieses Versprechen nicht nur auf dem metaphorischen Signifikat (Kreuznahme), sondern auch auf der Prozessualisierung der Wörtlichkeit der Metapher.

Mit den *bluomen,* der *sumerzît* und der *ougenweide* wird eine eng mit dem Minnesang verknüpfte Semantik benutzt. Im Sinne der Resakralisierungsthese wird deshalb mehrfach postuliert, die Minnesang-Semantik oder die Minne-Vergangenheit des Ich würden geistlich umgedeutet werden.[22] Es wird jedoch übersehen, wie sehr dabei an

---

[21] Hugo Kuhn: Minnesangs Wende. 2., erweiterte Aufl. Tübingen 1967 (Hermaea. N. F. 1), S. 73–77. Bei Kuhn hat der Begriff unterschiedliche Bedeutungsdimensionen. Neben den erwähnten bezieht er ihn auch auf die generalisierende Sprechweise und das *genre objectif* (also die Erzähllieder). Wenn man den Begriff produktiv machen möchte, lohnt es sich jedoch, ihn auf eine dieser Dimensionen einzuschränken. So auch Markus Stock: Das volle Wort – Sprachklang im späteren Minnesang. Gottfried von Neifen, *Wir suln aber schône enphâhen* (KLD Lied 3). In: Text und Handeln. Zum kommunikativen Ort von Minnesang und antiker Lyrik. Hrsg. von Albrecht Hausmann. Heidelberg 2004, S. 185–202, hier S. 190, der das Konzept des „objektiven Wortes" so reformuliert, dass bei Neifen u. a. die Reflexion nicht durch das Ich, sondern durch die Verselbständigung von Wörtern und die „Montage von konventionellen Begriffen" geschieht; vgl. auch Franz Josef Worstbrock: Lied VI des Wilden Alexander. In: PBB 118 (1996), S. 181–204, hier S. 198 f. Anm. 35 u. 37. Hugo Kuhn: Zur inneren Form des Minnesangs. In: Der deutsche Minnesang. Aufsätze zu seiner Erforschung. Hrsg. von Hans Fromm. Darmstadt 1961 (Wege der Forschung. 15), S. 167–179, versteht die „objektive Form" bzw. „Objektivität" als generelles Kennzeichen des mittelalterlichen Welt- bzw. Seinsverständnisses. Die „objektive Form" im Minnesang liegt dann darin, dass Inhalt und Form sich nicht trennen lassen, sondern der „Inhalt" im „Vollzug" bestehe. Von diesen grundsätzlichen Überlegungen zur „Objektivität" der mittelalterlichen Kunst möchte ich jedoch bei diesem Bezug absehen.

[22] Theiss (Anm. 14), S. 212; Ortmann (Anm. 2), S. 94; Reusner (Anm. 14), S. 116 f.; Brackert (Anm. 14), S. 15 f. u. 20 f.: Der Plural von *bluomen* deute an, dass Hartmann die Blumen, die er im Minnesang nicht finden konnte, nun „im Kreuz" finde. Meist wird diese These direkt auf den Minnesang Hartmanns bezogen, allenfalls auf seine Vergangenheit als Minnesänger (vgl. Anm. 15). Sieht man sich die Minnelieder Hartmanns jedoch genauer an, so fällt auf, dass z. B. auch in MF 216,1 die *bluomen* mehrdeutig eingesetzt sind. Sie parallelisieren nur am Beginn Affekt und

den Minnesangtraditionen partizipiert wird. Mit der *sumerzît* wird der Natureingang aufgerufen, mit dem häufig durch die Parallelisierung oder Kontrastierung von Natur und Minneaffekt eine von der Natur radikal geschiedene Sphäre des Innen ausgebildet wird.[23] Auch in unserer Strophe wird eine von der Natur geschiedene Sphäre entworfen, doch ist es keine Sphäre des Innen, sondern eine kollektive und überirdische Sphäre der *sælde*. Um diese zu evozieren, wird die *sumerzît* mit dem sowohl im Minnesang als auch in der Marienlyrik häufig benutzten Ausdruck der *süezen ougenweide* verknüpft.[24] Die *ougenweide* wird nicht als verblasste Metapher eingesetzt,[25] sondern die *sumerzît* liegt da, worin sich die Augen *süeze* weiden. Die *süeze* kann dann sowohl auf die *sumerzît* als auch auf die Bewegung der Augen bezogen werden und verknüpft so Betrachter und Betrachtetes.

Natur. Wenn die Frauenstimme betont, dass man sich auch im Winter an der Minne erfreuen solle, wird die Parallelisierung aufgebrochen (MF 216,5; 216,19).

[23] Vgl. Albrecht Hausmann: Verlust und Wiedergewinnung der Dame. Zur inhaltlichen Funktion von Narrativierung und Entnarrativierung im Minnesang. In: Lyrische Narration, narrative Lyrik. Gattungsinterferenzen in der mittelalterlichen Literatur. Hrsg. von Hartmut Bleumer, Caroline Emmelius. Berlin 2011 (Trends in Medieval Philology. 16), S. 157–180, hier S. 161 f.; Ludger Lieb: Die Eigenzeit der Minne. Zur Funktion des Jahreszeitentopos im Hohen Minnesang. In: Literarische Kommunikation und soziale Interaktion. Studien zur Institutionalität mittelalterlicher Literatur. Hrsg. von Ludger Lieb, Beate Kellner, Peter Strohschneider. Frankfurt a. Main 2001 (Mikrokosmos. 64), S. 183–206, hier S. 193, 199; Helmut Brackert: Hartmann von Aue: *Mich hat beswæret mines herren tot*. Zu MF 205,1. In: Interpretationen mittelhochdeutscher Lyrik. Hrsg. von Günther Jungbluth. Bad Homburg/Berlin 1969, S. 169–184, hier S. 172 f.; Wolfgang Mohr: Die Natur im mittelalterlichen Liede. In: Gesammelte Aufsätze II. Göppingen 1983 (Göppinger Arbeiten zur Germanistik. 300), S. 243–259, hier S. 78; Kuhn (Anm. 1), S. 74 f., nimmt an, dass Hartmann den Natureingang ablehne, weil Ich und Natur nicht übereinstimmten; die Übereinstimmung finde sich erst wieder im späten Minnesang (Neifen). Es wäre allerdings zu fragen, ob das Spiel mit der Inkongruenz bereits eine Ablehnung des Natureingangs darstellt. Vgl. dazu Anm. 22.

[24] *ougenweide* bedeutet sowohl das Umherschweifen-Lassen der Augen als auch das, was vor den Augen steht, d. h. der Anblick; vgl. BMZ. Bd. 4, Sp. 552b. Dementsprechend steht das Wort im Minnesang häufig als verblasste Metapher für den Anblick der geliebten Person oder diese selbst; so Kasten (Anm. 1), S. 725. Vgl. dazu insbesondere Reinmars sog. Witwenklage: *Miner wunnen spiegel der ist verlorn, | den ich mir hete ze sumerlicher ougenweide erkorn* (MF 168,12 f.); sowie Walther L 89,17; Neidhart SL2,II,2; sowie für den Anblick des Fürsten Walther L 21,8. Frauenlob macht die *weide* wieder zum Garten bzw. nimmt sie wörtlich; vgl. Frauenlob GA XIV,12,1 f.; zit. n. Burghart Wachinger (Hrsg.): Deutsche Lyrik des späten Mittelalters. Frankfurt a. Main 2006 (Bibliothek des Mittelalters. 22), S. 418. Vgl. dazu Susanne Köbele: Umbesetzungen. Zur Liebessprache in Liedern Frauenlobs. In: Geistliches in weltlicher und Weltliches in geistlicher Literatur des Mittelalters. Hrsg. von Christoph Huber, Burghart Wachinger. Tübingen 2000, S. 213–235, hier S. 215 u. 226 f. Zu den mariologischen Konnotationen vgl. neben Frauenlob das Konrad von Würzburg zugeschriebene *Ave Maria: god füoge uns die wünne bî der engil schar | dâ die zartîn alle sint mit rîchim schalle! | hilf uns in hiemils augin weidin*. Zit. n. Ludwig Sig (Hrsg.): Das Konrad von Würzburg zugeschriebene Ave Maria. Straßburg 1903 (Beilage zum Jahresbericht des Bischöfl. Gymnasiums zu Straßburg), St. 40,11 ff.

[25] D. h. der Sommer *ist* keine *ougenweide*.

Interferenzen und Asymmetrien 183

Auch wenn am Beginn der Strophe ein Überbietungsgestus hörbar ist, so ist dieser im zweiten Stollen nicht mehr wahrnehmbar. Es wird nicht eine Bedeutungsdimension verneint und an deren Stelle eine andere gesetzt, sondern die Semantiken von Marienlyrik, Kreuzzugslyrik und Minnesang werden so ineinander verschränkt, dass die einzelnen Konnotationen nicht mehr fein säuberlich getrennt, geschweige denn in ein antagonistisches Verhältnis gebracht werden können. Dabei nutzt die vordergründig religiöse Aussage (Heilsversprechen) nicht nur die verheißungsvollen Konnotationen des Minnesangs, sondern sie profitiert auch vom sprachtheoretischen Status der Natur im Minnesang, die weder rein metaphorisch noch rein wörtlich zu verstehen ist, sondern zwei Sphären zugleich korreliert und trennt.[26]

Mit dem Versprechen der *sumerzît* ist die Strophe jedoch nicht zu Ende, sondern im Abgesang wird ein zweites Heilsversprechen formuliert, jedoch auf ganz andere Weise.[27] Es wird ein Platz im zehnten Engelschor versprochen und damit auf die in Predigten und Bibelliteratur verbreitete Erzählung vom Engelssturz angespielt: Der *hellemôr*[28] wird selbstverschuldet aus dem zehnten Engelschor verstoßen und dadurch wird – zumindest in einigen Erzählungen[29] – bereits vor der Schaffung des Menschen ein Platz

---

[26] Rainer Warning: Lyrisches Ich und Öffentlichkeit bei den Trobadors. In: Deutsche Literatur im Mittelalter. Kontakte und Perspektiven. FS Hugo Kuhn. Hrsg. von Christoph Cormeau. Stuttgart 1979, S. 120–159, hier S. 133–140, hat den Begriff der „konnotativen Ausbeutung" geprägt: Der Minnesang konnotiere auf der Ebene des „Rollenprogramms" das christliche System: Ein „transzendenter Heilsbegriff" werde durch einen „säkularen" (Minne) „ersetzt" (S. 139). Dadurch könne der Minnesang ein „Verbindlichkeitspotential" aufrufen und davon profitieren. Auch wenn Warnings Thesen zum Minnesang heute als überzeichnet erscheinen, so hat seine differenzierte Analyse der „Konnotation" nichts von ihrem Wert verloren. Sie „konstituiere" sich über „Systemreferenzen", „verweigert aber eine eigene Systematik". Sie provoziere „Interpretationshypothesen" und verunmögliche ihre „systematische Einlösbarkeit" (S. 137). Sie kann deshalb sowohl „ideologisch" als auch zur „Bedeutungskomplexion" eingesetzt werden (S. 138). Wenn man diese Aussagen ernst nimmt, dann geht es nicht primär darum, dass ein System am anderen „parasitär" partizipiert (S. 137), sondern durch die Konnotationen wird die Systematizität in Frage gestellt und die Dichotomie zweier Systeme oder Diskurse hinterfragt. Köbele (Anm. 24), S. 231, kritisiert die bei Warning implizierte Hierarchisierung und schlägt stattdessen „konnotative Bereicherung" vor.

[27] Auch Reusner (Anm. 14), S. 117, betont, dass die jeweiligen Verse trotz der ähnlichen Aussage von zweitem Stollen und Abgesang einen ganz anderen Klang haben.

[28] Vgl. Walther L 33,7, wo *hellemor* den Teufel bezeichnet.

[29] Vgl. Paul Salmon: Der zehnte Engelschor in deutschen Dichtungen des Mittelalters. In: Euphorion 57 (1963), S. 321–330, der vermutet, dass die Aussagen über den zehnten Engelschor in der mittelalterlichen Literatur sich auf eine Homilie Gregors des Großen zurückführen ließen, die in Predigten verbreitet wurde (S. 327). Am prominentesten findet sich die Erzählung von Luzifers Fall in der *Wiener Genesis*. Der Mensch wird hier einzig deshalb geschaffen, um den leeren Platz zu füllen. Die Engel raten Gott, aus den neun Chören Engel zu nehmen, er will es jedoch besser machen als beim ersten Versuch und erschafft deshalb jemanden nach seinem Ebenbild. Vgl. dazu Bruno Quast: Vom Kult zur Kunst. Öffnungen des rituellen Textes in Mittelalter und Früher Neuzeit. Tübingen/Basel 2005 (Bibliotheca Germanica. 48), S. 49–67; Ludger Lieb: Schöpfung als Wiederholung. Die Luzifergeschichte und der erste Schöpfungsbericht in der *Wiener Genesis*. In:

und damit eine Heilsmöglichkeit für den Menschen eröffnet. Diese zweite Formulierung eines Heilsversprechens ist mit der ersten durch die Formulierung *got helf uns dar* verknüpft. Zwar bezieht sich diese Aussage primär auf den Abgesang, d. h. die Bitte, in den zehnten Himmelschor zu gelangen. Doch kann die Aussage auch, gerade weil sie noch zum zweiten Stollen gehört, auf den vorangehenden Vers bezogen werden: Sie bittet dann auch darum, die *sumerzît* zu erreichen.[30] Die beiden Heilsversprechen werden dadurch aufeinander bezogen und in ein differierendes Spiel versetzt. Denn es sind zwei ganz unterschiedliche Redetraditionen, die hier aufgerufen werden: auf der einen Seite eine sowohl Minnesang als auch Marienlyrik aufrufende Semantik, die mit der Mehrschichtigkeit und Prozessualität von Bedeutung spielt – auf der anderen Seite der Verweis auf eine in Predigt und Bibelliteratur zirkulierende Erzählung. Auch die Begründung der Heilshoffnung ist deshalb eine andere: Im Abgesang wird narrativ versprochen, dass bereits am Anfang der Zeiten eine Heilsmöglichkeit für den Menschen geschaffen worden sei, die es nun zu ergreifen gelte. Dagegen wird die Heilshoffnung im zweiten Stollen aus der Metapher und nicht nur aus ihrer Bedeutung abgeleitet. Dies hat wiederum Auswirkungen auf die zeitlichen Implikationen: Während die *sumerzît* sich zeitunabhängig aus der Wahl der *Kriuzes bluomen* ergibt und damit eine weder räumlich noch zeitlich begrenzte Heilszeit evoziert, affiziert die Geschichtlichkeit des zehnten Engelschors auch die diesseitige Zeitlichkeit: ‚Noch' steht der zehnte Chor offen,[31] doch allenfalls nicht mehr lange. Mittels narrativer Zusammenhänge kann so die Dringlichkeit betont und können die Rezipienten ermahnt werden.

Die zwei unterschiedlichen Formulierungen eines ähnlichen Heilsversprechens haben somit eine komplementäre Funktion: Während der zweite Stollen eher lockt und verspricht, ruft der Abgesang zum Handeln auf. In Anlehnung an Daniel Weidner könnte man sagen, dass hier ein sog. religiöser Inhalt (nämlich das Versprechen eines Heils, das auf die Kreuznahme folgt) zugleich derselbe bleibt und ein anderer wird. Doch geschieht dabei keine Ästhetisierung eines religiösen Textes, sondern die Vielstimmigkeit und Literarizität religiöser Sprechweisen wird hörbar. Dementsprechend erweist sich die Dichotomie eines einerseits geistlichen, andererseits nicht-religiösen (oder säkularisierten) Bedeutungszusammenhangs für mittelalterliche Texte als wenig ge-

---

Genesis – Poiesis. Der biblische Schöpfungsbericht in Literatur und Kunst. Hrsg. von Manfred Kern, Ludger Lieb. Heidelberg 2009 (Wissenschaft und Kunst. 9), S. 43–60, hier S. 50; Claudia Brinker-von der Heyde: Der implizite Autor als (Re)creator: Legitimations- und Erzählstrategien im Schöpfungsbericht der ‚Wiener Genesis'. In: Gottes Werk und Adams Beitrag. Formen der Interaktion zwischen Mensch und Gott im Mittelalter. Hrsg. von Thomas Honegger, Gerlinde Huber-Rebenich, Volker Leppin. Berlin (im Druck).

[30] Man kann diesen Vers 8 auch als Apokoinou verstehen. Allerdings fehlt dem vorangehenden Satz nichts ohne Vers 8, sodass der Rückbezug nicht notwendig ist; vgl. auch C. Kallendorf: Apokoinou. In: Historisches Wörterbuch der Rhetorik. Bd. 1. Hrsg. von Gert Ueding. Tübingen 1992, Sp. 792–795.

[31] Vgl. Hausen MF 53,31, der das Bild der offenen Himmeltür verwendet (MF 53,37); vgl. dazu Theiss (Anm. 14), S. 213 f.

winnbringend. Denn es geht nicht um eine Übertragung, Übersetzung oder Überbietung von einer Sprechweise in eine andere, sondern um den Versuch, verschiedene Redetraditionen so ineinander zu verschränken, dass ein Mehrwert entsteht. Dieser Mehrwert betrifft in unserem Fall sowohl die Kreuzzugspropaganda als auch die lyrische Komplexität. So hebt die Doppelung des Heilsversprechens – auf der Ebene der Propaganda – die Dringlichkeit zu handeln hervor und spricht die Adressaten auf mehreren Ebenen an. Die lyrische Komplexität entsteht dagegen dadurch, dass zweimal dasselbe, aber anders versprochen wird. Dabei wird auch die dem religiösen Sprechen inhärente Literarizität wahrnehmbar. Denn beide Formulierungen des Heilsversprechens sind von literarischen Verfahren geprägt – allerdings von unterschiedlichen (metaphorische Bewegung, Ursprungsnarrativ). Es ist zu vermuten, dass dies keinen sekundären Effekt einer Literarisierung oder Ästhetisierung darstellt, sondern dass literarische Verfahren immer Teil von religiösen Texten sind.[32]

II. Die Asymmetrie geistlich/weltlich und deren Verzeitlichung durch die *conversio*

Die zuletzt beschriebenen Probleme bei der Gegenüberstellung eines sog. religiösen und eines sog. säkularen Textes hängen immer auch damit zusammen, dass es sich hierbei um eine strikt asymmetrische Unterscheidung handelt.[33] Darunter ist zu verstehen, dass die begriffliche Opposition nur von einer der beiden Seiten aus denkbar und dieses Verhältnis keineswegs umkehrbar ist.[34] D. h. nur von einem religiösen Stand-

---

[32] Vgl. u. a. Steffen Martus, Andrea Polaschegg: Das Buch der Bücher – gelesen. Einleitung. In: Das Buch der Bücher – gelesen. Lesarten der Bibel in den Wissenschaften und Künsten. Hrsg. von Steffen Martus, Andrea Polaschegg. Bern 2006 (Publikationen zur Zeitschrift für Germanistik. NF 13), S. 7–16; Andrea Polaschegg, Daniel Weidner: Bibel und Literatur. Topographie eines Spannungsfeldes. In: Das Buch in den Büchern. Wechselwirkungen von Bibel und Literatur. Hrsg. von Andrea Polaschegg, Daniel Weidner. München 2012 (Trajekte), S. 9–38.

[33] Reinhart Koselleck: Zur historischen Semantik asymmetrischer Gegenbegriffe. In: Vergangene Zukunft. Zur Semantik geschichtlicher Zeiten. Frankfurt a. Main 1989, S. 211–259, hier S. 234–239, versteht unter „asymmetrischen Gegenbegriffen" solche, die nur einseitig verwendet werden können. Die christlichen Asymmetrien (Christ/Heide) seien im Vergleich zu Hellene/Barbar viel stärker temporalisiert. D. h. die definitive Polarisierung oder Entflechtung der beiden Seiten geschieht erst am Tag des Jüngsten Gerichts. Dies ermögliche gemäß Koselleck eine Prozessualisierung der asymmetrischen Gegenbegriffe. Darüber hinaus zeigt Koselleck auf, dass solche Asymmetrien immer wieder anders genutzt werden können (indem sie z. B. spiritualisiert, territorialisiert oder naturalisiert werden) und dass sich ein stärker struktureller Blick auf asymmetrische Begriffe durchaus lohnen kann. Vgl. auch oben Anm. 10.

[34] Rudolf Stichweh: Inklusion und Exklusion: Studien zur Gesellschaftstheorie. Bielefeld 2005, S. 188, spricht von einer „hierarchischen Opposition": Eine der beiden Seiten fungiere als Oberbegriff und übergreife den Unterschied der beiden Seiten. Luhmann (Anm. 11), S. 200, spricht von

punkt aus ist eine Unterscheidung geistlich/weltlich plausibel, aus einer weltlichen Perspektive würde eine andere Selbstbeschreibung gewählt und mit dieser würden auch andere dominante Unterscheidungen gesetzt.[35] Diese Asymmetrie lässt sich auch umkehren: So wird Religion in der Moderne häufig als ein Funktionssystem unter anderen verstanden.[36] Dabei werden ausgehend von einer säkularisierten Position Gegensätze entworfen (z. B. Wissenschaft/Religion), die deshalb asymmetrisch sind, weil sie den christlichen Standpunkt, mit dem ein universalisierender Anspruch einhergeht, nicht einholen können. Diese doppelte Asymmetrie in Vormoderne und Moderne hat wiederum Auswirkungen auf das Beobachten von Säkularisierungsprozessen. So betont Luhmann: „Religion und Säkularisierung [stellen] nur in einem religiösen Kontext eine Opposition dar";[37] und Wachinger meint: „[Wir] fassen im Begriff ‚weltlich' noch immer aus christlicher Perspektive zusammen, was aus säkularwissenschaftlichen Perspektiven ganz verschiedenen Bereichen und Ebenen zugehört."[38] Die mediävistische Forschung tendiert deshalb dazu, zwischen (religiöser) Selbstbeschreibung und (säkularisierter) Fremdbeschreibung hin und her zu wechseln. Dies hat zur Folge, dass der Status von Religion in der mittelalterlichen Gesellschaft oft inkohärent beschrieben wird. So wird Religion zugleich als eigenständiger Bereich der Gesellschaft und als noch-nicht ausdifferenziert (Durchdringung von Religion und Gesellschaft) bestimmt, ohne dass über diese unterschiedlichen Prämissen nachgedacht wird.[39]

---

einem „re-entry". Innerhalb der „religiös definierten Welt" werde zeitlich (Festtage), sachlich und sozial (Priester-Laie) zwischen Religion und Nicht-Religion unterschieden, ohne „damit die religiöse Weltsetzung in Frage zu stellen". Damit fasst Luhmann die Asymmetrie jedoch nur implizit. Stattdessen betont „re-entry", dass die Unterscheidung im unterschiedenen Bereich wiederholt werden kann. Vgl. dazu auch Herrmann Braun: Welt. In: Geschichtliche Grundbegriffe. Bd. 7. Hrsg. von Otto Brunner, Werner Conze, Reinhart Koselleck. Stuttgart 1992, Sp. 433–510, hier Sp. 434, der dies als „Selbsttransparenz" bezeichnet.

[35] Die Perspektivität der Unterscheidung geistlich/weltlich zeigt sich auch daran, dass sie nicht nur eine ontologische Unterscheidung ist, d. h. die zeitliche Verfasstheit der Dinge (*saeculum*) von einer göttlichen Ewigkeit unterscheidet, sondern auch zwei Auslegungsformen differenziert. So wird zwischen einer literalen und einer geistlichen Deutung unterschieden, wobei letztere mehrere (nicht-literale) Schriftsinne zusammenfasst. Vgl. dazu Wachinger (Anm. 10), S. 3; Braun (Anm. 34), S. 440–443. Es wäre zu zeigen, dass diese beiden Ebenen der Unterscheidung geistlich/weltlich in MF 209,25 eng ineinander verschränkt werden.

[36] Luhmann (Anm. 11), S. 187–225 u. 278–319, insbesondere S. 223, 286 u. 312. Das Schlagwort von der „Rückkehr der Religion" kann m. E. als Reaktion darauf verstanden werden, dass die These der säkularisierten Moderne von einer säkularen Position aus entwickelt wurde und dabei die Selbstbeschreibungen der Religionen in der Moderne zu wenig berücksichtigt wurden.

[37] Ebd., S. 282 f.: Er versucht dies als spezifische Beobachterposition zu fassen, die durch den Begriff der Säkularisierung erzeugt wird. Es handelt sich um eine „Ebene der Beobachtung dritter Ordnung". Es wird beobachtet, was weder ein religiöser noch ein säkularisierter Beobachter sehen kann.

[38] Wachinger (Anm. 10), S. 4.

[39] Darauf weisen u. a. hin: Manuel Braun im vorliegenden Band; Michael Borgolte: Über den Tag hinaus. Was nach dem Schwerpunktprogramm kommen könnte. In: Hybride Kulturen im

Auch in der Kreuzlied-Forschung können Effekte dieser Asymmetrie beobachtet werden. In Reaktion auf die in vielen Texten asymmetrisch entworfene Gegenüberstellung von Geistlichem und abwertend verstandenem Weltlichem (oder weltlicher Minne) gehen nicht nur viele Interpretationen von der Gegenüberstellung von Minnedienst und Gottesdienst aus,[40] sondern es wird auch für die scheinbar unterdrückte Seite Partei ergriffen. In methodischer Hinsicht ist jedoch zu fragen, ob der Asymmetrie auch anders denn als inhaltsbezogene Parteinahme, nämlich als strukturelle Bedingung des literarischen und religiösen Sprechens, Rechnung getragen werden kann. Deshalb möchte ich im Folgenden nicht von der Unvereinbarkeit zweier Normsysteme ausgehen, sondern die Form des Unterscheidens und die dazu gehörenden Sprecherpositionen untersuchen. Damit soll die Gegenüberstellung von Minnedienst und Gottesdienst, so wie sie sich bei Friedrich von Hausen, Albrecht von Johansdorf und punktuell auch bei Hartmann beobachten lässt, keineswegs verneint werden. Aber diese Gegenüberstellung soll als persuasive Strategie der Texte verstanden und deshalb bei der Interpretation nicht übernommen, sondern auf ihre Bedingungen hin befragt werden.

Der retrospektive Blick auf die Wende

Ich werde nun die dritte Strophe von Hartmanns Lied MF 209,25 analysieren, da darin geradezu mustergültig die hierarchische Unterscheidung zwischen weltlich und geistlich vollzogen wird. Dazu nutzt die Strophe eine spezifische perspektivische Konstellation (*conversio*[41]), die zwischen (gottloser) Vergangenheit und (gotterfüllter) Gegenwart unterscheidet und die beiden Zustände als gegensätzlich darstellt. Daran anschließend werde ich Reinmars Strophe MF 181,13 untersuchen, in der die *conversio*

---

    mittelalterlichen Europa. Vorträge und Workshops einer internationalen Frühlingsschule. Hrsg. von Michael Borgolte, Bernd Schneidmüller. Berlin 2010 (Europa im Mittelalter. Abhandlungen und Beiträge zur historischen Komparatistik. 15), S. 309–328, hier S. 316 f.

[40] Vgl. vorausgreifend für die im folgenden Abschnitt analysierte Strophe Hartmanns: Blattmann (Anm. 14), S. 237: „Die dritte Strophe führt ins Zentrum einer radikalen Umwertung und Abwertung der höfischen und aller weltlichen Minne." Wentzlaff-Eggebert (Anm. 1), S. 47 f. Gemäß Theiss (Anm. 14), S. 226, antworte Hartmann mit der Gottesminne auf die Antithese Gott-Welt.

[41] Haubrichs (Anm. 1), S. 322 f. u. ö. analysiert das *conversio*-Motiv in den Liedern von Hausen, Johansdorf und Hartmann sowie Walthers sog. Elegie und erkennt bei Hartmann deren entscheidende Zuspitzung. Allerdingst versteht er die *conversio* als Weltabsage und Hinwendung zu Gott, der durchaus ein „legendärischer Ernst" anhaften kann. Dagegen meint *conversio* in diesem Aufsatz nicht nur Weltablehnung oder Weltflucht, sondern bezieht sich darüber hinaus auf die perspektivische Konstellation des Rückblicks (s. u.). Diese Form der *conversio* darf auch nicht mit der rhetorischen Figur der *conversio* verwechselt werden, die die Reihung paralleler Satzteile (Wiederholung desselben Wortes oder derselben Wortgruppe am Ende der Satzteile) bezeichnet; vgl. J. E. Joseph: Conversio, in: Historisches Wörterbuch der Rhetorik. Bd. 3. Hrsg. von Gert Ueding. Tübingen 1994, Sp. 384 f.

wiederholt und dadurch umbesetzt und ansatzweise reflektiert wird. Dies eröffnet auch nochmals einen anderen Blick auf die Strophe Hartmanns.

> *[D]er hacchen hân ich manigen tac*
> *geloufen nâch,*
> *dâ niemen staete vinden mac*
> *dar was mir gâch.*
> *[d]iu werlt lachet mich triegende an*
> *und winket mir.*
> *nu hân ich als ein tumber man*
> *gevolget ir.*
> *Nu hilf mir, herre Krist,*
> *der mîn dâ vârende ist,*
> *daz ich mich dem entsage*
> *mit dînem zeichen, daz ich hie trage.* (MF 210,11; *19C* 15B)[42]

Im Aufgesang berichtet das Ich im Perfekt von einem vergangenen Zustand, der durch das Streben nach der *werlt* und der *hacche*[43] charakterisiert ist. Dieser vergangene Zustand wird doppelt perspektiviert: Neben der damaligen Betrachtungsweise, der ent-

---

[42] Ich übernehme die seit Lachmann, Haupt (Anm. 14), S. 316, von fast allen Editionen übernommene Umstellung von erstem und zweitem Stollen nicht, da keine zwingenden Gründe dafür ersichtlich sind. Die Umstellung wird – wenn sie überhaupt thematisiert wird – dadurch gerechtfertigt, dass sich *der* (von *der hacchen*) auf *werlt* bezieht. Meist wird hierbei *hacchen* als (Angel-)haken gedeutet (vgl. dazu Anm. 43); so Schönbach (Anm. 17), S. 158; Fedor Bech (Hrsg.): Hartmann von Aue. Bd. 2: Lieder. Erstes Büchlein. Zweites Büchlein. Grêgorjus. Der arme Heinrich. Leipzig 1867 (Deutsche Classiker des Mittelalters. 4), S. 16, ist der einzige Herausgeber, der sich an die Versfolge von BC hält. Er stellt dann jedoch Subjekt und Prädikat um. Kasten (Anm. 1), S. 724, begründet die Umstellung mit dem „Reimschema". Kühnel (Anm. 13), S. 25, diskutiert die Umstellung ausführlicher und berücksichtigt hierbei auch die Variante der Hs. B, i. e. *Her hacchen*. Er schließt aus der Differenz von C und B, dass ihre Vorlage (*BC) unleserlich war und schlägt vor, auf die Umstellung der Stollen zu verzichten und *den hacchen* zu konjizieren. M. E. kann man jedoch auch bei *der* und somit C bleiben und annehmen, dass wie in Strophe MF 209,25 das Dativobjekt (swf.) vorgezogen worden ist.

[43] Die Deutung von *hacche* ist umstritten und vieldiskutiert. Es finden sich zwei dominante Positionen: Im Verweis auf u. a. des *tiuvels hâken* wird *hacche* als Haken oder „Angelhaken der Welt" gelesen; Moriz Haupt: Zu des Minnesangs Frühling. In: ZfdA 13 (1867), S. 324–329, hier S. 328; Blattmann (Anm. 14), S. 237 f.; Bech (Anm. 42), S. 16; Schönbach (Anm. 17), S. 158; Brackert (Anm. 14), S. 15, weist zudem darauf hin, dass damit das Bild der *haft* von Strophe I weitergeführt wird. Gegen die Vorstellung des Angelhakens argumentieren Saran (Anm. 16), S. 18, und Friedrich Vogt (Hrsg.): Des Minnesangs Frühling. Mit Bezeichnung der Abweichungen von Lachmann und Haupt und unter Beifügung ihrer Anmerkungen. 2. Aufl. Leipzig 1914, S. 432 f., da das Bild des Angelhakens nicht zum Nachlaufen passe. Beide schließen an Albert Höfer: Zur Laut-, Wort- und Namenforschung. XXXI: Herr und Frau Hacke. In: Germania 15 (1870), S. 411–416, an, der *hacche* auf engl. *hag* (Hexe) und alemannisch *hagg* bezieht und eine Reihe weiterer Belege anführt. Vogt argumentiert mithilfe weiterer Belege für die Bedeutung von *hacche* als unkeusches junges Mädchen. Diese Deutung setzt sich durch; vgl. MFU (Anm. 14), S. 511 f.; Reusner (Anm. 14), S. 37; Hölzle (Anm. 1), S. 577 f.; Kasten (Anm. 1), S. 725.

Interferenzen und Asymmetrien 189

sprechend das Ich angezogen wird, bleibt auch die aktuelle Sicht wahrnehmbar, so wenn das Ich sich als *tumber man* bezeichnet. Erzähltheoretisch handelt es sich dabei um die Divergenz zwischen dem erzählten und dem erzählenden Ich. Diese wird im Abgesang aufgehoben, wenn die Rede im Perfekt – markiert durch das zweite *nu* – zu einer im Präsens wird. Dabei wird auch die Position des erzählenden Ich genauer expliziert. Mit der Bitte an Christus erscheint sie als eine geistliche bzw. auf Gott hin ausgerichtete.

Die Sprecherposition ist – anders als in den in B/C vorangehenden zwei Strophen, in denen eine normative Stimme spricht – involviert. Sie gewinnt deshalb ihre Autorität nicht durch einen normativen Sprechgestus, sondern durch den perspektivisch und zeitlich übergeordneten Sprecherstandpunkt, der zwischen der Hinwendung zur *werlt* und der Hinwendung zu Gott vordergründig symmetrisch unterscheidet und zugleich wertet. Die Wertung geschieht nicht nur durch die abwertenden Kommentare, sondern auch durch die Konnotierung der Zeiten: Während die weltliche Vergangenheit als vorläufig und defizitär dargestellt wird, erscheint die Hinwendung zu Gott dagegen als Übernahme eines wahren und immer gültigen Standpunkts.[44] Ausgehend von der gegenwärtigen Frömmigkeit wird somit die Hinwendung zur *werlt*[45] als das ‚Andere' der gegenwärtigen Sichtweise entworfen.

Durch die zeitlichen Konnotationen wird die individuelle Grenzziehung zwischen der vergangenen Abwendung von und der aktuellen Hinwendung zu Gott zugleich in eine universelle Unterscheidung transformiert. Es werden grundsätzlich zwei Sphären unterschieden, die sich durch Distanz und Nähe zur göttlichen Wahrheit beschreiben lassen. Dementsprechend macht das erzählende Ich auch Aussagen im Präsens, die nicht nur für seine individuelle Vergangenheit gelten: *diu werlt lachet mich triegende an | und*

---

[44] Jan-Dirk Müller: Ritual, Sprecherfiktion und Erzählung. Literarisierungstendenzen im späteren Minnesang. In: Minnesang und Literaturtheorie. Hrsg. von Ute von Bloh u. a. Tübingen 2001, S. 177–208, hier S. 183: „Erzählt wird [...] von der ‚conversio' des Ich, der Wende zur hohen *minne*, von dem was war, bevor das eintrat, was jetzt und immerdar gilt."

[45] Es wird immer wieder betont, dass dies der „vermutlich älteste Beleg für die Allegorie der *Frau Welt*" sei; so Kasten (Anm. 1), S. 724 f.; vgl. auch Hermann Ingebrand: Interpretationen zur Kreuzzugslyrik Friedrichs von Hausen, Albrechts von Johansdorf, Heinrichs von Rugge, Hartmanns von Aue und Walthers von der Vogelweide. Frankfurt a. Main, 1966, S. 150 ff. Vergleicht man die Verse jedoch mit den Belegen bei Walther (L 100,24; 59,37 sowie L 67,8 ff.; 124,37 ff.), zeigt sich die Spezifik der Hartmann'schen *werlt*. Sie wird nicht wie bei Walther zu einer eigenständigen Personifikation, die schlecht entlohnt, oder zu einer Figur mit Vorder- und Rückseite. Stattdessen erscheint sie als Verallgemeinerung der im ersten Stollen entworfenen Situation (Nachlaufen der *hacche*). Dabei changiert sie zwischen einer Situation und ihrer Verallgemeinerung, ohne darüber hinaus für die gesamte Sphäre des Irdischen zu stehen. Diese spezifische Darstellung der *werlt* muss mit anderen Konzeptionen der *werlt* in den anderen Strophen von MF 209,25 verglichen werden. Dabei zeigt sich ein Arbeiten an der Unterscheidung geistlich/weltlich, die gerade nicht auf die alles umgreifende Personifikation zielt. Vgl. zur Begriffsgeschichte von ‚Welt' Braun (Anm. 34).

winket mir. Die Welt war nicht nur trügerisch, sondern sie ist es und wird es immer sein.

Es handelt sich somit um eine asymmetrische Unterscheidung, bei der die eine religiöse Seite sowohl eine Seite der Unterscheidung darstellt als auch beide Seiten umfasst, weil sie die Unterscheidung hervorbringt. Diese Asymmetrie des Unterscheidens wird jedoch in unserer III. Strophe – anders als in II (MF 209,37) – nicht nur vorausgesetzt, sondern vollzogen. Denn das zurückblickende Ich kann, anders als die normative Stimme, diese Doppelheit präzise verkörpern. Es kann als erzählendes Ich sowohl zwischen zwei Zuständen (vergangene Abwendung und aktuelle Hinwendung zu Gott) unterscheiden als auch die Instanz darstellen, die diese Unterscheidung hervorbringt und umgreift. Dadurch wird zugleich das ‚Andere' bzw. das, was sich dem geistlichen Standpunkt entzieht, nicht nur ausgeschlossen, sondern auch so angeeignet, dass es die aktuelle Position stärkt oder gar mitbegründet. Dadurch wird die hierarchische Unterscheidung weltlich/geistlich nachvollziehbar und so das Identifikationspotential erhöht.[46]

Diese zeitliche Hierarchisierung zweier Standpunkte beschränkt sich jedoch keineswegs auf die sog. geistliche Lyrik. Vielmehr findet sich genau dieselbe perspektivische Konstellation auch im Minnesang: Bei Burkhard von Hohenfels berichtet z. B. das Ich, dass es früher glaubte, von der Minne unabhängig zu sein, jetzt weiß es aber, dass es ihrer Gewalt ausgeliefert ist.[47] Oder bei Morungen: Lange Zeit glaubte das Ich sich fast am Ziel seiner Wünsche, jetzt weiß es, dass es am Anfang steht oder sie sich nie erfüllen werden.[48] Auch hier wird die frühere Sichtweise als vorläufig dargestellt, die aktuelle dagegen als endgültig und wahr. Ebenso kann auch die Minne durch die Abgrenzung von der Welt nobilitiert werden.[49] Dabei wechseln jedoch im Minnesang – anders als bei der *conversio* in der geistlichen Lyrik[50] – die Positionen: Während die ewig-gültige Erkenntnis in der geistlichen Lyrik immer in der Hinwendung zu Gott besteht, ist es im Minnesang sowohl das Ausgeliefert-Sein an die Minne als auch die Einsicht in die Ver-

---

[46] Schnell (Anm. 14), S. 49: Das „Bekenntnis" des Ich in der III. Strophe diene dazu, die „Anderen an das leitbildhafte Ich anzubinden".

[47] Burkhard von Hohenfels: *Sus wânde ich hân ganzer fröiden wunsch, dâ von ich huob diz mære. | dar nâch, dô ich schiere von ir kam, dô wart mir nie sô swære.* Zit. n. Wachinger (Anm. 24), Nr. 1, V,5 f.

[48] Morungen MF 145,29 ff.: *jô wânde ichs ein ende hân | ir vil wunneclîchen werden minne. | nû bin ich vil kûme an dem beginne.* Vgl. auch Johansdorf MF 86,17ff: *Ich wânde, daz mîn kûme waere erbiten; | dar ûf hât ich gedingen menege zît. | nu hât mich gar ir vriundes gruoz vermiten.* Vgl. auch Rugge MF 102,13; Walther L 66,29–32.

[49] Vgl. MF 166,7 ff.: *Ob ich nu tuon und hân getân | daz ich von rehte in ir hulden sollte sîn, | unde sî vor aller werlde hân.* Vgl. auch Walther L 42,29; ebenso geschieht in Hausens Kreuzlied MF 47,9 die Abwendung von der Welt, um die Minne und nicht den Kreuzzug zu profilieren: *der lîp wil gerne vehten an die heiden, | jedoch dem herzen ein wîp so nâhen lît | vor al der werlte.* (MF 47,12 ff.).

[50] Vgl. Hausen MF 46,26; Walther L 67,20; 124,40.

Interferenzen und Asymmetrien 191

geblichkeit des Werbens oder die Erkenntnis der Undankbarkeit der Dame. Dies wechselt nicht nur zwischen den Liedern, sondern auch in einem Lied. Denn die *conversio* wird oft mit *revocationes*[51] verknüpft, in denen das Ich die scheinbar als ewig-gültig erkannte Wahrheit wieder zurücknimmt. In Reinmars Strophe MF 181,13 scheinen diese beiden Traditionen, d. h. die der geistlichen *conversio* und die der *revocatio*, ineinander zu fließen.

Drehen am Rad der conversio

Das gesamte Lied MF 181,13 *Des tages dô ich das kriuze nam* ist nur in C überliefert.[52] Der Bezug zu Hartmann liegt aufgrund ähnlicher Formulierungen nahe, wird jedoch kontrovers diskutiert. Uneinigkeit herrscht nicht nur darüber, ob Hartmanns oder Reinmars Lied früher war, sondern auch, welche Lieder aufeinander bezogen werden. Denn von MF 181,13 wurden sowohl Korrespondenzen zu Hartmann MF 209,25 und MF 218,5 gesehen als auch zu Hausen MF 47,9.[53] Es gibt somit eine Vielzahl von Bezügen, die sich kaum auf lineare Relationen reduzieren lassen. Deshalb soll im Folgenden nicht von einer genetischen, sondern von einer heuristischen Anordnung ausgegangen werden. Ich lese Reinmars Kreuzlied MF 181,13 als Reaktion auf die *conversio*-Konstellation, die sich in Hartmanns Lied MF 209,25 findet, aber keineswegs von Hartmann her bekannt sein muss.

Des tages dô ich das kriuze nam,
dô huote ich der gedanke mîn,
als ez dem zeichen wol gezam
und als ein rehter bilgerîn.
Dô wânde ich sie ze gote alsô bestaeten,

---

[51] Vgl. Morungen MF 138,21 ff.; MF 128,15–128,24; Reinmar MF 171,25–31.

[52] Dem Lied wird in der Forschung einerseits eine tiefe Frömmigkeit zugeschrieben; so Kraus (Anm. 14), S. 75; Friedrich Maurer: Die „Pseudoreimare". Fragen der Echtheit, der Chronologie und des „Zyklus" im Liedercorpus Reinmars des Alten. Heidelberg 1966, S. 27 u. 55; Hölzle (Anm. 1), S. 269 f. Andererseits wird ihm eine „zweiflerische Stimmung" und Distanz zu Gott unterstellt; so Günther Schweikle (Hrsg.): Reinmar: Lieder. Nach der Weingartner Liederhandschrift (B). Mittelhochdeutsch/Neuhochdeutsch. 2. Aufl. Stuttgart 2002, S. 388; Hausmann (Anm. 2), S. 274 f.; Dittrich (Anm. 1), S. 250.

[53] Wolfram (Anm. 16), S. 114–119, nimmt an, Hartmann habe sich grundsätzlich an MF 181,13 orientiert, die zweite Strophe (MF 209,37) aber ‚unglücklich' aus MF 180,28 eingefügt. Auch Konrad Burdach: Reinmar der Alte und Walther von der Vogelweide. Ein Beitrag zur Geschichte des Minnesangs. Leipzig 1880, S. 52 f., glaubt bei Hartmann den Einfluss der Lieder Reinmars zu erkennen. Kraus (Anm. 14), S. 413–416, und Reusner (Anm. 14), S. 172, gehen dagegen davon aus, dass alle Lieder Hartmanns vor denjenigen Reinmars entstanden sind. Blattmann (Anm. 14), S. 161–164, wiederum deutet Reinmars Lied MF 181,13 als Aneignung von MF 218,5. Hölzle (Anm. 1), S. 264 f., beurteilt diesen Bezug als „wenig stichhaltig" und vermutet stattdessen Bezüge zu Hausen MF 47,9.

daz si iemer vuoz ûz sîme dienste mêr getraeten.
nu wellent si aber ir willen hân
und ledeclîche varn als ê.
diu sorge diu ist mîn eines niet,
sie tuot ouch mêre liuten wê. (MF 181,13; 125C)

Auch bei Reinmar spricht ein Ich und erinnert sich an eine Vergangenheit, nämlich den Moment der Kreuznahme, der mit *kriuze, zeichen* und *bilgerîn* erneut relativ eindeutig semantisiert ist.[54] Spätestens mit dem *dô wânde ich* treten erzählendes und erzähltes Ich auseinander: Zum damaligen Zeitpunkt dachte das Ich, es könne seine Gedanken beständig auf Christus richten,[55] zum jetzigen Zeitpunkt weiß es, dass dies nicht der Fall ist. Der Wechsel zur gegenwärtigen Sicht erfolgt erneut mittels eines *nu* (V. 7): Das Ich beklagt die Unbezähmbarkeit der *gedanken*, die es im Moment der Kreuznahme bereits als gebändigt glaubte. Anders als bei Hartmann bleibt jedoch das Zeitverhältnis nicht zweistufig, sondern in den Schlussversen wird zusätzlich auf eine dritte Zeitstufe Bezug genommen, nämlich diejenige vor der Kreuznahme:[56] Damals hätten die Gedanken bereits ihren *willen* haben wollen, wie jetzt. Durch die Hinzunahme dieser dritten und frühesten Zeitstufe wird hervorgehoben, dass der geistliche Standpunkt am Beginn der Strophe bereits Resultat einer *conversio* ist: Die mit *ê* bezeichnete früheste Vergangenheit, in der die Gedanken *ledic* waren, schien im Moment der Kreuznahme überwunden. Bei Reinmar wird somit die erste *conversio* ausgehend von einer zweiten *conversio* betrachtet. Die bei Hartmann hierarchisch übergeordnete, geistliche Position steht in der Vergangenheit. Sie wird von einem jüngeren Standpunkt aus kritisch betrachtet und erscheint so von Beginn an unter dem Vorbehalt des *wânde,* d. h. als Täuschung.

Während also die *conversio* sowohl in Hartmanns Kreuzlied als auch im Minnesang eine einmalige Bewegung hin zum ewig Gültigen darstellt, wird sie hier als perspektivische Konstellation gezeigt, die wiederholt werden kann. Mit der Wiederholung verändert sich aber auch die gesamte Stoßrichtung: Es handelt sich nicht mehr um eine Bewegung hin zu einer positiven überzeitlichen Wahrheit wie Gott oder Minne, sondern die hierarchische Opposition (die Hinwendung zu Gott) erscheint als vorläufig. Da-

---

[54] Das Lied wird meist über die sog. Witwenklage Reinmars (MF 167,31) datiert. In der Folge wird es entweder auf den dritten Kreuzzug bezogen, an dem Leopold beteiligt war (1191), oder auf die Kreuznahme von dessen Sohn, d. h. auf 1195, datiert. Vgl. dazu Hölzle (Anm. 1), S. 271 ff.; Jeffrey Ashcroft: Der Minnesänger und die Freude des Hofes. Zu Reinmars Kreuzliedern und Witwenklage. In: Poesie und Gebrauchsliteratur im deutschen Mittelalter. Würzburger Colloquium 1978. Hrsg. von Volker Honemann u. a. Tübingen 1979, S. 219–238, hier S. 220–227; Hausmann (Anm. 2), S. 276 f. Ich würde dagegen postulieren, dass die abstrakte und reflexive Sprechweise nicht auf einen spezifischen historischen Kontext, sondern auf dessen Entgrenzung zielt.

[55] Mit dem Verb *hüeten* wird die *huote* im Minnesang aufgerufen. Wie im Minnesang wird die externe Verhinderungsinstanz verinnerlicht (vgl. u. a. Reinmar MF 165,37), und dies führt zu den inneren Widersprüchen (Ich vs. *gedanken*), die dann v. a. in Strophe II–III ausgeführt werden.

[56] So bereits Wiebke Schmaltz: Reinmar der Alte. Beiträge zur poetischen Technik. Göppingen 1975 (Göppinger Arbeiten zur Germanistik. 169), S. 79 f., und Hausmann (Anm. 2), S. 272.

durch wird die perspektivische Konstellation von religiösen oder metaphysischen Besetzungen gelöst und als Verfahren, das unterschiedlich funktionalisiert werden kann, erkennbar.

Wie bereits angedeutet, weist diese Form der Wiederholung der *conversio* Parallelen zum *revocatio*-Topos im Minnesang auf. Während die *revocatio* meist am Ende der Strophe vordergründig unverrückbare Positionen revidiert und dadurch eine zweite Lektüre der Strophe nahelegt, richtet sich die Neuperspektivierung in MF 181,13 auf ein intertextuell bekanntes Argumentationsmuster (die *conversio*). Es stellt sich jedoch die Frage, wie diese Verkehrung der Perspektiven und Aufhebung der metaphysischen Besetzungen zu bewerten ist: als ästhetische Säkularisierung, weil mit einem religiös geprägten Strukturmuster spielerisch umgegangen wird und dieses als unterschiedlich funktionalisierbares Verfahren verfügbar wird; oder als Kreuzzugs- und Ideologiekritik, weil eine hierarchische Opposition gegen sich selbst gewendet wird?[57] Da der Begriff der Ästhetisierung makrohistorische oder gar teleologische Implikationen hat, soll hier der Begriff der ‚Desemantisierung' vorgeschlagen werden. Er meint, dass ein Argumentationsverfahren von feststehenden Konnotationen und metaphysischen Besetzungen gelöst wird und dadurch Umbesetzungen und Reflexionen möglich werden. Die Richtung dieser Umbesetzung ist jedoch sowohl im untersuchten Text als auch im Begriff (im Unterschied zu dem der ‚Ästhetisierung') nicht festgelegt.

Diese Unentschiedenheit zeigt sich nicht zuletzt daran, dass der Strophe auch eine zirkuläre oder schließende Bewegung eigen ist. Indem das Ich am Ende wieder gleich weit ist wie am Beginn, *nu wellent si aber ir willen hân | und ledeclîche varn als ê*, wird die Strophe textuell geschlossen. Die Gegenwart führt zurück an den Beginn, vor jeder *conversio*. Der vordergründige Wandel erweist sich als Schein. Damit wird ähnlich wie bei Hartmann auf einen überzeitlichen Zustand verwiesen, nur ist es nicht der nach der *conversio* und nahe am Jenseits, sondern der davor, im Diesseits. Dieser erhält dadurch an Gewicht, dass das Ich am Ende der Strophe von sich selbst abstrahiert und auf die *mêre[n]* verweist: *diu sorge diu ist mîn eines niet, | si tuot ouch mêre liuten wê*. Die am Ich gemachte Beobachtung, dass eine *conversio* nicht oder nur bedingt möglich ist, wird als Erfahrung vieler ausgewiesen und somit generalisiert.

Wirft man nun erneut einen Blick auf die dritte Strophe von Hartmanns *Dem kriuze* (MF 210,35), so fällt das im Vergleich mit Reinmar offene Ende auf: Während das Ich im Aufgesang suggeriert, von einer immer gültigen (wahren) Position aus zu sprechen, ist diese Position im Abgesang noch nicht erreicht, sondern wird nur erstrebt. *Nu hilf mir, herre Krist, | der mîn dâ vârende ist, | daz ich mich dem entsage* (MF 210,19 f.). Christus wird adressiert und um Hilfe bei der Abwendung von der Welt gebeten. Die Abwendung ist damit zwar als Ziel sichtbar, aber noch nicht erreicht.

---

[57] Als Kreuzzugskritik deuten das Lied: Schweikle (Anm. 52), S. 389; Carl Lofmark: Anti-Crusade feeling in German Minnesang. In: Trivium 22 (1987), S. 19–35, hier S. 30; Hausmann (Anm. 2), S. 275; als Verteidigung der Kreuzzugspolitik von Friedrich I. von Österreich liest es dagegen Ashcroft (Anm. 54), S. 234 ff.

Auch bei Hartmann wird also der Vollzug des asymmetrischen Unterscheidens irritiert, indem zur Unterscheidung geistlich/weltlich im Abgesang diejenige zwischen Wollen und Erreichen hinzukommt. Dadurch wird die geistliche Seite ihrerseits gespalten.[58] Die Wende zu Gott ist einerseits vollzogen – nämlich auf der Ebene des Wollens –, andererseits aber gerade nicht, da es dazu noch mehr als des eigenen Willens bedarf, nämlich der Hilfe Gottes. Die Asymmetrie wird also dadurch relativiert, dass die *conversio* zu einem mehrstufigen Prozess wird, der nicht allein vom Ich abhängig ist.

III. Resümee

Ausgangspunkt des Aufsatzes war die Untersuchung von Interferenzen zwischen einem religiösen Diskurs und dem des Minnesangs in Hartmanns Strophe MF 210,35. Obwohl am Beginn ein Überbietungsgestus aufgerufen wird, geht es nicht um die Ersetzung einer Bedeutung durch eine andere. Stattdessen partizipiert die religiöse Aussage des zweiten Stollens (Heilsversprechen) an der Semantik des Minnesangs. Zugleich wird diese Form der religiösen Rede mit einer ganz anderen, stärker an der Narration orientierten Form der religiösen Rede parallelisiert. Indem zwei Aussagen sowohl unterschieden als auch gleichgesetzt werden, werden Vielstimmigkeit und Literarizität der religiösen Rede sichtbar. Dies steigert nicht nur die ästhetische Komplexität, sondern auch den religiösen Appell.

Die Frage nach Interferenzen beruhte jedoch auf der heuristischen Unterscheidung zweier Diskurse (eines religiösen und eines sog. literarischen bzw. dem des Minnesangs), die im Verlauf der Analyse aus unterschiedlichen Gründen hinterfragt werden musste. Deshalb wurde im zweiten Teil des Aufsatzes die Unterscheidung weltlich/geistlich genauer in den Blick genommen, die auch die Unterscheidung religiöser/literarischer Diskurs noch mitzuprägen scheint. Es handelt sich dabei um eine asymmetrische Grenzziehung, die die beiden Seiten hierarchisiert und so auch noch ihr ‚Anderes' formt. Dies kann sowohl von einer geistlichen Position aus geschehen als auch – mit veränderten Konnotationen und Begriffen – von einem minnenden Ich aus, das sich von der Welt abgrenzt. Wird diese Asymmetrie missachtet, dann werden die Oppositionen der Texte (Minnedienst vs. Gottesdienst) zur Basis der Interpretation gemacht, was dazu führen kann, dass dieselben Lieder (insbesondere Reinmar MF 181,13) sowohl als fromm als auch ‚gottesfern', sowohl als Kreuzzugsapologie als auch als kreuzzugskritisch gedeutet werden.

Um dem zu entgehen, wurde der zeitliche und perspektivische Vollzug des asymmetrischen Unterscheidens analysiert. In Hartmanns Strophe MF 210,11 berichtet das Ich von einer Vergangenheit, die es als defizitär und vorläufig darstellt. Dem stellt es – im

---

[58] Bei Reinmar ist eine ähnliche Spaltung des Ich in den zwei folgenden Strophen (MF 181,23, 181,33) Thema.

Verweis auf die Tradition der *conversio* – die aktuelle Sicht entgegen, die als ewiggültig erscheint. Durch die zeitlichen Konnotationen wird so das individuelle Schicksal als Ausdruck einer universellen Bewegung gedeutet und damit zugleich eine Differenzierung von Weltlichem und Geistlichem vollzogen, bei der das Weltliche im Geistlichen enthalten bleibt.

In Reinmars Strophe MF 181,13 wird diese *conversio*-Bewegung wiederholt. Dadurch werden die Hierarchien der einmaligen *conversio* verkehrt und die damit einhergehenden metaphysischen Besetzungen aufgehoben. Die Asymmetrie der Unterscheidung geistlich/weltlich wird so ansatzweise reflektiert und die Argumentationsfigur zu einer strukturellen, die unterschiedlich funktionalisierbar ist. Dies wurde probehalber als ‚Desemantisierung' bezeichnet. Der Begriff soll die Lösung von metaphysischen Konnotationen bezeichnen, ohne dass die Richtung der Neu- oder Umbesetzung bereits feststeht.

Die hier vorliegenden Überlegungen hatten somit weder zum Ziel, die Gegenüberstellung von Minnedienst und Gottesdienst (in den Texten) zu verneinen, noch die Grenze zwischen Minnesang und religiöser Lyrik einzuebnen und nur hybride Zustände zu beschreiben, sondern die Grenzziehungen in den Texten zu verfolgen. Dabei ließ sich über die unterschiedliche inhaltliche Ausrichtung der Texte hinweg ein Interesse am Parallelisieren von scheinbar Entgegengesetztem, an der Verkehrung von Perspektiven und am Revidieren von bestehenden Positionen beobachten.

Beate Kellner

Minne, Welt und Gottesdienst
Spannungen und Konflikte bei Walther von der Vogelweide

I.

Vor mehr als einem halben Jahrhundert hatte Hans Blumenberg in seinem bahnbrechenden Buch *Die Legitimität der Neuzeit* bereits vor einer undifferenzierten substantialistischen Erklärung der Neuzeit aus der Säkularisierung des Christentums gewarnt.[1] Seine Kritik richtete sich auch in späteren Jahren insbesondere gegen ein Verständnis von Säkularisierung, das einen bloßen „Schwund religiöser Bindungen, transzendenter Einstellungen, lebensjenseitiger Erwartungen, kultischer Verrichtungen und festgeprägter Wendungen im privaten wie täglich-öffentlichen Leben"[2] bedeute. Gegen die damit verbundene Betrachtung der Säkularisierung als illegitime Aneignung des Christlichen setzte er seine Thesen von der Emanzipation der Neuzeit im Sinne eines radikalen Neuanfangs.

Bis heute divergieren die Wertungen der Säkularisierung, und die Diskussionen um die Herausbildung und den Status eines säkularen Zeitalters reißen nicht ab. Das Spektrum der Positionen reicht bekanntlich von der Betonung der zunehmenden Pluralität in der Moderne bis hin zur These einer postsäkularen Gegenwart, die ihrerseits wiederum im Zeichen der Wiederkehr des Sakralen stehe.[3] Gerade im Lichte der rezenten Debatten erscheint die Vorstellung eines linearen Übergangs von einem religiösen, im engeren Sinne als europäisch christlich verstandenen Zeitalter zu einer säkularen Welt als zu

---

[1] Hans Blumenberg: Die Legitimität der Neuzeit. Frankfurt a. Main 1966; vgl. ders.: Die Legitimität der Neuzeit. Erneuerte Ausgabe. Frankfurt a. Main 1996 (entspricht der zweiten Auflage von 1988).
[2] Blumenberg 1996 (Anm. 1), S. 11.
[3] Vgl. zum aktuellen Diskussionsstand etwa: Säkularisierung und Resakralisierung in westlichen Gesellschaften. Ideengeschichtliche und theoretische Perspektiven. Hrsg. von Mathias Hildebrandt, Manfred Brocker, Hartmut Behr. Wiesbaden 2001; Die Säkularisation im Prozess der Säkularisierung Europas. Hrsg. von Peter Blickle, Rudolf Schlögl. Epfendorf 2005 (Oberschwaben – Geschichte und Kultur. 13).

kurz gegriffen, denn sie impliziert eine epochenübergreifende eurozentristische Geschichtsphilosophie mit vielen Unschärfen.

Vorstellung und Begriff der Säkularisierung auf das Mittelalter zu übertragen und dabei eine Säkularisierung vor der Säkularisierung postulieren zu wollen, bringt dementsprechend ebenfalls Probleme mit sich. Einige davon möchte ich benennen: Der Begriff legt nicht nur Dichotomien von weltlich und geistlich, religiös und profan nahe, sondern er verführt auch zur Konstruktion von Teleologien und zu einseitigen Bewertungen ganzer Epochen, die in sich vielschichtiger und heterogener sind. Dass etwa die Vorstellung vom Mittelalter als einem monolithisch christlichen Zeitalter, das von einer säkularen Neuzeit abgelöst würde, zu undifferenziert ist, wird durch die rezente Forschung hinreichend belegt.[4]

Es sind diese Hypotheken des Begriffs Säkularisierung, welche die Herausgeber des Bandes zu Recht veranlassen, die Vorstellung einer literarischen Säkularisierung eher ‚probehalber', heuristisch und ohne teleologische Implikationen in Anschlag zu bringen, um die komplexen Formen der Aneignung religiöser Phänomene, Ordnungen, Strukturen und Denkmuster in literarischen Texten zu untersuchen und dabei differenzierte Vorgänge der Übertragung und Umbesetzung analytisch zu erfassen.[5] Ohne den Anspruch, eine Säkularisierung vor der Säkularisierung im strikten Sinne aufdecken zu wollen, geht es mir im Folgenden daher auch darum, die wechselseitige Durchdringung geistlicher und weltlicher Diskurse, die sich mit der Frage nach der Nähe von religiöser und ästhetischer Rede überschneidet, exemplarisch zu untersuchen. Auf diese Weise versuche ich, Vorstellung und Begriff einer literarischen Säkularisierung in der konkreten Arbeit am historischen Material fruchtbar zu machen. Wenn ich mich dabei auf die volkssprachlich höfische Literatur, genauer auf die Lyrik, konzentriere, so geschieht dies im Bewusstsein darum, dass gerade hier vielschichtige Prozesse der Umbesetzung zwischen religiösem und literarischem Denken und Sprechen zu beobachten sind. Die literarischen Konstellationen sollen dabei nicht aus ihren theologischen ‚Hintergründen' erklärt und erschlossen werden, im Zentrum steht vielmehr das komplexe Wechselspiel von literarischen und religiösen Denkweisen und Redemustern.

---

[4] Vgl. etwa die Untersuchungen und Publikationen im DFG Schwerpunktprogramm: Integration und Desintegration der Kulturen im europäischen Mittelalter. Jüngst erschienen: Mittelalter im Labor. Die Mediävistik testet Wege zu einer transkulturellen Europawissenschaft. Hrsg. von Michael Borgolte u. a. Berlin 2008 (Europa im Mittelalter. 10); Integration und Desintegration der Kulturen im europäischen Mittelalter. Hrsg. von Michael Borgolte u. a. Berlin 2011 (Europa im Mittelalter. 18); Europa im Geflecht der Welt. Mittelalterliche Migrationen in globalen Bezügen. Hrsg. von Michael Borgolte u. a. Berlin 2012 (Europa im Mittelalter. 20).

[5] Rainer Warning hat hier von ‚konnotativer Ausbeutung' gesprochen. Vgl. Rainer Warning: Lyrisches Ich und Öffentlichkeit bei den Trobadors. In: Deutsche Literatur im Mittelalter. Kontakte und Perspektiven. Hugo Kuhn zum Gedenken. Hrsg. von Christoph Cormeau. Stuttgart 1979, S. 120–159, hier S. 135–144. Um die wechselseitige Durchdringung zu akzentuieren, kann man auch den Aspekt der Symbiose betonen.

II.

In der mittelalterlichen Minnelyrik findet wie in der höfischen Epik im 12. und 13. Jahrhundert eine Ausdifferenzierung und zunehmende Nuancierung der Sprache der Liebe statt. Die literarische Darstellung der Minne erfolgt dabei immer wieder in Anlehnung an religiöse Vorstellungen, wodurch es zu komplexen Prozessen der Übertragung und Umbesetzung zwischen religiösem und literarischem Sprechen kommt.[6] Dies zeigt sich in der Minnelyrik an den Inszenierungen der Minnedame und des Werbers gleichermaßen. In seiner Festlegung auf die höfische Liebe, die immer wieder beschworen wird, überantwortet der Werber der einzig Geliebten sein ganzes Leben und gewinnt seine Liebe und demütige Unterwerfung Züge einer Adoration. Da der Erfolg in der Liebe über Wohl und Wehe des Minners und Sängers entscheidet, erscheint die höfische Liebe als das eigentliche Ziel seines Lebens. Die *frouwe* des Hohen Sanges repräsentiert als *summum bonum* die ethischen Normen und Werte der höfischen Gesellschaft, sie vereint Schönheit, strahlenden Glanz und *tugent*. Indem es in zahlreichen volkssprachlichen Liedern der Hohen Minne von ihr heißt, in ihrer *güete* könne sie Gnade erweisen, Wunder wirken, Kranke gesund machen und Erlösung bereiten, wird sie häufig über den irdischen Bereich hinaus transzendiert.[7] Durch die Aneignung religiös konnotierter Metaphern, Symbole und Analogien im höfischen Sang wird die Dame gewissermaßen in den Himmel gehoben und mitunter in die Nähe zur Gottesmutter gerückt. Selbstverständlich gibt es keine expliziten Gleichsetzungen von himmlischer Maria und irdischer *frouwe*, die Verbindungen werden über Attribute, Assoziationen und Verschiebungen von Metaphern hergestellt.[8] Auf diese Weise ergibt sich eine diffuse, oft implizite Nähe von religiösen und literarischen Redeweisen, die besonders im spätmittelalterlichen Liebeslied bis zu ihrer Ununterscheidbarkeit gehen kann.[9]

Normative christliche Horizonte werden dabei umgewertet, was sich etwa auch darin zeigt, dass die Bitte des Werbers um *güete* und Mitleid der Dame gerade nicht auf christliche *misericordia*, sondern auf die Erlösung von körperlichen Begierden zielt. Die erotische und ästhetische, stark auf das Diesseits bezogene Orientierung des Le-

---

[6] Siehe zum gesamten Horizont besonders: Geistliches in weltlicher und Weltliches in geistlicher Literatur des Mittelalters. Hrsg. von Christoph Huber, Burghart Wachinger, Hans-Joachim Ziegeler. Tübingen 2000; Literarische und religiöse Kommunikation in Mittelalter und Früher Neuzeit. DFG-Symposion 2006. Hrsg. von Peter Strohschneider. Berlin/New York 2009.

[7] Vgl. die Belege in Susanne Baumgartner, Beate Kellner: Zeit im Hohen Sang. Exemplarische Überlegungen zu Walther von der Vogelweide. In: Anfang und Ende. Formen narrativer Zeitmodellierung in der Vormoderne. Hrsg. von Udo Friedrich, Andreas Hammer, Christiane Witthöft. Berlin 2013 (Literatur – Theorie – Geschichte. 3), S. 201–224.

[8] Vgl. bereits Peter Kesting: Maria-Frouwe. Über den Einfluß der Marienverehrung auf den Minnesang bis Walther von der Vogelweide. München 1965 (Medium Aevum. 5).

[9] Vgl. mit Blick auf die späte Minnelyrik Frauenlobs die differenzierten Überlegungen in Susanne Köbele: Frauenlobs Lieder. Parameter einer literarhistorischen Standortbestimmung. Tübingen/Basel 2003 (Bibliotheca Germanica. 43), S. 217–249.

bens, die im Hohen Sang wie in der höfischen Kultur generell zum Ausdruck kommt, steht daher in deutlicher Spannung zu spezifisch christlichen Normen und Werten. So widerspricht die Erhöhung der Dame im Zeichen der Idealisierung der Minne der christlichen Verpflichtung auf Erniedrigung, so steht der Wunsch nach Ehre gegen christliche Demut, so ist der Lobpreis gleichsam ewiger Schönheit und ewigen Glanzes prekär angesichts der Kreatürlichkeit und Hinfälligkeit des Lebens. Die Übersteigerungen der Minneideologie passen letztendlich nicht zu den christlichen Ideen von der Vorläufigkeit des menschlichen Lebens und der Orientierung auf das ewige Leben.

Diese Konkurrenzen zwischen höfischen und christlichen Leitvorstellungen sind in vielen Liedern implizit, greifbar werden sie besonders in Revokationen der Minne respektive der Minneideologie,[10] vor allem aber in jenen Texten, in denen Minnedienst und Gottesdienst explizit kontrastiert werden. Wenn die Kreatürlichkeit des Sängers und der Dame, ihre Vergänglichkeit, Prozesse ihres Alterns, der Verfall der Schönheit, der Tod, schließlich eine Distanzierung von der Minne und dem Dienst an der Welt ins Spiel kommen, werden jene Aspekte betont, die in den Liedern des Hohen Sangs in aller Regel unerwähnt bleiben und unerwähnt bleiben müssen: Denn die Ideale der Hohen Minne bedingen die Ausblendung der Kreatürlichkeit und Hinfälligkeit von Werber und Dame. Indem in Altersklagen, Minne- und Weltabsagen die höfische Liebe und das Leben im Dienst der Welt als problematische, ja verkehrte Orientierungen des irdischen Daseins entlarvt werden, entsteht der Eindruck, als habe der Sänger sich schließlich vom Minnedienst und Weltleben zum Gottesdienst und damit zu einem Leben bekehrt, das ihm das Heil seiner Seele zu sichern verspricht.[11] Die christlichen Leitvorstellungen von *contemptus mundi*, *metanoia* und Buße werden dabei literarisch adaptiert und produktiv gemacht.

Bei näherem Zusehen zeigt sich freilich, dass die dichotomische Vorstellung eines Übergangs vom Minne- zum Gottesdienst und damit zur Sorge um das eigene Seelenheil, von der Orientierung auf das Diesseits zur Orientierung auf das Jenseits, wohl doch zu kurz gegriffen ist. Vielfach nämlich bleibt die Relation von Minne- und Gottesdienst intrikat. So gesehen etablieren Welt- und Minneabsagen einen Diskurs über die Widersprüche zwischen Minneideologie und christlicher Existenz, über die Spannungen, Affinitäten und Konkurrenzen zwischen literarischer und religiöser Rede. Eben diese möchte ich im Folgenden untersuchen. In dem skizzierten Problem- und Fragehorizont widme ich mich exemplarisch Minne- und Weltabsagen Walthers von der Vo-

---

[10] Stellvertretend sei an dieser Stelle auf Heinrichs von Morungen *Venuslied* verwiesen: *Ich waene, nieman lebe* (MF 138,17). Zur Denkfigur der *revocatio* siehe Heinrich Siekhaus: Revocatio – Studie zu einer Gestaltungsform des Minnesangs. In: DVjs 45 (1971), S. 237–251.

[11] Insbesondere die Rolle des Alten erlaubt und ermöglicht dem Sänger eine Außenposition, er erscheint nicht mehr als Werber in eigener Sache, mit eigenen Interessen, womit ideale Voraussetzungen für eine kritische Reflexion von Minne und Sang gegeben sind. Exemplarisch sei an dieser Stelle nur auf Walthers von der Vogelweide Alterston, *Ir reiniu wîp, ir werden man* (L 66,21), verwiesen.

gelweide¹² und konzentriere mich auf das Lied *Frô welt, ir sult dem wirte sagen* sowie auf die so genannte ‚Elegie'.

III.

Frô Welt, ir sult dem wirte sagen (L 100,24) ist in der vierstrophigen Version nur in C zwischen zwei Sprüchen bezeugt, in A befindet sich die einzig überlieferte Strophe, die eine Parallelstrophe zur ersten Strophe nach C darstellt, in unmittelbarer Nachbarschaft zum thematisch affinen Lied *Wie sol man gewarten dir, Welt* (L 59,37). Daneben sind drei Verszeilen der ersten Strophe I,1–3 in den Braunschweiger Fragmenten w^x greifbar.¹³ Das Changieren zwischen Welt und Minnedame in diesem Lied, das ich im Folgenden akzentuieren möchte, wird von der Forschung zumeist nicht gesehen. Der Charakter des Liedes als eindeutige, religiös motivierte Weltabsage, die in den größeren Kontext der mittelalterlichen *Contemptus-mundi*-Literatur gehört, gilt als *opinio communis*.¹⁴ Dennoch hat Max Wehrli schon früh die Nähe dieser Weltabsage zum Minne-

---

[12] Vgl. dazu etwa: Wolfgang Mohr: Altersdichtung Walthers von der Vogelweide. In: Sprachkunst 2 (1971), S. 329–356; Christoph Cormeau: Minne und Alter. Beobachtungen zur pragmatischen Einbettung des Altersmotivs bei Walther von der Vogelweide. In: Mittelalterbilder aus neuer Perspektive. Diskussionsanstöße zu amour courtois, Subjektivität in der Dichtung und Strategien des Erzählens. Kolloquium Würzburg 1984. Hrsg. von Ernstpeter Ruhe, Rudolf Behrens. München 1985 (Beiträge zur romanischen Philologie des Mittelalters. 14), S. 147–165; siehe auch Volker Mertens: Alter als Rolle. Zur Verzeitlichung des Körpers im Minnesang. In: PBB 128 (2006), S. 409–430.

[13] W^x, Braunschweig, Landeskirchliches Archiv H 1a, Pergament, Ende 13. Jahrhundert, 2 Fragmente von einem Blatt, Bruchstücke von 7 Waltherstrophen.

[14] Vgl. Robert Priebsch: Walther von der Vogelweide, ‚Abschied von der Welt'. In: The Modern Language Review 13 (1918), S. 465–473; Günter Jungbluth: Walthers Abschied. In: Walther von der Vogelweide. Hrsg. von Siegfried Beyschlag. Darmstadt 1971 (WdF 112), S. 514–538, hier S. 534–536 [zuerst in: DVjs 32 (1958), S. 372–390]; Mary Fleet: Walther von der Vogelweide: *ich wil ze herberge varn* (Lachmann 101,14). In: Oxford German Studies 8 (1973), S. 20–22; Werner Hoffmann: Walthers Absage an die Welt (‚Frô welt, ir sult dem wirte sagen', L. 100,24ff.). In: ZfdPh 95 (1976), S. 356–373; Frederic C. Tubach: Struktur im Widerspruch. Studien zum Minnesang. Tübingen 1977 (Untersuchungen zur deutschen Literaturgeschichte. 16), S. 101–110; Ulrich Müller: Die mittelhochdeutsche Lyrik. In: Lyrik des Mittelalters. Probleme und Interpretationen. Hrsg. von Heinz Bergner. Bd. 2. Stuttgart 1983, S. 7–227, hier S. 144–148; Ann Marie Rasmussen: Representing Woman's Desire: Walther's Woman's Stanzas in ‚Ich hœre iu sô vil tugende jehen' (L 43,9), ‚Under der linden' (L 39,11), and ‚Frô Welt' (L 100,24). In: Woman as Protagonists and Poets in the German Middle Ages. Hrsg. von Albrecht Classen. Göppingen 1991 (GAG 528), S. 69–85, hier S. 81–85; Meinolf Schumacher: Die Welt im Dialog mit dem ‚alternden Sänger'? Walthers Absagelied ‚Frô Welt, ir sult dem wirte sagen' (L. 100,24). In: WW 50 (2000), S. 169–188; Mary M. Paddock: Sight, Insight, and *Inszenierung* in Walther's „Frô Welt" (L. 100,24 ff.). In: Seminar. A Journal of Germanic Studies 44 (2008), S. 175–189; Manfred Kern: Weltflucht. Po-

lied betont.[15] Dieter Kartschoke hat sich hier angeschlossen, doch er marginalisiert meines Erachtens die allegorisch religiösen Bezüge des Liedes auf der anderen Seite zu stark.[16] Ich zitiere den Text im Folgenden zunächst nach C und mache Abweichungen von der Ausgabe Cormeaus[17] deutlich. Signifikante Varianten nach A und w^x zeige ich an:[18]

Frô Welt, ir sult dem wirte sagen,
daz ich im gar vergolden habe,
min græste gülte ist abe geslagen,
daz er mich von dem briefe schabe.
Swer im iht sol, der mac wol sorgen,
ê ich im lange schuldic wære,
ich wolt ez zeinem juden borgen.
er swîget unz an einen tac,
sô wil er danne ein wette hân,
sô jener niht vergelten mac.

‚Walther, dû zürnest âne nôt,
dû solt bî mir belîben hie.
gedenke, waz ich dir êren bôt,
waz ich dir dînes willen lie,
Als dû mich dike sêre bæte.[19]
mir was vil innekliche leit,
daz dûz[20] *sô selten tæte.*

---

esie und Vergänglichkeit in der weltlichen Dichtung des 12. bis 15. Jahrhunderts. Berlin/New York 2009 (Quellen und Forschungen zur Literatur- und Kulturgeschichte. 54), S. 115–122.

[15] Max Wehrli: Rollenlyrik und Selbsterfahrung in Walthers Weltklageliedern. In: Walther von der Vogelweide. Hamburger Kolloquium 1988 zum 65. Geburtstag von Karl-Heinz Borck. Hrsg. von Jan-Dirk Müller, Franz Josef Worstbrock. Stuttgart 1989, S. 105–113, prägnant S. 110.

[16] Dieter Kartschoke: *gedenke an mangen liehten tac*. Walthers Abschied von Frau Welt L 100,24 ff. In: Walther lesen. Interpretationen und Überlegungen zu Walther von der Vogelweide. Festschrift für Ursula Schulze zum 65. Geburtstag. Hrsg. von Volker Mertens, Ulrich Müller. Göppingen 2001 (GAG 692), S. 147–166.

[17] Walther von der Vogelweide: Leich, Lieder, Sangsprüche. Hrsg. von Christoph Cormeau. 14., völlig neubearbeitete Aufl. der Ausgabe Karl Lachmanns mit Beiträgen von Thomas Bein und Horst Brunner. Berlin/New York 1996, Nr. 70 (zitiert); vgl. dazu: Deutsche Lyrik des frühen und hohen Mittelalters. Edition der Texte und Kommentar von Ingrid Kasten. Übersetzungen von Margherita Kuhn. Frankfurt 1995 (Bibliothek des Mittelalters. 3), S. 520–523, Kommentar, S. 1038–1040; Walther von der Vogelweide: Werke. Bd. 2: Liedlyrik. Mittelhochdeutsch/Neuhochdeutsch. Hrsg., übersetzt und kommentiert von Günther Schweikle. 2., verbesserte und erweiterte Aufl. hrsg. von Ricarda Bauschke-Hartung. Stuttgart 2011, S. 224–227, Kommentar, S. 658–662.

[18] Vgl. Walther von der Vogelweide. Die gesamte Überlieferung der Texte und Melodien. Abbildungen, Materialien, Melodietranskriptionen. Hrsg. von Horst Brunner, Ulrich Müller, Franz Viktor Spechtler. Mit Beiträgen von Helmut Lomnitzer, Hans-Dieter Mück. Geleitwort von Hugo Kuhn. Göppingen 1977 (Litterae. 7).

[19] Die Umstellung der Edition *dicke dû mich* nehme ich zurück.

[20] Die Konjektur der Edition *ie* nach *dûz* übernehme ich nicht.

bedenke dich, dîn leben ist guot.
sô dû mir rehte widersagest,
sôn wirst dû niemer wol gemuot.'

Frô Welt, ich hân ze vil gesogen,
ich wil entwonen, des ist zît.
dîn zart hât mich vil nâch betrogen.
wand er vil süezer fröiden gît.
Dô ich dich gesach reht under ougen,
dô was dîn schouwen wunderlich[21]
al sunder lougen.
doch was der schanden alse vil,
dô ich dîn hinden wart gewar,
daz ich dich iemer schelten wil.

‚Sît ich dich niht erwenden mac,
sô tuo doch ein dinc, des ich ger.
gedenke an mangen liehten tac
und sich doch underwîlent her,
Niuwan sô dich der zît betrâge.'
daz tæt ich wunderlîchen gerne,
wan daz ich fürhte dîne lâge,
vor der sich nieman kann bewarn.
got gebe iu, frowe, guote naht.
ich wil ze herberge varn.

In der ersten Strophe des Dialogliedes wendet sich der männliche Sprecher an die allegorische Figur der *Frô Welt*, die aufgefordert wird, dem *wirte* mitzuteilen, dass seine große Schuld abgegolten und abgetragen sei, sodass er aus dem Schuldbrief getilgt werden könne (V. 1–4). Entworfen wird also die Vorstellung, der besagte *wirt* habe die Schulden in eine Pergamenturkunde als Schuldschein schriftlich eingetragen, woraus jene durch Abschaben gelöscht werden müssten.[22] Was ökonomisch in der Relation zwischen Gläubiger und Schuldner als Geldschulden gefasst ist (*min græste gülte*, V. 3 nach C; *grozer gelt*, V. 3 nach A; *groze ge...*, V. 3 nach w[x]),[23] stellt sich in allegorischer Lesart als Sünde dar, durch die der Mensch sich mehr und mehr in die Welt und

---

[21] Kasten (Anm. 17), S. 522, und Bauschke-Hartung, Schweikle (Anm. 17), S. 226, konjizieren <schœne an ze> vor *schouwen*. Cormeau (Anm. 17) geht von einer Lücke in V. 7 aus, ich halte mich an den überlieferten Text.

[22] Die Praktiken des *wirtes* als Gläubiger werden als noch strenger eingestuft als die eines Juden, denn jener schweige bis zu einem bestimmten Tag und verlange dann einen Einsatz, ein Pfand, wenn der Schuldner nicht zu zahlen in der Lage sei (V. 5–10). Diese Deutung setzt voraus, dass sich *er* (V. 8) auf den bereits in der ersten Verszeile eingeführten *wirt* und nicht auf den *juden* (V. 7) bezieht. Anders Kartschoke (Anm. 16), S. 160.

[23] Zur ökonomischen Metaphorik siehe Stephanie Cain Van d'Elden: Commercial Metaphors in *Minnesang*. In: Poetics of Love in the Middle Ages. Texts and Contexts. Hrsg. von Moshe Lazar, Norris J. Lacy. Fairfax, Virginia 1989, S. 137–146, hier S. 138 f.

das Böse verstrickt hat.[24] Deutlich ist, dass die Strophe Vorstellungen einer Heilsökonomie entwirft, doch die Bezüge scheinen im Einzelnen schwer auflösbar.

Die Forschung hat sich intensiv und ohne abschließendes Ergebnis damit beschäftigt, wer mit dem *wirt* (V. 1ff.) gemeint sein könnte. Das Bedeutungsspektrum dieses Lexems reicht im Mittelhochdeutschen von ‚Hausherr‘, ‚Ehemann‘, ‚Landesherr‘, ‚Schutzherr‘, ‚Gastgeber‘ bis hin zum ‚Gastwirt‘ und zum ‚Schankwirt‘.[25] Zumeist wurde *wirt* in der ersten Strophe von *Frô Welt* als ‚Gastwirt‘ aufgefasst, obgleich diese Bedeutung für das Hochmittelalter keineswegs gesichert ist.[26] Daraus ließen sich dann kühne Deutungen von der Allegorie der Welt als Wirtshaus mit *Frô Welt* als „Schenkmädchen",[27] „Buhlerin"[28] oder „Dirne"[29] ableiten, die sich bis in die neueste Forschung hinein durchgehalten haben.[30] Auf dieser Basis wiederum hat man den Wirt in allegorischer Lesart als Teufel respektive *princeps huius mundi* (Joh 12,31; 14,30) verstanden,[31] der ein Sündenregister führe, um es beim göttlichen Gericht am Jüngsten Tag vorweisen zu können und den Menschen so auf seine Seite zu ziehen.[32] Obgleich man sich die Relation des Sprechers zum *wirt* auch in der rezenten Forschung auf diese Weise zurechtgelegt hat, bleiben theologisch doch erhebliche Probleme, denn der Mensch ist nicht beim Teufel verschuldet, sondern bei Gott, dem es obliegt, Sündenstrafen zu erlassen.[33]

Insofern lässt die nur angedeutete Szenerie der ersten Strophe meines Erachtens einen breiten Assoziationsreichtum zu, der nicht notwendig auf den Teufel als *wirt* zu verengen ist. Die Vorstellung von der Welt als Wirtshaus und *Frô Welt* als Schankmädchen stellt ohnedies eine Erfindung dar, die nicht durch den Text gesichert ist. Dass es sich bei *Frô Welt* um die Ehefrau des *wirtes* handle, ist ebenfalls eine nicht durch den

---

[24] Belege aus der geistlichen Tradition zum Teufel als Wucherer und Gläubiger bei Schumacher (Anm. 14), S. 172, mit Anm. 6–8.

[25] Vgl. Matthias Lexer: Mittelhochdeutsches Handwörterbuch. Nachdruck der Ausgabe Leipzig 1872–1878 mit einer Einleitung von Kurt Gärtner. 3 Bde. Stuttgart 1992, Bd. 3, Sp. 932 f.; Georg Friedrich Benecke, Wilhelm Müller, Friedrich Zarncke: Mittelhochdeutsches Wörterbuch. 3. Nachdruckausgabe. Bd. 3. Hildesheim 1986, S. 748a–750b.

[26] Vgl. die Diskussion bei Kartschoke (Anm. 16), S. 155–160, mit Verweisen auf die ältere Literatur.

[27] Anton E. Schönbach: Walther von der Vogelweide. Ein Dichterleben. Dritte, verbesserte Aufl. Berlin 1910 (Geisteshelden. 1), S. 211.

[28] Hans Günther Meyer: Die Strophenfolge und ihre Gesetzmäßigkeiten im Minnelied Walthers von der Vogelweide. Ein Beitrag zur „inneren Form" hochmittelalterlicher Lyrik. Königstein/Ts. 1981 (Deutsche Studien. 35), S. 409.

[29] Konrad Burdach: Walther von der Vogelweide. Philologische und historische Forschungen. Erster Theil. Leipzig 1900, S. 110; Schumacher (Anm. 14), S. 178.

[30] Vgl. auch die Zusammenstellung der Belege bei Kartschoke (Anm. 16), S. 150 f.

[31] Vgl. Schumacher (Anm. 14), S. 173.

[32] Vgl. ebd., S. 172.

[33] Vgl. die Bedenken Kartschokes (Anm. 16), S. 159 f.

Text zu erhärtende Supposition.[34] Zur Diskussion stellen möchte ich, ob mit dem *wirt* in allegorischer Lesart nicht auch Gott gemeint sein könnte, bei dem der Mensch in der Schuld steht und der ihn eines Tages mit unerbittlicher Strenge richten wird. Wie auch immer man im Einzelnen konstruiert, gilt: Der Sprecher strebt danach, bei Gott gerechtfertigt zu sein.[35]

Dass der literarische Text sich auf theologische Kontexte bezieht, ist evident, doch die genauen Bezüge sind schwer bestimmbar. Die volkssprachliche Literatur ist gekennzeichnet durch einen recht großen Möglichkeitsraum, in ihm ergeben sich Relationen der Unschärfe, was sich als Eigenart des Literarischen in der Differenz zu einem theologischen Traktat verstehen lässt. Was im theologischen Diskurs geregelt und genau festgelegt sein muss, kann in der poetischen Anverwandlung diffuser erscheinen. Im literarischen Text kann mit theologischen Vorstellungen zumindest bis zu einem gewissen Grad gespielt werden, ohne dass die alludierten theologischen Sachverhalte logisch exakt entwickelt werden müssen. Darin liegt jedoch gerade die Produktivität des Literarischen. Man kann nun einerseits negativ sagen, dass theologische Sachverhalte in der Literatur verwässert werden oder man unterstreicht positiv den Spielraum der volkssprachlichen Literatur im Mittelalter im Sinne der Vorstellung einer literarischen Säkularisierung.

Im allegorischen Rahmen erfolgt die Anrede der Frau Welt an das Ich in der zweiten Strophe, das hier, die Grenzen der Fiktion vermeintlich überschreitend, als ‚Walther' bezeichnet wird. Die Welt umschmeichelt diesen ‚Walther', er solle nicht zürnen, er solle bei ihr bleiben (V. 1 f.). Rückschauend erinnert sie ihn an alles, was sie ihm geboten habe (V. 3–7). Für die Gegenwart mahnt sie, *bedenke dich, dîn leben ist guot* (V. 8), und für die Zukunft schließlich warnt sie, er würde niemals mehr *wol gemuot* sein, wenn er ihr den Dienst aufkündigte (V. 9 f.). In der Reflexion auf drei Zeitebenen also versucht die Welt, ‚Walther' zum Bleiben in ihrem Dienst zu bewegen. Die aus den Minnewerbungen bekannte Situation, in der das Ich eine Dame, die sich stets entzieht, zur Liebe und zum Lohn bringen möchte, hat sich in der Relation von *Fro Welt* und dem männlichen Ich verkehrt. Es zeigt sich, dass das Lied mit literarischen und religiösen Mustern gleichermaßen spielt. *Frô Welt*, die in der zweiten Strophe deutlich Züge der Minnedame trägt, ist nicht die umworbene, sondern die Werberin. Das männliche Ich hingegen möchte sich ihr entziehen, was in der dritten Strophe weiter ausgesponnen wird.

---

[34] In einem Rätselgedicht Friedrichs von Sonnenburg aus dem späten 13. Jahrhundert wird die eheliche Verbindung zwischen Frau Welt und dem Teufel nahegelegt. Vgl. Die Sprüche Friedrichs von Sonnenburg. Hrsg. von Achim Masser. Tübingen 1979 (ATB 86), Nr. 21,11. Doch diese Vorstellung lässt sich nicht eins zu eins auf Walthers Lied übertragen. Vgl. Kartschoke (Anm. 16), S. 157 f., mit Anm. 54.

[35] Die Aussage des Sprechers, er würde sich lieber bei einem Juden verschulden als bei einem solchen *wirt*, ließe sich in der einen Deutungsrichtung auf die besondere Strenge Gottes beziehen, in der anderen Deutung auf die einen Juden übertreffende Bösartigkeit des Teufels.

Hier wird *Frô Welt* als liebende Mutter dargestellt, an deren Brust der männliche Sprecher, der nun wieder das Wort ergreift, zu viel gesogen haben will (V. 1). Als ‚Kind der Welt', das er bis jetzt war, möchte er sich nun entwöhnen (V. 2). Ihre Zärtlichkeit habe ihn mit süßen Freuden betrogen (V. 3). In der inszenierten Mutter-Kind-Bindung schwingt die Erotik der Minnebindung an die Dame mit. Doch die süßen Freuden, welche die Welt schenkt, werden nun als falsch und vergänglich entlarvt:[36] Das Ich offenbart, dass es den Anblick, das Aussehen der *Frô Welt* wunderbar fand,[37] als es ihr in die Augen geblickt habe (V. 5–7), doch dass es dann die Schändlichkeit ihrer Hinterseite erkannt habe und sie nun immer schmähen will (V. 8–10). Es ist das bekannte Bild der *Frô Welt*, die von vorne schön, von hinten abgrundtief hässlich erscheint, das hier angedeutet wird und vielleicht erstmals in der Literatur erscheint.[38] Es konfrontiert Schein und Sein der Welt miteinander. Die bei Walther rekurrente Vorstellung, äußere Schönheit sei nur dann wahre Schönheit, wenn sie mit einem Ethos der *tugent* im Inneren im Einklang stehe, was er stets für das Idealbild der Dame fordert, wird hier auf die Relationen von Vorder- und Rückseite der Welt übertragen. Während die Problematik des Minnedienstes gerade darin besteht, dass der Werber nicht in das Innere der Dame hineinblicken kann, dieses nicht wirklich erkennen kann, sondern nur deren Außenseite sieht, ist er nun, indem der Gedanke auf Vorder- und Rückseite übertragen wird, der Kehrseite der Welt ansichtig geworden. Dadurch konnte er ihre Schönheit, ihre Süße und ihre Freuden als trügerisch erkennen und ihre eigentliche Schändlichkeit entdecken. In diesem Bild der Frau Welt werden zugleich auch der Minnedienst und die Minnedame als Teil und Signum innerweltlicher Freuden diskreditiert.

In der vierten Strophe setzt Frau Welt ihre Versuche fort, das Ich am *widersagen* (Str. 2, V. 9) zu hindern. Da sie es nicht umstimmen und umwenden kann, sodass es wiederum nur ihre Vorderseite sähe (beides klingt in *niht erwenden* an, V. 1),[39] versucht sie, ihm eine Bitte abzuringen. Der Sprecher möge sich an *mangen liehten tac* (V. 3) erinnern, wie es im Zitat aus einem Walther'schen Minnelied heißt, und solle doch gelegentlich bei ihr vorbeischauen, wenn er sich langweile (V. 3–5). Die List der Frau Welt liegt nun nicht nur darin, dass sie ‚Walther' über die Vorstellung der *liehten*

---

[36] Vgl. *Owê, war sint verswunden alliu mîniu jâr!* (L 124,1), Str. 3, V. 1–4. Siehe dazu S. 219 f. dieses Beitrags.

[37] *schouwen* fasse ich als Anblick respektive Aussehen auf und komme damit ohne Konjektur aus. Bei Lexer, Bd. 2, Sp. 779, wird unter Verweis auf die in Frage stehende Liedstelle für *schouwen* ‚Aussehen', ‚Gestalt' angeboten.

[38] Vgl. dazu Wolfgang Stammler: Frau Welt. Eine mittelalterliche Allegorie. Freiburg, Schweiz 1959 (Freiburger Universitätsreden N. F. 23); vgl. weiterhin etwa Marianne Skowronek: Fortuna und Frau Welt. Zwei allegorische Doppelgängerinnen des Mittelalters. Diss. FU Berlin 1964; August Closs. Weltlohn. Das Thema: Frau Welt und Fürst der Welt. In: ZfdPh 105 (1986), S. 77–82; Ursula Schulze: Frau Welt. In: LexMA. Bd. 4. 1989, Sp. 881 f.

[39] Vgl. das Motiv des *winden* (V. 2, V. 4) und *entwinden* (V. 3) der Welt und des Ich in *Wie sol man gewarten dir, welt* (L 59,37). Zu erinnern ist an dieser Stelle noch einmal daran, dass die Strophe *Frô Welt, ir sult dem wirte sagen* in Handschrift A unmittelbar auf diese Weltabsage folgt.

tage (L 42,15) an die irdischen Freuden erinnert, sondern dass sie ihn dabei mit den eigenen Waffen, sprich mit seinen eigenen Worten, zu schlagen versucht. Spätestens jetzt ist klar, dass ‚Walther' nicht nur in seiner Kreatürlichkeit als Mensch vor Frau Welt steht und gerade deshalb mit seinem Namen genannt wird, sondern dass es auch um seine Identität als Sänger geht. Die Welt spielt wohl an auf das Lied: *Swer verholne swære trage* (L 42,15),[40] hier heißt es:

> *Swer verholne swære trage,*
> *der gedenke an guote wîp, er wirt erlôst,*
> *und gedenk an liehte tage.* (V. 1–3)

An dieser Stelle wird die Logik der Hohen Minne von Frau Welt ausgenutzt, um das Gegenüber erneut in ihren Bann und Dienst zu schlagen. Erinnert wird an den Minnesänger ‚Walther', der sich selbst immer wieder als derjenige stilisiert hat, der zur höfischen Freude und damit zur Freude in der Welt beiträgt. In den anzitierten Verszeilen fordert der Sänger gerade auf, in Momenten der *swære* an die hellen Tage, die guten Frauen und eben das Glück, das der Minnedienst trotz aller Schmerzen bereiten kann, zu denken: Insofern könnte die Abwendung, die der Sprecher im Folgenden noch in derselben Strophe von *Frô Welt, ir sult dem wirte sagen* von der Welt vollzieht, auch eine Abrechnung mit dem eigenen Minnesang sein, von dem er sich damit distanziert. Das männliche Ich würde gerne wieder bei der Welt vorbeischauen (V. 6), nur fürchtet es ihre *lâge*, ihren Hinterhalt, ihre List und Tücke (V. 7), denn es weiß, dass niemand sich davor bewahren kann (V. 8). Auch wenn das Ich der *frowe*, die hier nicht explizit als *Frô Welt* bezeichnet wird, was wiederum das Changieren zwischen Welt und Minnedame anzeigt, schließlich *guote naht* (V. 9) sagt und hinzufügt, *ich wil ze herberge varn* (V. 10),[41] macht es doch in den Vorsichtsmaßnahmen, die es zu ergreifen sich genötigt sieht und in dem Bewusstsein, dass niemand den Verführungen der Welt widerstehen kann, deutlich, wie tief es selbst noch immer in der Welt verhaftet ist.[42]

In dem Willen aufzubrechen und damit *Frô Welt* zu verlassen, kann man im Licht der Allegorien, welche das Lied entwickelt, den Wunsch sehen, in die Ewigkeit Gottes, die eigentliche Heimat und Herberge, zu gelangen. Die allegorische Deutung liegt nahe, ist jedoch nicht zwingend. Zudem lässt der Sprecher letztendlich offen, ob und wann er tatsächlich aufbrechen wird. Gerade dadurch wird die entschiedene Weltabsage relativiert. Die Absage wird zwar artikuliert, doch der Aufbruch wird nur im Modus des Wünschens und Wollens formuliert. Wer sagt, dass der Sänger nicht doch noch einmal umkehrt oder am nächsten Tag wieder bei Frau Welt vorbeischaut? Wer sagt, dass das Spiel von Distanzierung und Werbung nicht weitergeht? Der Schluss des Liedes lässt vieles offen, was in den Deutungen der älteren Forschung eingleisig im Sinne der allegorischen Lesart als Gesamtansatz geschlossen wurde. Die Distanzierung vom eigenen

---

[40] Vgl. Kartschoke (Anm. 16), S. 166.
[41] Rasmussen (Anm. 14), S. 82, sieht in der Szenerie eine Umkehrung der Tageliedsituation.
[42] Vgl. zu den verschiedenen Konnotationen von *herberge* Fleet (Anm. 14).

Minnesang im Selbstzitat, das Frau Welt in den Mund gelegt wird, vollzieht sich zudem im Modus eines neuen Liedes, das mit der Konstellation des Minneliedes spielt und dem die Gattung des Minneliedes zugrundeliegt. Die Absage an die Welt und den Minnesang wird daher auch performativ im Lied, das der Sprecher in der Ich-Rolle singt, bereits wieder ein Stück weit konterkariert.

In Walthers so genannter *Elegie* (L 124,1), meinem zweiten Beispieltext, wird die kritische Auseinandersetzung mit der Welt auf einem für die volkssprachlich deutsche Liedkunst des 12. und 13. Jahrhunderts wohl einzigartigen Reflexionsniveau betrieben.[43] Die Weltabsage verbindet sich im Rückblick des alten Sängers auf das eigene Leben mit einer grundlegenden Zeit- und Gesellschaftskritik. Im Zentrum steht die problematische Spannung zwischen einer christlichen Ausrichtung des Lebens im Gottesdienst und dem Verhaftetsein in der Welt. Wie die christlichen *contemptus mundi* Vorstellungen sowie die christlichen Leitideen von Umkehr und Buße literarisch adaptiert und inszeniert werden, soll im Folgenden gezeigt werden. Die drei Großstrophen sind nur in C überliefert (C 439–341).[44] Dazu sind uns einige Verszeilen der ersten Strophe in der Würzburger Liederhandschrift E (I, 1–9) und einige Verse der dritten Strophe in den Braunschweiger Fragmenten w^x (III, 4–12) erhalten.[45] Ich zitiere den Text, so weit möglich, nach C und bin darin konservativer als Cormeau.[46] Die signifikanten Varianten von E und w^x zeige ich an:[47]

---

[43] Kurios erscheint aus heutiger Sicht die ältere Forschungsperspektive Mundhenks, der den Text Walther von der Vogelweide mit dem Argument abzusprechen versuchte, er unterschreite dessen Niveau. Vgl. Alfred Mundhenk: Ist Walther der Verfasser der Elegie? In: DVjs 44 (1970), S. 613–654, wieder in: Ders.: Walthers Zuhörer und andere Beiträge der Stauferzeit. Würzburg 1993, S. 73–115, prägnant S. 112–115.

[44] In C schließt sich die *Elegie* an Minnekanzonen und das Lied *Ein meister las, troume unde spiegelglas* (L 122,24) an. Es folgt das Halmlied (L 65,33). Man könnte zwischen *Ein meister las*, der *Elegie* und dem Halmlied einen Zusammenhang über die Motivik des Traums sehen. Kornrumpf geht dagegen von einer zufälligen Anordnung aus. Vgl. Gisela Kornrumpf: Walthers ‚Elegie'. Strophenbau und Überlieferungskontext. In: Walther von der Vogelweide. Hamburger Kolloquium 1988 zum 65. Geburtstag von Karl-Heinz Borck. Hrsg. von Jan-Dirk Müller, Franz Josef Worstbrock. Stuttgart 1989, S. 147–158, hier S. 153.

[45] In E ist das Fragment der *Elegie* nach *Ein meister las* (L 122,24) und dem Palästinalied in elfstrophiger Fassung (L 14,38) eingetragen, was einen Konnex über das Thema der Kreuzfahrt zeigt. In den Braunschweiger Bruchstücken w^x schließen sich an die Schlussstrophe der ‚Elegie' weitere Strophenfragmente aus Altersliedern an, aus *Ir reiniu wîp, ir werden man* (L 66,21) und *Frô Welt, ir sult dem wirte sagen* (L 100,24). Über das Vorangehende können wir keine Aussagen machen. Vgl. dazu Kornrumpf (Anm. 44), S. 153–156. Vgl. zur handschriftlichen Umgebung der *Elegie* auch Cyril Edwards: Kodikologie und Chronologie: Zu den „letzten Liedern" Walthers von der Vogelweide. In: Deutsche Handschriften 1100–1400. Oxforder Kolloquium 1985. Hrsg. von Volker Honemann, Nigel F. Palmer. Tübingen 1988, S. 297–315, hier S. 304–306.

[46] Cormeau (Anm. 17), S. 264–266; vgl. Kasten (Anm. 17), S. 528–533, Kommentar, S. 1046–1050; Bauschke-Hartung, Schweikle (Anm. 17), S. 450–455, Kommentar, S. 799–806.

[47] Vgl. Walther von der Vogelweide. Die gesamte Überlieferung der Texte und Melodien (Anm. 18).

Owê, war sint verswunden,   alliu mîniu jâr!
ist mîn leben mir getroumet,   oder ist ez wâr?
daz ich ie wânde, daz iht   wære, was daz iht?
dar nâch hân ich geslâfen   und enweiz es niht.
nû bin ich erwachet   und ist mir unbekant,
daz mir hier vor was kündic   als mîn ander hant.
liute und lant, danna ich   von kinde bin geborn,[48]
die sint mir fræmde worden,   reht als ob ez sî gelogen.[49]
die mîne gespiln wâren,   die sint træge unde alt.
bereitet ist daz velt,   verhouwen ist der walt.
wan daz daz wazzer fliuzet,   als ez wîlent vlôz,
für wâr, ich wânde, mîn   ungelücke wurde grôz.
mich grüezet maniger trâge,   der mich bekande ê wol,
diu welt ist allenthalben   ungnaden vol.
als ich gedenke an manigen   wunneklîchen tac,
die mir sint enphallen,   als in das mer ein slac,[50]
iemer mêre ouwê.

Owê, wie jæmerlîche   junge liute tuont,
den hô[51] *vil niuweclîche   ir gemüete stuont,*
die kunnen niuwan sorgen,   owê, wie tuont si sô?
swar ich zer werlte kêre,   dâ ist[52] *nieman vrô,*
tanzen, singen   zergât mit[53] *sorgen gâr.*
nie kristenman gesach   sô jæmerlîche iâr.[54]
nû merkent, wie den frouwen   ir gebende stât,
die stolzen ritter tragent   dörperlîche wât.
uns sint unsenfte brieve   her von Rôme komen,
uns ist erloubet trûren   und fröide gar benomen.
daz müet mich innerklîchen sêre,[55] *wir lebten ie vil wol,*
daz ich nû für mîn lachen   weinen kiesen sol.
die wilden vogel[56] *betrüebet unser clage,*
waz wunders ist,   ob ich dâ von verzage?

---

[48] E stimmt mit C überein: *danne ich von kinde bin geborn.* Vgl. die Konjektur in der Ausgabe von Cormeau (Anm. 17): *<dar inn> ich von kinde bin <erzogen>.* Bauschke-Hartung, Schweikle (Anm. 17) konjizieren: *liute und lant, danne ich von kinde bin <gezogen>* im Sinne von ‚weggezogen'.

[49] E *gelogen*, C *gelegen*. Cormeau (Anm. 17) emendiert in der Ausgabe *gelogen* nach E und ich folge ihm.

[50] Ich übernehme hier die Konjektur von *flac* zu *slac* aus der Ausgabe von Cormeau (Anm. 17).

[51] Ich übernehme die Konjektur <hô> für *nû* von Cormeau (Anm. 17). Vgl. die Editionen von Bauschke-Hartung/Schweikle und Kasten mit ihren Konjekturen zur Stelle. Bauschke-Hartung, Schweikle (Anm. 17): *den <ê> vil <wünneclîchen> ir gemüete stuont*; Kasten (Anm. 17): *den <ê> vil <hove>lîche ir gemüete stuont!*

[52] C doppelt *ist*.

[53] Ich übernehme die Konjektur <mit> aus *mir* von Cormeau (Anm. 17).

[54] Vgl. die Konjektur <schar> aus *iâr* bei Cormeau (Anm. 17).

[55] *sêre* ist in der Ausgabe von Cormeau (Anm. 17) getilgt.

[56] Vgl. Cormeau (Anm. 17) <vogellîn>.

waz sprîche ich tumber man   durch mînen bœsen zorn?
swer dirre wunne volget,   der hât jene dort verlorn,
iemer mêr ouwê.

Owê, wie uns mit süezen   dingen ist vergeben!
ich sihe die bittern gallen   mitten in dem honige sweben:
diu welt ist ûzen schœne,   wîz, grüen und rôt,
und innan swarzer varwe,   vinster sam der tôt.
swen si nû verleitet habe,   der schouwe sînen trôst:
er wirt mit swacher buoze   grôzer sünde erlôst.
dar an gedenkent, ritter,   ez ist iuwer[57] dinc.
ir tragent die liehten helme   und manigen herten rinc,
dar zuo die vesten schilte   und die gewîhten swert.
wolte got, wær ich   der signünfte[58] wert!
sô wolte ich nôtic man   verdienen rîchen solt.
joch meine ich nit die huoben   noch der hêrren golt,
ich wolte selbe crône   êweklîchen tragen,
die möhte ein soldener   mit sîme sper bejagen.
möhte ich die lieben reise   gevarn über sê,
sô wolte ich denne singen wol   unde niemer mêr ouwê.

Walther verwendet zäsurierte Langzeilen mit Endreimen.[59] Die formale Anknüpfung der Strophen an die epische Langzeile verleiht ihnen einen „Erzählrhythmus", wie Karl Bertau es genannt hat,[60] und passt gut zum Modus des Erinnerns, der die *Elegie* prägt. Der antike Begriff der *Elegie*, der Distichen erwarten lässt, stellt allerdings einen Anachronismus dar, der gerade diese Eigenheiten mittelalterlicher Textualität verschleiert.

---

[57] In C ist *iuwer* gedoppelt.
[58] Nach w^x *segenunge*. Die weiteren Abweichungen von w^x gegen C sind nicht signifikant.
[59] Vgl. die ausführliche, die ältere Forschung berücksichtigende Diskussion der metrischen Form der *Elegie* bei Berndt Volkmann: Owê war sint verswunden. Die „Elegie" Walthers von der Vogelweide. Untersuchungen, Kritischer Text, Kommentar. Göppingen 1987 (GAG 483), S. 59–100; vgl. zu Strophenbau und Versform an neueren Arbeiten sodann auch Ulrich Müller: Überlegungen und Versuche zur Melodie des „Nibelungenliedes", zur Kürenberger-Strophe und zur sogenannten „Elegie" Walthers von der Vogelweide. In: Zur gesellschaftlichen Funktionalität mittelalterlicher deutscher Literatur. Hrsg. von Wolfgang Spiewok. Greifswald 1984 (Deutsche Literatur des Mittelalters. 1), S. 27–42; Kornrumpf (Anm. 44), S. 147–152; Christoph März: Metrik, eine Wissenschaft zwischen Zählen und Schwärmen? Überlegungen zu einer Semantik der Formen mittelhochdeutscher gebundener Rede. In: Mittelalter. Neue Wege durch einen alten Kontinent. Hrsg. von Jan-Dirk Müller, Horst Wenzel. Stuttgart/Leipzig 1999, S. 317–332, hier S. 330–332; Ray Wakefield: The *Nibelungen* Verse and Walther's „Elegie". In: „Er ist ein wol gevriunder man". Essays in honor of Ernst S. Dick on the Occasion of his Eightieth Birthday. Hrsg. von Karen McConnell, Winder McConnell. Hildesheim/Zürich/New York 2009, S. 335–357.
[60] Karl Bertau: Sangvers und Sinn in Walthers ‚Elegie'. In: ZfdA 114 (1985), S. 195–221, hier S. 208.

Ich rufe ihn daher als Forschungstitel lediglich noch einmal auf, um ihn mit dem Spektrum von Implikationen, das er mit sich bringt, im Folgenden zu verabschieden.[61]

Meisterhaft verbinden die drei Großstrophen im Modus der Klage die Perspektive auf das eigene Leben mit der Sicht auf die Gesellschaft und die Welt.[62] Formal und inhaltlich sind die Strophen untereinander durch den anaphorischen Ruf *Owê* verbunden und werden zugleich jeweils auch durch *ouwê* am Strophenschluss in sich gerahmt. Die Reflexion des Sprechers auf sich selbst dominiert die erste Strophe.[63] In der ersten Verszeile blickt dieses Ich, das hier im Possessivpronomen zum Audruck kommt, auf die vergangenen Jahre seines Lebens zurück. Im Anklang an das biblische *Ecce enim breves anni transeunt* (Hiob 16,23)[64] wird im Bild des eigenen Lebens zugleich grund-

---

[61] Zur Diskussion des Titels in der Forschung vgl. Horst Brunner u. a.: Walther von der Vogelweide. Epoche – Werk – Wirkung. München 1996, S. 222 f.

[62] Die ältere Forschung ist umfassend dokumentiert bei Volkmann (Anm. 59); vgl. dazu Hubert Heinen: Performance Dynamics and the Unity in the Diversity of Walther's Elegy. In: in hôhem prîse. A Festschrift in honor of Ernst S. Dick. Presented on the Occasion of his Sixtieth Birthday, April 7, 1989. Hrsg. von Winder McConnell. Göppingen 1989 (GAG 480), S. 153–161; Kornrumpf (Anm. 44); Joseph P. Strelka: Einführung in die literarische Textanalyse. Tübingen 1989 (UTB 1508), S. 69–90; Stefan Ertz: „Owê, war sint verswunden". Vokalreime in Walthers Elegie. In: WW 42 (1992), S. 1–13; Françoise Salvan-Renucci: Nochmals zu Walthers ‚Elegie'. In: Walther von der Vogelweide. Actes du Colloque du Centre d'Etudes Médiévales de l'Université de Picardie Jules Verne 15 et 16 janvier 1995. Hrsg. von Danielle Buschinger, Wolfgang Spiewok. Greifswald 1995 (Wodan. 52), S. 125–150; Silvia Ranawake: „Spruchlieder". Untersuchungen zur Frage der lyrischen Gattungen am Beispiel von Walthers Kreuzzugsdichtung. In: Lied im deutschen Mittelalter. Überlieferung, Typen, Gebrauch. Chiemsee-Colloquium 1991. Hrsg. von Cyril Edwards, Ernst Hellgardt, Norbert H. Ott. Tübingen 1996 (Publications of the Institute of Germanic Studies. 56), S. 67–79, hier S. 73–75; Brunner u. a. (Anm. 61), S. 222–227; Eric Marzo-Wilhelm: Walther von der Vogelweide zwischen Poesie und Propaganda. Untersuchungen zur Autoritätsproblematik und zu Legitimationsstrategien eines mittelalterlichen Sangspruchdichters. Frankfurt a. Main u. a. 1998 (Regensburger Beiträge zur deutschen Sprach- und Literaturwissenschaft. Reihe B, Untersuchungen. 70), S. 169–220; Silvia Ranawake: Walther von der Vogelweide und die Trobadors. Zu den Liedern mit Kreuzzugsthematik und ihrem literarischen Umfeld. In: Archiv 236 (1999), S. 1–32, hier S. 25–30; Max Schiendorfer: Editorischer Zeichensatz und Kritischer Apparat in gestörter Symbiose. Ein nicht ganz ausgegorenes Plädoyer am Beispiel von Walthers ‚Elegie' (Cormeau 97; L. 124,1). In: Walther von der Vogelweide. Textkritik und Edition. Hrsg. von Thomas Bein. Berlin/New York 1999, S. 241–247; Mark Chinca: Walther von der Vogelweide, ‚Elegie'. In: Landmarks in German Poetry. Hrsg. von Peter Hutchinson. Oxford u. a. 2000 (Britische und irische Studien zur deutschen Sprache und Literatur. 20), S. 9–30; Kern (Anm. 14), S. 102–105; Dina Salama: *Contemptus mundi* und *dhamm ad-dunja* als Konzept poetischer Weltabkehr bei Walther von der Vogelweide und Abul ʿAtâhiya. Ein interkultureller und intertextueller Diskurs. In: Walther von der Vogelweide – Überlieferung, Deutung, Forschungsgeschichte. Mit einer Ergänzungsbibliographie 2005–2009 von Manfred G. Scholz. Frankfurt a. Main u. a. 2010 (Walther-Studien. 7), S. 161–196.

[63] Ein signifikanter statistischer Befund dazu: 13 Mal werden Formen des Personalpronomens und fünf Mal Formen des Possessivpronomens in der ersten Person genannt.

[64] Vgl. dazu besonders auch folgende Passage aus Walthers Kreuzlied L 77,4: *Diz kurze leben verswindet*.

sätzlicher auf die Vergänglichkeit der Zeit gewiesen. Im zweiten Vers wird in der Form der Frage erwogen, ob das Leben überhaupt wahr sei oder einen Traum darstelle. Über den im Mittelalter verbreiteten Topos vom Leben als Traum,[65] der über die Frage aufgerufen ist, ohne durch eine Antwort bestätigt zu werden, zeigt der Sprecher in der Rolle des alten Mannes, dass er keine klaren Vorstellungen über das Vergangene hat. Erinnerung und Traum sind nicht deutlich voneinander abgegrenzt, das Erinnern an die verflossenen Jahre (V. 1) könnte ein Träumen sein (V. 2). Die Verunsicherung des Ich reicht bis zu dem Punkt, dass es zweifelt, ob das, wovon es stets dachte, es hätte Bestand, überhaupt etwas war (V. 3). Als Erklärung dafür wird nun das unbewusste Schlafen geboten (V. 4), aus dem das Ich jetzt erwacht sei (V. 5).

Damit werden in den ersten Verszeilen der ersten Strophe verschiedene Möglichkeiten von Träumen, Wachen und Erinnern angesprochen: zum einen der erinnernde Rückblick auf das entschwundene Leben, zum Zweiten die Vorstellung vom Leben als Traum und zum Dritten die Relation zwischen einem vormaligen Schlafen und einem Erwachen in der Gegenwart. Letzteres zeigt dem Ich seine Entfremdung in der Gegenwart und entwirft damit einen Gegensatz von früher und jetzt: *nû bin ich erwachet und ist mir unbekant, | daz mir hier vor was kündic als mîn ander hant.* (V. 5 f.).[66] Dieser Gedanke wird im Folgenden weiter differenziert: Fremd sind dem Ich die Menschen und das Land geworden, woher es stammt,[67] so fremd, dass es ihm nun erlogen (Handschrift E: *gelogen*; Handschrift C: *gelegen*) vorkommt (V. 7 f.). Hier tritt eine erneute Perspektivierung der Vergangenheit in den Blick: Neben der Erinnerung, dem Traum, dem *wænen*, steht die Vorstellung der Lüge und Täuschung. Die früher seine Freunde waren, seien alt und träge geworden (V. 9), jene, denen der Sprecher einst gut bekannt war, grüßen ihn nun kaum (V. 13 f.). Auch die Natur, so berichtet der Sprecher weiter, hat sich verändert: Das Feld ist nun *bereitet* (V. 9) im Sinne von angelegt, kultiviert, der Wald ist *verhouwen* (V. 9), das heißt gerodet.[68]

Inmitten all dieser Veränderungen gebe es, so konstatiert das Ich, nur eine einzige Beständigkeit, das Fließen des Wassers, das auch jetzt noch so fließe, wie es einst geflossen sei (V. 11). Die Aussage, die in der Forschung immer wieder realhistorisch ausgelegt worden ist,[69] muss im Kontext der anderen Bemerkungen über die Verände-

---

[65] Vgl. die ausführliche Diskussion dieses Motivs und der Forschungspositionen zur Stelle bei Volkmann (Anm. 59), S. 255–272.

[66] Max Wehrli sah in Walthers Traummotiv eine mögliche Reminiszenz an die Siebenschläferlegende. Vgl. Wehrli (Anm. 15), S. 112.

[67] C: *danna ich von kinde bin geborn*; E: *danne ich von kinde bin geborn*. Ich folge den Handschriften gegen die Konjekturen in den Ausgaben bei Cormeau (Anm. 17), Kasten (Anm. 17) und Bauschke-Hartung, Schweikle (Anm. 17), die Textstelle betont meines Erachtens den Aspekt der Herkunft in dem Sinne ‚Leute und Land, von wo ich – von Kind an – gebürtig war'.

[68] Zur breiten Diskussion dieser beiden Halbverse, die besonders die ältere Forschung historisch zu konkretisieren versuchte, siehe Volkmann (Anm. 59), S. 273–286.

[69] Vgl. etwa Roswitha Wisniewski: Walthers Elegie. In: ZfdPh 87 (1968), S. 91–108, hier S. 105: Der Sänger finde Trost darin, dass der Lauf eines Baches oder Flusses seit seiner Jugend gleich geblie-

rungen in der Welt betrachtet werden. Meines Erachtens spendet sie dem Sänger nur vermeintlich Trost. Wie vermittelt auch immer, scheint der Vers auf den vorsokratisch heraklitischen Gedanken des ständigen Prozesses des Werdens und Vergehens, der rezeptionsgeschichtlich in der populären Formel des πάντα ῥεῖ verkürzt und zusammengefasst wurde, beziehbar zu sein. Das Fließen des Wassers impliziert in der Tradition Veränderlichkeit und Vergänglichkeit, und umso erstaunlicher ist es *prima vista*, dass die einzige Konstanz in Walthers Strophe dem Wasser zugesprochen wird. Während alle anderen Veränderungen die Klage des Sängers hervorrufen, mildere sich sein Unglück (V. 12) gerade durch diese Eigenschaft des Wassers.

Hier kann man folgern, dass der Prozess des Werdens und Vergehens, der beständigen Veränderung, die auch in den anderen Beispielen deutlich wird, im Blick auf das Wasser noch einmal als ein Zusammenhang vergegenwärtigt wird. Dies wiederum bedeutet in einen abstrakteren Gedanken übersetzt, die einzige Beständigkeit in der Welt ist das Fließen und Verfließen, was sich traditionell mit dem Wasser verbindet. Die Verse, die vordergründig wie ein Anker im Erkenntnisprozess aussehen, steigern daher die Vorstellung von der Unbeständigkeit und Wandelbarkeit allen Seins, dem das Ich in dieser Welt ausgeliefert ist. Wer Beständigkeit sucht, findet sie allenfalls im Fließen, im Werden und Vergehen, so ließe sich zuspitzen. Folgt man dieser Interpretation, ist die Aussage in Vers 12 ironisch zu verstehen.

Im Beschluss der Strophe kehrt das Ich sodann zum Erinnern und Gedenken zurück, das erneut im Modus der Klage dargeboten wird. Insofern schließt sich der Kreis zum Eingang der Strophe. Akzeptiert man die Konjektur von *flac* zu *slac*, so zeigt sich auch eine inhaltliche Nähe zwischen den beiden ersten und den beiden letzten Verszeilen der ersten Strophe. Der Akzent liegt auf dem Entschwinden der Lebensjahre bzw. der freudvollen Tage, die, so V. 16, wie ein Schlag ins Meer entfallen seien.[70] Was von jenen bleibt, ist eine vage Erinnerung, denn das, was ins Meer entschwunden ist, ist

---

ben und daher nicht alles der Veränderung unterworfen sei. Stärker sozialgeschichtlich argumentierte Bernd Thum: Die sog. ‚Alterselegie' Walthers von der Vogelweide und die Krise des Landesausbaus im 13. Jahrhundert, unter besonderer Berücksichtigung des Donau-Raumes (Zu L. 124,1; 84,14; 35,17). In: Literatur – Publikum – historischer Kontext. Hrsg. von Gert Kaiser. Bern/Frankfurt a. Main/Las Vegas 1977 (Beiträge zur Älteren Deutschen Literaturgeschichte. 1), S. 205–239, hier S. 215: „Mit dem Hinweis auf den im Gegensatz zu Wald und offenem Feld unveränderten Lauf der Gewässer konnte der Dichter gemeint haben, daß sich der brutal durchgeführte Landesausbau durch die Mächtigen wenigstens nicht auf die fließenden Gewässer und die damit zusammenhängenden Rechte ausgedehnt habe." Weitere Deutungen zur Stelle sind zu finden bei Volkmann (Anm. 59), S. 148–150.

[70] Weder das Verständnis als eine ins Meer gefallene ‚Flagge' (vgl. Jacob Grimm: Rede über das Alter. In: Ders.: Kleinere Schriften. Bd. 1. Berlin 1864, S. 188–210, hier S. 196) noch als ‚Fischernetz' (Ulrich Pretzel: Zu Walthers Elegie [124,1 ff.]. In: Taylor Starck. Festschrift. Hrsg. von Werner Betz, Evelyn S. Coleman, Kenneth Northcott. London/The Hague/Paris 1964, S. 223–234, hier S. 223 u. 230), noch als ‚Windstoß' (Siegfried Gutenbrunner: Einige Waltherkonjekturen. In: ZfdPh 85 [1966], S. 50–66, hier S. 60), noch als ‚Aas', ‚Kadaver' (Wisniewski [Anm. 69], S. 106) kann wirklich überzeugen. Vgl. zusammenfassend und räsonierend Volkmann (Anm. 59), S. 157 f.

nicht mehr fassbar, es geht auf im Meer des Werdens und Vergehens. Die Klage am Strophenschluss *iemer mêre ouwe* (V. 17) ist der adäquate Ausdruck des Fremdseins in der Welt angesichts des Wandels und der Gegensätze von Einst und Jetzt. Eine Lösung für die Verunsicherung des Ich bietet die Strophe nicht. Dementsprechend werden die zentralen Oppositionen, über welche sie gebaut ist, nämlich jene von Schlaf, Traum und Wachen, Lüge und Wahrheit, Dank und Undank sowie von Glück und Unglück in Spannung gehalten. Auf diese Weise wird in der exemplarischen Perspektive des Ich die Konstitution des menschlichen Daseins umschrieben.[71]

Nur konsequent knüpft die zweite Strophe bei diesem Klagegestus wieder an. Die Perspektive hat sich jedoch verändert, der Blick ist jetzt weniger auf das individuelle Ich, seine Erinnerung und sein Bewusstsein, gerichtet, als auf den Zustand der Gesellschaft. Konstatiert wird, dass sich auch die jungen Leute, die, wie Walther auch in anderen Liedern ausführt,[72] prädestiniert zur Freude seien, *jæmerlîche* (V. 1) verhalten, das heißt sie verharren im Zustand von Schmerz und Sorge (V. 3). Gerade dies zeige in besonderem Maße, dass sich die Gesellschaft nicht in der Ordnung, der *vuoge*, befinde, wie man mit einem Zentralbegriff Walther'scher Gesellschaftreflexion formulieren könnte.[73] Jener Zustand der jungen Leute wird durch die folgenden Verse nun als Grundstimmung der gesamten höfischen Gesellschaft ausgewiesen: Walther nimmt hier die aus dem Sangspruch bekannte Rolle des Fahrenden ein, der in der Welt herumkommt, und kann aus dieser Erfahrung heraus sagen, dass es nirgends mehr Freude gebe (V. 4). Die Verbindung mit *tanzen* und *singen* (V. 5) weist auf den Kontext der fehlenden höfischen Freude hin. Mit einer Wendung an das Publikum, die Aufmerksamkeit fordert, *nû merkent* (V. 7), bewertet der Sprecher im Folgenden den Habit der höfischen Damen und Ritter über die Figur der *pars pro toto* als Ausdruck dieses schlechten Zustandes der höfischen Gesellschaft (V. 7f).[74]

Dazwischengeschoben ist ein Vers, der diese Gedanken auch auf die Lage der Christenheit wendet, wenn es heißt, kein Christ hätte (je) so leidvolle Jahre gesehen (V. 6).[75] Der Duktus des Arguments ist damit jener einer zunehmenden Verallgemeinerung: Nicht nur verschiedene Gruppen, die alten Leute (Str. 1) und die jungen Leute (Str. 2),

---

[71] Die Strophe scheint mir nicht *per se* auf Weltende und Weltgericht zugespitzt zu sein. Exemplarisch für jene Deutungen, welche die apokalyptischen Züge betonen, sei verwiesen auf Wolfgang Haubrichs: Grund und Hintergrund in der Kreuzzugsdichtung. Argumentationsstruktur und politische Intention in Walthers ‚Elegie' und ‚Palästinalied'. In: Philologie und Geschichtswissenschaft. Demonstrationen literarischer Texte des Mittelalters. Hrsg. von Heinz Rupp. Heidelberg 1977 (Medium Literatur. 5), S. 12–62, hier S. 17.

[72] Vgl. etwa auch L 42,31 ff.: *Wil aber ieman wesen vrô, | daz wir in den sorgen iemer niene leben? | wê, wie tuont die jungen sô, | die von vröiden solten in den lüften sweben.*

[73] Vgl. etwa L 48,12: *Hie vor, dô man sô rehte minneclîchen warp.*

[74] Vgl. etwa auch L 122,24, V. 14: *sô wê dir, Welt, wie dirz gebende stât!*

[75] Ich bleibe mit der Edition von Kasten (Anm. 17) beim überlieferten Wortlaut *jar* gegen die Konjektur <*schar*> bei Cormeau (Anm. 17) und Bauschke-Hartung, Schweikle (Anm. 17).

sondern die ganze höfische Gesellschaft und die Christenheit[76] befinden sich in Leid und Trauer (Str. 2). Vers 9 gibt als einen Grund für das *trûren* der Christenheit an: *uns sint unsenfte brieve her von Rôme komen.* Gemeint sind nach der *opinio communis* der Forschung die beiden Schreiben, die Papst Gregor IX. im Oktober 1227 an die deutschen Fürsten sandte, um mitzuteilen, dass er über Kaiser Friedrich II., dessen Kreuzzugsvorhaben sich verzögerte, den Kirchenbann verhängte.[77] In diesem *divortium* zwischen Kaiser und Papst hat man sicher zu Recht einen wichtigen historischen Kontext der Strophen Walthers gesehen. Dass man jene *in toto* als „Instrument der kaiserlichen Kreuzzugswerbung" verstehen sollte,[78] scheint mir ihre vielschichtigen Dimensionen allerdings im Sinne einer sozialgeschichtlichen Vereindeutigung zu verkürzen.

Dies zeigt sich bereits in den nächsten Versen (V. 10–14), die nicht das Kreuzzugsthema fokussieren, sondern die Dichotomie von Trauer und Freude, das Generalthema der zweiten Strophe, auf einer allgemeineren Ebene weiter ausführen und erneut auf der Zeitachse situieren: Die Trauer hat die frühere Freude abgelöst (V. 10 f.), das Lachen ist dem Weinen (V. 12) und der Klage (V. 13) als seiner adäquaten Ausdrucksform gewichen. Diese Grundstimmung der Trauer hat sich auch auf die Phänomene der Natur, wie die wilden Vögel, übertragen (V. 13). Da der Zustand des Ich, der höfischen Gesellschaft, der Christenheit und der Natur miteinander korrespondieren, können die Ebenen immer wieder gewechselt werden, gehen die Einlassungen über die höfische Gesellschaft und die Christenheit ineinander über. Die Grundstimmung der Trauer, die dem *hohen muot* entgegengesetzt wird, ist überall greifbar, wohin man blickt, was im vierten Vers zusammengefasst ist: *swar ich zer werlte kêre, dâ ist nieman vrô.* Im Modus der Klage kommt hier mit der Spruchdichterrolle auch die Kritik am Zustand der höfischen Gesellschaft und der Christenheit zum Ausdruck. Das Ich zeigt sich selbst am Rande der Verzweiflung (V. 14),[79] doch am Strophenschluss (V. 15–17) wird eben diese Haltung in Form einer *revocatio* distanziert. Verbunden wird jene mit einer Zurückweisung der Trauer und Klage angesichts des Verlustes der Freude in der Welt, denn wer – so die Schlussfolgerung – nach der Freude in der Welt strebe, habe die jenseitige Freude schon verloren.[80]

---

[76] Dass man V. 6 wie Volkmann (Anm. 59), S. 178 f., auf den jämmerlichen Zustand des Heiligen Landes bezieht, das sich in heidnischer Hand befand, scheint mir eine Einschränkung, die nicht zwingend ist.

[77] Ausführlich dazu Haubrichs (Anm. 71), S. 14 f.; vgl. etwa auch Roswitha Wisniewski: Kreuzzugsdichtung. Idealität in der Wirklichkeit, Darmstadt 1984 (Impulse der Forschung. 44), S. 124–126. Eine zweite Position vertritt Volkmann (Anm. 59), S. 365–387, der die Passage allgemeiner auf die päpstlichen Schreiben zur Lage im Heiligen Land bezieht.

[78] So Haubrichs (Anm. 71), hier S. 15.

[79] Zu *verzagen* (V. 14) als Ausdruck der *desperatio* vgl. die bei Volkmann (Anm. 59), S. 187 f., aufgeführten Forschungsmeinungen.

[80] Man kann darin eine Umkehrung des biblischen Gedankens sehen, dass das ewige Leben gewinnt, wer sich von der Welt abkehrt. Vgl. etwa Mk 8,35.

Indem die Opposition weltliche Freude (*dirre wunne*, V. 16) und Freude im Jenseits (*jene*, V. 16) die Dichotomie von *truren* und irdischer *fröide* ablöst, welche bislang vorherrschend war, werden die Aussagen der ersten und zweiten Strophe retrospektiv in Frage gestellt. Die Klage erscheint *in toto* als unangemessen, insofern sie jetzt ihrerseits als Form der Verfallenheit an die Welt und ihre Freuden perspektiviert wird. Damit wird die Konstitution der höfischen Welt mit ihrem Ideal der *fröide* ebenso diskreditiert wie das Wirken des Sängers Walther, der sich sowohl im Minnesang wie auch im Sangspruch immer wieder zum Anwalt dieser *fröide* gemacht hat und gerade sie als Ausdruck der gesellschaftlichen Ordnung (*vuoge*) besang. Die *revocatio* nimmt damit *prima vista* nicht nur die beiden vorangehenden Strophen zurück, sondern in der Perspektive auf das ewige Leben und seine Freuden wird auch der höfische Sang als innerweltliche Orientierung prekär. Sich den Freuden dieser Welt hinzugeben, sie zu erstreben oder auch ihren Verlust zu beklagen, wird nun als Weltverfallenheit entlarvt und damit als Risiko für das Seelenheil. Der Klageruf, mit dem die Strophe endet, bezieht sich dementsprechend nicht mehr auf das Entschwinden der Lebensjahre, das Vergehen der Freuden sowie den traurigen Zustand der höfischen Gesellschaft und der Christenheit, sondern gewissermaßen metareflexiv auf die Klage selbst. In der Form der *conversio* und der Reue wird die Weltverfallenheit des eigenen Strebens nach Freude und des Singens, das im Modus der Klage in den beiden Strophen noch einmal performativ vor Augen geführt wurde, erhellt und zugleich distanziert.

Die dritte Strophe enthüllt nun – passend dazu – den Scheincharakter der Welt. Die süßen Dinge dieser Welt seien nur vermeintlich süß, eigentlich aber verderblich für den Menschen, denn, was als süß erscheine, erweise sich als Gift (V. 1). Dies wird in den Bildern von Honig und Galle (V. 2)[81] sowie in der Metaphorik der Farben weiter amplifiziert (V. 3 f.). Problematisiert wird die für die höfische Dichtung konstitutive Relation von innen und außen. Während innen und außen dem höfischen Ideal der Kalokagathia nach harmonieren, wird dieses Zusammenspiel im Blick auf die ganze Welt hier konterkariert und als bloße Illusion dargestellt. Wer nach den süßen, schmeichelnden Dingen dieser Welt strebt, ist schon verführt.[82] Deutlich wird, dass der Sänger in der dritten Strophe aus der Sicht des Christen spricht und daher wird die Orientierung zur Welt als Verfallenheit und Sünde verstanden (V. 6). Aus dieser werden nun Wege gezeigt: *der schouwe sînen trôst* (V. 5).

Der Mensch kann aus den Sünden erlöst werden, indem er Buße auf sich nimmt, ja schon mit geringer Buße könne er von schwerer Sünde erlöst werden (V. 6),[83] entschei-

---

[81] Vgl. dazu besonders Werner Fechter: Galle und Honig. Eine Kontrastformel in der mittelhochdeutschen Literatur. In: PBB 80 (1958), S. 107–142.
[82] Vgl. Volkmann (Anm. 59), S. 193–205.
[83] Man hat hierin eine Analogie zum biblischen Bild des klugen Kaufmanns gesehen, der für seine weltliche Habe das höchste Gut erwirbt (Mt 13,45), was als Argument auch in der Kreuzzugspropaganda eingesetzt worden ist. Vgl. Volkmann (Anm. 59), S. 206 f., mit Belegen. Der im sechsten Vers geäußerte allgemeine Gedanke ist meines Erachtens aber nicht nur auf die sich anschließende

dend ist die Umkehr. Der Kreuzzug, auf den der Sprecher im Folgenden eingeht, bietet, so möchte ich pointieren, *eine* Möglichkeit und Gelegenheit, Buße zu tun und das höchste Gut, die ewige Seligkeit, zu erwerben. In den Dienst genommen werden sollen die Ritter: Bezogen auf den Kreuzzug wird die Buße als ihre Angelegenheit und Aufgabe dargestellt (V. 7–9).[84] Im Optativ bringt sich der Sprecher dabei wieder selbst ins Spiel. Sein in rhetorischer Demutsgeste vorgetragener Wunsch ist es, der Lesart nach C folgend, an künftigen Siegen partizipieren zu dürfen, ihrer würdig zu sein, ein Wunsch, der im Irrealis vorgetragen wird: *wolte got, wær ich der signünfte wert!* (V. 10).[85] Der Anschlussvers (V. 11) bietet eine Folgerung, die in einem weiteren Wunschsatz formuliert wird: Unter der im Irrealis gekennzeichneten Voraussetzung, der Sprecher wäre *der signünfte wert* (V. 10), wollte er als *nôtic man* (V. 11),[86] was man meiner Auffassung nach als armer Mann im materiellen und im spirituellen Sinne auffassen kann, reichen Lohn verdienen (V. 11). Angestrebt wird als Lohn nicht materieller Reichtum (V. 12), sondern die Krone des ewigen Lebens (V. 13), die man im Kontext des Kreuzfahrerthemas durchaus als Märtyrerkrone verstehen kann.[87] Dass es sich bei all dem um Wünsche handelt, die im Konjunktiv vorgetragen sind, zeigen noch einmal eindrucksvoll die beiden letzten Verszeilen der in der Handschrift ohne Refrain endenden dritten Strophe. Der Sprecher und Sänger wünscht sich, die Fahrt über das Meer machen zu können, dann wollte er seine Wehklage aufhören (V. 15 f.). Die Frage, ob das Ich der Strophe in der Lage ist, eine solche Fahrt zu unternehmen, wird damit letztendlich nicht beantwortet. Es bleibt unklar, ob es aufbrechen wird und aufbrechen kann oder ob es in dem Wunsch, dieses zu tun, bloß verharrt.

Indem der Gedanke der Buße (V. 6) als Kreuzfahrt konkretisiert wird, erhält die Strophe einen appellativen Charakter und kann als Kreuzzugsaufruf verstanden werden. Mir scheint es allerdings nicht zwingend, die Strophen des Walther'schen Lebensrückblicks insgesamt auf die zeitgenössische Kreuzzugsideologie und die Intention eines Kreuzzugsaufrufs festzulegen.[88] Zu fragen ist vielmehr, ob man ihre vielfältigen Sinn-

---

Kreuzzugsthematik zu beziehen. Diese Position, die bereits bei Mundhenk (Anm. 43), S. 85 f., anklang, wurde immer wieder zurückgewiesen. Vgl. Volkmann (Anm. 59), S. 206–208.

[84] Vgl. zur Vorstellung der Schwertsegnung (V. 9) Volkmann (Anm. 59), S. 213–217, mit reichen Belegen.

[85] w^x schreibt *segenunge* statt *signüfte*, wodurch ein Bezug zu den geweihten Schwertern (V. 9) hergestellt wäre. In meinen Augen ergeben beide Lesarten einen sinnvollen Text. Vgl. die Diskussion der zwei Varianten bei Volkmann (Anm. 59), S. 218–228.

[86] Ausführliche Erläuterungen dazu finden sich bei Volkmann (Anm. 59), S. 229–237, der sich für die Lesart im Sinne materieller Not entscheidet.

[87] Jene könnte ein Söldner mit seinem Speer erringen, so der folgende Vers 14, der zum einen auf die Kreuzritter, verstanden als *gotes* Söldner, verweist, zum anderen aber auch auf jenen römischen Soldaten anspielen könnte, der Christus die Speerwunde zufügte (Joh 19,34) und in mittelalterlichen Legenden den Namen Longinus erhielt. Vgl. Volkmann (Anm. 59), S. 245–361.

[88] In diese Richtung argumentierte bereits Friedrich-Wilhelm Wentzlaff-Eggebert: Kreuzzugsdichtung des Mittelalters. Studien zu ihrer geschichtlichen und dichterischen Wirklichkeit. Berlin 1960, S. 245 f. Anders vor allem Haubrichs (Anm. 71).

dimensionen damit nicht verkürzt. Als Gegenposition möchte ich betonen, dass die dritte Strophe ganz grundsätzlich Wege aufzeigen will, Buße zu tun und der Weltverfallenheit zu entkommen. Entscheidend sind die Reue und die Bereitschaft zur Buße. Man könnte die *lieben reise* (V. 15) daher auch genereller als Bild für den geistlichen Aufbruch und die Lösung aus der Welt verstehen. Sie stünde damit allegorisch für die Buß- und Umkehrbereitschaft in der Welt. Für den Sprecher stellt sich am Abend seines Lebens zudem die Frage, ob er – metaphorisch gesprochen – gut genug gerüstet ist für die Reise als Aufbruch ins Jenseits. So gelesen changiert die Chiffre der *lieben reise* (V. 15) zwischen einer konkret gedachten Kreuzfahrt, der Bereitschaft zur *metanoia* und der Vorstellung des Aufbruchs ins ewige Leben im Angesicht eines sich dem Ende zuneigenden Lebens.

Die vielen Konjunktive und die Nennung zahlreicher Bedingungen zeigen, wie schwierig es ist, sich zum Aufbruch zu rüsten. Sie führen gegen den bekundeten Willen und die Wünsche des Sprechers seine Verstrickung in der Welt – gewissermaßen grammatikalisch und rhetorisch – immer wieder vor Augen. Gegen den Strich gelesen macht die dritte Strophe daher auch deutlich, wie tief der Sänger noch im Alter und angesichts aller Intentionen der Weltabsage in der Welt verhaftet ist.[89] Die Konjunktive und Optative *wolte*, *möhte* (V. 10–16) in Indikative zu übertragen, wie es in der Forschung immer wieder vollzogen wurde,[90] scheint mir geradezu ein Indikator dafür zu sein, die reichen Sinndimensionen der Strophe zu verkennen und die literarische Inszenierung geistlicher Denkfiguren zu nivellieren.

Hat der Sänger in der zweiten Strophe über die *revocatio* den weltlichen Freuden bereits abgeschworen und die Scheinhaftigkeit der Welt durchschaut, wie die Eingangspartien der dritten Strophe illustrieren, so macht der Fortgang der dritten Strophe Möglichkeiten der Umkehr zwar deutlich, zeigt aber in Bezug auf das Ich gerade, wie schwierig es ist, die richtigen Voraussetzungen zu haben, um den Weg aus der Welt tatsächlich zu finden und zu gehen. Wenn das Ich gegen Ende seines Lebens Bilanz zieht, bleibt es im Zustand der Unsicherheit, bleibt die Möglichkeit einer *lieben reise* (V. 15) ungewiss. Zwar vermag das Ich die Verfallenheit der Welt zu durchschauen (Str. 3), aber das Lied lässt offen, welche Konsequenzen der Sprecher für sich tatsächlich zieht, bei welcher Gruppe er sich einordnet und wie er sich überhaupt positioniert.[91]

---

[89] Haubrichs hat dagegen akzentuiert, dass der Sänger in den drei Strophen eine Bekehrung in *statu nascendi* vorführe. Seine Schlussfolgerung, die „grundsätzliche Rollenhaftigkeit des Sängers in der Aufführungssituation" werde damit wieder „in biographische Existenz" überführt, kann ich nicht teilen. Wolfgang Haubrichs: Die Epiphanie der Person. Zum Spiel mit Biographiefragmenten in mittelhochdeutscher Lyrik des 12. und 13. Jahrhunderts. In: Autor und Autorschaft im Mittelalter. Kolloquium Meißen 1995. Hrsg. von Elizabeth Anderson u. a. Tübingen 1998, S. 129–147, hier S. 140 f., Zitat S. 140.

[90] Vgl. z. B. noch in der Ausgabe von Bauschke-Hartung, Schweikle (Anm. 17), V. 14: *mohte* statt *möhte*.

[91] Auch Chinca (Anm. 62), S. 29 f., verweist auf das Balancieren des Sprechers zwischen verschiedenen Positionen. Anders Rüdiger Schnell: Kreuzzugslyrik. Variation der Argumentation. In: Spuren.

Minne, Welt und Gottesdienst

Schwierig ist hier auch, um nun noch auf die poetologische Ebene zu wechseln, das Verständnis von *wol singen* in der Opposition zum *ouwê* in der letzten Verszeile des Liedes (V. 16). Indem der Sänger hier zweifellos mit der Alliteration von *wol* und *wê* spielt, setzt er das *wol singen* dem durchgängigen Klagen der drei Strophen entgegen. Es würde, unter der Voraussetzung, dass der Sprecher sich zur Fahrt über das Meer aufmachen würde, das *ouwê* und die Klage ablösen. Welches Singen aber ist dem Klagen entgegengesetzt? Doch aller Wahrscheinlichkeit nach ein wohlklingender, freudenvoller, vielleicht auch lobpreisender Gesang. Der Sprecher könnte unter der Annahme all dieser Vorbedingungen, die in der Kette der Optative und der grammatischen Irrealisformen verklausuliert sind, also zu einem Singen der Freude zurückkehren. Hatte der Sänger in seinen Minneliedern immer wieder die höfische Freude als Voraussetzung seines Gesanges reflektiert, so würde sich die mögliche Referenz eines erneuten *wol singen* doch nun verändern, denn die mögliche Überwindung der Trauer und der Klage hätte dann einen geistlichen Grund. Die Freude, auf der dieser Sang beruhen würde, wäre dementsprechend nicht die irdische Freude, sondern die *laetitia spiritalis*. Doch wie auf den möglichen Aufbruch des Sängers zur *lieben reise*, so wird auch auf diesen Sang nur im Modus des Wünschens und Wollens verwiesen. Insofern mündet das Lied in eine Reflexion auf die Voraussetzungen, Bedingungen und Möglichkeiten des eigenen Singens, Tuns und Denkens. Ich meine, dass dies ein gewichtiger, hart gefügter Strophenbeschluss ist, der umso eindrucksvoller wirkt, wenn ihm kein Refrain mehr folgt. Die besondere Pointe könnte gerade im Fehlen des Refrains liegen und daher würde ich die handschriftliche Überlieferung von C hier gegen die Konjektur des Refrains in der Ausgabe von Cormeau ins Recht setzen wollen.

IV.

Abschließend möchte ich die hier verhandelte Problematik noch auf den ersten Reichston Walthers beziehen, denn hier steht die grundlegende Frage auf dem Prüfstand: *wes man ze welte solte leben* (V. 7). In der Rolle des Spruchdichters, der über das Wesen der Welt und den Zustand des Reiches nachdenkt, räsoniert der Sänger:

wie man driu dinc erwurbe,
der deheinez niht verdurbe.

Festschrift für Theo Schumacher. Hrsg. von Heidrun Colberg, Doris Petersen. Stuttgart 1986 (Stuttgarter Arbeiten zur Germanistik. 184), S. 21–58, hier S. 54, mit Blick auf die dritte Strophe: „Zwar wird die Kreuzzugsteilnahme nur in Form eines Wunsches formuliert, doch genügt diese Absichtserklärung, um dem Ich die Rolle eines Vorreiters zu sichern. Nachdem das Ich in der voraufgegangenen Argumentation, d. h. auch in der Einschätzung der Welt, die Zuhörer hinter sich geschart hat, kann es nun, als Teil der suggerierten Gemeinschaft, stellvertretend für diese, die Teilnahme am Kreuzzug zur lohnendsten Aufgabe erklären und für sich selbst in Form eines Wunsches vorwegnehmen."

diu zwei sint êre und varnde guot,
daz dicke ein ander schaden tuot.
daz dritte ist gotes hulde,
der zweier übergulde.
die wolde ich gerne in einen schrîn.
jâ leider des enmac niht sîn,
daz guot und weltliche êre
und gotes hulde mêre
zesame in ein herze komen. (V. 9–19)[92]

Wenn man diese Verse nicht nur auf die Zustände nach dem Tod Heinrichs VI. 1197, die Kämpfe um seine Nachfolge und die Konkurrenz zwischen Philipp von Schwaben und Otto von Braunschweig bezieht, lassen sie sich auch genereller verstehen als Ausdruck des Nachdenkens über die grundlegenden Widersprüche zwischen höfischer Kultur und christlichem Weltentwurf, über welche der Sänger zwar reflektieren kann, die er gleichwohl aber nicht aufzulösen weiß. Dementsprechend heißt es in Vers 8: *dekeinen rât konde ich gegeben*. In eben diesem Sinne werden die der höfischen Kultur inhärenten Spannungen zu christlichen Leitvorstellungen auch in den vorab untersuchten Minne- und Weltabsagen exponiert, ohne dass einfache Lösungen angeboten werden können. Im Modus einer literarischen Säkularisierung werden religiöse Vorstellungen und Denkmuster dabei in der Literatur anverwandelt und produktiv gemacht.

---

[92] Zitiert nach Cormeau (Anm. 17).

Susanne Köbele

Frauenlobs *Minne und Welt*

Paradoxe Effekte literarischer Säkularisierung

I. Minne? Gott und die Welt

Erlösungsreligionen leben in einem dauernden Spannungsverhältnis zur Welt und ihren Ordnungen. Weil jede noch so radikale Form religiöser Weltablehnung damit zurechtkommen muss, dass der Rückzug aus der Welt *in* der Welt nur ein relativer sein kann, unterscheiden die Ethiken aller prophetischen Heilslehren „Stufen und Richtungen" religiöser Weltablehnung, mehr oder weniger große Distanzen, die die ökonomische oder politische Bindung an die Welt ebenso betreffen können wie ästhetische, körperliche oder intellektuelle Bindungen.[1] Doch auch diese Binnendifferenzierungen, die bereichsspezifisch Typen und Grade der Weltabkehr unterscheiden, entkommen nicht der grundsätzlichen Paradoxie, dass jede Askese im Ausschließen von Welt notwendig neue Welt produziert (und ohnehin die Weltlichkeit der Welt, die sie ablehnt, selbst schafft).[2] Je virtuoser die Weltabwendung, umso weltbeherrschender ihr asketisches Charisma. Umgekehrt kann gerade Weltzuwendung Weltverlust generieren, „Weltlosigkeit ohnegleichen".[3] So ergeben sich in der Sache und auf der Beobachtungsebene dieselben paradoxen Dynamiken und hermeneutischen Ambivalenzen. Säkularisierung kann – standortabhängig – immer auch als Sakralisierung (oder Remythisierung) des

---

[1] Max Weber: Zwischenbetrachtung: Theorie der Stufen und Richtungen religiöser Weltablehnung. In: Gesammelte Aufsätze zur Religionssoziologie. Bd. I: Die Wirtschaftsethik der Weltreligionen. 9. Aufl. Tübingen 1988 (zuerst 1915–19), S. 536–573, hier S. 545: „Die Paradoxie aller rationalen Askese: daß sie den Reichtum, den sie ablehnte, selbst schuf, hat dabei dem Mönchtum aller Zeiten in gleicher Art das Bein gestellt. Ueberall wurden Tempel und Klöster ihrerseits selbst Stätten rationaler Wirtschaft."

[2] Die Religion selber bringt das ‚Säkulare' hervor, und das heißt, dauernden Reformbedarf. Erst ‚Heilszeit' schafft ‚Weltzeit', erst der ‚Gottesstaat' den ‚säkularen' Staat.

[3] Hans Blumenberg: Säkularisierung und Selbstbehauptung. Erweiterte und überarbeitete Neuausgabe von ‚Die Legitimität der Neuzeit'. Erster und zweiter Teil. Frankfurt a. Main 1974, S. 9–18, hier S. 15 (mit Bezug auf Thesen von Hannah Arendt).

Weltlichen aufgefasst werden, und diese umstrittene „Dialektik der Säkularisierung"[4], folgenreich rekonstruiert von Hans Blumenberg als widersprüchliche Signatur der Neuzeit,[5] wirkt bis in die Debatten der jüngsten Gegenwart.

Als Papst Benedikt XVI. in seiner Freiburger Rede vom 25.9.2011 der Kirche zurief, sie müsse, um kraftvoll in die Welt wirken zu können, sich umso beherzter „entweltlichen", verwickelte sein Appell die Öffentlichkeit in die heikle Frage, wieviel Weltabwendung eine solche weltzugewandt-entweltlichte Kirche vertrage, ohne am Ende weltflüchtig, weltverächtlich oder gar weltfremd zu werden. Die Heftigkeit, mit der diese Diskussion seinerzeit in den öffentlichen Medien geführt worden ist, mag ein Symptom der weitreichenden kirchenpolitischen Dimension der Freiburger Thesen gewesen sein. Doch lag die Ursache dafür, dass die Debatte die Gemüter so erhitzte, darin, dass das paradoxe Postulat weltzugewandter Entweltlichung der Kirche perspektivenabhängig entweder als Säkularisierung (in diesem Fall: als Trennung von Staat und Kirche) oder im Gegenteil als Spiritualisierung (als Ausdifferenzierung einer exklusiven Geist-Kirche) interpretiert werden konnte. Vergleichbar widersprüchlich war bereits das Echo auf den Auftritt Benedikts im Deutschen Bundestag am 22.9.2011, dessen symbolische Wirkung, unabhängig vom Gesagten, sowohl als politische Säkularisierung des Religiösen wie umgekehrt als Sakralisierung des Politischen verstanden und nach beiden Richtungen diskutiert wurde. Hinzu kommt: Die Säkularisierungs-Kategorie zwingt nicht nur ihre Negation, sondern auch sich selbst in eine religiöse Systembefangenheit: „Die Begriffe ‚geistlich' und ‚weltlich' sind [...] als Gegensatzpaar aneinander gekoppelt, aber nicht symmetrisch. Denn der Begriff ‚weltlich' ist aus dem Begriff ‚geistlich' ableitbar, die umgekehrte Ableitung aber ist nicht möglich [...]."[6] Diese innere Asymmetrie der Säkularisierungs-Kategorie macht der Forschung ebenso zu schaffen wie ihre perspektivische Ambivalenz. Quer durch die Disziplinen diffundieren die Argumente im Hin und Her schwankender Gegnerschaften und oszillierender Axiologien. Wie alle historischen Abstraktionen leidet der Begriff Säkularisierung außerdem an einer fast unkenntlichen Allgemeinheit. Als emphatische Kategorie macht er sich angreifbar, weil seine implizite Negativ-Rhetorik (Säkularisierung als „Entzug" von Transzendenz, „Verlust" religiöser Bedeutung, „Erosion" von Metaphysik) zu hermeneutisch suggestiven Verlust-Gewinn-Bilanzen verführt. Auch Versuche strikter disziplinärer Begriffsbegrenzung stiften dort neue Verwirrung, wo die Definitionen verschiedener Fächer

---

[4] Jürgen Habermas, Joseph Ratzinger: Dialektik der Säkularisierung. Über Vernunft und Religion. 4. Aufl. Freiburg u. a. 2006.

[5] Blumenberg (Anm. 3).

[6] Burghart Wachinger: Einleitung. In: Geistliches in weltlicher und Weltliches in geistlicher Literatur des Mittelalters. Hrsg. von Burghart Wachinger, Christoph Huber, Hans-Joachim Ziegeler. Tübingen 2000, S. 1–15, hier S. 4. „Unter ‚Säkularisierung' faßt man [...] Phänomene der Übertragung: Religiöse Sprach- und Denkformen werden weltlich interpretiert, auf Profanes übertragen oder durch dieses ersetzt bzw. parodistisch gestaltet; umgekehrt dienen religiöse Motive einer Sakralisierung oder Remythisierung des Weltlichen [...]." Ulrich Ruh, Friedrich Vollhardt: Säkularisierung. In: RL. Bd. 3. 2003, S. 342–344, hier S. 342.

nachträglich vermischt werden. So überschneiden sich geschichtsphilosophische Konzepte, die Säkularisierung im Sinn einer Verweltlichung fassen (als Triumph der Aufklärung begrüßen oder als Entzauberung beklagen), nicht selten mit soziologischen Strukturanalysen, die Säkularisierung als gesellschaftlichen Prozess funktionaler Differenzierung (re-)konstruieren.[7] Man hat versucht, der verwirrenden Vieldeutigkeit der Nomenklatur durch einen Sprung auf die Meta-Metaebene zu entkommen, indem jene Wertambivalenz des Säkularisierungsbegriffs (Aufklärungsfortschritt oder Transzendenzverlust?) ihrerseits als Symptom einer zutiefst gespaltenen Moderne gelten soll, gewissermaßen als deren Eigenresonanz.[8] Doch auch diese Theorien, die die „Basisnarrative" Säkularisierung und Modernisierung eng koppeln, lösen nicht das Dilemma, dass jede Säkularisierungs-Diagnose einer „zugleich exkludierenden und inkludierenden Asymmetrie" aufsitzt *und* diese mitgestaltet.[9] Als ambivalente Kategorie kultureller Selbstdeutung ist *Säkularisierung* daher je neu geschichtsphilosophisch instrumentalisiert, ideologiekritisch relativiert, totgesagt und wiederbelebt worden, bis von ihr nur mehr der Schatten eines „modernen Mythos"[10] übriggeblieben ist.

Anders gesagt, die Situation ist nicht übersichtlich. Dennoch scheint mir der Begriff *Säkularisierung* belastbar, und zwar umso mehr, je entschlossener man seiner emphati-

---

[7] Die heterogenen Positionen im Überblick bei Steve Bruce: Religion and Modernization. Sociologists and Historians Debate the Secularization Thesis. Oxford 1992. Hartmut Lehmann: Säkularisierung. Der europäische Sonderweg in Sachen Religion. Göttingen 2004. 2. Aufl. Göttingen 2007. José Casanova: Secularization. In: International Encyclopedia of the Social and Behavioural Sciences. Hrsg. von Neil J. Smelser, Paul B. Baltes. Oxford 2001, S. 13786–13791. Philip S. Gorski: Historicizing the Secularization Debate. An Agenda for Research. In: Handbook of the Sociology of Religion. Hrsg. von Michele Dillon. Cambridge 2003, S. 110–122. José Casanova: Rethinking Secularisation: A Global Comparative Perspective. In: The Hedgehog Review Vol. 8 Nos. 1–2 (2006), S. 7–22. Christina von Braun, Wilhelm Gräb, Johannes Zachhuber (Hrsg.): Säkularisierung. Bilanz und Perspektiven einer umstrittenen These. Berlin u. a. 2007 (Religion – Staat – Kultur. 5). Peter Blickle, Rudolf Schlögl (Hrsg.): Die Säkularisation im Prozess der Säkularisierung Europas. Epfendorf 2005. Charles Taylor: Ein säkulares Zeitalter. Frankfurt a. Main 2009 (zuerst Harvard 2007). In begriffs- und problemgeschichtlicher Perspektive bereits Trutz Rendtorff: Zur Säkularisierungsproblematik. Über die Weiterentwicklung der Kirchensoziologie zur Religionssoziologie. In: Internationales Jahrbuch für Religionssoziologie 2 (1966), S. 51–72, und Hermann Lübbe: Säkularisierung. Geschichte eines ideenpolitischen Begriffs. Freiburg 1965. 2. Aufl. München 1975.

[8] „Ganz offensichtlich hat es zum Erfolg des *grand récit* der irreligiösen Moderne beigetragen, daß er die tiefe Gespaltenheit dieser Epoche im Verhältnis zu sich selbst mitartikuliert und *beiden* Tendenzen, die ohnehin oft unauflöslich ineinandergewirkt sind: der Fortschrittsfreude *und* der Zivilisationskritik, einen Resonanzboden verleiht." Albrecht Koschorke: Wahrheit und Erfindung. Grundzüge einer Allgemeinen Erzähltheorie. Frankfurt a. Main 2012, S. 260. Außerdem: Hans Joas: Führt Modernisierung zu Säkularisierung? In: Woran glauben? Religion zwischen Kulturkampf und Sinnsuche. Hrsg. von Gerd Nollmann, Hermann Strasser. Essen 2007, S. 37–45.

[9] Koschorke (Anm. 8), S. 260.

[10] Detlef Pollack (Hrsg.): Säkularisierung – ein moderner Mythos? Studien zum religiösen Wandel in Deutschland. Tübingen 2003.

schen Universalisierung (seinem „ubiquitären Charakter"[11]) widersteht. Wenn man, wie in unserem Zusammenhang vorgeschlagen, die umstrittene Kategorie vom umfassenden Anspruch eines Geschichts- oder Weltdeutungsmodells entlastet durch eine systematische wie epochale Einschränkung auf Tendenzen *literarischer* Säkularisierung[12] im *Mittelalter*, bleibt zwar das methodisch-hermeneutische Problem ineinander umschlagender Ent- und Verweltlichungsphänomene nach wie vor virulent: So hat man geradezu vorhersehbar die Kreuzlieder Hartmanns oder Reinmars entweder als „Resakralisierung" von Minnesangmotiven oder als „Säkularisierung" („Emanzipation") des Minnethemas aus der Kreuzzugspropaganda interpretiert.[13] Und nicht einmal für literaturgeschichtliche Klassifikationen taugt die pauschale Opposition geistlich-weltlich; man denke nur an die fließenden Übergänge im Bereich des mittelalterlichen Dramas.[14]

---

[11] Giacomo Marramao: Die Säkularisierung der westlichen Welt. Aus dem Italienischen von Günter Memmert. Frankfurt a. Main/Leipzig 1996, S. 13.

[12] Als spezifisch literarische Erschließungskategorie für die neuzeitliche Literatur fruchtbar gemacht von: Albrecht Schöne: Säkularisation als sprachbildende Kraft. Studien zur Dichtung deutscher Pfarrersöhne (1958). 2., überarbeitete und ergänzte Aufl. Göttingen 1968 (Palaestra. 226). Gerhard Kaiser: Erscheinungsformen der Säkularisierung in der deutschen Literatur des 18. Jahrhunderts. In: Säkularisierung und Säkularisation vor 1800. Hrsg. von Anton Rauscher. München u. a. 1976, S. 91–120. Hans-Georg Kemper: Gottebenbildlichkeit und Naturnachahmung im Säkularisierungsprozeß. Problemgeschichtliche Studien zur deutschen Lyrik in Barock und Aufklärung. 2 Bde. Tübingen 1981. Außerdem weiterführend Ulrich Ruh: Säkularisierung als Interpretationskategorie. Zur Bedeutung des christlichen Erbes in der modernen Geistesgeschichte. Freiburg 1980. Daniel Weidner: Zur Rhetorik der Säkularisierung. In: DVjs 78 (2004), S. 95–132. Für die Frühe Neuzeit vgl. Lutz Danneberg, Sandra Pott, Jörg Schönert, Friedrich Vollhardt (Hrsg.): Säkularisierung in den Wissenschaften seit der Frühen Neuzeit. Bd. 2: Zwischen christlicher Apologetik und methodologischem Atheismus. Wissenschaftsprozesse im Zeitraum von 1500 bis 1800. Berlin/New York 2002. Hans-Ulrich Musolff, Juliane Jacobi, Jean-Luc Le Cam (Hrsg.): Säkularisierung vor der Aufklärung? Bildung, Kirche und Religion 1500–1750. Arbeitsgemeinschafts-Tagung im Zentrum für Interdisziplinäre Forschung der Universität Bielefeld vom 15. bis 17.11.2006. Köln u. a. 2008 (Beiträge zur historischen Bildungsforschung. 35). Karlheinz Stierle: Säkularisierung und Ästhetisierung im Mittelalter und in der frühen Neuzeit. In: Ästhetik – Religion – Säkularisierung. Bd. I: Von der Renaissance zur Romantik. Hrsg. von Silvio Vietta, Herbert Uerlings. München 2008, S. 55–74.

[13] Vgl. den Beitrag von Susanne Reichlin in diesem Band. Symptomatisch etwa Helmut Tervooren: Säkularisierungen und Sakralisierungen in der deutschen Liebeslyrik des Mittelalters. In: Glaube, Kritik, Phantasie. Europäische Aufklärung in Religion und Politik, Wissenschaft und Literatur. Interdisziplinäres Symposium an der Universität-GH Duisburg vom 16.–19. April 1991. Hrsg. von Lothar Bornscheuer, Herbert Kaiser, Jens Kulenkampff. Frankfurt a. Main 1993 (Europäische Aufklärung in Literatur und Sprache. 6), S. 213–231.

[14] Hansjürgen Linke: Unstimmige Opposition. ‚Geistlich' und ‚weltlich' als Ordnungskategorien der mittelalterlichen Dramatik. In: Leuvense bijdragen 90 (2001), S. 75–126. Ein wieder anders gelagertes Beispiel für die paradoxe Gegenläufigkeit von Säkularisierungstendenzen im Mittelalter ist die Negative Theologie, die sich parallel zu ihrem Bemühen, die absolute Transzendenz Gottes sicherzustellen, umso mehr für die Weltlichkeit der Welt interessieren muss, zur Markierung der göttlichen Inkommensurabilität.

Doch vermeidet man suggestive, sei es Fortschritts-, sei es Verfalls-Teleologien und schlichte Dichotomien, kann gerade der Sonderfall literarischer Säkularisierung für die prägnante Beschreibung ambivalenter Transformationen des Religiösen eine Interpretationskategorie von nicht geringer historisch-systematischer Differenzierungskraft sein. Statt eine lineare Abfolge religiöser, säkularer, postsäkularer Zeitalter zu beschwören, eine mehr oder weniger „unvollendete Säkularisierung",[15] statt ein zunehmend „autonomes" Subsystem Literatur anzusetzen oder eine kategoriale Trennung von Sprachregistern (geistlich-weltlich, religiös-ästhetisch), ist es angesichts komplexer Gemengelagen historisch angemessener und analytisch ergiebiger, von der *Interaktion* verschiedener Sprach- und Diskursformen auszugehen, deren Grenzen von den Texten beständig ausgehandelt, verschoben und restituiert werden.

Solche innerreligiösen Umschlagmomente liegen für die mittelalterliche Literatur, in der religiöser und ästhetischer, rechtlicher und wissenschaftlicher, feudaler und klerikaler Diskurs nicht strikt gegeneinander ausdifferenziert sind, besonders nahe. Damit ist zugleich das methodische Hintergrundproblem einer solchen Historisierung literarischer Säkularisierungsprozesse benannt: Wie erfasst man die komplexe Vielfalt aufeinander durchlässiger Diskurse, ohne entweder in ein romantizistisches Einheitsphantasma zu verfallen oder in den umgekehrten Anachronismus einer funktionalen Entdifferenzierung? Geschärfte Aufmerksamkeit verdienen hier vor allem Rhetoriken der *Übertragung* (Umbesetzungen nach beiden Richtungen eines Auf- und Abbaus religiöser Semantik), aber auch Effekte genuin literarischer (narrativer, dialogischer, ironischer, metaphorischer) *Pluralisierung* von Standpunkten. Erst in dieser Sicht könnte die eingangs skizzierte Dialektik der Säkularisierung die historisch spezifische Literarizität der Texte erreichen, „nicht deren Einordnung in einen theoretisch anderweitig konstituierten, mehr oder weniger eindimensional gedachten Prozeß der Modernisierung".[16] Und genau darum soll es im Folgenden gehen: um ästhetische Eigendynamiken und epistemische Bedingungen[17] von Texten, die die Relation geistlich-weltlich weder in einer strikten Opposition, noch in statischen Hierarchien oder schnellen Kompromissen aufgehen lassen. Gerade im Blick auf komplexe Übergangs- und Grenzphänomene könnte sich ein genuin literaturwissenschaftlicher Zugang zum Säkularisierungs-Problem bewähren, der mit diesem Begriff nicht einfach nur eine fremde, in sich heterogene Großtheorie der Entstehung der ‚Moderne' importierte, sondern, von einem flexiblen Modell rhetorischer Übertragung ausgehend, *synchrone Spannungsverhältnisse* im Blick be-

---

[15] Pedro Hermílio Villas Bôas Castelo Branco: Die unvollendete Säkularisierung. Politik und Recht im Denken Carl Schmitts. Übersetzt von Markus Hediger. Stuttgart 2013 (Staatsdiskurse. 25).
[16] Daniel Weidner: Parodie und Prophetie. ‚Literarische Säkularisierung' in Heines biblischer Schreibweise 1844. In: ZfG 18 (2008), S. 546–557, hier S. 557.
[17] Zu Säkularisierung im Spannungsfeld von Text und gesamtkultureller Konstellation im Mittelalter vgl. die methodologischen Überlegungen von Manuel Braun in diesem Band. Umfassende Bilanzen zur Säkularisierungsforschung mit Bezug auf die Frühe Neuzeit Danneberg u. a. (Anm. 12).

hielte und Umschlageffekte, perspektivische Inversionen, richtungsoffene Umbesetzungen bereits in der Literatur der Vormoderne identifizierbar machte.

Denn die Frage, wie man zugleich ‚Gott und der Welt gefallen' könne, ist so alt wie das Christentum selbst. Wenn die Weisheit der Welt nichts als Torheit vor Gott ist (1 Cor 1,26–31), die Letzten in der Welt die Ersten im Himmel sein werden (Mt 19,30) und diejenigen, die jetzt lachen, dann weinen und klagen müssen (Lk 6,26), wie sollte man, angesichts dieser konsequenten Welt-Abwertung, *in* der Welt zugleich ‚Gott *und* der Welt gefallen' können? Die höfischen Dichter des Mittelalters formulieren dieses Dilemma denn auch mit mehr oder weniger großem Synthese-Optimismus. Was auf den ersten Blick wie eine glatte Integrationsformel wirkt, birgt – nicht nur in den berühmten letzten Versen von Wolframs *Parzival* – ein eminentes Konfliktpotenzial. Und wie bei den meisten Toposformeln dieser Art: Je emphatischer das Wertgleichgewicht, je lauter der Harmoniebedarf von ‚Gott und der Welt gefallen' beschworen wird, umso unselbstverständlicher scheint die Geltung des Programms.[18] Im Fall Wolframs liegt diese Skepsis gegenüber der gnomischen Sentenz besonders nahe, erzählt er doch konsequent wie kein zweiter mittelalterlicher Autor von den tödlichen Aporien christlichen Rittertums. Wenn gleich zu Beginn des *Parzival* und quer durch den ganzen Text der riskante *zwîvel*[19] so uneindeutig zwischen Herz und Seele der Figuren angesiedelt wird, dass die Perspektiven des Gelingens und Versagens im epischen Verlauf durchgängig ins Zwielicht kommen, verschlägt es wenig, wenn am *Ende* des Romans für das *Ende* des Lebens (*swes lebn sich sô verendet*), gewissermaßen aus der autor-inszenierten Perspektive eschatologischer Finalität, Leib und Seele aus ihrem Konfliktverhältnis hypothetisch erlöst werden, in den berühmten Versen:

> *swes lebn sich sô verendet,*
> *daz got niht wirt gepfendet*
> *der sêle durch des lîbes schulde,*
> *und der doch der werlde hulde*
> *behalten kan mit werdekeit,*
> *daz ist ein nützіu arbeit.* (Parzival [Anm. 19], V. 827,19–24)

Diesem Schluss ist nicht zu trauen. Zumindest retrospektiv fragt man sich: Welche religiöse (oder andere) Verbindlichkeit hat Parzival als Erlöser (oder Erec als Heilsbringer, Tristan als Gotteskrieger[20])? Erscheinen religiöse Semantiken hier propositional entkernt? Hat die höfische Literatur ein wie auch immer entferntes religiöses Heilsinteres-

---

[18] Zur literarisch produktiven Dialektik von Weltverachtung und Weltzuwendung vgl. Manfred Kern: Weltflucht. Poesie und Poetik der Vergänglichkeit in der weltlichen Dichtung des 12. bis 15. Jahrhunderts. Berlin/New York 2009 (Quellen und Forschungen zur Literatur- und Kulturgeschichte. 54).

[19] *Ist zwîvel herzen nâchgebûr, | daz muoz der sêle werden sûr.* Wolfram von Eschenbach: Parzival. Mittelhochdeutscher Text nach der 6. Ausgabe von Karl Lachmann. Übersetzung von Peter Knecht. Einführung zum Text von Bernd Schirok. Berlin/New York 1998, V. 1,1 f.

[20] Vgl. den Beitrag von Jan-Dirk Müller in diesem Band.

se, oder steht die *saelde* des Artusritters im Dienst einer Verdiesseitigung von Heil?[21] Wodurch unterschiede sie sich dann von religiös abstinenter höfischer Literatur? Und wer hat die Fäden in der Hand? Gott? Oder, diesseits göttlicher Providenz, der Erzähler?[22] Und was ist, wenn dieser Zusammenhang von epischer und heilsgeschichtlicher Totalität mit erzählerischer Ironie nachträglich wieder distanziert wird? Was, wenn die souveräne Distanzposition des Erzählers überhaupt fehlt und nackte Figurenrede übrigbleibt, oder Ich-Rede im Hohen Sang, die sich dann umso verwirrender argumentativ vervielfältigen kann über Figuren der *conversio* und *revocatio*? Worauf ich hinaus will: Fasst man, jenseits des Sonderfalls Wolfram, Topik sowohl als „Medium literarischer Gestaltung als auch diskursiver Reflexion",[23] markiert in der Literatur des Mittelalters die topische Formel ‚Gott und der Welt gefallen' keine einfache Summierung oder systemstabilisierende (gradualistische) Integration, sondern im Gegenteil eine höchst angespannte Konfliktlage. Kern des Konflikts ist die Unvereinbarkeit konkurrierender Ansprüche von Welt und Gott. Zwar gehört die Unterscheidung von Diesseits und Jenseits zu den unbefragten Leitdifferenzen der kulturellen Selbstbeschreibung dieser Epoche.[24] Doch wenn sich die Spannung von Immanenz (*nunc*) und Transzendenz (*tunc*) endgültig erst nach dem Tod auflöst, konkret: wenn man erst aus der Welt sein muss, um jenseits der Welt selig sein zu können, ist diese Lösung allenfalls für Märtyrer eine Option.

Eine Dauerirritation, also ästhetisch und diskursiv produktiv, bleibt die Vermittlung von Gott und Welt aber nicht nur aufgrund dieser unaufhebbaren Diskrepanz zwischen individueller und universaler Eschatologie, sondern auch deswegen, weil ausgerechnet in demjenigen Vermittlungsprinzip, das die Inkommensurabilität von Gott und Welt aufheben soll, eben diese Unterscheidung extrem konflikthaltig wiederkehrt: in der

---

[21] Dazu Bruno Quast: „Ein saelic spil". Virtuosentum im arthurischen Roman. In: ZfG 19 (2009), S. 510–521.

[22] Dazu der Beitrag von Albrecht Hausmann in diesem Band.

[23] Udo Friedrich: Diskurs und Narration. Zur Kontextualisierung des Erzählens in Konrads von Würzburg ‚Trojanerkrieg'. In: Text und Kontext. Fallstudien und theoretische Begründungen einer kulturwissenschaftlich angeleiteten Mediävistik. Hrsg. von Jan-Dirk Müller unter Mitarbeit von Elisabeth Müller-Luckner. München 2007 (Schriften des Historischen Kollegs. Kolloquien. 64), S. 99–120, hier S. 106.

[24] Im historischen Überblick Arnold Angenendt: Sakralisierung und Säkularisierung im Christentum – Auswirkungen in Mittelalter und Reformation. In: Blickle, Schlögl (Anm. 7), S. 113–126. Zum literarischen Konfliktpotential: Wachinger, Huber, Ziegeler (Anm. 6) und Jan-Dirk Müller: Höfische Kompromisse. Acht Kapitel zur höfischen Epik. Tübingen 2007 (v. a. Kap. 1 und 2). Im Blick auf familiale Konstellationen zwischen weltlichen und geistlichen Sinnbesetzungen Christian Kiening: *Un*heilige Familien. Sinnmuster mittelalterlichen Erzählens. Würzburg 2009 (Philologie der Kultur. 1). Für den Zusammenhang von Legende und Roman grundlegend bereits Max Wehrli: Roman und Legende im deutschen Hochmittelalter. In: Max Wehrli: Formen mittelalterlicher Erzählung. Aufsätze. Zürich/Freiburg 1969, S. 155–176. Zur Affinität der Sprechakte religiöser und literarischer Rede vgl. Peter Strohschneider (Hrsg.): Literarische und religiöse Kommunikation in Mittelalter und Früher Neuzeit. DFG-Symposion 2006. Berlin/New York 2009.

Liebe, an deren ambivalenter Bewertung als innerweltliche und zugleich überweltliche Macht sich das Mittelalter bekanntlich quer durch die Diskurse abarbeitet. Als Gottesprädikat (*Deus caritas*)[25] und innertrinitarischer *nexus amoris* beansprucht ‚Liebe' einerseits Geltung als universales Schöpfungsprinzip und absolute Erlösungsmacht, zugleich zählt sie als leidenschaftliches Begehren (*cupiditas*) mit „falscher" Ausrichtung (*amor mundi*) zu den Residuen des Sündenfalls. Und damit nicht genug. Vor dem Hintergrund der spannungsträchtigen symbiotischen Konkurrenz von Ritter- und Klerikerkultur kann ‚Liebe' nicht nur immer auch ontologisch absteigen zur puren Weltverfallenheit, sondern ist als hohe (höfische) Minne zugleich zentraler Bestandteil des exklusiven Selbstbildes der höfischen Kultur. Und auch wenn die laikal-feudale Ethik im Rückgriff auf kirchliche Gnadenlehre entfaltet werden kann, bleiben doch zentrale Unabgestimmtheiten im Umgang mit Gewalt, mit Sexualität, mit Modellen von Soziabilität. Wenn die hoch- und spätmittelalterlichen Dichter *êre* und *gotes hulde* in einen Schrein zu bringen versuchen,[26] empfehlen sie jedenfalls gerade den Liebenden, darauf zu achten, Leib *und* Seele zu bewahren, im Wissen darum, dass diese Leib-Seele-Liaison anstrengend ist und, wie Hartmann sagt, wenig ersprießlich: ein *missemüete geselleschaft*[27]. Schon die christlich-anthropologische Basisvorstellung einer Leib-Seele-Einheit ist also keine pauschale Harmoniebeziehung, keine summative Ganzheit, mit der man ‚Gott und der Welt' ohne Weiteres gefallen könnte, sondern reformuliert die ontologische Heterogenität der geschaffenen Welt als dilemmatische Bindung der unkörperlichen Seele an den Körper: untrennbar zusammengehörig, aber unüberbrückbar getrennt. Kein Wunder, dass die Minnesänger die Zumutung, bei allem Herzeleid auch noch auf das Seelenheil achten zu müssen, gelegentlich mit Ironie quittieren, indem sie, im Zuge ihrer permanenten Paradoxierung der Minne, mit der übertragenen

---

[25] 1 Joh 4,8: *quoniam Deus caritas est*; 1 Joh 4,7: *quoniam caritas ex Deo est*.

[26] Klaus Hofbauer: Gott und der Welt gefallen. Geschichte eines gnomischen Motivs im hohen Mittelalter. Frankfurt a. Main 1997 (EHS I 1630), zu den variablen Kontexten dieses „gnomischen Äquivalenzmotivs" in der Lyrik von Herger, Spervogel bis Freidank vgl. S. 225–334, in der Epik S. 334–356.

[27] Hartmann von Aue: Gregorius. Hrsg. von Hermann Paul. Neu bearbeitet von Burghart Wachinger. 15., durchgesehene und erweiterte Aufl. Tübingen 2004 (ATB. 2), V. 2655–2662: *ez hât geschaffet diu gotes kraft / ein missemüete gesellschaft / diu doch samet belîbe / under sêle und under lîbe. / wan swaz dem lîbe sanfte tuot, / daz enist der sêle dehein guot: / swâ mite aber diu sêle ist genesen, / daz muoz des lîbes kumber wesen.* Es handelt sich nur scheinbar um eine schlichte Dichotomie: So wie die Seele im Körper, aber unkörperlich, wirkt, so die Minne in der Welt, aber als außerweltliche Macht. Es wundert daher nicht, dass in der Chartrenser Naturphilosophie die Welt eine Seele haben kann. Zur „Intellektualisierung" der feudalen Liebesthematik im Kontakt mit der lateinisch-klerikalen Tradition zusammenfassend Alfred Karnein: Europäische Minnedidaktik. In: Europäisches Hochmittelalter. Hrsg. von Henning Krauss. Wiesbaden 1981 (Neues Handbuch der Literaturwissenschaft. 7), S. 121–144; außerdem Rüdiger Schnell: Causa Amoris. Liebeskonzeption und Liebesdarstellung in der mittelalterlichen Literatur. Bern/München 1985 (Bibliotheca Germanica. 25), bes. S. 77 ff.

und wörtlichen Bedeutung der Instanzen Herz, Leib, Seele spielen.[28] Liebe *in* der Welt koppelt sich notgedrungen an Liebe *zur* Welt und produziert damit genau das Dilemma, das sie lösen will. Aus diesem ambivalenten Doppelbezug von Welt-Liebe (*amor mundi*) bezieht nicht zuletzt die Allegorie der verführerischen ‚Frau Welt' ihre ikonographisch wie literarisch hohe Attraktion und semiotische Prägnanz. Seelenheil und Liebesheil hängen in der hyperbolischen Minnerhetorik der höfischen Literatur also eng, aber konfliktträchtig zusammen, und wenn die Sänger des Hohen Sangs für ihre Geliebte nicht nur Leib und Leben, sondern Leib und Seele aufs Spiel setzen sollen (*beide sêle unde lîp | muoz man wâgen durch diu wîp*),[29] sind alle entscheidenden Fragen zu Gewicht und Reichweite der religiösen Allusionen offen: Sucht die religiöse Semantik der Liebessprache bei Heinrich von Morungen oder Frauenlob oder, unter wieder anderen Voraussetzungen, bei Dante, den Eintritt oder Austritt aus der sakralen Sphäre?[30] Oder ist die Alternative falsch? Geht es der religiösen Allusion um Geltungssteigerung oder im Gegenteil um ironische Relativierung? Und die bekannte *w-i-p*-Etymologie Frauenlobs: *wunne irdisch paradis*:[31] Ist diese Vorstellung der *vrouwe* als

---

[28] In Morungens berühmter Strophe 147,4 *vil süeziu senftiu toeterinne* fungiert eine mit dem Kontrast Diesseits-Jenseits religiös besetzte Leib-Seele-Spaltung des Ich als Pointe der Argumentation. Das Ich protestiert: „Ihr, *frouwe,* werdet mich so schnell nicht los, auch wenn Ihr mich (meinen Leib) tötet. Denn die Liebe zwingt dann Eure Seele, dass sie nach wie vor meine Herrin bleibt, eben meiner Seele Herrin. Wenn mir also hier auf der Erde Euer Leib entzogen bleiben sollte, wird eben dort, im Jenseits, meine Seele Eurer Seele dienen." Dazu Susanne Köbele: Der paradoxe Fall des Ich. Zur *Klage* Hartmanns von Aue. In: *Anima* und *sêle*. Darstellungen und Systematisierungen von Seele im Mittelalter. Hrsg. von Katharina Philipowski, Anne Prior. Berlin 2006 (Philologische Studien und Quellen. 197), S. 265–283, hier 282. Vergleichbar auch Walther, L. 66,21 (Walther von der Vogelweide: Leich. Lieder. Sangsprüche. 14., völlig neu bearbeitete Aufl. der Ausgabe Karl Lachmanns mit Beiträgen von Thomas Bein und Horst Brunner. Hrsg. von Christoph Cormeau. Berlin/New York 1996).

[29] Das Klagebüchlein Hartmanns von Aue und das zweite Büchlein. Hrsg. von Ludwig Wolff. München 1972 (Altdeutsche Texte in kritischen Ausgaben. 4), Klage V. 637 f.

[30] Jan-Dirk Müller: Beneidenswerter *kumber.* In: DVjs 82 (2008), S. 220–236; Susanne Köbele: Umbesetzungen. Zur Liebessprache in Liedern Frauenlobs. In: Huber, Wachinger, Ziegeler (Anm. 6), S. 213–235; Andreas Kablitz: Intertextualität als Substanzkonstitution. Zur Lyrik des Frauenlobs im Duecento: Giacomo da Lentini, Guido Guinizelli, Guido Cavalcanti, Dante Alighieri. In: Poetica 23 (1991), S. 20–67; Rainer Warning: Imitatio und Intertextualität. Zur Geschichte lyrischer Dekonstruktion der Amortheologie: Dante, Petrarca, Baudelaire. In: Rainer Warning: Lektüren romanischer Lyrik. Von den Trobadors zum Surrealismus. Freiburg i. Breisgau 1997 (Rombach Wissenschaften. Reihe Litterae. 51), S. 105–141.

[31] Frauenlob (Heinrich von Meissen): Minneleich. In: Frauenlob (Heinrich von Meissen): Leichs, Sangsprüche, Lieder. Auf Grund der Vorarbeiten von Helmuth Thomas hrsg. von Karl Stackmann, Karl Bertau. 2 Teile. Göttingen 1981 [= GA] (Abhandlungen der Akademie der Wissenschaften in Göttingen. Philologisch-historische Klasse. 3. Folge. Nr. 119 und 120), hier Teil 1, III,7: So wie Natur alles Leben mit seinem (abgeleiteten) Sein verstricke, schaffe das *wip* alle *wunne: wunne irdisch paradis* (III,22,1–4), lustbereitend mit nackten Armen und linden Worten, durch der Minne *kraft* (III,13), mit Form und Substanz, Leib und Seele (III,15).

Paradies im Diesseits Effekt einer doppelten Säkularisierung, weil bereits die christliche Vorstellung des *Paradisus terrestris* das Paradies vom Himmel auf die Erde geholt hat, bevor dann auch noch der Spruchdichter und Minnesänger das irdische Paradies zur Geliebten macht? Sind, was die heilsgeschichtlichen Implikationen der höfischen Literatur betrifft, Strukturanalogien am Werk und (oder) semantische Analogien? Oder wirken im Einzelfall auch Kräfteverschiebungen jenseits von Analogien: homologe Tiefenstrukturen, rhetorisch-narrative Universalien, die die geistliche und weltliche Kultur immer schon übergreifen?

Für die Frage, welche semantischen Ressourcen und welches Spannungspotential gerade der Minne-Diskurs für die Herausforderung des ‚Gott und der Welt-Gefallen' zur Verfügung stellt, ist Frauenlob ein symptomatischer und hochrangiger Autor, dessen Œuvre von einem universalen (= entdifferenzierten) und zugleich hochdifferenzierten Minnekonzept aus quer durch die Gattungen den Kontrast weltlich-geistlich relativiert. Bei ihm ist die Minne Katalysator und Wertzentrum ganz heterogener Debatten. Schon Walthers Weltlieder[32] legen sich nicht auf eine religiöse Contemptus mundi-Perspektive fest. Statt einer der Regie der Plötzlichkeit folgenden Conversio des Sänger-Ichs brechen Strophe um Strophe geistlich-weltliche Hierarchien auf, demonstriert der Liedverlauf gerade die heterogene (politische, ästhetische, erotische) Bedeutung dessen, was ‚Welt' genannt wird und *in* der Welt so schwer verabschiedet werden kann; nicht zufällig auch hier bezogen auf die Zeitlichkeit (die Irreversibilität) des eigenen Lebens hier und jetzt[33]. Und noch das moralisch so eindeutige Fazit von Konrads *Der Welt Lohn*-Erzählung (*daz ir die werlt lâzet varn, | welt ir die sêle bewarn*)[34] kann nicht die erzählte Hauptspannung der Geschichte zunichte machen, die darin besteht, dass der geforderten Jenseitsliebe die nicht geringe Weltanhänglichkeit dessen im Weg steht, der in der Welt leben, und das heißt: nicht sterblich und schon gar nicht tot sein will. So spielt auch Konrads Erzählung, ob „ironisch"[35], sei dahingestellt, mit der schwankenden Analogie, dass gerechter „Lohn" im Dienst der Hohen Minne so zuverlässig und folgenreich verweigert wird wie im Dienst der Welt. Beide Male ist, wenn auch unter verschiedenem Vorzeichen, Undank steten Dienstes Lohn, mit der Konrad'schen Pointe, dass der von der schönen Frau Welt auch erotisch, im Modus hoher Minne, unwiderstehlich angezogene Protagonist ausgerechnet ein Dichter ist (in der Maske des *Wirent von Grâvenberc*, V. 47), im Moment der Begegnung mit Frau Welt auch ein Liebesgeschichtenleser (V. 55 ff.) und geradezu habituell Liebender im Dienst aller Frauen

---

[32] Dazu Beate Kellner in diesem Band mit reicher Literatur.

[33] Elisabeth Lienert: *Ich bin niht niuwe*. Zur immanenten Historizität im Minnesang Walthers von der Vogelweide. In: GRM 46 (1996), S. 369–382.

[34] Konrad von Würzburg: Der Welt Lohn, V. 273 f. In: Kleinere Dichtungen Konrads von Würzburg. Hrsg. von Edward Schröder. Mit einem Nachwort von Ludwig Wolff. I: Der Welt Lohn – Das Herzmaere – Heinrich von Kempten. 10. Aufl. Dublin/Zürich 1970 (zuerst 1924). Dazu Kern (Anm. 18).

[35] Kern (Anm. 18), S. 99, mit der These, die exemplarische Weltabkehr werde hier „ironisch" unterlaufen.

(V. 36–43): *sîn herze stille und offenbâr | nâch der minne tobte.*[36] Umso bereitwilliger verfällt er ihren riskanten Reizen.

Einfach ist es also nicht mit Gott und der Welt, zumal, wenn zusätzlich zu Seele und Leib das Herz ins Spiel kommt, zu Gott und Welt die Minne. Was bedeutet es nun vor dem Hintergrund der skizzierten diskursiven und poetischen Paradoxien der Weltverachtung, wenn nicht Gott und die Welt, nicht Leib und Seele, auch nicht ein reuiges Sünder-Ich oder verführbares Dichter-Ich und Frau Welt einander gegenüberstehen,[37] sondern die universalen Instanzen Minne und Welt? Und zwar nicht gnomisch (wie bei Wolfram), nicht im Register der Liebeslyrik (wie bei Walther) oder Narration (wie bei Konrad), sondern als Kontrahenten in einem strophisch fortschreitenden Rededuell?

II. Minne und Welt[38]

Die bei Walther oder Konrad als Pointe genutzte, vieldeutige „metonymische Nähe von Welt, Minne und Minneherrin"[39] reformuliert um 1300 Frauenlob als verblüffend komplexe Dialogkonstellation: Minne und Welt treten gegeneinander an als nicht eindeutige, sondern überdeterminierte Instanzen, die ihre jeweiligen Systemgrenzen im Dialogverlauf weit überschreiten. Bei dem 21-strophigen Streitgedicht, das die Weimarer Handschrift F spät und schlecht im Frauenlob-Œuvre überliefert, handelt es sich um einen in überlieferungshistorischer und gattungspoetologischer, philosophie- und theologiegeschichtlicher Hinsicht rätselhaften Text, der mit einer Fülle von Bezügen experimentiert und anspielungsreich nicht nur seine eigene diskursive Pluralität (das Nebeneinander von neuplatonischer Kosmologie, aristotelischer Logik und Metaphysik, Theologie und höfischer Literatur) mit zum Thema macht, sondern auch den vieldeutigen Status der personifizierten Kontrahenten Minne und Welt selbst. In Karl Stackmanns lapidarer Diktion: Der Text „[...] bietet nicht nur hinsichtlich des Wortlauts erhebliche Probleme".[40]

---

[36] Konrad von Würzburg: Der Welt Lohn, V. 50 f. In: Kleinere Dichtungen (Anm. 34).
[37] Zu diesen Texttypen im Überblick Hans Walther: Das Streitgedicht in der lateinischen Literatur des Mittelalters. Mit einem Vorwort, Nachträgen und Registern von Paul Gerhard Schmidt. Hildesheim u. a. 1984 (= ND der Ausgabe München 1920) (Quellen und Untersuchungen zur lateinischen Philologie des Mittelalters. Bd. 5, Heft 2), bes. S. 105 f. und S. 17–27 (zu den historischen Bezeichnungen *altercatio, dialogus, conflictus, disputatio* etc.). Peter Stotz: Conflictus. Il contrasto poetico nella letteratura latina medievale. In: Il genere „tenzone" nelle letterature romanze delle origini, a cura di Matteo Pedroni e Antonio Stäuble. Ravenna 1999, S. 165–187. Carmen Cardelle de Hartmann: Lateinische Dialoge 1200–1400. Literarhistorische Studie und Repertorium. Leiden 2007 (Mittellateinische Texte und Studien. 37).
[38] Text: GA (Anm. 31), hier Teil 1: IV,1–21. Vgl. im Überblick Karl Stackmann: Frauenlob. In: ²VL. Bd. 2. 1980, Sp. 865–877.
[39] Kern (Anm. 18), S. 115.
[40] GA (Anm. 31), Teil 2, Stellenkommentar, S. 705.

Die Forschung hat sich dem Dialog entweder mit Blick auf die schwierige Überlieferung gewidmet (de Boor, Stackmann)[41] oder mit einem quellengeschichtlichen Interesse an den subtilen Filiationen der chartrensisch-aristotelisch geprägten Philosophie (Krayer, Huber, Steinmetz).[42] Dagegen blieb die Frage, welche literarische Formtradition diesen Text bestimmt, ebenso ausgespart wie der Versuch einer Gesamtinterpretation seiner spezifischen rhetorischen Faktur. Frauenlobs Streitgespräch[43] scheint an ganz unterschiedliche Gattungstraditionen anzuknüpfen: erstens an dialogische Auseinandersetzungen über die Rolle und den Wert der Minne, wie die zeitgenössischen Minnereden und, innerhalb umfangreicher Insertionen, die höfische Epik v. a. Konrads von Würzburg sie führen; zweitens an volkssprachlich-lateinische Streitgespräche, insbesondere Leib-Seele-Dialoge, die in der *conflictus*-Tradition die Auseinandersetzung gern zum Rechtsstreit mutieren lassen; drittens an die akademische Praxis der Disputatio, jenen institutionalisierten, streng formalisierten Dialogtypus, der im Übergangsbereich von Dialektik und Rhetorik auf die logische Auflösung von Wahrheitsproblemen zielt, mithilfe wechselnder Argumente *in utramque partem*.[44] Frauenlobs Streitgespräch

---

[41] Helmut de Boor: Frauenlobs Streitgespräch zwischen Minne und Welt. In: PBB 85 (1963), S. 383–409; außerdem Stackmann, GA (Anm. 31), Teil 2, Kommentar. Der Text ist, von der ersten Strophe abgesehen, nur in F, einer Papierhandschrift des späten 15. Jahrhunderts, überliefert.

[42] Rudolf Krayer: Frauenlob und die Natur-Allegorese. Motivgeschichtliche Untersuchungen. Ein Beitrag zur Geschichte des antiken Traditionsgutes. Heidelberg 1960 (Germanische Bibliothek. 3. Reihe: Untersuchungen und Einzeldarstellungen); Christoph Huber: Die Aufnahme und Verarbeitung des Alanus ab Insulis in mittelhochdeutschen Dichtungen. Untersuchungen zu Thomasin von Zerklære, Gottfried von Straßburg, Frauenlob, Heinrich von Neustadt, Heinrich von St. Gallen, Heinrich von Mügeln und Johannes von Tepl. Zürich/München 1988 (MTU. 89); Christoph Huber: Die personifizierte Natur. Gestalt und Bedeutung im Umkreis des Alanus ab Insulis und seiner Rezeption: In: Bildhafte Rede in Mittelalter und früher Neuzeit. Probleme ihrer Legitimation und ihrer Funktion. Hrsg. von Wolfgang Harms, Klaus Speckenbach, Herfried Vögel. Tübingen 1992, S. 151–172. Ralf-Henning Steinmetz: Liebe als universales Prinzip bei Frauenlob. Ein volkssprachlicher Weltentwurf in der europäischen Dichtung um 1300. Tübingen 1994 (MTU. 106).

[43] Christian Kiening: Streitgespräch. In: RL. Bd. 3. 2003, S. 525–528; Christian Kiening: Personifikation. Begegnungen mit dem Fremd-Vertrauten in mittelalterlicher Literatur. In: Personenbeziehungen in der mittelalterlichen Literatur. Hrsg. von Helmut Brall, Barbara Haupt, Urban Küsters. Düsseldorf 1994 (Studia Humaniora. 25), S. 347–387; Ingrid Kasten: Studien zu Thematik und Form des mittelalterlichen Streitgedichts. Hamburg 1973; vgl. auch Franz Josef Worstbrock, Helmut Koopmann (Hrsg.): Formen und Formgeschichte des Streitens. Tübingen 1986 (Kontroversen, alte und neue. 2).

[44] Ein autoritativer Satz wird mit Einwänden konfrontiert, die widerlegt werden, mit dem Ziel der Überzeugung des Gegners und/oder eines Dritten, „aufgrund topischer Basisübereinstimmung", so Peter von Moos: Rhetorik, Dialektik und ‚civilis scientia' im Hochmittelalter. In: Dialektik und Rhetorik im früheren und hohen Mittelalter. Hrsg. von Johannes Fried. München 1977, S. 133–156, hier S. 137. Instruktiv auch die Beiträge bei Marion Gindhart, Ursula Kundert (Hrsg.): Disputatio 1200–1800. Form, Funktion und Wirkung eines Leitmediums universitärer Wissenskultur. Berlin/New York 2010 (TMP. 20); hier u. a. mit Bezug auf den rhetorisch-dialektischen Doppelcharakter des *Ackermann* Albrecht Dröse: Dialektik im ‚Ackermann'. In: ebd., S. 385–405. Die Ambivalenz des Vanitas-Diskurses – dazu Kern (Anm. 18) – tritt gerade im *Ackermann* zutage,

amalgamiert, wie mir scheint, auf der Formebene all diese Kontexte auf innovative Weise und bezieht dabei auch in inhaltlicher Hinsicht verschiedene Diskurse, moralische, kosmologische, theologische und literarische (lyrisch[45]-epische), überraschend eng aufeinander. In unserem Zusammenhang ist von besonderem Interesse, dass die Relation ‚geistlich-weltlich' sich in dieser Konfliktinszenierung nicht eindeutig auf je eine Partei verteilt (nach dem Muster: Ritter gegen Kleriker oder Leib gegen Seele), sondern als spannungsreiche Ambivalenz sowohl auf der Pro- wie der Contra-Seite wiederkehrt. So geht die schöpfungstheologisch und naturphilosophisch begründete Selbstaufwertung der Welt einher mit einer kosmisch und metaphysisch entgrenzten Selbstpräsentation der Minne, ohne dass die über verschiedene Bezugspunkte herbeizitierten geistlich-weltlichen Systemlogiken im Ganzen enthierarchisiert wären. Die Perspektiven wechseln, zwar mit von Fall zu Fall unterschiedlicher argumentativer Plausibilität, doch für beide Seiten mit je eigener argumentativer Dringlichkeit. Und der Text belässt es nicht bei dieser permanenten Umperspektivierung, sondern macht die je neuen Revisionen zusätzlich auf der Metaebene zum Thema. Denn Minne und Welt diskutieren über die Reichweite ihrer selbst.

In mehrfacher Hinsicht halte ich den Dialog für ein erstaunliches Experiment, das nicht als Rangstreit eine Hierarchie fixieren, nicht als Disputatio einen Wahrheitskonflikt logisch auflösen will, sondern – in diesem Punkt vergleichbar Hartmanns *Klage* oder auch dem *Ackermann* – daran interessiert ist, einen fundamentalen Dissens zur Geltung zu bringen. Um ein Missverständnis zu vermeiden: Es sind nicht gleichwertige Alternativen, die hier von Minne und Welt einander gegenübergestellt würden wie etwa im altfranzösischen minnekasuistischen Streitgespräch.[46] Natürlich besteht die Minne auf ihrem Anspruch ontologischer Höherwertigkeit. Trotzdem bleiben die Geltungsansprüche beider Parteien bis zum Schluss bestehen, denn die jeweiligen perspektivischen Evidenzen sind solche der ersten Person: Ich-Evidenzen. An der Demonstration der Unverrechenbarkeit von Ich-Perspektive und generalisierender Abstraktion ist der Text, so meine These, mehr interessiert als an der Rehierarchisierung bekannter Verhältnisse. Auch wenn er mit einer Hierarchie-Bestätigung schließt, markiert der Dialog doch gegenläufig dazu immer wieder blinde Flecken, mit denen die kulturelle Ordnung sich sozusagen selbst überrascht. Gerade bei Frauenlob kann man beobachten, wie Widerstände eingebaut werden, die das scheinbar geschlossene, gradualistisch beruhigte System sozusagen enttautologisieren. Konfrontiert werden einander inkommensurable Per-

---

dessen „schwierige Modernität" nicht zuletzt darin besteht, dass beide Streitparteien Argumente anführen, die sowohl Immanenz- wie Transzendenzansprüche legitimieren. Vgl. Christian Kiening: Schwierige Modernität. Der *Ackermann* des Johannes von Tepl und die Ambiguität historischen Wandels. Tübingen 1998 (MTU. 113).

[45] Burghart Wachinger: Die Welt, die Minne und das Ich. Drei spätmittelalterliche Lieder. In: Entzauberung der Welt. Deutsche Literatur 1200–1500. Hrsg. von James F. Poag, Thomas C. Fox. Tübingen 1989, S. 107–118.

[46] Kasten (Anm. 43).

spektiven von Diesseits und Jenseits, und zwar, das ist die Pointe, quer zu den beiden Sprecherrollen Minne und Welt.

Frauenlobs Welt tritt in diesem Text also nicht wie in Konrads von Würzburg *Der Welt Lohn* (Anm. 34) oder in Michel Beheims Pastourellenparodie[47] an, um als allegorische Minnedame Frau Welt einen ihresgleichen, einen Ritter, zu verführen, mit dem Ziel der Desillusionierung ihrer selbst. Die Welt ist aber auch umgekehrt nicht in der religiösen Binnenperspektive der Sangspruchdichtung schöpfungstheologisch aufgewertet, wie etwa in den zeitgenössischen Weltlob-Strophen Friedrichs von Sonnenburg.[48] Vielmehr tritt die Welt gegen das Abstractum Minne an, um sich als Wert zu profilieren, und beide, Welt und Minne, bleiben im Verlauf des Streitgesprächs höchst ambivalente, nur bedingt versöhnungswillige Gegner. Sie streiten sich, zumindest im Fiktionsraum des Dialogs, bis zum Schluss auf Augenhöhe. Auch von Gott sprechen sie beide und machen ihren perspektivisch konkurrierenden Anteil an ihm geltend (Gott, außerhalb der Welt, wirke in die Welt hinein durch die Natur aus Minne und zugleich als Minne, usf.). So verkörpert, in vielschichtiger Referenzialität, die Welt die Totalität des Diesseitigen, sie kann als Gottes Schöpfung auftreten, aber auch als universaler Kosmos oder in der Rolle der Natur. Und die notorisch vieldeutige Minne, von der Gegenseite erwartbar negativiert als blindes Begehren und gewalttätiges Verführungsprinzip, als antike Amor-Mythologie oder todbringende Ritterminne im höfischen Roman, präsentiert sich als wertindifferentes Prinzip, als vereinigende und regenerative Kraft. Zugleich identifiziert sie sich als Ursprung und Ziel alles Seienden (aller Welt) mit Gott. Wenn nun in dieser Weise die Welt ihre Rolle selbst aufwertet, wieviel sind ihre Argumente dann wert? Disqualifiziert sie sich mit ihnen oder gelingt die Selbstaufwertung? Gemessen an welchen Kriterien? Und wenn wiederum die Minne als Teil der Welt zugleich außerweltlich sein will, ist das, logisch gesehen, ein Widerspruch

---

[47] Beheims Frau-Welt-Lied Nr. 279 *ain beispel von ainem weib, was vorn schan und hinden schraglich* ist ganz auf die Desillusionierung einer Verführung durch die Minnedame Frau Welt zugeschnitten und nutzt die Möglichkeiten von Topik und Rhetorik für eine breite allegorische Retheologisierung des Frau Welt-Auftritts (ihr Blumenkranz als Todsündenkatalog). Text in: Die Gedichte des Michel Beheim. Nach der Heidelberger Hs. cpg 334 unter Heranziehung der Heidelberger Hs. cpg 312 und der Münchener Hs. cgm 291 sowie sämtlicher Teilhandschriften hrsg. von Hans Gille, Ingeborg Spriewald. 3 (Teil-)Bde. Berlin 1968–1972 (Deutsche Texte des Mittelalters. 60, 64, 65/1, 65/2), hier Bd. II, S. 442–445. Vorne (außen, „jetzt") ist sie schön, hinten (innen, „später") schlecht. Noch der schlicht dichotomische Fall lässt sich aspekthaft verschieden beschreiben als literarische Sakralisierung (der Gattung Pastourelle) oder als literarische Säkularisierung des im letzten Vers formulierten Memento mori-Appells. Denn der Text läuft zwar eindeutig auf das Memento mori zu, aber der literarische Hauptreiz gilt der Verführungsepisode, die den Beischlaf mit Frau Welt im Modus dezenter Verhüllung umso wirkungsvoller imaginiert, mit inszenierter Fallhöhe zum Schrecken.

[48] Die Sprüche Friedrichs von Sonnenburg. Hrsg. von Achim Masser. Tübingen 1979 (ATB. 86), Nr. 1–10. Hier werden *wirde* und *ere* Gott und der Welt gleichermaßen zugestanden, vgl. V. 1,11 f.: *Vro werlt, von gote unde ouch von dir wir solhe wirde unde ere han, | daz alle creature sint dem menschen undertan.*

Frauenlobs Minne und Welt   235

(den die Welt prompt einklagt), aber in theologischer Hinsicht ein Erlösungs-„Wunder". Und nicht alle argumentativen Ebenenwechsel dieser Art fallen mit den Sprecherwechseln zusammen. Das macht den Text kompliziert. In jedem Fall handeln Minne und Welt die Grenzen ihrer (säkularen, sakralen) Zuständigkeitsbereiche selbst aus, und davon betroffen sind auch, wie wir gleich sehen werden, die Grenzen der Literatur.

Denn die Debatte zwischen Minne und Welt wird initiiert durch ein sowohl Minnebetroffenes wie Welt-immanentes Ich, das sich eingangs mit zwei der insgesamt 21 Strophen zu Wort meldet, was dem folgenden Disput der personifizierten Abstracta erstens eine personale Dimension gibt, zweitens einen zumindest fernen Gattungshorizont (es ist ein Sangspruch- und Minnesänger-Ich), drittens einen fiktionalen Rahmen. Weil dieser Rahmen am Schluss des Dialogs sich nicht mehr schließt und das Eingangs-Ich sich weder mit Zustimmung noch mit Kritik ein weiteres Mal zu Wort meldet,[49] bleiben im Ganzen eben jene perspektivisch wechselnden Dialogpositionen übrig, die die schwankende Selbst- und Außenwahrnehmung von Minne und Welt strophenübergreifend generieren. Achtet man bei dem in seiner Zeit singulären Text auf diese literarische Diskursivierung ambivalenter, dialogisch parallel geführter Säkularisierungs- und Transzendenzansprüche, wird er für unsere Fragestellung zu einem Schlüsseltext.

Vor dem Hintergrund dieser Problemstellung versuche ich einen Durchgang durch den Text. Minne und Welt treten, veranlasst durch ein in Strophe 1 spruchdichterlich räsonierendes, in Strophe 2 minnesängerisches Ich, im Redestreit gegeneinander an und geben erst nach und nach zu erkennen, dass sie beide bereits Figuren-intern jene Differenzen reproduzieren (immanent-transzendent, irdisch-himmlisch), die das Mittelalter in der Regel als Kontrast bereithält: *miseria mundi, gloria dei*. Doch Frauenlobs Text beginnt nicht mit theologischem Räsonnement, sondern mit der Signifikanz des besonderen Falles, mit einem Ich, das die Liebe zur Welt nicht verleugnet und auf ein Dilemma zusteuert:

Ich han der Minne und ouch der Werlte craft gewegen,
nu dünket mich, daz ich enmag
ir beider keine wis entbern.
ich weiz doch wol, welche unter in zwein me wirden hat.

Lieb unde lust der Minnen amtes müzen pflegen,
die wirken allez, daz der tag
erliuchtet. alle ding begern
geminnert und gemeret sin nach Minne rat,

Wurm, vogel, visch, tier,
wurz unde crut, stein unde holz, die han ir gir.

---

[49] „Abschließend möchte man ein endgültiges Wort des Dichters erwarten, das jedoch fehlt." de Boor (Anm. 41), S. 395.

> *sus Minne ez allez wirken kan:*
> *sich, Werlt, des wis ir untertan.* (GA [Anm. 31], IV,1)[50]

Minne und Welt seien ihm gleichermaßen unentbehrlich mit ihrer Kraft, doch die höhere Würde komme der Minne zu aufgrund ihrer universalen Reichweite in der Welt. Schon der erste Stollen der ersten Strophe führt eine Unterscheidung ein, die die gesamte Debatte prägen wird: *craft* (V. 1) und *wirde* (V. 4). Auch die Funktion der Minne vervielfältigt sich durch die Differenzierung *lieb unde lust* (V. 5). Dagegen ist die Unterscheidung ‚weltlich-geistlich' allenfalls in der zweiten Strophe und auch da nur implizit greifbar, durch den Hinweis auf der Welt „Lohn" (IV,2, V. 2). Das macht den Kontrast Weltdienst-Gottesdienst zwar erwartbar, doch kommt der Gegensatz nicht ausdrücklich zur Sprache, sondern wird erneut überlagert von der Differenz *craft/wirde*. Das Ich setzt also neu an und revidiert seine Zurückstellung der Welt, und zwar mit Argumenten, die nun nachdrücklich aus der Perspektive der ersten Person formuliert sind (dreifaches *mir* in V. 3,5,8), statt generalisierend wie in Strophe 1 (dreifaches *alle*[z], V. 6,7,11):

> *Ich wil der Werlte unfuge nimmer tag gejehen.*
> *sie hat so williglichen lon*
> *an manigen enden mir gegeben,*
> *daz herze und mut, sin unde lip durchwirmet wart.*
> *Wie möchte immer mir von ir baz sin geschehen?*
> *so wil ich von ir singen schon*
> *und wil ouch in ir dienste leben.*
> *die Werlt gab mir so liep ein wip, nie süzer art*
> *Ist worden kunt,*
> *des danke ich diner wirdikeit, du bernder grunt.*[51]

---

[50] „Ich habe die Kraft der Minne und der Welt gewogen. Nun scheint mir, dass ich sie beide in keiner Weise entbehren kann. Aber ich weiß, welche der beiden größere Würde [höheren Rang] besitzt. Liebe und Lust müssen das Amt der Minne vollziehen. Sie wirken alles, was unter der Sonne leuchtet. Alle Dinge wollen geliebt und vermehrt werden, mithilfe der Minne. Kriechtiere, Vögel, Fische, Säugetiere, alle Pflanzen, sogar Steine und Holz haben ihr Verlangen. So kann Minne es alles wirken: Sieh, Welt, deswegen sei ihr untertan." (Meine als Vorschlag gemeinten Übersetzungen der Streitgedicht-Strophen sind möglichst wörtlich gehalten.)

[51] Anders Steinmetz (Anm. 42), S. 35, der gegen Stackmann nach *wirdikeit* einen Punkt setzt und die Minne, nicht die Welt als *bernder grunt* angesprochen sieht. Da die Welt in Frauenlobs Dialog als *genetrix rerum* jedoch durchaus Funktionen der chartrensischen Natura übernimmt, wie Steinmetz selber bestätigt, sehe ich keinen Grund, einen Wechsel des syntaktischen Bezugs mitten im Vers anzusetzen, und übernehme die Interpunktion der GA (Anm. 31). Mein Übersetzungsvorschlag von IV,2: „Ich will (freilich) der Welt niemals Unziemlichkeit unterstellen. Sie hat mir so bereitwillig vielfältigen Lohn gewährt, dass Herz und Sinn, Geist und Körper ganz von Wärme durchdrungen wurden. Wie könnte mir von ihr je Besseres widerfahren sein? So will ich von ihr schön singen und auch in ihrem Dienst leben. Die Welt gab mir eine so liebenswerte Frau, dass man keine süßere je sah; das danke ich deiner Würde, du fruchtbarer [wörtlich: gebärender] Grund. Du [jetzt wohl adressiert an die Minne] schmückst, wie deine Art es gebot, erspar mir aber, Minne, Leid."

du zierest, als din art gebot,
nu laze, Minne, mich ane not. (IV,2)

Das erfreuliche Wirken der Welt – ihren umfassenden, „süßen" Lohn: eine schöne Frau (V. 2 ff.) – danke das Ich ihrer *wirdikeit* (V. 10), nicht der Minne, weswegen es sich mit seinem Leben und Singen in ihren, der Welt, Dienst begeben wolle (V. 6 f.). Das ruft die Minne auf den Plan. Auch ihr Votum (Strophe 3) lässt sogleich das Kategorienpaar *wirde/wirken* (auch: *art/amt*) wiederkehren. Die Minne reklamiert hier alle Verdienste an der „schönen Frau" des Dichter-Ichs für sich, als „süße" Wirkung ihres unwiderstehlichen, auch terminologisch verdreifachten Begehrens (*liebe, lust, ger*). Sie präsentiert sich als geschlechtliche Vereinigungskraft, die zwei Körper und zwei Herzen „in eine einzige Lust" zusammenführe:

[Minne:]
Wes dankest du der Werlt, laz mich die wirde haben.
gab dir die liebe ein schönez wip,
daz quam von lust, daz ist min amt,
und wirken nicht, wan daz ich wil: daz ist ir kunst.

Swa sie sich durch vier ougen in zwei herzen graben,
da wirken sie, daz lib und lib
mit süze wirt also gesamt,
daz beider sin und beider mut gern einer gunst.

Ein sloz ich bin,
daz zweier herze und zweier mut und zweier sin
treit in ein lust uz vremder ger.
Werlt, wes vermizzest du dich her? (IV,3)[52]

Die Minne stellt sich hier also zunächst ganz über das weltliche Paradigma vor. Ausgerechnet die Welt (Str. 4) führt dann mit einer Doppelnennung Gottes den religiösen Kontext ein, um sich selbst aufzuwerten, zunächst schöpfungstheologisch: *Ich binz, die Werlt, und nam in gotes ewikeit | den ursprinc und den anefanc* (V. 1 f.), dann christologisch: *got selber in min erbe spranc | und wolte sich nimmer forme wern* („[…] und wollte sich nicht der (menschlichen) Form erwehren"; V. 6 f.). An der Differenz „Wirken/Wesen" hält sie jedoch ihrerseits fest und wendet sie mit überraschendem Überlegenheitsanspruch gegen die ‚Minne':

Du, Minne, bist
ein wirkerinne uf miner stift [„der von mir eingerichteten Schöpfung"]*, ob du hast list:*
din wirken ist ab dir in mich,
du nimst din wesen uz mir in dich. (IV,4, V. 9–12)

---

[52] „Was dankst du der Welt? Lass mich die Würde haben. Wenn die Liebe dir eine schöne Frau gab, dann bewirkte das die Lust, die ist mein Amt. Lust und Liebe wirken nur, was ich will: das ist ihr Vermögen. Wo auch immer sie sich durch vier Augen in zwei Herzen graben, da bewirken sie, dass zwei Körper so süß vereinigt werden, dass beider Sinn und Verlangen nur auf ihre (wechselseitige) Hingabe gerichtet ist. Ein Schloss bin ich, das zweier Herzen und zweier Sinn und Gedanken aus jeweils noch fremdem Begehren in eine einzige Lust zwingt. Welt, was maßt du dir an?"

Dieser umfassende Anspruch der Welt, als Wirkungsraum („dein Wirken geht von dir in mich"), aber auch ontologisch („du nimmst dein Wesen aus mir in dich") der Minne überlegen zu sein, zielt implizit auf die Menschwerdung Gottes in der Welt. Doch was auf die gottmenschliche Doppelnatur anspielt (*deus homo*), klingt in den Ohren der Minne wie die Behauptung einer Wesenseinheit von Minne und Welt. Die Minne bestreitet diese so verstandene Festlegung ihrer selbst auf Weltlichkeit, und zwar mit theologischen Argumenten, die vom Raum göttlichen Wirkens zu dessen Subjekt wechseln (Schöpfer, Bote, Amtsfunktion): Ihr Wesen habe mit der Welt nichts zu tun, *wan ich bin nicht von diner art. | ich bin ein schaffer und ein bote | der ersten sache und ein geistlich amt dabi* („[...] Ich bin eine Schöpferin und Botin der *prima causa* und dazu ein geistliches Amt"; IV,5, V. 2 ff.). Ohne sie, die Minne, wäre die *craft* der Welt nichts (V. 5), ja, wäre die Welt überhaupt nicht existent (*ich binz in ewikeit mit gote, | an mich er nie nicht hat geschaffen, daz da si.* IV,5, V. 8 f.). Damit ist nun aus dem Mund der Minne eine maximale Asymmetrie beider Kontrahenten formuliert (,ohne mich hätte Gott keine Welt erschaffen'), was im Abgesang in die Identitätsformel von Minne und Gott mündet: *er ist ouch ich und ich bin er* (V. 11). Nimmt man die beiden ersten Wortmeldungen der Minne zusammen, Strophe 3 und 5, zeigt sich, dass diese Instanz von Anfang an doppelt besetzt ist, weltlich (als *liebe, lust, gir*) und geistlich (als universale Schöpferkraft eins mit Gott), wie auch umgekehrt die Welt in Strophe 4 einerseits mit ihrem Schöpfungsstatus argumentiert (,ich nahm meinen Anfang in Gott, in mir wurde Gott Mensch'), anderseits sich ganz weltlich (wie auch sonst?), nämlich als Gutsherrin versteht, die über ererbten Besitz verfügt (Str. 3,6 und 4,10). Nicht nur die Minne, auch die Welt punktet also mit Schöpfungslehre und Christologie, und was die beiden Eingangsstrophen bereits aus der Perspektive des verliebten Dichter-Ichs als noch schwankende Einsicht in die Unentbehrlichkeit beider Instanzen bei (vielleicht) je größerer *wirde* der Minne exponiert hatten, eben diese Spannung wird von beiden Kontrahentinnen Strophe für Strophe vorgeführt. Es geht nicht um einen zugunsten göttlicher Minne bereits vorentschiedenen Rangstreit, sondern um das Dilemma der Unhintergehbarkeit von Welt.

Der permanente Wechsel von Asymmetrie (höhere *wirde* der Minne) und Symmetrie (Unentbehrlichkeit ihrer beider *craft*), von absoluter und relativer Geltung der Personifikationen durchzieht auf verschiedenen Ebenen auch den weiteren Gesprächsverlauf und bewirkt insgesamt – darauf will ich hinaus – eine überraschende Dynamisierung der Relationen geistlich-weltlich. So wird das Kategorienpaar Wirkung/Wesen auch in Str. 6 von der Welt mehrfach reformuliert, zunächst ontologisch als Relation von Form und Materie (V. 1–6, hier V. 5: [...] *Werlt forme mit materjen hat*), dann sprachlogisch als Kontrast bloßer Name/wahres Sein (V. 7–9, hier V. 8 f.: [...] *und dir gebürt | Nicht wan der nam*),[53] schließlich in Strophe 7 von der Minne auch anthropologisch als Seele-

---

[53] Zur Subtanzontologie bei Thomas von Aquin vgl. Ludger Jansen: Die Struktur der Substanz bei Thomas von Aquin. In: *Substantia – Sic et Non.* Hrsg. von Antonella Balestra, Holger Gutschmidt, Gianluigi Segalerba. Frankfurt a. Main/Lancaster 2008, S. 181–209.

Körper-Relation. Doch diese über aristotelisch-neuplatonische Substanzontologie bzw. Logik variierten Differenzierungen sind nicht allein verantwortlich für die Dynamisierung geistlich-weltlicher Zusammenhänge. Denn von Anfang an beschreiben Minne und Welt die verhandelten Wertdebatten und Zuständigkeitsfragen auch mit Begriffen der feudaladligen Parallelkultur, im Ausgang von der bereits durch das Dichter-Ich eingeführten „Dienst"-Metaphorik: Die Welt in Strophe IV,8, V. 1 will Dienstherrin der Minne sein: *Zwar Minne, du und al din amt, die dienen mir*; umgekehrt unterstellt sich die Minne in Strophe IV,9, V. 1 f. zunächst dem Dienstherrn Gott (*Got dienet allez daz, daz er gewirdet hat*), um sich dann in trinitarischer Selbstinszenierung (V. 4) alle *wirde* und, in gleitender Synonymik, auch *adel* (V. 8 und 12) zuzuschreiben. Aber schon in Strophe 8 war die hohe (höfische) Minne zumindest nicht fern, wirft die Welt der Minne doch vor: *Ja wigest du dich zu ho* (IV,8, V. 5). Und eben diese feudaladlige Hintergrundmetaphorik der höfischen Literatur wird umgehend (IV,9, V. 1) als dreifache, genauer: „dreifaltige" Wirkweise der Minne trinitäts*metaphorisch* variiert, im Modus eines Rätselspruchs:

[Minne:]

Got dienet allez daz, daz er gewirdet hat.
sich, Werlt, also diene ich ouch dir:
ich bin din ursprung und din zil.
ob ich drivaltig si, daz nim in dinen mut:

Zu himel zwischen Crist und sines vater rat,
hie zwischen man und wibes gir,
daz dritte ich dir nicht sliezen wil,
daz ist an aller frucht. der drilch mir wirde tut. [...] (IV,9, V. 1–8)

Beide Instanzen präzisieren ihren Überlegenheitsanspruch also rechtlich als Dienstanspruch, aber schon in Vers 2 der 9. Strophe „wird das Dienen aller irdischen Rechtswertung und Rechtsforderung entzogen und zu einem freien Akt der Huld gemacht".[54] Die feudale Dienst- bzw. Adels-Metaphorik und die geistliche Trinitäts-Metaphorik der ersten vier Verse greifen im zitierten 8. Vers ineinander: „Diese Verdreifachung/Dreiheit (*drilch*)[55] verschafft mir Nobilität (*wirde*)". Im Anschluss trumpft dann

---

[54] de Boor (Anm. 41), S. 399.

[55] Dazu erwägt das ‚Wörterbuch zur Göttinger Frauenlob-Ausgabe' (Unter Mitarbeit von Jens Haustein redigiert von Karl Stackmann. Göttingen 1990 [Abhandlungen der Akademie der Wissenschaften in Göttingen. Philologisch-Historische Klasse. 3. Folge. 186], S. 65), eine Parallele zu lat. *trilix* („drei Fäden zu einem vereint") und setzt für die substantivierte Verwendung an unserer Stelle die Bedeutung „Dreiheit" an. Die Vorschläge und jeweiligen Erläuterungen des ‚Wörterbuchs' habe ich für meine Übersetzungen der Strophen dankbar benutzt. Die oben zitierten Verse verstehe ich wie folgt: „Gott dient alles, was er mit Würde versehen hat. Sieh, Welt, also diene ich auch dir: Ich bin dein Ursprung und dein Ziel. Dass ich dreifaltig bin, das begreife: Im Himmel, zwischen Christus und dem Rat seines Vaters, hier zwischen dem Begehren von Mann und Frau, das Dritte will ich dir nicht verraten, es liegt in aller Frucht[barkeit]. Diese Trinität verleiht mir Würde. [...]"

ausgerechnet wieder die Welt zum Nachweis ihrer „Vollkommenheit" mit geistlichen Kategorien auf: Die Kraft der Minne sei begrenzt, denn in der Hölle seien *liebe* und *lust* nichts wert (*der liebe und lust unwirdig sin*; IV,10, V. 6) – aus theologischer Sicht ein mehr als fadenscheiniges Argument. Aber Frauenlob könnte sich hier zumindest auf Wolframs *Titurel* (Str. 51,2 f.) stützen: *minne hât ûf erde unt ûf himele für got geleite. | minne ist allenthalben wan ze helle*.[56] Außerdem, so die Welt, gehöre ihr neben Himmel, Hölle und der Welt *enzwischen* (nämlich dem *zentrum*: der Erde) noch der Mensch, der allem Geschaffenen ähnlich sei; „vierfaltig" sei sie daher:

[Welt:]

Ich was volkomener dan du, daz ist wol war:
der himel und al sin craft ist min,
und swaz daz zentrum wunders treit.
da enzwischen wirkest du, nicht fürbaz ist din jage.

Der helle grundelosez wesen ist miner schar,
der liebe und lust unwirdig sin.
dannoch han ich ein unterscheit
din gein mir Welt, daz ist der mensche noch vor tage.

Nu höre den ruf
der menschen, allem dem gelich, daz ie geschuf
got und sin vorbedachter funt
mir Werlt; vierfaltig ist min grunt. (IV,10)[57]

Vierfaltigkeit sticht Dreifaltigkeit? Mit diesem Argument hat die Welt sich ohne Zweifel blamiert: Wie sollte ihre qualitative Überlegenheit (V. 1: *volkomener dan du*) über schiere Quantität beweisbar sein? Zu schweigen von dem zahlensymbolischen Kategorienfehler. Aus der Sicht der Minne in IV,11 muss das Argument als widerlegt gelten. Sie nimmt trotzdem ihren „Dreifaltigkeits"-Status noch einmal auf, indem sie („Ich, Minne, liebe ...") selbstreferentiell zugleich eine Reziprokität behauptet: *Ich Minne*

---

[56] Wolfram von Eschenbach: Titurel. Hrsg., übersetzt und mit einem Kommentar versehen von Helmut Brackert, Stephan Fuchs-Jolie. Berlin/New York 2002. Schon de Boor (Anm. 41), S. 407, gibt diese Parallele an.

[57] Diese Strophe ist besonders schwierig. Ich bin nicht sicher, ob ich sie richtig verstehe: „Ich war vollkommener als du, das ist wohl war: Der Himmel und all seine Kraft sind mein, und alles, was das Zentrum (die Erde) an Wunderbarem aufzuweisen hat. Dazwischen wirkst du, darüber hinaus reichst du nicht. Die Hölle, in der Liebe und Lust nichts wert sind, mit ihrem abgründigen Sein gehört zu meiner Schar. Außerdem kann ich noch einen Unterschied zwischen dir und mir, Welt, geltend machen, das ist der Mensch noch *vor tage* [noch vor der Schöpfung?]. Nun hör den Ruf der Menschen, allem dem ähnlich, das Gott und seine vorauswissende Schöpferkraft je mir, der Welt, zugewiesen haben; vierfach (vierfaltig) ist mein Grund." Das Frauenlob-Wörterbuch (Anm. 55) vermerkt zum schwer verständlichen *vor tage* auf S. 361 „unklare[n] Zusammenhang": „gemeint wohl: der Mensch, soweit er aus den Elementen zusammengesetzt werden muss"; so auch der Stellenkommentar GA (Anm. 31), II, S. 712.

minne maze, maze minnet mich (V. 1), was die drei Folgeverse dann als in sich differenzierte ‚Trinität' entfalten:

> *bescheidenheit ist unser frucht.*
> *wir dri [gemeint: Minne, maze, bescheidenheit S. K.] sint niur ein einig wesen,*
> *sie sint in mir und ich in in mit ganzer tat.* (IV,11, V. 2–4)

Dialogübergreifend führen immer wieder solche argumentativen Inversionen geistlicher Kategorien (wie hier der Trinität) zu je neuer spielerischer Relativierung von Aussagen, und zwar über die Kunst der Distinktion, also über die Einführung je neuer Unterschiede, und gerade nicht durch eine einfache Substituierung geistlicher Modelle. Die Distinktion ist in der scholastischen Disputatio unter dem Einfluss aristotelischer Topik und Syllogistik ein Mittel der Bedeutungsdifferenzierung zur Unterscheidung zweier äquivalenter Systeme. Die Welt lässt dieses scharfe Instrument der Dialektik fürs erste liegen und wechselt sowohl die rhetorische Strategie wie die inhaltliche Ebene. Nach ihrem blamablen Kategorienfehler braucht es ein starkes Argument. So geht sie nun vom kosmologischen zum moralisch-anthropologischen Paradigma über und weist in Strophe 12,1 die „frechen Erfindungen" der Minne (deren „Trinitätsspekulation") schroff zurück: *Ei, Minne, waz du loser vünde bringest vür!* Sie relativiert den Dienst, den die Minne im trinitarischen Verbund mit *maze und bescheidenheit* sehen wollte, durch den Hinweis auf den vorzeitigen, sinnlosen Tod Gahmurets,[58] an dem (höfische!) *fuge*: Maße und Einsicht (V. 10) zuschanden würden:

[Welt:]

Ei, Minne, waz du loser vünde bringest vür!
daz han ich oft an dir ervarn,
daz maniger schone und eben warp
mit stolzer fuge richliche, als du hast verjehen,

Der doch versmehet wart vor diner helfe tür,
daz sich da muse maze sparn,
sam ouch bescheidenheit verdarp,
als Gachmoret, der sich ie liez in fuge sehen:

Den totest du
davor. was daz maze und bescheidenheit? sprich nu!

---

[58] Bezugnehmend wohl auf den *Jüngeren Titurel* so schon Karl Stackmann: Frauenlob und Wolfram von Eschenbach (¹1989). In: Karl Stackmann: Mittelalterliche Texte als Aufgabe. Kleine Schriften I. Hrsg. von Jens Haustein. Göttingen 1997, S. 186–195, hier S. 188. Strophe 12 verstehe ich so: „Ach, Minne, was du für leichtfertige Geschichten erfindest. Das habe ich oft an dir wahrgenommen, dass manch einer sich ganz und gar passend benahm, wie es sich gehörte, mit stolzem Anstand, wie du gesagt hast, der dann aber doch mit Geringschätzung abgewiesen wurde vor deiner Hilfe Tür, sodass Maße verloren gehen musste und auch Einsicht zugrunde ging, wie bei Gahmuret, der sich immer vorbildlich verhielt: Den hast du dafür getötet. War das etwa maßvolle Einsicht? Sprich jetzt! Ich meine, nein, weder bei dir, noch hier, noch anderswo."

> *ich wene, ir keine were da*
> *bi dir noch hie noch anderswa.* (IV,12)

Die Minne weist alle Schuld zurück. Mit dem Hinweis auf eine erneute kategoriale Verwechslung kehrt sie den Vorwurf, den Tod zu bringen, gegen die Welt selbst, verlässt aber ihrerseits unter der Hand die Ebene der Verhaltensethik (*maze, fuge*) und argumentiert stattdessen ontologisch: Im Reich der aus Materie und Form zusammengesetzten Welt herrsche notwendig Vergänglichkeit, auch wenn (und gerade wenn) die Minne mit *liebe* und *lust* auf sie einwirke (sich „eingieße"). Sie selber sei ausschließlich für den Bereich der Ewigkeit zuständig, die Welt für den der Vergänglichkeit; vier Mal fällt der Begriff *zergenglich*:

> [Minne]:
>
> *Du zihest mich, Werlt, des du selbe schuldig bist.*
> *so du materjen forme zilst,*
> *zuhant ir liebe und ouch ir lust*
> *giuze ich in in, darnach sie beide sint gezilt:*
>
> *An ewiglichen dingen ewig ist min list.*
> *swaz aber du zergenglich hilst,*
> *dem ist zergenglich ouch min brust.*
> *an steten dingen stetikeit mich nicht vervilt.*
>
> *Zergenglich was*
> *din forme und din materje an Gachmoret, ich las,*
> *des muse ouch im zergenglich sin*
> *liebe unde lust, die schult ist din.* (IV,13)[59]

Die rhetorisch herausgehobene ontologische Negativität der Welt (*vanitas*) gelte, so die Minne, auch für den von der Welt exemplarisch angeführten Gahmuret. Im Abgesang wird dessen Tod daher ganz außerhalb seiner erzählweltlichen Bedingungen metaphysisch gerechtfertigt, mit der aristotelisch-thomistischen Vorstellung, wonach alle natürlichen Substanzen in der Welt nur als wechselnde Zusammensetzungen von Form und Materie existieren (z. B. als Leib-Seele-Kompositum); genau diese Zusammengesetztheit mache ihre Vergänglichkeit aus gegenüber der Ewigkeit einfacher Substanzen (der Engel oder Gottes) – wieder greift hier eine gelehrte Distinktion: *substantia composita/simplex*). Damit kreuzen sich in dieser Strophe drei Diskurse: aristotelische Substanzontologie (Form-Materie), christliche Ewigkeitstheologie (Vergänglichkeit) und die höfische Literatur (Gahmuret). Dieselbe Bedeutungsvielfalt hatte bereits die Dienst-

---

[59] „Du wirfst mir etwas vor, an dem du selber schuld bist. Wenn du der Materie die Form zuweist, gieße ich ihnen gleich Liebe und Lust ein, entsprechend sind sie beide terminiert [Form-Materie-zusammengesetzt?]. Im Bereich des Ewigen ist meine Einsicht ewig, aber in Bezug auf alles, was du Vergängliches in dir birgst, ist auch meine Brust vergänglich. Dagegen im Beständigen kann meine Beständigkeit gar nicht viel genug sein. Vergänglich waren deine Form und deine Materie in Bezug auf Gahmuret, wie ich las, daher mussten auch ihm Liebe und Lust vergänglich sein, die Schuld liegt bei dir."

Metaphorik der Eingangsstrophen evoziert (das Dichter-Ich will der Welt singen und dienen, die Welt will Dienstherrin der Minne sein, die Minne wiederum versteht sich als Dienerin und Instrument Gottes in der Welt). Sie wiederholt sich nun in der Antwort der Welt, die sich wehrt und erstens schöpfungstheologisch bzw. christlich-anthropologisch geltend macht: Was aus Staub gemacht ist, will wieder Staub werden; die Seele will zu ihrem Schöpfer zurück, ich bin nicht schuld; zweitens dieses Argument bekräftigt mit Naturphilosophie (Elementenlehre), und schließlich drittens die Minne attackiert mit dem Vorwurf der Täuschung, anhand von Negativbeispielen aus der Literatur (Liebe-Leid-Minne) und antiken Mythologie (Paris):

Swaz von dirre erden komen ist, daz wil sie wider,
und ieslich elemente ouch.
des menschen sele dar begert,
von dem sie bekomen ist: da bin ich unschuldig an.

Waz sol ein as gepriset do, daz tot ist, sider!
du, Minne, sich an dinen rouch:
in diner freude ein dorn unwert,
in diner süze ein angel tougen luzen kan.

Din lieb hat leit.
ja triuge ich nicht sam du mit diner gunterfeit:
des Paris vil wol wart gewar
und maniger von derselben schar. (IV,14)

Die in Vers 7 ff. von der Welt angeführten minnekritischen Topoi könnten sowohl aus geistlicher wie weltlicher Literatur stammen; der Kontrast weltlich-geistlich quert auch die Differenz von literarischer und religiöser Rede, mit offenem Richtungssinn. Genau diese Ununterscheidbarkeit der Literarizität religiöser Rede einerseits, der religiösen Semantik von Literatur anderseits ermöglicht in herausragender Weise die Minne-Kategorie mit ihrer hochintegrativen Kapazität.[60] Für beide Kontrahenten geht es nicht um einfache Substitutionen, weil sowohl Welt wie Minne in sich selbst Spannungen austragen (die Selbstwidersprüchlichkeit der Minne; die Unhintergehbarkeit von Welt) und in der Konfrontation dieser zwei schillernden Figuren erst recht Komplexität entsteht. Das wird in den zitierten Strophen 13 und 14 besonders deutlich. Der Tod, der in der Sicht der Welt einfach nur das Ende ist, an dem die Minne scheitert (Gahmuret in Str. 12), ist für die Minne Vollendung, nicht Ende der Zeit, sondern Anfang der Ewigkeit (Str. 13,5). Die Welt kann sich darauf nicht einlassen. Aus ihrer Sicht muss das Universale der Minne eine partikuläre Aktion werden: „Was nützt noch so hoher Ruhm – einer Leiche?" (*Waz sol ein as gepriset do, daz tot ist, sider!* IV,14, V. 5). Nun wird es für die Minne eng. Diesen Vorwurf kann sie – aus weltimmanenter Sicht sowieso nicht – schwerer entkräften, weswegen sie vom Tod auf Ruhm und Ehre ablenkt und mit ihrer Antwort auf die Formel ‚Gott und der Welt gefallen' zusteuert: „Wessen ich

---

[60] Dazu Susanne Reichlin in diesem Band.

mich bemächtige, der wird auch Deiner höchsten Ehren Kleid erhalten und sowohl Gott und dir, Welt, gefallen". Außerdem geht die Minne nun von der akuten Dringlichkeit des Todes zur Macht und moralischen Qualifikation ihrer selbst über:

[Minne:]

> [...] *Swes ich mich underwinde, dem mag nicht engan,*
> *Werlt, diner höchsten eren kleit,*
> *din bester wunsch. swer uf min pfat*
> *komt ane dinen danc, im wirt ouch prisbejag,*
>
> *Daz er muz wol*
> *gote unde dir gefallen. merke minen zol:*
> *ich bin ein schaffer aller tugent.*
> *du, Werlt, hast ofte snöde jugent.* (IV,15, V. 5–12)

Diese Verse aus dem Mund der Minne formulieren kompakt wie selten die bekannte hegemoniale Asymmetrie der Formel ‚Gott und der Welt gefallen': „Wer auf meinem Pfad geht, der muss Gott und – *ohne dein Zutun* – auch dir, Welt, gefallen". Schuld am Sterbenmüssen sei die Schwäche des Einzelnen in der Welt, nicht das *tugent* und *ere* garantierende Prinzip Minne. Wieder ist die Relation geistlich-weltlich von einer anderen Differenz überlagert: konkreter Fall-allgemeines Prinzip. Jetzt platzt der Welt der Kragen. In Strophe 16 wird sie ironisch: *Ei, minnehaft ermanet mich wunderlicher art | ein wesen* (V. 1). „Ei, wie liebenswürdig die Liebe mich ermahnt, und wie widersprüchlich", verkörpert sie doch als Amor und Cupido (so der Angriff der Welt) selbst das personifizierte verführerische Unheil. Ihrem fragwürdigen Lohn müsse jeder erliegen, auch noch der letzte Versager, für den man sich – als Welt – schämen muss: Die Minne sei nackt und blind, ein geflügeltes törichtes Kind mit tödlichem Pfeil, eine Sirene: *unstete ist din sirenen don* (V. 12). Diesen Negativkatalog der antiken Liebesmythologie[61] quittiert die Minne prompt mit dem Hinweis auf die wurm- und natternzerfressene Frau Welt-Allegorie und überbietet dabei die *auctoritas*-Formel der Welt *die meister jehen* (IV,16, V. 2) mit: *die schrift saget* (IV,17, V. 6):

> *Din angesichte, din schöne lobelichen stat,*
> *die schrift saget dinen rücken unfrut*
> *von natern und würmern ungedigen.* (IV,17, V. 5–7)

Dagegen sie, die Minne, sei beständig (*stete*; IV,17, V. 10) und habe mit Nattern und Schlangen nichts zu tun: *durch mich ist ere fipern gram* (IV,17, V. 12). Die Welt wiederum lässt das nicht auf sich sitzen und kontert mit einem anderen Gegenbild: dem Paradies. *Man mag mich strafen unde malen, swie man wil, | ich bin ein gotes garte vin*

---

[61] [...] *und weiz doch, die meister jehen, | du sist blutnacket unde blint | und treist vil snidender wafen. din ger, der ist so | Ein glünder brant, und ingezogener strale spart | din tumheit nicht. du bist gesehen | in snellem fluge ein swerez kint, | vil krankes urhab unde wigest din hoffen ho. | Des nieman gert, | des ich mich selbe schame in mir, den hastu wert | und teilest im mite din besten lon. | unstete ist din sirenen don.* (IV,16, V 2–12).

(IV,18, V. 1 f.). Wie schon zu Dialogbeginn verweist sie auf ihren Status als „schöne Schöpfung" – die Formulierung vom „schönen Gottesgarten" kennen wir aus den Weltliedern des Friedrich von Sonnenburg –[62], nutzt aber zugleich die Ambivalenz des biblischen Urmythos, der vom Paradies nur zusammen mit dem Sündenfall erzählt. *vanitas* und Schönheit der Welt, beides besitzt Geltung, aber auf jeweils entgegengesetzten Seiten der durch den Sündenfall erfolgten Spaltung der Welt. Diese harte Fügung von Paradiesgeschichte und Sündenfall tritt im Dialog auseinander und wird in je neuen Unterscheidungen reproduziert. Gott habe den Menschen frei geschaffen, aber dessen freie *willekür* sei ihr, der Welt, zu viel. An des Menschen Entscheidung zur Sünde habe sie keinen Anteil, sondern Gott: *got hat sie fri geheizen sin, | ir willekür ist mir zu starc* (IV,18, V. 6 f.).[63] Damit steht es zwischen der Welt, die sich hier in ihrer argumentativen Bedrängnis von den (gefallenen) Menschen abkoppelt (*ir lan, ir tun ich wenig spür*; IV,18, V. 12), und der Minne, die immerhin zugibt, ihr gehe es eben wie einem König, der gute und schlechte Ämter hat (IV,17, V. 1 f.: *Werlt, mir ist recht als einem künige, der da hat | ein ammet böse unde gut*), halbwegs unentschieden. Die Minne greift dann zu einem Argument, das wir schon aus Strophe 13 kennen:[64] Mein Lohn ist die Ewigkeit, deiner der Tod (ein Leintuch und sieben Fuß Erde, V. 6 f.). Dagegen hatte die Welt sich aber bereits verwahrt. Ihr bleibt noch eine letzte Wortmeldung, mit der sie zunächst noch einmal die logisch widersprüchliche Argumentation der Minne moniert (*Ei, Minne, du hast einen wunderlichen mut*; IV,20, V. 1), und dann auf die zentrale Station der Heilsgeschichte zu sprechen kommt: Ohne sie, die Welt, komme auch die Minne nicht aus, habe Gott doch selbst seinen Sohn mit seiner Liebe in die Welt geschickt (*wan got hat dich mit siner liebe in mich geperlt*[65]; IV,20, V. 4). Damit wird die Minne im Mund der Welt nebenbei zum „bloßen" Instrument Gottes, gleichzeitig argumentiert die Welt immer noch mit der Negativität von deren antiker Amor-Rolle: Über Kopf zu fechten bringe nichts. Die Minne tobe in der Welt nur blind herum und rede überhaupt jetzt schon viel zu lang: „Schweig, Minne, du machst nicht besser und hast schon manchem Leib und Leben und die Seele geraubt".[66] Die Minne hat das letzte Wort und versucht einen Weg aus dem Dilemma: Mach mich nicht verächtlich (wörtlich: „Schilt mich

---

[62] *Du zarte gotes garte* (Anm. 48), 3,9. Vgl. ebd. 3,1: *gotes wundertal*; in 4,9 ff. darf die Welt gar über den Himmel „steigen" und der Mensch über die reinen Geistwesen Engel, jeweils mit dem Argument der Gottmensch-Natur Christi.

[63] Auch diese Vorstellung der unschuldigen Welt, die nur ist, nicht agiert, findet sich bei Friedrich von Sonnenburg (Anm. 48), 5,11 und 7,5.

[64] Zum Problem der Strophenanordnung bereits de Boor (Anm. 41).

[65] *geperlt*: „als Schmuck geschickt", die Vollendung wiederherstellend; vgl. den Kommentar der GA (Anm. 31).

[66] [...] *Swer über houbet vehtet, daz enist nicht gut. | sich, Minne, so din werken stat: | man sicht dich in mich blintlichen toben. | vil rede dicke wirt unwert. daz ist mir Werlt | Wol worden kunt, | daz du vil mangem lip und ere hast gewunt | und ouch die sele, wizze daz. | noch, Minne, swig, du macht nicht baz* (IV,20, V. 5–12).

nicht als jemanden, der wertlos und töricht ist")! Wer seine Liebe auf Gott richte – wie er der *natur* gebot –, dessen Seele, Leib und Ehre seien gerettet:

[Minne:]

Swach und unfrut mag man mich, Werlt, nicht snöuwen an,
wan swer in got sin liebe leit,
alsam er der natur gebot,
des sele ist selig und ouch lip und ere gesunt. (IV,21, V. 1–4)

Ganz zum Schluss macht die Minne noch den Status des Streitgesprächs selbst zum Thema und wirft der Welt vor, Zwietracht zu säen zwischen ihnen beiden (V. 6 ff.), konkret: zwischen Gott und der Minne zu unterscheiden. Ihr letzter Trumpf ist ein Schriftzitat:

Din rede nicht scheit
got unde mich: wir bliben ein, die schrift daz seit.
din falscheit gar dar nider lit,
sust hast du, Werlt, verlorn din strit. (IV,21, V. 9–12)

Die Minne stellt sich damit außerhalb des Streits, aufgrund ihrer Wesenseinheit mit Gott, eine Ununterschiedenheit, die die Welt in ihrer „Falschheit" ignoriert und mit „falschen" Distinktionen zerstört habe. Aus der Sicht der Minne beruht aller Dissens auf einer unzutreffenden Differenzierung durch die Welt, auf der Trennung von himmlischer und irdischer Minne. Deswegen habe sie nun „ihren" Streit (der nicht der der Minne sei) verloren.

Damit ist der Dialog zu Ende. Folgt man dem Hin und Her der Argumente, wird man, so gestört die Überlieferung in manchem Detail sein mag, hineingezogen in einen diskursiven Prozess, dessen performative Energie vor allem darin besteht, dass die Konkurrenz von Minne und Welt im Streit je neu als unlösbare Diskrepanz aufbricht durch Figuren, die ‚Ich' sagen und die Differenz zwischen abstraktem Prinzip und konkretem Fall selbst verkörpern: literarische Personifikationen. Im Verlauf des Dialogs wird klar, dass argumentativ auseinandergetrieben (diskursiviert) wird, was aus einer Sicht nur in der Bezogenheit der Gegensätze vorhanden ist (Minne in der Welt und relativ zur Welt), aus anderer Sicht absolute Geltung jenseits von Differenzierung beansprucht (keine Welt ohne Minne; keine Minne ohne Welt). Das Zusammenspiel reversibler und irreversibler Prozesse ist der Reiz. Gerade weil die Minne in diesem Doppelsinn absoluter und relativer Macht verschiedenen Diskursfeldern angehört, geht auch die Welt in Frauenlobs Streitgespräch von Anfang an nicht auf in der Negativität der bekannten Figura vanitatis. Sie wird weder als Frau Welt-Allegorie festgelegt auf Weltlichkeit (auch wenn sie sich diesen Vorwurf anhören muss), noch erscheint sie in ungetrübter Positivität als paradiesische Schöpfung (*gotes garte*). Sie ist zyklisch sich erneuernder Kosmos, geschaffenes Sein, mit-schaffende *nature*, vitales Regenerationsprinzip und höfische Kulisse der epischen Welt. Die Welt verteidigt sich aufs Ganze gesehen höchst respektabel, redet sich freilich in Sackgassen, weil sie der Logik der finalen Eschatologie der Minne letzlich nur ihre eigene Kausallogik und Weltzeit entgegensetzen kann. Trotzdem argumentiert auch die Welt mit der Heilszeit, aber gewissermaßen extern, mit „falschen" Differenzierungen, sodass in der Gesamtbilanz alle naturphilosophische Aufwertung des Säkularen umso durchlässiger bleibt auf Metaphysik.

III. Literarische Säkularisierung? Zwischenbilanz

Hubers wegweisende Alanus-Studie (Anm. 42, hier S. 386) hat gezeigt, wie Frauenlob gerade durch die Überschneidung theologischer und naturphilosophischer Instanzen Spielräume erzeugt, „wir wagen zu sagen: ästhetisch generiert". Dieser vorsichtigen Schlussfolgerung wollte ich nachgehen. Auch wenn es richtig ist, dass das neuplatonische Natura-Konzept als Rahmen die ambivalente Welt-Figur überspannt (Huber) und mit einigen ihrer Funktionen auch auf die Minne-Figur durchschlägt (Steinmetz, Anm. 42), möchte ich doch den Dialogverlauf – den Dissens – nicht im konsensstiftenden Schlussvotum der Minne aufgehen sehen. Es handelt sich um einen Dialog, dessen Aussagegehalt Zug um Zug durch Überschneidung mehrerer Positionen entsteht. Die Überschreitung des alten Rangstreitmodells entsteht durch die Ambiguisierung der Personifikationen aufgrund getrennter, aber ineinandergreifender Zuständigkeitsbereiche und durch die Ausdifferenzierung verschiedener Wahrheitsbereiche. Daher rühren die argumentativen Ebenensprünge, die offenen Binnenhierarchien und das Schwanken zwischen metaphorischem und ontologischem (dreifaltig oder „dreifaltig"?)[67] oder transprädikamentalem Aussagestatus (*Deus caritas*).

Evident ist, dass in Frauenlobs subtil differenziertem Instanzensystem[68] verschiedene Funktionen verwirrend eng ineinandergreifen: So schieben sich unter neuplatonischem Vorzeichen zwischen Gott und Welt[69] Hypostasen des Göttlichen (Natur und Minne,

---

[67] Für die mittelalterliche Literatur sind spezifische epistemologische Bedingungen übertragener Rede einzukalkulieren: So ist die Rede von ‚bloßen' Metaphern dort immer schon unangemessen, wo das Uneigentliche für seinsmäßig höher gilt, *sensus spiritualis* und *sensus literalis* also nicht vorschnell gegeneinander ausgespielt werden dürfen. Das verändert, wie mir scheint, gravierend die Spielräume und den Typus von Imagination.

[68] Frauenlob überführe die naturspekulativen und liebestheoretischen Ansätze des Alanus „in ein eigenständiges literarisches Instanzensystem, das trotz terminologischer Variation und gelegentlich kühner Übertragung im wesentlichen die Umrisse eines konstanten Konzepts erkennen lässt. Mit *Nature* verschmilzt er die aus der volkssprachlichen Dichtung überkommene Frau *Werlt*. Er entfernt diese aus der Perspektive des üblen *Mundus* christlicher Weltverachtung und definiert sie konsequent kosmologisch als immanentes und wertneutrales Prinzip." Huber (Anm. 42), S. 385. Zur topischen Weltverachtung vgl. Christian Kiening: Contemptus Mundi in Vers und Bild am Ende des Mittelalters. In: ZfdA 123 (1994/95), S. 409–457.

[69] Christian Bermes: ‚Welt' als Thema der Philosophie. Vom metaphysischen zum natürlichen Weltbegriff. Hamburg 2004.

mit ihren regenerativen Kräften *liebe und lust*). Einer systematischen „Kontamination"[70] von Gott und Natur steht zugleich die von Gott und Minne gegenüber, quer dazu die von Natur und Welt. Das bringt alle Verhältnisse in Bewegung, genauer: in dreistellige Relationen. Minne und Welt sind kein einfaches Gegenüber, sondern das eine kommt konfliktträchtig im andern vor (Minne in der Welt, Welt in der Minne). Aber ist es Minne im kosmisch-physikalischen Raum? In der Heilsgeschichte? Als moralische Instanz? In der höfischen Literatur?

Ich komme auf meine Eingangsthese zurück: Frauenlobs Streitgedicht scheint mir deswegen ein Schlüsseltext für paradoxe Gegenläufigkeiten literarischer Säkularisierung, weil es die perspektivische Ambivalenz von Säkularisierungsprozessen – den allusiv, metaphorisch, dialogisch erzeugten Wechsel von innerweltlicher und außerweltlicher Sicht – im Schlagabtausch der personifizierten Kontrahenten selber vorführt. Die Irreversibilität der Heilsgeschichte, in deren teleologischer Perspektive die Minne argumentiert, kollidiert mit dem Anspruch der Welt auf Gegenwart. Dass die Sprecher jeweils die Zeitperspektive wechseln (zeitenthoben, welt- oder heilszeitlich), erhöht die Konfliktintensität des Dialogs. Vorgeführt ist ein Ineinander auf der Wertskala von wahr und falsch (Logik), hoch und niedrig (ontologischer Rang), gut und schlecht (moralisch), himmlisch und irdisch bzw. ewig und vergänglich (theologisch). Statt eindeutiger Hierarchien sind die Übergänge und Konfliktlagen angezielt.[71] Auch wenn der religiöse Systemrahmen zum Schluss sich epochentypisch ausdrücklich schließt: Minne und Welt führen die immanenten Paradoxien von Säkularisierungs- und Sakralisierungsansprüchen sozusagen als Miniaturdrama vor. Natürlich liegt keine neuzeitliche Entkoppelung vor, keine Enthierarchisierung[72] von religiösem und literarischem Diskurs, aber ein für die Zeit um 1300 verblüffend hoher literarischer Diskursivierungsgrad, der die epochale Leitdifferenz geistlich-weltlich immer wieder ineinander umschlagen lässt. Mit überraschender Komplexität greifen verschiedene Poesie- und Wissenstraditionen ineinander, ein Verfahren, das nicht auf eine geschlossene Systematik oder strenge Klassifikatorik zielt, auch nicht auf eine rasche Kompromissbereitschaft oder glatte Synthese, sondern eine spezifische Konfliktintensität entfaltet und vom epochalen Minnethema aus die Grenzen zwischen Immanenz und Transzendenz mit jedem Redebeitrag anders vermessen kann. Nicht nur die Minne argumentiert von verschiedenen Stationen der Heilsgeschichte aus, auch die Welt, proteisch auftretend als Natura,

---

[70] Huber (Anm. 42), S. 152.
[71] Ähnliche Techniken einer auf diese Weise hergestellten beständigen Umperspektivierung lassen sich auch für Frauenlobs *Marienleich* beobachten (als spektakuläre Transformation prophetischer Autorschaft). Vgl. Susanne Köbele: Verheißung als Erfüllung. Zur Transformation von Autorschaft um 1300, erscheint in: Prophetie und Autorschaft. Charisma, Heilsversprechen und Gefährdung. Hrsg. von Christel Meier, Martina Wagner-Egelhaaf. Berlin 2014 (Tagung des Exzellenzclusters ‚Religion und Politik in den Kulturen der Moderne und Vormoderne' der Universität Münster, 27.–29.5.2011).
[72] Klaus W. Hempfer: Zur Enthierarchisierung von ‚religiösem' und ‚literarischem' Diskurs in der italienischen Renaissance. In: Strohschneider (Anm. 24), S. 183–221.

als materieller, naturgesetzlich regulierter Kosmos, als Paradies, benutzt Heilsgeschichte zur Aufwertung ihrer Immanenz (‚in mich hat sich Gott inkarniert'). Aber vor allem macht sie Ansprüche des Hier und Jetzt geltend, von denen aus sowohl die Unvordenklichkeit des Ursprungs wie die Unsicherheit des Künftigen (und ohnehin der Trost von Ruhm und Ehre) ihr Gewicht verlieren müssen. Wenn Säkularisierung ein grundsätzlich ambivalentes Phänomen von Übertragung ist, bei dem die Effekte einer Verweltlichung des Sakralen und umgekehrt einer Sakralisierung des Profanen phänomenologisch kaum zu trennen sind, lässt sich die widersprüchliche Diskursivierung des Säkularen im Medium der Literatur in Frauenlobs Streitgespräch besonders prägnant beobachten, das dialogisch auseinandertreibt, was in eins fallen soll: Transzendenzansprüche und innerweltlichen Eigenwert der Minne.

Eine schöne Frau als Geschenk der Venus, allegorische Figuren, die über den Wert der *minne* diskutieren, sich um *wirde* streiten und nur mühsam den Sieg der Venus akzeptieren? Die Rede ist von der Parisurteil-Episode in Konrads von Würzburg *Trojanerkrieg*,[73] der alle zentralen Konfliktkonstellationen und Wendepunkte der Handlung in Redeszenen verwandelt, in große Dialoge über moralische, liebestheoretische, naturphilosophische, göttertheoretische Fragen.[74] Konrad ist für Frauenlob werkübergreifend eine evidente Bezugsgröße. Für unsere Zusammenhänge lohnte ein Blick auf gerade diese Szene, was ich hier nur anstoßen kann. Der berühmte Redeagon der drei Göttinnen Juno, Pallas und Venus ist von Konrad wiedererzählt als adlige Statusrivalität und allegorischer Güterkonflikt; er erstreckt sich in Form eines Rechtsstreits[75] über eine Distanz von fast 700 Versen. Im Unterschied sowohl zur Konstellation in der lateinischen wie volkssprachigen Stofftradition verleiht Konrad den Rivalinnen selbst das Wort[76] und lässt sie ihre Vorzüge anpreisen mit emphatischen ‚Ich bin'-Selbstprädikationen, wie wir sie aus *Minne und Welt* kennen: „[…] kein anderer Text der mittelalterlichen Trojaliteratur lässt seine Götterfiguren so ostinat *ich* sagen wie Konrads *Trojanerkrieg*".[77] Auch hier greifen die Kontrahentinnen auf minnekritische, minne-affirmative Sentenzen der Literatur zurück, auf Topoi aus einer Fülle verschie-

---

[73] Konrad von Würzburg: Der Trojanische Krieg. Nach den Vorarbeiten Georg Karl Frommanns und Johann Franz Roth. Hrsg. von Adelbert von Keller. Stuttgart 1858.

[74] Friedrich (Anm. 23), bes. S. 104 ff.

[75] Die Reden, mit denen die Göttinnen Paris für sich einzunehmen versuchen, folgen der hochmittelalterlichen Gerichtsrhetorik: Wiebke Freytag: Zur Logik *wilder âventiure* in Konrads von Würzburg Paris-Urteil. In: JOWG 5 (1988/89), S. 373–395, hier S. 284. Vgl. zur Anbindung des Parisurteils an den Rechtsdiskurs Friedrich (Anm. 23), insbes. S. 107 f.

[76] Vgl. Bent Gebert: Mythos als Wissensform. Epistemik und Poetik des ‚Trojanerkriegs' Konrads von Würzburg. Berlin/Boston 2013 (spectrum Literaturwissenschaft/spectrum Literature. 35), S. 124 mit Bezug auf Fulgentius und ‚Excidium Troie'.

[77] Ebd., S. 126, der das Umschlagen von Selbst- in Fremdreferenz herausarbeitet für seinen anderen Zusammenhang einer Positionierung des Trojanerkriegs zwischen Historiographie und Mythographie.

dener Wissensbereiche.[78] Parallelen zu Frauenlobs Dialog, über inhaltliche Dubletten hinaus, wären die Interferenz von antikem, christlichem und höfischem Paradigma, die doppelte Distanzhaltung gegenüber Mythologie, Metaphysik und dem Höfischen, auch die Techniken diskursiver Pluralisierung[79] im Modus des Streitgesprächs sowie die Strategie „affirmierender Selbstreferenz"[80] der Ich-Aussagen, die Simultaneitätsansprüche artikulieren. Fest steht: Frauenlobs spezifisch literarische, spannungsreiche Diskursivierung des Säkularen ist zugleich eine literaturgeschichtliche Neuerungsleistung. Das Innovationspotential zeigte nicht nur der vergleichende Blick auf Konrad, sondern prospektiv auch der auf Heinrich von Mügeln, der das Neue zurücknimmt mit seiner Poetik enzyklopädischer Summierung und allegorischer Re-Hierarchisierung der Instanzen. Frauenlob führt mit seinem Dialog in die Paradoxien hinein, Mügeln, etwa mit *Der meide kranz*, führt eine Generation später wieder aus ihnen heraus.[81]

Es ist eine Auffälligkeit bei Frauenlob, auch in seinen Leichs: Ein Text wird einleitend als Produkt eines Dichter-Ich präsentiert, das dann seine Stimme abgibt an andere Instanzen, an Minne und Welt (oder im *Marienleich* an Maria, im *Minneleich* an Herrn

---

[78] Intertextuelle Verweise aus der antiken Mythologie, Bibel und höfischen Literatur (Riwalin und Blanscheflur, V. 2310 f.; Tristan und Isolt V. 2312 f.). Zu den traditionellen Minneexempeln des höfischen Minnediskurses auch Schnell (Anm. 27).

[79] Paris ist als Richter ‚befangen' aufgrund seiner Minne-Affinität: *In twanc dar zuo diu blüende jugent | und sîn angeborniu tugent, | daz sîn gemüete ûf minne stuont* (V. 2715–2717). Die Minne zwingt Paris *von natûre* (V. 2719), aufgrund seiner Jugend (Physis), seiner adligen Sozialisierung (*angeborene tugent*) und habituellen Liebesfähigkeit sei er leicht zu bezwingen. Vgl. Friedrich (Anm. 23), S. 109: „Natur triumphiert über Kultur." Vgl. auch Franz Josef Worstbrock: Die Erfindung der wahren Geschichte. Über Ziel und Regie der Wiedererzählung im Trojanerkrieg Konrads von Würzburg. In: Fiktion und Fiktionalität in den Literaturen des Mittelalters. Hrsg. von Ursula Peters, Rainer Warning. München 2009, S. 155–173, in Auseinandersetzung mit Klaus Grubmüller: *Natûre ist der ander got*. Zur Bedeutung von *natûre* im Mittelalter. In: Natur und Kultur in der deutschen Literatur des Mittelalters. Colloquium Exeter 1997. Hrsg. von Andrew Robertshaw, Gerhard Wolf. Tübingen 1999, S. 3–17. Natura in diesem Sinn kann als schöpfungsordnungimmanente Kraft gelten, die etwas Geschaffenes in seinem Wesen und Verhalten so bestimmen, dass sie seiner Willkür entzogen sind, nah an mhd. *art*, nicht zusammenfallend mit den höfischen Regulativen.

[80] Gebert (Anm. 76), S. 289. Die Ich-Aussagen der Minne wirken wie eine Transformation der abstrakten Minne-Begriffsreflexion des Hohen Sang (*minne ist …*) in die Perspektive der ersten Person (‚Ich bin's …'), einer Begriffsreflexion, die nicht selten „einen Zug ins Agonale" hat, „wenn sie Begriffshoheit beansprucht", dazu Jens Haustein: Minne und Wissen um 1200 und im 13. Jahrhundert. In: Der Begriff der Literatur. Transdisziplinäre Perspektiven. Hrsg. von Alexander Löck, Jan Urbich unter Mitarbeit von Andreas Grimm. Berlin/New York 2010 (Spectrum Literaturwissenschaft. 24), S. 345–370, hier S. 352. Dieser Frage gehe ich in anderem Zusammenhang noch genauer nach.

[81] Huber (Anm. 42), Kapitel 5 ‚Heinrich von Mügeln – Alanus: Natur in einem universalen Bildungsmodell', S. 245–313. Vgl. für andere Kontexte auch Michael Stolz: ‚Tum'-Studien. Zur dichterischen Gestaltung im Marienpreis Heinrichs von Mügeln. Tübingen/Basel 1996 (Bibliotheca Germanica. 36); Gert Hübner: Lobblumen. Studien zur Genese und Funktion der ‚Geblümten Rede'. Tübingen/Basel 2000 (Bibliotheca Germanica. 41).

Sin, die Imagination), wobei es jeweils die zentralen Propositionen sind – die inhaltlichen Kernaussagen dessen, wovon die Rede ist –, die als personifizierte Figur ‚ich' sagen. Das Vorgebrachte tritt zugleich mit einer speziellen performativen Energie aus seinem Rahmen heraus, der im weiteren Textverlauf nicht mehr geschlossen wird. Die Aufgabe, die unterschiedliche Gewichtung der Argumente zu erkennen, wird dem Leser also nicht abgenommen. Wenn Steinmetz (Anm. 42) in seiner verdienstvollen Studie den Dialog auf die Eingangsstrophen als „Resümee" (S. 151) des Ganzen festlegt und darauf hinweist, dass diejenigen Strophen, in denen Minne und Welt auf Augenhöhe Gelegenheit haben, sich von traditionellen Vorwürfen zu entlasten (immerhin fast die Hälfte des überlieferten Textbestandes, Str. 11–21: Übel in der Welt, Leid durch Minne), „für den Ausgang nicht entscheidend" seien (S. 151), dann scheint mir das diskursive Konfliktpotential des Dialogs damit unterschätzt. Dessen besondere Spannung entsteht, wie wir sahen, doch gerade durch die (von Huber und Steinmetz herausgearbeitete) kosmologisch-naturphilosophische Entgrenzung des Minne-Entwurfs, der die geistliche *contemptus mundi*-Tradition wie die höfischen Frau Welt-Allegorien hinter sich lässt und trotzdem nicht einfach in die sangspruchdichterliche Weltlob-Tradition einstimmt, vielmehr davon ausgeht, dass Minne als jeweils *dasselbe* schöpferische Prinzip des Vereinigens und Hervorbringens das ganze Universum regiert und zugleich aus ihm hinausreicht. Neben der gleitenden Verschiebung der Sprecherrollen und offenen Rahmung (Str. 1 und 2) prägt den Dialog vor allem eine Rhetorik des Impliziten: unausdrückliche Vergleiche, die nicht ohne Weiteres als Metaphern identifizierbar sind, sondern ebenso zum fachsprachlichen ontologischen Terminus tendieren können, und schon gar keine ausgeführten Allegorien sind, sondern, wie bereits Stackmann[82] gezeigt hat, reduziert auf allegorische „Gerüstwörter".

Die Perspektive der ersten Person ist nicht restlos verallgemeinerbar. Dieser Riss zwischen Ich-Perspektive und allgemeinem Prinzip geht sowohl durch die Selbstpräsentation der Welt wie die der Minne. Das Außerordentliche von Frauenlobs Streitgedicht liegt vor allem in denjenigen Passagen, die situationsrelative Ich-Deixis und situationsunabhängige Proposition engführen. Auf unvergleichlich prägnante Weise tritt hier die Unverrechenbarkeit von Perspektiven hervor, im Nebeneinander von literarischen, theologischen und naturphilosophischen Bezügen, was die Entscheidung jeweils erschwert, ob das Säkulare das Religiöse ergänzt, transformiert, verabschiedet oder substituiert. Man kann in dieser unübersichtlichen Situation die Flucht nach vorn antreten, wie Sandra Pott und Jörg Schönert vorschlagen,[83] und sich retten durch forcierte Klassifikation. Doch dass die Literatur eine *Leit*funktion im Gesamtprozess einer fortschreitenden

---

[82] Karl Stackmann: Bild und Bedeutung bei Frauenlob (^{1}1972). In: Stackmann (Anm. 58), S. 249–271.
[83] Einleitung. In: Danneberg u. a. (Anm. 12), S. 1–17, hier S.6: durch die Unterscheidung von verschiedenen Säkularisierungstypen auf der Basis von sieben Problemaspekten, in Kombination immerhin 7 hoch 4 (also 2401!) Säkularisierungs-Typen und Subtypen.

Säkularisierung einnimmt, wie Vietta vorschlägt,[84] schiene mir riskant, zumal literarische Texte sowohl spiegelndes Gegenüber wie zugleich Teil ihrer nichtliterarischen Umgebung sind. Auch die eingangs von mir skizzierten religionsinternen Spannungsverhältnisse verkomplizieren jede pauschale Säkularisierungs-Diagnose. Noch die postmetaphysische, gewissermaßen zähneknirschende Rede einer „Transzendenz von innen"[85] zehrt von der Metaphysik, die sie hinter sich lassen will (sonst könnte sie den Begriff *Transzendenz* ersetzen durch analytisch neutralere Strukturbegriffe). Kurz, die Grenzen der Theoretisierbarkeit des Säkularisierungs-Problems und die Grenzen der Interpretierbarkeit der Befunde, auch wenn sie nicht zusammenfallen, bezeichnen ein und dasselbe Problem.

IV. Im Schatten hoher Meister. Gott, *kunst* und *natûre*

Eine Lieblingsvorstellung der literarischen Säkularisierungsforschung ist die These, dass die neuzeitliche Vorstellung eines autonomen schöpferischen Ingeniums „Säkularisat" der religiösen Inspirationstheorie sei, die menschliche Einbildungskraft „Säkularisat" der göttlichen Offenbarung.[86] Wieder ist es Frauenlob, der mit einer spektakulären Spruchstrophe das Inspirationsmodell erstens über eine agonale Überbietungssituation, zweitens eine Vervielfältigung der Instanzen Gott, Weisheit, Natur, Schöpfung so weit aus dem (nach wie vor gültigen) Rahmen theologischer Metaphysik herausrückt, dass ein paradox *ent*differenziertes Gesamtbild entsteht, das den Innovationsdruck und Anspruch schöpferischer Kreativität, über den gesprochen wird, zugleich selbst vorführt. Auch für diesen poetologischen Bereich ist also mit synchronen Spannungen bereits im Mittelalter zu rechnen, mit von Fall zu Fall provokativen Überschreitungen der Systemgrenzen.

Die Auctoritas und Meisterschaft des Dichters setzt Frauenlob – nicht nur bei seinen Dichterkollegen – hoch an. Die ‚epigonale' Einschätzung, man zehre lediglich von längst vergangenen hohen Meistern, weist er in der sogenannten *Selbstrühmung* mit großer Überbietungsgeste zurück, die das eigene Schaffen als „Vergoldung" des Vergangenen ausdrücklich über Reinmar von Zweter, Wolfram und Walther stellt (GA V,115, V. 1–5). Was die ältere Forschung im Blick auf diese und andere Strophen als

---

[84] Vietta (Anm. 12).
[85] Eine Transgression nicht zu „Übersinnlichem", sondern „innerhalb des Seins des Menschen", so Ernst Tugendhat: Anthropologie statt Metaphysik. München 2007, S. 15. Wo eine heteronome (religiöse) Moral nicht mehr überzeugen kann, man sich auf eine autonome Moralbegründung jedoch nicht einigt, ergibt sich eine unsichere Zwischenposition zwischen religiöser und aufgeklärter Position.
[86] Kritisch dazu im Blick auf die Neuzeit Joachim Jacob: Inspiration und Säkularisierung in der Poetik der Aufklärung. In: Danneberg u. a. (Anm. 12), S. 303–330, mit weit ausgreifenden Überlegungen zum Säkularisierungsproblem.

übertriebenen Geltungsdrang des Autors missverstanden und als subjektive Anmaßung bemängelt hatte, reformuliert (worauf Christoph Huber hingewiesen hat[87]) zumindest in Umrissen ein neuplatonisches Gesamtkonzept von Schöpfertum, das die Gesetzmäßigkeit von Naturprozessen auf eigenwillige Weise ins Spiel bringt.

Frauenlobs Spruch GA VI,12, auf den ich zum Schluss zurückgreife, ist viel weniger bekannt als seine *Selbstrühmung*. Er protestiert gegen den Status nachgeborener Epigonalität im selben Modus topischer und diskursiver Pluralisierung, den wir schon aus seinem Streitgespräch kennen:

Ez jehen die sehenes blinden,
die hochsten meister sin gewesen
an kunst, an lesen,
nieman müge in ir sinnes wirze jesen[88]*:*
die sint betrogen. (VI,12, V. 1–5)

Zunächst also wird ‚Meisterschaft' an Können (*kunst*), Gelehrsamkeit (*lesen*) und Sinn-Verständnis gebunden (*sin*). Parallel wird Sinn-Produktion ins Bild vergärender Bierhefe gefasst: Sinn sei die „Hefewürze", das „Ferment" im Prozess der Genese von Neuem. Sehenden Auges blind sei, wer die höchsten Meister der Vergangenheit zurechnet und Meisterschaft für „ausgegoren" hält. Beides, die Vorstellung von unabgeleiteter, selbstursprünglicher Neuheit (in Bezug auf die Eingangstrias Können, Wissen, Verstehen) einerseits, das Wissen um die Unhintergehbarkeit von Tradition anderseits, wird hier über verdeckte Ebenenwechsel so eng gekoppelt, dass weder das religiöse Inspirationsmodell noch das weltliche Kompetenzmodell von Autorschaft seine Geltung verlieren und der Autor selbst, nicht unwillkommen, die eigene (höchste) Meisterschaft nebenbei gleich mitdemonstriert. Nach diesem Eingang mit dem Negativexempel, das mit der ‚Epigonalität' auch das teleologische Modell von Reife und Verfall für schöpferische Prozesse abweist, folgt im Gegenstollen das Gegenbild:

Prüft regen mit den winden:
die han hiute also groze kraft
von gotes haft
als über zwei tusent jare. meisterschaft
si dar gebogen. (VI,12, V. 6–10)

‚Betrachtet die Kraft der Natur, Stürme und Regen, mit ihrer je neuen, genuinen Energie!' Die Voraussetzungslosigkeit „reiner" Anfänge für Prozesse literarischer Meisterschaft begründet Frauenlob mit Naturgesetzlichkeit, die freilich – und nicht nur im Reim – an Gott gebunden sei: *groze kraft | von gotes haft* („durch ihre Bindung an

---

[87] Huber (Anm. 42), S. 194 f.
[88] Stackmann verweist im Kommentar der GA (Anm. 31), II, S. 857 auf den Bildbereich des Bierbrauens: „Das Gären der Bierwürze ist Bild für das Heranreifen zur *meisterschaft*." Ich folge seinem Verständnis der Stelle und setze ein intransitiv gebrauchtes *jesen* an. Der Spruch weist hier die Vorstellung ab: „Die Würze, aus der ihre *meisterschaft* hervorging, ist mit ihnen dahin, man kann sich ihrer heute nicht mehr bedienen."

Gott"). *meisterschaft*, das dritte Reimwort, lasse sich genau darauf, auf diese regenerative Kraft der Natur beziehen, nicht auf das die Kulturtechnik des Bierbrauens aufgreifende Eingangsbeispiel des Vergärens von Bierhefe, nicht auf die mit den alten Meistern verloren geglaubte Sinn-„Würze". Der Abgesang nimmt dann die Naturphänomene des Eingangs (Wasser) auf, aber mit neuem, abstraktem Subjekt: Weisheit.[89] Deren Quell sei unerschöpflich und ströme umso reichhaltiger, je üppiger man daraus schöpfe. Frauenlob demonstriert die besprochene Meisterschaft mit einem auffälligen Vierfachreim: *spriezen: voldiezen: vliezen: geniezen*. Der Schluss der Strophe wechselt erneut das Subjekt aus: Weisheit wird abgelöst von Natur („wen die Natur beschenkt, der schöpft heute so viel wie ein anderer damals"), eine Übertragung, die auch mit der Zeitangabe „jetzt wie immer" an den Aufgesang („heute wie vor 2000 Jahren") anschließt. Erst der letzte Vers lenkt die Kreativität der Natur auf Gottes Willen zurück:

> *Der hohen wisheit spriezen*
> *kan nimmer me voldiezen:*
> *ie me man schepfet ir vliezen,*
> *ie me mac mans geniezen.*
> *swem nature gibet,*
> *der schepfet hiure als vil als einer vert.*
> *gotes wille daz wibet.* (VI,12, V. 11–17)

Im Zentrum des Spruchs steht die Aussage, dichterische Kreativität regeneriere sich mit je neuer Kraft: unableitbar und unausschöpfbar. Die Subjekte der beschriebenen Aktionen wechseln in rascher Folge: Weisheit, anonymes „man", Natur, Gott. Die eingangs etablierte Vorstellung eines künstlichen Reifungsprozesses wird abgewiesen zugunsten der Selbstursprünglichkeit natürlicher Prozesse. Zwar bleibt auch dieser mit Naturkausalität argumentierende Spruch im metaphysischen Horizont nachschöpferischer Erfindung, auf der Basis neuplatonisch akzentuierter, christlicher Kunstmetaphysik[90]. Natürlich verlässt auch Frauenlob nicht das augustinische *Solus creator deus*,[91] das die zeitgenössische poetologische Reflexion dominiert. Doch sollte man nicht aus dem Blick verlieren, wie groß die Spielräume sind, die durch *implizite* Übertragungen entstehen.[92] Frauenlobs indirekte Vergleiche lassen das religiöse Inspirationsmodell hinter der Lust an einer Vervielfältigung von Diskursen weit zurücktreten.

---

[89] Dahinter steht Wilhelm von Conches: Die Welt war ‚vor' der Schöpfung Gedanke Gottes, als Urbild der geschaffenen Welt mit der Weisheit identisch, als deren zeitenthobene Formalursache.

[90] Kurt Flasch: *Ars imitatur naturam*. Platonischer Naturbegriff und mittelalterliche Theorie der Kunst. In: Parusia. Studien zur Philosophie Platons und zur Problemgeschichte des Platonismus. FS Johannes Hirschberger. Hrsg. von Kurt Flasch. Frankfurt a. Main 1965, S. 265–306.

[91] Thomas Cramer: *Solus creator est deus*. Der Autor auf dem Weg zum Schöpfertum. In: Literatur und Kosmos. Innen- und Außenwelten in der deutschen Literatur des 15. bis 17. Jahrhunderts. Hrsg. von Gerhild Scholz Williams, Lynne Tatlock. Amsterdam 1986, S. 261–276 (Daphnis. 15, Heft 2).

[92] Dazu Huber (Anm. 42), S. 194. Zuletzt zu Rudolf von Ems und seiner Tendenz, sein Weltchronikprojekt im Übergang zwischen „geistlicher Traditionsbindung und säkularer Öffnung" anzusiedeln:

Wieder kann ein Vergleich den Blick für die Spezifik dieser Lage schärfen, schon für ein unscheinbares Reimdetail: Rudolf von Ems reserviert im Prolog seiner *Weltchronik* denselben Paarreim *kraft: meistirschaft* (vgl. Frauenlob VI,12, V. 2 f.) für den Akt einer *creatio ex nihilo* und greift mit seinem das Tertium *explizierenden* Vergleich auf die traditionelle Verschränkung von Weltschöpfung und literarischer Schöpfung zurück:

> [...] *als ez dú witzebernde kraft*
> *dinir gotlichin meistirschaft*
> *alrest von nihte tihte,*
> *geschůf und gar berihte.*[93]

Bei Frauenlob stießen wir auf einen anderen Kontext (Natur) und einen anderen Gebrauch der Tropen. Hier fand sich kein expliziter Vergleich, der dichterische Meisterschaft ausdrücklich partizipieren ließe an der Schöpfung, sondern eine lapidare Gegenüberstellung, die das Modell auktorialer Meisterschaft mit dem der Inspiration in implizite Konkurrenz bringt. Das ist ein anderer Typus literarischer Diskursivierung von Meisterschaft. Zweifellos bleibt auch Frauenlobs Spruch ganz im Rahmen einer emanativen Metaphysik, die für den „Immanentismus der Selbstbewegung" die Quellmetapher einsetzt, „um einen stupenden, aus den Voraussetzungen ganz unbegreiflichen Übergang von einem Prinzip der Sättigung und Ruhe in sich selbst zu einem bewegten Prozeß der Selbstentäußerung dieses Prinzips anschaulich zu machen".[94] Im dritten und letzten Vers der Strophe ist ausdrücklich von Gott die Rede: Naturkausalität wird „gebunden" an Gott (V. 3) und dessen Willen (V. 12), auch die „hohe Weisheit" bleibt als Hypostase Gottes (das steht freilich nicht explizit da) in der Vergleichskonstellation der Strophe das überlegene Gegenüber der schöpferischen Natur (V. 6). Doch aufgrund des bloß impliziten Vergleichs bleiben auf der Textoberfläche die vervielfältigten Instanzen *got*, *wisheit* und *nature* scheinbar auf einer Ebene, zumal auch im (wiederum impliziten) Tertium comparationis „schaffen/schöpfen" (V. 8 und 11) sich einerseits die Zyklizität der Natur (über 2000 Jahre mit je neuer Kraft), anderseits die ewige Zeitlosigkeit der sich verströmenden, aber an Substanz (auch dieser Begriff fehlt) nicht verlierenden Natur überschneiden. Kurz: Der ausdrückliche Anteil Gottes an literarischer Produktivität ist zurückgenommen auf zwei Verse. Von Inspiration und Nachschöpfertum im Rahmen christlicher Substanzontologie ist keine ausdrückliche Rede; mit Wind und

---

Moritz Wedell: Poetische *willekür*. Historiographie zwischen Inspiration und rhetorischer Produktion in Rudolfs von Ems ‚Weltchronik'. In: ZfdPh 132 (2013), S. 1–28, mit reicher Literatur S. 18. „Er schafft in dieser reflexiven Bewegung ein poetologisches Rahmenwerk, in dem er die biblische Geschichte und die profane Überlieferung auf eine Ebene hebt, ohne die Dignität der Heilsgeschichte zu verletzen." Ebd., S. 22. Zum *deus artifex*-Topos vgl. auch Stefano Prandi: *Deus artifex. métaphore et variations*. In: Création, Renaissance, ordre du monde. Hrsg. von Carlo Ossola. Turin 2012, S. 20–40.

[93] Rudolfs von Ems Weltchronik. Aus der Wernigeroder Handschrift hrsg. von Gustav Ehrismann. Nachdruck der Ausgabe Berlin 1915. Dublin/Zürich 1967 (DTM. 20), V. 25–28.

[94] Hans Blumenberg: Quellen. Hrsg. von Ulrich von Bülow, Dorit Krusche. Mit einem Nachwort der Herausgeber. Marbach a. Neckar 2009, S. 48.

Wasser ist zu Beginn allenfalls indirekt auf christliche Inspirationstopoi angespielt, über Naturphänomene, die hier freilich mehr die Unausschöpfbarkeit der Quelle akzentuieren (V. 8 f., in proportionaler Steigerungsfigur „je mehr, desto") als das ontologische Ableitungsverhältnis von Ursprung und Entsprungenem. Diese Akzentverschiebung ist in der Tat neu, sowohl als stilistischer Effekt wie diskursiv (mit der Natur als Zwischeninstanz zwischen Gott und Weisheit).

Wieder scheint auch dieser Spruch eine überbietende Antwort auf Konrad von Würzburg, der im berühmten Spruch 32,301[95] die den anderen Künsten überlegene, unabgeleitete Selbstursprünglichkeit und Gottunmittelbarkeit der sangbaren Lyrik (*edel sang*) auf eine oberflächlich ähnliche Weise begründet hatte. Doch Konrads Spruchstrophe hatte die einschlägigen Naturmetaphern (wachsen, quellen) für Prozesse immanenter regenerativer Selbsterzeugung und Selbsterneuerung nicht wie Frauenlob überblendet mit Elementen zeitgenössischer Naturspekulation, sodass zwar auch hier argumentative Komplexität, aber nicht dieselbe Situation offener Referenzen entsteht:

Für alle fuoge ist edel sang getiuret und gehêret,
darumbe daz er sich von nihte breitet unde mêret.
elliu kunst gelêret
mac werden schône mit vernunst,
wan daz nieman gelernen kan red und gedoene singen;
diu beidiu müezen von in selben wahsen unde entspringen:
ûz dem herzen clingen
muoz ir begin von gotes gunst. [...] (32,301–308).

Wo Frauenlobs Spruch den Akt auktorialer Selbstbehauptung und genuiner Schöpferkraft im Zentrum hatte, gerichtet gegen ‚epigonale' Konstellationen, zielt Konrad auf die Konkurrenz verschiedener Künste. Frauenlobs Diskursivierung des schöpferisch Neuen ist also ein kategorial anderer Fall. Indem sein Entwurf eindeutige Inspirations-Bezüge ausspart und implizite Vergleiche formuliert, außerdem für den Bereich zwischen Gott und Mensch zusätzliche Instanzen einblendet (Natur, Weisheit), löst sich die klare zweistellige Relation Schöpfer, Nachschöpfer auf in ein breiteres Feld, in dem die geistlich-weltlichen Bezüge mehrdeutig ineinandergreifen können.

Abschließend wende ich den Blick noch einmal zurück zum Streitgespräch *Minne und Welt*. Der symbolische Austausch zwischen Immanenz und Transzendenz, der gerade im 13. Jahrhundert im Spannungsfeld von neuplatonischer Weltseele-Lehre, aristotelischer Kosmologie und christlicher Schöpfungstheologie neu in die Diskussion gerät, präsentiert sich hier bemerkenswert vielschichtig. Indem Frauenlob ausgerechnet die *Minne* der Welt gegenüberstellt und sie zugleich als Wertzentrum einsetzt, können von den überdeterminierten Sprechern stufenlos gegeneinander verschiebbare Aussagen artikuliert werden, deren weltimmanente und transzendente Zuständigkeitsbereiche sich

---

[95] Konrad von Würzburg: Kleinere Dichtungen. III: Die Klage der Kunst. Leiche, Lieder und Sprüche. Hrsg. von Edward Schröder. Mit einem Nachwort von Ludwig Wolff. 2. Aufl. Berlin 1959. Zu diesem Spruch vgl. auch den Beitrag von Mireille Schnyder in diesem Band.

im Verlauf des Streitgesprächs wechselseitig in Frage stellen. Ein besonderer Kunstgriff ist dabei, dass das säkulare Prinzip, Welt, in die Nähe der chartrensischen Natura rückt, als *genetrix rerum*, umgekehrt die Minne als kosmologisch-moralisch-göttliche Instanz mehrdeutig zwischen Natur und Heilsordnung angesiedelt ist, außerdem auch als hohe Minne aus der höfischen Literatur herbeizitiert wird. All das zusammengenommen verleiht dem Dialog eine argumentative Eigendynamik: selbstreferentielle Überschüsse, Übertragungen, Abspaltungen und Gegensemantiken, auch auf Ununterscheidbarkeit zielende Doppelsemantiken. Im Spannungsfeld zwischen Gott und Welt wechseln die göttlichen Hypostasen Minne und Natur ständig ihre Positionen. Die Ausdifferenzierung des immanenten Standpunktes der Welt kann über je neue Revisionen betrieben werden und zumindest für die Dauer eines Arguments die Dominanz des religiösen Diskurses herausfordern. Die Minne klagt immer wieder den Abgleich mit der Transzendenz ein. Zwar argumentiert auch die Welt durchaus mit Heilsgeschichte, aber sie überschreitet ihre eigene Weltzeit-Sicht nicht. Gerade deswegen reden die Kontrahenten ausführlich aneinander vorbei. Diese *vorgeführte Perspektivität* der Positionen bedeutet eine Komplexitätssteigerung, die mit neuen Voraussetzungen und Konsequenzen erst im Renaissancehumanismus des 15. Jahrhunderts systematisch diskursivierbar wird (mit demselben Referenzautor Albertus Magnus), wobei erst dann anthropozentrisch akzentuiert wird, was um 1300 minnezentriert bleibt, in einem theozentrischen Gesamtrahmen.

Aufgrund der in *Minne und Welt* uneindeutig vervielfältigten naturphilosophischen, theologischen und höfisch-literarischen Kontexte und der selbstreduplikativen dialogischen Gesamtanlage (*Ich Minne minne maze*) fällt es nicht immer leicht zu sagen, welches Argument vom geistlichen auf den weltlichen Bereich übertragen wird, oder umgekehrt. Weil Minne in diesem Sinn als universale weltbestimmende Macht konzipiert ist, muss notwendig immer wieder die Leitdifferenz weltlich/geistlich in sich zusammenfallen. Im Ganzen entstehen so innovative Spielräume der Dialogführung, der Begriffsbildung, der Tropenverwendung, und es sind diese rhetorisch-literarischen Spielräume, die probehalber die Grenzen verschieben. Die Grenzüberschreitungen betreffen, wie zuletzt Frauenlobs Anti-Epigonen-Spruch gezeigt hat, nicht nur die Konzeption von Minne und Welt, sondern auch poetologische Selbstreflexion und Konzeption von Autorschaft. Frauenlobs Welt ist noch als Natur kein „Säkularisat" der christlichen Schöpfung, trotzdem artikuliert sie sich im Dialog mit vielen Stimmen als universaler, literarischer, höfischer, geistlicher, naturgesetzlich regulierter Kosmos. Und genauso ist Frauenlobs Entwurf schöpferischer Innovation („Regenstürme hatten vor 2000 Jahren dieselbe Kraft") kein „Säkularisat" der christlichen Inspiration, trotzdem forciert die Spruchstrophe eine unbewältigte Spannung mittelalterlicher poetologischer Selbstreflexion und geht gerade nicht auf in den bekannten literarischen Prototypen inspirierter Autorschaft. Im Schutzraum der literarischen Fiktion kann der Kernkonflikt, um den es geht – die problematische Vermittlung von Immanenz und Transzendenz –, in seiner ganzen Schärfe artikuliert werden, sodass, auch wenn die Welt zwischendurch auf verlorenem Posten zu argumentieren scheint, die antagonistischen Interessen von Minne und Welt bis zum Schluss asymmetrisch zueinander bleiben. Frauenlob führt nicht nur die Rivalität der Perspektiven vor, sondern die grundsätzliche *Perspektivität* der Ansprüche.

Asymmetrisch bleiben die Ansprüche zueinander, wenn die Minne für den Nachweis ihrer *maze* eine trinitarische Selbstauslegung beansprucht, die die Welt mit einem Beleg aus der höfischen Literatur abweist (Gahmuret), was die Minne wiederum mit ontologischen Argumenten entkräften will, die Welt aber aus ihrer weltzeitlichen Sicht abwehren muss: Was nützt es, einen Leichnam zu preisen? Die Minne entwirft ein abstraktes gradualistisches Szenario (*daz er muz wol | gote unde dir gefallen*; IV,15, V. 9 f.), für Gahmuret kommt es zu spät. Auch die polemischen Allegoresen (blinder Amor, Frau Welt) bleiben für das verhandelte Dilemma nach beiden Seiten argumentativ unzureichend. Und das verliebte Ich der beiden Eingangsstrophen, das weder Minne noch Welt entbehren will? Es könnte sich, wenn zum Schluss die Systemgrenzen schon weit verschoben sind und der Tod ins Spiel kommt, schwer nur auf die eine oder andere Seite schlagen wollen. Vielleicht meldet es sich deswegen nicht mehr zu Wort.

Ute von Bloh
Spielerische Überschneidungen
Zur Zirkulation vielsagender Allusionen in spätmittelalterlichen Kontrafakturen und Bildern

Das poetische Verfahren der Kontrafaktur führt in Assoziationsräume, die analytisch kaum zu fassen sind. Nur bedingt lässt sich die Evokation weitgespannter Horizonte überwachen, deswegen auch nur eingeschränkt be- oder auslegen, aber für die Frage nach einer ‚literarischen Säkularisierung' könnte gerade das Miteinander und Ineinander literar-historischer Phänomene der Säkularisierung oder Sakralisierung semantische Felder eröffnen, die – mehr oder weniger – virtuos ausgeschöpft werden. Auszuloten ist daher an ausgewählten Liedbeispielen und vergleichbar ‚überschüssigen' Bildern einerseits die Dialog- bzw. die Appellstruktur. Zu überdenken ist andererseits aber auch die Ko-Präsenz alter Wissensbestände im Neuen, die mit verändertem Stellenwert erhalten bleiben, und damit dann auch das Ineinander der Sphären des Heiligen und des Profanen, die einander nicht verdrängen, sondern unauflöslich miteinander verschmelzen.

Im engeren Sinn ist die Herstellung einer mittelalterlichen Kontrafaktur an eine bereits vorhandene Melodie gebunden, nach der ein neues, zumeist geistliches Lied abgefasst wird,[1] doch sind die zitierten Töne nur in Ausnahmen erhalten. Anders als seit der zweiten Hälfte des 16. Jahrhunderts waren die Melodien im späten Mittelalter wohl noch so bekannt, dass sie in den Handschriften und Drucken fehlen konnten.[2] Nun bilden aber Melodie, Metrik und Strophe eine unauflösliche Einheit, weswegen Kontrafakturen auch mit Dichtungen in Verbindung gebracht werden, die einen präexistenten Text mitsamt der Melodie oder auch ohne sie – zumeist im geistlichen Verständnis – umarbeiten. Deswegen ist es vielleicht zulässig, sich überwiegend auf Texte zu konzentrieren, und zwar vor allem, um das artifizielle Spiel mit Sprache nachzuzeichnen, das diesem Verfahren eignet. Sämtliche Beispiele stammen aus dem 15. Jahrhundert,

---

[1] Vgl. Walther Lipphardt: Über die Begriffe: Kontrafakt, Parodie, Travestie. In: Jahrbuch für Liturgik und Hymnologie 12 (1967), S. 104–111, und Volker Kalisch: „Ich bin doch selber ich". Spuren mystischer Frömmigkeit im geistlichen Liedgut des 15. Jahrhunderts: Der Pfullinger Liederanhang. Essen 1999 (Musik-Kultur. 6), S. 41–44.
[2] Vgl. dazu Werner Braun: Die evangelische Kontrafaktur. Bemerkungen zum Stand ihrer Erforschung. In: Jahrbuch für Liturgik und Hymnologie 11 (1966), S. 89–113, hier S. 96. Ebd. ist festgehalten, dass um 1582 dann aufwändige, „mit Bildern und Noten reich ausgestattete Publikationen" entstehen.

denn im Spätmittelalter sind die ausgesprochen vielseitigen³ Kontrafakturen besonders häufig anzutreffen. Und dieses „spielerische, mehrdeutige, [manchmal] ironische Bezugnehmen" kann innerhalb der Kontrafakturen „mehr oder weniger differenziert, mehr oder weniger anspielungsreich, mehr oder weniger verschlüsselt, mehr oder weniger entstellend, mehr oder weniger versteckt, mehr oder weniger karikierend, mehr oder weniger stilistisch gekonnt, [auch] mehr oder weniger ‚contra' ausfallen",⁴ so Volker Kalisch zum Liedanhang in der Pfullinger Handschrift.

Davon ausgehend, gilt es im Folgenden die Aufmerksamkeit vor allem auf Schnittpunkte mehrerer semantischer Linien zu richten, auf Spuren, die in Texten und Bildern enthalten sind. Diese Spuren sind zugleich als Indizien für einen vermutlich hohen Bekanntheitsgrad bestimmter Wissensbestände und Bedeutungen zu erachten, wenn im Fall der Texte dieselben Wörter oder Begriffe in zumeist gleich gebauten Strophen zielgerichtet und bewusst umgedichtet werden,⁵ während innerhalb der Bilder tradierte Muster und Bedeutungen einen veränderten Stellenwert erhalten. Zu prüfen ist, wie das Verschwiegene innerhalb dieses reflektierten Verfahrens dynamisiert wird, inwieweit sich mit den Anspielungen Bewertungen verbinden, wie die Beziehungen zwischen den herbeizitierten Dingen verändert werden, ob im komplexen Spiel von Substitutionen und Wiederholungen neues Wissen entsteht, und damit auch, ob so etwas wie ein Drittes hervorgebracht wird, wenn das vorgängige Vokabular im Neugeschaffenen gegenwärtig bleibt.

In einem ersten Schritt sollen nun einige wenige, je anders gelagerte Textbeispiele zur Sprache kommen, wobei ich zwar ein Tagelied in meine Überlegungen einschließe, die recht gut erforschten geistlichen Tagelieder aber nicht weiter berücksichtigen werde.⁶ Es wird sich zeigen, dass eine Vielzahl von Möglichkeiten genutzt wird, denn neben einer Hierarchisierung von Bedeutungszusammenhängen ist in den Kontrafakturen

---

³ So auch Lipphardt (Anm. 1), hier S. 111. Außerdem werden die in Frage stehenden Elemente in den von mir ausgewählten Beispielen tatsächlich vor allem sprachlich, seltener – wohl wegen der von der Strophe abhängigen Melodie – formal umgestaltet, sie werden dabei neu gedeutet und zumeist wird ihnen auch ein erkennbarer anderer ‚Sinn' zugewiesen. Zu einigen möglichen Kontrafakturen aus dem 12. und 13. Jahrhundert vgl. Volker Mertens: Einleitung. In: Lyrische Werke. Hrsg. von Volker Mertens, Anton Touber. Berlin 2012 (Germania Litteraria Mediaevalis Francigena. 3), S. 1–24, hier S. 14–16, außerdem zu Walthers Palästina-Lied Florian Kragl: Musik. In: ebd. S. 347–388, hier S. 366–383.

⁴ Kalisch (Anm. 1), hier S. 46 f.

⁵ Es besteht in der Forschung Konsens dahingehend, dass „Kontrafakte eines guten Teils ihrer Wirkung beraubt sein müßten, wenn der weltliche Ausgangstext nicht mehr im Rezipientenbewußtsein präsent wäre", so etwa auch Uwe Ruberg: *contrafakt uff einen geistlichen sinn* – Liedkontrafaktur als Deutungsweg zum Spiritualsinn? In: Geistliche Denkformen in der Literatur des Mittelalters. Hrsg. von Klaus Grubmüller u. a. München 1984. (Münstersche Mittelalter-Schriften. 51), S. 69–82, Zitat S. 81.

⁶ Vgl. etwa André Schnyder: Das geistliche Tagelied des späten Mittelalters und der frühen Neuzeit. Textsammlung, Kommentar und Umrisse einer Gattungsgeschichte. Tübingen/Basel 2004 (Bibliotheca Germanica. 45).

auch mit offenen Anspielungshorizonten und insofern mit artifizieller Unbestimmtheit zu rechnen. Ob sich daraus eine Säkularisierungsthese ableiten lässt, bleibt abschließend zu überlegen.

I. Dynamisierung des Verschwiegenen für eine Oppositionsbildung: Die geistliche Kontrafaktur eines Tageliedes

In meinen ersten Beispielen nehmen sowohl eine geistliche Kontrafaktur als auch das kontrafazierte Ausgangslied, ein Tagelied, auf die ausgelassene, kurze Fastnachtzeit Bezug. Wie in manchen Spielen auch, sind die übermütige Ausgelassenheit der Fastnacht und der religiöse Ernst der Fastenzeit auch in der Lyrik bisweilen miteinander verschnitten. Das ist zum einen in der Exponiertheit der beiden Termine, zum anderen aber auch in den angrenzenden Festzeiten im christlichen Kalender begründet: Die in den Städten vergnügt gefeierte Fastnacht hat am Abend oder an den Abenden vor Beginn der österlichen Fastenzeit ihren Platz, weswegen das Aufeinandertreffen der Festzeiten gar nicht so selten für ein Aufeinandertreffen von je unterschiedlichen Implikationen genutzt wird. Im Fall einiger Fastnachtspiele, die auf der Folie von Oster- und Emmausspielen konzipiert wurden, habe ich in früheren Arbeiten zu zeigen versucht, dass die Spielzüge der Fastnachtspiele im Rückgriff auf Szenen und Szenenkomplexe aus Geistlichen Spielen so arrangiert werden, dass die heilsgeschichtliche Wahrheit nicht in Mitleidenschaft gezogen wird.[7] Doch erst in Auseinandersetzung mit den hier in Frage stehenden Lied-Kontrafakturen wurde klar, wie außergewöhnlich die Profanisierung heiligen Geschehens eigentlich ist, auch noch im 15. Jahrhundert. Damit korrespondiert der Konsens in der Forschung, wonach weltliche Dichtungen zu „allen Zeiten, jedenfalls bis in die Zeit des späten 18. Jhds." problemlos in geistliche umgeformt werden konnten. Die „Umkehrung der Richtung scheint jederzeit als eine Art Sakrileg angesehen worden zu sein", so Walther Lipphardt und ähnlich auch Burghart Wachin-

---

[7] Ute von Bloh: Vor der Hölle. Fastnachtspiel (Keller, Nr. 56) – Osterspiel/Emmausspiel. In: Ritual und Inszenierung. Geistliches und weltliches Drama des Mittelalters und der Frühen Neuzeit. Hrsg. von Hans-Joachim Ziegeler. Tübingen 2004, S. 233–246. Ute von Bloh: Teuflische Macht. Das alte Böse, die böse Alte und die gefährdete Jugend (K 57). In: Fastnachtspiele. Weltliches Schauspiel in literarischen und kulturellen Kontexten. Hrsg. von Klaus Ridder. Tübingen 2009, S. 327–344. Das gilt auch für die Verselbständigungen einzelner Szenen in Geistlichen Spielen; vgl. Ute von Bloh: Spielerische Fiktionen: Parasitäre Verselbständigungen einzelner Szenen in Geistlichen Spielen („Erlauer Magdalenenspiel', ,Melker Salbenkrämerspiel', Vigil Rabers ,Ipocras'). In: Fiktion und Fiktionalität in den Literaturen des Mittelalters. Hrsg. von Ursula Peters, Rainer Warning. München 2009, S. 407–432.

ger.⁸ Naheliegend ist das zweifellos, auch scheint die Mehrzahl der Kontrafakturen diese Annahme zu bestätigen – soweit ich das Feld jedenfalls überblicke –, zugleich aber bieten etwa die eben genannten Fastnachtspiele durchaus Raum für Verfahren, die eine Verschränkung beider Sphären zugunsten des Profanen ermöglichen.

Wenn nun nach allgemeiner Ansicht in den meisten der nachfolgend zu besprechenden Lied-Kontrafakturen die Spiritualisierung weltlicher Inhalte zu erwarten ist, dann ist dieses Verfahren entsprechend weitaus weniger spektakulär – auch wenn sich zumindest andeuten wird, dass manche der Kontrafakturen die ihnen zugestandenen Spielräume auch großzügiger nutzen.⁹ Den Anfang einer kleinen Reihe an Beispielen soll nun ein eher herkömmlicher Fall machen, der eine vergleichbare Grenzziehung zwischen weltlichem und religiös-normativem Horizont nahelegt wie in den Fastnachtspielen.

Und ohne mich dabei im Dschungel ohnehin kaum zu beantwortender Fragen nach dem Ursprungstext verirren zu wollen, kann doch festgehalten werden, dass das nun zu betrachtende geistliche Lied aus der Pfullinger Handschrift stammt, deren Datierung „zwischen 1468/9 (SCHMIDT) und 1478/80 (KALISCH)"¹⁰ schwankt. Das Tagelied befindet sich im Liederbuch der Clara Hätzlerin, das mit 1471 datiert ist.¹¹ Der Annahme, dass es sich um die geistliche Kontrafaktur eines Tageliedes handelt, ist trotz der zeitlichen Nähe der Handschriften zuzustimmen, denn die Handschrift aus dem Klaris-

---

[8] Lipphardt (Anm. 1), hier S. 105. Wachinger betont mit Blick auf die Texte, dass „der parodistische Bezug auf geistliche Texte" (S. 8) im Mittelalter „weitgehend auf die Latinität beschränkt" (S. 8) ist. Vgl. Burghart Wachinger: Einleitung. In: Geistliches in weltlicher und Weltliches in geistlicher Literatur des Mittelalters. Hrsg. von Christoph Huber u. a. Tübingen 2000, S. 1–15. Eine Stimme aus dem 16. Jahrhundert könnte diese Einschätzung belegen: „Das Vorwort zu den *Symphoniae jucundae* von 1538 verurteilt […] die weltliche Verwendung der edlen, von Gott geschenkten Musik als ‚Mißbrauch' und führt ihn auf neidvolle Intrigen Satans zurück." Zit. n. Braun (Anm. 2), S. 110. Seit der ersten Hälfte des 17. Jahrhunderts waren die Kontrafakturen auch „theologisch umstritten". Vgl. ebd., S. 112.

[9] Ähnlich Ruberg (Anm. 5), der die Termini ‚geistlich' und ‚weltlich' nur für bedingt brauchbar hält, da sie als „Kategorien […] mit ordnend-beschreibender, aber auch mit kritisch-distanzierender Funktion" begegnen; Zitat S. 69. Auch Ruberg kennt ein Beispiel aus dem volkssprachigen Bereich: Ebd., S. 70, Anm. 7, nennt er eine politische Kontrafaktur des Osterliedes ‚Christ ist erstanden', die Ostern 1474 gesungen wurde, „als Sigismund von Tirol seine südwestdeutschen Länder dem Landvogt Karls des Kühnen wieder" abgenommen hat: *Christ ist erstanden | der lantvogt ist gefangen | des sollen wir alle fro sein | Sigmunt soll vnser trost sein | kyrioleis.*"

[10] Michael Curschmann, Gisela Kornrumpf: ‚Pfullinger Liederhandschrift'. In: ²VL. Bd. 7. 1989, Sp. 584–587, hier Sp. 584. Kalisch diskutiert den Liedanhang in dieser Handschrift ausgiebig und druckt das geistliche Lied aus der Pfullinger Handschrift auch ab, doch befasst er sich in diesem Fall nicht weiter damit. Vgl. Kalisch (Anm. 1), S. 78–81 (Abdruck), S. 128–130 (nochmaliger Abdruck und Kommentar).

[11] Laut Wachinger enthält das Liederbuch der Clara Hätzlerin 17 „Tagelieder und Tageliedvariationen – eine solche Sammlung ist einmalig in der deutschen Liedüberlieferung"; vgl. Burghart Wachinger: Liebe und Literatur im spätmittelalterlichen Schwaben und Franken. Zur Augsburger Sammelhandschrift der Clara Hätzlerin. In: DVjs 56 (1982), S. 386–406, Zitat S. 395.

senkloster Pfullingen bei Reutlingen weist eine ganze Reihe an geistlichen Kontrafakturen im engeren Sinn auf. Sie enthält nicht nur überwiegend Schriften des „Elsässer Dominikanerpredigers, Theologen und Ordensreformators Johannes Kreutzer", sondern in einem Anhang auch etliche Lieder, von denen in fünf Fällen eindeutig „und in mehreren anderen mehr oder weniger stringent zu erweisen" ist, „daß die Texte nach anderweit bekannten Melodien zu singen waren", und diese Melodien stammen „ganz überwiegend aus dem Bereich des populären weltlichen Gesellschaftsliedes der Zeit",[12] so Michael Curschmann und Gisela Kornrumpf. Bemerkenswert ist außerdem, dass der Terminus der Kontrafaktur sprachgeschichtlich zum ersten Mal in dieser Handschrift belegt ist. Der Hinweis auf ein „*Contrafactum*" (Bl. 170^r und 171^v) und besonders der auf das „*Contrafäct* (!) *uff einen geistlichen sinn* 178^r (3. Schreiber)" charakterisiert „primär das neue Lied als metrisch-musikalische ‚Kopie' mit neuem, geistlichem Sinngehalt".[13]

Das nun zu betrachtende geistliche Lied wird zwar weder von einer Melodie noch von einem expliziten Hinweis auf eine Kontrafaktur begleitet, bietet aber wohl in Anbetracht der textlichen Umgebung die zielgerichtete Spiritualisierung eines spätmittelalterlichen, weltlichen Tageliedes, wobei der Text der weltlichen Vorlage unübersehbar für eine neue Interpretation genutzt wird.[14] In beiden Fällen handelt es sich um fünf achtzeilige, stollig gebaute Strophen mit metrisch unregelmäßigem (es wechseln drei und vier Hebungen: 4/3/4/3 – 3/4/3), aber reimtechnisch identisch gebautem Aufgesang (abab) und Abgesang (ccxc). Die beiden ersten Verse der ersten Strophe sind nahezu identisch: *Wir wǫnt gegen dieser vasenacht | frisch und fro beliben*, heißt es in der geistlichen Kontrafaktur, im Tagelied demgegenüber: *Ich will gen diser vasennacht | Frisch vnd frey beleiben*.[15] Es wechselt also lediglich das ‚Ich' mit dem gemeinschaftsstiftenden ‚Wir'. Dabei bezeugt bereits das zugrunde liegende Tagelied artistisches Spiel mit Rollen, Szenerie und Personal, das die bestehende Gattungstradition nicht nur voraussetzt, sondern auch reflektiert, und dies sicher ironisch: In Verkehrung der ‚Normalform' eines Tageliedes ist die Szenerie nun auf einen Dachboden verlegt; außerdem

---

[12] Curschmann, Kornrumpf (Anm. 10), Sp. 585, außerdem Kalisch (Anm. 1), hier S. 8 f. Melodien enthält die Pfullinger Handschrift nicht (ebd. S. 52). Lipphardt (Anm. 1), S. 106, hat eine der Kontrafakturen aus der Handschrift publiziert. In diesem Fall handelt es sich um ein Minnelied aus der ‚Lochamer' Handschrift, das in ein Marienlied umgedichtet wurde.

[13] Soweit es „um musikalische Zusammenhänge geht", ist „das neulateinische Partizipialsubstantiv und eine entsprechende deutsche (?) Nominalform" sogar „überhaupt nur hier (!) belegt", so Curschmann, Kornrumpf (Anm. 10), Sp. 585 f.

[14] Nach Ruberg (Anm. 5), S. 77, handelt es sich dabei um einen eher „seltenen Sachverhalt".

[15] Ich zitiere die geistliche Kontrafaktur nach: Gedichte 1300–1500. Bd. 2. Nach Handschriften und Frühdrucken in zeitlicher Folge. Hrsg. von Eva und Hansjürgen Kiepe. München 1972 (Epochen der deutschen Lyrik. 2), S. 328 f.; vgl. auch Kalisch (Anm. 1), S. 78–81 (Abdruck), S. 128–130 (nochmaliger Abdruck und Kommentar). Das Tagelied zitiert nach: Tagelieder des Mittelalters. Mittelhochdeutsch/Neuhochdeutsch. Ausgewählt, übersetzt und kommentiert von Martina Backes. Einleitung von Alois Wolf. Stuttgart 1992, S. 230–233.

handelt es sich bei der gewöhnlich unwiderstehlichen Geliebten hier um eine Frau mit dem Namen Hille, die voller Läuse und Wanzen ist, was dem männlichen Ich ein schreckliches *kratzen und iucken* (Str. 3) beschert. Und obwohl zwei Mal mitgeteilt wird, in welcher *wunne* das Ich unter der dünnen Federdecke lebt, wird Christus direkt im Anschluss daran ebenfalls zwei Mal in dem sich wiederholenden Refrain angerufen: Er soll beim Entkommen aus diesem Federbett helfen. In Strophe 2 und 4 heißt es gleichlautend:

Ich lebet in der wunne,
Die vederwat was dünne,
Ich ruofft an Crist von himel,
Das ich ir entrunne.

Die Flucht gelingt schließlich, während sich die Geliebte (die *liebe*[], Str. 3, V. 4) bei Tagesanbruch in der Kirche befindet. *hoflich mit vuogen* macht sich der Liebhaber davon, wie es Str. 5, V. 6 sicher spöttisch heißt, und er bedankt sich am Ende – wohl nicht minder ironisch – für die von Gott geschenkten Füße, die ein Entkommen überhaupt erst ermöglichen (*Got danck den lieben füssen mein, | Die mich von danen trugen!* So Str. 5, V. 7 f.).

Dieser Inhalt wird dann in der Kontrafaktur in einen religiösen Sprechakt überführt, wenn die hier eher beschwerliche irdische Tagelied-Minne nun in eine beglückende Jesusminne umgeformt ist. Es ist zum einen der Bildbereich der Minne, an dem die Kontrafaktur ansetzt, zum anderen nimmt sie die Weltfreude zum Ausgangspunkt für eine andere Perspektive. Die Notwendigkeit einer Sündenvergebung durch *gottes sun* wird bereits in der ersten Strophe vorbereitet, wenn die Erinnerung daran der Anspielung auf die *vasenacht* unmittelbar nachgesetzt ist (Str.1, V. 1). Ansatzpunkt für die examinierende Auseinandersetzung bildet demnach die von sündhaften körperlichen Begierden bestimmte Fastnachtzeit, die im Tagelied vor allem als sexuelles Begehren ihren Niederschlag findet. Dabei werden die mit der Fastnachtzeit verbundenen Vergnügungen nun in jenseitsgerichtete, ewige Freuden überführt, wobei es entsprechend auch ein anderer *gaste* (Str. 1, V. 9) ist, an den das geschlechtsspezifisch nun nicht näher bestimmte Ich denkt.

Auch in der geistlichen Kontrafaktur gibt es einen Refrain, aber der beendet nun jede der ebenfalls fünf Strophen, und zwar mit einem auffordernden *Hee!* Außerdem wird dieser Refrain, anders als im Tagelied, von Strophe zu Strophe variiert. In der ersten Strophe richtet sich der Refrain an die *lieben, zarten kind* (Str. 1, V. 8), denen nun nicht ein Liebhaber wie im Tagelied, sondern Gottes Sohn als *gast* empfohlen wird. Wenn damit junge Mädchen angesprochen sind, was nicht unwahrscheinlich ist, könnte es sich um die in der lasterhaften Fastnachtzeit verführten jungen Frauen handeln, die dann in der zweiten Strophe dazu ermahnt werden, sich den *vnderscheide* (V. 13) zu vergegenwärtigen und allen vergänglichen, weltlichen Freuden zu entsagen, um sich allein diesem neuen *gast* zuzuwenden (Str. 1). So werde den *lieben, ußerwelten kind* (Str. 2, V. 16) das ewige Leben zuteil. Wer froh werden wolle, möge sich mit *ganczer minne*

(Str. 3, V. 19) besser dem Himmel zuwenden, wo immer *vasenacht mit fröiden manigerleye* (Str. 3, V. 24 f.) herrsche, und wo Jesus selbst den Reigen im *minneklichen meyen* anführe.

Nicht auf das irdische Leben mit der Vertreibung der Sorgen in der *vasenacht* soll hier alles ausgerichtet sein, sondern auf die Vertreibung der Sünden durch Jesus und auf die Liebe und Freude, die Jesus den Menschen vermittelt, als Freude auf das zukünftige ewige Leben in Strophe 2, als Freude auf die Gnade Gottes in Strophe 5 und als *kurczewil* (V. 36), welche die Musik aller Saiteninstrumente und Orgeltöne übertrifft, in der letzten Strophe. Hinzu kommt: *Sin ougenblick* [Anblick] *der ist so sůß | Daz hercz in fröiden krachett* (Str. 5, V. 40 f.). Nicht Askese und Verzicht rücken mithin ins Zentrum, sondern Beglückung und Entzücken, wobei „Ausgangs- und Bezugspunkt" dieser „überschwengliche[n] Freudenkundgabe" Jesus ist.[16]

Die sich steigernde religiöse Erlebniswirklichkeit ist in diesem Fall unübersehbar in Opposition zum sündhaften Treiben der Fastnachtzeit im Tagelied gesetzt. Die zur Wiedererkennbarkeit nötigen Anklänge arbeiten kontrastierend einer Absage an weltliche Freuden zu, und zwar zugunsten einer Mahnung zur *conversio*. Nahegelegt ist eine Umorientierung, ein freudiger Wechsel zu Jesus. Kalisch betont in seiner Arbeit zur Pfullinger Handschrift zwar mehrfach, dass im 15. Jahrhundert „kein Gegensatz zwischen weltlichem und geistlichem Melodie- oder Liedgut" bestanden habe, aber das gilt wohl vor allem für die in der Regel montierten, „umgesungenen Melodieformeln oder melodischen Wendungen".[17] André Schnyder sieht demgegenüber – nun allein mit Blick auf die Texte – eher eine „bivalente Struktur", die im geistlichen Tagelied „zwischen den beiden Polen ‚sakral' und ‚säkular' oszillieren kann", „denn selbst wo das Muster ‚Tagelied' ganz weltlich oder ganz geistlich realisiert zu sein scheint, bietet sich für den Produzenten und die Rezipienten immer die Möglichkeit, das gegenseitige Extrem zu evozieren und zu erinnern".[18]

Bei der zuletzt besprochenen geistlichen Kontrafaktur handelt es sich zwar nicht um ein geistliches Tagelied, das konstitutive Tageliedelemente wie Zweisamkeit, Weckruf oder Abschiedsschmerz nun religiösem Ernst neu zuordnete. Die Mahnung zu Umkehr und Buße erfolgt tatsächlich fast ohne Rückgriff auf die Tagelied-Metaphorik, wenn für den geplanten Zusammenhang lediglich Strophenzahl und Strophenform, Refrainzeilen sowie punktuell auch wörtliche Bezüge sprechen. Dazu gehört vor allem die Fastnacht mitsamt ihren Vergnügungen wie Tanz und Musik sowie die – in je unterschiedlicher Hinsicht – beglückende Minne. Allenfalls der erwähnte *gast* könnte anspielungshaft die

---

[16] Kalisch (Anm. 1), S. 128.
[17] Ebd., S. 54.
[18] Schnyder (Anm. 6), Zitat S. 11 f. Lipphardt (Anm. 1), S. 109, hat demgegenüber die Vermutung geäußert, dass insbesondere Frauen von vornehmer Geburt, die in den Klöstern lebten, geistliche Kontrafakturen mit ihren weltlichen „hochstilisierten Melodien" zu schätzen wussten, um „eine Stufe ihres Weges zu Gott in echter Demut zu erreichen". Aber ist von solchen, einander ausschließenden Gegensätzen wirklich umstandslos auszugehen?

Stelle des Ankömmlings auf dem Dachboden im Tagelied besetzen, der Christus nur um Hilfe anfleht, um der verflohten Hille zu entkommen. Und während es im Tagelied in komischer Verkehrung des Trennungsschmerzes und der gemeinsam verbrachten Nacht um eine ersehnte Flucht und die Liebeserfüllung im Leid geht, verspricht die Kontrafaktur beseligende immerwährende Freuden. Dennoch kann es in Anbetracht der unübersehbaren Bezugnahmen kaum darum gegangen sein, das lästerliche Tagelied vergessen zu machen. „Weil ein Zitat immer zwischen Gebrauch und Erwähnung einer Äußerung schwankt, wiederholt es nicht nur eine Aussage, sondern weist zugleich auch auf einen fremden Sprechakt hin."[19] Wer ein historisch etabliertes Repertoire aufruft, dazu ganze Zeilen herbeizitiert und überdies an Metrum, Refrain sowie mit Blick auf mehrere Zeichenfelder Anschluss sucht, der will auch nicht, dass der Prätext in Vergessenheit gerät. Mit Lipphardt gesprochen, wäre die „Sache [...] dann ja ‚witzlos'".[20]

Die geistliche Kontrafaktur setzt das sündhafte Treiben mithin voraus, um es umso deutlicher gegen die einzig seligmachende Freude aufzuwiegen. Hier wird zwar eine eindeutige Hierarchisierung der Bedeutungszusammenhänge vorgenommen, aber ein „Verdrängungswettbewerb"[21] wird nur insofern gesucht, als der Argumentation Gewicht gegeben werden soll. Ziel ist thematisch sicher die Schaffung eines Gegentextes, aber der sprachliche Anspielungshorizont ist zugleich nötig, um den Unterschied im Vergleich mit irdischen Freuden sowie die Notwendigkeit zur Umkehr emphatisch zu betonen. Dass es tatsächlich so ist, dafür spricht nicht zuletzt auch die kritische Einschätzung der Kontrafakturen in der Frühen Neuzeit. Dann nämlich wird das Verschwiegene nicht nur als stets präsent vorausgesetzt, sondern es wird auch als potentiell gefährlich erachtet, könnte es doch ein klammheimliches Vergnügen an den präexistenten Liedinhalten erlauben.[22]

II. Das Spiel mit der Ähnlichkeit: *Der Martin*

Auf eine ungewöhnliche Verbindung von weltlichen und geistlichen Lyrikelementen hat Andreas Kraß 1999 im Fall einiger Martinslieder aufmerksam gemacht[23] – nach Meinung der Forschung – wie schon erwähnt – eigentlich ein Sakrileg, denn die Lyrikelemente entstammen einem religiösen Kontext und Martinslieder sind vor allem Trinklieder, in denen die Übernahmen im Beispiel bei Andreas Kraß in karikierender Weise

---

[19] Daniel Weidner: Zur Rhetorik der Säkularisierung. In: DVjs 78 (2004), S. 95–132, Zitat S. 126 f.
[20] Lipphardt (Anm. 1), Zitat S. 108; ähnlich Wachinger (Anm. 8), S. 7: „Sinn des Verfahrens ist offenbar nicht in erster Linie, wie man immer wieder gemeint hat, die Verdrängung des weltlichen Musters – dabei wäre ja die Bezugnahme eher hinderlich –, sondern die Übertrumpfung."
[21] So Ruberg (Anm. 5), S. 81, zu einem anderen Beispiel.
[22] Vgl. Braun (Anm. 2), S. 101.
[23] Andreas Kraß: Eine unheilige Liturgie. Zur karnevalesken Poetik des Martinsliedes des ‚Mönchs von Salzburg'. In: PBB 121 (1999), S. 75–102.

erfolgen. Bei dem diskutierten Martinslied handelt es sich um eines, das der ‚Mönch von Salzburg' zu Ehren des heiligen Martin verfasst hat, dessen Festtag am 11. November begangen wird. Geweiht ist das Fest dem heiligen Martin von Tours, der nach der *Legenda aurea* „einst an einem kalten Wintertage mit einem nackten Bettler seinen Mantel teilte".[24] In der Martinsnacht wird „die fruchtbare Jahreszeit" verabschiedet und aus diesem Anlass wird noch einmal gefeiert, ähnlich wie in der Fastnacht. Zu Recht hält Andreas Kraß fest, dass dieser Festtag zwischen einer sakralen und einer profanen Sphäre oszilliere,[25] und so erklärt es sich wohl auch, dass die Textzeugen des Martinsliedes *Wolauf, lieben gesellen unuerzait* „nicht im Kontext der weltlichen, sondern der geistlichen Lieder des ‚Mönchs'" erscheinen[26]. Die sieben Handschriften, in denen das Lied überliefert ist, stammen aus dem ersten und dritten Viertel des 15. Jahrhunderts.[27]

Da dieses Lied wiederum einer geistlichen Kontrafaktur zugrunde liegt, die ich noch in den Blick nehmen möchte, kurz zur Form: Vier, jeweils 15 Verse umfassende Strophen weist das Martinslied auf, hinzu kommt „eine begleitende Tenorstimme, die jeweils parallel zu den Liedstrophen gesungen wurde"; die Strophen „gliedern sich in drei Partien. Die erste Partie wiederholt bei wechselnden Hebungszahlen sechsfach denselben Reimklang (5a 2a 3a 3a 3a 4a), dann folgen zwei weitere Partien, die neue Reimtypen hinzunehmen und jeweils wieder mit dem Reimklang der ersten Partie schließen (3b 2b 2c 2c 3a / 2d 3d 3a). Die Liedstrophen enden mit einem Kehrvers, der zur Tenorstrophe überleitet: Der Kehrvers gibt den Reimklang vor, der in der Tenorstrophe zehnfach wiederholt wird. [...] Die Schlußstrophe ist als solche durch gesteigerte Reimhäufung markiert: der Kehrvers und Tenorstrophe verbindende Reim dringt in die Endverse der zweiten und dritten Strophenpartie ein."[28] Der von Andreas Kraß so beschriebene Strophenbau ist mithin subtil, und derart „komplexe und artifizielle Strophenformen begegnen sonst nur in geistlicher Lyrik", so noch einmal Andreas Kraß.[29] Die postulierte „Hybridisierung von Sakralität und Profanität"[30] zeichnet er detailliert anhand des Martinsliedes nach, in das Elemente geistlicher Lyrik zwar nur allusionsweise eingebracht sind, aber die mit kunstreichem Bedacht konzipierten Strophen, gebetsähnliche Formulierungen, Anspielungen auf die Eucharistie und Anlehnungen an die Bibelsprache machen in diesem Fall eine Verknüpfung weltlicher mit geistlicher Lyrik wahrscheinlich. Das Unheilige des Martinsliedes mit seinen typischen Motiven des Weingenusses, der Völlerei und des Fröhlichseins, erfährt, in den Worten von Andreas Kraß, auf diese Weise eine ‚Heiligung'.[31]

---

[24] Ebd., S. 77.
[25] Vgl. ebd., S. 76.
[26] Ebd., S. 84.
[27] Vgl. ebd., S. 82 f.
[28] Ebd., S. 91.
[29] Ebd.
[30] Ebd., S. 92.
[31] Vgl. ebd., S. 99.

Abschließend verweist er auf zwei Marienlieder von Heinrich von Laufenberg, die beide das Martinslied kontrafazieren. Entstanden sind sie in der ersten Hälfte des 15. Jahrhunderts. Den Liedern sind in der Handschrift Überschriften beigegeben, die eine Kontrafaktur explizit hervorheben: Bl. 42^v ist zu lesen: *Der Martin verkert, geistlich*, und Blatt 125^r: *Der Martin*. An diesem Punkt endet die Arbeit von Andreas Kraß, und an diesen letzten Hinweis knüpfe ich im Folgenden an, um die Rückführung in religiöse Rede anhand des Liedes *Woluff, alle christenlichi schar* zu diskutieren.[32] Dieses Lied bietet zugleich ein Beispiel für die Möglichkeit eines komplexen artistischen Spiels, das von dem „ständigen Wechsel zwischen Ähnlichkeit, Unterschieden und Widersprüchen lebt".[33] Und das erfolgt nun, indem sich der Verfasser mit der literarischen Vereinnahmung des Heiligen im profanen Martinslied auseinandersetzt.

Auf der Textoberfläche antwortet die Kontrafaktur auf das sprachliche Material partiell wörtlich, auch weisen beide Lieder vier Strophen und eine Tenorstrophe auf, aber Reimtechnik und Vers- sowie zum Teil auch die Hebungszahlen weichen verschiedentlich ab, sind dabei zwar nicht weniger komplex, doch ist von einer unveränderten Übernahme der Melodie nicht auszugehen: Die Tenorstrophe des Marienliedes weist nämlich nicht zehn Verse wie das Martinslied auf, sondern nur neun; die Reimklänge werden in der vorangestellten Tenorstrophe nicht zehn Mal, sondern nur sieben Mal wiederholt, während der Beginn davon abweichend im Paarreim (*rein/gmein*) steht; einen Kehrvers gibt es nicht; die vier Strophen umfassen – in kontinuierlicher Steigerung – 15, 16, 17 und 18 Verse, weswegen auch die Anzahl der monorimen Reime abweicht; die letzten Verse sämtlicher Strophen bilden nun einen Kornreim usw.

Das Oszillieren von weltlicher und religiöser Rede im Martinslied artikuliert sich bereits in den Eingangsversen der Tenorstrophe: *Seit willikomen, her Martein, | lieber czartter, trawter herre mein!* Die preisende Apostrophe entstammt der geistlichen Lyrik; der Übergang ins Marienlied gestaltet sich entsprechend fließend, wobei mit der Initialkontrafaktur sogleich präludiert ist, worum es im Marienlied geht, wieder um den erlösungsbedürftigen Sünder: *BIs wilkomen, maria, maget rein, | zarter trost, dem sünder allzit gmein*. An sie richtet sich die Bitte, den Weg in den Himmel zu ermöglichen, wo ein *krenczelin* […] *vns mache vin*, so in der ersten Strophe. Das spinnt das gute *trunkchelein* im Martinslied fort, mit Hilfe dessen *vns vnnsre wängelein | werden fein*.

Um es mit Rainer Warning und Susanne Köbele zu formulieren: ‚Konnotativ ausgebeutet'[34] und ‚bereichert'[35] ist dann wieder die Freude, nun über den Weingenuss mit

---

[32] Ich zitiere die Lieder nach dem Editionstext bei ebd., S. 87–89, und nach der Ausgabe von Philipp Wackernagel: Das deutsche Kirchenlied von der ältesten Zeit bis zu Anfang des XVII. Jahrhunderts. Zweiter Band. Nachdruck der Ausgabe Leipzig 1867. Hildesheim u. a. 1990, S. 610 f., Nr. 796. *Minne schenken*.

[33] Formulierung nach Linda M. Koldau: Frauen – Musik – Kultur. Ein Handbuch zum deutschen Sprachgebiet der Frühen Neuzeit. Köln 2005, S. 833 (zum Pfullinger Liederanhang).

[34] Den noch immer tauglichen Begriff hat Rainer Warning geprägt; vgl. Rainer Warning: Lyrisches Ich und Öffentlichkeit bei den Trobadors. In: Deutsche Literatur im Mittelalter. Kontakte und Perspektiven. Hugo Kuhn zum Gedenken. Hrsg. von Christoph Cormeau. Stuttgart 1979, S. 120–159.

Spielerische Überschneidungen

Martin und seinen Gesellen. Sie wird ausgedehnt auf die Freude über die Geburt des Erlösers, der in Anlehnung an den Kehrvers *Geus aus, schenkch ein!* (V. 15) dazu aufgefordert wird, Minne auszugießen: *Ihesu die min schenk in.* (Str. 2) Entsprechend richtet sich der Aufruf *Woluff* am Beginn der beiden Strophen auch nicht an die *lieben gesellen vnuerczait*, sondern an *alle cristenlichi schar*. Diese Umdeutung bestimmt auch die nachfolgenden Strophen, die immer wieder aufs Neue die Festfreuden semantisch ausnutzen, um eine Rückführung ins Religiöse vorzunehmen.

Das gilt auch für die Freude an der Heiligen Schrift in der zweiten Strophe, die im Martinslied in semantischer Unbestimmtheit gute Gaben in Aussicht stellt, im Marienlied demgegenüber in unmissverständlicher Klarheit das Seelenheil verspricht. *Wir süllen uns frëuen, sait dy geschrift, | gueter gift, | die vns alle trift* (V. 26–28), heißt es im Martinslied, *Wir sond vns frôwen, dz die geschrift | dar zů schift | seld die vns trift* (Str. 3) im Marienlied. Der übermäßige Weingenuss führt im Martinslied dazu, dass die Lippen verrutschen (V. 36: *lebsen entslimphen*). Dieses Verrutschen der Lippen überwindet das Marienlied in der dritten Strophe durch ein *fröhlich singen | vnd springen*, um den Teufel zu bezwingen (Str. 3). Wie schon das anfangs besprochene ,Jesuslied', lässt auch das Marienlied keineswegs alles Körperliche zurück, um es zu eskamotieren, sondern es öffnet die leibhaftigen Freuden vielmehr für eine religiöse Sinnfindung.

In der nächsten Strophe wechselt dann nicht nur der Gastgeber, auch der Bildgehalt des fröhlichen Weltlebens wird umgedeutet. Zunächst das Martinslied (V. 41–43): *Wer nu welle sein sand Marteins gast, | sorgen last | dy sey im als ein past!* Trinkt er dann *vnmassen vast* (V. 44) und macht Rast, so heißt es weiter, dann schwankt er taumelnd wie ein Ast im Winde und muss sich an der Wand längs tasten. Auf die immer wieder ersehnten körperlichen Gelüste des Weingenusses scheinen sich die im Marienlied genannten *libes begirden* (Str. 4) zu beziehen, auf die es zu verzichten gilt. Und die *rast* gilt nun der *waren sunnen glast*, nach der man *tast*. Außerdem ist es natürlich Maria, der sich derjenige zugesellen soll, der vorhat, des *tŭfels pin* (ebd.) zu entgehen, ferner werden denjenigen *fröud die nitt zerrinnen* (ebd.) in Aussicht gestellt, die diesem Ratschlag Folge leisten. Damit ist *Dz marien lob […] volbraht | dieser nacht* (Str. 5), in der man sich daran erinnern soll, wie *dz kindli* die Mutter *anelacht* (ebd.) und schließlich den Teufel besiegt. Demgegenüber dient die *sant marteins nacht | […] heint czu nacht* (V. 58) vor allem dazu, Gänse und Kastanien, gebratene Quitten und Birnen zum kühlen Wein zu verschmausen, damit *vnser hercze lacht* (V. 61). *Geusaus, schenkch ein!*

---

35   Susanne Köbele: Umbesetzungen. Zur Liebessprache in Liedern Frauenlobs. In: Geistliches in weltlicher und Weltliches in geistlicher Literatur des Mittelalters. Hrsg. von Christoph Huber u. a. Tübingen 2000, S. 213–235, hier S. 231. Im Fall von Frauenlob sieht Köbele „eine oszillierende Wahrnehmung" gefordert, außerdem erkennt sie „wechselseitig aufeinander bezogene […] perspektivisch umschlagende Verweissysteme", die anders als im Marienlied „nicht eindeutig hierarchisiert[]" sind, weswegen sie lieber von einer ,Bereicherung' sprechen möchte als von ,Ausbeutung'. Das Marienlied beutet das Martinslied demgegenüber aus und deutet es zugleich bereichernd um.

heißt es am Schluss ein letztes Mal, während das Marienlied an dieser Stelle eine Erlösungsbitte formuliert: *lôss vns, trôsterin.*

Auch das Marienlied formuliert demnach Direktiven für ein gottgefälliges Verhalten, doch bleibt es dem Martinslied dabei textlich derart eng verbunden, dass auch hier ein Verschwinden des Martinsliedes hinter dem Marienlied nicht anzunehmen ist.[36] Ohne jede geistliche Polemik werden die vergänglichen irdischen Freuden belehrend überspielt, um sie gegen die Sphäre des Heiligen auszuspielen. Das Verfahren der Kontrafaktion erweist sich als ein produktives Überschreiben, das zugleich ein Miteinander der gegenläufigen Implikationen bedingt, um aufzurütteln und in diesem Fall der Sphäre des Heiligen ihren angestammten Platz zurückzuerstatten. Eine Verdrängung des Martinsliedes wäre dabei geradezu hemmend; im Dialog mehrerer Stimmen agiert das Martinslied mitsamt seinen Implikationen fortlaufend mit.

Das grenzgängerische Martinslied hat sich vermutlich – ähnlich wie die, zumindest aus klerikaler Perspektive, sündenbelastete vorösterliche Fastnachtzeit – geradezu für ein kontrafazierendes Ineinander angeboten. Von einer ‚Heiligung' des weltlichen Geschehens wegen der mehrdeutigen, geistlichen Allusionen würde ich zwar nicht sprechen wollen,[37] wohl aber – wie auch Andreas Kraß – von literarischer Reflexion,[38] die der religiösen Sphäre nichts anhaben kann, handelt es sich doch, wie Iser es zum ‚stummen Wissen' formulierte, um einen „Vorrat an Gewißheit […], der so gesichert erscheint, daß er als selbstverständlich gelten darf".[39]

III. Jahreszeiten-Assoziationen

Dass überhaupt eine Kontrafaktur entsteht, könnte man geradezu als Indiz dafür betrachten, dass der Prätext oder auch die Melodie bereits einen höheren Bekanntheitsgrad besaß.[40] Das belegt etwa eine Strophe aus dem 15. Jahrhundert, die bis ins 16. Jahrhundert nachweislich in unterschiedlichen Kontexten Verwendung fand. Verfasst wurden die frühesten, uns bekannten Kontrafakturen auf die so genannte Waldstrophe ungefähr zur gleichen Zeit. Nach Karin Schneider ist die Handschrift Cgm 4702 mit einer geistlichen Kontrafaktur, einem Marienlied, im vierten Viertel des 15. Jahrhun-

---

[36] Anders wohl Kraß (Anm. 23), S. 99.
[37] Das Martinslied partizipiert wegen der – allerdings gewagten – geistlichen Allusionen wohl noch nicht zugleich an der Ehrwürdigkeit religiöser Texte.
[38] Kraß (Anm. 23), S. 98 u. 100.
[39] Wolfgang Iser: Das Fiktive und das Imaginäre. Perspektiven literarischer Anthropologie. Frankfurt a. Main 1991, S. 18.
[40] Ähnlich Petzsch zu den Kontrafakturen des Lochamer Liederbuchs: „Kontrafaktur ist recht sicherer Anhaltspunkt dafür, daß auch diese Version damals schon verbreitet war." Christoph Petzsch: Das Lochamer-Liederbuch. Studien. München 1967 (Münchener Texte und Untersuchungen zur deutschen Literatur des Mittelalters. 19), S. 237.

Spielerische Überschneidungen

derts entstanden,[41] das Lochamer-Liederbuch mit einem, der geistlichen Kontrafaktur wohl zugrunde liegenden Minnelied, stammt aus der Zeit um 1450/60,[42] und eine weitere, ebenfalls weltliche Kontrafaktur zum Bauernschinden aus der Liederhandschrift von Fichard fand sich in einer – heute verschollenen – Handschrift aus der Zeit um 1455.[43] Alle Handschriften stammen mithin aus der zweiten Hälfte des 15. Jahrhunderts, weswegen lediglich im Fall des Marienliedes sicher ist, dass es eine geistliche Kontrafaktur präsentiert. Worauf sich die Kontrafaktur mit der Aufforderung zum Bauernschinden bezieht, ist entsprechend unklar.

Die nachfolgende Diskussion konzentriert sich auf die erwähnte ‚Waldstrophe', anhand derer sich vor allem das artistische Spiel mit bekannten Texten und/oder Melodien im Mittelalter belegen lässt. Sie liegt wohl der 15. Strophe einer geistlichen Kontrafaktur zugrunde. Sieht man einmal von der noch zu betrachtenden weltlichen Kontrafaktur mit der Aufforderung zum Bauernschinden ab, so sind die Strophen gleich gebaut, wenn sie jeweils acht Verse im gleichförmigen Kreuzreim aufweisen. Überliefert ist die ‚Waldstrophe', wie schon erwähnt, erstmals im 15. Jahrhundert, dann aber auch noch in etlichen Drucken des 16. Jahrhunderts.[44] Zunächst die Strophe aus dem Lochamer-Liederbuch:

Der walt hat ſich entlawbet,
gen diſem winter kallt.
meiner freud pin ich werawbet,
gedencken machen mich allt.
das ich ſo lang muß meyden,
dy mir gefallen iſt,
das ſchafft der klaffer neyde,
dazu ir arger liſt.

Die geistliche Kontrafaktur übernimmt den Natureingang nahezu wörtlich, um – wie in der Minnelyrik üblich – durch den Winter eine Leidenszeit zum Ausdruck zu bringen. Den Assoziationsraum für eine Umbesetzung bietet dann vor allem die Erfahrung eines Verlustes, für die tückischer Neid verantwortlich ist:

Der walt hat ſich entlabet,
Es ward der winter kalt.

---

[41] Vgl. Karin Schneider: Die deutschen Handschriften der Bayerischen Staatsbibliothek München: Die mittelalterlichen Handschriften aus Cgm 4001–5247. Editio altera. Wiesbaden 1996, S. 376.

[42] Vgl. Christoph Petzsch: ‚Lochamer Liederbuch'. In: ²VL. Bd. 5. 1985, Sp. 888–891.

[43] Abgedruckt u. a. in: Kiepe, Kiepe (Anm. 15), S. 234 f. (Q 22). Zu ‚Fichards Liederbuch', von dem ein Abdruck aus dem 19. Jahrhundert von Johann Carl Fichard erhalten ist, vgl. Helmut Lomnitzer: ‚Fichards Liederbuch'. In: ²VL. Bd. 2. 1980, Sp. 734–736.

[44] Ich teile beide Strophen nach Petzsch (Anm. 40), S. 212 f., mit. Zu den Drucken vgl. ebd. S. 215, Anm. 24. Mit Strophe 20 und 22 erfolgen weitere Kontrafakturen auf der Basis des Minneliedes. Im ‚Lochamer Liederbuch' fehlt die Vergleichsstrophe zu Str. 20 zwar, doch ist sie in etlichen Drucken vorhanden. Vgl. ebd. Zu weiteren Kontrafakturen in der Pfullinger Handschrift, im ‚Lochamer Liederbuch' usw. vgl. Ruberg (Anm. 5), S. 69–82.

Deins kindes wardſt dü berabet,
Mit trauren manigüalt,
Da du als lang müſt meiden,
Der dir geuellig iſt,
Das macht der juden neyden
Vnd auch ir arger liſt.

Die weltliche Strophe ist mühelos wiederzuerkennen, denn mit nur wenigen ‚Strichen' ist sie in einen religiösen Sprechakt verwandelt: Aus dem Neid der Lästermäuler wird der Hass der Juden; aus dem Verlust der Freude wegen der fernen Geliebten ist eine Mutter geworden, die ihres Kindes beraubt ist. Und so entsteht aus dem Entreißen eines geliebten Menschen in beiden Fällen Freudlosigkeit (Minnelied) bzw. mannigfache Trauer (Marienlied). Erst die nachfolgenden Strophen gehen dann in eine deutlich spiritualisierte Freude über, und zwar über die Erlösung und die Auferstehung, und sie münden schließlich in einem Marienlob, wobei Maria wie so oft „das Heilswerk der Passion vorbereitet".[45]

Dem Assoziationsreichtum der Sprache und dem artifiziellen Spiel mit Versatzstücken liefert sich demgegenüber eine weitere, nun weltliche Kontrafaktur weitaus unbekümmerter aus. Ob dabei das geistliche Lied kontrafaziert wurde oder das weltliche, lässt sich nicht entscheiden. Das motivische Material der entlaubten Bäume im kalten Winter, das in der Minnelyrik in der Regel den Verlust an Freude im Gefolge hat, verkehrt der unbekannte Verfasser eines Liedes aus dem 15. Jahrhundert in ‚Fichards Liederbuch' gleich zu Anfang erst einmal ins Gegenteil, um dann dem Lied eine ganz andere Wendung als in den beiden genannten Beispielen zu geben.[46] Da diese Strophe nun einen Vers weniger aufweist als die beiden anderen ‚Waldstrophen', und da auch die Reimtechnik sich unterscheidet, wurde das Lied wohl ebenfalls eher nach einer abgewandelten Melodie gesungen. Aber die motivischen und inhaltlichen Elemente, auf die Bezug genommen wird, sind wieder unübersehbar, wobei signalhaft erst einmal das Incipit der Strophe herbeizitiert, zugleich aber auch verkehrt ist:

Der walt hat sich belaubet,
Des freuwet sich myn mut.
Nun hüt sich mancher buer,
Der went, er sy behut!
Das schafft des argen wintters zorn,
Der hat mich beraubet;
Des klag ich hüt und morn.

Wieder ist es ein Wald, der nun allerdings be-, nicht entlaubt ist, weswegen in nochmaliger Verkehrung nun nicht Freudlosigkeit, sondern Frohsinn aufkommt (*Des freuwet sich myn mut*). Und nicht Neid und Missgunst sind es dann, die das Ich klagen lassen, sondern die Widrigkeiten dieses kalten, grimmigen Winters: Was der harte Winter ge-

---

[45] So Ruberg (Anm. 5), S. 79, allerdings in einem anderen Zusammenhang.
[46] Ich zitiere nach der Ausgabe Kiepe, Kiepe (Anm. 15), S. 234 f. (Q 22).

raubt hat, ist nun ganz konkret auf die beklagenswerte Verarmung des Ich-Sprechers bezogen, weswegen alle Bauern gewarnt werden, sich nicht allzu sicher zu wähnen.

Das, was dann in fünf weiteren Strophen genauer ausgeführt wird, entfernt sich denkbar weit von den zuvor genannten Liedern: Um zu überleben, werden die *iunge*[n] *edelman* (Str. 2, V. 10) dazu angehalten, reichen Bauern im Wald aufzulauern, sie zu überfallen (Str. 2) und auszurauben; und wenn sie nichts haben, soll ihnen die Gurgel umgedreht werden (Str. 3). Danach gilt es, sich vor den prahlerischen und tanzwütigen Bauern vorzusehen, um nicht erwischt zu werden (Str. 4–6). Textbezüge auf die weltlichen Strophen des Minneliedes werden in den Strophen 2 bis 6 offensichtlich nicht angestrebt, allein der Bedeutungshorizont des Raubes hat in diesem Lied eine gewalttätige Phantasie in Gang gesetzt, die schließlich im Vorhaben mündet, nun einem bestimmten reichen Bauern aufzulauern, von dem sich das Ich die Rettung aus dem Elend erhofft: *Er hilfft mir wol uß aller not* (Str. 6, V. 41), so der Ich-Sprecher, der abschließend und etwas unvermittelt einen Gruß an eine schöne junge Frau formuliert: *Got gruß dich, schöns iungfreuwelin, | Got gruß din mundelin rott!* (ebd., V. 42 f.)

Sprachliches und thematisches Kapital schlägt der unbekannte Verfasser demnach vor allem aus der weithin bekannten ‚Waldstrophe‘. Ausgehend vom Raubmotiv und von der grimmigen Jahreszeit gibt er dem Lied dann allerdings eine ziemlich unverhoffte Wendung. In diesem Fall lässt die konnotative Vervielfältigung nicht nur artistisches Spiel erkennen, das einem Anspruch auf kompetente Verfasserschaft zuarbeiten könnte, sondern auch einen recht verwegenen Assoziationsraum, den der unbekannte Verfasser für seine literarische Reflexion nutzt. Und worauf auch immer die Kontrafakturen jeweils Bezug nehmen: Um das Vergnügen am literarischen Spiel optimal auszuschöpfen, musste man um die Melodie und/oder den Prätext im jeweils anderen Kontext wissen.

IV. Uneindeutigkeit

Die verschiedentlich beobachtete Engführung von Weltlichem und Geistlichem kommt erneut in einem Lied zum Tragen, das sich wieder im Liederbuch der Clara Hätzlerin befindet. Das nun zu besprechende Lied präsentiert die Kontrafaktur innerhalb eines Liedes, wenn die ersten beiden Strophen im selben Lied kontrafaziert werden – ein verspieltes Lied also, in dem zwei konkurrierende Ebenen zusammengespannt sind, auf die sich eine Schlussstrophe dann in semantischer Unbestimmtheit bezieht.[47]

---

[47] Das spricht eher dagegen, dass es sich, wie Horst Dieter Schlosser meint, um eine „unvollendete Kontrafaktur" handelt. Vgl. Horst Dieter Schlosser: Untersuchungen zum sog. lyrischen Teil des Liederbuchs der Klara Hätzlerin. Hamburg 1965, zu diesem Lied S. 167–169, Zitat S. 167. Ich zitiere das Lied nach der Ausgabe von Carl Haltaus: Liederbuch der Clara Hätzlerin aus der Handschrift des Böhmischen Museums zu Prag. Quedlinburg/Leipzig 1840 (Bibliothek der gesammten deutschen National-Literatur von der ältesten bis auf die neuere Zeit. 8), S. 73, Nr. 93.

Sieben metrisch gleich gebaute Strophen mit jeweils fünf Versen (mit regelmäßigen Paarreimen und einem umarmenden Reim) liegen vor, und wieder ist es die Fastnachtzeit, die freudig gelobt wird. *Es schadt nit*, teilt der Verfasser zu Beginn der ersten Strophe mit, *ob wir toben*. Die Altvorderen haben es ebenso gemacht. Und nach fastnächtlichen Freuden will auch das Ich in der zweiten Strophe streben, wobei zugleich klar wird, dass es insbesondere *Ain fräwlein gůt* (V. 9) ist, das ihm ein solch freudenreiches Leben beschert. In der dritten Strophe markiert dann ein scharfer Schnitt die beiden aufeinander folgenden Zeiten im Kirchenjahr, wenn nun die Fastenzeit als Zeit der Umkehr aufgerufen ist. Zugleich bleiben die nachfolgenden Strophen an die vorangehenden zurückgebunden, wenn es wieder die fastnächtliche Festfreude ist, die aufgenommen und weitergesponnen wird. In den ersten beiden Strophen fungiert sie als Figura etymologica: *mit fräden*, *fro*, *fräd*, in *fräden*, *fräen*, *Erfrät*, heißt es, womit sich nicht zuletzt auch das Vergnügen am Spiel mit der Sprache zu erkennen gibt.[48] *Darnach*, so in der dritten Strophe, *komt vns die vaß mit bitter gallen* (V. 11). Das fröhliche *schallen* (V. 12) verbietet sich in der Fastenzeit, und deshalb will das Ich zu einem Heiligen pilgern (V. 13–15),[49] der lebt und der Macht über das Herz des Ich-Sprechers ausübt. Das ist wie auch das *frädenreiche[] schertzen* (V. 17) in der vierten Strophe in semantischer Entsprechung und zugleich in Kontrast zum *fräwlein gůt* (V. 9) in der zweiten Strophe entworfen. Seine Fortsetzung findet das Sprechen im Vokabular der Minne dann in den nachfolgenden Strophen, wo konventionelle Signalwörter wie Gnade, Liebe und Leid (V. 21, 29) aufgeboten sind und wo *mit lieber gir* (V. 19) das Herz in *stättikait* (V. 24) und *lieb* und *triu* (V. 29) verharrt, ein *hertz*, das *beſtricket* ist von einem *pild*, welchem das Ich wiederum sein Herz schenkt:

> *Es iſt ain pild, nach allem wunsch geschicket.*
> *Da ichs von erſt erplicket,*
> *Mein hertz trůg ich ze opffer dar;*
> *Mit triuer wăr*
> *Bin ich zu Im beſtricket.*

Während die Stelle der verlockenden Fastnacht, die sich mit dem *fräwlin gůt* verbindet, im zweiten Teil durch den Heiligen eindeutig umbesetzt ist, herrscht im Fall des ‚Bildes' in der letzten Strophe Mehrdeutigkeit vor. Ob Gnadenbild oder Geliebte wie bei Walther[50] – und ebenso in der zweiten Strophe des nachstehenden Liedes Nr. 94 –, bleibt in beabsichtigter Verunklärung uneindeutig. Diese letzte Strophe bildet eine Art Klammer um die beiden montierten Bereiche der Fastnacht und der Fastenzeit mit dem

---

[48] Darauf hat bereits Schlosser (Anm. 47), S. 167, Anm. 1, aufmerksam gemacht.
[49] Welcher Heilige, ist schwer zu sagen, wenn der frühestmögliche Termin für Aschermittwoch im Februar ist, der spätestmögliche im März.
[50] Zur kontroversen Diskussion um Walthers bilde (L 66,21, hier 67,32 ff.) vgl. u. a. Jan-Dirk Müller: Walther von der Vogelweide: Ir reinen wîp, ir werden man. In: ZfdA 124 (1995), S. 1–25; Volker Mertens: Alter als Rolle: Zur Verzeitlichung des Körpers im Minnesang. In: PBB 128 (2006), S. 409–430.

leibhaftigen Heiligen, aber nun verwischen sich die Grenzen. Mit Bedacht konzipiert, entsteht im Kopf des Rezipienten ein anspielungsreiches Drittes, das wechselseitig sowohl auf den Heiligen als auch auf das *fräwlin gůt* bezogen werden kann. Die erotische Aufladung des Sprechens über den Heiligen und das *pild* lässt die beiden konkurrierenden Instanzen ineinander übergleiten, so dass das Lied in semantischer Unbestimmtheit ausklingt. Dabei ist zugleich die geistliche Position zur Disposition gestellt, und ob nun die religiöse Sprache ausgebeutet wird oder umgekehrt die weltliche Liebessemantik, ist gar nicht auszumachen. Dieses Lied soll als artifizielles Spiel mit historisch etablierten Repertoires gelesen werden, die jeder kennt und auch wiedererkennen soll. Dabei verliert die Strophe dann zwar eine dezidiert religiöse Perspektive, dies jedoch, ohne den nötigen Ernst vollends preisgeben zu wollen.

V. Zur produktiven Freisetzung von Überschüssen in einigen spätmittelalterlichen Bildern

Abschließend nun möchte ich die Aufmerksamkeit – eher fragend – auf einige spätmittelalterliche Bilder lenken, in denen sich die Sphären des Geistlichen und des Profanen ebenfalls unauflöslich miteinander verbinden. Auch hier bedingt die Simultaneität von religiösem und profanem Bedeutungsgehalt nicht notwendig den Austausch der einen gegen die andere Sphäre, wenn die Bilder beide Horizonte in sich einschließen.[51] Bilder verfügen zwar über eigene, durch nichts anderes zu substituierende Ausdrucksmittel, aber es zeigt sich m. E. auch hier, dass die Sphären des Geistlichen und des Weltlichen eher voneinander profitieren.

Die beiden ersten Bilder entstammen zum einen einer Historienbibel, zum anderen einer *Tristan*-Handschrift, und beide wurden in der elsässischen Werkstatt des Diebold Lauber gefertigt, deren Organisationsform und Produktionsbedingungen maßgeblich Lieselotte Saurma-Jeltsch untersucht hat.[52] Sie ist es auch, die auf die wechselseitige Durchdringung weltlicher und christlicher Motive bereits aufmerksam gemacht hat. Für beide Federzeichnungen ist ein Maler B verantwortlich, und beide Handschriften entstammen der Spätzeit dieser Werkstatt um 1460, in der nicht „mehr genormte, serielle Handschriften [...] fabriziert [wurden] – dies machte der Frühdruck schon besser –,

---

[51] Artifizielle Spielräume eröffnen sich im Mittelalter für die Bilder wie die Texte vor allem durch die – variierende, aktualisierende usw. – Wiederaufnahme von Vorhandenem. Zu den Texten vgl. etwa Franz Josef Worstbrock: Wiedererzählen und Übersetzen. In: Mittelalter und frühe Neuzeit. Übergänge, Umbrüche und Neuansätze. Hrsg. von Walter Haug. Tübingen 1999, S. 128–142. Vergleichbares gilt auch für die bildlichen Darstellungen, wobei Bedeutungsimplikationen, die Stil und Technik mitliefern könnten, im Folgenden unberücksichtigt bleiben.

[52] Lieselotte E. Saurma-Jeltsch: Spätformen mittelalterlicher Buchherstellung. Bilderhandschriften aus der Werkstatt Diebold Laubers in Hagenau. 2 Bde. Wiesbaden 2001.

sondern man legte im Gegenteil Wert auf das preziöse, individuell gestaltete Buch",[53] so Lieselotte Saurma-Jeltsch im Faksimile der Solothurner Historienbibel.

Den „Gemeinschaftsstil"[54], den die in der Diebold Lauber-Werkstatt beschäftigten Maler entwickelten, lassen aber auch diese Federzeichnungen noch erkennen, denn es begegnen sowohl die prägnanten Umrisszeichnungen als auch das bühnenartige Rasenstück, auf dem die Figuren sich in oft „ puppenhaft ungelenke[r] Haltung bewegen".[55] Hinzu kommen die sich wiederholenden, in unterschiedlichen Kontexten einsetzbaren Bildmuster, die u. a. auch eine effiziente Herstellungsweise gewährleisteten, aber es handelt sich zugleich um jeweils einmalige Lösungen, die für die betreffenden Darstellungen gefunden wurden.

Zunächst zur Krönung des Saul in der Solothurner Historienbibel (Abb. 1), in der zu lesen ist, dass Gott den riesenhaften Saul zu Samuel geführt hat, damit der ihn zum König Israels einsetze. Doch fand er nach seiner Wahl zum König neben Zustimmung auch Verachtung im Volk (1. Buch Samuel, 10,1). Diesen Sachverhalt scheint der Maler ins Bild gesetzt zu haben. Saul, der überwiegend größer ist als alle anderen Figuren, steht vornehm gekleidet in der Mitte. Zeichen seiner Königswürde sind die „Reifkrone mit Lilienaufsätzen und ein Lilienszepter in seiner Linken".[56] Umgeben ist er von einigen Personen, wohl von dem grauhaarigen Samuel mit dem Hut eines Gelehrten, der wiederum auf einen Mann weist, dessen erhobene Linke, auf die er selbst noch einmal deutet, als „Ablehnungsgestus" zu verstehen ist, und der insofern „deutlich signalisiert,

---

[53] Zu dieser Darstellung vgl. Lieselotte E. Saurma-Jeltsch: Pietät und Prestige im Spätmittelalter. Die Bilder in der Historienbibel der Solothurner Familie vom Staal. Basel 2008 (Veröffentlichungen der Zentralbibliothek Solothurn. 30), S. 201–205, Tafel 38, Zitat S. 22.

[54] Saurma-Jeltsch (Anm. 52), Bd. 1, u. a. S. 101. Am Beginn stand ein Kleinbetrieb. Zeitweilig handelte es sich dann um einen „Produktionszirkel", „in dem je nach Arbeitsanfall verschiedene weitere Gruppen herangezogen wurden"; ebd. Bd. 1, S. 225. So auch im Fall der Historienbibel in der Zentralbibliothek in Solothurn, die etwa 1458 bis 1461 gefertigt wurde und für deren kostbare Initialen eine separate Initialwerkstatt beauftragt worden war. Zur Initialwerkstatt vgl. auch Saurma-Jeltsch (Anm. 53), S. 23 f. Später verband sich Diebold Lauber mit dem Unternehmer Hans Schilling und bildete „eine Art ‚Verlagskonsortium' […], in dem weitgehend unabhängig voneinander arbeitende Gruppen von Illustratoren, Initialmalern und Buchbindern beschäftigt wurden"; Saurma-Jeltsch (Anm. 52), Bd. 1, S. 227. Die Brüsseler Tristan-Handschrift wurde etwas früher, um 1455 gefertigt, aber für beide Handschriften ist der Maler B verantwortlich – so ebd., Bd. 2, S. 13 f. u. 101 f. –, der auch noch in den späten 1450er Jahren zur Verfügung stand, als die Produktion völlig neu ausgerichtet wurde: „Nun wurden gänzlich andere Bücher hergestellt, wobei die einschneidendsten Neuerungen in der Herstellungsweise vorgenommen wurden." Saurma-Jeltsch (Anm. 53), S. 22.

[55] So Saurma-Jeltsch (Anm. 52), Bd. 1, S. 121.

[56] Zu dieser Darstellung vgl. Saurma-Jeltsch (Anm. 53), Zitat S. 201.

Spielerische Überschneidungen 277

Abb. 1

Saul nimmt als König das Treuegelöbnis eines Vasallen entgegen
Historienbibel aus der Werkstatt von Diebold Lauber Hagenau, um 1460

dass er diesem König die Gefolgschaft verweigert".[57] Es ist eine Geste, die vor allem „fehlende Treue vor Augen" führt, so noch einmal Lieselotte Saurma-Jeltsch.[58] Eine andere Figur im Bildvordergrund leistet dem König demgegenüber kniend und mit zusammengelegten Händen den Treueeid, wie es seit dem frühen Mittelalter anlässlich einer Belehnung üblich war.[59] Hinter dem Belehnten steht der bei einem Belehnungsakt erwartbare Schwertträger, der einen für diese Zeit hochmodischen Federhut trägt, „unter dessen breiter Krempe [das] Gesicht [wie in einer burgundischen Handschrift des ‚Girard de Roussillon'] ganz] verschwindet".[60]

Diese Verschränkung einer zeitgenössischen Belehnung mit der alttestamentarischen Krönung des Saul ist Lieselotte Saurma-Jeltsch zufolge in den Handschriften dieser Werkstatt außergewöhnlich.[61] Und es ist wohl auch davon auszugehen, dass das

---

[57] Ebd., Zitat S. 204 u. 201.
[58] Ebd., S. 205.
[59] Das belegt u. a. ebd., Abb. 60, S. 203, mit der Belehnung Ludwigs III. aus der Chronik des Ulrich Richental.
[60] Ebd., S. 205.
[61] Vgl. ebd., S. 204.

Abb. 2

Rual und Florete präsentieren Tristan
Gottfried von Straßburg: Tristan
Hagenau, um 1450

ikonographische Repertoire eines Belehnungsaktes aus Rechtshandschriften oder auch Chroniken zu dieser Zeit bekannt war. Wenn aber nun im Rückgriff auf ein vorgängiges Formenvokabular das alttestamentarische Ereignis in eine zeitgenössische Belehnung überführt wird, dann übermitteln die beiden miteinander verschmolzenen, aber gleichzeitig wahrnehmbaren Sphären des Geistlichen und Weltlichen eine mehrdeutige und überdeterminierte Botschaft, die der Betrachter zu entschlüsseln hat. Es entsteht eine neue Komplexität, denn Verbildlichtes und Gemeintes stehen in einem ebenso offenen Anspielungshorizont wie in manchen der besprochenen Lieder, was sich mit den zum Teil sprachlich ambitionierten literarischen Adaptationen biblischer Geschichte in Chroniken und Historienbibeln trifft. Zugleich profitieren die beiden Sphären aber auch voneinander, denn wohl scheinen die synthetisierten Ebenen zugleich getrennt und doch vereint, doch arbeitet der zeitgenössische Akt der Belehnung der Bekundung von Treue dem König gegenüber zu, was wiederum im Gegensatz zur – ebenfalls markierten – Treulosigkeit steht. Ein Relevanzverlust des Religiösen dürfte gleichwohl nicht zu befürchten sein, denn der rubrizierte Titulus Bl. 163^r hält unmissverständlich fest, dass die Krönung Sauls zu erwarten ist. Die Rezipienten werden so zu einer ‚Glaubensgemeinschaft' im doppelten Sinne, wenn die Krönung des Saul zum Geglaubten gehört und die Amalgamierung der alttestamentarischen Krönung mit einem zeitgenössischen Beleh-

Spielerische Überschneidungen 279

Abb. 3
Anbetung der Könige
Meister E.S.
Mitte 15. Jh.

nungsakt die Glaubwürdigkeit erhöht – und nicht zuletzt auch dem Verständnis des Ereignisses den Weg ebnet.

Die Präsentation des Säuglings Tristan durch die Adoptiveltern Rual und Florete in der Brüsseler *Tristan*-Handschrift bietet den umgekehrten Fall (Abb. 2). Nun ist es ein weltliches Ereignis, das mit der Ikonographie von Andachtsbildern verschnitten ist, „die gerade in den 50er und 60er Jahren des 15. Jahrhunderts, also der vermutlichen Entstehungszeit der Handschrift, erst in vervielfältigter Form zur Verfügung stand".[62] Auch darauf hat Lieselotte Saurma-Jeltsch bereits hingewiesen, und sie hat außerdem festgehalten, dass Tristan „wie etwa im dem [sic] Kupferstich des Meisters E.S. zur Anbetung der Könige […] auf dem Schoß der vermeintlichen Mutter [sitzt]. In seiner Rechten hält er den Apfel und schaut auf zu Ruals Gattin, während er mit der Linken zu Rual weist, ganz ähnlich wie das Christkind zur Mutter und zum anbetenden König."[63] (Abb. 3) „Frontalität und Symmetrie sind [überdies] die Darstellungsmuster, deren sich

---

[62] Lieselotte E. Saurma-Jeltsch: Der Brüsseler *Tristan*: Ein mittelalterliches Haus- und Sachbuch. In: Tristan und Isolt im Spätmittelalter. Vorträge eines interdisziplinären Symposiums vom 3. bis 8. Juni 1996 an der Justus-Liebig-Universität Gießen. Hrsg. von Xenja von Ertzdorff. Amsterdam/Atlanta 1999 (Chloe. Beihefte zum Daphnis. 29), S. 247–301, Abb. 17, Zitat S. 269.

[63] Ebd., Abb. 18, S. 269. Der Kupferstich ist auch abgebildet bei Horst Appuhn: Meister E. S. Alle 320 Kupferstiche. Dortmund 1989 (Die bibliophilen Taschenbücher. 567), Abb. 29.

Abb. 4
Schutzmantelmadonna, ‚Pestbild'
Tafelbild
Kremsmünster, um 1460

die christliche Kunst bedient, um heilsgeschichtlich verbindliche, ewig ‚wahre' Ereignisse festzuhalten."[64] Und da man den Malern bei der Konzeption ihrer Bilder eine vergleichbar zielgerichtete Planung wie den Verfassern von Texten zutrauen sollte, fragt sich erneut, zu welchem Zweck die Spielräume des Impliziten hier ausgelotet werden. Lieselotte Saurma-Jeltsch schlägt vor, dass Tristan durch die „verweisende Überfrachtung" „als christlicher Held gekennzeichnet" werde.[65] Aber überschreibt die eine Sphäre die andere wirklich, um die Zugehörigkeit Tristans zur christlichen Glaubensgemeinschaft hervorzuheben? Ist es nicht eher so, dass der heilsgeschichtliche Mehr-

---

[64] Norbert H. Ott: Literatur in Bildern. Eine Vorbemerkung und sieben Stichworte. In: Literatur und Wandmalerei I. Erscheinungsformen höfischer Kultur und ihre Träger im Mittelalter. Freiburger Colloquium 1998. Hrsg. von Eckart Conrad Lutz u. a. Tübingen 2002, S. 153–197, Zitat S. 183.

[65] Saurma-Jeltsch (Anm. 62), S. 269, hält fest, dass diesem Kompositionsprinzip etwa auch eine Darstellung der Hl. Anna Selbdritt in einem Kupferstich von Israel von Meckenem folgt, die ebenfalls aus dem Kontext der Andachtsbilder stammt, weswegen zugleich „eine ähnlich mythisch-wunderbare Herkunft" nahegelegt wird wie im Fall der Anna-Selbdritt-Darstellung. Außerdem macht sie noch auf einen zweiten Fall aufmerksam, der die ‚Christianisierung' des Helden bestätigt, auf die Übernahme des in dieser Zeit neuen Motivs aus der Ikonographie des Hl. Georg; ebd., S. 277 ff.

wert die Auserwähltheit des ebenso vorbildlichen wie verwerflichen Helden konnotiert? Dazu trägt nicht zuletzt auch der Apfel bei, der in der Hand des Jesuskindes zum Symbol der Weltherrschaft werden kann, hier aber wohl – in einem ebenfalls offenen Anspielungshorizont – so etwas wie den Anspruch auf Herrscherwürde konnotiert[66] und/oder den Verführungskontext aufruft wie etwa in der Hand des ‚Fürsten der Welt' im Westportal des Straßburger Münsters.[67]

Die gegenseitige Authentifizierung hat in der mittelalterlichen Buchmalerei eine lange Tradition, denn dieses bildkünstlerische Verfahren gehört seit jeher zur mittelalterlichen Ikonographie. Das wird anschaulich auch in einem Bildtypus, der sich im späten Mittelalter herausgebildet hat, im so genannten Pestbild, einem Sonderfall der seit dem 13. Jahrhundert anzutreffenden, weit verbreiteten ‚Schutzmantelmadonna'.[68] Wie in meinem Beispiel aus einem oberösterreichischen Flügelaltar (1460/1490) birgt Maria in ihrer Funktion als Beschützerin der Menschen und Mittlerin zwischen den Welten kniende und betende Gläubige, die unter ihrem Mantel Schutz vor dem Zorn Gottes gesucht haben (Abb. 4).[69] Der mit Edelsteinen besetzte Mantel, dessen Zipfel die gekrönte und ebenfalls frontal gebotene Maria in ihren Händen hält, ist in diesem Fall weit geöffnet, sodass eine nach hinten nicht enden wollende, große Zahl an Schutzsuchenden – links die Laien, rechts die Geistlichkeit – darunter Platz findet. Der Bildtypus des ‚Pestbildes' (wie auch der der Schutzmantelmadonna) zeigt zum einen, dass die Vorstellung vom Mantelschutzrecht in die christliche Kunst übernommen wurde, demzufolge vor allem Schutzbedürftigen wie Frauen, aber auch Rechtlosen Zuflucht und Beistand gewährt werden musste, „so in der ‚Mantel-Kindschaft' bei vorehelichen Kindern und ‚Mantel-Flucht' bei Verfolgung".[70]

Mit einigen so genannten Pestbildern verbindet sich außerdem ein weiterer Vorstellungskreis, denn der höchste Richter, also Gott oder Christus, ist bisweilen als Bogenschütze präsentiert. Mit dem Bogen schießt er hier aus dem Himmel – pestbringende – Pfeile auf die sündhafte Menschheit, und damit auf die – allerdings durch den Mantel unverwundbare – Maria ab. Mit Pfeil und Bogen bewaffnet, finden sich in mittelalterlichen Dichtungen und Bildern vor allem Amor oder Venus, um ‚Minnewunden' zu ver-

---

[66] Zum Symbol der Weltherrschaft wird der Apfel – oft „durch die Bekrönung mit dem Kreuz" – in der Hand des Jesuskindes. Vgl. LCI. Bd. 1. 1990, Sp. 123 f., Zitat Sp. 124.

[67] Vgl. Irmgard Müller, Harry Kühnel, Dieter Harmening: Apfel. In: LexMA. Bd. 1. 2000, Sp. 746 f., hier Sp. 747.

[68] Zur Geschichte des Schutzmantelmotivs vgl. Christa Belting-Ihm: ‚Sub matris tutela'. Untersuchungen zur Vorgeschichte der Schutzmantelmadonna. Heidelberg 1976 (Abhandlungen der Heidelberger Akademie der Wissenschaften. Philosophisch-historische Klasse. Jg. 1976, 3. Abhandlung), außerdem Angela Mohr: Schutzmantelmadonnen in Oberösterreich. Steyr 1987, S. 9–13.

[69] Zum Schutzmantelbild der Stiftsgalerie Kremsmünster, das zu einem Marienzyklus, bestehend aus „fünf weiteren Tafelbildern", gehört, vgl. ebd., S. 40–42.

[70] Gregor M. Lechner: Schutzmantel. In: LexMA. Bd. 7. 1999, Sp. 1597 f., hier Sp. 1597. Zum ‚Mantel' vgl. A. Fink. In: HRG. Bd. 3. 1984, Sp. 251–254; zum Motiv ‚Schutzmantelschaft' LCI. Bd. 4. 1972, Sp. 128–133. Dazu auch Belting-Ihm (Anm. 68), S. 44.

ursachen.[71] Aber für die großen Bogenschützen der Antike (Diana, Apollo) sind Pfeile außerdem nicht nur Jagdinstrumente, sondern sie werden auch „verwendet für die Rache" oder den Mord.[72] Hinzu kommt, dass der „Pfeil im Zielen das Potenzial zum Zeigen besitzt", sodass die Waffe zugleich zum Zeigepfeil wird.[73] Die Pestpfeile Gottes stehen im Zeichen der Rache und verweisen zu gleichen Teilen auf Maria und die sündhafte Menschheit, doch prallen sie allesamt am Mantel der Himmelskönigin ab, der zudem so groß ist, dass er allen Sicherheit geben kann, die darunter Schutz gesucht haben. Der rächende und zugleich beschirmende Gottvater[74] also als eine Art ‚Liebesaggressor', der die sündige Menschheit – auf sie hinweisend – als Bogenschütze attackiert? Mit dem zornigen Gott formuliert sich durch den Mehrwert der Pfeilsemantik auf jeden Fall eine bedrohliche Mahnung, und wie in den besprochenen Liedern wird der Anspielungshorizont dazu genutzt, die Notwendigkeit einer Umkehr nachdrücklich zu betonen. Hier wie dort wird also auf ein kulturspezifisches Wissen angespielt, dass sich im neuen Kontext „auf der Basis bereits vorhandener Funktionen und Bedeutungen" herausbildet. „Dabei werden alte Bedeutungen in den seltensten Fällen ersetzt; vielmehr handelt es sich um Prozesse semiotischer Ausdifferenzierung, bei der ‚ältere' Funktionen und Bedeutungen mit verändertem Stellenwert erhalten bleiben", so Storrer und Wyss zur ‚semiotischen Karriere' der Pfeilzeichen „in alten und neuen Medien".[75]

Die Beispiele zeigen, dass auch im Medium des Bildes die sinnlich wahrnehmbaren Sphären des Heiligen und des Profanen wechselseitig aufeinander verweisen, wodurch sich in der Imagination Bedeutungsstrukturen verschieben und im Zusammenspiel mit tradierten Bildmustern – in einem komplexen und zum Teil auch widersprüchlichen Prozess – ein Drittes sich konstituiert, das zwischen unterschiedlichen Bildbereichen oszilliert. Wenn Bilder auch über andere Ausdrucksmöglichkeiten als Texte verfügen, darüber hinaus anders entstehen und wenn sie auch anders wahrgenommen werden, so ist aber doch festzuhalten, dass hier wie dort ein Bedeutungsüberschuss zur wechselseitigen Bekräftigung produktiv genutzt wird.

---

[71] Zu diesem Vostellungskomplex vgl. Angelika Storrer, Eva Lia Wyss: Pfeilzeichen: Formen und Funktionen in alten und neuen Medien. In: Wissen und neue Medien. Bilder und Zeichen von 800 bis 2000. Hrsg. von Ulrich Schmitz, Horst Wenzel. Berlin 2003 (Philologische Studien und Quellen. 177), S. 159–195, bes. S. 163–169. Die ‚Pestbilder' kennen die Autorinnen offensichtlich nicht.

[72] Ebd., S. 163. Zu „Homers ‚Ilias' (1,35 ff.), in welcher der Pfeile schleudernde Apoll als Pestbringer agiert", vgl. Mohr (Anm. 68), S. 42.

[73] Storrer, Wyss (Anm. 71), S. 168 f.

[74] „Mit seinen Flügeln beschirmt er dich, | unter seinen Fittichen bist du geborgen, | seine Treue ist dir ein schützender Schild. Du musst nicht fürchten das nächtliche Grauen, | nicht am Tage den fliegenden Pfeil; Nicht die Pest, die umgeht, im Dunkel […] Denn er entbietet für dich seine Engel, | dich zu behüten auf all deinen Wegen", so Psalm 91,4–11. Die Bibel – Die heilige Schrift des Alten und Neuen Bundes. Deutsche Ausgabe mit den Erläuterungen der Jerusalemer Bibel. 17. Aufl. Freiburg i. Breisgau 1968. Zu weiteren Stellen im Alten Testament, „die vom strafenden Eingreifen Gottes in Form der Pest handeln", vgl. Mohr (Anm. 68), S. 41.

[75] Storrer, Wyss (Anm. 71), S. 159.

Spielerische Überschneidungen 283

VI. Schluss

Zusammenfassend lässt sich also sagen, dass Texte und Bilder mitgängiges Wissen zwar in je unterschiedlicher Weise evozieren, dass aber Verweisungsmöglichkeiten bis hin zur Unbestimmtheitserzeugung ausgenutzt werden. Texte wie auch Bilder verschaffen sich Geltung, indem sie an Hintergründiges anschließen, das sie voraussetzen, um es zugleich zu verkleiden und zu enthüllen.[76] Was das Verfahren vor allem ausmacht, ist, dass eine Menge von assoziierten Implikationen anverwandelnd übertragen wird, und das kann sich auch zu einem Spiel mit semantischer Unbestimmtheit im Dienst artistischer Kompetenz entwickeln. Texte wie Bilder spielen mit der Erinnerung, und wo Kenntnisse genutzt werden, um sie im neuen Kontext semantisch auszudehnen, entsteht in der Vorstellung ein Drittes, das zwar in Wechselwirkung mit Vorgängigem und Vordergründigem bleibt, zugleich aber Grenzen mitproduziert.

Im Spiel mit religiösen Konnotationen wird manchmal umgedeutet und das Mitgängige überschattet, immer aber bleibt es aktiv, weswegen die Kontrafakturen – wie schon kurz erwähnt – zumindest seit der Zeit um 1600 nicht unumstritten waren. In dieser Zeit nimmt die Kritik scheinbar massiv zu. So durften Kontrafakturen nicht in der Kirche gesungen werden, auch sollten auf der Orgel nicht Melodien von Liebesliedern gespielt werden, da „rein instrumentale Wiedergaben" „zwangsläufig wieder auf ihre Ursprünge" zurückführen.[77] Entsprechend warnt dann eine „Gothaer Schul- und Kirchenordnung von 1605 [...] den Kantor [...]: ‚Was zur Süßigkeit, zur bloßen Ohrenergötzung und zur Leichtfertigkeit verführt, ist vom Übel, auch wenn fromme Texte den Stücken beigegeben sind'".[78] Und ebenfalls um 1600 unterstellt ein protestantischer Zeitgenosse, dass die weltlichen Inhalte absichtlich verdeckt präsentiert würden, damit das Vergnügen an den als verwerflich erachteten Inhalten anderen verborgen bleibt. Er fragt: „Seind das nicht ehrbare Lieder? seind das nicht züchtige Gesenger? Diese seind ein anzeigung, das euch solche wol bekannt seind, also das jhr auch nach dieser Gesenger Thonen andere singet. Vnd damit das man nicht mercke, das jhr gar zu Fleischlich seyt, so behaltet jhr solche Thonen in ewren Geistlichen (besser geistlosen) Gesengen, damit das jhr euch ewer geilheit allzeit erinnert."[79]

---

[76] Wie im Fall von Metaphern handelt es sich also um ein Verhältnis von „Komplementarität und Korrespondenz", das die „Textur der Realität zergliedern und sie in der launenhaftesten Weise wieder zusammensetzen" kann, um den Spannungsraum zwischen Gesagtem und Ungesagtem auszuweiten. Gemeinsam ist beiden Verfahren zuweilen auch der „Mangel an Identität oder Bestimmtheit". Zitate aus Paul de Man: Epistomologie der Metapher. In: Theorie der Metapher. Hrsg. von Anselm Haverkamp. Darmstadt 1983 (Wege der Forschung. 389), S. 414–437, hier S. 422, 424 f., 437.
[77] Braun (Anm. 2), S. 101.
[78] Ebd.
[79] Zitat nach Lipphardt (Anm. 1), S. 110.

Es liegt nicht zuletzt im Wesen klanglicher, sprachlicher oder auch bildlicher Zeichen begründet, dass sie unkontrollierbar auf Abwege oder sogar in die Irre führen können.[80] Dabei fragt sich allerdings, ob man im Spätmittelalter überhaupt in ähnlicher Weise um das rechte Verständnis gebangt hat wie der Repräsentant der protestantischen Kirche um 1600, der das Verführungspotential der alten und mittelalterlichen Kirche mitsamt den althergebrachten poetischen Verfahren beklagt. Wurde für das Marienlied deshalb eine vom kontrafazierten Martinslied – wenn auch wohl nur leicht – abweichende Melodie gewählt? Doch deutet ansonsten nichts darauf hin, dass das poetische Verfahren der Kontrafaktur im späten Mittelalter ähnlich strittig war. Es scheint, als würden sich die Verfasser eher an den Grenzen zwischen Weltlichem und Geistlichem abarbeiten, wobei dem Weltlichen in den meisten meiner Beispiele das Geistliche abgerungen wird.

In dieser Zeit nimmt das Spiel mit der Uneindeutigkeit sprachlicher Zeichen im Dienste artistischer Kompetenz ganz offensichtlich massiv zu, was zugleich einer Verselbständigungstendenz bildlichen Ausdrucks und kunstsprachlicher Rede in der Volkssprache Vorschub leistet. Will man die beobachtete anspielungsreiche und verspielte Auseinandersetzung mit der Poetizität vorgängiger Texte nun dem Prozess einer ‚literarischen Säkularisierung' zurechnen, dann manifestiert sich diese im vorliegenden Zusammenhang nicht in der Entwicklung von einem religiösen in einen profanen Zustand, sondern vielmehr in einer literarisch erspielten Durchlässigkeit beider Sphären. Ohne sich von der gemeinschaftsbindenden und lebensorientierenden Funktion der Religion unabhängig zu machen, erobern sich die Verfasser mithilfe des literarischen Verfahrens der Kontrafaktur die Sphäre des Heiligen zumeist zurück, wobei bisweilen auch Uneindeutigkeit in Kauf genommen wird. Darauf, dass man sich auch mit Blick auf die Bilder die „Spaltung zwischen Kunstanspruch und Glaubensanspruch nicht schematisch vorstellen" darf, hat nicht zuletzt Hans Belting immer wieder aufmerksam gemacht. Noch im 16. Jahrhundert gab es „dabei kein Entweder-Oder, sondern im Glückfall gelungene Synthesen und im anderen Fall mühsame Kompromisse". Was dabei den Vorrang besaß, ist manchmal nur „schwer zu entscheiden".[81] Eine Säkularisierungsthese ist den wenigen Beispielen insofern nur ansatzweise abzulesen, aber es zeichnen sich doch die Möglichkeitsbedingungen ab, unter denen sich artifizielles Spiel zu verselbständigen vermag.

---

[80] Im Fall von Metaphern hat de Man (Anm. 76), S. 421, deswegen von „Schmuggler[n]" gesprochen, von „Schmuggler[n] von gestohlenen Gütern". Den Metaphern vergleichbar, resultiert das intellektuelle Vergnügen auch im Fall der Kontrafakturen gerade „aus dem ‚irritierenden Spiel zwischen Ähnlichkeit, Unterschieden und schließlich Widersprüchen' zur ‚Vorlage'." Zitiert nach Kalisch (Anm. 1), S. 48, der an dieser Stelle Wehrli zitiert.

[81] Hans Belting: Das echte Bild. Bildfragen als Glaubensfragen. München 2005, S. 215 f. Zugleich hält Belting fest, dass ein Bild im 16. Jahrhundert nun „nach den ‚Regeln' der Kunst beurteilt und einem neuen, säkularisierten Bildbegriff unterworfen [werden konnte], was auch immer das Thema sein mochte"; ebd. S. 214. Vgl. auch ebd., S. 134 f., wo der Austausch ‚interner Repräsentation' und ‚externer Repräsentation' betont wird.

Karin Westerwelle

Grün als Farbe der Landschaft in Petrarcas *Canzoniere*

I. Einleitung

Nicht der Literatur, sondern der bildenden Kunst wird traditionell der Vorrang in der Erfindung von Landschaft zugesprochen. Begriffsgeschichtlich belegt, findet sich das Wort „Landschaft" in den einzelnen Nationalsprachen erst relativ spät, nämlich im 16. Jahrhundert.[1] Im *Canzoniere* Petrarcas fällt das Wort *paesaggio* (Landschaft) nicht. Es tauchen aber Wörter mit räumlich fixierbarer Bedeutung auf, die noch keine ästhetische Bestimmung im Sinne von Landschaft haben: *paese* (Land oder Landstrich), *campagna* (Land, Feld), *loco* (Ort) und *luogo* (Ort) und *terra* (Erde). Für Werner Busch ist „die Erfahrung und Darstellung von Landschaft zweifellos ein Säkularisierungsphänomen, der Antike und dem Mittelalter gänzlich fremd".[2] Solange Natur als göttlich strukturiert zu denken ist und jedes Element der Schöpfung (allegorisch) als Teil einer allumfassenden heilsgeschichtlichen Ordnung gedeutet wird, organisiert nicht wahrnehmende Subjektivität das Gemälde oder die literarische Darstellung. Vielmehr verweist jedes Element der Natur auf den göttlichen Urheber und steht damit innerhalb einer theologischen Ordnung. Die Lesbarkeit der Natur als göttliche Schöpfung lässt für die subjektive Ausdeutung von Landschaft keinen Platz. Landschaft gehört damit nicht zum Erfahrungshorizont des Menschen; in Literatur und Malerei hat sie keinen Raum.

Landschaft als ästhetischer Gegenstand setzt Auswahl und Kombination von naturhaften Elementen voraus. Das Auge betrachtet sie in Distanznahme und im Rückbezug auf das wahrnehmende Subjekt als schön, malerisch oder erhaben. Distanz bedeutet Bewusstsein und Reflexion über das Gesehene als einen subjektiven Ausschnitt von Welt.[3] Reflektorische Distanz wird in Malerei und Dichtung durch Nah- und Fernper-

---

[1] Vgl. die wortgeschichtlichen Betrachtungen von Rainer Gruenter: Landschaft. Bemerkungen zur Wort- und Bedeutungsgeschichte. In: GRM 34 (1953), S. 110–120.
[2] Landschaftsmalerei. Hrsg. von Werner Busch. Berlin 1997, S. 38.
[3] Vgl. Georg Simmel: Philosophie der Landschaft. In: Landschaftswahrnehmung und Landschaftserfahrung. Texte zur Konstitution und Rezeption von Natur als Landschaft. Hrsg. von Gert Gröning, Ulfert Herlyn. München 1990, S. 67–79, hier S. 68: „Unzählige Male gehen wir durch die freie Na-

spektive, durch die Öffnung eines Fensters oder Vorhangs, durch die Rahmung als Tableau angezeigt. In der Praxis, Literatur mit der Malerei zu vergleichen oder eine Beschreibung als Gemälde zu vergegenwärtigen, liegen weitere Möglichkeiten, einen besonderen Blickwinkel anzulegen.[4]

Ein berühmtes Beispiel für eine Grenzsituation zwischen allegorischer Verweisstruktur und sinnlicher Erfahrung irdischer Welt und damit für den Prozess der Säkularisierung ist bekanntermaßen Petrarcas Brief über den Aufstieg auf den Mont Ventoux, den er auf das Jahr 1336 datiert hat.[5] Im Motiv der Besteigung des Berges und des Abkommens vom rechten Weg bezieht sich Petrarca auf Dante zurück. Die *Divina Commedia* beginnt mit der Verirrung des Jenseitswanderers im dunklen Wald, wilde Tiere allegorischer Bedeutung verhindern den direkten Aufstieg zu Gott. Die Mont Ventoux-Epistel vollzieht eine von Dante abweichende Deutung mittelalterlicher Allegorese. Ist sie aber als Entdeckung von ästhetischer Landschaftserfahrung zu lesen?[6]

---

tur und nehmen, mit den verschiedensten Graden der Aufmerksamkeit, Bäume und Gewässer wahr, Wiesen und Getreidefelder, Hügel und Häuser und allen tausendfältigen Wechsel des Lichtes und Gewölkes – aber darum, dass wir auf dies einzelne achten oder auch dies und jenes zusammenschauen, sind wir uns noch nicht bewusst, eine ‚Landschaft' zu sehen. Vielmehr gerade solch einzelner Inhalt des Blickfeldes darf unseren Sinn nicht mehr fesseln. Unser Bewusstsein muss ein neues Ganzes, Einheitliches haben, über die Elemente hinweg, an ihre Sonderbedeutungen nicht gebunden und aus ihnen nicht mechanisch zusammengesetzt. – Das erst ist die Landschaft. Täusche ich mich nicht, so hat man sich selten klargemacht, dass Landschaft nicht damit gegeben ist, dass allerhand Dinge nebeneinander auf einem Stück Erdboden ausgebreitet sind und unmittelbar angeschaut werden." Es sei angemerkt, dass Denis Diderot in den Salons die bewusste Erzeugung von Landschaft im Gemälde erläutert. Die Einzelelemente müssen charakteristische Wirkungen erzeugen, das Tableau muss die Qualität eines Ensembles, einer Gesamtkomposition, haben. Vgl. Denis Diderot: Salon de 1767. In: Ders.: Salons. Hrsg. von Jean Seznec, Jean Adhémar. Oxford 1957–1967. 4 Bde. Bd. III, S. 175–177 („Trois Paysages, sous un même n°").

[4] Die grundsätzlichen Kriterien der Verwandlung von ‚Land', ‚paese' oder ‚pays' in ‚Landschaft', ‚paesaggio' oder ‚paysage' erläutert einschlägig Alain Roger: Court Traité du paysage. Paris 1997. Für Gruenter (Anm. 1), S. 118, beginnt „in freilich überspitzter Formulierung [...] dichterische Landschaftsschilderung [...] mit der literarischen Entdeckung des Landschaftsgemäldes".

[5] Petrarcas Brief über den Aufstieg auf den Mont Ventoux ist leicht zugänglich in der Ausgabe: Die Besteigung des Mont Ventoux (Familiarium rerum libri IV 1). Lateinisch-Deutsch. Übersetzt und hrsg. von Kurt Steinmann. Stuttgart 1996.

[6] In der Petrarca-Forschung wird die Frage der allegorischen Bedeutung oder irdischen Entdeckung des Mont Ventoux intensiv diskutiert. Der Aufsatz von Joachim Ritter: Landschaft. Zur Funktion des Ästhetischen in der modernen Gesellschaft. In: Landschaftswahrnehmung und Landschaftserfahrung. Texte zur Konstitution und Rezeption von Natur als Landschaft. Hrsg. von Gert Gröning, Ulfert Herlyn. München 1990, S. 23–41, mit der einschlägigen Definition: „Landschaft ist Natur, die im Anblick für einen fühlenden und empfindenden Betrachter ästhetisch gegenwärtig ist" (S. 31), hebt mit Petrarcas Besteigung des Mont Ventoux als Umbruchsituation und Entdeckung irdischer Landschaft an. Dagegen erläutert Andreas Kablitz: Petrarcas Augustinismus und die *écriture* der Ventoux-Epistel. In: Poetica 26 (1994) S. 31–69, die Umschlägigkeit von allegorischer Deutung und sinnlicher Landschaftserfahrung. Vgl. auch zur Bedeutung des Berges: Dieter Mertens: Mont Ventoux, Mons Alvernae, Kapitol und Parnass. Zur Interpretation von Petrarcas Brief Fam.

In der Provence, nahe Avignon und zu Füßen des Mont Ventoux, hat Petrarca ungefähr zehn Jahre seines Lebens verbracht, bevor er 1353 endgültig nach Italien zurückgekehrt ist.[7] Über die kulturelle Topographie der provenzalischen Vaucluse trifft Petrarca ein selbstbewusstes Urteil. Es belegt, dass er sich nicht nur seines eigenen Nachruhmes als Dichter bewusst ist, sondern die Erfahrung von Welt als künstlerische Versprachlichung erfasst. In einem auf das Jahr 1349 datieren Brief an den Freund Luca Cristiani da Ferentino preist er die Vorzüge der „ländlichen Ruhe" gegenüber den „städtischen Sorgen" und erörtert, dass die Bekanntheit der Vaucluse mehr an seinen eigenen Namen als an deren Berge, Wälder und Quellen gebunden sei:

Quodsi apud te, imo vero apud alterum me, sine iactantia gloriari licet, pace montium ac fontium silvarumque, quid usque nunc loco illi, non dicam clarius, sed certe notius incolatu meo accidit? opinari ausim apud multos non minus illum meo nomine, quam suo, miro licet, fonte cognosci.[8]

Wenn ich mich nun bei dir, wie bei einem anderen Ich, ohne Prahlerei rühmen soll, Friede sei den Bergen, Quellen und Wäldern, was konnte bislang diesem Ort, ich will nicht sagen Berühmteres, aber sicherlich Bekannteres geschehen, als mich als Bewohner zu haben? Ich würde sogar wagen zu sagen, dass er für viele nicht weniger durch meinen Namen als durch seine wirklich erstaunliche Quelle bekannt geworden ist.

Petrarca räumt vor allem der Quelle in der Vaucluse einen gewissen Bekanntheitsgrad ein. Er ruft die Bescheidenheitsrhetorik in Erinnerung und bestimmt zugleich in gewisser Kühnheit („ausim"), dass der Ort (*locus*) mehr noch durch seine Anwesenheit und ihn als Bewohner der Vaucluse geadelt worden sei als durch die besonderen Naturgebenheiten. Das Wort *locus* hat an dieser Stelle eine ausgesprochen räumliche Bedeutung und umfasst eine unbestimmte Weite. Die Quelle der Vaucluse (in Isle sur la Sorgue) sei zwar bewundernswert, aber mehr als diese habe sein Name, und das heißt sein

---

IV,1, ,De curis propriis'. In: Nova de Veteribus. Mittel- und neulateinische Studien für Paul Gerhard Schmidt. Hrsg. von Andreas Bohrer, Elisabeth Stein. München, Leipzig 2004, S. 713–734.

[7] Karlheinz Stierle: Francesco Petrarca. Ein Intellektueller im Europa des 14. Jahrhunderts. München/Wien 2003, S. 243–253, hat unter der Rubrik „Vaucluse als Einsamkeitsort" wichtige Belegstellen für die Wahrnehmung von Landschafts- und Naturorten aus den Briefen und Prosatexten zusammengetragen. Die Vaucluse und die Quelle der Sorgue erscheinen in Petrarcas Reflexionen als geeignete Stätte der *vita solitaria*, als schöner und erquicklicher Ort des Landlebens, der der Stadt Avignon gegenübersteht, als Platz des bescheidenen Lebens, der gärtnerischen Arbeit und der Gelehrsamkeit. Vgl. auch die frühe Arbeit zum Thema Landschaft von Karlheinz Stierle: Petrarcas Landschaften. Zur Geschichte ästhetischer Landschaftserfahrung. Krefeld 1979; vgl. die Rezension von Bernhard König: Petrarcas Landschaften. In: Romanische Forschungen 92 (1980), S. 251–282. Vgl. ferner zu Petrarca und der Valchiusa mit weiteren Literaturangaben: Rossend Arqués: ‚Per umbram fons ruit'. Petrarca in Elicona. Paesaggio e umanesimo. In: Quaderns d'Italia 11 (2006), S. 245–272, und Floriana Calitti: Valchiusa *locus locorum*. In: http://www.disp.let.uniroma1.it/fileservices/filesDISP/009-026_CALITTI.pdf (abgerufen am 17.3.2013).

[8] Francesco Petrarca: Lettres Familières VIII–XI. Rerum Familiarium VIII–XI. Übersetzt von André Longpré, mit Anmerkungen von Ugo Dotti, übersetzt von Frank La Brasca, Alain Segonds. Paris 2003, S. 42–49, Buch VIII 3, hier: S. 45–47. Deutsche Übersetzung K. W.

Werk, dem Ort Berühmtheit verschafft. Hiermit variiert Petrarca ein traditionelles Schema der räumlichen Veranschaulichung von Ruhm, wie er es beispielsweise in seiner lateinischen Dichtung des *Bucolicum carmen* verwendet. Die erhabenen Verse der antiken Dichter erleuchten den Weltkreis; von seiner heimatlichen Stätte (*patriis* [...] *arvis*) hat sich der Name Jesu Christi über die Länder (*rura*), die die Flüsse Po, Tiber, Arno, Rhein und Rhône durchqueren, dann über alle Gebiete bis zu den Gestaden des Ozeans verbreitet.[9] Für Petrarca selbst verbindet sich der eigene Ruhm einer besonderen Gegend, die durch die Anwesenheit des Autors und seine Dichtung bekannt wird.

In demselben Brief erläutert Petrarca, auf welche Weise sich seine italienischsprachige Dichtung mit der Vaucluse verbindet. Er führt zunächst aus, welche Schriften abseits der städtischen Sorgen (*curas urbanas*) in der ländlichen Abgeschiedenheit (*rustica requie*) entstanden seien. Aber in einer Hinsicht sei der Rückzugsort für ihn kein Remedium gewesen, sondern die Einsamkeit habe seine jugendliche *passio* und damit seine Krankheit verstärkt. Wie im Eröffnungssonett des *Canzoniere* bekundet Petrarca in der für ihn typischen Bescheidenheitsrhetorik Scham und Reue für seine Gedichte.[10] Zugleich aber betont er auch die Wertschätzung, die seine Lieder erfahren haben:

> *Itaque per os meum flamma cordis erumpens, miserabili, sed ut quidam dixerunt, dulci murmure valles celumque complebat; hinc illa vulgaria iuvenilium laborum meorum cantica, quorum hodie pudet ac penitet, sed eodent morbor affectis, ut videmus, acceptissima.*[11]

Und so brach aus meinem Mund die Flamme meines Herzens hervor und erfüllte mit klagendem, aber wie einige sagen, süßem Murmeln Täler und Himmel; daher stammen die muttersprachlichen Lieder meiner jugendlichen Qualen, derer ich mich heute schäme und die ich bereue, aber die diejenigen, die an derselben Krankheit leiden, wie man sieht, sehr hoch schätzen.

---

[9] In der ersten Ekloge „Parthenias" aus Francesco Petrarcas Bucolicum Carmen. Lateinisch – Französisch. Übersetzt und kommentiert von Marcel François, Paul Bachmann. Paris 2001, stehen sich die Sprecher Monicus und Silvus gegenüber. Silvus verkörpert die stilisierte Dichterfigur Petrarca und tritt als Fürsprecher der antiken Dichter auf, deren Lieder die Welt erhellen: *Tum silvas et rura canunt atque arma virosque | Et totum altisonis illustrant versibus orbem* („Sie besingen Wälder und Ländereien, Waffen und Helden | und die ganze Welt wird durch ihre hohen Verse erleuchtet"), ebd., S. 48 f., V. 89 f. Dagegen lobt Monicus, der Mönch und stilisierte Bruder Petrarcas, die Ausbreitung des heiligen Wortes von der Geburtsstätte Jesu Christi in die weite Welt; ebd., S. 50 f., V. 105–109: *Jure igitur patriis primum celebratus in arvis, | Attigit et vestros saltus, lateque sonorum | Nomen habet: que rura Padus, que Tybris et Arnus, | Que Renus Rodanusque secantqueque abluit equor | Omnia iam resonant pastoris carmina nostri.*

[10] Vgl. Vers 9 im Eröffnungssonett des *Canzoniere*: *di me medesmo meco mi vergogno* („über mich selbst in mir schäme ich mich"). Hier und im Folgenden zitiere ich mit der Angabe von Gedichtnummerierung und Verszahl im Lauftext nach der Ausgabe Francesco Petrarca: Canzoniere. Rerum Vulgarium fragmenta. Hrsg. von Rosanna Bettarini. 2 Bde. Turin 2005. Die deutschen Übersetzungen stammen, wenn nicht anders vermerkt, von K. W. Vgl. auch die Ausgabe Canzoniere. Hrsg. von Marco Santagata. Mailand 1996.

[11] Petrarca: *Lettres Familières VIII–XI* (Anm. 8), S. 46–48.

Starkes Pathos vergegenwärtigt den inneren Affekt, der als Flamme des Herzens aus dem Mund in den Außenraum tritt und diesen erfüllt. Der Dichter erscheint als eine prophetische Figur, doch verwandelt sich die Metapher der gotterfüllten Herzensrede in eine gänzlich andere, elegische Bildlichkeit. Klagende und zugleich süße Töne der „muttersprachlichen Lieder" sind die Form, in der sich das Flammenherz mitteilte und „Täler und Himmel" der Vaucluse erfüllte.[12] Das Hohe des Himmels steht hier der Tiefe und Festigkeit der Täler gegenüber. Wie sich hier die Vorstellung des sichtbaren Himmels zum unsichtbaren Himmel Gottes verhält, ist schwer bestimmbar. Die Bekanntheit des Wohnortes des Dichters ergibt sich also nicht aus der Beschreibung der Plätze und Räume des Landstrichs. Es sind die Anwesenheit des Dichters und seine muttersprachlichen Liebeslieder, die *Rerum vulgarium fragmenta*, die sich als Ruhm über Himmel und Erde (der Vaucluse) verbreiten.

Die Vaucluse, ihre Quelle und der Flusslauf der Sorgue erscheinen in namentlichen Referenzen auch im *Canzoniere*. In wenigen Gedichten werden die *val chiusa* wie z. B. in Sonett 116 und 117 und der Fluss *Sorga* explizit genannt.[13] Die ersten beiden Verse in Sonett 117 präzisieren, dass sich der (geographische) Name „geschlossenes Tal", frz. Vaucluse, it. Valchiusa, vom Felsen ableite, der das Tal verschließe:

Se'l sasso, ond'è più chiusa questa valle,
di che'l suo proprio nome si deriva [...].

Wenn der Stein, mit dem dieses Tal fest verschlossen ist,
aus dem sich sein eigener Name ableitet [...].

Der den Eingang des Tals verschließende „Stein" prägt die Abgeschiedenheit des Ortes aus. Das Demonstrativpronomen „dieses Tal" situiert das Sprecher-Ich in dem raumzeitlichen Kontext der Vaucluse. Weitere Orts- und Personenreferenzen oder konkrete Zeitangaben tauchen im *Canzoniere* nur selten auf. Die aufzählende Namensnennung von Flüssen und Bäumen wie in Sonett 148 ruft allgemeines Wissen oder topische Kenntnisse (z. B. über die genannten Baumarten) auf. Sie erzeugt aber keine konkrete Vorstellung von einer ausschnitthaft präsentierten Landschaft. Wenige direkte Zeitangaben des *Canzoniere* beziehen sich auf die Begegnung mit der Dame und auf ihren Tod. Sie eröffnen keinen referentiellen Raum-Zeit-Horizont, in den das Sprecher-Ich einzuordnen wäre.

---

[12] Vgl. Rainer Warning: Petrarcas Tal der Tränen. Poetische Konterdiskursivität im *Canzoniere*. In: Petrarca-Lektüren. Gedenkschrift für Alfred Noyer-Weidner. Stuttgart 2003, S. 225–246.

[13] Sonett 116 nennt die *valle chiusa* (V. 9), die *fontane et sassi* (V. 12: „Quellen und Steine"); die Canzone 135 beschreibt im Geleit (V. 91–93) das Landschaftsszenario: *Sotto un gran sasso | in una chiusa valle, ond'esce Sorga, | si sta* („Unter einem großen Stein | in einem geschlossenen Tal, wo die Sorgue entspringt, | hält man sich auf"); ähnlich ist in Sonett 305, V. 9 *'l gran sasso, donde Sorga nasce* („der große Stein, wo die Sorgue entspringt"), angesprochen; die sog. Visions-Canzone 323, V. 37–39, evoziert den schönen Quell-Ort: *chiara fontana* [...] *sorgea d'un sasso, et acque fresche et dolci | spargea, soavemente mormorando* („Die klare Quelle [...] entsprang unter dem Stein, und frisches und süßes Wasser verteilte sie, das sanft murmelte").

Abb. 1 – Francisco de Holanda, *Il Sasso dove Sorga nasce dove Petrarca scrisi. Loco beato. Der Stein, wo die Sorgue entspringt und Petrarca geschrieben hat. Ein glückseliger Ort.* Biblioteca de San Lorenzo del Escorial MS 28-I-20, fol. 49v

Rezeptionsgeschichtlich hat sich die Selbsteinschätzung Petrarcas bewahrheitet: Die Vaucluse ist spätestens im 16. Jahrhundert zu einem bekannten Ort der Grande Tour in Frankreich geworden. Künstler, Gelehrte und Reisende begaben sich in die Vaucluse. In ähnlicher Weise zog, wie früh von Boccaccio vorausgesagt, Arquà in den Euganeischen Bergen, wo Petrarcas Grabmal errichtet worden ist, viele Besucher an. Eine schöne Zeichnung (Abb. 1) des portugiesischen Malers Francisco de Holanda[14], die wahrscheinlich um 1540 entstanden ist, hält den besonderen Petrarca-Ort Vaucluse in der Synthese von naturhafter Beschaffenheit und literarischer Überformung fest. De Holanda hat die Vaucluse besucht und den Ort bewundert. Der Titel seiner Zeichnung heißt: *Il Sasso dove Sorga nasce dove Petrarca scrisi. Loco beato / Der Stein, wo die Sorgue entspringt und Petrarca geschrieben hat. Ein glückseliger Ort.* Auf der Darstellung fallen mehr noch als die Quelle des Flusses Sorgue im Vordergrund die felsigen und unwirtlichen Berge ins Auge. In der Diktion Petrarcas, die de Holanda übernimmt,

---

[14] J. B. Trapp hat die Zeichnung in seinem Aufsatz Petrarchan Places. An Essay in the Iconography of Commemoration. In: Journal of the Warburg and Courtauld Institutes 69 (2006), S. 1–50, hier S. 6, neben anderem sehr schönen Bildmaterial rezeptionsästhetisch erschlossen.

heißt der Felsen *sasso* („Stein"). Die karge und schroffe Naturbeschaffenheit wird, so die Suggestion des Titels, durch das sprudelnde Wasser und zugleich durch die schriftstellerische Tätigkeit Petrarcas befruchtet. In der Sicht des Malers ist es – ähnlich wie in dem vorgestellten Brief Petrarcas zur Bedeutung der Vaucluse – der Dichter, der durch sein Werk den unwirtlichen Ort zusammen mit seiner Quelle zu einem „glückseligen Ort" gemacht hat. Vielleicht bezieht sich de Holanda mit der Bezeichnung *beato loco* auf den *Canzoniere* selbst. In Sonett 188 (V. 13) ist der „glückselige Ort" kein konkret sichtbarer Naturort, sondern jener imaginäre oder jenseitige Ort, an dem die Geliebte und das Herz des Liebenden vereint sind. Aber in der Interpretation des Malers verleihen Quelle und Schrift dem irdisch-physischen Ort eine Glückseligkeit, eine Transzendenz, die traditionell den Heiligen und den Erlösten im Paradies vorbehalten ist. De Holanda überträgt die dem Jenseits zukommende Auszeichnung auf den irdischen Landschaftsraum und situiert in diesem die Erfahrung des Glücks.

Der Kunsthistoriker J. B. Trapp hebt in seinen rezeptionsgeschichtlichen Arbeiten zu Petrarca hervor, dass viele der illuminierten Initialen oder Miniaturen der *Canzoniere*-Ausgaben vom Anfang des 15. bis zum 16. Jahrhundert die Vaucluse-Landschaft darstellen. Berühmt ist die Landschaftskarte *Descrittione del sito di Valclusa*, die der Kommentator Alessandro Vellutello seiner ersten Ausgabe des *Canzoniere* in Venedig 1525 vorangestellt hat.[15] Trapp charakterisiert die Miniatur-Ausmalungen folgendermaßen: „Later, in the second half of the fifteenth century, Italian manuscripts of the *Canzoniere* often have an opening miniature representing the poet, sometimes crowned, sometimes merely accompanied by Laura, or by a pair of Muses or by Apollo, god of song, sometimes transfixed by the arrow of Amor, usually on the bank of a river which flows from the rocks above through an amenable landscape. In these, Vaucluse-Hippocrene is clearly being invoked."[16] Landschaftliche Elemente der Vaucluse wie Felsen, Bäume und die Sorgue sind schmückend ausgemalt, auch wenn die meisten Künstler die örtlichen Gegebenheiten nicht aus realer Anschauung kennen: „These manifestations of the cult of Petrarch and Laura are Italian and vicarious: their artists had surely never seen the landscape they were evoking."[17] Die Miniaturen zeigen Landschaftsansichten, die durch den *Canzoniere* vermittelt sind. Ein Beispiel gibt die in Norditalien, im Padovanischen Stil von Bartolomeo Sanvito im frühen 16. Jahrhundert ausgeführte Miniatur *Apollon und Daphne-Laura* (Abb. 2). Sie suggeriert dem Leser wiederum Ansichten, die dieser mit der Vaucluse verbindet, bei denen es sich aber um erfundene Landschaften oder Schematisierungen handelt.

---

[15] Die Karte ist mit Informationen zu Alessandro Vellutello, der 1520 die Vaucluse bereist hat, abgedruckt in: Eve Dupperay: L'Or des mots. Une Lecture de Pétrarque et du mythe littéraire de Vaucluse des origines à l'orée du XXe siècle. Paris 1997, S. 168–177.

[16] J. B. Trapp: Petrarch's Inkstand and His Cat. In: Il Passaggiere italiano. Saggi sulle letterature di lingua inglese in onore. Rom 1994, S. 23–40, hier S. 24 f. Vgl. auch Silvia Maddalo: Sanvito e Petrarca. Scrittura e immagine nel codice Bodmer. Rom 2002.

[17] Trapp (Anm. 14), S. 4.

Abb. 2

Petrarca, *Apollon und Daphne-Laura,
Allegorie der Poesie*
Cologny, Fondation Martin Bodmer
Cod. Bodmer 130, fol. 10v
(www.e-codices.unifr.ch)

Bartolomeo Sanvito hat den dargestellten Landschaftsort mythologisierend überformt. Er folgt darin Vorgaben des *Canzoniere*. Die Mitte des Bildes nimmt ein überdimensional hoher, bis zum oberen Bildrand reichender Lorbeerbaum ein. Der Kopf und die Schultern der sich verwandelnden Daphne sind über dem Stamm im Laub, in der Bildmitte, zu sehen. In den Zweigen darüber turnt ein hell hervorleuchtender Amor, der mit seinem Bogen nach unten auf den Dichter Petrarca zielt. Auf einem hohen Felsvorsprung, der den linken Bildrand ausfüllt, steht auf dem oberen Felsplateau der geflügelte, weiß hervorstechende Pegasus. Unter den Hufen des von der Seite zu sehenden Flügelpferdes entspringt eine Quelle, die vom oberen Felsrand in einem Wasserstrahl an der Lorbeerkrone vorbei auf einen mittleren Felsvorsprung und schließlich in einen Flusslauf sich ergießt. Im Hintergrund sieht man eine Stadt, vermutlich Avignon, auf die ein in den Bildhintergrund fließender Fluss den Blick lenkt. Im Vordergrund sitzen auf der rechten und der linken Seite des Lorbeerbaumes zwei Figuren: Vor dem Felsen auf der rechten Seite hält der sitzende Apollon ein geigenähnliches Musikinstrument und einen Bogen, auf der linken Seite des Baumes, mit einem aufgeschlagenen Buch auf den Knien und einer Feder in der Hand, neigt sich ihm aufmerksam der gekrönte junge Dichter Petrarca entgegen. Die Landschaft wirkt durch die Einbettung der mythologischen Elemente sowie durch die Formen des Felsens und des übergroßen Baumes stark schematisiert.

Es ist zu vermuten, dass die suggestiven Szenen des *Canzoniere* die Ausmalung und die Landschaftsmalerei entscheidend angeregt haben, denn in einer Vielzahl von Miniaturen und Illustrationen kommt Landschaft zur Darstellung. Die Literatur hat folglich in der mythologischen Überformung wie bei Sanvito, aber auch in der Erfassung der irdischen Landschaft wie bei de Holanda eine initiierende Wirkung auf die Malerei gehabt. Im Folgenden geht es darum, die naturhaften und landschaftlichen Elemente des *Canzoniere* als Gegenentwurf zu einem überirdischen Raum, dem die besungene Frauengestalt und die Dichtung selbst traditionell zugeordnet werden, zu entfalten. Nicht alle Aspekte der Gedichte, die die Landschaft betreffen, können dabei systematisch ausgewertet werden. Ein Akzent der folgenden Ausführungen liegt auf der Farbbestimmung Grün als Hauptfarbe des *Canzoniere*. Dabei soll die Ablösung der Farbe Grün von ihrer allegorischen Semantik hin zu ihrer farblichen Erscheinung aufgezeigt werden. Bei Petrarca findet folglich, so meine These, eine Übermalung der allegorischen Farbbedeutung Grün statt. Dabei wird auch der Frage nachzugehen sein, ob Grün eine auf die Landschaft verweisende oder sie abbildende Funktion hat.

II. Der Dichter im Raum

Die Erscheinung der Frauengestalt Laura und der Dichterfigur sind im *Canzoniere* an die Ausbildung eines neuen Vorstellungsraumes gebunden. Durch visuelle Topoi, die naturhafte Orte wie Ufersaum (*riva, lido, piaggia*), Hügel (*poggia, colle*), Berg (*monte*), Fluss (*fiume*), Stein oder Fels (*sasso*) sowie vegetativen Bewuchs wie Tanne (*abete*), Buche (*faggio*), Pinie (*pino*), Blumen (*fiori*) und Gras (*erbe*) aufrufen und zudem mit atmosphärischen Phänomenen wie Hauch (*aura*), Wind (*vento*), Wolke (*nube*) und farblichen Erscheinungen wie hauptsächlich dem Grün (*verde*), aber auch mit Lichtverhältnissen der Helligkeit und des Dunkelwerdens im tages- oder jahreszeitlichen Rhythmus (im *rimbrunirsi* oder *sparire*) verbunden sind, entwirft Petrarca neue Räume und Gegenstandsbereiche. Ihnen ist durch Bewegungsformen des Hinauf- und Herabsteigens, des Vorübergehens und Gehens oder des Wehens und Strömens eine lebendige Temporalität eingeschrieben. Die sich in sinnlicher Anschaulichkeit ausbildenden Räume liegen abseits sakral determinierter Orte. Auch im *Canzoniere* fehlen religiös bestimmte oder heilige Orte nicht. Sie sind z. B. in der Evokation eines nach Rom wandernden Pilgers präsent, der die ‚Veronika', also das heilige Tuch mit dem wahren Abbild Jesu Christi, aufsuchen will (Sonett 16). Sie erscheinen auch, wenn Elemente der Natur im Kontrast zu den städtisch-politischen Gebäuden und ihrer Öffentlichkeit (vgl.

Sonett 10[18]) den Blick auf den Himmel lenken. Dabei stellt sich in der Formulierung *levan* [die Bäume, K. W.] *di terra al ciel nostr' intellecto* („[die Bäume, K. W.] erheben von der Erde zum Himmel unseren Intellekt") der Himmel nicht bildlich dar, er veranschaulicht nicht den Raum und die Fläche über den Bergen der Vaucluse. Der Himmel im *Canzoniere* erstrahlt auch nicht in der Farbe des blauen Azurs, das in Helligkeit und Leichtigkeit auf die göttliche Transzendenz verweist.[19] Vor allem in der wiederholten Referenz auf die paradiesische Herkunft der besungenen Frauenerscheinung evoziert Petrarca den jenseitigen himmlischen Raum, wie z. B. in Sonett 77 in der Evokation des Malers Simone Martini und seines angefertigten Bildnisses der Dame. Aber weder der Raum der Stadt – wie in Dantes *Vita Nuova* – noch das überirdische Paradies bestimmen den *Canzoniere*. Vielmehr gewinnen die evozierten Naturorte, an denen die Frauenfigur phantasmatisch erscheint und ihre Spuren oder ihr Licht hinterlässt, eine neue Qualität.

Spezifisch naturhafte Orte charakterisieren den *Canzoniere*. Es handelt sich um Orte der Einsamkeit (Sonett 259), der nicht ausgewiesenen Wege (Canzone 129), des unwirtlichen oder gefährlichen Waldes (Sonett 176), der wüstenartigen Felder (Sonett 35) und der bergigen Höhen (Canzone 129), an denen sich abseits gesellschaftskonformer Werte der Liebesaffekt steigert. An den einsamsten Orten kann der Sprecher der *passio* nicht entfliehen, sondern in der Einsamkeit ist Amor präsent, das Gespräch mit ihm und damit die Selbstbetrachtung des Liebenden drängen sich auf. Je einsamer und unbekannter sich die erreichten Orte darstellen, desto stärker gibt sich die Dichterfigur seiner Vorstellungskraft hin: In illusionären und phantasmatischen Bildern vergegenwärtigt das Sprecher-Ich die geliebte Dame (vgl. Canzone 129, V. 46–48). Der Sprecher erfährt und charakterisiert sich als unhöfisch, denn seine Affekte und Bildvorstellungen liegen jenseits gesellschaftlicher Norm (Sonett 35). Ihn umgeben in dem evozierten „geschlos-

---

[18] Sonett 10, V. 5–9; vgl. die weiter unten kommentierten Verse.

[19] Auf dem sehr schönen Frontispiz, das der Maler Simone Martini für Petrarcas Vergilkodex angefertigt hat, sitzt der an einen Baumstamm gelehnte Vergil in einem weißen Gewand direkt an der Schwelle zwischen grünem Diesseits und blauem Jenseits. Diese Grenze ist durch die schematisiert gemalte Dreier-Baumreihe zusätzlich vertikal markiert. Vergil hält eine Feder und weist ins Firmament. Die drei weiteren Figuren – neben Servius, der mit gestrecktem Finger auf Vergil verweist – im grünen Raum sind Personifikationen für die drei großen Werke Vergils: die *Aeneis*, die *Georgica* und *Bucolica*. Typologisch werden in den Figuren sozialer Stand und ausgeübte Tätigkeit und damit zugleich die drei unterschiedlichen Stillagen verdeutlicht. Der blau gemalte Hintergrund stellt aber keinen sichtbaren Himmel, sondern einen kosmischen Raum, das Firmament, dar. Vgl. die Abbildung im Band von Wolf-Dietrich Löhr: Francesco Petrarca und das Bild des Dichters bis zum Beginn der Frühen Neuzeit. Berlin 2010. Zur mittelalterlichen Farbe des Himmels vgl. Rudolf Suntrup: ‚Color coelestis'. Himmel, Ewigkeit und ewiges Leben in der allegorischen Farbendeutung des Mittelalters. In: Cieli e terre nei secoli XI–XII. Orizzonti, percezioni, rapporti. Atti della tredicesima settimana internazionale di studio. Mendola, 22–26 agosto 1995. Mailand 1998, S. 235–260. Vgl. zur Verbindung von Farbe und Transzendenz für die moderne Literatur Gaston Bachelard: Le ciel bleu. In: Ders.: L'air et les songes. Essai sur l'imagination du mouvement. Paris 1943, S. 186–201.

senen Tal" (*valle chiusa*; Sonett 116, V. 9) keine edlen Damen, die traditionell als Adressatinnen der Liebeslyrik angesprochen werden, sondern „Quellen und Felsen" (*Ivi non donne, ma fontane et sassi* | [...] *trovi*; Sonett 116, V. 12 f.).²⁰ Jenseits der höfischen und städtischen Kultur zeigt sich ein von seinen Affekten beherrschter Sprecher. Der Naturraum ist ein unbelebter Ort, aber topischer Platz. Wasser und Felsen verweisen auf die Musenquelle. Petrarca schließt mit den beiden Elementen an die Kodifizierung des besonderen geographischen Ortes der Vision bei Dante an. Im elften Gesang des *Paradiso* verbindet Dante in der geographischen Darstellung des Geburtsortes und des eremitischen Ortes der Stigmatisierung des Heiligen Franziskus harten Fels (*nel crudo sasso*²¹) und Wasser. Im *Canzoniere* präsentiert sich die Gestalt des Liebenden und Dichters jedoch nicht in geschlossenen, eremitischen Räumen des Rückzugs, wie sie mönchische Frömmigkeit im Kloster oder im Bild des humanistischen Gelehrten in seiner Studierkammer charakterisiert,²² sondern in Räumen, die sich den Elementen der Natur öffnen. Als Dichterfigur bewegt sich das lyrische Ich im offenen Naturraum, indem es Hügel und Berge erklimmt oder herabsteigt. Wenn der Sprecher an Säumen oder Flussufern vorübergeht, begegnet ihm die Dame, oder er imaginiert sie in farblicher Erscheinung in einem Objekt der ihn umgebenden Natur. Die Bewegung der Dichterfigur als scheinbar körperliches Gehen in einem Raum, der für den heutigen Leser als Landschaft fassbar wird, und geistige Aktivität, das dichterische Sprechen, sind rhetorisch unauflösbar miteinander verwoben. In dem an die adelige und politisch mächtige Familie Colonna gerichteten Sonett 10 stellt Petrarca städtischen und ländlichen Raum und Ruhm gegenüber:

> Qui non palazzi, non theatro o loggia,
> ma'n lor vece un abete, un faggio, un pino,
> tra l'erba verde e' l bel monte vicino,
> onde si scende poetando et poggia,
>
> levan di terra al ciel nostr' intellecto (V. 5–9)²³

---

²⁰ Vgl. für die weiterführende Analyse des Sonetts sowie für eine Einordnung Petrarcas in die italienische mittelalterliche Dichtung Bettina Full: Erkenntniskritik und Dichtungstheorie. Die Poetologie der Liebe in der spätmittelalterlichen und frühneuzeitlichen Lyrik. In: *Liebessemantik*. Hrsg. von Kirsten Dickhaut. Wiesbaden 2014, S. 321–385, hier S. 351 [im Druck].

²¹ Dante Alighieri: Paradiso XI, V. 106. In: Ders.: Commedia. Hrsg. von Anna Maria Chiavacci Leonardi. 3 Bde. Mailand 1994, Bd. III. Zur reichen malerischen Darstellung des Ortes der Stigmatisierung vgl. Chiara Frugoni: Francesco e l'invenzione delle stimmate. Una storia per parole e immagine fino a Bonaventura e Giotto. Turin 1993.

²² Vgl. Wilfried Barner: Musische und monastische Existenz: Petrarcas 1. Ekloge. In: Traditionswandel und Traditionsverhalten. Hrsg. von Walter Haug, Burghart Wachinger. Tübingen 1991, S. 1–23, und den Kommentar von K. A. E. Enenkel in Francesco Petrarca: *De Vita solitaria*. Buch I. Hrsg. von K. A. E. Enenkel, Leiden u. a. 1990.

²³ „Hier sind keine Paläste, weder Theater noch Loggia, | an ihrer Statt erheben eine Tanne, eine Buche, eine Pinie, | zwischen dem grünen Gras und dem schönen nahen Berg, | dichtend steigt man ihn hinab und hinauf, | von der Erde zum Himmel unseren Intellekt." Jean-Jacques Rousseau nimmt

Während im ersten Quartett die politische Standfestigkeit und ruhmreiche Größe Colonnas (*Gloriosa columna*; V. 1) sowie sein Einsatz für Italien gepriesen werden, konfrontiert das zweite Quartett die politisch städtischen Orte mit einem naturhaften Raum. Die lokativen Angaben evozieren einen Landschaftsort, der in drei spezifizierten Baumarten (*un abete, un faggio, un pino*) aufscheint und der Stadt mit ihren drei Architekturformen (*qui non palazzi, non theatro o loggia*) entgegensteht. Zugleich verweisen die öffentlichen Bauten auf eine besondere Rhetorik, die ihnen charakteristische juristisch-politische und die dramatisch-künstlerische Rede. Denn ebenso wie den spezifischen Bäumen kommt den architektonischen Elementen die Funktion zu, den menschlichen Intellekt[24] zu erheben. Sie erreichen dieses Ziel mittels besonders geformter Sprache. Auch für den Naturraum, der in den Baumarten vielleicht an die bukolische Tradition anschließt, nimmt das Sonett die Erhöhung des Intellekts, bezogen auf die allgemeine Menschheit (*nostr' intellecto*; V. 9), in Anspruch.

Auf den ersten Blick erzeugt Petrarca eine ungewöhnlich plastische Verbindung von Raum und Körper. Er macht mit der generalisierten dritten Person (*si scende*; V. 8) eine Dichterfigur vorstellbar, die dichtend einen Berg hinauf- und hinabsteigt. Traditionell ist der Berg ein Einsamkeitsort für die geistig-religiöse Kontemplation, durch die sich der menschliche Geist Gott nähert. Aber Petrarcas Sonett weicht in entscheidenden Elementen von einer religiös-allegorischen Auslegung ab.

Die vorgestellte Landschaft ist keine *imitatio* der Vaucluse.[25] Die zeitlich-lokativen Bezüge im adverbialen „hier" (*qui non palazzi*; V. 5), das sich zunächst durch die Negation städtischer Bauelemente bestimmt, im Relativpronomen „wo" (*onde*; V. 8), im Adjektiv „nahen" (*vicino*; V. 7) sowie in der Präposition „zwischen" (*tra*; V. 7) bleiben referentiell unbestimmt. Der „schöne, nahe Berg" (*bel monte vicino*) verweist auf einen Berg in der lebensgeschichtlichen Gegenwart des Schreibenden. Noch bevor aber der Berg genannt wird, lenkt der Sprecher den Blick zunächst auf das niedrig stehende, für

---

in seinem Roman *Julie ou la Nouvelle Héloïse* (1761) im berühmten 23. Brief, in der Saint-Preux der geliebten Julie vom „enchantement du paysage" bei der Bergbesteigung in den Walliser Alpen berichtet, auf Petrarca mit der zitierten Strophe Bezug. Den Vers 8, der Dichten und Auf- und Absteigen verwebt, spart er aus. Jean-Jacques Rousseau: Julie ou la Nouvelle Héloïse. Paris 1967, S. 45 (Teil 1, Brief 23).

[24] Petrarca gebraucht den der philosophisch-aristotelischen Tradition verbundenen Begriff „Intellekt" und greift nicht auf Geist (*spirito*), Seele (*anima*) oder Seufzer (*sospiri*) zurück, die religiöse Spiritualität betonen würden. Über die begriffsgeschichtliche Bedeutung von *intelletto* geben die Kommentare von R. Bettarini und M. Santagata keinen Aufschluss. Vgl. die Ausführungen zur aristotelisch-averroistischen Intellektdiskussion bei Cavalcanti und Dante von Monika Zeiner: Der Blick der Liebenden und das Auge des Geistes. Die Bedeutung der Melancholie für den Diskurswandel in der Scuola Siciliana und im Dolce Stil Nuovo. Heidelberg 2006, S. 239–294.

[25] Im Kommentar identifizieren Bettarini, S. 46 f., und Santagata, S. 50, das unbestimmte „[h]ier" mit der Vaucluse. Während Bettarini den evokativen Gebrauch des Adverbs hervorhebt, setzt Santagata „den Ort, an dem Petrarca schreibt", dafür ein. Dagegen sind die nicht-referentiellen Raum- und Zeitverhältnisse, die Petrarca in der besonderen grammatikalischen Verwendung von Pronomina erzeugt, hervorzuheben.

den Leser nunmehr unmittelbar augenfällige, auch in der Farbqualität Grün hervorgehobene Gras (*tra l'erba verde*; V. 7). Vor dem Berg gewinnt damit das „grüne Gras" an Relevanz. Im Horizont des Gedichtes bildet die Deixis der Nähe (*qui, dove, tra, vicino*) eine Leerstelle. Der Adressat des Sonetts kennt den Berg, der für den Sprecher „nah" und „schön" ist, hingegen vermag der spätere Leser die örtliche und zeitliche Einbindung („der schöne, nahe Berg") allenfalls mit Hilfe des Kommentars aufzulösen. Die topographisch evozierten Begebenheiten überschreiten die Grenzen des Gedichts insofern, als sie auf die besondere Schreibsituation des Verfassers in Ort und Zeit verweisen. Das Konkrete, das die Lokativpronomen bezeichnen, verlagert sich dabei ins Abstrakte.

Bewegung im Raum und dichterisches Tun bilden stilistisch und inhaltlich eine Einheit. Während der Sprecher dichtet – so unterstreicht es die Partizipialform *poetando* (V. 7) –, steigt er zunächst den „schönen nahen Berg" hinab, so will es die außergewöhnliche Abfolge, und dann hinauf. Der Sprecher trennt sich folglich vom Berg, dichtend begibt er sich zunächst in die irdische Ebene. Der Berg und die Bergeshöhe treten damit in ihrer Relevanz zurück. Mehr als der Berg leitet das „grüne Gras" den sinnlichen Blick, es steht am Versanfang. Auf zweifache Weise erfolgt damit eine Distanzierung des Sprechers vom Berg als Allegorie eines religiös-spirituellen Aufstiegs.

Der Sprecher des Gedichts hält sich – anders als Colonna, der sich in herrschaftlichen Häusern, Theatern und Loggien bewegt – im Raum der Bäume auf. Zwischen den raumausbildenden Koordinaten, dem niedrig stehenden „grünen Gras" und dem hohen, „schönen nahen Berg", sind es die drei Baumarten, die den Intellekt vom Irdischen zum Himmel erheben: Es ist der Intellekt, der sich folglich zwischen dem „grünen Gras" und dem „schönen nahen Berg" aufhält und in einer Bewegung von unten nach oben, von der Erde zum Himmel erhoben wird. Der Intellekt bewegt sich als sinnlich wahrnehmendes und sinnlich beurteilendes Vermögen. Ihm kommt die wahrnehmende Beurteilung des sinnlichen Grün und des sinnlich „schönen Berges" zu. Der Intellekt ist folglich ein Vermögen, das dem sinnlich Anschaulichen verbunden bleibt, auch wenn er, wie es die synthetisierende Formel erfasst, von der Erde zum Himmel erhoben wird. Der Modus des Aufstiegs verläuft in sinnlicher Weise: Der Vers „zwischen grünem Gras und dem schönen nahen Berg" ist das metaphorische Komplement des Verses „erheben [die genannten Bäume, K. W.] von der Erde zum Himmel unseren Intellekt". Der Intellekt ist viel mehr Objekt als Subjekt des Aufstiegs, denn es sind die drei Baumarten, die die Erhebung bewirken. Diese Potenz kommt den Bäumen, die wie die städtischen Orte eine bestimmte Rhetorik oder gattungsspezifische Rede implizieren, über den vermittelnden Vorgang des Dichtens zu. Entgegen jenem räumlichen Aufstieg in der Veranschaulichung von Gras und Berg und der Erhebung des Intellekts von der Erde zum Himmel, ist die Bewegung, die die allgemeine Dichterfigur vollzieht, zunächst eine absteigende und dann eine aufsteigende. Damit verhält sich die räumlich vorgestellte Bewegung des Dichtens zum Aufstieg des Intellekts gegenläufig. Die intellektuelle Erhebung ist von der Dichtung abhängig.

Das vorgestellte Landschaftsszenario führt nicht zu einer religiös-spirituellen Erhöhung. Vor dem Hintergrund der städtischen Kultur und dem Streben nach irdischem Ruhm, der sich in monumentaler Pracht veranschaulicht, profiliert Petrarca einen neuen landschaftlichen Raum, der sich von religiöser Allegorese entfernt und eine neue Form der dichterischen Erhöhung anstrebt. Die sinnliche Erscheinung des „grünen Grases" und die Abkehr vom Berg bilden Elemente der Landschaftserfahrung.

Eine enge Verflechtung von Gehen und Singen findet sich auch in anderen Gedichten. Landschaft bei Petrarca wird „Medium des pensare", „des aus der Innen- in die Außenwelt heraustretenden und in ihr sich reflektierenden pensare".[26] Der imaginierte Raum der Dichtung entsteht als vorgestellter Außenraum zeitgleich mit dem ihn durchmessenden Ich. Der Wald oder Elemente der Natur werden nicht deskriptiv geschildert, sie sind der Darstellung des Sprecher-Ich nicht vorgängig. Sie bilden keinen Hintergrund für ein stattfindendes Geschehen oder die Selbstanalyse. In Sonett 176 durchstreift ein sich in Sicherheit wiegendes Sprecher-Ich unwirtliche und gefährliche Wälder: *Per mezz'i boschi inhospiti et selvaggi* […] *vo securo io*. Ebenso gefährlich wie der Wald[27] sind die „nicht weisen" (*non saggi*; V. 5) Gedanken des Sprechers, der sich ihnen singend (*vo cantando*; V. 5) hingibt. In Abweichung zum Auftakt der *Divina Commedia* spricht Petrarca nicht vom „wilden Wald" (*selva selvaggia*)[28], sondern von „unwirtlichen und wilden Wäldern" (*boschi inhospiti et selvaggi*), die allegorisch auf Inhalt und Form des Singens und die illusionäre Selbstsicherheit des Sprechers verweisen, der die Welt und Schöpfung durch das Bild Lauras überformt.[29]

Die anschauliche Bildlichkeit von naturhaften Elementen illustriert an vielen Stellen unsichtbare gedankliche Vorgänge. Der Entwurf der Außenwelt entsteht als Spiegel der Innenwelt. So etwa wenn der Prozess des dichterischen Denkens mit Landschaftselementen wie den Bergen in einen stilistischen Parallelismus gesetzt wird. Die berühmten Anfangsverse der Canzone 129 lauten:

> *Di pensier in pensier, di monte in monte*
> *Mi guida Amor, ch'ogni segnato calle*
> *Provo contrario a la tranquilla vita.* (V. 1–3)[30]

Die Liebe, personifiziert in Amor, führt in eine räumliche und gedanklich steile Bergeshöhe. Die Höhe der Berge und die rauen Wälder (*Per alti monti et per selve aspre trovo*; V. 14), die fehlenden Schatten am höchsten Punkt (*Ove porge ombra un pino alto od un colle*; V. 27 – *Ove d'altra montagna ombra non tocchi*; V. 53), die alpine Höhe

---

[26] Stierle (Anm. 7), S. 595.
[27] Zur Gefährlichkeit des Waldes vgl. Jacques Le Goff: Lévi-Strauss en Brocéliande. Esquisse pour un roman courtois. In: Ders.: L'Imaginaire médiéval. Paris 1985, S. 151–187.
[28] Dante (Anm. 21), *Inferno* I, V. 5
[29] Vgl. Joachim Küpper: Mundus imago Laurae. Petrarcas Sonett ‚Per mezz'i boschi' und die Modernität des *Canzoniere*. In: Romanische Forschungen 105 (1993), S. 256–281.
[30] „Von Gedanken zu Gedanken, von Berg zu Berg | führt mich Amor, denn jeden vorgezeichneten Weg | erfahre ich als dem friedvollen Leben entgegenstehend."

(*Canzone, oltra quell'alpe*; V. 66) bilden jeweils zu Beginn der ersten vier und dann in der letzten sechsten Strophe und im Geleit eine Variation des Themas. Amor erscheint als Führer im Gebiet der Gedanken und des Naturraumes. Die Höhen des Geländes liegen außerhalb der Ordnung des städtischen Raumes und der zeichenhaft ausgewiesenen Wege (*segnato calle*; V. 2) menschlicher Kultur. Durch den stilistischen Parallelismus im ersten Vers stehen innere und äußere Welt einander metaphorisch gegenüber. Dagegen führt die grammatische Äquivalenz *di … in* in eine Kontinuität der Bewegung und zu einer Kontiguität der Inhalte. Gedankliche Bewegung und räumliche Außenwelt werden sprunglos überbrückt. Das Denken durchläuft Höhen, es steht am Anfang und erzeugt die anschauliche Vorstellung vom Berg. Das landschaftliche Element verbildlicht – ebenso wie in dem analysierten Sonett 10 die Bewegung des Intellekts durch die Elemente „grünes Gras" und „schönen nahen Berg" – in einer allegorischen Anschauungsform inneres, unsichtbares Fortschreiten der Gedanken. Dabei führt die allegorisch-bildliche Vergegenwärtigung des inneren Vermögens des Intellekts in suggestiver Weise zu einer weiteren Konkretisierung: Die Ich-Instanz selbst erscheint als Dichterfigur in der körperlichen Bewegung von Berg zu Berg und auf dem nicht-ausgewiesenen Weg.

III. Laura im Raum

Ebenso wie sich die geistige Bewegung des lyrischen Ich im Naturraum darstellt, verbindet sich im *Canzoniere* die Erscheinung der Frauenfigur dem landschaftlichen Raum. Mit der schönen Dame, die im *Canzoniere* als „eine Dame um vieles schöner als die Sonne" (*una donna più bella assai ch'l sole*; Canzone 119, V. 1), als *mia donna* (V. 16) oder *Madonna* (V. 39) und nur wenige Male mit dem Eigennamen Laura angesprochen wird, erscheint eine Figur, deren Herkunft im *dolce stil novo* dem Göttlichen zugeordnet wird. Von der Frauenfigur Laura als einer Person oder Gestalt zu sprechen, ist kaum möglich. Petrarca hat den *Canzoniere* in einer zergliedernden Kompositionstechnik angelegt. In seinem Buch *Epochen der italienischen Lyrik* erfasst sie Hugo Friedrich als „Laura-System"[31]. Damit sind die poetischen Darstellungsformen der Laura-Figur gemeint. Der Name Laura ist im *Canzoniere* offensichtlich ausgespart: Er wird suggeriert und konnotiert, kaum aber direkt benannt. Bereits das fünfte Sonett zerlegt den Namen in das Akrostichon („Lau", „Re", „ta"), über die einzelnen Silben ist er rekonstruierbar. Der Name der Dame ist folglich dem Text in anderer Form als der direkten Benennung eingeschrieben. Petrarca fragmentiert ihn auf unterschiedlichen Ebenen in einzelne Teile. Neben der Namensbezeichnung *Laura* in der Sextine 239 (*l'aura, Laura*) und in der Canzone 332 (V. 50) finden sich evozierende Namensformen

---

[31] Hugo Friedrich: *Epochen der italienischen Lyrik*. Bern 1964, zur Laura-Symbolik und zum Laura-System vgl. S. 196–207.

in der latinisierenden *Laurëa* (Sonett 225).³² Zudem verbindet sich der Name Laura lautmalerisch einer Gruppe klangähnlicher Wörter: Dazu gehören *l'aura* (die Aura, der Windhauch), der grüne *lauro* (Lorbeer), *l'oro* und *l'auro* (Gold), *aureo* (golden) und auch zusammengesetzte Wörter wie *l'aurora* (Morgenröte) oder abgeleitete Verbformen. Die genannten Wörter lassen den Namen Laura anklingen, sie verweisen sowohl symbolisch als auch in ihrem Farbwert des Goldenen³³ und ebenso in den rosigen Strahlen der Morgensonne und im Grün des dichterischen Lorbeers auf die Laura-Figur.

Ein Element der Verbindung Lauras mit einem Metaphernsystem, das sich besonders eignet, eine Vorstellung von Landschaft auszubilden, ist die Verknüpfung des Namens Laura mit dem Symbol des Dichterruhms, dem immergrünen Lorbeer, dem *lauro*. Die Verknüpfung erstreckt sich als ein weiteres semiotisches Netz über den *Canzoniere*: Das lyrische Ich vergleicht sich mit dem Sonnengott Apollon und dessen Liebe zur Nymphe Daphne, die sich fliehend verweigert, indem sie in einen Lorbeerbaum verwandelt wird. Die Farbe Grün gewinnt bei Petrarca in der Verbildlichung der mythischen Erzählung eine besondere Relevanz. Im mythologischen Verwandlungsthema, wie es Ovid in den *Metamorphosen* erzählt und in der italienischen Kunst bis in die Moderne gestaltet worden ist, liegt der Kern für die Entfaltung poetischer Landschaft. Petrarca erhöht die unsagbare Schönheit der Dame, indem er im Rückgriff auf die Tradition die göttliche Herkunft der Dame anzitiert. Dazu trägt – in der Anverwandlung der antiken Mythen – die Referenz auf Apollon und die blendende Strahlkraft des Lichtes der Frauenerscheinung bei. Zugleich aber transformiert Petrarca die Erscheinung der

---

[32] In dem autobiographischen Brief *Posteritati* erwähnt Petrarca zwar seine jugendliche Liebe (*Amore acerrimo sed unico et honesto in adolescentia laboravi*), nicht aber den Namen Laura. Francesco Petrarca: Posteritati. In: Ders.: Prose. Hrsg. von Guido Martellotti u. a. Mailand/Neapel 1955, S. 1–19. In den Randnotizen des Vergilkodex erscheinen dagegen der lateinische Name Laurea, die Nennung der Begegnung mit ihr in der Kirche Sainte Claire in Avignon am 6. April 1327 und ihr Tod in derselben Stadt zur selben Stunde am 6. April 1348. Vgl. Pierre de Nolhac: Pétrarque et l'humanisme. 2 Bde. Paris 1965, Bd. II, S. 286. In den *Rerum vulgarium fragmenta* nehmen die Sonette 211 (*Mille trecento ventisette, a punto | su l'ora prima, il dí sesto d'aprile*) und 336 (*'n mille trecento quarantotto, | il dí sesto d'aprile, in l'ora prima*) die Daten von Begegnung und Tod, nicht aber den Namen Laura auf. Dass die kalendarische Zeitordnung des 6. April 1327 nicht mit dem liturgischen Kirchenjahr übereinstimmt, der Karfreitag der Liebesbegegnung im Jahr 1327 nicht auf den 6. April fiel, ist von der Forschung aufgewiesen worden. Vgl. Santagata (Anm. 10), S. 17 f.

[33] Ob Gold als Farbe oder Materie zu beurteilen ist, wäre innerhalb der lyrischen Tradition genauer zu bestimmen. Vgl. allgemein zur Problematik Michel Pastoureau: Une Histoire symbolique du moyen âge occidental. Paris 2004, S. 146: „[…] il [das Gold, K. W.] est à la fois matière et lumière. Mais il est aussi couleur […]. D'où entre l'or et la couleur, des relations dialectiques subtiles, tant sur le plan artistique que sur le plan symbolique. Tous deux sont des énergies lumineuses, des ‚lumières matérialisées', comme l'affirme Honorius Augustodunensis au début du XIIᵉ siècle. Mais l'or est aussi chaleur, poids, densité; il participe de la symbolique des métaux, il porte un nom magique, et dans l'échelle médiévale des matières, seules les pierres précieuses lui sont supérieures." Vgl. auch Michel Pastoureau: Vert. Histoire d'une couleur. Paris 2013.

donna angelo, indem er für die Dame eine besondere Räumlichkeit und eine neue Signalfarbe erfindet. Der Abkunft der *donna* aus der göttlich-paradiesischen Sphäre steht ihre Erscheinung und Transformation im landschaftlich-irdischen Raum gegenüber. Die Farbe, die sie neben dem Gold des Haars am stärksten evoziert, ist die Farbe Grün.

Zu Beginn des *Canzoniere* sind die Begegnung mit der Geliebten an einem Karfreitag – der als Tag allgemeiner Trauer die Strahlen der Sonne entfärbt (*al sol si scoloraro* [...] *i rai*; Sonett 3, V. 1 f.: „der Sonne entfärbten sich [...] die Strahlen") –, die Geburt der *bella donna* (Sonett 4, V. 14) und später ihr Tod, der an Christi Sterben erinnert, mit der christlichen Heilsgeschichte verknüpft:[34] Wie Jesus Christus erscheint sie der Welt in einem „kleinen Dorf" (*picciol borgo*; Sonett 4, V. 12). Auch der lebensweltliche Borgo als Siedlungsraum, das nunmehr geadelte „kleine Dorf", ist damit einem umfassenderen, auf das Jenseits verweisenden Raumkonstrukt eingebunden. In Sonett 77 (V. 6) ist die Teilhabe der *donna* an beiden Räumen, dem diesseitigen und jenseitigen, besonders explizit.

In den berühmten Sonetten (77 und 78) an Simone Martini stellt Petrarca den Maler vor, der im Paradies der Schönheit ansichtig geworden sei. Simone Martini hat, wie bekräftigend bestätigt (*Ma certo*; V. 5: „Aber sicher") und damit in Zweifel gezogen wird, die *gentil donna* an diesem Ort (*ivi*: „daselbst") gesehen, er hat sie dann „auf Papier nachgezogen, gezeichnet", um Zeugnis ihres schönen Gesichts auf Erden abzulegen. Im zweiten Quartett des Sonetts 77 heißt es:

Ma certo il mio Simon fu in paradiso
onde questa gentil donna si parte:
ivi la vide, e la ritrasse in carte
per far fede qua giù del suo bel viso. (V. 5–8)[35]

Das Paradies, das bei Petrarca unausgeschmückt bleibt, ist der überirdische Ursprungsort, an dem Simone Martini die Dame in „ihrer unsichtbaren Form" – so die variierende Formel in der Canzone 268 (*l'invisibil sua forma è in Paradiso*; V. 37: „ihre unsichtbare Form ist im Paradies") – nachgezeichnet hat.[36] Vom himmlischen Paradies hat sich „diese edle Donna", auf die der Sprecher deiktisch verweist, losgelöst. Dem Paradies

---

[34] Vgl. zu den christologischen Elementen im Aufbau und ihrer Übertragung auf die Laura-Figur wie z. B. die Karfreitagsverdunkelung der Sonne auf Lauras Tod oder die Geburt an einem historisch unbedeutenden kleinen Ort: Bernhard König: Sonne und Finsternis. Zur Bedeutung und architektonischen Funktion eines Bildmotivs in Petrarcas Canzoniere. In: Petrarca-Lektüren. Gedenkschrift für Alfred Noyer-Weidner. Hrsg. von Klaus W. Hempfer, Gerhard Regn. Stuttgart 2003, S. 97–111, hier S. 102.

[35] „Aber sicher war mein Simon im Paradies | woher diese edle Donna kommt: | daselbst sah er sie, und zeichnete sie auf Papier | um hier unten Zeugnis für ihr schönes Gesicht abzulegen."

[36] Ähnliche Charakterisierungen der *donna* als paradiesischer Figur sind über den *Canzoniere* verstreut. Ihre ursprüngliche Form, ihre *ydea* liegt im Himmel (Sonett 159, V. 1–4), deren Potenz nunmehr auf der Erde (*qua giù*) zur Erscheinung kommt. Ihr paradiesischer Hauch verwandelt die irdische Luft (*quasi un spirto di paradiso* | *sempre in quell'aere par che mi conforte*; Sonett 109, V. 11 f.).

entspricht auf der vertikal stark markierten Linie des Abstiegs die irdische Örtlichkeit, die Petrarca für die Erscheinung der Dame und das Begegnungsmoment erfindet.

Nova angeletta [...]
scese dal cielo in su la fresca riva,
là' nd'io passava sol per mio destino. (Madrigal 106, V. 1–3)[37]

Im spielerischen Hinweis auf die *donna angelicata* (oder *donna angelo*)[38] berührt das „neue Engelchen" die Erde, dabei verwandelt sich die Engelhaftigkeit durch den zugewiesenen irdischen Ort. Die *fresca riva* ist ein frischer, unberührter, frühlingshaft neuer Saum, auf dem in einer raumkonstituierenden Bewegung die Dame erscheint. Auf diesen Ort verweisen in präziser sprachlicher Bestimmung die deiktische Form (*là*) und die trunkierte lokative Präposition (*onde*) – und doch bleibt der Ort der Begegnung zugleich unbestimmt und flüchtig, wenn sich in einer plastischen Bewegung des Vorübergehens *donna* und Liebender im Raum am bezeichneten Punkt begegnen. Die vertikale Abstiegslinie kreuzt sich mit den horizontalen Linien, die sich sowohl durch die *riva* als auch durch das Vorübergehen des Liebenden ausprägen. Der paradiesischen Ortsreferenz im lokativen *ivi* in Sonett 77 steht hier die deiktische Form *là* und *onde* in ihrem Verweis auf den irdischen Ort gegenüber. Ort und Raum der Begegnung sind ebenso wie Ort und Raum des Dichtens in eine grammatikalisch exakt bestimmte Unbestimmtheit verlegt. Petrarca erfindet einen irdischen Ort, an dem die Begegnung mit der Dame und das Dichten stattfinden. Es handelt sich um einen farblich bestimmten, grünen Ort (*ond'è verde il camino*; Madrigal 106, V. 6: „wo grün der Weg ist").

IV. Grün. Die Farbe der Dame

Die Präsenz der *donna* als Lichterscheinung, die mit der Abstraktion von jeglicher Form und Farbe einhergeht, verbindet sich in Petrarcas *Canzoniere* mit einem bildlich fragmenthaften Dekor. Auf der einen Seite ist die Schönheitsvorstellung Lauras an blendende Helligkeit, an Licht, Sonne, Strahlen, Gold und auch an das weiße kalte Element wie Schnee oder Eis gebunden. Sie entgleitet im Hellgleißenden der Wahrnehmung und Darstellung und ist unfassbare, blendende Erscheinung. Auf der anderen Seite aber verbindet sich die Vorstellung der Geliebten mit bildlich und farblich greifbaren Szenen und Orten des Naturraumes. Es entstehen visuelle räumliche Topoi, die der Schönheit oder Erscheinungsweise der Frauenfigur bildhafte Gegenständlichkeit verleihen. Landschaftlicher Raum, wie ihn sich vor allem der heutige Leser vorstellt, und die Attribute der Dame sind metonymisch verbunden: Die Dame ist Teil der landschaftlichen Phä-

---

[37] „Ein neues Engelchen [...] | stieg vom Himmel auf den frischen Saum hinab, | dort, wo ich allein vorüberging, wie es mein Schicksal ward."
[38] Vgl. zur stilnovistischen Darstellung der Geliebten als engelsgleicher Frau die Belege und Erläuterungen von Bettarini (Anm. 10), Bd. I, S. 501.

nomene und ihnen eng und unauflösbar verwoben. Die Landschaft bildet also keinen Hintergrund, vor dem die Frauenfigur als Entität in Erscheinung träte. In der Art und Weise der landschaftlichen Vergegenwärtigung liegt zugleich eine weitere Zerstreuung oder Fragmentarisierung der Figur. Als Teil visualisierter Räume verbindet sie sich den Eigenschaften solcher Orte. Ein Porträt Lauras als gestalthaft umrissene Form, wie es die Rezeption des *Canzoniere* in der bildenden Kunst in Gemälden, Bildern und Buchdrucken gestalten wird, liefert Petrarca nicht.[39] Zwar suggerieren die Gedichte des *Canzoniere* ständig in der wiederholten Nennung des „schönen Antlitz" (*bel viso*) – *viso* meint das Gesehene und das Antlitz, auch das heilige Andachtsbild – die gestalthafte Form des Gesichts. Die bedichtete Dame erscheint jedoch als eine im Raum sich verstreuende und ausbildende Figur. Das „schöne Gesicht" ist ein fortlaufend wiederholtes Zeichen, das einerseits auf die religiöse Tradition des ikonischen Bildes Jesu Christi verweist, andererseits eine Leerstelle bezeichnet, die in der Kombinatorik der erinnerten Bilder vom Leser zu besetzen ist.[40] Produktions- und rezeptionsästhetisch betrachtet, bildet die Leerstelle eine Spiegelfläche des Ich aus.

Im *Canzoniere* sind die Laura-Bilder an Farben gebunden. Neben dem Gold, das vornehmlich ihr schönes glänzendes Haar sowie ihre blendende Lichterscheinung evoziert, tritt sie besonders in der Farbe des auch landschaftlichen Grün hervor. Bereits Hugo Friedrich hat in seinem kurzen Kapitel über die lyrische Landschaft bei Petrarca die Farben Gold und Grün herausgestellt. Er spricht von den „nur wenigen, jedoch einprägsamen Farben, unter denen Golden und Grün überwiegen, weil sie zur Laurasymbolik gehören".[41] Im theologisch-allegorischen System ist die Farbe Grün die Farbe der Hoffnung. Während in Dantes *Divina Commedia* im *Paradiso* jedes Grün fehlt, tritt die Farbe im irdischen Paradies in der Höhe des *Purgatorio* intensiv hervor. Die Abwesenheit von Grün im himmlischen Raum liegt darin begründet, dass Grün die Farbe der Hoffnung ist. Bei Thomas von Aquin heißt es über die Glückseligen: *Beati fruuntur Dei visione. Ergo in eis spes locum non habet.*[42] Bei Petrarca hat die Farbe Grün nicht mehr die theologisch-allegorische Bedeutung der Hoffnung, sondern ihre Übermalung durch das auch landschaftlich suggestive Grün führt zu einer sinnlichen Veranschaulichung. In der Farbe manifestiert sich ein Ablösungsprozess von der religiösen Allegorie, ein neuer, ästhetisch wahrgenommener Landschaftraum bildet sich aus.

Bei Petrarca entstehen Farbbilder der *donna*, die vor allem in der Farbe Grün hervorleuchten. In der Sichtbarmachung des Hell-Strahlenden im Schatten (*ombra*) und im

---

[39] Für die Vergegenwärtigung Lauras in porträtartigen Zeichnungen und auf Gemälden gibt J. B. Trapp in seiner rezeptionsgeschichtlichen Untersuchung reichhaltiges Belegmaterial: J. B. Trapp: Petrarch's Laura: The Portraiture of an Imaginary Beloved. In: Journal of the Warburg and Courtauld Institutes 64 (2001), S. 55–192.
[40] Vgl. zum „,bel viso' als ein die ,zerstreuten Reime' in unregelmäßigen Abständen durchziehendes Erinnerungszeichen" die Interpretation von Full (Anm. 20), S. 346.
[41] Friedrich (Anm. 31), S. 211.
[42] Thomas von Aquin: Summa theologiae II, 2ae, qu XVIII, art. 2 („Die Glückseligen genießen das Angesicht Gottes. Deswegen hat in ihnen die Hoffnung keinen Platz.").

Schattenwerfen (*ombreggiare*) ist Grün die Hauptfarbe der Laura-Erscheinung. Zum Wortfeld von *verde* gehören auch Ergrünen (*verdeggiare*) und Wiederergrünen (*riverdire*). Grün ist die Farbe der Smaragdsteine, grün gehört zum mythologischen Lorbeerbaum.

Grün (*verde*) lässt sich zunächst als Attribut der landschaftlichen Elemente – wie *erbe*, *colle*, *campagne*, *rive* – verstehen. Dabei verhält es sich im *Canzoniere* aber keinesfalls so, dass sich Grün in seiner phänomenalen Erscheinung mimetisch auf die äußere Welt bezöge.[43] Petrarca erfasst die Erscheinungsweise von Natur oder äußerer Landschaft nicht an sich, sondern im Verhältnis zu Laura und damit im Verhältnis zum dichterischen Wort. Die Farbe Grün dient nicht der realistischen Darstellung eines vorgegebenen Raumes, sie leuchtet die Potenz der dichterischen Sprache aus.

Der erste Beleg für die Farbe Grün erscheint im Kontext von Apollon, der Lorbeermythologie und des Akrostichons Lauras („Lau", „Re", „ta") in Sonett 5:

Se non che forse Apollo si disdegna
ch'a parlar de' suoi sempre verdi rami
lingua mortal persumptüosa vegna. (V. 12–14)[44]

Die „immergrünen Zweige" evozieren phänomenologisch das Grün des Lorbeerbaumes. Diese primär sinnfällige Bedeutung ist jedoch allegorisch aufgeladen, denn mehr als das Überdauern eines vegetativen Grüns ist die besondere Kulturleistung, die auf Nachzeitigkeit und Ruhm angelegte Sprache der Dichter gemeint. Auch das Wachsen des Lorbeerbaumes vollzieht sich nicht naturhaft. Er wächst, wenn der Dichter spricht (Sonett 188, V. 11 f.: *ove'l gran lauro fu picciola verga, | crescendo mentr'io parlo* – „wo der große Lorbeerbaum kleiner Zweig war, | wachsend, während ich spreche"). In seiner Vorstellung soll der Leser die visuelle Erscheinung des Grüns als dauerhaft imaginieren. Anschauliches immerwährendes Grün verbildlicht zugleich die Hybris des Menschen, Ewigkeit auf eine neue Weise zu erreichen. Über das mythologische Apollon-Bild stellt Petrarca einen poetologischen Anspruch dar, der sich speziell vor dem christlichen Hintergrund als sündhaft ausweist. In einer Mise en abyme unterläuft die Flüchtigkeit sinnlicher Farbwahrnehmung jenen immerwährende Dauer intendierenden sprachlichen Anspruch.

Der Ausgangspunkt für farbliches Grün im *Canzoniere* liegt im symbolischen Baum der Dichter, nicht aber in einem Element einer phänomenal gegenwärtigen Landschaft.

---

[43] Dass im *Canzoniere* eine irreale und phantasmatische Landschaft beschrieben wird, macht auch die besondere Gegenüberstellung von geographischen Landschaftsorten und poetischem Topos der Landschaft deutlich. Den in Sonett 148 im ersten Quartett aufgezählten Flüssen und den im zweiten Quartett aufgezählten Baumarten steht ein einzelner „schöner Fluss" (*bel rio*; V. 7) und ein einzelnes Bäumchen (V. 8) gegenüber. Nur der „schöne Fluss", nicht die genannten Flüsse der Welt, nur der Baum in der Dichtung, nicht die aufgezählten Baumarten, stehen mit dem Dichter in Verbindung.

[44] „Wenn nicht Apollon sich vielleicht erzürnt | dass, spricht man über seine immergrünen Zweige | sterbliche Sprache sich über sich selbst erhöht."

Grün als allegorische Farbe für die theologische Hoffnung wird durch Grün als allegorische Farbe für die Dauer des dichterischen Wortes abgelöst.

Das Symbol des Dichterruhmes, der immergrüne Lorbeer, verbindet sich im *Canzoniere* auf vielfältige Weise mit dem suggerierten, selten bezeichneten Namen der *donna* Laura. Ein weites semiotisches Netz des Spiels mit der Namensähnlichkeit zwischen *l'auro* und *Laura* sowie der metaphorischen Übertragung der Farbe Grün des Lorbeerbaums auf die Dame erstreckt sich über den *Canzoniere*.[45] Hyperbolisch vergegenwärtigt Petrarca nicht nur den einzelnen Lorbeerbaum, sondern den „grünen Wald", in dem sich die Fliehende zu verwandeln droht.[46] Der Lorbeer in seinem intensiven Grün ist bei Petrarca jenes Bildzeichen, das das lyrische Ich – neben dem Abbild der Geliebten – von Amor eingesenkt im Herzen (Sonett 228) trägt:

> *Amor co la man dextra il lato manco*
> *m'aperse, et piantòvi entro in mezzo 'l core*
> *un lauro verde, sí che di colore*
> *ogni smeraldo avria ben vinto et stanco.* (V. 1–4)[47]

Die Effekte der Liebesbegegnung, die Verletzung durch den Blick, der *passio* erzeugt, sind durch das Tun Amors aufgerufen und bildlich vorgestellt: Amor öffnet mit der rechten Hand die linke Körperseite des Liebenden. In christologischer Überhöhung fügt Amor dem Liebenden auf der linken Seite eine Wunde zu. Das Unsichtbare im Inneren, Affekt und Phantasma, wird nun durch die Einsenkung des grünen Lorbeerbaumes illustriert. Anstelle des Zeichens oder der *figura* der Geliebten erzeugt Amor hier ein farbliches Bildzeichen, eine Art Emblem, im Innern.[48] Das Attribut der grünen Farbe

---

[45] Vgl. Gianfranco Contini: Préhistoire de l'*aura* de Pétrarque. In: Ders.: Varianti e altra linguistica. Una raccolta di saggi (1938–1968). Turin 1970, S. 193–199, und Andreas Kablitz: Die Herrin des *Canzoniere* und ihre Homonyme. Zu Petrarcas Umgang mit der Laura-Symbolik. In: Romanische Forschungen 101 (1988), S. 14–41.

[46] Vgl. die Sextine 22, V. 34–36: *et non se transformasse in verde selva | per uscirmi di braccia, come il giorno | ch'Apollo la seguia qua giú per terra* („Und nicht soll sie sich in einen grünen Wald verwandeln | um mir aus den Armen zu entfliehen wie an dem Tag | als Apollon sie hier unten auf der Erde verfolgte.")

[47] Sonett 228, V. 1–4, „Amor, mit der rechten Hand die linke Seite | öffnete er mir, und pflanzte dort inmitten des Herzens | Lorbeer, so grün in der Farbe, die jeden Smaragd sicher besiegen und ermatten würde."

[48] Zu den traditionellen Formen der Einschreibung eines Zeichens, einer *figura* oder eines Bildes der Dame im Herzen des Liebenden im *Canzoniere* vgl. in Sonett 5 den Namen, den Amor ins Herz des Liebenden einschreibt (*e'l nome che nel cor mi scrisse Amor*; V. 2), in Sonett 96 das schöne, gemalte Antlitz, das der Sprecher im Herzen trägt (*Ma'l bel viso leggiadro che depinto | porto nel petto, et veggio ove ch'io miro*; V. 5 f.). In der Canzone 127 liegt *l'istoria* [...] *scripta* („die aufgeschriebene Geschichte"; V. 7) im Herzen, in Sonett 157 ist es der besondere Tag der Liebesbegegnung, der das lebendige Bild ins Herz geschickt hat (*mandò sí al cor l'imagine sua viva*; V. 2). Buchstaben, Bildzeichen, gemaltes Bild, Farbe sind jene unterschiedlichen Zeichensysteme, die im Herzen übereinandergeschichtet liegen. Vgl. Franco Mancini: La Figura nel cuore fra cortesia e mistica. Dai Siciliani allo Stilnuovo. Neapel 1988, und Christopher Lucken: L'Imagination de la

weist das Herz, das Innere des Menschen, nicht als einen Raum der Zeichen, sondern der farbigen Bilder aus. Genauer noch: *piantare* ist an dieser Stelle auch als ein Einpflanzen zu verstehen. Damit verwandelt sich das Herz selbst zu einem Ort in der Landschaft, an dem der Lorbeer wächst.

Der Lorbeerbaum ist in seinem Farbwert Grün und der Strahlkraft der Farbe (*sì che di colore*) explizit hervorgehoben. Grün tritt hier mit dem Edelstein, dem Smaragd, als Träger von Licht und besonderer Wirkmacht (*virtus*), die ihm in der Allegorese der Edelsteine zugeschrieben wird, in Konkurrenz. Mittelalterliche Poetiken und die Dichtung erfassen die Augenfarbe der Dame und ihr Licht als *luce smaragdina*. Im Allgemeinen verfügt es weniger über einen Farbwert als über leuchtende Strahlkraft (*vair o cler, cioè cangiante* [lat. *varius*] *od luminoso*), wofür die Augen der Beatrice im *Purgatorio* als *li smeraldi | onde Amor già ti trasse le sue armi* („die Smaragde | aus denen Amor dir schon seine Waffen herstellte") ein Beispiel geben.[49] Die alte Topik der Licht- und Farballegorese der Edelsteine und der ihnen inhärenten Wirkkraft ruft Petrarca in der Semantik (*vinto et stanco*) auf. Er stellt ihr die visuelle Sinnlichkeit von Grün als Farbgebung gegenüber. Die Farbindikation verleiht dem Bild eine besondere Anschaulichkeit. Die Farbe scheint von ihrem Träger – dem Gegenstand, an oder auf dem sie gewöhnlich wahrgenommen wird – gelöst und verfügt über phantasmatische Strahlkraft.[50]

Das Herz verwandelt sich mit dem ihm eingepflanzten Bildzeichen. Es ist nicht mehr wie im Vaucluse-Landschaftsbrief als Ort der Flammen ausgewiesen, die erst, wenn sie aus dem Mund treten, im Außenraum Täler und Himmel in klagender und süßer Rede durchdringen. Das Herz ist nicht mehr durch die innere Zwiesprache mit Gott ausgefüllt, sondern ein farbiges Emblem, der Lorbeerbaum, richtet die Ich-Rede aus. Im Herzen spiegelt sich als eine Miniatur, was im *Canzoniere* im Ganzen als Landschaftsraum entfaltet ist.

Die grüne Farbe ist im *Canzoniere* vor allem Attribut spezifischer Objekte. Dazu zählt vor allem das Gras (*erbe*). Darüber hinaus gewinnt Grün als Farbe eine gewisse Autonomie. Einerseits gehört dazu die Hervorhebung im bloßen Gebrauch des Farb-

---

Dame. Fantasmes amoureux et poésie courtoise. In: La visione e lo sguardo nel Medio Evo. View and Vision in the Middle Ages II. Florenz/Turnhout 1998, S. 201–223.

[49] Dante (Anm. 21), *Purg.* XXXI, 116 f.; vgl. die umfassenden Erläuterungen von Valeria Bertolucci Pizzorusso: Gli Smeraldi di Beatrice. In: Studi Mediolatini e Volgari 17 (1969), S. 7–16, dort auch die Zitate: S. 7 und S. 8.

[50] Mit einer Farbanschauung als bloßer Farbe, die sich vom Gegenstand gelöst hat, operiert bereits Dante in der *Vita nuova* in der Erscheinung der Beatrice. Vgl. Domenico Consoli: Colore. In: Enciclopedia dantesca. Rom 1970, Bd. 2, S. 63–65: „Anche i colori che vestono Beatrice, il rosso e il bianco (,vestita di nobilissimo colore, umile e onesto, sanguigno' II,3), non valgono genericamente ,abito', valgono piuttosto colore di un abito e quindi il colore in quanto abito." Vgl. allgemein zu den Farben bei Dante: Carlachiara Perrone: I colori nell'opera di Dante: La ricerca in Italia. In: ,Per correr miglior acque'. Bilanci prospettive degli studi danteschi alle soglie del nuovo millennio. 2 Bde. Rom 2001, Bd. II, S. 1025–1054.

wortes ohne Gegenstand, an dem der Farbwert erscheinen würde. So heißt es im Geleit an die Canzone 268, sie möge das „Heitere und das Grün" (*Fuggi'l sereno e' l verde*; V. 78) fliehen. Andererseits tritt der Farbwert Grün in besonderer Wirk- und Strahlkraft hervor. Die Farbe steht dem lyrischen Ich zugleich als grün gefärbtes Bild (*l'imagine*) in einem Wald von Bildern vor Augen: *Solo d'un lauro tal selva verdeggia | che'l mio adversario con mirabil arte | vago fra i rami ovunque vuol m'aduce* (Sonett 107, V. 12–14: „Einzig von einem Lorbeerbaum ergrünt solcher Wald | sodass mein Gegner mit wundersamer Kunst | mich irrend zwischen den Zweigen, wo auch immer er will, hinführt"). Das starke Grün verführt den Blick, imaginativ versetzt sich der Sprecher selbst – wie Amor in der Miniatur Sanvitos (vgl. Abb. 2) – in den Raum des grünen Waldes. Auch die Waffen Amors, seine mythologischen Attribute Köcher, Pfeil, Bogen, sind bei Petrarca als Farben (in Canzone 127) konkretisiert: *le violette e 'l verde | di ch'era [...] Amor armato* (V. 32–34: „die Veilchen und das Grün, | mit denen [...] Amor bewaffnet war").[51] In Evokationen von Naturelementen verbindet sich das klangliche Rauschen und Murmeln des fließenden Wassers synästhetisch dem „grünen Gras" (Sonett 176, V. 11).

Das Grün, das als Hauptfarbe in Petrarcas *Canzoniere* hervortritt, ist also nicht aus der unmittelbaren Wahrnehmung und mimetischen Abbildung von landschaftlichem Grün ableitbar. Grün ist eine Farbe imaginativen Sehens. Sie versinnbildlicht nicht mehr religiöse Hoffnung auf Erlösung, sondern die dichterische Faszination an Vorstellungsgehalten.

Die Farbe Grün gleitet im *Canzoniere* in phantastische Wahrnehmung über. Der Projektions- und Illusionscharakter, der sich besonders mittels der Farbe Grün herauskristallisiert, sei abschließend am Beispiel der Canzone 129 *Di pensier in pensier, di monte in monte* herausgestellt:

Ove porge ombra un pino alto od un colle
talor m'arresto, et pur nel primo sasso
disegno co la mente il suo bel viso.
Poi ch'a me torno, trovo il petto molle
de la pietate [...]. (V. 27–31)

I' l'ò [la mia donna, K. W.] piú volte (or chi fia che mi 'l creda?)
ne l'acqua chiara e sopra l'herba verde
veduto viva, e nel troncon d' un faggio
e'n bianca nube [...]. (V. 40–43)[52]

---

[51] Blässe und Veilchenfarbe verweisen auf Horaz: Carm. III,10: *tinctus viola pallor amantium*; vgl. auch Ovid: Ars am. I,729.

[52] „Wo eine hohe Pinie oder ein Hügel Schatten wirft | bleibe ich zuweilen stehn, und schon auf den ersten Stein | zeichne ich nach dem Gedächtnis ihr schönes Gesicht. | Bin ich wieder bei mir, dann ist die Brust mir feucht | vor Mitleid [...]. Ich habe sie [die Dame, K. W.] mehrere Male (aber wer wird mir Glauben schenken?) | im klaren Wasser und auf grünem Gras | lebendig gesehen, und im Stamm einer Buche | und in weißer Wolke [...]."

Dichterische Bildproduktion wird hier in zwei unterschiedlichen Modi vorgestellt. Voraussetzung für den zeichnerischen Entwurf (V. 27–31) ist ein durch Schatten moderiertes Sonnenlicht. Ein unbelebtes Element der Natur, der erstbeste Stein, wird zunächst zur Projektionsfläche für eine umrissstarke, Linien implizierende Zeichnung. Der Sprecher zeichnet nicht mit dem Stift, sondern es handelt sich um einen unsichtbaren Vorgang. Mit und aus dem Gedächtnis heraus (*co la mente*) erfolgt ein Bildentwurf, der als eine Art wiederholende Ausführung zu verstehen ist. Das „schöne Gesicht" (*bel viso*; V. 29) entsteht, also gerade jener Bildgegenstand, den Simone Martini im Sonett 77 im Paradies nachzuzeichnen sucht. Dabei hat sich aber die Raumachse verändert: Modell und Ausführung ordnen sich für Simone Martini in der vertikalen Linie von Himmel und Erde an, hier aber hat sich die Blickachse auf die horizontale Linie des Landschaftsraumes verschoben. Dem ersten zeichnerischen Entwurf auf der Projektionsfläche des Steines folgt ein zweiter Bildentwurf. Er bildet sich weder aus der Instanz des „Gedächtnisses" heraus, noch handelt es sich um ein „Zeichnen" (*disegno*; V. 29). Bildgegenstand ist auch nicht mehr das Antlitz, sondern die *donna* in ihrer lebendigen Gestalt (*veduto viva*). Noch bevor die Sehrelation in den landschaftlichen Einzelheiten ausgefaltet wird, antizipiert ein Einschub den Vorwurf des Unwahren und Unglaubwürdigen (V. 40). Warum aber ist die Projektion des Bildes der *donna* auf den harten Stein glaubwürdiger? Offensichtlich verbindet sich mit dem Element des „Steines" ein altes Bild des inspirierten oder visionären Sehens, wie es Dante, Petrarca und auch der Maler de Holanda unterschiedlich gestalten. Dagegen öffnet sich mit der Projektion von Bildern auf unterschiedliche Naturelemente der gesamte naturhafte Raum der Imagination und wird darin zur Landschaft. Auch die „weiße Wolke" bildet keine ver- und enthüllende Schicht für eine numinose Erscheinung, die der Transzendenz zugehörig, sich dem Menschen offenbart. Gerade weil die Wolke in einer aufzählenden Reihe von Naturelementen steht, bildet sie ein profanes (meteorologisches) Himmelselement.[53]

Das Formensehen, die Projektion einer weiblichen Gestalt in die naturhaften Elemente, konstituiert einen Raum, der wiederum in der vertikalen Linie vom tiefliegenden Stein über Wasser und Gras hin zum Stamm der Buche in die Höhe des profanen Himmels mit Wolke sich ausbildet. Über die einzelnen naturhaften Elemente hinaus entsteht also eine ausschnitthafte Raumordnung. Die Projektionsflächen für das Bildsehen sind

---

[53] In Dantes *Vita nova* erscheint Beatrice in einem „feuerfarbenen Nebel" gehüllt, sie entschwebt in den Armen Amors „gen Himmel". Dante Alighieri: Vita nova. Das neue Leben, übersetzt und kommentiert von Anna Coseriu, Ulrike Kinkel. München 1988, S. 8–11. Vgl. zur Erscheinung der Donna in den Wolken auch Francesco Petrarca: Epistulae metricae. Briefe in Versen. Hrsg., übersetzt und erläutert von Otto und Eva Schönberger. Würzbug 2004, I,6 (An Giacomo Colonna), V. 149 f.: *Obviaque effulsit* [die Donna, K. W.] *sub nubibus, aut per inane | Aeris* („auch strahlte sie mir aus Wolken entgegen oder aus leerer | Luft"). In dem Gedicht „La Beatrice" aus den *Fleurs du mal* nimmt Baudelaire das Motiv der aus Wolken hervorbrechenden Geliebten auf: Vgl. Karin Westerwelle: Charles Baudelaire, Masken und Figuren des Autors. In: Autorschaft. Ikonen – Stile – Institutionen. Hrsg. von Christel Meier, Martina Wagner-Egelhaaf. Berlin 2011, S. 253–297, v. a. S. 282–297.

nunmehr wandelbar-flüchtige oder vegetative Elemente des Naturraumes. Sie treten allesamt – mit Ausnahme des Buchenstammes – explizit durch Farbe oder Farbsuggestion hervor: Die Dame erscheint nicht in der fest umrissenen Form, die sich im „Nachziehen" (*ritrarre*; Sonett 77, V. 7) oder im Zeichnen (*disegnare*; Canzone 129, V. 29) herstellt, sondern als farbliche Projektion ohne feste Umrisslinien. Auf der Materie des Wassers ist sie transparent, grün wird sie mit der Projektion ihrer Gestalt auf das Gras, in der Wolke ist sie flüchtig weiß. Die veränderlichen Projektionsflächen von Wasser und Wolke betonen wandelbare Materialität und Farbe, die anders als eine Zeichnung nicht durch exakte Konturen begrenzt wird. Die sinnlich farbigen Elemente der Natur werden hier zur Projektionsfläche für das Gesicht und die Gestalt der *donna*, die zusätzlich über Form und Farbe entgrenzt und fragmentiert wird.

Petrarcas Darstellung entfernt sich von der allegorischen Tradition, die in der Natur Zeichen für das göttliche Unsichtbare sieht, da er den naturhaften Raum mit neuen dichterischen Bildzeichen belegt.[54] Der Prozess der Bedeutungsstiftung ist in der Canzone 129 besonders eindrücklich als eine Aufprägung veranschaulicht. Elemente der Natur wie Stein, Wasser, Gras, Buchenstamm und Wolke verwandeln sich durch den affektgeladenen dichterischen Blick in neue allegorische Zeichen, die nunmehr auf das innere, subjektive Unsichtbare des Dichters verweisen und es in farblich sinnlichen und flüchtigen Formen darstellen. Das eigene Begehren spiegelt sich in den sinnlichen Farben und ihrer nicht mehr allegorisch theologischen Deutung. Der semiotische Prozess, die Aufprägung eines Zeichens (*mia donna*) in naturhaftes Material wird als Irrtum (*error*) und Selbstvergessenheit reflektiert – und damit explizit als Verfehlung gegenüber der Transzendenz ausgewiesen. Der säkularisierte Raum weicht vom theologisch-allegorischen Schema der Auslegung der Welt ab, die souveräne Eigenständigkeit, mit der die Dinge der Natur mit Bedeutung versehen werden, wird zugleich als Irrtum distanziert.

Der sinnlich hervorgehobene Farbwert des Lorbeers als visuelles Zeichen für das Projekt der Dichtung, der vergänglichen menschlichen Sprache eine Form der Dauer abzuringen, steht am Beginn eines neuen Blicks auf den naturhaften Raum. Nur in der Übertragung des Grüns des Lorbeers auf die Gegenstände der Welt konstituiert sich Landschaft als eine Einfärbung der Welt durch das metaphorische Grün und den spezifisch sprachlichen Temporalitätsanspruch. Die im *Canzoniere* stattfindende Übertragung hat – wie sich rezeptionsgeschichtlich in der Ausmalung des *Canzoniere* mit Miniaturen und Stichen belegen lässt – zu einer Aufwertung von Landschaft geführt.

---

[54] Diesen Wandel in der christlich-allegorischen Deutung von Welt und die Überformung der Welt durch das Bild Lauras hat Joachim Küpper in seinem Aufsatz Mundus imago Laurae (Anm. 29) aufgezeigt. Die Farbe im *Canzoniere* ist allerdings nicht Gegenstand seiner Interpretation. Vgl. zum Thema auch Karin Westerwelle: Farbe und Licht. Malereimetaphorik im *Canzoniere* Petrarcas. In: Kunstgeschichten. Parlare dell'arte nel Trecento. Hrsg. von Gerhard Wolf. München/Berlin [im Druck].

An einigen Stellen des *Canzoniere* tritt die Differenz zwischen dichterischer Überformung von Welt und naturhaft-zyklischen Lebensordnungen hervor. Die sprachlich-dichterische Vergegenwärtigung von Welt und ihre Repräsentation in anderen Wissensordnungen weichen voneinander ab. Von der Natur in ihrer jahreszeitlichen Rhythmik und Erneuerung distanziert sich der Sprecher zu Beginn des *Canzoniere* in seiner vehementen Zurückweisung des Frühlings. Sonett 9 feiert zunächst den Wandel der Gestirne und die neu sich manifestierende Potenz (*vertù*; V. 3) des Jahres, die die Welt, so malt es auch Vergil in den *Georgica* aus,[55] in neue Farbe einkleidet (*che veste il mondo di novel colore*; V. 4). Nach dem winterlichen Grau bekommt die Welt eine neue – hier nicht direkt benannte – grüne Farbe. Die „neue Farbe" meint die Einkleidung durch die vegetative Erneuerung und die grundlegend allumfassende Renovatio aller Bereiche des inneren Lebens und der äußeren Welt. Das frühlingshafte Erwachen der Welt scheint die Liebesbegegnung im Blick und die Erneuerung im Inneren zu umschließen. „Gedanken, Handlungen und Worte der Liebe" (*d'amor pensieri, atti et parole*; V. 12) entstehen im menschlichen, vom Liebesblick berührten Innenraum. Doch besteht, wie der letzte Vers in einer Pointe hervorhebt, zwischen innerer und äußerer Zeugung eine fundamentale Nicht-Entsprechung: *Primavera per me pur non è mai*, heißt es im letzten Vers. Das lyrische Ich hat sich folglich von der Erscheinung des Frühlings und der jahreszeitlichen Erneuerung, dem Natureingang in der provenzalischen und sikulo-toskanischen Dichtung, für immer abgewandt. Die vorhandene äußere sinnliche Erscheinung der Welt im grünen Kleid und die innere Erneuerung klaffen auseinander.

Petrarcas *Canzoniere* stellt einen Ablösungsprozess dar. An die Stelle einer allegorisch-theologischen Deutung von Welt und ihrer naturhaften Elemente tritt die Veranschaulichung von Landschaft. Landschaft ist ein sinnlich erfahrbarer Raum. Er ist nicht naturhaft oder phänomenal gegeben, sondern er entsteht in einer neuen Projektion: Neue allegorische Deutungen verweisen allesamt auf die dichterische Liebe und auf den Anspruch, Dichtung zu erzeugen. Die Farbe ist im *Canzoniere* ein vorrangiges Medium, um sinnliche Erscheinung, imaginatives Sehen und Schönheit zu vergegenwärtigen.

---

[55] Vergil: *Georgica*, II,219: *quaeque suo* [die Erde, K. W.] *semper viridis se gramine vestit* („die [Erde, K. W.] grünschwellend immer sich kleidet mit eigenem Teppich"), in: Ders.: Landleben. Catalepton. Bucolica. Georgica. Lateinisch und deutsch. 5. Aufl. Hrsg. von Johannes und Maria Götte. München/Zürich 1987.

Bruno Quast
Differentielle Verkündigung
Säkularisierung als Effekt in Priester Wernhers *Maria*

Das erste volkssprachige Marienleben – Priester Wernhers *Driu liet von der maget* –, nach Aussage des Epilogs 1172 in Augsburg verfasst,[1] folgt unter stofflicher Bezugnahme auf das apokryphe Pseudo-Matthäusevangelium[2] einer sich an liturgischen Festen orientierenden Einteilung in drei Bücher: Mariä Geburt, Mariä Verkündigung und Christi Geburt. Die Verkündigung an Maria bildet also ohne Zweifel das textuelle Zentrum. In der letzten Zeit hat vor allem die Frage nach dem Gebrauchszusammenhang Aufmerksamkeit erregt.[3] Am Ende des zweiten Buches werden Anweisungen formu-

---

[1] Kurt Gärtner: Priester Wernher. In: ²VL. Bd. 10, Sp. 903–915. Zur Überlieferung vgl. Ernst Hellgardt: Zur Priester Wernher-Edition. Ein Vorversuch. In: Mittelhochdeutsch. Beiträge zur Überlieferung, Sprache und Literatur. Festschrift für Kurt Gärtner zum 75. Geburtstag. Hrsg. von Ralf Plate, Martin Schubert. Berlin/Boston 2011, S. 1–21, hier S. 1–5. – Meine Überlegungen beziehen sich auf die Fassung D.

[2] Libri de nativitate Mariae. Pseudo-Matthaei Evangelium. Textus et commentarius. Cura Jan Gijsel. Turnhout 1997 (Corpus Christianorum. Series Apocryphum. 9), S. 276–481. Jan Gijsel: Die Quelle von Priester Wernhers *Driu liet von der maget*. In: Archiv 215 (1978), S. 250–255, hier S. 255, plausibilisiert die Annahme, dass Wernher auf der Grundlage einer Handschrift der Familie P gearbeitet, er darüber hinaus die Angaben über das hebräische Evangelium des Matthäus aus einer Handschrift der Textform A hinzugefügt habe.

[3] Klaus Düwel: Ein Buch als christlich-magisches Mittel zur Geburtshilfe. In: Kontinuitäten und Brüche in der Religionsgeschichte. Hrsg. von Michael Stausberg. Berlin/New York 2001, S. 170–193; Peter Strohschneider: Unlesbarkeit von Schrift. Literaturhistorische Anmerkungen zu Schriftpraxen in der religiösen Literatur des 12. und 13. Jahrhunderts. In: Regeln der Bedeutung. Zur Theorie der Bedeutung literarischer Texte. Hrsg. von Fotis Jannidis u. a. Berlin/New York 2003, S. 591–627, hier bes. S. 608–617; Jürgen Wolf: *vrouwen pflegene zu lesene*. Beobachtungen zur Typik von Büchern und Texten von Frauen. In: WS 19 (2006), S. 169–190, hier S. 186 f.; Michael Curschmann: Das Buch am Anfang und Ende des Lebens. In: Codex und Raum. Hrsg. von Stephan Müller, Liselotte E. Saurma-Jeltsch, Peter Strohschneider. Wiesbaden 2009 (Wolfenbütteler Mittelalter-Studien. 21), S. 11–42, hier S. 11–21. – Zweifel an einer in der Forschung häufig vorgenommenen Dichotomisierung zwischen religiöser und weltlicher Literatur hegt der Beitrag von Stefanie Schmitt: Zwischen Heilsgeschichte und höfischer Literatur. Erzählen von der Kindheit Jesu beim Priester Wernher und bei Konrad von Fußesbrunnen. In: Text und Normativität im deutschen Mittelalter. XX. Anglo-German Colloquium. Hrsg. von Elke Brüggen u. a., Berlin/Boston 2012,

liert, dies ein Novum,[4] die in Geburtskontexten magischen Schutz durch das Buch versprechen.

Swelh wip div driu liet hat,
so sie ze keminaten gat,
in ir zeswen beuangen,
sie lidet unlangen
kumber uon dem sere,
wand in unser fröen ere
gnist sie kindes gnædeklichen. (V. 2853–2859)[5]

Die magische Gebrauchsanweisung erscheint in den Handschriften A und C in Gestalt einer dreifachen Wiederholung, allein D präsentiert eine einfache Wiederholung. Michael Curschmann versteht diese magische Indienstnahme eines liturgisch-hagiographisch beeinflussten Textes als Verwandlung klerikaler Bildungsinstrumente in paraliturgische Gebrauchsformen. Der Dichter habe den Weg gebahnt zum „paraliturgisch-laikalen Umgang mit geistlicher Literatur bis hin zum ganz persönlichen Gebrauch im privatesten Raum".[6] Curschmann sieht einen „Laikalisierungsprozess" am Werk, der ein Monopol der Kirche breche und eine „Ermächtigung zur aktiven Teilnahme am Kultischen" darstelle, „eine Handhabung des Buches zu einem ganz bestimmten intim-persönlichen Zweck" nahelege.[7] Wenn man den Prolog des Textes zu Rate zieht, wird die These einer Laikalisierungstendenz gestützt. Dort heißt es, Hieronymus habe das (apokryphe) hebräische Matthäusevangelium freigesetzt – *doh was div rede betwngen | in ebreisker zûnge | untze an sant Jeronimum* (V. 87–89), indem er es ins Lateinische übertragen habe. Durch diese Übertragung wird der Text den Gotteskindern zu „eucharistieanaloger"[8] Speise:[9] *div gotes chint ir brot | vnt ir spise funden*

S. 421–435. Dem Marienleben Wernhers attestiert Schmitt eine Tendez zur theologisierenden Kommentierung.

[4] Nikolaus Henkel: Religiöses Erzählen um 1200 im Kontext höfischer Literatur. Priester Wernher, Konrad von Fußesbrunnen, Konrad von Heimesfurt. In: Die Vermittlung geistlicher Inhalte im deutschen Mittelalter. Hrsg. von Timothy R. Jackson u. a. Tübingen 1996, S. 1–21, hier S. 5.

[5] Priester Wernher: Maria. Bruchstücke und Umarbeitungen. Hrsg. von Carl Wesle. 2. Aufl. besorgt durch Hans Fromm. Tübingen 1969 (ATB. 26). Ich zitiere – wenn nicht anders vermerkt – nach der Fassung D. Vgl. zu dieser reich illustrierten Fassung Nikolaus Henkel: Bild und Text. Die Spruchbänder der ehem. Berliner Handschrift von Priester Wernhers ‚Maria'. In: Scrinium Berolinense. Tilo Brandis zum 65. Geburtstag. Hrsg. von Peter Jörg Becker u. a. Berlin 2000 (Beiträge aus der Staatsbibliothek zu Berlin – Preußischer Kulturbesitz. 10), S. 246–275; ders.: Lesen in Bild und Text. Die ehem. Berliner Bilderhandschrift von Priester Wernhers ‚Maria'. Berlin/Boston 2014 (Wolfgang Stammler Gastprofessur für Germanische Philologie. Vorträge. 17).

[6] Curschmann (Anm. 3), S. 17.

[7] Ebd., S. 19.

[8] Strohschneider (Anm. 3), S. 610.

[9] Zur Metaphorik der geistlichen Speise vgl. Friedrich Ohly: Wirkungen von Dichtung. In: DVjs 67 (1993), S. 26–76, hier bes. S. 44 ff.

dar an (V. 108 f.). Im Weiteren bittet das Prolog-Ich Maria um Hilfe bei der Wiedergabe des Buches in deutscher Sprache:

nv wolt ovch ich den ir rat
vnt ir helfe suchen,
obe si des wolte ruchen,
daz ich mit dvtisker rede
daz buch brǣhte her ze wege,
daz sie iz alle musen lesen
die gotes kint wellent wesen,
v̄ ovch megen schowen,
die laigen vnt die frowen (V. 136–144).

Die Gotteskindschaftsvorstellung wird hier erweitert. War sie zunächst allein auf den lateinsprachigen Text und dessen Dignität bezogen, erstreckt sie sich nun auf alle, die den deutschsprachigen Text lesen, auf *phaffen, layen, vrowen* (A V. 142), *laigen vnt die frowen* (V. 144). Bedingung der Gotteskindschaft ist die lesende und betrachtende Aneignung der in der Volkssprache dargelegten Geschichte von Christus und seiner jungfräulichen Mutter. Die Heilsvermittlung durch kirchliche Institutionen und deren Sprache wird abgelöst von laikaler Ermächtigung.

Nun bildet der Hinweis auf die magische Wirkweise des Buches (in D) oder einzelner Teile des Buches (in C und A) dezidiert den Abschluss des *zweiten* Buches, das als „Mittelpunkt" des gesamten Erzählwerks verstanden werden darf.[10] Im zweiten Buch dreht sich das Geschehen um Mariä Verkündigung bzw. die Verkündigung Christi. Die Verkündigungsszene tritt in einer schon im *Protevangelium Iacobi* und bei Pseudo-Matthäus, später auch in Predigten greifbaren Verdoppelung auf.[11] Beim ersten Mal, in der Vorverkündigung, erscheint ein Engel Maria am Brunnen und kündigt ihr ein besonderes Schicksal an:

ein engel lvter sam daz glas,
mit grozer gute beuangen,
der chom zu ir gegangen
v̄ bat sie wesen ân leide:
gnade, frŏde v̄ wêide
wolte got mit ir geben
v̄ daz ewîge leben
aller werlte: daz scholte sie glŏben.
er saget ir uon den gotes tŏgen,
daz ir schiere chome ein lieht,
daz lange in der vinster niht
mǣhte sin uerborgen:
sie wǣre div alle sorgen

---

[10] Hans Fromm: Untersuchungen zum Marienleben des Priesters Wernher. Turku 1955, S. 83: „Der Annunciatio kommt in der Dichtung Wernhers entscheidende Bedeutung zu. Sie ist äußerer und innerer Mittelpunkt der ‚Maria', und alles Geschehen ist konzentrisch um sie gruppiert."

[11] Vgl. ebd., S. 83 f.

> *mit der barmunge ole*
> *linden begunde v̄ senften wôle;*
> *sie wære div die ellenden*
> *wider heim scholte senden*
> *zu ir rehtem uaterlande,*
> *danne sie mit der sunden bande*
> *komen uon des tieuils rate.* (V. 2328–2347)

Beim zweiten Eintreffen des Engels, bei dem Maria in der Kemenate imaginiert wird, entfaltet sich dann der bekannte biblische Verkündigungsbericht (nach Luk), wobei sich Wernher am Gerüst des „kanonische Geltungskraft" beanspruchenden biblischen Textes orientiert.[12] Im Unterschied zum apokryphen Matthäusevangelium erzählt das *Marienleben* Wernhers aber eine Besonderheit.[13] Nachdem der Engel bei seinem ersten Besuch seine verrätselte Botschaft überbracht und Marias Interesse geweckt hat, spielt er mit Maria. Er spielt mit ihr, wie man mit Kindern spielt, heißt es, indem er sein Antlitz verbirgt:

> *do si aller gerniste hæte*
> *der rede gehoret me,*
> *der engel der mit ir e*
> *sprachte v̄ bi ir stunt,*
> *er uerbarg ȍgen vnde munt,*
> *sin antlutze ioh den schîn;*
> *also spilt er mit der kvnigin*
> *als man pfleit mit den kinden,*
> *daz sie sin niht chunde vinden:*
> *des began sie wnderen sere*
> *unde iedoh des dinges mere*
> *daz er hete ir furgeleit*
> *uon der chumftigen warheit.* (V. 2348–2360).

Die in D beigefügte Illustration zeigt entsprechend einen Engel, der die Flügel über das Gesicht breitet und sich so versteckt:[14] Verkündigung als Versteckspiel. Der Engel spannt Maria auf die Folter, Maria ahnt, dass ihr etwas vorenthalten wird. Verkündigung als Ankündigung eines unvorgreiflich Zukünftigen wird auf diese Weise performativ in Szene gesetzt. Auf den *schimpf* dieser Szene, wenn man so will, einer narrati-

---

[12] Vgl. ebd., S. 87.
[13] Pseudo-Matthaei Evangelium IX,1 (Anm. 2), S. 377: *Altera autem die dum staret iuxta fontem, apparuit ei angelus domini et dixit ei: Beata es, Maria, quoniam in mente tua domino habitaculum praeparasti. Ecce ueniet lux de caelo ut in te habitet et per te uniuerssus mundus resplendeat. Item terti die dum operaretur purpuram digitis suis, ingressus est ad eam iuuenis cuius pulchritudo non potuit enarrari.*
[14] Des Priesters Wernher drei Lieder von der Magd. Nach der Fassung der Handschrift der Preußischen Staatsbibliothek metrisch übersetzt und mit ihren Bildern hrsg. von Hermann Degering. Berlin 1925.

ven *delectatio*, folgt dann der *ernest* der biblisch inspirierten Verkündigung – *Hie gat ez an den ernest* (V. 2369) –, die spirituelle *aedificatio*.

Die folgenden Überlegungen gehen der Frage nach, mit welchen Erzählverfahren die Laikalisierung von kirchlichen Hilfsmitteln, die vorhermeneutisch-magische Verwendung einer bibelepischen Erzählung für weltliche, sogar mit Verunreinigung assoziierte Belange wie die Geburt, einhergeht. Das bibelepische, an tradierten narrativen Beständen ausgerichtete Erzählen der Verkündigung scheint von einer Erzählbewegung begleitet zu sein, die man als Säkularisierungseffekt verbuchen könnte. Als Säkularisierungseffekt figurieren hier Erwartungsirritationen, eine punktuelle Abweichung, der religiöse Ernst wird für einen Moment ‚aufgehoben', um freilich im Weiteren erneut das Ruder zu übernehmen. Man stolpert als Leser/Zuhörer über ein scheinbar ‚unnützes Detail' oder einen ‚bedeutungslosen Flecken' in der Erzählung.[15] Es handelt sich um Passagen, die aus der Überlagerung mit heilsgeschichtlichen Sinnzuschreibungen herausfallen. Säkularisierungseffekte zeugen von einer Wertschätzung, einer ‚Aufwertung' des Profanen, die indes lediglich aufscheint. Eine so gefasste Säkularisierung geht zusammen mit einer ansonsten ungebrochenen Narrativierung des Heilsgeschehens. Um dieser Überlegung auf den Grund zu gehen, soll die Verkündigungsszene zunächst im größeren narrativen Zusammenhang beleuchtet werden.

I. Verheißungen

Umrahmt wird die gedoppelte Verkündigungsszene von zwei Erzählpartien, in denen gleichfalls das Moment des ‚Spielerischen', der *schimpf*, von einiger Bedeutung ist. Nach Marias Verlobung mit Joseph verlässt sie den Tempel in der Obhut einiger ausgewählter Jungfrauen. Sie werden beauftragt, den Tempelvorhang zu wirken. Das Los soll darüber entscheiden, wem welche Verrichtung zufällt. Maria, so der Ausgang des Losverfahrens, wird mit den feineren Aufgaben betraut. Deshalb necken sie die Jungfrauen und bezeichnen sie als ‚kuniginne':

daz wart öh in uerwîzzen sit,
daz sie durh unminne
hiezzen sie ir kuniginne,
div uon rehten schulden
was in gotes hulden (V. 2290–2294).

Dieser *schimpf* wird in *ernest* verkehrt, folgt man der deutenden Kommentierung in Priester Wernhers Marienleben, indem der Engel, der Maria regelmäßig mit himmli-

---

[15] Die Prägungen ‚unnützes Detail' und ‚bedeutungsloser Flecken' finden sich bei Roland Barthes: Der Wirklichkeitseffekt. In: ders.: Das Rauschen der Sprache (Kritische Essays IV). Frankfurt a. Main. 2006, S. 164–172, hier S. 165 f.

schem Brot versorgt, den Jungfrauen erscheint und ihnen weissagt, dass sie es mit einer Kaiserin zu tun hätten:

den schimpf er ze ernest brahte.
er began schreken ir sin:
en allen gahen er erscheine,
lieht als der tak gemeine;
er sprah: ‚ez ist ein wissagen
daz ir ze spotte wellet haben:
ir werdet des inne,
daz Maria keiserinne
uber al dise werlt wesen mŭz (V. 2301–2309).

Hier wird auf die Himmelskönigin angespielt, eine Vorstellung, die in der Gottesmutterschaft Mariens gründet. Erschrocken von der Botschaft des Engels, knien die Jungfrauen vor Maria nieder. Die Verkündigungssequenz greift in A und C2 das Stichwort der *keiserinne* auf.

Nv wil ich der gesweigen
die von disem leibe
mit eren sint gesundert,
wan mich niht enwundert
daz si die vrowen gerne sêhen
vñ ir ze keiserinne iêhen. (A V. 2281–2286)

D „verweigert" den Marienpreis und inseriert stattdessen eine Einlassung zur Unfähigkeit des Dichters, das heilige Geschehen darzustellen.[16]

Der Umschlag von *schimpf* in *ernest* wiederholt sich zwei weitere Male. Direkt an diese Szene schließen die beiden Verkündigungen, die spielerische Vorverkündigung und die biblisch inspirierte zweite Verkündigung an. Den rahmenden Abschluss der Verkündigungssequenz, der es jeweils um Ankündigung eines zukünftigen Geschehens zu tun ist, bildet der Besuch Marias bei Elisabeth. Hier weicht Wernher von seiner apokryphen Vorlage ab. Pseudo-Matthäus berichtet im Anschluss an die Verkündigung Mariä von der Rückkehr Josefs, den Verdächtigungen gegenüber der schwangeren Maria und der Wasserprobe, deren Ausgang Josef wie Maria für unschuldig erklärt. Offensichtlich kommt es Wernher gegenüber seiner Vorlage auf eine Staffelung von ‚Verkündigungen' an. Deshalb folgt er in seiner Dramaturgie im Anschluss an die Verkündigung durch den Engel Gabriel in der Kemenate dem Evangelium nach Lukas (1,39–56). Elisabeth erwartet ebenfalls ein Kind. Sie bekundet bei der Begegnung mit Maria, dass ihr noch ungeborenes Kind zu früh in ihrem Leib ‚gespielt' habe:

sie sprah ir lieplichen zŭ:
‚min sûn spilt al zefru
an minen brusten zware;

---

[16] Fromm (Anm. 10), S. 127.

Differentielle Verkündigung 317

> *er ist fro v̄ frödenbære.*
> *sit wir zesamen komen sin,*
> *v̄ du mir den gruzsal din*
> *ruchtest erbieten, kuniginne,*
> *sit bin ich worden inne*
> *daz sih daz kint ruret,*
> *v̄ ez div liebe umbefuret*
> *gegen diner werdikeit.* (V. 2763–2773)

Die Begegnung zwischen Maria und Elisabeth wird von einer Vorausschau abgeschlossen, die die Taufe Jesu im Jordan durch den erwachsenen Johannes und die damit verbundene Offenbarung in den Blick nimmt:

> *Daz was sante Johannes:*
> *ungeborner uerstunt er sih des*
> *bi siner muter herzen,*
> *daz uon dem tivren mercen*
> *die sundære v̄ die notigen*
> *dem tieuel scholten angesigen,*
> *v̄ daz div maget komen was,*
> *div des kindes sit gnas*
> *den nie sunde betwanch*
> *[…].*
> *als er in do töfen began,*
> *der himel sih ob im uf tet:*
> *[…]*
> *v̄ horte got urkunde geben*
> *sende Marien kinde,*
> *daz er der si, da man vinde*
> *gnade div niemer zegat,*
> *v̄ des riche ane ende stat.* (V. 2787–2820)

Gerahmt wird die doppelte Verkündigung (V. 2319–2666) also von zwei anderen Ankündigungsereignissen (V. 2243–2318; 2667–2826), wobei in allen drei Fällen – Maria als *kuniginne* und zukünftige Kaiserin, zweifache Verkündigung Christi, Heimsuchung Mariä und Vorausschau auf die Taufe Jesu im Jordan – *schimpf* bzw. Spiel in religiösen Ernst umschlägt.

Hans Fromm hat mit guten Gründen vorgeschlagen, das Verhältnis von erster und zweiter Engelsverkündigung als typologische Konstruktion zu begreifen. Die Verkündigung an Maria am Brunnen gebe die Sinn-Verheißung, die folgende Verkündigung in der Kemenate durch den Engel Gabriel erst die Sinn-Erfüllung, die *praelusio* enthalte nur das Geschehen an sich, und erst die eigentliche Verkündigung bringe die heilsgeschichtliche *significatio* bei. Fromm unterstützt diese Deutung mit der subtilen Beobachtung, dass erst die eigentliche Verkündigung die direkte Rede kenne, während die Vorverkündigung die „mittelbare Form" wähle, um das noch Unerfüllte dieser Szene zu kennzeichnen. Im Sinne einer Stützung dieser Lektüre des Textes scheint es sinnvoll, stärker, als Fromm dies getan hat, auf den Aspekt des Spiels hinzuweisen,[17] der die Vorverkündigung prägt, insofern diese in ein Spiel des Engels mit Maria mündet. Das Moment des ‚Spielerischen' findet sich darüber hinaus in den rahmenden Ankündigungs-Partien, sodass man es mit Blick auf die Gesamtpartie mit einer Trigemination des Verhältnisses von ‚spielerischem' Geschehen und heilsgeschichtlicher *significatio* zu tun hat. Dieser dreifachen Wiederholung, die sich in allen Fassungen findet,[18] kommt Bedeutsamkeit zu, spiegelt sie sich doch formal in der sich anschließenden „liturgisch motivierte[n]"[19] Dreiteilung (in A und C) bzw. Zweiteilung (in D) der magischen Gebauchsanweisung, die ja auch eine Figur der Verheißung darstellt.

II. Christliche Ästhetik

Die Vorverkündigung – Maria mit Engel am Brunnen – mit ihrer komischen Finalisierung, die den Rahmen des Bekannten sprengt, wirft das viel diskutierte Problem auf, wie das Nebeneinander von Komischem und Heiligem zu erklären sei. Walter Haug hat gemeint, dass das Mittelalter das Wunder in seiner ganzen Absurdität akzeptiert und diese unter dem Aspekt des Komischen präsentiert habe.[20] Vielleicht handelt es sich in der Vorverkündigung indes weniger um wunderbezogene Komik als vielmehr um einen der exegetisch-bibelepischen Tradition entstammenden *delectatio*-Typus, der auf ein *prodesse*, eine spirituelle *aedificatio* zielt. Komik ist dann nicht Ausdruck des Wunders, sondern geht dem Wunder voraus, kann dem Wunder nur vorausgehen, sorgt für den Aufschub der Epiphanie.

Eine Integumentalgeste des Engelspiels mit Maria liegt auf der Hand: Der Engel verdeckt sein Antlitz, ohne bereits sein Geheimnis vollends preiszugeben. Man hat es hier allerdings nicht mit der Vorstellung einer textuellen Schichtung, einer Verkleidung des Sinns zu tun, als ob er bereits in der Vorverkündigung zuhanden wäre, eher mit einer Auslagerung des integumentalen ‚Sinns', des Geheimnisses. Die eigentliche Offenbarung wird nachgeliefert, sie gehört der vorbereitenden *delectatio* generisch nicht zu. In der Vorverkündigung ist denn auch von der baldigen – *schiere* (V. 2337) – Entbergung des göttlich Verborgenen die Rede:

er saget ir uon den gotes tŏgen
daz ir schiere chome ein lieht,

---

[17] Fromm belässt es bei der Bezeichnung *praelusio*. Allein insofern geht er auf das Spiel des Engels mit Maria ein. Auf mögliche Implikationen, die das spielerische Geschehen mit sich bringt, dem sich jeweils eine heilsgeschichtliche *significatio* anschließt, kommt er nicht zu sprechen.

[18] Die Heimsuchung ist in Fassung C2 nur fragmentarisch überliefert.

[19] Curschmann (Anm. 3), S. 16.

[20] Walter Haug: Das Komische und das Heilige. Zur Komik in der religiösen Literatur des Mittelalters. In: ders.: Strukturen als Schlüssel zur Welt. Kleine Schriften zur Erzählliteratur des Mittelalters. Tübingen 1989, S. 257–274, hier S. 268.

daz lange in der vinster niht
mæhte sin uerborgen (V. 2336–2339).

Andere mittelalterliche volkssprachliche ‚Marienleben', die sich stofflich dem apokryphen Kindheitsevangelium des Pseudo-Matthäus anschließen, folgen einer abweichenden erzählerischen Logik. In Konrads von Fußesbrunnen *Kindheit Jesu* schließt sich die Verkündigung der Vorverkündigung unmittelbar an.[21] Ihnen folgt die Heimsuchung mit Ausblick auf Johannes den Täufer. Es fehlt der *schimpf* unter den Gefährtinnen der Maria sowie die spielerische Zuspitzung der Vorverkündigung. In Walthers von Rheinau *Marienleben*[22], das sich der *Vita beatae Mariae virginis et salvatoris rhythmica*[23] eng anschließt, knüpft die eigentliche Verkündigung an die Vorverkündigung an. Das Spiel der Gefährtinnen Mariens bleibt unerwähnt. Die Heimsuchung kommt ohne Hinweis auf die Taufe im Jordan aus. Auch sucht man vergeblich nach einem Spiel des Engels mit Maria. Bruder Philipp der Kartäuser[24] bietet wie seine Vorgänger die doppelte Verkündigung – ohne Hinweis auf ein ‚Spiel' des Engels mit Maria. Das Treiben der Gefährtinnen und ein Hinweis auf die Taufe im Jordan im Zusammenhang der Heimsuchung Mariä bleiben aus. Wernher der Schweizer[25] weiß allerdings von einem Spiel der Gefährtinnen:

Nu hôrend was ich sprechen wil:
Ain edel minnekliches spil
Von disen mægden lobesan,
Als ich von in gelesen han,
Wie sich von Gotte fůgte das
Maria ir kunegin was
Und kuneglichen namen
Gewan von spiles gamen. (V. 1165–1172)

Wernher der Schweizer nobilitiert indes das beim Priester Wernher spöttische Spiel der Gefährtinnen. Auch im Zusammenhang der Heimsuchung ist vom Spiel des noch ungeborenen Johannes die Rede, der Ausblick auf die Taufe im Jordan fehlt:

Do Maria zeElyzabethten kam,
Grosse frŏd si gewan,
So das ir frŏden vil beschach
Do Maria grůs ir sprach.
Des wart der junge degen fro

---

[21] Konrad von Fußesbrunnen: Kindheit Jesu. Kritische Ausgabe. Hrsg. von Hans Fromm, Klaus Grubmüller. Berlin 1973.
[22] Das Marienleben Walthers von Rheinau. Hrsg. von Edit Perjus. 2., vermehrte Aufl. Abo 1949.
[23] Vita beate virginis marie et salvatoris rhythmica. Hrsg. von Adolf Vögtlin. Tübingen 1888 (Bibliothek des Litterarischen Vereins in Stuttgart. 180).
[24] Bruder Philipps des Cartäusers Marienleben. Zum ersten Male hrsg. von Heinrich Rückert. Quedlinburg/Leipzig 1853.
[25] Das Marienleben des Schweizers Wernher aus der Heidelberger Handschrift. Hrsg. von Max Päpke, zu Ende geführt von Arthur Hübner. Mit einer Tafel in Lichtdruck. Berlin 1920 (DTM. 27).

Den si trůg inir libe do,
So das er fröden spil begieng
Do sin můter grůs enphieng (V. 2301–2308).

Vorverkündigung und Verkündigung kommen bei Wernher dem Schweizer ohne Hinweis auf eine ‚spielerische Qualität' aus. Es gibt hier keinen Engel, der mit Maria Verstecken spielt. Somit erweist sich die Verkündigungspartie in Wernhers *Maria* als einmalig in ihrer das Spielerische hervorhebenden Staffelung von Ankündigungsereignissen.

Versteht man das von Wernher im Rahmen der Vorverkündigung hinzugefügte (Versteck)Spiel des Engels mit Maria als poetologisch belastbare Aussage, könnte man zu der Erkenntnis gelangen, dass das Spiel, die *delectatio*, als Ort des Aufschubs fungiert. Die göttliche Präsenz bleibt verborgen, wird allenfalls angekündigt. Wo das Spiel an sein Ende gekommen ist, ereignet sich die Empfängnis, wird die göttliche Präsenz greifbar. Diese wird, das Inkommensurable des Ereignisses unterstreichend, unter widersprüchlicher Perspektivierung geboten. Der Engel prophezeit, dass der Heilige Geist – *mit sines geistes tŏwe* (V. 2471) – Maria überschatten werde, der Erzähler hält nach Marias Einwilligung in das Geschehen fest, dass sie von *des glŏben samen* (V. 2496) schwanger geworden sei. Das Ereignis der Empfängnis bleibt so eine Leerstelle. Die Darstellung des Nichtdarstellbaren erschöpft sich in dieser Sicht der Empfängnis. Auch bei der Geburt Christi geht Priester Wernher sparsam mit dichterischen Mitteln um. Von den Hebammen Rachel und Salome wird berichtet, dass sie beim Betasten der Maria zu Boden fallen:

sie sprachen daz sie daz zeichen
nîen mere heten gesehen,
v̄ begunden des iehen,
in wære dicke gesaget
daz komen scholte ein maget
diu ane man gebære. (V. 3984–3989)

Marias Unversehrtheit nach der Geburt wird nicht direkt, sie wird periphrastisch benannt.

III. Differenzqualität der Verkündigungen

Wernhers Engel der Vorverkündigung am Brunnen lässt sich auf die Welt ein. Brunnen sind in der mittelalterlichen Vorstellungswelt Einfallstore des Anderweltlichen,[26] hier eines Transzendenten in eine profane Wirklichkeit. Maria wäscht sich ihre Hände im Brunnen, in C2 und D wäscht sie sich ihre ‚reinen Hände':

---

[26] Vgl. Hans-Jörg Uther: Brunnen. In: EM. Bd. 2. 1979, Sp. 941–950, hier bes. Sp. 942 f.

div kamer des waren sůnne
div gie zu ir brunne
an des houes ende
vnt dewͣch ir reine hende. (V. 2321–2324)

Die Szene weicht damit entscheidend von *Protevangelium Iacobi* und *Pseudo-Matthäusevangelium* ab, geht es in den apokryphen Texten doch darum, dass Maria am Brunnen Wasser schöpft bzw. ihren Krug auffüllt.[27] So lakonisch hier erzählt wird, so anspielungsreich ist das Erzählen gestaltet. Der Zusammenhang von Brunnen und Reinheit lässt natürlich an die allegorische Vorstellung vom versiegelten Brunnen als Ausdruck der Jungfräulichkeit Mariens denken.[28] Allerdings ist der Brunnen als Bestandteil der erzählten Welt hier gerade nicht versiegelt. Der Reinigung fällt eine andere Bedeutung zu. Anders als in der eigentlichen Verkündigungsszene geht die *kamer des waren sůnne* (V. 2321),[29] wie Maria nicht zuletzt in mehrdeutiger Anspielung auf die Verkündigung in der Kemenate apostrophiert wird, zumindest auf den ersten Blick keiner frommen Tätigkeit nach. In der Verkündigungskemenate ist sie mit Textilarbeiten für den Tempelvorhang[30] (*chirchgeruste*, V. 2253) beschäftigt. Indem Maria am Tempelvorhang wirkt, wird die Kemenate metonymisch zu einem heiligen Raum. Maria lässt ihre Handarbeit indes aus großer Furcht heraus fallen, dies eine Neuerung beim Priester Wernher gegenüber dem *Pseudo-Matthäusevangelium*.[31] Die Szene erinnert nicht nur vage an das Zerreißen des Tempelvorhangs bei Mk 15,38 parr., wodurch der „Zugang zum Ort (göttlicher) Anwesenheit"[32] freigelegt wird. Diese reine, unverhüllte Anwesenheit des Göttlichen ist mit der jungfräulichen Empfängnis im Zusammenhang

---

[27] Vgl. Pseudo-Matthaei Evangelium IX,1 (Anm. 2), S. 377. Die Fassungen des Ps-Matthäusevangeliums variieren in der Gestaltung der Vorverkündigung dahingehend, dass Maria in A ihren Krug auffüllt, in P sich ohne weitere Aktivität vor dem Brunnen einfindet. Das *Protevangelium Iacobi* (11,1) berichtet, dass Maria hinausgeht, um Wasser zu schöpfen. Vgl. Evangelia infantiae apocrypha/Apokryphe Kindheitsevangelien. Übersetzt und eingeleitet von Gerhard Schneider. Freiburg u. a. 1995 (Fontes Christiani. 18), S. 114 f. Das Reinigungsmotiv findet sich in den Prätexten, soweit überprüfbar, also nicht.

[28] Anselm Salzer: Die Sinnbilder und Beiworte Mariens in der deutschen Literatur und lateinischen Hymnenpoesie des Mittelalters. Mit Berücksichtigung der patristischen Literatur. Eine literarhistorische Studie. Darmstadt 1967, S. 9 f., 322–324, 520–523.

[29] Mariologisch wird hier auch die Vorstellung von Maria als Tempel aufgerufen. Vgl. ebd., S. 36 f.

[30] Der Tempelvorhang ist vor dem Allerheiligsten angebracht (Ex 26,31–37), trennt nach Ex 26,33/Hebr 9,2 f. das Heilige vom Allerheiligsten. Vgl. Otfried Hofius: Vorhang. In: LThK. Bd. 10. 2001, Sp. 891.

[31] Vgl. Pseudo-Matthaei Evangelium IX,1 (Anm. 2), S. 377 f.: *Item tertia die dum operaretur purpuram digitis suis, ingressus est ad eam iuuenis cuius pulchritudo non potuit enarrari. Hunc uidens Maria expauit et contremuit. Cui ille ait: Noli timere, Maria, inuenisti gratiam apud dominum. Ecce concipies et paries regem qui imperat non solum in terra sed etiam in caelis et regnabit in saecula saeculorum.* – Die Fassungen des Pseudo-Matthäusevangeliums unterscheiden sich in diesem Punkt nicht.

[32] Paul-Gerhard Klumbies: Das Sterben Jesu als Schauspiel nach Lk 23,44–49. In: Biblische Zeitschrift 47 (2003), S. 186–205, hier S. 193.

der Kemenatenverkündigung gegeben.[33] Das Waschen der Hände in der Vorverkündigung erhält dadurch handlungs- wie erzähllogisch eine besondere Bedeutung. Wie der Brunnen Transzendenz und Immanenz miteinander verbindet, so bereitet das Waschen der Hände als Akt der Reinigung auf einen Übertritt in einen heiligen Raum vor. Der Weg vom *profanum* zum *fanum* läuft – religionsphänomenologisch betrachtet – häufig über eine Vorbereitung,[34] eine Reinigung. Es wäre allerdings ein Missverständnis, würde man Marias Reinigung der Hände als Vorbereitung auf den Engel der Vorverkündigung verstehen. Der Reinigungsakt wie das Spiel des namenlosen Engels der Vorverkündigung bilden nämlich aus unterschiedlicher Perspektive eine Figur des Übergangs. Geht es beim Spiel des Engels, das die Epiphanie vorbereitend verzögert, um das Verhältnis von Repräsentation und Präsenz, weist die Reinigung Marias auf den Schwellenraum zur eigentlichen Verkündigung hin, in der die göttliche Präsenz unmittelbar wirkt. *Profanum* und *fanum* sind in der Regel durch eine Grenze deutlich getrennt. Wernher setzt diese Trennung erzählerisch um. Ein harter Einschnitt trennt die Vorverkündigung von der Verkündigung (in A und D), wodurch das Vorläufige der Vorverkündigung deutlich markiert wird. Die Verkündigung wird durch einen erzählerischen Neueinsatz in Gestalt einer zentrierenden Annäherung von außen an den Ort der Epiphanie eingeleitet. Die Verkündigung verlagert die Szenerie in ein Inneres. Erst wird die in Galiläa liegende *burch Nazaret* erwähnt, sodann das *hûs* der Maria, schließlich die Kemenate:

Hie gat ez an den ernest:
nu muget ir aller gernest
mit liebe v̄ willigen oren
die svzzen rede horen
v̄ daz aller beste mære
daz deheinem sundære
ie wart gechundet,
sit Adam was uerschundet.
Ein burch heizet Nazaret;
[...]
sie hete hûs dar inne
[...].
do fur er [Gabriel] *froliche*
uz dem himelriche
nider zu der erde,
da div gotes werde
saz in einer keminaten,
mit suzzem werche beraten (V. 2369–2402).

---

[33] Der Zusammenhang von Verkündigung und Tempel wird eindeutig hergestellt, wenn in der auslegenden Rede des Erzählers auch die Vorstellung vom Zelt (Stiftshütte) aufgerufen wird: *der den himel uil groz | v̄ die werlt ie besloz, | der suchte im ein chleine stat: | dar hat er sin gecelt gesat | v̄ wart doh geminnert nîe, | da in div gûte enpfie* (V. 2507–2512).

[34] Mircea Eliade: Die Religionen und das Heilige. Elemente der Religionsgeschichte. Frankfurt a. Main/Leipzig 1998 (Originalausgabe 1949), S. 427.

Reinigung der Hände und Versteckspiel in der Vorverkündigung sowie das Loslassen der Handarbeit in der Kemenate sind offenbar sämtlich Zusätze des Dichters. Reinigung und Verhüllung auf der einen Seite, Gegenwärtigkeit auf der anderen stehen in einem sinnstiftenden Zusammenhang von vorbereitendem Aufschub und Präsenzereignis. Anders als der Verkündigungsengel, dessen Sein und Funktion sich in der Botschaft erschöpft, beginnt der Engel der Vorverkündigung eine Art Geschichte auszubilden, nicht zuletzt, indem er sich nähert und sich zurückzieht,[35] er bildet seine eigene Geschichte mit Maria, eine Geschichte, die die heilsgeschichtliche Funktion punktuell auszublenden scheint.[36] Die in Rede stehende Passage vermag umso mehr zu irritieren, als die Umgebung aus figuralen Konstruktionen, traditionellen Figuren der heilsgeschichtlichen Referentialisierung besteht. Das Versteckspiel des Engels ist durch die Tradition nicht abgedeckt. Der Engel der Vorverkündigung bewirkt, indem er sich spielend auf Maria einlässt, einen Aufschub der eigentlichen Verkündigung.

IV. Das Versteckspiel des Engels und die Frage nach der Repräsentation

Der Engel spielt mit Maria Verstecken – *als man pfleit mit den kinden* (V. 2355) – und diese wartet auf die Wiederkehr des Engels, um die offenen Fragen aus der ersten Begegnung am Brunnen einer Beantwortung zuzuführen. Das Versteckspielen mit Kindern hat die Funktion der Herausbildung symbolischer Repräsentation. Sigmund Freud schildert in *Jenseits des Lustprinzips* bekanntlich jene berühmte Szene, in der er einen Enkel dabei beobachtet, wie er die Abwesenheit der Mutter symbolisch kompensiert.[37] Er lässt mit dem Kommentar „Fort" eine Holzspule, die an einem Faden hängt, in seinem Bettchen verschwinden und kommentiert das Wiedererscheinen des herausgezogenen Spielzeugs mit dem Ausruf „Da". Dem Versteckspiel liegt ein ähnlicher Mechanismus zugrunde. Derjenige, der sich versteckt, ist in den Augen des Spielpartners zugleich anwesend und abwesend, er ist bis zur Aufdeckung im Modus der Verborgen-

---

[35] Im Lukas-Evangelium, auf das sich Wernher im Kontext der Verkündigung explizit beruft – *als uns Lucas saget* (2668) – verlässt der Engel Maria (1,38). Von einem solchen Verlassen ist in Wernhers Marienleben keine Rede. Das Wesen des Engels *ist* die überbrachte Botschaft.

[36] Vgl. Susanne Köbele: Grenzüberschreitungen. Spielräume literarischer Engel-Darstellung im Mittelalter. In: Mitteilungen des Deutschen Germanistenverbandes 54 (2007), S. 130–164, hier bes. S. 137–147 (zum Flug des Engels in Otfrids *Evangelienbuch*). Köbele geht es hier freilich um eine „Disposition zum Poetischen" (S. 143) im Erzählen der Verkündigungsgeschichte.

[37] Sigmund Freud: Jenseits des Lustprinzips (1920). In: ders.: Studienausgabe. Bd. III: Psychologie des Unbewußten. Hrsg. von Alexander Mitscherlich, Angela Richards, James Strachey. Frankfurt a. Main 2000, S. 213–272, hier S. 224 f. Freud ist eher am Lustgewinn interessiert, an der „großen kulturellen Leistung des Kindes, mit dem von ihm zustande gebrachten Triebverzicht [...] das Fortgehen der Mutter ohne Sträuben zu gestatten." Ebd., S. 225.

heit anwesend. Unter der Bedingung von Abwesenheit obwaltet ein Wissen um Anwesenheit, dem der Aufschub bis zur Aufdeckung inhärent ist. Zum einen dreht sich in dieser Szene also alles um die verborgen-aufgeschobene Präsenz.

Dem Engel der Vorverkündigung geht es weniger um Mitteilung als um Überbrückung von Distanz.[38] Es bleibt bei Andeutungen und Voraussagen des Engels, deren Sinn Maria bis zu einem bestimmten Punkt verschlossen bleibt.[39] Anstatt dass der Engel sich erklärt, verdeckt er Augen und Mund. Die entscheidende Botschaft erfolgt erst im Rahmen der eigentlichen Verkündigung. Wie das Kind in Gestalt des Versteckspiels lernt, auf ein elterliches Gegenwärtigsein im Verborgenen zu setzen, so stellt sich bei Maria die Überzeugung ein, dass der Engel wiederkehren und ihr Aufklärung verschaffen wird:

sie gedahte waz er meinete,
v̄ daz erz baz bescheinete,
des wolte sie in gerne biten,
so er nah sinen siten
anderstunt zu ir kame
daz sie sin ein ende uernæme. (V. 2363–2368)

Dass damit das Problem der Repräsentation aufgerufen ist, liegt auf der Hand. Wenn der Engel als Repräsentant des Göttlichen sich versteckt, die Überbrückung von Distanz also temporär im Modus des Versteckens zurückgenommen wird, haben wir es mit einer ‚Stufung' der Repräsentationsproblematik zu tun. In Maria bildet sich im Modus der Erwartung eine innere Vorstellung – *sie gedahte* –, man könnte von einer mentalen Repräsentation des Engels und seiner Botschaft sprechen, also einer Repräsentation der Repräsentation des Göttlichen. Es liegt daher nahe, die Vorverkündigungsszene als autoreflexive Passage aufzufassen, die das bibelepisch-legendenhafte Schreiben und dessen semiotischen Status in den Blick nimmt. Eine (Ab)Stufung der Repräsentationen liegt nämlich auch im bibelepisch-legendenhaften Schreiben vor. Versteht man den biblischen Verkündigungstext, von dem das bibelepische Schreiben seinen Ausgang nimmt, als durch den Evangelisten medial ins Werk gesetztes Wort Gottes,[40] arbeitet die erzählerische Aufbereitung des biblischen Textes in Gestalt bibelepisch-legendenhaften Schreibens an einer literarischen Repräsentation des mittels des Evangelisten in biblischer Gestalt vorliegenden göttlichen Wortes. Hier wäre also klar zwischen göttlichem Wort und der auf den Evangelisten zurückgehenden biblischen Gestalt des göttlichen Wortes – Thomas von Aquin wird Anfang des 13. Jahrhunderts zur Erklärung der Inspirationstheorie die berühmte Unterscheidung zwischen *auctor principalis* und *auctor instrumentalis* treffen – sowie dem bibelepischen Schreiben zu unter-

---

[38] Vgl. hierzu die medientheoretischen Überlegungen bei Sybille Krämer: Medium, Bote, Übertragung. Kleine Metaphysik der Medialität. Frankfurt a. Main 2008, S. 122–138 („Engel: Kommunikation durch Hybridisierung").
[39] Vgl. V. 2361–2364.
[40] Vgl. Rolf Peppermüller: Inspiration. In: LexMA. Bd. 5. 1999, Sp. 450.

scheiden. Es ist die Szene der *Vor*-Verkündigung, es ist die auf die Wiederkehr des Engels wartende Maria, die die Repräsentationsfrage aufwirft. Die Repräsentation wird somit zu einer Figur des differentiellen Aufschubs. Verlust der Mitteilungsfunktion in Form einer verrätselten Verheißung, die Herausbildung von Repräsentation und damit zusammenhängend die Produktion von Aufschub fallen in der in Rede stehenden Szene der Vorverkündigung zusammen.

V. Schluss

Das Versteckspiel des Engels mit Maria, jene Erwartungsirritation, die man als Säkularisierungseffekt im Kontext einer heilsgeschichtlichen Erzählung fassen könnte, ist erzählerisch konsequent im Raum des *profanum* (im Außenraum des Hofes) angesiedelt. Die sich reinigende Maria ist bei aller Reinheit noch zu sehr von dieser Welt, als dass die eigentliche Verkündigung bereits statthaben könnte. Die Herausbildung von Repräsentation ist dem Vorraum der Epiphanie zugewiesen. Maria hofft in der Vorverkündigungsszene auf ein Wiederkommen des namenlosen Engels, um Auskunft über dessen rätselhafte Botschaft zu erhalten. Wenn der Engel Gabriel in der Verkündigungsszene die Kemenate betritt, fürchtet sie sich angesichts des überwältigendes Glanzes, den der *engelische gast | uon gotes ŏgen* (V. 2408 f.) bringt, und lässt ihre Handarbeit fallen. Von einem Wiedererkennen ist hier keine Rede, im Gegenteil: *des poten sie niht erchande* (V. 2414). Die Qualität der Verkündigung ist offenbar eine kategorial andere als die der Vorverkündigung. Das kommt nicht zuletzt durch den Hinweis auf die Augen Gottes zum Ausdruck, deren Abglanz im Engel, so könnte man den Sachverhalt verstehen, die Kemenate zum Leuchten bringt. Die Repräsentation und damit im hier vorgeschlagenen autoreflexiven Sinne die literarische Repräsentation kann nach Ausweis des Marienlebens daher niemals Ort reiner Präsenz ein, allenfalls im Modus des Indirekten sich ereignende Ankündigung, Verkündigung von Präsenz. Doch mit dem Präsenzereignis der Verkündigung an Maria lässt Wernhers Marienleben die reine Repräsentationslogik hinter sich.

Die beiden Verkündigungen an Maria – die eine zielt auf Repräsentation, die andere auf Präsenz – werden gerahmt von zwei anderen Verheißungsgeschichten, die analog gebaut sind. In beiden Fällen verbindet sich einem *spil* die Verheißung unmittelbarer göttlicher Präsenz. Den Tempeljungfrauen und Gefährtinnen der Maria wird angekündigt, der *unverborgen warheite* (V. 2312) ins Auge zu schauen. Das Spiel des noch ungeborenen Johannes weist auf die Offenbarung bei der Taufe Jesu im Jordan:

als er in do tŏfen began,
der himel sih ob im uf tet:
im ze eren da ze stet
ein tube here vf im erschêine,
der nie glich wart dehêine:

die sah er ob im sweben
v̄ horte got urkunde geben (V. 2810–2816).

Die Anweisung zum magischen Gebrauch des Marienlebens in Geburtszusammenhängen erfolgt am Ende des zweiten Buches, nach den drei Verheißungs- und vor der breit entfalteten Geburtsszene mit Vorgeschichte, die im dritten Buch erzählt wird. In den beiden Verkündigungen an Maria, die man als thematisches Zentrum des Marienlebens wird begreifen dürfen, spiegelt sich offenbar der textuell indizierte zweifache Gebrauch des Marienlebens. Die Vorverkündigung zielt auf die Produktion von Repräsentation, ihr ist die Bild-Lektüre der *Maria* zugeordnet, jenes *lesen* und *schouwen*, das im Prolog all denjenigen Laien und Frauen auferlegt wird, die Gotteskinder sein wollen. Die Verkündigung der Empfängnis in der Kemenate, die von der sich ereignenden göttlichen Gegenwart in Maria erzählt, knüpft an die Präsenz behauptende Rede vom Buch als *brot* und *spise* für die Gotteskinder an. Den Gebärenden wird das Buch der Maria entsprechend als präsentisches Heilmittel anempfohlen, als Berührungsreliquie, bei der sich das Wunder der schmerzfreien Geburt Mariens auf die Gebärende überträgt. Von Maria heißt es:

do chom div zit daz sie gnas.
diu geburt sanfte ergie,
wan sie in âne meil enpfie
v̄ ane sunde gebar:
von rehte ir leides nien wâr. (V. 3870–3874)

Der Gebärenden wird nahegelegt:

Swelh wib div driu lîet hat,
[…]
sie lidet unlangen
kumber uon dem sere,
wand in unser fröen ere
gnist sie kindes gnædeklichen. (V. 2853–2859)

Die Sorgen, die Eva in die Welt gesetzt habe, das Gebären unter Schmerzen als Folge der Ursünde, so die magische Verheißung, *muzzen entwichen* (V. 2860).

Säkularisierung als Effekt (Vorverkündigung) und Präsenzereignis (Verkündigung) gehen zusammen. Wie lässt sich dieser Zusammenhang denken? Folgt man der Erzählchronologie des Marienlebens, wäre Säkularisierung als Effekt, das Durchschreiten eines *profanum*, als unabdingbare Voraussetzung des Präsenzereignisses zu werten. Diese Denkfigur kehrt die klassische Vorstellung von Säkularisierung als Verweltlichung eines vorgängig Heiligen um. In Priester Werners Marienleben ist Epiphanie nur über den ‚Umweg' des *profanum* denkbar, darin funktional der ‚mythischen Umständlichkeit' nicht unähnlich, wie Hans Blumenberg sie beschrieben hat, nämlich als „Verzögerung"[41] der Epiphanie. Wie bei der klassischen Denkfigur von Säkularisierung eine

---

[41] Hans Blumenberg: Arbeit am Mythos. Frankfurt a. Main 1996, S. 160.

Differentielle Verkündigung

Persistenz des Heiligen unter anderen, ‚weltlichen' Voraussetzungen angenommen wird, so steht die dem Präsenzereignis vorgängige Säkularisierung bereits ganz im Vorzeichen des transzendenten Ereignisses – in Gestalt von Offenbarung auf der einen, Marias Reinheit auf der anderen Seite. Säkularisierung als Effekt sorgt in Priester Wernhers Marienleben für einen Aufschub der Epiphanie, sie depotenziert im Modus des Spiels das Ereignis der Verkündigung, indem sie es nicht zuletzt einer zeitlichen Staffelung unterwirft.

Aleksandra Prica

Das Stocken der Heilsgeschichte[1]

Säkularisierungsdynamiken in der Literatur aus dem Umfeld des Deutschen Ordens

I.

In den 90er Jahren des 20. Jahrhunderts formuliert der Turiner Philosoph Gianni Vattimo in seiner Monographie *Credere di credere* die These, Säkularisierung sei nicht als „Auflösung der sakralen Strukturen der christlichen Gesellschaft" zu begreifen, sondern im Gegenteil als eigentliches Zu-sich-selbst-Kommen des Christentums.[2] Mittels eines sehr persönlich gefärbten Duktus, der an nicht wenigen Stellen um den Preis einer zwar eingestandenen, deshalb aber nicht minder irritierenden analytischen Halbherzigkeit durchgehalten wird,[3] entwirft Vattimo die postulierte Vollendung zugleich als Niedergang der Metaphysik und als Anbruch einer Postmoderne, welche abendländische Philosophie und Christentum im Zeichen der Schwächung verbindet.[4] Das „schwache [...] Denken"[5] der Hermeneutik, welches am Ende eines jahrhundertelangen Säkularisierungsprozesses steht und das Vattimo gegen ein gewaltsames Denken der Metaphysik setzt, verdankt dabei seine flexiblen Strukturen in erster Linie der christlichen Vorstellung von der Selbsterniedrigung Gottes am Kreuz und mithin dem Zugeständnis seiner Interpretierbarkeit – Aspekte, die gemäß Vattimo den Beginn der Säkularisierung mar-

---

[1] Vgl. den Gebrauch der Wendung im Zusammenhang mit Walter Benjamin bei Daniel Weidner: Kreatürlichkeit. Benjamins Trauerspielbuch und das Leben des Barock. In: Profanes Leben. Walter Benjamins Dialektik der Säkularisierung. Hrsg. von Daniel Weidner. Frankfurt a. Main 2010, S. 120–138, hier S. 130.

[2] Die Monographie ist 1997 unter dem Titel *Glauben – Philosophieren* auf Deutsch erschienen. Vgl. zu den Zitaten Gianni Vattimo: Glauben – Philosophieren. Stuttgart 1997, S. 44 f.

[3] Das Eingeständnis gewisser analytischer Unschärfen erfolgt zum Beispiel ausgerechnet an einer für die Argumentation zentralen Stelle, nämlich im Rahmen der Absicherung der These von der Wiederkehr der Religion im Denken Nietzsches und Heideggers, vgl. ebd., S. 24. Vgl. hierzu außerdem Alois Rust: Vernünftigkeit und Kontingenz: notwendige Ergänzung oder unausweichlicher Konflikt? Überlegungen zu Leibniz, Vattimo und Goodman. In: Vernunft, Kontingenz und Gott. Hrsg. von Ingolf U. Dalferth, Philipp Stoellger. Tübingen 2000, S. 337–353.

[4] Vattimo (Anm. 2), S. 25–32.

[5] Ebd., S. 27.

kieren und sich an ihrem Ende wieder durchsetzen.[6] Diese Auffassung von der Säkularisierung als Vorgang, in dessen Verlauf sich die Essenz der Moderne in eins mit der „Erfüllung" der „Wahrheit" des Christentums[7] je nach Perspektive epistemologisch als hermeneutische Emanzipation des Menschen[8] oder ontologisch als Schwächung stabiler metaphysischer Strukturen und damit als Durchschaubarkeit Gottes manifestiert,[9] birgt dabei von der Fragwürdigkeit der Diagnose eines Endes der Metaphysik bis zu den Argumentationsstrategien im Einzelnen verschiedene historische wie systematische Probleme.[10] Zu diesen ist neben einer grundsätzlichen Tendenz zur Universalisierung[11] des Säkularisierungsbegriffs nicht zuletzt die beinahe vollständige Missachtung der theoretischen Auseinandersetzungen um den Begriff der Säkularisierung seit 1900, ihrer Zuspitzung in den 1960er und 1970er Jahren sowie der zeitgenössischen Diskussion zu rechnen. Vattimo trägt damit zusätzlich zu einer begrifflichen Unbestimmtheit bei,[12] die sich im Falle der Säkularisierung wohl nicht zuletzt aus einer notorischen Überdeterminierung speist.[13] Der Versuch einer Neubewertung des Säkularisierungskonzepts interferiert mit der Reproduktion unbenannter und damit auch ungelöster Probleme der Säkularisierungsdebatte. Das Eingeständnis einer (Post-)Moderne, die ohne die genuin christliche Denkfigur der *kenosis* nicht auskommt, die Auffassung der Schwächung als Säkularisierung und damit das Bemühen, Religion nicht in einer Reduktion auf Dichotomien als das Andere, sondern gerade als das genuin Eigene dieser Moderne zu denken, gehen mit einem deutlichen geschichtsphilosophischen Gestus einher, der das Christentum als Wurzel der Moderne begreift und das große Narrativ

---

[6] Ebd., S. 40–44.

[7] Ebd., S. 45.

[8] Vgl. etwa Ulrich Engel: Das Ende des metaphysischen Gottes. Über die (Grenzen der) Möglichkeit eines nichtmetaphysischen Religionsverständnisses nach Gianni Vattimo. In: Metaphysisches Fragen. Colloquium über die Grundformen des Philosophierens. Hrsg. von Paulus Engelhardt, Claudius Strube. Bonn 2007, S. 265–282, hier v. a. S. 268 ff. die Beschreibung eines ‚hermeneutischen Universalismus' Vattimos.

[9] Gott erlaubt seine eigene Interpretierbarkeit: So ließe sich Hans Blumenbergs Diktum, der Gott der Juden und Christen weigere sich, durchschaut zu werden (vgl. Hans Blumenberg: Matthäuspassion. Frankfurt a. Main 1988, S. 92 ff.), mit Vattimo in sein Gegenteil verkehren.

[10] Eine grundsätzliche Schwierigkeit stellt der Umstand dar, dass das zentrale Postulat vom Ende der Metaphysik bei Vattimo unbegründet bleibt und sich lediglich auf die Autorisierung durch Vordenker verlässt, vgl. hierzu Rust (Anm. 3), S. 345 f. – Von der Forschung wurde zudem bemerkt, dass Vattimo auch dort, wo er auf eine Art ‚Befreiung des Seins zum Ereignis' abzielt und dieses dem „freie[n] Spiel der Interpretationen" anheimstellen will, nicht ohne Kategorien auskommt, die das Denken wiederum an verbindliche Bezugspunkte knüpfen, vgl. Engel (Anm. 8), S. 275.

[11] Vgl. im Allgemeinen zu dieser Tendenz auch Giacomo Marramao: Die Säkularisierung der westlichen Welt. Frankfurt a. Main 1999, S. 13.

[12] Martin Treml, Daniel Weidner: Zur Aktualität der Religionen. In: Nachleben der Religionen. Kulturwissenschaftliche Untersuchungen zur Dialektik der Säkularisierung. Hrsg. von Martin Treml, Daniel Weidner. München 2007, S. 7–22, hier S. 10.

[13] Ebd., S. 22.

Das Stocken der Heilsgeschichte 331

der Säkularisierung als teleologische Geschichte von Fortschritt oder Verfall, von Verlust und Wiederkehr, noch einmal erzählt.[14] Und freilich birgt auch die grundsätzlich vielversprechende Umbesetzung der Säkularisierung durch ihre Verbindung mit Gottes Selbsterniedrigung beträchtliche Schwierigkeiten: etwa diejenige einer Exklusion anderer Religionen als der christlichen aus der Säkularisierungsdebatte, indem „die Struktur der Säkularisierung" immer schon „christlich formuliert" wird.[15]

Am Beispiel von Vattimos Ansatz lässt sich verdeutlichen, dass der Umgang mit der Frage nach dem Verhältnis von Moderne und Religion in jeder Gegenwart signifikante Modifikationen erfährt,[16] jede Gegenwart aber auch immer wieder aufs Neue geneigt scheint, der „verführerischen Kraft" der großen Erzählung von der Säkularisierung zu erliegen.[17] Diese Verführung zu kontrollieren, ohne die dialektische Produktivität der Rede von der Säkularisierung preiszugeben, lässt sich als Herausforderung für alle disziplinären und interdisziplinären Diskurse benennen, die es sachlich mit Erscheinungsformen des Religiösen zu tun haben. Die Aufgabe mag unter der Prämisse zu bewältigen sein, dass Verhandlungen über das Spannungsfeld zwischen Religiösem und Nicht-Religiösem konsequent auf ihre historischen Signaturen befragt werden. An die Stelle eines Interesses an Einzelphänomenen im Hinblick auf ihre epochenübergreifende Relevanz hätten Lektüren historischen Materials zu treten, welche dieses in seiner je eigenen erzählerischen Komplexität ernst nehmen.[18]

Eine solche Lektüre anhand von Texten aus einem historisch relativ klar umgrenzten Bereich der mittelalterlichen deutschsprachigen Literatur zu leisten und damit jenseits der theoretischen Auseinandersetzungen seit der Zeit um 1900 und zugleich diesseits des großen Narrativs nach Säkularisierungsphänomenen zu fragen, ist das Anliegen der folgenden Ausführungen. Sie schließen damit an rezentere Entwürfe an, die sich dem Diktat einer Konzentration auf die Frühe Neuzeit entziehen und mit der ‚Säkularisierung vor dem Zeitalter der Säkularisierung'[19] rechnen,[20] ohne dabei allerdings lediglich die Umbruchstelle neu markieren zu wollen.

---

[14] Vgl. hierzu Daniel Weidner: Einleitung. In: Profanes Leben. Walter Benjamins Dialektik der Säkularisierung. Hrsg. von Daniel Weidner. Frankfurt a. Main 2010, S. 7–35, hier S. 26. – Matthias Riedl: Säkularisierung als Heilsgeschehen: Gianni Vattimos postmoderne Eschatologie. In: Säkularisierung und Resakralisierung in westlichen Gesellschaften. Ideengeschichtliche und theoretische Perspektiven. Hrsg. von Mathias Hildebrandt, Manfred Brocker, Hartmut Behr. Wiesbaden 2001, S. 171–183, hier S. 173, hebt Vattimos Absicht hervor, auf Geschichtsphilosophie zu verzichten.

[15] Vgl. dazu die Rezension von Daniel Weidner auf literaturkritik.de, Ausgabe 11/2010 (http://www.literaturkritik.de/public/rezension.php?rez_id=14875; Datum des Zugriffs: 25.09.13): Daniel Weidner: Sind wir säkular? Und wie sind wir es geworden? Neue Beiträge zum Problem der Säkularisierung.

[16] Dies einmal abgesehen von der Frage, ob die Forschung grundsätzlich von einem Spannungsverhältnis zwischen Moderne und Religion ausgeht; vgl. dazu Detlef Pollack: Säkularisierung – ein moderner Mythos? Tübingen 2003, S. 24.

[17] Weidner (Anm. 14), S. 26.

[18] Ebd., S. 26 f.

[19] Vgl. hierzu die Einleitung von Susanne Köbele und Bruno Quast in diesem Band.

Gegenstand der Untersuchung sind hinsichtlich ihrer Abfassung zeitlich benachbarte literarische Produkte aus dem Umfeld des Deutschen Ordens, genauer die Stuttgarter *Daniel*-Paraphrase, die Übersetzung der beiden *Makkabäerbücher*, die *Apokalypse* Heinrichs von Hesler und die Deutschordenschronik des Nikolaus von Jeroschin.[21] Von literarischen Produkten ist dabei im Sinne eines weiten Literaturbegriffs die Rede, der die verschiedenen hier behandelten Textsorten zu integrieren vermag.[22] Ihre Rezeption und teilweise wohl ihre Entstehung im institutionellen Kontext des Deutschen Ordens erlauben das Postulat eines diskursiven Zusammenhangs, der sich, so die These, unter anderem in vergleichbaren Formationen und Figuren der Säkularisierung konkretisiert. Wie diese im Einzelnen aussehen, wo ihr spezifischer Ort in der Literatur zu veranschlagen ist und was anhand der Verortung verhandelt wird, ist im Folgenden näher zu bestimmen.

II.

Die Entstehung der vier Texte, auf die im Folgenden ein genauerer Blick zu werfen ist,[23] fällt in den Zeitraum zwischen dem ausgehenden 13. und beginnenden 14. Jahrhundert und damit in eine Situation der sich vollziehenden oder bereits vollzogenen

---

[20] Vgl. etwa Charles Taylor: Ein säkulares Zeitalter. Frankfurt a. Main 2009.

[21] Ich verwende bei Zitaten aus den Primärtexten unter Angabe der Verszahl die folgenden Ausgaben: Die poetische Bearbeitung des Buches Daniel. Aus der Stuttgarter Handschrift hrsg. von Arthur Hübner. Berlin 1911 (Deutsche Texte des Mittelalters. XIX), im Folgenden *D*. – Die Apokalypse Heinrichs von Hesler. Aus der Danziger Handschrift hrsg. von Karl Helm. Berlin 1907 (Deutsche Texte des Mittelalters. VIII), im Folgenden *A*. – Das Buch der Maccabäer. In mittelhochdeutscher Bearbeitung hrsg. von Karl Helm. Tübingen 1904 (Bibliothek des litterarischen Vereins in Stuttgart. 233), im Folgenden *M*. – Nur in Auszügen bietet die Deutschordenschronik von Nikolaus von Jeroschin die Ausgabe von Pfeiffer: Nikolaus von Jeroschin: Deutschordenschronik. Ein Beitrag zur Geschichte der mitteldeutschen Literatur von Franz Pfeiffer. Hildesheim 1966 [Nachdruck der Ausgabe Stuttgart 1854], im Folgenden *NI*. – Vollständige Ausgabe der Deutschordenschronik: Scriptores Rerum Prussicarum. Die Geschichtsquellen der Preußischen Vorzeit bis zum Untergang der Ordensherrschaft. Bd. 1. Hrsg. von Theodor Hirsch, Max Töppen, Ernst Strehlke. Leipzig 1861, im Folgenden *N*.

[22] Vgl. zum Problem des Begriffs ‚Deutschordensliteratur' und zu seiner Ersetzung durch die Bezeichnung „Literatur im Deutschen Orden" Freimut Löser: Literatur im Deutschen Orden. Vorüberlegungen zu ihrer Geschichte. In: Mittelalterliche Kultur und Literatur im Deutschordensstaat in Preußen. Leben und Nachleben. Hrsg. von Jaroslaw Wenta, Siglinde Hartmann, Gisela Vollmann-Profe. Toruń 2008, S. 331–354.

[23] Henrike Lähnemann hat die zentrale Bedeutung der hier in erster Linie aus inhaltlichen Gründen nicht behandelten Judithdichtung von 1254 für eine „Neupositionierung der Bibeldichtung im Literaturkanon des 13. Jahrhunderts" umfassend nachgewiesen; vgl. Henrike Lähnemann: Hystoria Judith. Deutsche Judithdichtungen vom 12. bis zum 16. Jahrhundert. Berlin/New York 2003, S. 191–232, Zitat S. 231.

Das Stocken der Heilsgeschichte

Konsolidierung der Herrschaft des Deutschen Ordens in Preußen. Der dritte der großen geistlichen Orden war gemäß der ältesten Ordensgeschichtsschreibung, der *Narratio de primordiis ordinis Theutonici*, während der Belagerung Akkons im Umkreis des dritten Kreuzzugs aus einer Hospitalgemeinschaft hervorgegangen.[24] Aufgrund der engen Beziehungen des vierten Ordensleiters, des Hochmeisters Hermann von Salza, zum staufischen Kaiser Friedrich II. und Papst Honorius III., war der Orden seit seiner Militarisierung im Jahre 1199 in den Genuss zahlreicher Privilegien gekommen. Seine Gleichstellung mit den Templern und Johannitern ermöglichte die Ablösung von „lokalen und regionalen kirchlichen Strukturen", und es begann ein „weitgespannte[s] militärische[s] Engagement", mit dem eine rasch voranschreitende Besitzvermehrung und in der Konsequenz das Erfordernis einer „effizienten Besitzverwaltung" verbunden waren.[25] Aus einer Urkunde Friedrichs II. für Hermann von Salza ist bekannt, dass der Deutsche Orden um das Jahr 1226 vom polnischen Herzog Konrad von Masowien um Unterstützung im Kampf gegen die heidnischen Prußen gebeten wurde. Die Urkunde bestätigt Schenkungen des Herzogs sowie den zukünftigen Besitz der preußischen Gebiete, die zu unterwerfen der Orden beauftragt worden war. Dieser hatte gerade die Vertreibung aus Siebenbürgen hinter sich, wo er Ungarn gegen die heidnischen Kumanen geschützt, jedoch wegen seiner Unabhängigkeitsbestrebungen von lokalen Herrschaftsstrukturen den Unmut des Adels und des Königs erregt hatte. Die Vertreibung war mit dem Verlust sämtlicher Besitzungen in Ungarn einhergegangen und scheint den Orden in Bezug auf Preußen zu vorsorglichem Handeln, insbesondere zu vorausplanender Sicherung der Besitzverhältnisse veranlasst zu haben.[26] Vier Jahre nach der Ausstellung der Urkunde und nach weiteren Zugeständnissen Konrads von Masowien begann der Deutsche Orden, der seine territorialen Ansprüche bis zu diesem Zeitpunkt noch auf das Heilige Land konzentriert hatte, mit der Eroberung Preußens. Bis zum Jahr 1283 erweiterte er seine Herrschaft zunächst durch den Bau von Burgen und Städten entlang der Weichsel und der Ostseeküste und dehnte sie schließlich mit der gewaltsamen Missionierung und Ansiedlung christlicher Bevölkerung „über alle prußischen Siedlungsgebiete" aus.[27] Nachdem 1309 der Hochmeistersitz von Akkon nach Preußen und 1324 mit der Wahl des Hochmeisters Werner von Orseln endgültig auf die Marienburg verlegt worden war, setzte für den Deutschen Orden eine glanzvolle, von finanzieller und territorialer Stabilität geprägte Zeit ein. Die für das Selbstverständnis und die Legitimität des Ordens zentrale Aufgabe des Heidenkampfes richtete sich nun, nach der Christi-

---

[24] Jürgen Sarnowsky: Der Deutsche Orden. München 2007, S. 13.
[25] Ebd., S. 16–18.
[26] Vgl. Jürgen Sarnowsky: Der Deutsche Orden – Entwicklungen und Strukturen im Mittelalter; veröffentlicht als: Der Deutsche Orden: Entwicklung und Strukturen im Mittelalter (Vortrag auf der Jahrestagung der Gesellschaft der Freunde der Technischen Hochschule Danzig in Wernigerode, 6. Okt. 1993), o. O., o. J. [1996], 18 S.). Ich zitiere hier und im Folgenden die Online-Ressource: http://www1.uni-hamburg.de/Landesforschung/Literatur/Entwicklung1.htm; Datum des Zugriffs: 29.10.13.
[27] Ebd.

anisierung Preußens, gegen die Litauer und wurde in regelmäßigen Feldzügen immer wieder bekräftigt.[28]

In der historischen Forschung sind zuweilen erst die 80er Jahre des 14. Jahrhunderts dezidiert als der Zeitraum bestimmt worden, in dem der Orden im Zuge der heiratsbedingten Taufe des litauischen Großfürsten Jagiello die Möglichkeit der Selbstlegitimierung qua Heidenmission und schließlich die von der religiösen Funktion gespeiste Glaubwürdigkeit dauerhaft eingebüßt haben soll.[29] In der Folge musste der Deutsche Orden sich wiederholt den Vorwurf rein machtpolitischer Interessen gefallen lassen.[30]

Dass allerdings der Explizitheit, mit welcher zu diesem Zeitpunkt die religiös motivierten Absichten des Ordens von außerhalb in Zweifel gezogen wurden, bereits eine lange Phase der Auseinandersetzungen im Inneren vorausgegangen war, die wiederholt, wenn auch weniger ausdrücklich, um das Verhältnis von geistlichen und adligen, religiösen und politischen Aspekten des Ordensprofils kreisten, erhellt aus mehr als einem Zeugnis. Das sprechendste ist vielleicht die Okkupation Pommerellens, für die die Motive eindeutig expansionspolitischer Natur waren, handelte es sich doch um einen Angriff auf Mitchristen.[31] Aber auch die unter nahezu jedem neuen Hochmeister vorgenommene Erweiterung der Ordensstatuten, die in ihrem Grundbestand von den Templern und Johannitern übernommen und Mitte des 13. Jahrhunderts revidiert worden waren,[32] lässt in manchen Fällen darauf schließen, dass die „religiösen Aspekte des Ordenslebens" zu Beginn des 14. Jahrhunderts an Selbstverständlichkeit verloren hatten und zunehmend zum Gegenstand der Auseinandersetzung und der Reflexion wurden.[33] Sehr deutlich zeigen dies etwa die Ergänzungen zur Durchführung und genauen Einhaltung religiöser Übungen durch den Hochmeister Werner von Orseln.[34] In seine Amtszeit und damit in die Jahre vor 1330 fällt die Niederschrift der ihm gewidmeten lateini-

---

[28] Ebd.
[29] Ebd.; außerdem Hartmut Boockmann: Deutscher Orden. In: LexMA. Bd. 3. 1986, Sp. 774, sowie Helmut Bauer: Peter von Dusburg und die Geschichtsschreibung des Deutschen Ordens. Berlin 1935 (Historische Studien. 272), S. 18.
[30] Sarnowsky (Anm. 24), S. 87: „So musste sich Konrad von Jungingen bereits 1396 gegen den Vorwurf zur Wehr setzen, der Orden bekämpfe nicht die Heiden, sondern neue Christen, und es ginge ihm nicht um das Christentum, sondern nur um die Eroberung von Land." Vgl. außerdem Edith Feistner: Krieg und Kulturkontakt. Zur ‚Ethnologie' der Prußen und Litauer bei Peter von Dusburg und Nikolaus von Jeroschin. In: Mittelalterliche Kultur und Literatur im Deutschordensstaat in Preußen. Leben und Nachleben. Hrsg. von Jaroslaw Wenta, Siglinde Hartmann, Gisela Vollmann-Profe. Toruń 2008, S. 529–539, hier S. 537.
[31] Sarnowsky (Anm. 24), S. 45. Sarnowsky verweist hier auf die Bezeichnung des Ereignisses als ‚Sündenfall' des Ordens.
[32] Boockmann (Anm. 29), Sp. 768.
[33] Sarnowsky (Anm. 24), S. 47.
[34] Vgl. dazu Max Perlbach (Hrsg.): Die Statuten des Deutschen Ordens nach den ältesten Handschriften. Halle a. d. Saale. 1890, S. 147–148. Werner nennt in den ersten Punkten seiner Ergänzungen Vorschriften, die das Einhalten und die genaue Durchführung religiöser Übungen betreffen.

schen *Chronik des Preußenlandes* Peters von Dusburg,[35] die Nikolaus von Jeroschin nur wenig später ins Deutsche übertragen hat. Die Forschung hat Peters von Dusburg Chronik in einen engen Zusammenhang mit einer Art religiösem „Restaurationsprogramm" des Hochmeisters gebracht und betont, dass der Geschichtsschreiber, der sich selbst als Ordenspriester bezeichnet,[36] insbesondere den Kreuzzugsgedanken als „Grundüberzeugung des Ordens" plausibel machen wollte.[37] Bereits im Widmungsschreiben fasst Peter sein Unternehmen als Aufzeichnung der Kriege des Ordens zusammen. Der Prolog bringt sodann die Überzeugung von der Auserwähltheit der Deutschordensbrüder und vor allem ihrer Bedeutung als Verteidiger des christlichen Glaubens und als Gotteskrieger nach dem Vorbild der Makkabäer in deutliche Worte. Bemerkenswert ist, dass im Unterschied zu den Ordensstatuten, an die sich Peter ansonsten in den einleitenden Teilen seiner Chronik hält, der Reichtum des Ordens als deutlichstes Zeichen seiner Erwählung ins Feld geführt wird. Auf diesem Aspekt insistiert der Verfasser mit mindestens ebenso großer Vehemenz wie er am Ende des Prologs vor den „gefahrvolle[n] Zeiten" warnt, in denen „die Menschen nur sich selbst lieben und danach trachten werden, was Ihres, nicht, was Jesu Christi ist".[38] Trotz dieser rhetorischen Volte, welche die *Haltung* gegenüber dem Besitz vor dem Besitz *an sich* zum entscheidenden Kriterium für ‚Christlichkeit' erklärt, ist das Umschwenken Peters nicht deutlich genug, um darüber hinwegtäuschen zu können, dass zuvor eines der evidentesten Indizien für Weltlichkeit, der angehäufte Ordensbesitz, der neben einer Bedrohung für den menschlichen Charakter auch ein Affront gegen das Gelübde der selbstauferlegten Armut darstellt, in aller Breite zum wichtigsten Argument für die geistlich-religiöse Sonderstellung der Brüder gemacht worden ist. So verstanden scheint es, als hielten hier noch in die flammendsten Bekenntnisse zum Christentum Elemente der Säkularisierung im Sinne einer Neubewertung von Weltlichkeit kaum merklich, aber unaufhaltsam Einzug.[39]

Nikolaus von Jeroschin nimmt seine deutsche Bearbeitung der lateinischen Ordenschronik nach eigenen Angaben auf Wunsch des Nachfolgers Werners von Orseln, Hochmeister Luder von Braunschweig, in Angriff und bringt sie unter Dietrich von

---

[35] Peter von Dusburg: Chronik des Preußenlandes. Übersetzt und erläutert von Klaus Scholz und Dieter Wojtecki. Darmstadt 1984 (Ausgewählte Quellen zur deutschen Geschichte des Mittelalters. 25). Die Widmung (S. 26) lautet wie folgt: *Honorabili viro et in Cristo devoto fratri Wernero de Orsele magistro hospitalis sancte Marie deomus Theutonicorum Ierosolimitani frater Petrus de Dusburgk eiusdem sacre professionis sacerdos obedientiam debitam sum salute.*
[36] Ebd.
[37] Bauer (Anm. 29), S. 31.
[38] Peter von Dusburg (Anm. 35), S. 27–35.
[39] Ich verwende den Begriff der Weltlichkeit hier in einem unspezifischen Sinne als Bezeichnung für einen betonten Diesseitsbezug bzw. einen starken Bezug zu einer bestimmten ‚kulturellen Wirklichkeit'. Zur historisch spezifischen Semantik insbesondere der ‚Verweltlichung' vgl. Marramao (Anm. 11), S. 29–53.

Altenburg zu Ende.⁴⁰ Luders Bitte mag ebenfalls in Verbindung mit seinen Bemühungen um religiöse Erneuerung und Stärkung gesehen werden, von denen die Ordensstatuten Zeugnis ablegen.⁴¹ Jedenfalls trat den ursprünglich wahrscheinlich auf Mitteldeutsch abgefassten Gesetzen und Regeln des Ordens an diesem Punkt auf der Ebene der Geschichtsschreibung das wirkmächtige Medium der Volkssprache an die Seite.⁴² Die Überlieferung in den bisher bekannten 20 Handschriften und Fragmenten, zehn davon aus dem 14. Jahrhundert, zeugt von einer weiten Verbreitung des Werks, auch über Preußen hinaus. Bis zum 17. Jahrhundert, als die Chronik Peters von Dusburg wiederentdeckt wird, bleibt die deutschsprachige *Kronike von Pruzinlant* die wichtigste Quelle preußischer Historiographie.⁴³

Ebenfalls im 17. Jahrhundert rückt das Verhältnis der beiden Chroniken ins Blickfeld zunächst der historischen, später der germanistischen Forschung. Hinsichtlich des Stoffes werden in einer frühen Phase vor allem Auslassungen und Erweiterungen des deutschen Bearbeiters konstatiert, nachgewiesen und teilweise bewertet.⁴⁴ In seiner bruchstückhaften Ausgabe der *Kronike* von 1854 bezeichnet Pfeiffer Nikolaus erstmals als Dichter, führt dies aber mehr oder weniger ausschließlich auf „den überraschenden reichthum an ungewöhnlichen und seltenen, ja unerhœrten wörtern und sprachformen" zurück. Gänzlich uninteressiert zeigt er sich an dem, was er „kaum der rede werthe eigenthümliche notizen" nennt, mithin an denjenigen Passagen, die den Rahmen dessen sprengen, was noch als Übersetzung gelten kann.⁴⁵ Indes haben genau diese, über die sprachlichen Besonderheiten und die Versform hinausgehenden Spezialitäten der deutschen Bearbeitung die Forschung seit dem Beginn des 20. Jahrhunderts beschäftigt, und sie sind zu einem gewichtigen Argument zugunsten der dichterischen Leistung Nikolaus' von Jeroschin avanciert.⁴⁶ Neuere Ansätze machen in diesem Zusammenhang Nikolaus' genaue Kenntnis der volkssprachigen Literatur und der dort herrschenden Gepflogenheiten geltend – eine Vertrautheit, die auch für die Rezipienten vorausgesetzt wird. Die Entscheidung für gereimte Verse, aber auch der stark veränderte Prolog, der größere „Anteil erzählerischer Elemente" und ferner die neue Anordnung des Stoffes erscheinen so gesehen sowohl als eine Art Konkretisierung eines literaturgeschichtlichen Bewusstseins, wie auch als Steigerungsformen der Anschaulichkeit und der Inszenierbarkeit, nämlich im Rahmen von Tischlesungen im Ordenskonvent, und sie sind damit als Zugeständnisse an den Rezipientenkreis begreifbar.⁴⁷ Gisela Vollmann-Profe

---

⁴⁰ *N*, V. 115–195.
⁴¹ Perlbach (Anm. 34), S. 148–149.
⁴² Ebd., S. XXIX.
⁴³ Udo Arnold: Nikolaus von Jeroschin. In: ²VL. Bd. 6. 1987, Sp. 1081–1089.
⁴⁴ Vgl. hierzu v. a. Walther Ziesemer: Nicolaus von Jeroschin und seine Quelle. Berlin 1907 (Berliner Beiträge zur germanischen und romanischen Philologie. XXXI; Germanische Abteilung. 18).
⁴⁵ Pfeiffer (Anm. 21), S. XVII f.
⁴⁶ Allen voran hat sich um diesen Erweis Ziesemer (Anm. 44) bemüht.
⁴⁷ Vgl. Gisela Vollmann-Profe: Ein Glücksfall in der Geschichte der preußischen Ordenschronik. Nikolaus von Jeroschin übersetzt Peter von Dusburg. In: Forschungen zur deutschen Literatur des

hat die Unterschiede so zusammengefasst, dass sich in Nikolaus' Darstellung gegenüber der maximal geistlich informierten Vorlage „mehr ‚Welt' – bisweilen sogar leicht ‚höfisch' getönte ‚Welt'" finde.[48] Die Formulierung ist bemerkenswert, zeigt sie doch – diesmal aus dem Blickwinkel der deutschsprachigen Version – eine bestimmte Tendenz der Forschungsperspektiven auf die beiden Chroniken. Denn während das Werk Peters von Dusburg üblicherweise in den Rahmen religiöser ‚Mobilmachung' gegen Heidentum und grassierende christliche Kleingläubigkeit gestellt wird und hinsichtlich seiner Neuperspektivierung von Weltlichkeit bisher gänzlich unterbelichtet geblieben ist, hebt die Beurteilung der *Kronike* nun gerade umgekehrt auf den Aspekt eines Mehr an Welt ab. Dabei wird der geistliche Bezugspunkt zwar nicht geleugnet, doch liegt das Augenmerk auf den Supplementen, mit denen dichterische Eigenleistung, Narratio und Anschaulichkeit verbunden sind, indes ihnen auf der anderen Seite das Geistliche, reflexiv Berichtende, Abstrakte, streng dichotomisch gegenübergestellt wird.[49] Ob nun diese Differenz, wie oben angedeutet, eher auf die beabsichtigte Wirkung auf unterschiedliche Rezipientenkreise bezogen oder aber, wie in der älteren Forschung, in den weiteren Kontext eines Wandels im Geschichtsdenken gestellt wird,[50] in beiden Fällen bleibt die Begründung der Differenz die vertiefte Beschäftigung mit der Differenz schuldig und verhindert damit nicht zuletzt auch ihre eigene Revision.

In Bezug auf Nikolaus von Jeroschin muss die Frage daher lauten, wie und warum auf der Basis eines Aktes der Übertragung von einem Text in den anderen, welche Art von Welt bzw. Weltlichkeit in den Text kommt und warum und auf welche Weise sie mit welchen Aspekten des Geistlich-Religiösen interferiert. Dazu sei zunächst erneut ein Blick auf einige der offensichtlichsten Änderungen in der *Kronike* geworfen.

Die fundamentalste Veränderung betrifft den Prolog.[51] Hervorzuheben ist zunächst, dass selbst dort, wo Nikolaus für seine Einleitung Motive Peters von Dusburg übernimmt, die Logik ihrer Verwendung eine radikal andere ist. Dies gilt etwa für die feierliche Kontinuitätsstiftung zwischen den alttestamentlichen Glaubenshelden und den deutschen Ordensbrüdern, von der Peters gesamte Argumentation beherrscht wird. Sie kommt im lateinischen Text in erster Linie durch ein Verhältnis der Verheißung und Erfüllung und mithin der Typologie zustande, welche alt- wie neutestamentliche Personen und Ereignisse als Typen der antitypischen Entsprechungen im Umfeld des Deutschen Ordens erscheinen lassen. Die Konzeption, die Peter seiner auf Lob und Ruhm

---

Spätmittelalters. FS für Johannes Janota. Hrsg. von Horst Brunner, Werner Williams-Krapp. Tübingen 2003, S. 125–140; außerdem Arnold (Anm. 43), Sp. 1086.

[48] Vollmann-Profe (Anm. 47), S. 135.
[49] Karl Helm, Walther Ziesemer: Die Literatur des Deutschen Ritterordens. Gießen 1951 (Gießener Beiträge zur deutschen Philologie. 94), S. 159, bringen das Verhältnis auf die Formel „Dusburg berichtet, Jeroschin erzählt". – Vgl. Ziesemer (Anm. 44), S. 133.
[50] Bauer (Anm. 29), S. 56–59.
[51] Die Forschung hat dies bereits ausführlich dargelegt: Vollmann-Profe (Anm. 47), S. 131 ff.; Ziesemer (Anm. 44), S. 8; Arnold (Anm. 43), Sp. 1086.

des Ordens zielenden Geschichte, seinem *predicare*, wie er es ausdrückt,[52] zugrunde legt, ist so gesehen eine eminent heilsgeschichtliche.

Auch Nikolaus macht die Bedeutung des Deutschen Ordens explizit. Auf die Anrufung der Trinität folgt getreu der Vorlage eine Paraphrase jener Passage aus dem biblischen Buch *Daniel*, in der Nebukadnezar anlässlich der Rettung der Jünglinge aus dem Feuerofen über Zeichen und Wunder Gottes staunt: *Zeichin unde wundir hôt | getân bî mir der hôe got* (N, V. 87 f.). Die Worte werden dem Hochmeister Dietrich von Altenburg in den Mund gelegt, der sich auf das Ergehen des Ordens in Preußen bezieht. Im Prolog bleibt dies allerdings weit und breit die einzige Anstrengung, gegenwärtige Geschichte in der Heilsgeschichte zu situieren. Auch an der Trinität interessiert Nikolaus zwar das Werk der Schöpfung, das er ausgiebig bewundert, doch bezieht er es mit keinem Wort auf den heilsgeschichtlichen Beginn in der Genesis. Die Erwähnung bleibt allgemein und dient in erster Linie zur Einbettung des eigenen Schaffens in Gottes Gnade.

Was folgt, entfernt sich schließlich ganz von Peters flammender Rede über Erwählung, Nachfolge, Gottesknechtschaft und Heiligen Krieg. Dagegen geht es um Regeln der Dichtkunst und um die Offenlegung des eigenen Vorgehens. Der Abschnitt hat in der Forschung viel Aufmerksamkeit erregt, breitet Nikolaus doch seine Vorstellungen von Versbau, Reim und Anordnung des Stoffes minutiös aus.[53] Vorauszugehen hat der Dichtertätigkeit in jedem Fall das Nachdenken über die Materie, ihre Einteilungs- und Gliederungsmöglichkeiten:

dâvon swer dâ tihte,
der hab des vlîzis pflichte,
daz er vor dem beginne
dî materie besinne, […]
sî teilinde zulitte […]
unde nicht vorbreche
der lidir ordenunge (N, V. 223–235).

Sodann wird der potentielle Dichter hinsichtlich der Reime in die Pflicht genommen. Was Länge, Sinn und Lautung betreffe, müsse Gleiches zu Gleichem gefügt werden, die Silbenzahl dürfe fünf nicht unter-, zehn nicht überschreiten:

Ouch des tichtêres zunge
an der materien strâze
sol dî rechte mâze
behalden an den rîmen,
glîch zu glîchim lîmen
an lenge, sinne, lûte,
daz ich alsus bedûte:
vil wort man glîche schrîbit,
der luit unglîch sich trîbit;

---

[52] Peter von Dusburg (Anm. 35), S. 30.
[53] Als Vorlage dürfte Heinrichs von Hesler *Apokalypse* gedient haben, vgl. unten, S. 353 f.

Das Stocken der Heilsgeschichte

sulch rîmen sol man mîden,
den sin ouch nicht vorsnîden;
dî lenge helt der silben zal:
dar undir man ouch merken sal,
daz vumf silben sîn zu kurz,
zêne hân zu langen schurz
zwischin den zwên endin
rîmen dî behendin [...]. (*N*, V. 236–252)

Auf Nikolaus' Bekenntnis zur strengen, das rechte Maß haltenden Ordnung, folgt eine Bemerkung zur Einteilung des Buches, die sich an Peters von Dusburg Vorgabe hält:

Dî crônke teil ich in vîr part:
zum êrstin wil ich sagen,
von wem in welchin tagen
und wî von êrst sî wordin
des dûtschin hûsis ordin.
Daz ander teil ûch machit kunt,
in welchir wîs, zu welchir stunt
des dûtschin ordins brûder sîn
zu Prûzinlande kumen în.
Sô wil ich kundin an dem dritten,
wî urlougit und gestritten
mit der gotlîchen helfe craft
widir dî vreise heidinschaft
dî dûtschin brûdir in Prûzinlant
hân, als ich geschriben vant [...]. (*N*, V. 256–270)

Peters von Dusburg viertes Buch, in dem die Lebensdaten von Kaisern und Päpsten sowie historische Begebenheiten seit der Gründung des Deutschen Ordens vermerkt sind, gedenkt der deutsche Bearbeiter jedoch an der ihm adäquat erscheinenden Stelle der vorangehenden drei Teile einzufügen, wobei er in den handschriftenspezifisch variierenden Versen 286 f. anzudeuten scheint, dass es ihm dabei um die chronologisch richtige Reihenfolge geht:

Nû ist mîn sin darûf gekart,
daz ich dat teil wil mischin
den anderen teilen zwischin
inhant der rede ein stucke
vlechtînde in ein lucke,
swâ daz ich dî gelege
gevûclich noch gewege,
sô daz diz und gene mêr
sich irvolgen î gewêr
an der zal der jâre (*N*, V. 282–288).[54]

---

[54] Die Stuttgarter und die Königsberger Handschrift lesen in V. 287 *ie gewêr*, während Pfeiffer nach folgender Variante korrigiert: *sô daz diz und gene mêr | sich irvolge ân gevêr | an der zal der jâre.*

Nikolaus wird die Einschübe als solche markieren, so etwa vor der Erzählung über den Krieg gegen Litauen:

> doch ê wir daz grîfin an,
> sô sul wir hî inzwischin
> ein teil geschichte mischin,
> dî bin der vorloufnin zît
> in der werlde manchir sît
> von grôzin hêrrin sîn geschên,
> als wir dî wârheit hôrin gên. (N, V. 18029–18035)

Auch der kurze Epilog ist selbständig. Nikolaus kommt noch einmal auf die Regeln des Reimens zurück und bemerkt, dass, wo der Text von diesen abweiche, die ganze Schuld die fehlbaren Schreiber treffe.[55] Diese Aussage steht in einem merkwürdigen Kontrast zu einer Stelle im Prolog, wo Nikolaus möglicher Kritik an Sinn, Wahrheit oder Verhältnismäßigkeit seiner Dichtung, zu der man durchaus auch die *mâze* rechnen kann, die er für die Reimkunst reklamiert, ein *mea culpa* entgegensetzt und sich mit seiner Selbstnennung bewusst zur alleinigen Zielscheibe von Unmutsäußerungen macht.[56] In der heute in Stuttgart befindlichen Handschrift aus der Bibliothek der Deutschordenskommende in Mergentheim schließt sich an den Epilog sodann in ungewöhnlicher Reihung die Übersetzung des *Supplementum* Peters von Dusburg an, welches historische und heilsgeschichtliche Daten enthält. Zuletzt folgt der Versuch einer Fortsetzung der Chronik durch Nikolaus selbst. Letztere bricht im Jahre 1331 ab.

Hält man hier inne und versucht, die Schwerpunkte zusammenzufassen, dann lässt sich sagen, dass man es bei Nikolaus zunächst im Prolog mit einem Argumentationsgang zu tun bekommt, der in einem ersten Schritt den Inhalt der beabsichtigten Dichtung aus ihrer strengen Bindung an die Heilsgeschichte löst. Dies bedeutet mithin – und es zeigt sich hier wie im weiteren Verlauf der Chronik – auch eine gewisse Lösung aus den heilsgeschichtlichen Ordnungsprinzipien. So spielt zum Beispiel der Gedanke von Gottes übergeordnetem Plan mit seinem Volk eine gegenüber Dusburg weit geringere Rolle.[57] Aber auch die Ökonomie des Verhältnisses von Verheißung und Erfüllung, die stracks auf die letzten Dinge zustrebt, tritt mit dem Verzicht auf ein Geflecht aus typologischen Bezügen in den Hintergrund. Ein nächster Schritt entfaltet sodann die Regeln der Dichtkunst. Und hier insistiert Nikolaus nun auf einer rigorosen Planmäßigkeit, Ordnung und Ökonomie dichterischer Tätigkeit. Die Integration des vierten Buches Peters von Dusburg in die laufende Ordensgeschichte bindet diese wiederum enger an das Weltgeschehen, das in erster Linie als Heilsgeschehen entworfen ist. Der Epilog

---

[55] N, V. 26663–26666: *ouch hân dî rîmen recht gebint: | ist daz man andirs icht dâ vint, | dî schrîber daran schuldic sint | und ich sal blîbin unbehônt.*

[56] N, V. 196–204: *Nû sol ich ouch hî nennen mich, | zwâr nicht in rûmis gere, [...] sundir durch dî geschichte, | ob îman mîn getichte | ansprêche, daz iz wêre tum, | valsch, unglîch, sinnes krum, | daz des in mîme namen ich | schuldic stê, nîman vor mich.*

[57] Ziesemer (Anm. 44), S. 13–16.

Das Stocken der Heilsgeschichte 341

nimmt als abschließende Rahmung der Chronik den Faden des Prologs scheinbar nochmals auf, indem die Kriterien für die Beurteilung fehlerhafter Passagen der Dichtung genannt werden. Indessen ist, was durch den Rückgriff auf den Anfang wie eine Abrundung des Erzählten aussieht, ein gebrochener Schluss, indem die wiederaufgenommenen Kriterien mit neuen Vorzeichen versehen werden. In der Stuttgarter Handschrift hat der Epilog noch nicht einmal das letzte Wort, sondern die eingangs rigoros reklamierte Ordnung der Materie gerät hier vollends aus den Fugen, wenn Peters *Supplementum* und eine fragmentarische Weiterführung der Ordensgeschichte dem Schlusswort folgen.

Von der Forschung wurde verschiedentlich betont, dass die Einbruchstellen, an denen Welt in Nikolaus' von Jeroschin Text trete, genau dort aufklafften, wo Nikolaus die Gelegenheit erhalte, Peters von Dusburg asketisch begrenzten Bericht erzählerisch zu erweitern und sich als Dichter zu profilieren. Von Erhöhung zum Profanen, Bereicherung durch Verweltlichung hat sinngemäß etwa Ziesemer gesprochen.[58] Für die untersuchten Textstellen sind diese Interpretationsversuche freilich von begrenzter Evidenz. Es zeigt sich hier sehr deutlich die grundsätzliche Schwierigkeit einer streng am Vergleich mit der Vorlage orientierten Charakterisierung von Weltlichkeit, die am Ende stets in dichotomische Muster verfällt. Stattdessen lässt sich auf der Ebene der rahmenden Textteile und der Gliederung des Textes beobachten, dass sich sehr subtile Prozesse der Ordnungsreflexion und Ordnungsfindung abspielen, die rechtes Maß, klare Form, angemessene Einteilung und strenge Ökonomie als Richtlinien der Geschichtsdarstellung vorzeichnen, um sie an anderer Stelle zu überschreiten, zu unterwandern oder die tatsächliche Orientierung an ihnen schuldig zu bleiben. Indem die Prinzipien heilsgeschichtlicher Ordnung als Bezugspunkte der Überlegungen in bestätigender wie negierender Tendenz immer wieder aufscheinen, werden die ambivalenten Dynamiken der *Kronike* als Spannungsmomente im Versuch der Verhältnisbestimmung zwischen Geschichtsdarstellung und Heilsgeschichte lesbar. Der Effekt ist eine Art Stocken der Heilsgeschichte, ihre Verlangsamung und Fragmentierung durch das Eindringen weltlicher Geschichte, die sich immer wieder gegen die Heilsgeschichte oder im Anschluss an sie behauptet.[59] Dass weltliche Geschichte dabei auch als persönliche des Dichters denselben Eindruck von Umweg und Verzögerung vermittelt, mag eine Stelle zeigen, in der Nikolaus auf die Erzählung über den kahlköpfigen Ordensbruder Albrecht, dem durch ein Wunder Gottes alle Haare über Nacht nachgewachsen seien, einen Exkurs über seine eigene Kahlheit folgen lässt, gegen die er sich das Geschick Albrechts

---

[58] Ebd., S. 133.
[59] Zu bedenken ist dabei freilich, dass die Verzögerung nicht etwa ein die Heilsgeschichte quasi ‚von außen' beeinflussendes Moment ist, sondern mit ebensolchem Recht als immanente Spannung der Heilsgeschichte verstanden werden kann. Das Beispiel Nikolaus' wie auch die folgenden Beobachtungen zielen denn auch nicht auf eine Opposition zwischen heilsgeschichtlicher und weltlicher oder ‚säkularer' Ordnung, sondern versuchen das Augenmerk eher auf Zwischentöne und Übergangsphänomene zu richten.

wünscht. In ironischer Brechung enthebt er sich dabei zugleich selbst des Zusammenhangs mit Gottes Heilswirken, indem er das Haarwunder im Konjunktiv konsequent als unwahrscheinlich imaginiert:

Ô, wolde sich daz zeichin
ouch ûf mich armin reichin!
Ich wold mîn crullil streichin
unde in lôsim smeichin
dî andiren kalin leichin,
dî des windis sîn gemût,
der in ofte leide tût,
sô er in vorsturzit den hût
vor der werdin vrouwin lût!
Â hui! sô wêr ich hôchgemût,
sô ich ir stirne sêhe blôz
und mîn schopfil wêre grôz
mit cruspelechtin endin! (*N*, V. 18918–18930)[60]

Vielleicht wäre etwas spekulativ von einem gelegentlich auch ausgesprochen leichtfüßig daherkommenden Aufhalten der Zeit zu sprechen, von einem Zeitgewinn für die Welt gegen die Drohung der Parusie, welche das, was die Welt umtreibt, in den Vordergrund rücken lässt.[61] Mit Sicherheit aber werden bei Nikolaus immer schon riskante Prozesse der Übertragung thematisiert, von einem Text in den anderen, von der Geschichte zur Heilsgeschichte und zurück, von einer Ordnung in die nächste. Vor diesem Hintergrund gewinnt auch das Moment des Ästhetischen seinen Sinn; nicht nur als das, was zur Historie hinzukommt oder die Heilsgeschichte supplementiert, sondern als Instrument, anhand dessen in Auseinandersetzung mit den Heilsereignissen und deren Verbindlichkeit neue Rederäume erschlossen werden.

Mit den Risiken der Übertragung, die Nikolaus von Jeroschin beschäftigen, haben es in womöglich zugespitzter Form auch die drei Bibeldichtungen zu tun, die hier neben der *Kronike* zur Sprache kommen sollen. Im Falle der *Daniel*-Paraphrase und der *Makkabäerbücher* entstammen die Vorlagen dem Alten Testament, Heinrich von Hesler nimmt sich mit der *Apokalypse* der letzten Schrift im Neuen Testament an. Die biblischen Texte werden wiedererzählt, übersetzt, kommentiert und variiert, wobei je nachdem das Hauptgewicht auf einer der Umgangsweisen mit dem Vorbild liegen kann. Die Bibeldichtungen sind gemeinsam neben den Büchern *Esra und Nehemia*, *Judith* und *Esther* in einer Pergament-Prachthandschrift des 14. Jahrhunderts überliefert, die sich heute in der Württembergischen Landesbibliothek in Stuttgart befindet und aus dersel-

---

[60] „O wollte sich dieses Zeichen auch auf mich Armen erstrecken! Ich würde mein krauses Haar streicheln und mich in leichtfertigem Scherzen über die anderen Kahlen lustig machen, die vom Wind bedrängt werden, der ihnen oft Leid antut, wenn er ihnen den Hut vor den werten Frauen wegreißt. Hui, da wäre ich gut gelaunt, wenn ich ihre bloßen Stirnen sähe und mein Schopf von krausen Strähnen strotzte." (Übersetzung A. P.).

[61] Vgl. dazu Hans Blumenberg: Die Legitimität der Neuzeit. Frankfurt a. Main 1996, S. 51–55.

Das Stocken der Heilsgeschichte

ben Ordensbibliothek stammt wie die Chronik Nikolaus' von Jeroschin.[62] Dies sowie der Umstand, dass eine beträchtliche Anzahl Texte, die neben dem Alten und Neuen Testament vor allem auch der Legendendichtung und der Marienverehrung einen zentralen Platz einräumen, mit dem Orden in Verbindung gebracht werden können, lassen zunächst allgemein auf ein bestimmtes Interesse des Ordens an der Heilsgeschichte bzw. an der Religion – wie Helm und Ziesemer lakonisch formuliert haben – schließen.[63] Jedenfalls steht außer Frage, dass die Bibeldichtungen im institutionellen Kontext des Ordens rezipiert worden sind. Weniger eindeutig stellt sich die Situation hinsichtlich der Entstehung der Werke dar. Inhaltlich gesehen bleibt der Bezug zum Deutschen Orden mehrheitlich auf geradezu marginale Hinweise beschränkt. Am deutlichsten fallen sie in der *Daniel*-Paraphrase aus, wo im Prolog das Werk zunächst denen *von deme dutsche huse* (*D*, V. 46 f.) zugeeignet wird, die mit ritterlichem Schwert die Abgötter aus Preußen vertrieben hätten. Der Epilog preist einmal mehr Luder von Braunschweig, der um die Übersetzung gebeten habe:

Sulcher uzlegunge bat
Der reine und der wise,
Des urhab ich wol prise
In keiserlicher bluete. […]
Ein vurste ist dirre man,
Geborn von des adils zwic,
Gekreirt der von Brunswic,
Bruder Luder, dem orden
Ho meister hie geworden
Genant der dutschen heren (*D*, V. 8304–8323).

Eine Anspielung auf den Ordensbezug findet sich schließlich anlässlich der Auslegung des Standbild-Traums Nebukadnezars. Diese wird über die Deutung auf die vier Weltreiche hinausgeführt, indem Gottes Weltherrschaft beinahe als interimistischer Zustand nach der Herrschaft der Römer und vor derjenigen der Deutschen dargestellt wird. Entgegen dem ersten Eindruck wird die Vorstellung von einer *translatio imperii* von den Römern an die Deutschen dadurch ganz an den Rand gedrängt:

Dar nach [nach der Herrschaft der Römer] *sal ez* [das Reich] *kumen vort*
Dem himelischen Gote,
Wand ez in des gebote
Ist, unde sal drinne gen

---

[62] Es handelt sich um den Codex H. B. XIII, vgl.: Geschichte der deutschen Literatur von den Anfängen bis zur Gegenwart. Bd. 3: Die deutsche Literatur im späten Mittelalter. Teil 1: 1250–1350. Hrsg. von Helmut De Boor, Richard Newald. München 1997, S. 419. *Judith*, *Esra und Nehemia* und die *Makkabäerbücher* sind nur hier überliefert, vgl. Danielle Buschinger: Literatur und Politik in der Deutschordensdichtung. In: Mittelalterliche Kultur und Literatur im Deutschordensstaat in Preußen. Leben und Nachleben. Hrsg. von Jaroslaw Wenta, Siglinde Hartmann, Gisela Vollmann-Profe. Toruń 2008, S. 449–460, hier S. 449.

[63] Helm, Ziesemer (Anm. 49), S. 41.

In der Dutschen hant besten.
Wie lange, des vind ich nicht [...]
Ich hoffe, ez nicht wiche.
Got gebe uns sin riche (D, V. 1156–1164).

Die Hoffnung, auf welcher der ganze Fokus liegt, ist die Unvergänglichkeit des Reichs der Deutschen.[64]

Damit ist aber der Anteil an wenigstens annähernd expliziten Hinweisen auf den Orden auch schon erschöpft. Im Falle der beiden *Makkabäerbücher* ist die Verbindung zwar über den Stoff gewährleistet, der – wie bereits angedeutet – in den Ordensstatuten und in den Chroniken eine erhebliche Rolle spielt. Von diesem Umstand und von einem in der Vorrede des Dichters platzierten braunschweigischen Initialwappen abgesehen, das Helm und Ziesemer zum Argument für die Verfasserschaft Luders von Braunschweig erhoben haben,[65] bleiben die Kontextualisierungsmöglichkeiten aufgrund inhaltlicher Anhaltspunkte allerdings vage. Noch unbestimmter sind sie hinsichtlich der *Apokalypse*. Im Rahmen einer breit ausgeführten Warnung vor der Begierde nach irdischen Gütern wird in Vers 5827 unter den Begierigen auch *der dutschen hus* genannt. Eine zweite, allerdings sehr unspezifische Andeutung ähnelt derjenigen zum Reich der Deutschen in der *Daniel*-Paraphrase, wobei der Fokus aber anders ausgerichtet ist. Es heißt, dass zum Zeitpunkt des Endes des römischen Reiches, das sich dann in deutscher Hand befinden werde, mit dem Kommen des Antichrist zu rechnen sei (*A*, V. 18883–18890). Auch die *Makkabäerbücher* kennen einen Verweis auf die Reihenfolge der Reiche vom griechischen über das römische zum deutschen, dessen Herrschaft als die rechtmäßige gilt (*M*, V. 777–785). Über den Verfasser der *Apokalypse*, Heinrich von Hesler, sind historisch beglaubigte Informationen grundsätzlich rar, und um vieles weniger können ihm Verbindungen zum Deutschen Orden oder gar eine Zugehörigkeit zu demselben nachgewiesen werden.[66]

Damit deuten nur die Hinweise in der *Daniel*-Paraphrase auf eine Entstehung und Förderung von Bibeldichtung im Deutschen Orden hin. Hieraus die Existenz einer Deutschordensliteratur zu konstruieren, die als literarische Gattung vor allem auch ihre Genese Mitgliedern des Ordens verdankte, entbehrt offensichtlich der Grundlage.[67] Ebenso wenig lässt sich aus einer derart dünnen Indizienlage, die sich auch dann nicht wesentlich festigt, wenn man weitere Bibeldichtungen einbezieht, ein Bildungsprogramm des Ordens oder die Absicht einer vollständigen deutschen Bibelübersetzung

---

[64] Anders Buschinger (Anm. 62), S. 457.
[65] Udo Arnold: Luder (Luther) von Braunschweig. In: ²VL. Bd. 8 (1992), Sp. 949–954, hier Sp. 952; Helm, Ziesemer (Anm. 49), S. 98 f. Nikolaus von Jeroschin bezeichnet in den Versen 6426–6441 Luder als Verfasser der deutschen Übertragung einer lateinischen Barbara-Legende, was die zuweilen spekulativen Vermutungen über weitere Werke Luders angestachelt haben mag, vgl. ebd., S. 94.
[66] Eine solche ist freilich verschiedentlich, mit Nachdruck ebd., S. 75 ff., behauptet worden, vgl. dagegen v. a. Achim Masser: Heinrich von Hesler. In: ²VL. Bd. 3. 1981, Sp. 749–755.
[67] Vgl. Löser (Anm. 22), S. 334.

erkennen.⁶⁸ Eine solche Annahme ebnete die Paradoxien ein, die sich aus dem Nebeneinander mehr oder weniger plausibler und eher zweifelhafter Kriterien für einen Ordensbezug ergeben. Nimmt man sie ernst, müssen differenziertere Lektüren an die Stelle übergreifender, meist durch die Stoffwahl motivierter Postulate zur Funktion der Dichtungen für die Identitätsbildung und -konsolidierung des Deutschen Ordens treten.⁶⁹

Dies soll im Weiteren versucht werden, indem auf eine mittlere Ebene der Vergleichbarkeit der Bibeldichtungen zurückgegriffen wird, welche auch den Einbezug der *Kronike* erlaubt. Überall beobachtbar ist der bereits mehrfach erwähnte Umgang mit den Schwierigkeiten der Übertragung. Er wird auf verschiedenen Textebenen implizit wie explizit thematisiert und lässt sich ohne Missachtung der Unterschiede als kleinster gemeinsamer Nenner aller vier Werke bestimmen. Im Falle der Bibeldichtungen, in denen anders als in der *Kronike* kanonischer Text verändert wird, liegt die Frage nach Dynamiken der Säkularisierung womöglich näher, sie ist aber auch spannungsreicher, insofern sie vor dem Hintergrund der eingangs skizzierten Auseinandersetzungen um die religiösen Aspekte der Ordensidentität auch einen klareren Bruch mit einer verbindlichen Ordnung bedeuten kann. Ob und wie Vorgänge der Neubewertung von Weltlichem und Geistlichem sowie der Grenzverschiebung zwischen beidem tatsächlich im Spiel sind, soll das Folgende zeigen.

III.

Dernach volgen ware mere
genant zwei buch der stritere,
Machabeorum ich meine –
also heizen sie gemeine –
die sente Jeronimus ouch
uz fremdir schrift in latin zouch.
Daz erste buch er judisch vant,
daz andir criechisch was irkant;
uz der beider zungen schine
er sie brachte zu latine. […]
ein meister der hiez Rabanus,
der legte uz die buch beide […]. (*M*, V. 3–15)

Mit diesen Worten setzen die *Makkabäerbücher* ein. Die Art und Weise, wie gleich zu Beginn ohne Umschweife die Übersetzungs- und Auslegungsvorgänge durch Hierony-

---

⁶⁸ Beides wurde von Helm, Ziesemer (Anm. 49) postuliert.
⁶⁹ Vgl. Löser (Anm. 22) sowie Michael Neecke: Strategien der Identitätsstiftung. Zur Rolle der Bibelepik im Deutschen Orden (13./14. Jahrhundert). In: Mittelalterliche Kultur und Literatur im Deutschordensstaat in Preußen. Leben und Nachleben. Hrsg. von Jaroslaw Wenta, Siglinde Hartmann, Gisela Vollmann-Profe. Toruń 2008, S. 461–472.

mus und Hrabanus Maurus thematisiert werden, die der deutschen Version vorausliegen, mutet etwas unvermittelt an und macht dadurch auf den ersten Blick und unmissverständlich deutlich, in welchem Kontext das Folgende zu verorten ist. Die dezidierte Positionierung in einer Reihe von verschiedenen Stufen der Übertragung wird noch augenscheinlicher, wenn sich der Verfasser nach der Wiedergabe zweier Widmungsschreiben des Hrabanus Maurus und vor dem Prolog zur angeblichen *Makkabäer*-Übersetzung des Hieronymus mit einer eigenständigen Vorrede zu Wort meldet, wobei er den Bruch mit der ansonsten üblichen Anordnung der Texte markiert:[70]

nu solde zuhant volgen hie
ein vorrede Jeronimi,
dan daz ich ein arme knabe
da zwischen noch willen habe,
ein teil zu reden demutlich (*M*, V. 273–277).

Die Vorrede weist das eigene Vorgehen dann als eines nach dem wörtlichen Schriftsinn in getreuer Orientierung am Wortlaut der Vorlage aus, mit der – offensichtlich – die Vulgata gemeint ist: *ez ist gar der historien sin, | miner rede kumt niht darin* (*M*, V. 315 f.). Die Aussage scheint auf eine Charakterisierung als reine Übersetzung zu zielen, denn die Fälle, in denen Auslegung ins Spiel kommt, werden eigens benannt: Die *Historia Scholastica* und weitere Quellen, so heißt es, würden für die Interpretation unverständlicher Namen beigezogen (*M*, V. 321–324).[71] Freilich schiebt der Dichter dennoch gelegentlich Erweiterungen ein, für die nicht immer Quellen nachgewiesen werden können.[72] Insgesamt und gerade auch im Vergleich mit den anderen beiden Bibeldichtungen ergibt sich aber das Bild einer deutschen Fassung, die in erster Linie am Wortsinn der *Makkabäerbücher* interessiert ist. Mit dem Wortsinn kann dabei auch derjenige der *Historia Scholastica* gemeint sein, wie vor allem das Ende der Übertragung zeigt, wo in Abweichung von der Bibel und mit der *Historia* die Geschichte der Makkabäer bis zum Ende ihres Geschlechts fortgesetzt wird.

Ausgehend von der zweifellos vielfach bezeugten Vorbildfunktion, die den Makkabäern als Glaubenskämpfer im Deutschen Orden beschieden war, hat man verschiedentlich darauf geschlossen, die deutschen *Makkabäerbücher* zielten neben einer Art Em-

---

[70] Hieronymus hat die *Makkabäerbücher* nie bearbeitet. Die Vulgata bietet die altlateinische Version, die etwa aus dem 2. Jh. n. Chr. stammt, vgl. Hans Peter Rüger: Apokryphen I. In: TRE. Bd. 3. 1978, S. 301–303. Hieronymus erwähnt das erste und zweite *Makkabäerbuch* im Prolog zum *Buch der Könige*, vgl.: Biblia sacra iuxta vulgatam versionem. 2 Bde. Hrsg. von Robert Weber. Stuttgart 1975, S. 365. Ansonsten sind Äußerungen zu den Makkabäern vor allem aus Briefen bekannt; vgl. zur Rezeption der *Makkabäerbücher* in der Patristik und im Mittelalter knapp Bauer (Anm. 29), S. 33, Anm. 15.

[71] Eine wichtige Quelle, die der Verfasser allerdings nicht explizit ausweist, ist die *Glossa ordinaria* des Walafrid Strabo. Aus dieser stammen die Textstellen, die scheinbar Auslegungen des Hrabanus Maurus enthalten, vgl. Helms Einleitung zu seiner Ausgabe der *Makkabäerbücher*, Helm (Anm. 21), S. LIV f.

[72] Ebd., S. LXI f.

phase der Verwandtschaft im kriegerischen Geiste auf eine Kontinuitätsbehauptung zwischen den alttestamentlichen Gotteskriegern und den preußischen Eroberern, nicht zuletzt durch eine Geschichtsdarstellung, welche auf der Grundlage des Gedankens der *translatio imperii* die Gegenwart mit der Vergangenheit, die Heils- mit der Weltgeschichte und beides mit der Geschichte der Deutschen verknüpfe.[73] Bei näherem Zusehen steht diese Einbettung allerdings auf unsicherem Boden. Einerseits sind die Hinweise auf geschichtliche und heilsgeschichtliche Kontinuität nie explizit auf den Orden gemünzt, andererseits setzt der Epilog Akzente, welche die Vorstellung von einer allzu reibungs- und nahtlosen Folge der Ereignisse wie auch den Möglichkeiten ihrer Darstellung fraglich machen. Es ist eine seltsame Häufung unterschiedlicher Aspekte der Reihung und Ordnung sowie der Reflexionen über Vollständigkeit, welche der Verfasser in seine Nachrede einfließen lässt. Dort heißt es zunächst, das Alte Testament komme hier an sein Ende: *Hie wirt diese rede volant/ daz die alde e ist irkant* (*M*, V. 14231–14232). Die Suggestion, die alttestamentlichen Bücher lägen in Gestalt der deutschen Dichtung vollständig vor, wird in den nächsten Versen durch die Aufforderung gebrochen, fehlende Texte an der richtigen Stelle zu ergänzen. Den *Makkabäerbüchern* wird dabei das letzte Wort vor der neutestamentlichen Verkündigung verbindlich zugewiesen: *Die sullen sin die letzten bant* (*M*, V. 14244). Wer nun allerdings für die Hervorhebung dieser Position eine Begründung erwartet, wird enttäuscht. Die nächsten Verse sagen nur, dass der Bericht über Christi Ankunft im Anschluss an die beiden *Makkabäerbücher* ‚hervorspringen' bzw. ‚hervorsprießen' solle, *entspringen*, wie es auf Mittelhochdeutsch heißt: […] *unz daz uns da her wart gesant | Crist unser here der heilant, | daz sal darnach entspringen* (*M*, V. 14246–14248). Im Lichte dessen, was folgt, lässt sich das Verb als Hinweis auf eine Diskontinuität zwischen Altem und Neuem Testament verstehen. Freude und Erlösung sind nämlich einzig und allein durch den neuen Bund gewährleistet. Das Alte Testament wird soteriologisch ausdrücklich für wirkungslos erklärt:

Dar [zu unermesslicher Freude] *brenget uns die nuwe e,*
wand die alde entouc niht me. […]
da von sal vurbaz behalden
nieman nu die e der alden,
want wer nachvolget ir site
der wirt gar verloren mite. (*M*, V. 14279–14302)

Dies erstaunt nun weniger in theologischer als in argumentationslogischer Hinsicht. Der Aufwand, den der Verfasser mit der Betonung der Stellung der *Makkabäerbücher* im kanonischen Zusammenhang getrieben hat, läuft dergestalt eigenartig ins Leere. Dies auch unter der Bedingung, dass der Verfasser zum Schluss doch noch einlenkt und die Vorbildfunktion des Alten für das Neue Testament bestätigt:

---

[73] Vgl. dazu oben, S. 344, sowie Danielle Buschinger: Deutschordensdichtung. In: Wodan (1993), S. 61–91, hier S. 70; Helm, Ziesemer (Anm. 49), S. 96 f.

Doch sal sie [das Alte Testament]
eweclich bliben
zu gehugnisse beschriben,
want sie was und ist vorbilde
der nuwen e gnaden milde (*M*, V. 14303–14306).

Denn indem das typologische Argument ins Spiel kommt, wird desto unverständlicher, warum nur vom Verhältnis der beiden Teile des biblischen Kanons die Rede ist, und kein einziges Mal von demjenigen zwischen Makkabäern und Ordensbrüdern. Das Fehlen eines solchen Bezugs ist schlagend, wenn man etwa die Bedeutung der Typologie hinsichtlich der Makkabäer bedenkt, wie sie die Ordensstatuten oder Peter von Dusburg entwerfen.[74]

Die Frage nach dem Fazit, das aus solchermaßen widersprüchlichen Beobachtungen gezogen werden kann, ist für die *Makkabäerdichtung* besonders schwer zu beantworten. Ohne großes interpretatorisches Risiko lässt sich einzig sagen, dass die allein schon durch den Stoff sich aufdrängende Evidenz eines Zusammenhangs mit dem Deutschen Orden, aber auch die Suggestionen von alttestamentlicher Vorbildfunktion und heilsgeschichtlicher Kontinuität, den Blick auf Diskontinuitäten und Gegenläufigkeiten verstellt haben, was gelegentlich vergessen macht, dass es offensichtlich an manchen Stellen gerade um die Thematisierung und Inszenierung schwieriger Übergänge und uneindeutiger Bezüge geht. Weder die Geschichte der Makkabäer noch diejenige des Ordens fügt sich glatt zur Heilsgeschichte. Die Gründe hierfür lassen sich nur vermuten. Doch scheint das Ausstellen der Begrenztheit von Verknüpfungsmöglichkeiten Risse in die heilsgeschichtlichen Verläufe zu schlagen, eine Erzählweise zu etablieren, welche in die Geschehnisse eine säkulare Dynamik einträgt, die vom Heilsereignis, auch unter der Bedingung, dass Abweichungen im Prolog negiert werden, letztlich nur das Ereignis übriglässt: im Falle der *Makkabäerbücher* weltliche Herrschaft und Krieg.

Ungefähr dies scheint als Kern der Makkabäerthematik beim Verfasser der *Daniel*-Paraphrase angekommen zu sein. In Vers 6218 verweist er im Zusammenhang mit der Schilderung der Weltreiche, die einander im Zuge kriegerischer Auseinandersetzungen ablösen, auf die deutsche *Makkabäer*-Übertragung:

Da vindet er [der Leser] *besunder*
Vil wunderliche wunder
Von kuniclichen erben,
Vrunt ir vrunde verterben,

---

[74] Vgl. oben, S. 337 f. Eine ähnliche „Verweigerung einer direkten Übertragung" von der Situation der Juden auf diejenige der Ordensbrüder liegt in der *Judithdichtung* vor. Lähnemann (Anm. 23), S. 203, interpretiert dort den Sachverhalt so, dass die Dichtung die Suggestion einer „Affinität des Stoffes" bewusst vermeidet und darauf insistiert, Sinn erst auf der Spiritualebene zu erschließen. Die Moral der Geschichte bleibe dabei „unspezifisch universal". Dies ließe sich für die *Makkabäerbücher* freilich nicht genau so behaupten, doch teilen die beiden Dichtungen – möglicherweise entgegen dem ersten Eindruck einer offensichtlichen Indienstnahme des Makkabäerstoffes für den Deutschen Orden – gerade das Fehlen eines solchen Bezugs.

Stigen, vallen bi en ist. [...]
Swer nu disser rede gert
Vurbaz, der suche sie dort
Machabeorum dutscher wort [...] (*D*, V. 6207–6218).

Die *Danieldichtung* ist somit jünger, anzunehmen ist eine Entstehung zwischen 1331 und 1335, während der Amtszeit Luders als Hochmeister.[75]

Auch im Fall der *Daniel*-Paraphrase kommen Übertragungsprobleme zur Sprache, und zwar zunächst ganz explizit. Der Dichter entschuldigt sich im Prolog dafür, dass er gelegentlich Reime breche und der deutschen Sprache nicht in angemessener Form mächtig sei. Auch deckt er seine mangelnde Erfahrung als Dichter auf:

Nu wil ich vurbaz eben
Uch allen bitten daz ir
Sullet gar vertragen mir
Ob ich die ryme breche,
Daz dutsch nicht rechte spreche. [...]
Wand ich bi minen jaren
Nie dutsche buch gemachet
Habe [...] (*D*, V. 54–62).

Maria wird um Beistand gebeten beim schwierigen Unterfangen, das eigene Werk zu formen und zu gestalten, Daniel aus dem herauszumeißeln, was als Buch schon vorliegt:

Ich bitte die reine meit,
Die da gebar ane we [...]
daz si mich volvaren
Laze in minem willen,
Uz deme buche billen
Mit miner zungen einen
Danyelem den reinen [...] (*D*, V. 64–72).

Sie soll außerdem zur Autorisierung der Dichtung durch Jesus Christus, den Meister der Auslegung, beitragen:

Daz ir sun min anbegin
Si, ende, mitten der sin,
Des textis uzlegere,
Der glosen meisterere (*D*, V. 93–96).

---

[75] Vgl. oben, S. 343. Die Datierung der *Makkabäerbücher* fällt demgegenüber schwerer, da Hinweise auf den außerliterarischen Kontext fehlen. Vgl. zur Frage der Datierung Christoph Fasbender: Zur Datierung des ‚Buchs der Makkabäer'. Zugleich eine Vorstudie zur Rezeption der ‚Postilla Litteralis' des Nikolaus von Lyra im Deutschen Orden. In: Mittelalterliche Kultur und Literatur im Deutschordensstaat in Preußen. Leben und Nachleben. Hrsg. von Jaroslaw Wenta, Siglinde Hartmann, Gisela Vollmann-Profe. Toruń 2008, S. 423–440.

Beide Teile, die Neugestaltung der Vorlage wie die Auslegung, sind so gesehen problematisch, die dichterische Tätigkeit ist – wie sich später zeigen wird – von vornherein mit Unwägbarkeiten behaftet. Es folgt ein Text, in dem sich relativ bibelgetreue, kapitelweise Übertragungen des Buches *Daniel* mit unterschiedlich langen Auslegungen abwechseln, in denen der Dichter vor allem die Sündenverfallenheit der Welt anprangert und zu Umkehr und Buße ermahnt. Immer wieder wird die Ständeordnung diskutiert, ihre Unantastbarkeit sowie die Verpflichtungen, die sie mit sich bringt. Ihr ist unter anderem auch eine besonders breit ausgeführte Pflanzenallegorie gewidmet.[76] Wiederum wird deutlich, was auch anhand der direkten Hinweise auf den Deutschen Orden zu beobachten war, dass nämlich für die *Daniel*-Paraphrase etwas vorbehaltloser von einem Gegenwartsbezug die Rede sein kann als hinsichtlich der *Makkabäerdichtung*. Dass aber der Inhalt des Buches *Daniel* die „Realität des Lebens des Deutschritterordens wider[spiegle]",[77] wie Danielle Buschinger behauptet, leuchtet kaum ein. Zwar sind etwa die Auseinandersetzungen der Makkabäerzeit auch im Buch *Daniel* relevant und die Behauptung gegen eine heidnische Umwelt, zu welcher der Protagonist immer wieder gezwungen ist, mag ganz im Allgemeinen mit der Situation des Ordens in Preußen vergleichbar sein. Es zeigt sich aber einmal mehr, dass dem Versuch von Analogiebildungen auf der inhaltlichen Ebene enge Grenzen gesetzt sind – dies vor allem auch angesichts der Tatsache, dass die Wiedergabe der Vorlage in der Paraphrase zusätzlich durch die Auslegung überformt ist. Die Frage nach dem Grund der Stoffwahl bleibt auch im Falle der *Danieldichtung* intrikat.

Nachvollziehbarer ist vielleicht der Gedanke eines Interesses am Entwurf von Welt- und Heilsgeschichte, den das Buch *Daniel* bietet. Bemerkenswert ist insbesondere die Stellung der Deutschen in der Abfolge der Weltreiche, die in der Paraphrase von Kapitel 2, wie bereits erwähnt, gegenüber der Bibel ergänzt wird. Die Weltherrschaft geht direkt von Gott an die Deutschen und dignisiert deren Macht.[78] Allerdings dürfte der Grund für diese Erweiterung nicht nur im Gedanken der *translatio imperii* zu suchen sein, zum einen deshalb, weil das Interim bei Gott neben einem Bedeutungszuwachs für das Reich der Deutschen auch einen Bruch der Abfolge der Reiche mit sich bringt. Zum anderen tritt an genau diesem Punkt, an dem die Kontinuität politischer und geschichtlicher Zusammenhänge ins Zentrum der Aufmerksamkeit gerückt wird, auch ein Thema von umfassenderer Bedeutung in den Vordergrund, das sich in erster Linie am Verhältnis von Vorlage und Paraphrase bemisst: die Problematisierung von Zeitvorstellungen.

Diese sind schon innerhalb des alttestamentlichen *Danielbuches* mit Schwierigkeiten behaftet, trifft doch in einer Weise, die für das Alte Testament einzigartig ist, eine apokalyptische, eschatologische Zeitkonzeption auf prophetische Textelemente, Legendenstoffe und zeitgeschichtliche Deutungen der Ereignisse.[79] Die Erwartung der Fülle der

---

[76] Vgl. *D*, V. 1645–3520.
[77] Buschinger (Anm. 73), S. 70 f.
[78] Ebd, S. 72.
[79] Rolf Rendtorff: Das Alte Testament. Eine Einführung. Neukirchen-Vluyn 2007, S. 286–291.

Das Stocken der Heilsgeschichte 351

Endzeit, der Versuch ihrer Berechnung und das Verständnis des Endes als Telos der Weltgeschichte, das für den Mangel des Irdischen Abhilfe schafft, stehen neben prophetischen Entwürfen der Zeitordnung, die in erster Linie auf innerweltlich und innergeschichtlich erwartete Erfüllung verheißener oder angedrohter Geschehnisse ausgerichtet sind.[80] In der deutschen *Danieldichtung* wird nun die apokalyptische Dimension der Hoffnung auf baldiges Eintreten endzeitlicher Erlösung weitgehend ausgeklammert und an einigen Stellen sogar eindeutig konterkariert. Zwar ist durchaus im Spiel, dass jenseitige Freude durch diesseitige Umkehr erlangt werden kann, so in Kapitel 14, wo die Auslegung menschliche Buße und Reue je nach Qualität mit dem Erwerb der Hölle oder der unmittelbaren Schau Gottes verbindet. Insgesamt liegt aber der Fokus der auslegenden Teile dezidiert nicht auf einem anderen Äon, sondern auf der Gegenwart oder etwas allgemeiner: auf der Diesseitigkeit, wobei eine Bewegung über diese hinaus oft gar keine Rolle spielt oder gar aktiv aufgehalten wird. Das einschlägigste Beispiel ist ausgerechnet die Ergänzung der Weltreiche um dasjenige der Deutschen. Die Dauer von dessen Bestehen wird zwar als unbekannt vorausgesetzt, die Hoffnung des Verfassers ist aber diejenige auf Beständigkeit:

> [*ez*] *sal drinne gen*
> *In der Dutschen hant besten.*
> *Wie lange, des vind ich nicht*
> *Scolastica die begicht.*
> *Ich hoffe, ez nicht wiche* (*D*, V. 1159–1163).

Das heißt nun auch, dass auf Verzögerung der Endzeit gehofft wird. Hans Blumenberg hat diesbezüglich von „Verweltlichung durch Eschatologie"[81] gesprochen und sie als Charakteristikum der christlichen Kirche im Gegensatz zur Parusieerwartung der Urgemeinde beschrieben. Am Beispiel von Tertullians *Apologeticum*, in dem der Patrist um langes Bestehen Roms ersucht, will Blumenberg einen Konnex zwischen der Bitte um Aufschub des Endes und dem Erhalt staatlicher Macht und institutioneller Strukturen weltlicher Einrichtungen plausibel machen.[82] Ohne dass man in der Interpretation so weit zu gehen braucht, kann die Hoffnung auf diesseitige Dauer vorläufig und vorsichtiger als auffälliges Merkmal der *Daniel*-Paraphrase betrachtet werden. Das Insistieren auf der Jetztzeit staut den Fluss der Heilsgeschichte. Es steht in gewissem Sinne quer zur temporalen und überzeitlichen Ordnung, welche das biblische *Danielbuch* vorgibt. Im Verhältnis zu diesem kommt es denn auch zu einer mehrfachen Überlagerung zeitlicher Ebenen, zu einem Überschreiben und Überdeuten des Vergangenen. Das Vergangene kann, wie im Falle der Visionen Daniels, seinerseits schon das Produkt von Deutungsvorgängen sein, die wiederum zeitliche Verhältnisse wie diejenigen zwischen Verheißung und Erfüllung betreffen. Zeit wandelt sich, um mit Walter Benjamin zu

---

[80] Ebd., S. 118–131.
[81] Blumenberg (Anm. 61), S. 55.
[82] Ebd., S. 54 f. Vgl. außerdem: Tertullian: Apologeticum. Übersetzt und erklärt von Tobias Georges. Freiburg/Basel/Wien 2011, S. 481 und S. 545, die Übersetzungen von *Apologeticum* 32,1 und 39.

sprechen, in einem Akt der „Simultaneisierung" in „strikte Gegenwart", die Suggestionen von Prozess und Verlauf bis zur Erfüllung des Ziels werden dementiert, für Benjamin das deutlichste Merkmal von Säkularisierung.[83]

Blickt man von hier aus direkt zur *Apokalypse* Heinrichs von Hesler, dann kann man sagen, dass dort Zeitverhältnisse nicht nur eine bedeutende Rolle spielen, sondern dass der Verfasser von der Problematik der Zeit geradezu umgetrieben wird. Schon in den ersten Versen nach dem Prolog, welcher vor allem den Status von Johannes als dem wahren Zeugen Gottes profiliert, geht es in der Deutung von Apk 1,1 um die Relativität der Zeit und um ihre Kürze:

Tusent jar ist eine kurze vrist
Weder deme daz immer stet;
Ende wirt schire swes zuget,
Und lanc des nimmer mac zugen.
Da sul wir nach mit vlize sten
Daz wir also vorenden
Daz wir die zit bewenden
In dieser kurzen muze (A, V. 440–447).

Zeit und Zeitknappheit werden im Folgenden zu leitmotivisch wiederholten Themen. Meist wird geklagt *unse zit ist also kurt* (A, V. 730) oder *min leben ist unlenge* (A, V. 1264). Aber auch die Zeit des Wartens auf Christi Ankunft (A, V. 565–567), die Fülle der Zeit seines Kommens (A, V. 684–685) oder die Verkürzung der Zeit als Strafe für mangelnde Reue werden angesprochen:

Swer des vleisches gelusten
Und des tuveles unkusten
Ane ruwe volgen wil,
Deme kurzet Got sin zil,
Daz im der tage gebrichet (A, V. 3847–3851).

Die Möglichkeit des Aufschubs der Parusie ist ebenso im Blick, wie die apokalyptische Zeitenwende ständiger Horizont der Ereignisse bleibt, wenn der Tag des Jüngsten Gerichts als Fluchtpunkt der Geschichte wiederholt in Aussicht gestellt wird (u. a. z. B. A, V. 3472, 3690).

Achim Masser hat im Verfasserlexikon Heinrichs ausgeprägte Tendenz betont, „über alles und jeden nachzudenken", zeitgenössische Zustände anhand der Ehe oder des Mönchswesens ebenso zu reflektieren wie abstrakte geistliche Fragen, das „rechte Verständnis" des Bibeltextes und die Darstellungsprinzipien der eigenen Dichtung.[84] Tatsächlich ist das Panorama des Wissens, das am Leitfaden der Apokalypsenexegese entworfen wird, breit. Sprechend ist dabei, dass, anders als in der *Danieldichtung*, im-

---

[83] Vgl. Walter Benjamin: Der Ursprung des deutschen Trauerspiels. In: Gesammelte Schriften I, 1. Frankfurt a. Main 1974, S. 370, sowie im Zusammenhang mit der breiten Diskussion von Säkularisierung und Kreatürlichkeit bei Benjamin: Weidner (Anm. 1), S. 138.
[84] Masser (Anm. 66), Sp. 754.

Das Stocken der Heilsgeschichte 353

mer nur kurze Abschnitte der *Apokalypse* übertragen werden, auf die dann eine extensive Auslegung folgt. Heinrich von Hesler behauptet, es handle sich um eine Kompilation aus allen Informationen, die er über den Antichrist habe zusammentragen können, und es diene der Wappnung der Rezipienten gegen den Widersacher. Die Autorisierung der Übertragung und damit des eigenen Werks erfolgt zum einen über eine Rückversicherung im Bibeltext, der als Quelle angegeben wird, zum anderen durch seine Freigabe zur kritischen Prüfung hinsichtlich der Adäquatheit von Form und Sinn:

Ich han mit tigeren suchen
Diz buch uz allen buchen
Irsucht di ware urkunde tragen
Und die von Endecriste sagen, […]
Durch suchet wort, durch suchet sin
Und durch suchet mine rime,
Swen ich wort zu worte lime;
Durch pruvet di materien (A, V. 1303–1331).

Die Absicht, die hinter dieser Aufforderung steckt, wird gleich darauf formuliert:

Vint iemant icht dar inne
Dar an ich missespreche,
Rim oder sin zubreche,
Materien vorkere
Von unkunstiger lere,
Daz wider den gelouben si,
Daz sprich ich bie den namen dri
Die ein war got sint unzuscheiden
Uber juden, cristen, heiden,
Al die wile daz ich lebe,
Daz ich des antworte gebe.
Sterbe ich, so wirt lichte
Vorkart min getichte,
Daz der schriber misseschribet
unde immer also blibet.
Die rede vorchte ich vorsumen;
Dar von ticht ich diesen lumen,
Ob einer durch itewiz
Oder lichte durch vorgiz
Eines rimes dar an vomisse,
Daz man hir vinde gewisse
Daz ich den rim nie valsch gesprach
Noch satz des rimes nien zubrach,
Und tun iz ouch durch den beruch
Daz lange stete sie min buch
und mine kunst lange schine. (A, V. 1338–1363)

Der Verfasser will gleichsam noch zu Lebzeiten die Gelegenheit haben, auf Einwände gegen seine Rechtgläubigkeit und Reimkunst zu reagieren. Wie bei Nikolaus von Jeroschin, der offensichtlich auf diese Passage Heinrichs zurückgegriffen hat, werden die

Schreiber als Fehlerquellen identifiziert und wird das eigene Werk zugleich als vollkommen fehlerfrei dargestellt. War Heinrich noch im Verhältnis zu Gott lediglich dessen Schreiber, wie es einige Verse zuvor heißt,[85] so wird er hier zum Dichter, dem es um die Langlebigkeit und den Glanz seiner Kunst zu tun ist.

Allerdings bleibt das Versprechen einer Erkenntnisbildung, einer Selbstermächtigung zum Widerstand gegen die Anfechtungen der Endzeit, welches der auf breites Wissen und Makellosigkeit seiner Rede gestützte Verfasser abgibt, in gewisser Hinsicht unerfüllt. Denn wie auch immer dieses Wissen im Einzelnen kontextualisiert ist, stets bleibt als letzter Schluss die Einsicht zurück, es gehe in der *Apokalypse* um nichts als um Sündenfall und Erlösung.[86] Auf beides kommt Heinrich unzählige Male zurück, und zwar nicht nur, indem er die Ereignisse andeutet, sondern indem er dasselbe ausführlich und hartnäckig wiederholt erzählt. Bei aller Vielfalt der angesprochenen Gegenstände entsteht der Eindruck einer Endlosschlaufe, in der eine apokalyptische Verheißung im Zuge ihrer Ausdeutung nicht etwa neues Wissen generiert, sondern immer wieder dieselbe Erkenntnis produziert. Aufgehalten wird auch hier zwischen der unendlich perpetuierten Abfolge von Verwerfung und Erwählung das, was als Geschichte seinen Verlauf hin zum Heil nehmen könnte. Endzeitliches Geschehen bleibt rätselhaft, die Heilsgeschichte stockt, indem sie immer wieder von vorne erzählt wird. Damit bleibt die Darstellung zeitlicher Knappheit nicht an die topische Klage über irdischen Zeitmangel gebunden, sondern weist, indem die Erzählstruktur in spezifischer Weise in Mitleidenschaft gezogen ist, über die Topik hinaus.

IV.

Wie hält es der Deutsche Orden mit der Religion? So könnte man etwas lapidar als Gretchenfrage formulieren, was den Anstoß für diese Untersuchung gab. Sie mag im Kontext einer historischen Situation, in der Ordensangehörige vornehmlich mit der Verteidigung des Christentums und der Heidenmission befasst waren, auf den ersten Blick kontraintuitiv erscheinen. Allerdings wurde der Vorwurf der Verweltlichung mit wachsendem Reichtum und sich verfestigender politischer Macht des Ordens zunehmend gegen diesen vorgebracht. Vermehrte Bemühungen um die Durchsetzung der Macht der Religion waren offenbar Reaktionen auf einen gewissen Sittenzerfall, dem regulierend Einhalt geboten werden sollte. In diesem Zusammenhang wurde nun der Literatur im Umfeld des Deutschen Ordens von der Forschung wiederholt eine identitätskonsolidierende Funktion zugewiesen, und zwar im Sinne einer Untermauerung der

---

[85] *A,* V. 761–773: *Got ticht iz* [das Buch] *und ich nuwet* | […] *Swaz er mich heizzet schriben,* | *Daz laz ich nicht bliben* […].
[86] Dies konstatiert auch Masser (Anm. 66), interpretiert es aber nicht.

Das Stocken der Heilsgeschichte

religiösen Aspekte des Ordensprofils.[87] Diese zunächst einleuchtende Erklärung für die Vorliebe von Bearbeitung und Rezeption biblischer Stoffe im Ordenskontext einerseits, für die Ordensgeschichtsschreibung im Rahmen der Heilsgeschichte andererseits durch das Konzept der Säkularisierung in Frage zu stellen, war das Wagnis, dem sich diese Analyse zu stellen hatte. Dabei ist das Phänomen der Säkularisierung, insofern damit der Übergang der Ordensterritorien in weltlichen Besitz gemeint ist, im Zusammenhang der Ordensgeschichte durchaus keine neue Entdeckung. Sie liegt freilich auf einer anderen systematischen Ebene und ist zeitlich bedeutend später anzusetzen als die Entstehung der hier untersuchten Beispiele.[88] Für diese gilt zunächst jenseits der Tatsache gemeinsamer religiöser Themen oder verstreuter direkter und indirekter Bezugnahmen auf den Deutschen Orden, dass sie alle in charakteristischer Weise mit problematischen Übertragungsverhältnissen befasst sind. Sodann stellen sich Zäsuren im heilsgeschichtlichen Verlauf je unterschiedlich, aber in jedem Text gleichermaßen dar. Bei Nikolaus von Jeroschin werden Ordnungen der Geschichte im Verhältnis zur Heilsgeschichte ausgehandelt, und zwar in der Auseinandersetzung und vor dem Hintergrund des lateinischen Bezugstextes, der die Verhandlungen anders führt. In den *Makkabäerbüchern* wird der Fokus des Erzählens dergestalt auf die Ereignisse gelegt, dass der Bezug zum Heil der Geschichte sich nurmehr erahnen lässt. In der *Daniel*-Paraphrase und in der *Apokalypse* wird mittels der Komplizierung von Zeitverhältnissen und eines Erzählgestus der unendlichen Wiederholung die Parusie aufgeschoben. Stets mündet die schwierige Übertragung zwischen Texten, Ordnungsgefügen, Geschichts- und Zeitkonzeptionen in ein Stocken der Heilsgeschichte. Dabei spielen insbesondere Momente des Ästhetischen, des Politischen, aber auch der Geschichtsbetrachtung in unterschiedlicher Weise eine Rolle. Bei Nikolaus erschließt das Ästhetische neue Rederäume, die ein Ausscheren aus der Geschichte des Heils begünstigen, bei den Makkabäern werden dichterische Zusätze negiert und wird zugleich politisches wie geschichtliches Geschehen seiner geistig-religiösen Zusätze entblößt. Bei Daniel ist die Unwägbarkeit der Kunst in den Vordergrund gerückt, sind Politik und Historie ganz zur Gegenwart kontrahiert. In der *Apokalypse* werden schließlich die Langlebigkeit und der Glanz der Kunst betont, was man wissen kann, ist aus der heilsgeschichtlichen Perspektive gelöst.

Die beobachteten Aspekte ergeben nicht immer ein geschlossenes Bild textueller Strategien und Prozesse. Sie als Dynamiken der Säkularisierung anzusprechen, bedeutet denn auch in erster Linie eine Intervention gegen eine Begriffsverwendung, welche die Abfolge betont, den Verlauf vom Geistlichen zum Weltlichen, von der Bibel zur Dichtung, von der Heilsgeschichte zur Historie, von der Ewigkeit zur Zeit. Stattdessen sind hier Konstellationen im Blick, die immer mit dem Sowohl-als-auch rechnen. Mit der Gleichzeitigkeit des Politischen und Religiösen, des Historischen und Ästhetischen, des Sakralen und Profanen. Indem Säkularisierung nicht verabschiedet, sondern von einer

---

[87] Vgl. oben, S. 334 f.
[88] Boockmann (Anm. 29), Sp. 776.

geschichtsphilosophischen zu einer hermeneutischen Kategorie umbesetzt wird, vermag sie auf die Fülle dessen zu verweisen, was sie zu erkennen gibt: die Gesamtheit eines Wissens, das die Heilsgeschichte vorgibt und in dem die Literatur ihren Ort immer wieder neu behauptet.

Niklaus Largier
Säkularisierung?
Mystische Kontemplation und ästhetisches Experiment

Diese skizzenhaften Ausführungen zur Frage der Säkularisierung im Mittelalter beginnen an einem Ort, der dem Mittelalter zunächst fern zu stehen scheint und der in der Regel einer ‚säkularen' Moderne zugeschlagen wird. Es geht dabei um das Verständnis der ästhetischen Erfahrung bei Alexander Gottlieb Baumgarten und Johann Gottfried Herder. Überraschenderweise greifen beide, Baumgarten wie Herder, in ihren grundlegenden Erörterungen zur Ästhetik auf den aus der mittelalterlichen Mystik stammenden Begriff des Seelengrundes zurück. Sie tun dies auf vergleichbare Weise, auch wenn der Bezug zur Mystik bei Herder expliziter als bei Baumgarten ist. Dass im Hintergrund bei beiden so genannte pietistische Quellen und eine pietistische Pädagogik sinnlich-affektiver Erfahrung in Anschlag zu bringen sind, ist keine Frage, doch soll es hier nicht darum gehen, Kontinuitäten und Diskontinuitäten zu identifizieren, die das Verhältnis von Aufklärung, Früher Neuzeit und Mittelalter betreffen. Was mich interessiert ist vielmehr, ein Modell der Produktion ästhetischer Erfahrung freizulegen, dessen mittelalterliche Geschichte auch in der Neuzeit weiter wirkt und das bereits in seiner spätmittelalterlichen Form Spannungsverhältnisse zwischen dem ‚Säkularen' und dem ‚Religiösen' auslotet. Dies kann – bei allen einschlägigen terminologischen und historischen Vorbehalten – als Vorgeschichte der modernen ‚Säkularisierung' bezeichnet werden, insofern besonders spätmittelalterliche Autoren zunehmend Aspekte ästhetischer Erfahrung als Form „naturhaften" Genusses beschreiben, kritisch evaluieren, und von der echten, auf Gott bezogenen, letzlich „gnadenhaften" Erfahrung absetzen.[1] So kann denn, wie ich meine, die Produktion ästhetischer Erfahrung im Kontext mittelalterlicher Gebetspraktiken – davon handelt dieser Essay primär – als der privilegierte Ort verstanden werden, wo die Spannung zwischen säkular-naturhaften, dämonischen und göttlichen Erfahrungsformen nicht einfach als normative Ordnung evoziert, sondern als ethische Seite der ästhetischen Erfahrungsproduktion mit konstituiert wird. Ob etwa die im

---

[1] Ich beziehe mich in diesem Essay auf eine Reihe meiner Studien der letzten Jahre, deren Ergebnisse und Formulierungen ich hier übernehme, zum Teil zusammenfasse und auf die Frage der Säkularisierung beziehe. Ich verweise auf diese Studien, die jeweils reiche Literaturverweise enthalten, an den einschlägigen Stellen.

Gebet und in der geistigen Übung als ästhetische Erfahrung empfundene „Süße" göttlich-gnadenhaft (und damit befreiend), dämonisch (im Stolz ertränkt) oder naturhaft (in Selbstliebe gefangen) ist, lässt sich nicht an der sinnlich-affektiven Qualität der Süße ablesen, sondern nur an der mit der ästhetischen Erfahrung einhergehenden ethischen Formung, die den Spielraum zwischen der Welt, den Dämonen und Gott immer neu affektiv-sinnlich auslotet und ethisch evaluiert. Damit rückt, vielleicht im Gegensatz zur Neuzeit, weniger eine Trennung von Weltlichem und Göttlichem in den Vordergrund als vielmehr ein dynamisches und immer dramatisches Verständnis ästhetischer Erfahrungsproduktion, das neuzeitlich in der binären Opposition von ‚Säkularem' und ‚Religiösem' enggeführt wird. Dass diese neuzeitliche Engführung und die damit verbundene Naturalisierung des Ästhetischen letztlich nie vollständig gelingen konnte, bezeugt die kaum je eliminierbare Residualpräsenz von Transzendenzmomenten etwa des „Erscheinens", des „Ereignisses", des „Unsagbaren" im modernen Verständnis ästhetischer Erfahrung.

I. Ästhetische Erfahrung

In der Neuzeit begegnet die mit größtem Nachdruck verfochtene Rehabilitierung des Tastsinns als dem eigentlich „ästhetischen Sinn" bei Johann Gottfried Herder.[2] Herder ist es auch, der in diesem Zusammenhang nicht einfach das „Gefühl" als privilegierte Ebene der Sinnlichkeit darstellt, sondern dabei den Bezug zum „fundus animae", zum „Grund der Seele" in den Vordergrund rückt. Er tut dies im Rahmen einer Ästhetik, die nicht nur als Kunstphilosophie, sondern als Anthropologie von Bedeutung ist. So schreibt er, dass „in dem Grunde der Seele unsere Stärke als Menschen besteht".[3] Herder greift dabei einen Gedanken auf, den bereits der Begründer der modernen Ästhetik, Alexander Gottlieb Baumgarten, ins Zentrum der ästhetischen Erfahrung gerückt hat, wenn er ausdrücklich den „Grund der Seele" zum Ausgangspunkt seiner Theorie macht. Baumgarten betont, dass der „fundus animae" heutzutage von „vielen, selbst den Philosophen" ignoriert werde.[4] Sowohl Herder wie Baumgarten war dabei klar, dass mit dem Rekurs auf diesen scheinbar obskuren Begriff, der von den Fachphilosophen nicht verwendet wurde, sprachlich und konzeptuell auch eine Brücke zur mittelalterlichen Mystik geschlagen wurde, die in den Texten zeitgenössischer pietistischer Autoren weiterlebte. Das „Königreich der Dunkelheit" (*regnum tenebrarum*), von dem Baumgarten im

---

[2] Vgl. Niklaus Largier: Objekte der Berührung. Der Tastsinn und die Erfindung der ästhetischen Erfahrung. In: Der Code der Leidenschaften. Fetischismus in den Künsten. Hrsg. von Harmut Böhme, Johannes Endres. Paderborn/München 2010, S. 107–123.

[3] Johann Gottfried Herder: Werke in zehn Bänden. Hrsg. von Ulrich Gaier. Frankfurt a. Main 1985, Bd. 1, S. 665.

[4] Alexander Gottlieb Baumgarten: Metaphysica. Halle 1779. ND Hildesheim/New York 1982, § 511.

Blick auf den Seelengrund spricht,[5] ist gerade bei Herder nicht einfach die negative Folie diskursiver und intellektueller Erkenntnis. Es ist vielmehr in der Verschränkung von Sinnlichkeit, Affekt, Anschauung, Empfindung, Gefühl und Einbildungskraft Basis einer Form des Erkennens, in der der Dualismus von Körper und Geist durch ein alternatives Modell der sinnlichen Erfahrung ersetzt wird.

Herder spitzt diese Perspektive zu. Was ihn darin von Baumgarten unterscheidet, ist nicht nur, dass er die Bedeutung dieses dunklen Grundes der Seele stärker betont und als Ursprung der Seele und damit aller Erfahrung fasst, sondern dass er diesen Begriff gleichzeitig explizit naturalistisch deutet. Ist der Grund der Seele bei den Mystikern offene Rezeptivität für das Göttliche, Spiegel Gottes und aller Kreatur, Ort der Einheit von Mensch und Gott in der Schöpfung und Inkarnation, so wird er bei Herder zum Ort der „Begriffe des ganzen Weltalls" in nuce. Wenn Herder davon spricht, dass der Mensch als „dunkel fühlende Auster" auf die Welt komme, naturalisiert er den Begriff des Seelengrundes und blendet dabei Momente zeitgenössischer Naturphilosophie und des französischen Sensualismus ein, ohne indes die Herkunft des Begriffes zu verdunkeln. Für ihn ist weiterhin wichtig, ich zitiere aus Herders *Metakritik der sogenannten Transzendental-Ästhetik*, dass sich im „dunkle[n] Seelengrund der Mystiker", wie er schreibt, „das Nichts im Nichts [...] offenbaret", „um die einzig-mögliche Bedingung aller Offenbarung des sinnlichen sowohl als verständlichen Weltalls zu werden".[6]

Auf dieser Grundlage denkt Herder den Tastsinn neu, und zwar als Korrelat der Dunkelheit des Seelengrundes und als sein Ausdruck im Gefühl. Im Betrachten der Skulptur, in der ästhetischen Erfahrung, wird das Auge denn auch selbst zum Tastsinn. Herder beschreibt dies, wenn er Winckelmann, den „tiefsinnigen Betrachter am Vatikanischen Apollo", zu verstehen sucht:

> [...] hatte er [der „tiefsinnige Betrachter am Vatikanischen Apollo"] also nicht nöthig, eben die Eigenschaft seines Gegenstandes zu zerstören, die das Wesen der Augenvorstellung ist, Fläche, Farbe, Winkel des Anscheins? und muste er sich nicht mit dem Auge gleichsam einen neuen Sinn geben, das Gefühl? und war der Sinn, den er anwandte, nicht also eine Verkürzung, die Stellvertretung eines ursprünglichern Sinnes? für den die eigentliche Würkung der Kunst möglich war? – Nun setzt, er erreiche diesen. Sein vielverändertes Umherschauen, oder sein sichtliches Umhertasten gebe seiner Einbildungskraft das ganze Schöne in Form und Bildung gleichsam einverleibet über: die Täuschung ist geschehen: der schöne Körper, als Körper wird empfunden – sehet! nun empöret sich die Phantasie, und spricht – als ob sie tastete und fühlte: spricht von sanfter Fülle, von prächtiger Wölbung, von schöner Rotundität, von weicher Erhebung, von dem sich regenden, unter der fühlenden Hand belebten Marmor. Lauter Gefühle! warum lauter Gefühle? und warum Gefühle, die keine bloße Metaphern sind? Sie sind Erfahrungen. Das Auge, das sie sammlete, war sammelnd nicht Auge mehr; es ward Hand: der Sonnen-

---

[5] Ebd., § 518.
[6] Johann Gottfried Herder: Werke in zehn Bänden. Hrsg. von Hans Dietrich Irmscher. Elektronische Ausgabe. Cambridge 2001. Bd. 8, S. 363.

stral Stab in die Ferne, das Anschauen unmittelbare Betastung: die Phantasie spricht lauter Gefühle![7]

Was Herder hier beschreibt, wenn er Winckelmanns Beobachtungen folgt, ist die Transformation des Sehens ins Fühlen, und dies nicht metaphorisch, sondern ganz buchstäblich in einer Form, die sich auch als geistige Übung beschreiben lässt. Das Auge verliert seine Spezifität, die Bestimmung durch Fläche, Farbe und Perspektive, und mutiert zum Tastorgan, das sich dem Gegenstand entlang bewegt. Dabei entfesselt es gleichzeitig Affekt und sinnliche Phantasie. Das Paradigma des Visuellen, das sich als Höhepunkt ästhetischer Erfahrung begreifen will, steht damit als „Verkürzung" da, als bloße „Stellvertretung" eines „ursprünglicheren Sinnes", der dort in den Vordergrund tritt, wo die Sprache des Beobachters verrät, dass er längst schon in den Bereich des Gefühls abgestiegen ist. Es ist wichtig, Herders Einwand ernst zu nehmen, dass wir es hier nicht mit „bloße[n] Metaphern" zu tun haben. Es geht nicht um eine bildhafte Einkleidung einer bestimmten Art des Sehens, die sich von der Form der Skulptur verführen lässt. Was sich vollzieht, ist vielmehr eine Art Transfiguration, in der sich in der Erfahrung an der Skulptur Ausdruck schafft, was im „Grund der Seele" als eine alternative Form der Wahrnehmung und als eigenständiges Erkennen angelegt ist. Inka Mülder-Bach, die diesen Aspekt in Herders Werk eingehend und eindrücklich analysiert hat, spricht hier von einer „erotisierende[n] Prozessualität",[8] besteht doch ein wichtiger Aspekt des dunklen Umhertastens darin, dass dieses sich Zeit lässt und Raum dafür schafft, dass die im Grunde plastische Seele Gestalt anzunehmen vermag. Gleichzeitig produziert das „Umhertasten" eine Szene der Reziprozität, in der Herder „die ‚warme, schaffende Hand', das Organ der künstlerischen Produktion, zum Organ seiner Rezeption macht".[9]

Beide Aspekte, die „erotisierende Prozessualität" und die Reziprozität, möchte ich hier nochmals auf das beziehen, was man als Mystik bezeichnet, aber allgemeiner – und nicht erst seit der Ignatianischen Systematik – als geistige Übung beschreiben kann. Ich zitiere nochmals Herder, der angesichts einer klassischen griechischen Plastik schreibt:

Ein Geist hat sich über die Statue ergossen, hielt die Hand des Künstlers, daß auch das Werk hielt, und Eins ward. Wer (um so gleich ein Schwerstes anzuführen), wer je am berühmten Hermaphroditen stand und nicht fühlte, wie in jeder Schwingung und Biegung des Körpers, in allem, wo er berührt und nicht berührt, Bacchischer Traum und Hermaphroditismus herrscht, wie er auf einer Folter süßer Gedanken und Wollust schwebt, die ihm, wie ein gelindes Feuer, durch seinen ganzen Körper dringet – wer dies nicht fühlte und in sich gleichsam unwillkürlich den Nach- oder Mitklang desselben Saitenspiels wahrnahm; dem können meine nicht und keine Worte es erklären. Eben das ist das so ungemein *Sichere* und *Veste* bei einer Bildsäule, daß,

---

[7] Johann Gottfried Herder: Sämtliche Werke. Hrsg. von Bernhard Suphan. Berlin 1877 ff. Nachdruck Hildesheim 1967–1968. Bd. 8, S. 126.
[8] Inka Mülder-Bach: Im Zeichen Pygmalions. Das Modell der Statue und die Entdeckung der „Darstellung" im 18. Jahrhundert. München 1998, S. 73.
[9] Ebd.

weil sie *Mensch* und ganz *durchlebter Körper* ist, sie *als Tat* zu uns spricht, uns festhält und durchdringend unser Wesen, das ganze Saitenspiel Menschlicher Mitempfindung wecket.[10]

Damit rehabilitiert Herder, wie er schreibt, „den Sinn des Gefühls, der so sehr vom Gesichte verkürzt und verdrängt ist",[11] auf ganz besondere Weise. Mit diesem Satz ist er denn auch einer der Mitbegründer der Repressionsthese, die in der Neuzeit immer wieder auf den unterdrückten Tastsinn hinweist und diesen zu emanzipieren sucht. Weit spannender als diese historische Perspektive scheint mir indes die systematische Implikation, dass nämlich im Rekurs auf das Taktile eine kritische Position gewonnen wird, die den „dunkelsten Sinn" in den hellsten, das Tasten ins Sehen gewissermaßen einbaut und als dessen zeitlich-affektive Dimension erweist, die sich im geübten Bezug auf die Skulptur entfaltet. Das Taktile wird hier nicht einfach rehabilitiert, sondern als ein Modus, als eine relationale Struktur der Sinnlichkeit und Affektivität gezeichnet, die alle Sinne in den Grund der Seele zurücklaufen und aus dieser Unbestimmtheit plastisch die Fülle der Erfahrung gewinnen lässt. Dies geschieht unter dem Einfluss einer Figur, die Gegenstand ästhetischer Erfahrung wird. Wo das Auge sich dem Gegenstand entlang bewegt, wo es sich von der Figur und ihrer Partikularität affizieren lässt, wird es zum Fühlen, nicht weil der Tastsinn ‚primär' ist, sondern weil er die Möglichkeit einer perspektivenlosen Konvergenz von sinnlichen und affektiven Ereignissen öffnet. Das Auge verliert so seine Superiorität und Klarheit und wird zum Organ, in dem sich Imagination, Gefühl und Sinnlichkeit dauernd vermischen und eine eigene Erkennnisform bilden, wo in der Fülle der Erfahrung die Differenz zwischen Virtuellem und Realem nicht mehr gilt. Diese wird erst dort wieder etabliert, wo der Intellekt diskursiv eingreift, um die Gegenstände und auch das Auge auf seine Funktion neu zu bestimmen.

Herder baut damit die Perspektive aus, die Baumgarten entworfen hat, wo er in seiner Ästhetik, das heißt der „Theorie sinnlicher Erfahrung" („scientia cognitionis sensitivae"), das Konzept des Seelengrundes einführt. Baumgarten tut dies im Kontext der Erörterung des „impetus aestheticus", also der „ästhetischen Begeisterung", die darin besteht, dass „beinahe der ganze Grund der Seele sich etwas höher erhebt und irgend etwas Höheres atmet und willig Dinge gewährt, die uns vergessen, nicht erfahren, uns selbst und noch viel weniger anderen voraussehbar schienen". Und er fügt an: „Doch da viele, auch Philosophen, von diesem Grund der Seele bisher nichts wissen, wird seine außerordentliche Wirkung [...] von den Autoritäten den Göttern zugeschrieben [...]."[12] Mit dieser Rehabilitierung des Konzeptes des Seelengrundes, der Herder folgen wird, verbindet sich ein Begriff der Möglichkeit von Erfahrung, die Baumgarten im Rückgriff auf klassische Topoi als ästhetische Erfahrung, als „pulcra mentis incitatio, inflammatioque, [...] ecstasis, furor, enthousiasmós, pneuma theou" (als „schöne Erregung des

---

[10] Johann Gottfried Herder: Werke. Hrsg. von Wolfgang Pross. München 1984, Bd. 2, S. 517.
[11] Herder (Anm. 7), Bd. 4, S. 52.
[12] Alexander Gottlieb Baumgarten: Ästhetik. Hrsg. und übersetzt von Dagmar Mirbach. Hamburg 2007, S. 64 f. Vgl. dazu Christoph Menke: Kraft. Ein Grundbegriff ästhetischer Anthropologie. Frankfurt a. Main 2008.

Gemüts und Entflammung, [...] die Entzückung, den Furor, den Enthusiasmus, einen gewissen göttlichen Geist") beschreibt.[13] Damit verschiebt Baumgarten, auch wenn er den theologisch vorgedachten Begriff des Seelengrundes rehabilitiert, die Perspektive nicht ins Religiös-Mystische, sondern er denkt den Seelengrund als Möglichkeitsbereich, der Form anzunehmen vermag und in der ästhetischen Erfahrung immer wieder plastisch Form annimmt.[14] Herder greift gerade diesen Aspekt der Plastizität der Seele auf, den er im Blick auf die Taktilität als Grundlage aller Wahrnehmung und Möglichkeitshorizont aller Erfahrung neu bedenkt. Ästhetische Erfahrung ist damit immer ästhetisches Experiment und geistige Übung. Sie ist es insofern, als über Praktiken der Figuration – im konkreten Fall bei Herder anhand der Skulptur – seelische Erfahrungsmöglichkeiten evoziert und exploriert werden.

II. Rhetorik des Gebets und ästhetische Erfahrung

Nun ist gerade dies, nämlich das Verständnis von Seele und Seelengrund als Möglichkeit, alles zu sein und zu erfahren, eine Grundlage nicht nur der spekulativen Mystik Meister Eckharts,[15] sondern der mittelalterlichen kontemplativen Gebetstechniken, wie sie uns eine Reihe von Autoren nicht erst, aber vor allem seit Hugo von Sankt Victor vor Augen führen. Was dabei deutlich wird, ist der rhetorische Charakter des Gebets, der dieses zu einer Praxis, einer geistigen Übung der sinnlichen und affektiven Stimulierung und des Experiments mit stimulierenden Figuren macht.[16] Rhetorisch ist dies insofern, als es dabei in der Tat um *persuasio* geht, und zwar um eine von affektiver und sinnlicher Intensität getragene *persuasio*, die ganz bewusst mittels rhetorischer Stimuli, das heißt mit Worten, Bildern, Schriftzitaten hergestellt wird. Es sind dies Mittel der Figuration, die Herders Skulptur analog sind und auf vergleichbare Weise eine Wirkung auf die Seele entfalten. Ob diese *persuasio* in Form affektiver *excitatio* und *inflammatio* dann auch die wahre *conversio* und echte Hinwendung zu Gott ist, ermittelt in einem zweiten Schritt die Praxis der Unterscheidung der Geister, die mir im Blick auf die Frage der ‚Säkularisierung' hier wichtig ist.

---

[13] Ebd., S. 62 f.
[14] Vgl. Niklaus Largier: The Plasticity of the Soul. Mystical Darkness, Touch, and Aesthetic Experience. In: Modern Language Notes 125 (2010), S. 536–551.
[15] Vgl. Niklaus Largier: Negativität, Möglichkeit, Freiheit. Zur Differenz zwischen der Philosophie Dietrichs von Freiberg und Eckharts von Hochheim. In: Dietrich von Freiberg. Neue Perspektiven seiner Philosophie, Theologie und Naturwissenschaft. Hrsg. von Karl-Hermann Kandler, Burkhard Mojsisch, Franz-Bernhard Stammkötter. Amsterdam/Philadelphia 1999, S. 149–168.
[16] Vgl. Niklaus Largier: Praying by Numbers. An Essay on Medieval Aesthetics. In: Representations 104 (2008), S. 73–91.

Um dies deutlich zu machen, gehe ich kurz auf die Gebetstechnik ein, die Hugo beschreibt,[17] um dann auf das Problem der Unterscheidung der Geister zurück zu kommen. Charakteristisch für das Gebet ist zunächst ein Dreischritt und ein Übergang von der *lectio* zur *meditatio* und *oratio*. Dabei ist natürlich die Figur des Aufstiegs charakteristisch, ist das Gebet, insbesondere das meditative und affektive Gebet, von dem ich hier spreche, zumeist in eine Linie eingebunden, die letzlich auf Momente mystischer *unio* abzielt. So ist denn auch die Erweiterung des Dreischritts etwa beim Kartäuser Guigo V. nicht überraschend, der von der *lectio*, *meditatio*, *oratio* und *contemplatio* spricht.[18] Er begründet so eine Tradition, die im Spätmittelalter besonders im Blick auf die Bedeutung der Affekte zunehmend reicher ausgebaut wird, etwa bei David von Augsburg, Rudolf von Biberach und Heinrich Herp, die alle das Gebet im Bild mystischer Einung enden lassen und dabei, am deutlichsten bei Herp, wie Herder den Tastsinn neu evaluieren.[19] In dieser Gebetstechnik steht die *lectio* für die *inspectio* der Heiligen Schrift, die *meditatio* für die *investigatio* des verborgenen Sinns, die *oratio* für die *devota intentio*, die *contemplatio* schließlich für die „Erhebung des Geistes zu Gott", in dem sie „die Freude der ewigen Süße verkostet". Mit den Worten des Kartäusers Guigo: „Beatae vitae dulcedinem lectio inquirit, meditatio invenit, oratio postulat, contemplatio degustat." „Die *lectio* erforscht, die *meditatio* (er-)findet oder erkundet, die *oratio* fordert, und die *contemplatio* schmeckt die Süße des ewigen Lebens." Oder auch: „Quaerite legendo, et invenietis meditando; pulsate orando, et aperietur vobis contemplando." „Im Lesen sucht ihr, und in der Meditation findet ihr. Im Beten klopft ihr an, und in der Kontemplation wird euch aufgetan."[20]

Was damit in vielen Traktaten über das Gebet vor uns liegt, ist die Erläuterung einer komplexen Praxis, die Schriftlektüre, explorierendes und betrachtendes Verstehen des Textes, betendes „Anklopfen" und überwältigenden Genuss verbindet. Ästhetisch ist diese Praxis insofern, als sie seit Origenes und Gregor von Nyssa explizit die *aisthesis* und mithin neben der affektiven eine Ebene sinnlicher Erfahrungsintensität postuliert.[21]

Diese ist Überwindung der *ariditas* in sinnlicher Intensität und im besten Fall Vorgeschmack der Seligkeit. Hergestellt wird die Erfahrungsintensität auch hier durch Formen der Figuration, also der Verwendung rhetorischer Mittel der Amplifikation im

---

[17] Ich orientiere mich dabei an: Hugo von Sankt Victor: De virtute orandi. In: L'œuvre de Hugues de Saint-Victor. Hrsg. von Hugh B. Feiss, Patrice Sicard. Turnhout 1997, S. 126–171. Ich paraphrasiere diesen Text in den folgenden Absätzen.
[18] Guigo V. der Kartäuser (?): Scala claustralium, sive tractatus de modo orandi. In: Patrologia latina. Hrsg. von Jacques-Paul Migne. Paris 1815–1875. Bd. 184, S. 476.
[19] Niklaus Largier: Tactus. Le sens du toucher et la volupté au Moyen Age. In: Micrologus 13 (2004), S. 233–249, besonders S. 243–246.
[20] Guigo (Anm. 18), S. 475.
[21] Vgl. Niklaus Largier: Inner Senses – Outer Senses: The Practice of Emotions in Medieval Mysticism. In: Codierungen von Emotionen im Mittelalter. Emotions and Sensibilities in the Middle Ages. Hrsg. von C. Stephen Jaeger, Ingrid Kasten. Berlin/New York 2003 (Trends in Medieval Philology. 1), S. 3–15.

Gange der *meditatio*. Nach Hugo von Sankt Viktor bedeutet dies zunächst, dass der Mensch sich in der *meditatio* dadurch übt, dass er sich zur *cogitatio* anhält und darin, ganz praktisch gesagt, aufgrund der eigenen Lebenserfahrung, der Erinnerung und der Heiligen Schrift Listen von Bildern und erregenden Figuren erstellt. Dies tut der Betende in der geistigen Übung etwa dadurch, dass er alle möglichen Aspekte der Vergänglichkeit und Gebrechlichkeit der Welt und allen Übels bedenkt und aufzählt. Je mehr er dies tut, desto mehr „stöhnt und seufzt er" („tanto amplius suspirat et gemit") und verstärkt dadurch sein affektives und sinnliches, also ‚aisthetisches' Erleben. Als Gegengewicht mag der Mensch dann, so Hugo weiter in seinen Erläuterungen, in einem nächsten Schritt der *meditatio* alles Gute und die künftige Herrlichkeit vor sein inneres Auge führen und dies den Torturen der ewigen Verdammnis gegenüberstellen. Auch hier stehen Lebenserfahrung, Erinnerung und Schriftstellen nebeneinander, und auch hier steht der Affekt und die sinnliche Erfahrung im Zentrum, zielt doch das Verfahren, gerade in der dramatischen Gegenüberstellung von Erfahrungsintensitäten, darauf ab, die *devotio* als *humilis affectus in Deum* zu produzieren. Dieser Affekt geht aus der gelungenen *compunctio* hervor. *Compunctio* heißt, dass aus der Serie von Betrachtungen anhand der hergestellten Listen das Herz von innerem Schmerz und damit einhergehenden Gefühlen berührt wird („cor interno dolore tangitur") und gnadenhaft eine „conversio in Deum pio et humili affectu" stattfindet. Darin, das heißt in „pio et humili affectu", konvergiert die nachdrückliche Erregung (*excitatio*) im Affekt überwältigender Liebe, durch die das Begehren stimuliert und in einen Zustand wachsender Sehnsucht versetzt wird. Die *meditatio* bildet so einen Resonanzraum, in dem die erzeugten affektiven Schwingungen sich verstärken und die Intensität des Affekts dazu führt, dass dieser – ganz im Sinne der negativen Theologie – nicht mehr in Worten zu beschreiben ist („quanto major et ferventius est, tanto minus fores per vocem explicari potest") und dass er umso stärker wird, je näher er sich dem Ziel nähert, ohne dies je zu erreichen.

Was hier in den Blick kommt, ist also nicht nur ein Vorgriff auf ewiges Glück in der in diesem Zusammenhang als Ziel oft erwähnten *praegustatio*, also ein gewissermaßen eschatologisches Moment, sondern eine Fülle affektiver und sinnlicher Erfahrungsmöglichkeiten. Was in diesem Verfahren rhetorischer Figuration – als *artificium* und damit durchaus kunstvoll – produziert wird, sind Gutes und Schlechtes, Momente des Begehrens und des Schreckens, sinnenhafte Aspekte der Versuchung, der Hölle und des Gerichts. All dies wird Teil der *narratio*, die der Betende in der Meditation formt, um sich in den Zustand intensiver sinnlich-affektiver Erregung und einer ästhetischen Erfahrung zu bringen, die schließlich im Gebet in Form der auf Gott fokussierten Liebe Gestalt annimmt. Dies geschieht vorzüglich dort, fügt Hugo an, wo in der Intensität des Gebets die anfängliche vorgestellte Bitte, also alles Intentionale vergessen und so der Zustand der „pura oratio" erreicht wird, in der sich nichts als Liebe ausdrückt.

Die Funktion der *narratio*, die auf Schriftstellen und Lebenserfahrung zurückgreift und diese in der Meditation je neu artikuliert, zielt damit auf das ab, was wir als artifizielle Selbstaffektion in der geistigen Übung beschreiben können. Das heißt, es handelt sich um bewusste narrative Inszenierung des in der *lectio* aus der Schrift gesammelten Materials mit dem Ziel, ein Spiel der Affekte und sinnlicher Erfahrungsmomente herzustellen, die wahrgenommen, in ihrem Charakter erfahren, dann aber auch evaluiert werden können und müssen.

Meditatio ist so zunächst *inventio*, insofern sie der Schrift und der Erinnerung diejenigen Stellen entnimmt, die affektiv und damit persuasiv zu wirken vermögen. Sie ist zunächst rhetorische Praxis figuraler Evokation. Sie ist dann auch *enumeratio* als eine rhetorische Technik, etwa in der aufzählenden Betrachtung aller Leiden, Übel und Schrecken, die den Menschen zu befallen vermögen. Zum Bestand rhetorischer Mittel gehört natürlich ebenfalls die *narratio*, also die Erzählung, die auf der *inventio*, der Suche nach geeignetem Material, aufbaut und dieses narrativ in Form der lebendigen Evokation von Affekten und sinnlicher Erfahrung entfaltet, die dem Leben der Seele Gestalt gibt. Und dazu gehören andere rhetorische Figuren, etwa die Wiederholung und die rhetorische Frage, die Hugo in diesem Kontext oft einsetzt: „Et quis omnia mala vitae hujus enumerare possit?" Es sind dies Mittel der Amplifikation, die hier nicht dem Zweck dienen, einen Zuhörer von einem Sachverhalt zu überzeugen, sondern das affektive und sinnliche Leben der Seele zu gestalten.

Ich habe an anderer Stelle von einer „Phänomenologie rhetorischer Effekte" gesprochen,[22] um den Sachverhalt zu beschreiben, mit dem wir es in diesen geistigen Übungen zu tun haben. Was ich damit meine, lässt sich am Beispiel von Hugos Text einfach beschreiben. Nach ihm hat die Meditation die Funktion, bestimmte Schriftstellen und Topoi als rhetorische Figuren verfügbar zu machen, damit diese auf die Seele eine affektive und sinnliche Wirkung entfalten, dass also auf ihren rhetorischen Effekt abgehoben wird. Damit wird der spirituelle Sinn als persuasiver Aspekt der Schrift hervorgehoben, der hier zunächst ganz im Affekt und in der Erfahrungsintensität liegt. Gleichzeitig beinhaltet die *meditatio* als *cogitatio* mehr: Sie meint experimentelle Exploration des affektiven und sinnlichen Raumes, der im Gebet hergestellt wird, und ein bedenkendes, evaluierendes Verhältnis zur Vielfalt der Affekte und sinnlichen Erfahrungsbestände, die durch die Fokussierung auf Liebe und Demut im Gebet hergestellt werden sollen. Die unzählbaren Momente affektiver und sinnlicher Erfahrung verschwinden dabei nicht, sondern sie bilden die Voraussetzung der Liebe, insofern sie bewusst durch Mittel rhetorischer Amplifikation verstärkt werden und damit die Intensität erst entstehen lassen, in der die Liebe ihre überwältigende Gestalt annimmt.

---

[22] Vgl. Niklaus Largier: Die Applikation der Sinne. Mittelalterliche Ästhetik als Phänomenologie rhetorischer Effekte. In: Das fremde Schöne. Dimensionen des Ästhetischen in der Literatur des Mittelalters. Hrsg. von Manuel Braun, Christopher Young. Berlin 2007 (Trends in Medieval Philology. 12), S. 43–60. Ders.: Die Phänomenologie rhetorischer Effekte und die Kontrolle religiöser Kommunikation. In: Literarische und religiöse Kommunikation in Mittelalter und Früher Neuzeit. DFG-Symposion 2006. Hrsg. von Peter Strohschneider. Berlin/New York 2009, S. 953–968.

III. Die Unterscheidung der Geister

Nun ist die Praxis, von der ich hier spreche, im mittelalterlich-religiösen Kontext natürlich ganz auf die Gnade und die überwältigende göttliche Liebe hin geordnet, die sich in der rhetorisch produzierten Erfahrung als gegenwärtig erweisen soll. Gerade dies ist indes nicht unproblematisch, sind doch die Momente sinnlicher und affektiver Erfahrungsintensität selbst nicht – oder doch nicht immer – transparent auf die göttliche Gegenwart, die darin gesucht wird. Dass und inwiefern dies zum Problem wird, zeigt die Geschichte der so genannten Unterscheidung der Geister. Auch hier haben wir es mit einer Praxis zu tun, die sich im Verbund mit den Gebets- und Kontemplationstechniken seit der Spätantike entwickelt hat und die im Spätmittelalter ausgebaut wird.[23]

Was mich an dieser Stelle interessiert, ist allein ein scheinbar marginaler Aspekt der Unterscheidung der Geister, nämlich die vier Kategorien, die im 14. Jahrhundert bei Heinrich von Friemar in den Vordergrund treten. Er unterscheidet in seinem Traktat über die Unterscheidung der Geister bei der Evaluation der in der Gebetspraxis hergestellten Erfahrungsbestände nicht nur zwischen dem Göttlichen, Engelhaften und Dämonischen, sondern er führt zudem die Kategorie des „Naturhaften" ein. Damit thematisiert er einen Bereich, der sowohl dem Göttlich-Engelhaften, und damit der Hinordnung auf Gnade und Heiligkeit, wie auch dem Dämonischen, und damit der Hinordung auf die Macht der Teufels, entzogen ist und nun gewissermaßen einen Bereich autonomen ästhetischen und intellektuellen Genusses markiert. Nach Heinrich verleitet der *instinctus naturalis* dazu, die in der Gebetstechnik gewonnenen Momente affektiver, sinnlicher und kognitiver Intensität um ihrer selbst willen zu genießen und weiter zu verfolgen, da er die „Stärke des hingebungsvollen Gebetes und der inneren Hingabe durch Nachlässigkeit und Neugier unterwandert" („vigorem devotae orationis et fervorem internae devotionis impugnat cum quadam negligentia et curiositate").[24] Nachlässigkeit und Neugier sind – durchaus topisch, aber dennoch vielsagend – die Kennworte, die nicht nur auf den Verlust der religiösen Rahmung hinweisen, sondern grundsätzlich das Problem des ästhetischen Genusses aufwerfen, der im Gebet produziert wird. Ethisch heißt dies, dass in der geistigen Übung die „Selbstliebe" überhand nimmt und als *wollust* an den Erfahrungsmomenten Gestalt annimmt, sich also nicht

---

[23] Ein Überblick findet sich bei Cornelius Roth: Discretio spirituum. Kriterien geistlicher Unterscheidung bei Johannes Gerson. Würzburg 2001 (Studien zur systematischen und spirituellen Theologie. 33), S. 45–60.

[24] Heinrich von Friemar: „De quattuor instinctibus". In: Robert G. Warnock und Adolar Zumkeller: Der Traktat Heinrichs von Friemar über die Unterscheidung der Geister. Lateinisch-mittelhochdeutsche Textausgabe mit Untersuchungen. Würzburg 1977, S. 147–235, hier S. 154.

mehr kritisch der Hinordnung auf Gott und die gnadenhafte Überformung der Liebe und des Genusses unterwirft.[25]

Nun steht Heinrichs Text historisch in einem Kontext, der für das Verständnis der Bedeutung des „Naturhaften" als einem potentiell säkular emanzipierten oder doch emanzipierbaren Erfahrungsbereich wichtig ist. Zugespitzt gesagt, er wendet sich damit gegen eine zunehmende Verbreitung der Gebetstechniken, die ich eben dargestellt habe, in volkssprachlichen Texten.[26] Er tut dies, indem er den Verdacht äußert, dass sich in bestimmten sozialen Bereichen, die einzeln historisch nur schwer zu fixieren sind, eine Gefahr abzeichnet, diese Techniken nicht im Blick auf Gnade und Heiligung zu pflegen, sondern im Blick auf einen Genuss der Erfahrung, den man in der Moderne wohl als ästhetisch bezeichnen würde. Dabei haben wir es einerseits sicherlich mit Unterstellungen zu tun, die dem Munde eines Kritikers entspringen und sich polemisch gegen Formen religiöser Erfahrungsproduktion richten, die bisher im Rahmen monastischer Disziplin gewissermaßen gesichert waren, nun aber in der Volkssprache weitere Verbreitung finden.

Über diese Polemik hinaus markiert Heinrichs Kritik indes auch das entscheindende Moment einer Spannung, die, wie ich meine, etwa schon in Texten Hadewijchs und Mechthilds von Magdeburg sichtbar wird. Diese sind, aus der Perspektive der Gebetslehre Hugos von Sankt Viktor betrachtet, ja nicht nur Dokumente rhetorischer Amplifikation von Affekt und Sinnlichkeit im Blick auf gnadenhafte Absorption in der göttlichen Liebe. Sie sind vielmehr poetisches Experiment mit den rhetorischen Mitteln, die dieser Amplifikation dienen. Als solche sind sie sich dessen bewusst, dass die Praxis der poetischen Figuration, mit der die Texte spielen, eine Tendenz besitzt, den ästhetischen Genuss um seiner selbst willen zu kultivieren und – um Heinrichs Qualifikation zu benutzen – im „Naturhaften" zu verweilen. Mit anderen Worten, Hadewijch und Mechthild operieren mit Bildern der Seele, der Animation der Affekte und der Sinne auf einer prekären Schwelle, die immer wieder auf Praktiken der Unterscheidung der Geister rekurrieren muss, damit die hergestellten Erfahrungsintensitäten auf das Ideal von Gnade und Heiligkeit hingeordnet bleiben, die die Gebetstechniken und die Rhetorik der Texte im Grunde inspirieren. Und sie konstituieren so einen Bereich, wo im Kern religiöser Gebets- und Kontemplationstechniken eine ästhetische und poetische Praxis entsteht, die sich zumindest tendenziell der theologischen Autorisierung zu entziehen droht. Dies bedeutet in meinen Augen jedoch nicht, dass die Texte von Hadewijch und Mechthild – um bei den zwei Beispielen zu bleiben – auf einen Gegensatz von ‚Säkularem' und ‚Religiösem', von ‚weltlicher' und ‚göttlicher' Erfahrung hin ausgerichtet sind oder darauf aufbauen. Es bedeutet vielmehr, dass die komplexe rheto-

---

[25] Vgl. Niklaus Largier: Rhetorik des Begehrens. Die ‚Unterscheidung der Geister' als Paradigma mittelalterlicher Subjektivität. In: Inszenierungen von Subjektivität in der Literatur des Mittelalters. Hrsg. von Martin Baisch. Königstein 2005, S. 249–270.

[26] Vgl. dazu auch: Gordon Rudy: Mystical Languages of Sensation in the Later Middle Ages. London/New York 2002.

rische und gerade bei Hadewijch und Mechthild ausgesprochen experimentelle Produktion sinnlich-affektiver Erfahrungsmomente gleichzeitig eine ethische Herausforderung darstellt, deren Dimensionen Heinrich konzeptuell und normativ zu bewältigen sucht. Wo die zwei Mystikerinnen diese Erfahrungsmöglichkeiten dramatisch inszenieren und rhetorisch als geistige Übungen immer neu im Blick auf eine Konvergenz von Göttlichem und Weltlichem durchexerzieren, macht Heinrich ein normatives Modell stark, das sich tendentiell auf eine radikale Trennung der Bereiche hin bewegt.

IV. Säkularisierung?

Ich habe diese Skizze, als Annäherung an die Frage möglicher Säkularisierung im Mittelalter, mit der Verwendung des Begriffs des Seelengrundes im 18. Jahrhundert begonnen. Dabei ging es mir nicht primär um das Konzept des Seelengrundes und um die Frage, wie dieser Begriff in der Neuzeit eine spezifisch religiöse Bedeutung verliert. Es ging mir vielmehr um die dynamische Relation zwischen Seelengrund und Figuration, die vor allem bei Herder deutlich wird, die aber schon im Mittelalter als solche präsent ist und deren Struktur sich in Herders und Baumgartens Grundlegung ‚säkularer' Ästhetik spiegelt. Ästhetische Erfahrung stellt sich nach Herder dort ein, wo Figuren – ich verwende den Begriff hier ganz allgemein, wenn auch mit einem an Erich Auerbach orientierten Auge – ihre Wirkung so entfalten, dass sie den Seelengrund Gestalt annehmen lassen. Mit anderen Worten, Figuren evozieren das Erfahrungspotential, das der Seele innewohnt und lassen es in Form von Affekten, sinnlicher Erfahrung und kognitiven Momenten Gestalt annehmen, ohne dass diese zunächst diskursiv getrennt und verwaltet werden. Gerade dies ist eine Technik, die, wie ich darzustellen versucht habe, während des Mittelalters im Bereich der Gebetstechniken vielfach erprobt wurde und die nun im 18. Jahrhundert, mehrfach neu kontextualisiert, in Form der ästhetischen Erfahrung Gestalt annimmt. Dass diese Form der ästhetischen Erfahrung schon im Mittelalter entwickelt wird, ist keine Frage. Ob sie punktuell säkular genannt werden kann und ob man moderne Formen des Ästhetischen und der ästhetischen Erfahrung ‚säkular' nennen will, hängt von ideologischen und terminologischen Entscheidungen ab. Eine Absorption im ‚Säkularen' ist indes schon im Mittelalter als Problem des „Naturalismus" (ethisch: der Selbstliebe oder der Unfreiheit) erkannt, der immer neu zu überwinden ist. Diese Überwindung war denn auch immer schon Teil der ästhetischen Erfahrungsproduktion im Rahmen mittelalterlicher Gebetstechniken. Dennoch erschöpfen diese sich nicht darin, einen Gegensatz zwischen ‚Säkularem' und ‚Religiösem' zu produzieren und sich darauf zu verpflichten. Sie verbleiben vielmehr innerhalb einer – *in via* nicht zu überwindenden – Spannung zwischen Aspekten sinnlich-affektiver Erfahrungsproduktion, die immer neu in ästhetischen Experimenten dramatisch zu evozieren und zu inszenieren sind und dabei eine Reihe von ethischen Problemen aufwerfen, um deren Lösung sich die Unterscheidung der Geister bemüht. Eine radikaler Gegensatz von religiöser und ästhetischer Erfahrung auf dieser Grundlage ist in diesem Zusammenhang indes undenkbar, ist doch alle religiöse Erfahrung immer primär ästhetische Erfahrung – und ist doch alle ästhetische Erfahrung immer gleichzeitig die Produktion von Naturhaftem, Dämonischem und Göttlichem in einem dramatischen Zusammenspiel, dessen letzte Auflösung eschatologisch aufgeschoben ist. Erst die spätmittelalterliche Transformation der Praxis der Unterscheidung, wie sie etwa Heinrich von Friemar vorführt, antizipiert hier einen normativen Gegensatz von ‚Säkularem' und ‚Religiösem', der neuzeitliche Ordnungskonstruktionen vorwegnimmt und schließlich suggeriert, dass religiöse und ästhetische Erfahrung getrennt werden können und sollen.

Gerd Althoff
Libertas ecclesiae oder Säkularisierung im Mittelalter

Zwei Vorbemerkungen mögen genügen, um mein Vorhaben, das eingestandenermaßen ein bisschen destruktiv ist, mit der Leitfrage dieses Bandes nach eventuellen „Säkularisierungen vor der Säkularisierung" zu verknüpfen, die sich auf den Feldern von Literatur und Kunst feststellen lassen.[1] Mit der zitierten Formulierung haben die Herausgeber ja implizit und zu Recht darauf aufmerksam gemacht, dass es eine durchaus verbreitete Einschätzung gibt, die den Prozessbegriff der Säkularisierung der Neuzeit vorbehält.[2] Und ich hege starke Sympathien für diese Einschätzung.

Man sollte als Mediävist jedenfalls erstens schon genau wissen und sagen, was man unter Säkularisierung versteht, bevor man nach den Anfängen und Vorstufen dieses Phänomens im Mittelalter sucht.[3] Zu häufig ist die Behauptung, dies oder das gäbe es auch schon im Mittelalter, Ergebnis von Analogieschlüssen gewesen, die wesentliche Unterschiede ausblendeten. Ich nenne als Beispiel nur die endlose Diskussion um den mittelalterlichen Staat, die Historiker wahrscheinlich intensiver beschäftigt hat als Literaturwissenschaftler. Was bis heute für das Mittelalter unter dem Begriff Staat subsumiert wird, hat wenig zu tun mit dem neuzeitlichen Staat, dennoch wird die Vorstellung

---

[1] Dieser Beitrag wurde bereits publiziert in: Christel Gärtner, Karl Gabriel, Detlev Pollack (Hrsg.): Umstrittene Säkularisierung. Soziologische und historische Analysen zur Differenzierung von Religion und Politik. Berlin 2012. Die hier vorgelegte, bearbeitete Fassung trägt der literaturwissenschaftlich orientierten Fragestellung dieses Bandes Rechnung, ihre erneute Publikation rechtfertigt sich wohl aus dem unterschiedlichen Leserkreis der beiden Bände.
[2] Vgl. dazu etwa für den Bereich der Geschichtswissenschaft Matthias Pohlig u. a. (Hrsg.): Säkularisierungen in der frühen Neuzeit. Methodische Probleme und empirische Fallstudien. Berlin 2008, mit einer fundierten „kurze[n] Geschichte der Säkularisierungsthese", S. 21–109; einen neueren Überblick über Positionen der Religionssoziologie und anderer systematischer Fächer zur Säkularisierungsthese bietet Detlev Pollack: Rückkehr des Religiösen? Tübingen 2009, bes. S. 19–34.
[3] Reiches Material hierzu bieten die einschlägigen Artikel Säkularisation, Säkularisierung, in: Geschichtliche Grundbegriffe. Bd. 5. Hrsg. von Otto Brunner, Werner Conze, Reinhart Koselleck. Stuttgart 1984, S. 789–829, sowie Giacomo Marramao: Säkularisierung. In: HWPh. Bd. 8. 1992, Sp. 1133–1161.

vom Staat des Mittelalters geprägt durch Analogien zum modernen Staat und behindert vielfach ein Verständnis für die Eigenart mittelalterlicher Verhältnisse.[4]

Dem „Historischen Wörterbuch der Philosophie" und dem dortigen Artikel „Säkularisierung" wie dem gleichnamigen Artikel in den „Historischen Grundbegriffen" kann man nun entnehmen, wie viel unterschiedliche inhaltliche Akzentsetzungen zum Phänomen Säkularisierung in der Neuzeit bereits existieren. Die Möglichkeiten aneinander vorbeizureden sind also vielfältig. Ich versuche gleich knapp zu skizzieren, welche Inhalte des Begriffs bei meinen Ausführungen im Vordergrund stehen.

Wenn man Anfänge der Säkularisierung im Mittelalter sucht, sollte man sich zweitens aber auch Rechenschaft darüber geben, wie eigentlich die Welt vor dem Beginn der vermeintlichen Säkularisierung aussah. Für das Mittelalter liest man hierzu manchmal relativ grobe Charakterisierungen: Es habe zunächst die Einheit des *regimen christianum*, des *orbis christianus* gegeben, die dann im Investiturstreit zerbrochen sei. Dieser Streit sei daher der Beginn der Säkularisierung. Diese Einschätzung wird wohl den zahllosen Hinweisen aus früherer Zeit nicht gerecht, die von wechselseitigen Versuchen der Instrumentalisierung und Überwältigung zeugen, die das Verhältnis von Kirche und Welt auch da schon prägten. Das Bewusstsein einer Eigenständigkeit lässt sich in beiden Sphären vielfältig nachweisen, die Befugnisse und die Grenzen der Befugnisse beider Seiten waren Gegenstand immer neuer Prozesse der Aushandlung mit durchaus unterschiedlichen Ergebnissen und sie erzeugten viele Konflikte. Man kann die Geschichte von Kirche und Welt bis zum 11. Jahrhundert nämlich durchaus nicht nur als Geschichte der Einheit, sondern auch der Zumutungen und Konflikte schreiben.[5] Die vorgebliche Einheit der weltlichen und geistlichen Sphäre ist durchsetzt von vielen Zeugnissen, die auf ein ausgeprägtes Bewusstsein der Akteure deuten, getrennten Sphären mit je unterschiedlichen Aufgaben, Rechten und Pflichten anzugehören, ohne dass dies immer explizit gemacht oder gar in der Praxis stets realisiert worden wäre.

Die beiden nur angedeuteten Aspekte prägen jedenfalls meinen Versuch, mich im Folgenden kritisch mit Vorgängen des 11. Jahrhunderts zu beschäftigen, die in der bisherigen Forschung vereinzelt als Anfänge von Säkularisierung im Mittelalter aufgefasst worden sind, interessanterweise vorrangig von katholischen Forschern.

---

[4] Aus der unübersehbaren Literatur zu diesem Thema siehe nur Walter Pohl (Hrsg.): Der frühmittelalterliche Staat – europäische Perspektiven. Wien 2009; Stuart Airlie, Walter Pohl, Helmut Reimitz (Hrsg.): Staat im frühen Mittelalter. Wien 2006.

[5] Aus der Fülle einschlägiger Literatur zu diesem Themenfeld sei nur hingewiesen auf Franz Rainer Erkens: Herrschersakralität im Mittelalter. Von den Anfängen bis zum Investiturstreit. Stuttgart 2006; Friedrich Prinz: Klerus und Krieg im frühen Mittelalter. Untersuchungen zur Rolle der Kirche beim Aufbau der Königsherrschaft. Stuttgart 1971 (Monographien zur Geschichte des Mittelalters. 2); Heinrich Fichtenau: Lebensordnungen des 10. Jahrhunderts. Studien zu Denkart und Existenz im einstigen Karolingerreich. Stuttgart 1992; Steffen Patzold: Episcopus. Wissen über Bischöfe im Frankreich des späten 8. bis frühen 10. Jahrhunderts. Ostfildern 2008 (Mittelalter-Forschungen. 25), deren Bücher reiches Material für die Eigenarten des Verhältnisses von ‚Staat' und Kirche vor dem Investiturstreit bieten.

Ich belege dies nur mit zwei älteren und einer jüngeren Stimme, deren Wertung den Tatbestand der Säkularisierung evoziert, auch wenn das Wort nicht immer fällt: Schon Anton Mayer-Pfannholz konstatierte in einem vielzitierten Aufsatz, der zunächst in der Zeitschrift „Hochland" von 1932/33 erschien, 1963 aber auch den Band „Wege der Forschung" mit dem Titel „Canossa als Wende" eröffnete, Folgendes: „Dies scheint uns das Entscheidende, das Schwerwiegendste, ja das Katastrophale der Wende (von Canossa) zu sein: nicht eine Verfassungsfrage, nicht ein Rechtskonflikt fand hier eine Lösung, sondern hier begann die Auflösung der alten Weltordnung, hier der Zusammenbruch des ‚heiligen' Reichs und des Glaubens an dieses ‚heilige' Reich, hier der Weg zum laisierten Staat."[6] Der hier benutzte Begriff „laisiert" darf sicher als Synonym von säkularisiert aufgefasst werden.

Stefan Weinfurter hat 2006 seinem „Canossa"-Buch den Untertitel „Die Entzauberung der Welt" gegeben und sich damit auf den von Max Weber beschriebenen Rationalisierungsprozess bezogen, „bei dem die Einheit von religiöser und ‚staatlicher' Ordnung sich auflöst", so formuliert Weinfurter ähnlich wie Mayer-Pfannholz. Zwar betont er weiter, es sei keineswegs so gewesen, „dass sich die Kirche im Mittelalter wirklich aus der ‚Welt' zurückgezogen hätte, ganz im Gegenteil [...]. Aber letztlich war mit ‚Canossa' doch eine Entwicklung eröffnet worden, die den Keim in sich trug, dass die Welt ihren eigenen Gesetzen folgen und ihre eigenen Werte entwickeln konnte. Der Prozess der Rationalisierung [...] war auf den Weg gebracht, auch wenn es bis zu seiner vollen Entfaltung noch viele Jahrhunderte weiterer Ausformung bedurfte [...]. Für die ‚Entzauberung der Welt' brauchte man einen langen Atem. Ihr Ausgangspunkt aber lag in ‚Canossa'."[7] Mit den letzten beiden Sätzen endet das Buch.

Ähnliches hatte schon 1967 Ernst-Wolfgang Böckenförde in einem Aufsatz, ebenfalls zunächst im „Hochland" erschienen, formuliert, einem Beitrag, der berühmt wurde, weil er das so genannte Böckenförde-Dictum enthält.[8] Böckenförde sah im Investiturstreit den Beginn einer „prinzipiellen Säkularisation". Hier sei „die res publica christiana als religiös-politische Einheit" aufgelöst worden. „Die Revolution, die sich hier vollzog, bedeutete mehr als nur die Entsakralisierung des Kaisers. Mit ihm wurde zugleich die politische Ordnung als solche aus der sakralen und sakramentalen Sphäre entlassen; sie wurde in einem wörtlichen Sinne ent-sakralisiert und säkularisiert, und damit freigesetzt auf ihre eigene Bahn [...]. Was als Entwertung gedacht war, um kai-

---

[6] Siehe Anton Mayer-Pfannholz: Die Wende von Canossa. Eine Studie zum Sacrum Imperium. In: Hochland 30 (1933), S. 385–404; wieder in: Canossa als Wende. Hrsg. von Helmut Kempf. Darmstadt 1963 (WdF. 12), S. 1–26, das Zitat dort S. 24.

[7] Siehe Stefan Weinfurter: Canossa. Die Entzauberung der Welt. München 2006, S. 207 f.

[8] Vgl. Ernst-Wolfgang Böckenförde: Die Entstehung des Staates als Vorgang der Säkularisation. In: Säkularisation und Utopie. Ebracher Studien. Ernst Forsthoff zum 65. Geburtstag. Stuttgart 1967, S. 75–94; wieder in: Ders.: Recht, Staat, Freiheit. Studien zur Rechtsphilosophie, Staatstheorie und Verfassungsgeschichte. 4. Aufl. Frankfurt a. Main 2006, S. 92–114, die zitierten Stellen ebd., S. 94–97; das berühmte Dictum ebd. S. 112: „Der freiheitliche, säkularisierte Staat lebt von Voraussetzungen, die er selbst nicht garantieren kann."

serliche Herrschaftsansprüche im Bereich der ecclesia abzuwehren, wurde in der unaufhebbaren Dialektik geschichtlicher Vorgänge zur Emanzipation: der Investiturstreit konstituiert Politik als eigenen, in sich stehenden Bereich." Es war wohl insbesondere diese Bewertung, die den Investiturstreit für Debatten über Säkularisierungsprozesse interessant gemacht hat. Jedenfalls ist Böckenförde in diesen Debatten bis heute der Richtungsweisende.

Ich möchte allen drei zitierten Autoren doch deutlich widersprechen: Mir scheint die Vorstellung, in den Auseinandersetzungen sei die politische Sphäre „freigesetzt", auf „ihre eigene Bahn entlassen", als „selbständiger Bereich konstituiert" worden, der heutigen Einschätzung des Problems ‚Investiturstreit' nicht gerecht zu werden. So etwas war ganz gewiss nicht intendiert, man kann es aber nicht einmal als Ergebnis nicht-intendierter Prozesse auffassen. Es handelt sich auch ganz gewiss nicht um eine „Emanzipation". Erst derartige Wertungen erlauben aber, den Begriff Säkularisierung sinnvoll für das 11. Jahrhundert zu verwenden.

Alle zitierten Bewertungen blenden gut bezeugte gegenteilige Intentionen und Ziele der kirchlichen wie der weltlichen Akteure vollständig aus – diese Einschätzung sei im Folgenden erläutert. Vorauszuschicken sind nur noch knappe Hinweise auf mein Verständnis des Begriffs Säkularisierung. Ich gehe im Folgenden mit Peter Berger davon aus, dass Säkularisierung einen Prozess meint, „durch den Teile der Gesellschaft und Ausschnitte der Kultur aus der Herrschaft religiöser Institutionen und Symbole entlassen werden".[9] Ich nehme die Vorstellung ‚entlassen werden' ernst und verknüpfe diese Akzentsetzung mit Einschätzungen Detlev Pollacks, der den Vorgang der Säkularisierung so beschreibt: „Die Prozesse der Modernisierung haben – so die Kernthese der Säkularisierungstheorie – einen letztlich negativen Einfluss auf die Stabilität und Vitalität von Religionsgemeinschaften, religiösen Praktiken und Überzeugungen und vermindern deren Akzeptanz."[10]

Ob intendiert oder unbeabsichtigt, Säkularisierung ist dann zu konstatieren, wenn sich der Einfluss von Religion (und/oder von Kirchen) auf andere Lebensbereiche erkennbar verringert, wenn sich der Staat oder die Gesellschaft an Werten, Normen und Regeln orientiert, die keine religiösen Grundlagen haben, und dies in einem Ausmaß geschieht, das erlaubt, die Unabhängigkeit bestimmter Bereiche von religiösem Einfluss zu konstatieren. Eine solche Verringerung des Einflusses von Kirche oder Religion gerade für Zeiten festzustellen, die von der internationalen Fachwissenschaft teils als „päpstliche Revolution", teils als „päpstliche Weltherrschaft" apostrophiert wurden und werden, bedarf daher wohl guter Begründung.[11]

---

[9] Peter Ludwig Berger: Zur Dialektik von Religion und Gesellschaft. Elemente einer soziologischen Theorie. Frankfurt a. Main 1973, S. 103.
[10] Detlev Pollack: Rückkehr des Religiösen? Tübingen 2009, S. 20.
[11] Als päpstliche Revolution bezeichnet man die Vorgänge v. a. in der angelsächsischen Forschung; vgl. etwa Harold J. Berman: Recht und Revolution. Die Bildung der westlichen Rechtstradition. Frankfurt a. Main 1991, S. 144 ff.; Karl Leyser: Communications and Power in Medieval Europe.

In zwei Argumentationsschritten möchte ich meine gegenteilige Auffassung begründen und zugleich Vorschläge machen, wie man die Vorgänge adäquater und angemessener verstehen kann. Der erste Schritt skizziert die Ursachen und Argumentationen, die die Veränderung – nicht unbedingt Auflösung – der alten Weltordnung bewirkten; gefragt wird zudem danach, was von den Akteuren intendiert war, wie diese Intentionen begründet und legitimiert wurden, und welche Konsequenzen und Ergebnisse sie kurz- und längerfristig zeitigten. In einem zweiten Schritt soll verfolgt werden, ob sich im Verlaufe des Prozesses Erscheinungen feststellen lassen, die eine Bewertung als Säkularisierung ermöglichen, weil durch sie ein selbständiger Bereich säkularer Politik entstand, ohne dass er intendiert gewesen wäre.

Die alte Weltordnung, deren Einheit im Investiturstreit zerbrochen sein soll, sah die enge Zusammenarbeit von geistlicher und weltlicher Gewalt auf der Basis von *pax* und *concordia* vor. Häufig genug fällt es daher schwer, Herrschaftshandeln von Vertretern der Führungsschichten des früheren Mittelalters als politisches, religiöses oder auch rechtliches zu bestimmen, so unentwirrbar ist die Gemengelage von Aktivitäten, die wir einem dieser Bereiche zuordnen würden.

Das darf aber nicht darüber hinwegtäuschen, dass Kirche und weltliche Herrschaft auch in dieser Zeit schon in vielerlei Hinsicht als zwei Bereiche mit je eigenen Rechten und Befugnissen aufgefasst wurden, die auf ihre Eigenständigkeit Wert legten und hierzu auch Konflikte miteinander riskierten und führten.[12] Man könnte mehr als einen Vortrag über dieses Thema halten: Es sei nur auf die unzähligen Exemptionsprivilegien hingewiesen, die die Kirche als einen Bereich auswiesen, in dem weltliche Herrschaft wenig oder nichts zu suchen hatte; oder an die Schwierigkeiten erinnert, die Könige hatten, wenn sie Bistümer gründen oder Grenzen von Bistümern verändern wollten: Eingriffen der Politik in Belange der Kirche waren durchaus Grenzen gesetzt, und es fiele überdies nicht schwer, korrigierende Eingriffe der Kirche in die Politik zu benennen. Man muss deshalb die Vorstellung von einer Einheit der alten Weltordnung durchaus problematisieren. Allzu monolithisch sollte man sie sich jedenfalls nicht denken. Allerdings gab es unzweifelhaft eine große Schnittmenge gemeinsamer Interessen und Aktivitäten: Auf einen Nenner gebracht, erhielt die weltliche Macht von der Kirche religiöse Legitimation und vielfältige Unterstützung, die Kirche dagegen von Ersterer Schutz und umfassende Förderung. Dies war bis in die Zeit des Investiturstreits im Grundsätzlichen unbestritten und führte zu unzähligen gemeinsamen Aktivitäten.

Bd. 1: The Gregorian Revolution and Beyond. London 1994, S. 3 ff. Von päpstlicher Weltherrschaft redete v. a. die ältere deutsche Forschung; vgl. Karl Hampe: Das Hochmittelalter. Geschichte des Abendlandes von 900 bis 1250. 5. Aufl. Darmstadt 1964, S. 314 ff.; siehe aber auch noch Horst Fuhrmann: Die Päpste. Von Petrus zu Benedikt XVI. 4. Aufl. München 2012, S. 109 ff.

[12] Man könnte dies leicht an Herrschaftskrisen wie unter Ludwig dem Frommen, Otto I. oder Heinrich IV. verdeutlichen, die dann entstanden, wenn Könige Ansprüche der Kirche nach deren Einschätzung allzu offensichtlich missachteten. Umgekehrt fühlten sich auch Könige vielfach berufen, kirchliche Probleme oder Missstände durch ihr Eingreifen zu lösen.

Auf welcher normativen Grundlage aber geschah die Zusammenarbeit? Wie man miteinander umzugehen hatte, regelten die Gewohnheiten der Herrschaftsverbände sowie die *dicta* der heiligen Schriften und die *exempla* der Kirchengeschichte. Man berief sich hier unter anderem auf die Gelasianische Zweigewalten-Lehre, die die *auctoritas* der Päpste und die *potestas* der Könige auf den Weg der Zusammenarbeit wies.[13] Eine wie auch immer geartete Hierarchie oder Systematik dieser heterogenen Ansätze zur Normierung von Verhalten gab es nicht in expliziter und schriftlich fixierter Form. Die vorgebliche Einheit der religiös-politischen Ordnung stand also auf tönernen Füßen.

Dies zeugt von einer dem früheren Mittelalter eigenen Ambiguitätstoleranz oder besser -indifferenz, die in unserem Zusammenhang sehr wichtig ist: Man lebte mit einer großen Unschärfe und Mehrdeutigkeit zentraler Grundsätze, Gewohnheiten und Regeln.[14] In allen gesellschaftlichen Bereichen beschränkte man sich, wie es in semioralen Gesellschaften üblich ist, auf grundsätzliche Regelung der Beziehungen und verzichtete auf explizite Festlegung von Details. So bestand die Einheit von religiös-politischer Ordnung vor dem Investiturstreit im Wesentlichen daraus, dass man *pax* und *concordia* wahren, sich wechselseitig mit Rat und Tat helfen, die weltliche Seite der Kirche Schutz geben und die Kirche für König und Reich beten wollte. Eine abstrakt-generelle Regelung von Einzelheiten fand nicht statt. So blieb etwa die Entscheidung offen, was in dem Falle geschehen solle, wenn *pax* und *concordia* zwischen geistlicher und weltlicher Gewalt gestört wurden.

Diese Offenheit war aber nicht einfach naiv, sie zeugt vielmehr von einem großen Vertrauen in die Verfahren der Konsensherstellung, die in allen Verbänden des Mittelalters praktiziert wurden und die auch zwischen den Vertretern geistlicher und weltlicher Macht ständig zu beobachten sind.[15] Die mündlich-persönliche Beratung konkret anstehender Probleme rangierte vor der abstrakt-generellen Regelung von Grundsatzfragen. Den *consensus fidelium* hatte man in der Karolingerzeit und in der Zeit der ottonisch-salischen Reichskirche immer wieder in Beratungen hergestellt, an denen weltliche und geistliche Angehörige der Führungsschichten, Könige und Kaiser wie auch

---

[13] Vgl. Rudolf Schieffer: Zweigewaltenlehre, Gelasianische. In: LexMA. Bd. 9. 1998, Sp. 720, mit weiteren Hinweisen.

[14] Den Stellenwert von Ambiguität für das Verständnis vormoderner Gesellschaften hat am Beispiel des Islam jüngst Thomas Bauer: Die Kultur der Ambiguität. Eine andere Geschichte des Islams. Berlin 2011, herausgearbeitet. Der Untersuchungsansatz ist auch für die christliche Gesellschaft des Mittelalters fruchtbar.

[15] Zu den Prinzipien der Zusammenarbeit vor allem im sog. ottonisch-salischen Reichskirchensystem siehe etwa Rudolf Schieffer: Der geschichtliche Ort der ottonisch-salischen Reichskirchenpolitik. Opladen 1998; Werner Goez: Kirchenreform und Investiturstreit 910–1122. Stuttgart 2000 (Urban-Taschenbücher. 462); Weinfurter (Anm. 7), S. 27 ff.; Hagen Keller, Gerd Althoff: Die Zeit der späten Karolinger und der Ottonen. Krisen und Konsolidierungen 888–1024. 10. Aufl. Stuttgart 2008 (Gebhardt. Handbuch der deutschen Geschichte. 3), § 18d, S. 364–372.

Päpste beteiligt waren. Und so hatte man trotz fehlender genereller Regeln zumeist einen labilen Zustand des Gleichgewichts und des Konsenses erreicht.

Dass hierbei häufig die Macht wichtiger war als das Argument, muss man nicht lange erläutern. Andererseits wäre es auch nicht schwer zu zeigen, dass weltliche Machthaber größte Schwierigkeiten bekamen, wenn sie ihre Herrschaft nicht an christlichen Geboten und Tugenden ausrichteten und den Rat der Priester nicht beachteten. Welchen Stellenwert Konsensherstellung für das Funktionieren mittelalterlicher Ordnung hatte, haben Historiker wie Vertreter anderer Fächer lange Zeit deutlich unterschätzt.

Diese Indifferenz gegenüber dem Fehlen exakter Regelung der wechselseitigen Rechte und Pflichten von geistlicher und weltlicher Macht aber endete im 11. Jahrhundert ziemlich abrupt. Ausgelöst wurde dieser Prozess von der Kirche. Das Reformpapsttum und seine geistigen Helfer lösten die Frage der Zusammenarbeit von Kirche und Welt in neuer Weise, und zwar durch die Festlegung einer eindeutigen Über- und Unterordnung: Alle, auch die Kaiser und Könige, sollten nun zu den Schafen zählen, die Christus dem heiligen Petrus mit der Übergabe der Binde- und Lösegewalt nach Matthäus 16,18 anvertraut hatte. Diese Binde- und Lösegewalt, die man bis dahin nur auf die Sündenvergebung bezogen hatte, bewirkte nach den Vorstellungen Gregors VII. und seiner Anhänger nun auch in den politischen Bereichen menschlichen Lebens einen Führungsanspruch des Papsttums und der bezog sich auf alle Menschen, Könige und Kaiser, aber auch Bischöfe eingeschlossen.[16]

Von ihnen forderten die Päpste nun Gehorsam in allen strittigen Fragen, was zugleich die Frage der Rangordnung von geistlicher und weltlicher Gewalt in eindeutiger Weise entschied. Das war eine unerhörte Neuerung, aber Gregor parierte diejenigen, die sich auf die guten alten Gewohnheiten beriefen, mit dem Argument, Christus habe gesagt, ich bin die Wahrheit, und nicht, ich bin die Gewohnheit.[17] Und diese Wahrheit hatte Christus an Petrus und dessen Nachfolger vermittelt.

Wer im Besitz der Wahrheit war, musste nicht mehr beraten und Konsens herstellen, sondern konnte Weisungen geben und Anspruch auf Gehorsam erheben. Gehorsam war jedoch einer aristokratisch ausgerichteten Welt und Kirche eher fremd. Man war, wie

---

[16] Siehe dazu Herbert E. J. Cowdrey: Pope Gregory VII. 1073–1085. Oxford 1998, bes. S. 520 ff., S. 555 ff. u. S. 572 ff.; Weinfurter (Anm. 7), S. 101 ff.; mit neuen Argumenten jetzt Gerd Althoff: Päpstliche Autorität im Hochmittelalter. Neue Geltungsansprüche und ihre Konsequenzen. In: Autorität und Akzeptanz. Das Reich im Europa des 13. Jahrhunderts. Hrsg. von Werner Bomm u. a. Stuttgart (Mittelalter-Forschungen) [im Druck]; sowie Ders.: „Selig sind, die Verfolgung ausüben." Päpste und Gewalt im Hochmittelalter. Darmstadt 2013.
[17] Siehe dazu Karl Josef Benz: Kirche und Gehorsam bei Gregor VII. Neue Überlegungen zu einem alten Thema. In: Papsttum und Kirchenreform. Historische Beiträge. Festschrift für Georg Schwaiger zum 65. Geburtstag. Hrsg. von Manfred Weitlauff, Karl Hausberger. St. Ottilien 1990, S. 97–150; Wilfried Hartmann: Wahrheit und Gewohnheit. Autoritätenwechsel und Überzeugungsstrategien in der späteren Salierzeit. In: Salisches Kaisertum und neues Europa. Die Zeit Heinrichs IV. und Heinrichs V. Hrsg. von Bernd Schneidmüller, Stefan Weinfurter. Darmstadt 2007, S. 65–84.

gesagt, gewohnt, Konsens in Beratungen herzustellen, nicht, Befehle zu befolgen. Die Gehorsamsforderung musste daher legitimiert werden.

Gehorsam ist in den Auseinandersetzungen des Investiturstreits deshalb ein oder der Schlüsselbegriff, mit dem die alte Einheit der Weltordnung durch das Reformpapsttum angegriffen und verändert wurde.[18] Ich versuche dies in aller Kürze herauszuarbeiten und will damit natürlich zeigen, dass eine solche Gehorsamsforderung kaum mit der Vorstellung zu vereinbaren ist, in diesen Auseinandersetzungen sei die Politik aus der sakralen und sakramentalen Sphäre entlassen und als eigenständiger Bereich konstituiert worden.

Die Briefe Papst Gregors VII. wie die Streitschriften des Investiturstreits bieten reiches Anschauungsmaterial dafür, wie zentral die Gehorsamsforderung im Denken dieses Papstes und seiner Helfer verankert war, und wie intensiv man sich überdies damit beschäftigte, welche Folgen Ungehorsam gegen päpstliche Gebote haben sollte. Neben der schon zitierten Bibelstelle Matthäus 16,18, in der von der Binde- und Lösegewalt des Papstes im Himmel und auf Erden die Rede ist, hat Gregor VII. zur Begründung seiner Ansprüche am häufigsten einen Beleg des Alten Testaments herangezogen (1 Samuel 15,22). Dort wird programmatisch formuliert, dass Gott Gehorsam wichtiger sei als Opfer, dass er Ungehorsam aber werte wie Götzendienst. Dies wurde zum Leitmotiv der neuen päpstlichen Geltungsansprüche.

22 Mal hat allein Gregor diesen Beleg zitiert und ihn auf alle diejenigen angewandt, die seinen Geboten nicht gehorchten. Auf diese Weise begründete er die erste und zweite Exkommunikation Heinrichs IV., nachdem er den König zuvor mehrfach mit dem Hinweis auf diese Stelle ermahnt hatte. Aber auch ungehorsame Bischöfe wurden mit diesem Beleg zur Ordnung gerufen oder suspendiert. In den Leitsätzen des *Dictatus Papae* hat die Gehorsamsforderung gleichfalls eine prägnante Fassung gefunden.[19]

Um das ganze Ausmaß der Veränderungen zu begreifen, das mit dieser Bibel-Stelle möglich wurde, muss man berücksichtigen, in welchem Kontext die Gehorsamsforderung Gottes stand. Gott hatte König Saul durch den Propheten Samuel einen Vernichtungsbefehl zukommen lassen: Saul sollte die Amalekiter vollständig vernichten, auch Frauen, Kinder und Säuglinge. Saul hatte den gegnerischen König Agag jedoch verschont. Deshalb verwarf Gott König Saul, und der Prophet Samuel vollendete eigenhändig das Vernichtungswerk, indem er den gefangenen König Agag mit einem Schwert „in Stücke schlug".[20] Damit lieferte er den Beweis, dass Priester aus Gehorsam gegenüber den Befehlen Gottes auch Gewalt anwenden durften.

Genau dieses Verhalten wurde daher in den Auseinandersetzungen des Investiturstreits mehrfach als Vorbild für alle diejenigen herangezogen, die auf Seiten der Grego-

---

[18] Vgl. dazu jetzt Althoff (Anm. 16), S. 39 ff.
[19] Ebd., S. 46.
[20] Interessanterweise hat Gregor VII. selbst nie auf diesen Teil der Samuel-Erzählung hingewiesen. In den Streitschriften seiner Anhänger spielte dieser Teil der Geschichte dagegen eine wichtige Rolle, wenn die Legitimität von Gewaltanwendung durch Christen begründet wurde.

rianer kämpften und Gewalt anwandten. Mit dieser und einigen anderen Belegstellen des Alten Testaments sowie mit der Häretikerdiskussion der Kirchenväter hat man die Frage positiv beantwortet, ob es der Kirche erlaubt sei, gegen Ungehorsame Gewalt anzuwenden. Man kam zu einem entschiedenen Ja und hat in diesem Zusammenhang sogar die selig gepriesen, die Verfolgung ausübten um der Gerechtigkeit willen, wie es der Prophet Samuel getan hatte.[21]

Und das ist keine theoretische Diskussion geblieben, denn im Auftrag und Dienst der Kirche ist seit dieser Zeit Gewalt in erheblichem Ausmaß angewandt worden: zunächst im Kampf gegen die Heinricianer, die Simonisten und die unkeusch lebenden Priester; dann aber auch und mit ähnlicher alttestamentarischer Begründung in den Kreuzzügen gegen die Ungläubigen; dann auch gegen die Häretiker und Ketzer, die mit der Inquisition verfolgt und in Ketzerkriegen vernichtet wurden. Die *persecuting society*, die man im Hochmittelalter diagnostiziert hat, war nicht zuletzt geprägt durch eine *persecuting church*.[22] Eine Kirche, die Gehorsam forderte, stand eben vor der Frage, was mit Ungehorsamen geschehen sollte. Die passende Antwort hat man in den Vernichtungsbefehlen gesehen, die der alttestamentliche Gott immer wieder gab. Auch im 11. Jahrhundert verstand man sich als Vollstrecker des Gotteszorns, wenn man im Interesse der Kirche gegen Ungehorsame Gewalt anwandte.[23]

Es hat zwischen dem siebenten und neunten Gregor, also zwischen dem 11. und 13. Jahrhundert kaum einen Kaiser gegeben, der nicht wegen Ungehorsams exkommuniziert und bekämpft worden ist. Die meisten von ihnen haben aber auch den Päpsten die Füße geküsst, den Steigbügel gehalten und das päpstliche Pferd am Zügel geführt, um durch diese neu eingeführten demonstrativ-rituellen Akte ihre Unterordnung unter Beweis zu stellen – und so die Päpste als hierarchische Spitze der Weltordnung anzuerkennen.[24] Man muss den Stellenwert symbolisch-ritueller Handlungen für die Etablie-

---

[21] In besonderer Ausschließlichkeit beschäftigte sich etwa der enge Vertraute Gregors, Bischof Bonizo von Sutri, in seinem Liber ad amicum, hrsg. von Ernst Dümmler (MGH Ldl. Bd. 1). Hannover 1891, S. 568–620, mit der Frage: „Ist es dem Christen erlaubt, für die Wahrheit Gewalt anzuwenden?" Er argumentierte in diesem Zusammenhang, Äußerungen Augustins verschärfend, dass diejenigen, die Gewalt für die Gerechtigkeit, d. h. im Auftrage und Dienste der Kirche, ausübten, gleich denen seien, die Gewalt für die Gerechtigkeit erlitten, wie es die Bergpredigt zum Ausdruck gebracht hatte. Ebd., S. 619.

[22] Zu dieser vieldiskutierten Phase der Kirchengeschichte vgl. Robert I. Moore: The Formation of a Persecuting Society. Power and Deviance in Western Europe 950–1250. Oxford 1987; Gegenargumente zuletzt bei Arnold Angenendt: Toleranz und Gewalt. Das Christentum zwischen Bibel und Schwert. Münster 2007, bes.: Vierter Teil: Heiliger Krieg und heiliger Frieden, S. 372–459, u. Andreas Holzem (Hrsg.): Krieg und Christentum. Religiöse Gewalttheorien in der Kriegserfahrung des Westens. Paderborn 2009 (Krieg in der Geschichte. 50), bes.: Teil III: Das Mittelalter, S. 281–391.

[23] Vgl. Althoff (Anm. 16), S. 50.

[24] Vgl. dazu Achim Thomas Hack: Das Empfangszeremoniell bei mittelalterlichen Papst-Kaiser-Treffen. Köln 1999, bes. S. 504–548; Gerd Althoff: Die Macht der Rituale. Darmstadt 2003, S. 137 ff.

rung und Aufrechterhaltung der mittelalterlichen Rangordnung berücksichtigen, um zu ermessen, welche Veränderungen die genannten Handlungen, die es zuvor im Papst-Kaiser-Verhältnis nicht gab, den Zeitgenossen anzeigten. Jede öffentliche Begegnung von Kaiser und Papst machte so deutlich, dass die Kaiser den Päpsten Unterordnung und Dienst schuldeten.

Folgerichtig gab es auch eine lange Diskussion, ob der Kaiser nicht ein Lehnsmann des Papstes sei. Dass sich die Reformpäpste intensiv um Lehnsleute, um *milites St. Petri* bemühten, ist seit langem ebenso bekannt wie die Tatsache, dass gerade Gregor VII. größten Wert darauf legte, als oberster Richter auch über Könige und Kaiser zu fungieren.[25] Er hatte 1076 in Tribur die Absetzung Heinrichs IV. durch die Fürsten mit dem Argument aufgeschoben, ein *colloquium* unter Vorsitz des Papstes solle entscheiden, ob Heinrich noch rechtmäßig König sein könne oder nicht. Und er hatte diesen Heinrich in Canossa schwören lassen, dass er sich dem *iudicium* oder *consilium* des Papstes unterwerfen werde.[26] All diese Handlungen hingen direkt mit seinen neuen Geltungsansprüchen zusammen und zeigen, wie vollständig die Abhängigkeit der Könige und Kaiser von der päpstlichen Oberherrschaft gedacht war. Ähnliches könnte man auch am Verhalten Papst Innocenz III. im staufisch-welfischen Thronstreit ein Jahrhundert später belegen.[27]

Trotz der Kürze sollte aus all dem deutlich werden, dass von einem Entlassen der Politik in die Eigenständigkeit weder im Investiturstreit noch in den nächsten Jahrhunderten die Rede sein kann. Die in der Zeit des Investiturstreits mit biblischen Autoritäten begründete päpstliche Suprematiestellung wurde in den folgenden Jahrhunderten vielmehr zäh verteidigt und aufrechterhalten. Es hat folgerichtig noch mehrmals ein Canossa späterer Kaiser gegeben, auch wenn es sich nicht in gleicher Weise in das Geschichtsbewusstsein der Deutschen eingegraben hat wie das erste.[28]

Die Vorstellung von der *plenitudo potestatis* im Besitz der Päpste, die im 11. Jahrhundert grundgelegt worden war, hat den päpstlichen Vorranganspruch in Kirche und Welt auch in den nächsten Jahrhunderten geprägt – und ich sehe in diesen Zeiten wenig Anzeichen, die auf eine grundsätzliche Befreiung der weltlichen Macht von kirchlich-

---

[25] Vgl. dazu bereits Carl Erdmann: Die Entstehung des Kreuzzugsgedankens. Stuttgart 1935 (Forschungen zur Kirchen- und Geistesgeschichte. 6). ND Darmstadt 1980, Kap. II–VIII.

[26] Siehe dazu Weinfurter (Anm. 7), S. 17 ff.; Gerd Althoff: Heinrich IV. Darmstadt 2006 (Gestalten des Mittelalters und der Renaissance), S. 158.

[27] Siehe dazu Thomas Frenz: Das Papsttum als der lachende Dritte? Die Konsolidierung der weltlichen Herrschaft der Päpste unter Innozenz III. In: Staufer und Welfen. Zwei rivalisierende Dynastien im Hochmittelalter. Hrsg. von Werner Hechberger, Florian Schuller. Regensburg 2009, S. 190–201; John C. Moore: Pope Innocent III. 1160/61–1216. To Root Up and to Plant. 2. Aufl. Notre Dame 2009, S. 63–70.

[28] Zum ‚Nachleben' des Canossa-Mythos vgl. Harald Zimmermann: Der Canossagang von 1077. Wirkungen und Wirklichkeit. Wiesbaden 1975; zum Frieden von Venedig als dem Canossa Friedrich Barbarossas siehe jetzt Knut Görich: Friedrich Barbarossa. Eine Biographie. München 2011, S. 442 ff.

päpstlicher Vorrangstellung hindeuten.[29] Damit aber fehlen im Bereich der intendierten politischen Aktivitäten jegliche Hinweise auf Vorgänge, die die Bezeichnung Säkularisierung rechtfertigen würden.

Schauen wir uns aber in einem kürzeren zweiten Untersuchungsgang Vorgänge an, die man in der Mediävistik bisher als Anzeichen für eine Säkularisierung, man kann auch sagen, für die Trennung von Staat und Kirche, namhaft gemacht hat. Hier ist in erster Linie jener Plan zu einer grundsätzlichen Revision der Vermischung von Kirche und Welt zu nennen, der in Geheimverhandlungen zwischen Bevollmächtigten König Heinrichs V. und Papst Paschalis II. in den Jahren 1109/10 entworfen wurde. Mit ihm sollte der Friede zwischen dem Papsttum und dem salischen Königtum geschlossen werden, nachdem sich Heinrich V. von seinem Vater losgesagt und diesen 1105/6 aus der Herrschaft vertrieben hatte.[30]

Der Plan sah vor, dass die Verstrickung der Kirche in weltliche Angelegenheiten radikal beendet werden und im Gegenzug der Einfluss des Königs auf die Einsetzung der Bischöfe sowie der herrscherliche Anspruch auf ihre Dienste wegfallen sollte. Es handelte sich um die konsequente Umsetzung des biblischen Gedankens, dass niemand, der für Christus kämpft, sich in weltliche Angelegenheiten verstricken dürfe.[31] Dies sollte dadurch realisiert werden, dass die Kirchen alle Schenkungen von Reichsgut durch die Könige und Kaiser sowie alle Übertragungen von Regalien, also Königsrechten wie Markt, Münze, Zoll, Grafschaften u. a. an das Königtum zurückgeben sollten. Heinrich V. versprach im Gegenzug, auf jeden Reichsdienst der Kirche zu verzichten und auch keinen Einfluss auf die Einsetzung der Bischöfe mehr zu nehmen.[32]

Die Realisierung dieses Plans wäre in der Tat geeignet gewesen, einen Säkularisierungsprozess einzuleiten. Sie hätte die Bereiche Kirche und weltliche Herrschaft weitestgehend getrennt. Nur ist dieser Plan dramatisch gescheitert. Als nämlich Papst Paschalis die diesbezügliche Urkunde im Beisein weltlicher und geistlicher Magnaten in der Peterskirche verlesen ließ, erhob sich ein Sturm der Entrüstung vieler Anwesender, die von den Bestimmungen betroffen waren. Sie beschimpften ins Angesicht des Papstes hinein das Beabsichtigte als „Häresie" und erzwangen den Abbruch der Verlesung.

---

[29] Vgl. dazu schon Friedrich Kempf: Papsttum und Kaisertum bei Innocenz III. Die geistigen und rechtlichen Grundlagen seiner Thronstreitpolitik. Rom 1954 (Miscellanea historiae pontificiae. 19); Marcel Pacaut: La Théocratie. L'Eglise et le Pouvoir au Moyen Age. Paris 1957; Ludwig Buisson: Potestas und Caritas. Die päpstliche Gewalt im Spätmittelalter. Köln 1958 (Forschungen zur kirchlichen Rechtsgeschichte und zum Kirchenrecht. 2).

[30] Zu den Einzelheiten siehe Jutta Schlick: König, Fürsten und Reich 1056–1159. Herrschaftsverständnis im Wandel. Stuttgart 2001 (Mittelalter-Forschungen. 7), S. 64 ff.

[31] Vgl. den deutero-paulinischen Satz: *nemo militans Deo implicat se negotiis saecularibus* (2 Tim 2,4); siehe dazu bereits Erdmann (Anm. 25), S. 10; Michael Borgolte: Die mittelalterliche Kirche. 2. Aufl. München 2004 (Enzyklopädie deutscher Geschichte. 17), S. 33 f.

[32] Die Überlieferung dieser Vorgänge ist bereits aufgearbeitet bei Gerold Meyer von Knonau: Jahrbücher des Deutschen Reiches unter Heinrich IV. und Heinrich V. Bd. 6. Berlin 1907, S. 105–111, S. 140–175.

Nach Mitteilung Heinrichs V. waren es vor allem Kirchenfürsten, die sich empörten. Heinrich ließ denn auch weiter mitteilen, dass seinen Unterhändlern von vorneherein klar gewesen sei, dass das Vereinbarte keinerlei Chance auf Realisierung gehabt hätte.[33]

Damit hatte er wahrscheinlich Recht. Schließlich hätten die Bistümer und Abteien den Großteil ihrer wirtschaftlichen Basis verloren; der Adel hingegen zahlreiche Lehen, die er aus Kirchengütern besaß. Profiteur dieser Regelung wäre allein das Königtum gewesen, woran augenscheinlich niemandem etwas lag. So gibt der Plan zwar Zeugnis davon, dass es Kräfte gab, die im beginnenden 12. Jahrhundert mit dem Rückzug der Kirche aus weltlichen Verstrickungen – einem alten monastischen Ideal – ernst machen wollten. Und dieser Gedanke findet sich sowohl früher als auch noch später, aber vornehmlich bei religiösen Bewegungen und nicht in der Amtskirche. Derartige Positionen hatten jedenfalls angesichts der vielfältigen Verzahnung von Kirche und Welt keine Chancen realisiert zu werden.

Heinrich V. nahm vielmehr Papst Paschalis II. und seine Kardinäle gefangen und erpresste von ihnen die Kaiserwürde auch ohne die Vereinbarung. Eine Synode exkommunizierte ihn umgehend und es dauerte immerhin zehn Jahre, ehe ein Ausgleich erreicht wurde. Damit meine ich nicht das Wormser Konkordat, sondern einen Ausgleich, zu dem weltliche und geistliche Fürsten seines Reiches Heinrich V. zwangen. Dies geschah durch einen Schiedsspruch, auf den sich 24 namentlich nicht bekannte Fürsten im Jahre 1121 als Kompromiss einigten.[34] Der Kaiser hatte zuvor einwilligen müssen, dass er die Entscheidung der Fürsten akzeptieren würde. Diese waren sich ihrer Verantwortung sehr bewusst und schlossen zunächst eine Schwureinung mit der Verpflichtung, dass sie alle den Kaiser verlassen wollten, wenn er ihre Entscheidung nicht akzeptierte.

Die Entscheidung formulierte dann als ersten Satz: „Der Herr Kaiser soll dem apostolischen Stuhl gehorchen."[35] Ein Jahr später wurde das Wormser Konkordat geschlossen. Die Gehorsamsforderung bestimmte also am Ende des Investiturstreits das Verhältnis von höchster geistlicher und höchster weltlicher Gewalt. Sie war jetzt allerdings eine Forderung, die sich auch die Reichsfürsten zu Eigen gemacht hatten. Als Nachweis für einen Säkularisierungsprozess ist dieser Befund wohl nicht zu nutzen.

Eröffnete aber das Wormser Konkordat Chancen für Prozesse der Säkularisierung? Weist es die Kirche als eigenständigen Bereich gegenüber der Politik aus; bzw. betont es die Eigenständigkeit der Politik? Immerhin, die Investitursymbole wurden verändert, was auf einen wichtigen Wandel deutet: Nicht mehr mit Ring und Stab, sondern mit

---

[33] Ein Rundschreiben Heinrichs V. über die Vorgänge „an alle Christi und der Kirche Getreuen" ist ediert in MGH Const. Bd. 1. Hrsg. von Ludwig Weiland. Hannover 1893, Nr. 100, S. 150 f., dort S. 150 die Formulierung: *quod tamen nullo modo posse fieri sciebant*.

[34] Vgl. dazu Gerd Althoff: Staatsdiener oder Häupter des Staates. Fürstenverantwortung zwischen Reichsinteresse und Eigennutz. In: Ders.: Spielregeln der Politik im Mittelalter. Darmstadt 1997, S. 126–153, bes. S. 136 ff.

[35] Vgl. MGH Const. Bd. 1 (Anm. 33), Nr. 106, S. 158: *Domnus imperator apostolico sedi obediat*.

Libertas ecclesiae *oder Säkularisierung im Mittelalter* 383

dem Szepter sollte der König den Bischof investieren. Temporalia und Spiritualia wurden so unterschieden, weltliche und geistliche Bereiche des Bischofamtes erkannt und anerkannt.[36] Das deutet auf ein gewachsenes Bewusstsein hin, dass Kirche und Welt getrennte Sphären darstellen. Gleichzeitig erlaubte aber der Kompromiss des Wormser Konkordats dem König die persönliche Anwesenheit bei den Bischofswahlen im Reich nördlich der Alpen. Welchen Stellenwert hatte eine solche Anwesenheit?

Ich würde es als ein starkes Argument für den weiter zugestandenen Einfluss des Königs auf die geistliche Sphäre ansehen. Wer wollte in Anwesenheit des Königs einen Kandidaten zum Bischof wählen, der diesem nicht genehm war. Auf mittelalterliche Weise war durch die Anwesenheit des Königs vielmehr sichergestellt, dass er seine Interessen zur Geltung bringen – und das hieß im Regelfall, sie durchsetzen konnte.

Auch wenn man über das Wormser Konkordat hinaus die Geschichte von geistlicher und weltlicher Macht im 12. Jahrhundert verfolgt, findet man wenig Anzeichen für eine Ausdifferenzierung der beiden Sphären und für eine Säkularisierung durch eine zunehmende Eigenständigkeit der politischen. Noch Friedrich Barbarossa hat nach langen Kämpfen mit Papst Alexander III. sein Canossa in Venedig 1177 erlebt, das ihm deutsche Erzbischöfe mitbereitet hatten, die mit römischen Kardinälen den Ablauf des Friedensschlusses und seine symbolischen Botschaften festlegten.[37]

Schon bei der nicht-öffentlichen Lösung vom Bann, mit der die Feierlichkeiten des Friedens von Venedig begannen, hatte Friedrich dem Papst Gehorsam versprechen müssen. Die alte Forderung der Reformzeit war also immer noch aktuell. Danach nahm man sich drei Wochen Zeit, in denen Friedrich in öffentlichen Auftritten immer wieder deutlich machte, dass er von nun an zu Unterordnung und Dienst bereit war. Er bahnte dem Papst den Weg durch die Menge, trieb die Laien aus dem Chor der Kathedrale, trat während einer Predigt Alexanders direkt unter die Kanzel, um jedes Wort aufmerksam aufnehmen zu können. Der Papst honorierte diesen demonstrativen Eifer, auf jedes Wort des Papstes zu hören, indem er die Predigt ins Deutsche übersetzen ließ. Das alles tat Barbarossa neben den inzwischen traditionellen Fußküssen, dem Strator- und Marschalldienst und den vielen Geschenken, mit denen er seine gewandelte Gesinnung gegenüber dem Papsttum gleichfalls deutlich machte. Von einer Säkularisierung der Politik und ihrer Eigenständigkeit zeugen solche Großveranstaltungen sicher nicht.

Man könnte die Beobachtungen auch noch ins 13. Jahrhundert und in die Zeit Friedrichs II. fortsetzen, des ersten modernen Menschen auf dem Kaiserthron. Auch er aber nahm bei seiner Königskrönung in Aachen das Kreuz, was ihm später die Exkommunikation einbrachte, als er die Einlösung des Versprechens verzögerte. Er erhob aber auch barfuß und im Büßergewand die Gebeine der heiligen Elisabeth zur Ehre der Altäre. Und er argumentierte in seinen zahllosen Auseinandersetzungen mit den Päpsten nie in die Richtung, dass die Politik doch ein eigenständiger Bereich sei, aus dem sich die

---

[36] Vgl. dazu Schlick (Anm. 30), S. 80 f.
[37] Siehe dazu jetzt Görich (Anm. 28), S. 428 ff., dort auch die Behandlung der im Folgenden angesprochenen Einzelheiten.

Kirche tunlichst herauszuhalten habe. Vielmehr bot er sich den Päpsten nachdrücklich als Ketzerbekämpfer an.[38] Auch er bietet für die Postulierung von Säkularisierungsvorgängen damit eher wenig Anknüpfungspunkte.

Ich darf zusammenfassen: Es waren nur grobe Striche, mit denen ich die Ursachen und den Verlauf einer Entwicklung andeuten wollte, die zweifelsohne eine gravierende Veränderung der Auffassungen vom rechten Verhältnis von Kirche und Welt, von Papst und Kaiser zum Inhalt hatte. Meine Skepsis gegenüber der Eignung des Investiturstreits und der ihn begleitenden Prozesse als Belege für Vorgänge der Säkularisierung resultiert vor allem aus einem neuen Verständnis der argumentativen Grundlagen und der Ziele der Kirchenreform. Die Päpste und ihre geistigen Helfer zielten zweifelsohne auf die *libertas ecclesiae*. Sie wollten die Kirche so weit wie möglich vom Einfluss der Laien, und das hieß auch der Könige und Kaiser befreien. Diese Freiheit dachten sie sich aber nicht als Trennung von Kirche und Welt, als Differenzierung der beiden Sphären in voneinander unabhängigere Bereiche, sondern sie wollten an Stelle der Herrschaft der Könige in der und über die Kirche die Herrschaft der Päpste über die ganze Christenheit etablieren. Dies versuchten sie mit der biblisch belegten göttlichen Gehorsamsforderung durchzusetzen, zu deren Realisierung sie in der Nachfolge Petri durch Christus aufgerufen und bevollmächtigt seien. Alle Menschen, auch die Könige und Kaiser, seien auf diese Weise ihrer Obhut anvertraut und daher zu Gehorsam verpflichtet. Ungehorsam sei gleichbedeutend mit Häresie und als solche mit Gewalt zu bekämpfen.

Wenn man so will, zielte die päpstliche Doktrin auf Priesterherrschaft, auf einen Gottesstaat, aber gewiss nicht auf Zustände, die man als Säkularisierung bezeichnen könnte. Sie löste aber auch keine Prozesse aus, die unbeabsichtigt in diese Richtung führten. Weltliche und geistliche Herrschaft haben auch in der Folgezeit intensiv zusammengearbeitet, sich aneinander gerieben und massive Konflikte ausgetragen. Einen messbaren Rückgang der Bedeutung von Religion oder Kirche sehe ich in diesen Prozessen ebenso wenig wie eine Kontinuitätslinie der skizzierten Vorgänge in den „okzidentalen Sonderweg" der Neuzeit. Dies formuliere ich ohne missionarischen Eifer. Keineswegs soll damit die Verwendung des Säkularisierungsbegriffs für das Mittelalter generell in Frage gestellt werden. Zu raten ist lediglich zur Vorsicht, wenn man eigentlich besetzte Begriffe eher metaphorisch für analoge Sachverhalte nutzt. Die Erfahrung lehrt, dass man bei solcher Verwendung Assoziationen importiert, die den Begriffen zäh anhaften und so das Verständnis in der neuen Verwendung in unerwünschter Weise beeinflussen.

---

[38] Vgl. hierzu eingehend Wolfgang Stürner: Friedrich II. 2 Bde. Darmstadt 1992–2000 (Gestalten des Mittelalters und der Renaissance), S. 286 ff.

Rainer Warning
Arnulf Rainers Bibelübermalungen

I.

Arnulf Rainer, geboren 1929 in Baden bei Wien, ist einer der vielseitigsten und bedeutendsten österreichisch-deutschen Maler und Grafiker der Gegenwart. Als etikettenartiges Kürzel für einen Großteil seines bisherigen Werks hat sich der Begriff der Übermalung eingebürgert. Er selbst hat ihn einmal wie folgt zu bestimmen gesucht:

> Die klassische Malerei war eine Schichtenmalerei. Nur der Endzustand hatte Sinn, wurde angestrebt und als Kunst optimiert. Das erscheint uns heute abgespielt, wir suchen nach alternativen Strategien. Eine davon ist eine Übermalung von Fremdem. Entscheide ich mich etwa bei der ersten Schicht für etwas aus anderer Zeit, anderer Hand, anderem Sinne, erscheint die Auswahl anderen vielleicht etwas unverständlich. Es hat aber die Chance, durch Überarbeitung gerechtfertigt zu werden. Das Problem beim Malen ist, wann verliert sich die alte Bildfigur, wann wird ihr Sinn unwichtig. Bald danach erscheint der Grund als etwas ganz anderes, Fremdes, das für das Spätere nur Katalysator ist. Die neuen Striche bekommen einen eigenen Zusammenhang, als wäre da eine neue, primäre Ebene. Schaut man das Bild in zwei bis drei Tagen wieder an, ist die Differenz zwischen diesen zwei verschiedenen Bildschichten wieder verschwunden, die Elemente haben sich verwoben. Ich bin da entweder einem cerebralen Geheimnis auf der Spur oder falle dauernd einer Täuschung anheim. (1990)[1]

Gemeint ist also ein Dreifaches: einmal die Vorlage aus anderer Zeit, anderer Hand, anderem Sinn, sodann, zweitens, deren Übermalung, eine Überarbeitung also, welche die Vorlage distanziert zu etwas Fremdem, einem Katalysator für alles Spätere, und schließlich, drittens, das differentielle Spiel mit dieser Differenz, mit den verwobenen Elementen beider Bildschichten. Als Vorlagen dienen Rainer in einer ersten, langen Arbeitsphase Proportionsstudien, Ausdrucksattitüden, Psychosen, Sterbegesichter, Totenmasken. Dann kommen Bilder hinzu, Fresken, Stiche, Radierungen, Selbstfotogra-

---

[1] Arnulf Rainer: Schriften. Selbstzeugnisse und ausgewählte Interviews. Hrsg. von Corinna Thierolf. Ostfildern 2010, S. 288 f. Da dieser Band die meisten der bislang nur verstreut zugänglichen Texte Rainers seit 1951 mit genauer Dokumentation der Erstpublikation versammelt, verzichte ich im Folgenden auf nähere Quellenangaben (Interviews, Ausstellungskataloge u. a.), beschränke mich also auf das Zitat selbst mit Seitenangabe nach Thierolf.

fien, wobei es sich aber immer schon handelt um Fotos oder Fotodrucke dieser Fresken, Bilder, Radierungen, Selbstfotos. Deshalb vermeidet Rainer den Begriff des Originals. Schon der Ausgangspunkt ist, eben als Foto oder Fotodruck, eine Bearbeitung. Die eigentliche Übermalung sodann geschieht klein- oder großräumig, flächig oder strichig, pastos oder transparent, monochrom, hauptsächlich schwarz, später auch mehrfarbig. Allemal also wird die Vorlage metamorphotisch bearbeitet bis hin zu ihrem Verschwinden hinter ‚Schleiern', ‚Vorhängen' oder ‚Zuhängungen', wie andere oder er selbst es genannt haben. Dabei will aber beachtet sein, dass immer, seitlich oder an einer der Ecken, ein Rest der Grundplatte (Leinwand, Pappe, Holz, Metall) ausgespart wird, sodass auch die fast komplette Zumalung noch als Malerei, also als Kunst erkennbar bleibt. Die Vorlagen waren zunächst Einzelblätter, ab Mitte der sechziger Jahre zunehmend Bücher, Bildbände mit profaner oder sakraler Thematik ebenso wie wissenschaftlich ausgerichtete, von der Botanik über die Medizin bis hin zur Cranioskopie. Mit diesen Übermalungen konnte sich Rainer in ein je unterschiedliches, bald engeres, bald distanzierteres Verhältnis setzen zu zeitgleichen Tendenzen, die ebenfalls mit Schichtungen experimentierten: Dadaismus, Surrealismus, Informel, Tachismus, abstrakter Expressionismus in seinen vielfältigen Ausprägungen bis hin zur Minimal Art und zu den Blackpaintings, zu Selbststudien, oft serialisiert und gekoppelt an Dokumentationen einer potenziellen Selbstzerstörung mit halluzinogenen Drogen, wie überhaupt Sterbe- und Todesmotive bis hin zur Übermalung von Totenmasken bei Rainer ein durchgängiges Vorlagensubstrat bilden, also eine „Schwarzmalerei" mit dem Ziel der „Überschnürung, der Würgung, der Abtötung".[2]

In den fünfziger Jahren beginnt ein kontinuierliches Interesse an Vorlagen mit sakraler Thematik, von mittelalterlichen Fresken, Tafelbildern, Ikonen, biblischen Szenen, Kruzifixen über die großen Repräsentanten vor allem der italienischen Renaissance bis hin zu Gustave Doré. *Bibelübermalungen* ist ein von Helmut Friedel herausgegebener, im Bild- wie Anmerkungsteil reichhaltiger Band der Sammlung Frieder Burda betitelt.[3] Er enthält einhundertsechzig Arbeiten Rainers, die zwischen 1995 und 1998 entstanden und die fast zwangsläufig die beiden Leitbegriffe unserer Tagung ins Spiel bringen. Der erste ist der der *Säkularisation*, einer Verweltlichung, einer Profanation des sakralen Substrats, die eine ganze Palette ikonoklastischer Gesten durchlaufen kann. Konkret sind das strukturelle Verfahren wie Reduktion auf Ausschnitte, Dezentrierungen, Tilgung bestimmter Figurenkonstellationen oder Verfahren der Farbgebung wie partielle bis totalisierende Tilgung der Vorlage eben hinter Schleiern, Vorhängen, Zuhängungen, aber auch farbige wie monochrome Strichgesten mit Bleistift oder Kreide, seien es wild-aggressiv wirkende Zerstörungen, seien es wiederum Zustreichungen in Form

---

[2] Rainer (Anm. 1), S. 31.
[3] Arnulf Rainer: Bibelübermalungen. Aus der Sammlung Frieder Burda. Kommentiert und hrsg. von Helmut Friedel. Mit Beiträgen von Rudi Fuchs u. a. Ostfildern-Ruit 2000. Dass mir Helmut Friedel nach Rücksprache mit Arnulf Rainer großzügig die Reproduktionsrechte einräumte, hat meinen Versuch überhaupt erst möglich gemacht. Ich möchte dafür herzlich danken.

parallelstrichartiger Verdeckungen. Aber wie auch immer diese Übermalungen ausfallen, noch die zurückhaltendsten Verfahren, Gesten, Pinselführungen, Farbgebungen sind ikonoklastisch und also intendierte Eingriffe in die sakrale Thematik der Vorlage.[4]

Sakralität ist vor allem schon damit infrage gestellt, dass Rainers Vorlagen nie die Farbigkeit des Originals einbeziehen. Sein Ausgangspunkt ist allemal ein grau-neutrales Foto oder ein Fotodruck dieses Originals. Die Farbgebungen der Übermalungen also sind keine Hybriden, sondern immer und allein die Rainers. Sie konstituieren, zusammen mit den strukturellen Eingriffen, die Übermalung als autonomes Kunstwerk. Sie stehen in der Tradition einer vom Kultbild sich unterschieden wissenden Kunst. Die ikonoklastischen Gesten bringen damit zugleich auch den zweiten Leitbegriff unserer Tagung ins Spiel, eben den der *Ästhetisierung*, und es ist verständlich, dass diese ikonoklasmusgeborene Bildlichkeit Gegenstand lebhafter Kontroversen geworden ist und bleiben wird. Wo die einen das Sakrale profaniert sehen, ist für die anderen der profanatorische Akt eine Resakralisierung oder geradezu die Geburt eines neuen Sakralen. *Auslöschung und Inkarnation* ist der bezeichnende Titel eines der jüngsten Bildbände,[5] der vornehmlich den Kreuzesübermalungen gewidmet ist. Und schlicht-emphatisch *Kreuz* betitelt ist das jüngste Dokument dieser Richtung, der von Reinhold Baumstark u. a. betreute Band zur Eröffnung des Arnulf Rainer Museums in Baden bei Wien,[6] dessen Herausgeber sich in ihren Einführungen auf die Ambivalenzen und Unwägbarkeiten der Rainer'schen Kreuz-Übermalungen konzentrieren und im Übrigen dezent auf Zitate Rainers selbst beschränken. In der Tat kann man ja mit dessen Selbstkommentaren nicht vorsichtig genug sein, können sie doch lauten wie folgt:

Meine Kommentare sind keine wichtigen Äußerungen, sondern Trick- und Gebrauchstexte, um noch schlimmeren Interpretationen anderer zuvorzukommen.
Sie entstanden aus der Not, Missverständnisse hervorzurufen, sie dienten gleichzeitig dazu, mir selbst suggestive Parolen zu schaffen. Mit diesen komme ich leichter am frühen Morgen in meine Arbeit hinein, ich muss sie dann nur schnell vergessen. Bekanntlich fällt man ja sehr leicht auf seine eigenen Ideen herein.
Außerdem schreibe ich, um Probleme zu definieren, denn das hat zur Folge, dass sie mich bald nicht mehr interessieren. Einmal Beschriebenes beginnt, mich zu langweilen. Überdruss stellt sich ein. Ich entrinne der Verhaftung in diesen und jenen Bildideen, gewinne die Freiheit, in jede beliebige Richtung zu springen.

---

[4] Rainer benutzt nicht den Begriff der Säkularisation. Er spricht im Blick auf Surrealismus und Informel als auch seine Ausgangspunkte von der Zerstörung und Auflösung künstlerischer Fixierungen „zugunsten von neuen, noch nicht gekannten, nicht einmal geahnten" (Anm. 1), S. 72 ff., oder auch einfacher von „Auslöschung und Neugeburt" (Anm.1), S. 257. Wenn ich von Ikonoklasmus spreche, meine ich natürlich nicht eine historische Bilderstürmerei, sondern eine bildimmanente, eine malerische Struktur, wobei im Surrealismus beides, also diese Struktur und ein umgreifender historischer Kontext zusammenfallen.

[5] Arnulf Rainer: Auslöschung und Inkarnation. Hrsg. von Reinhard Hoeps u. a. Paderborn u. a. 2004.

[6] Arnulf Rainer – Kreuz, „es ist das Kreuz, das den Sinn ergeben könnte". Hrsg. von Reinhold Baumstark. Ausst. Kat. Arnulf Rainer Museum, Baden bei Wien. Köln 2010.

Manchmal glaube ich selber an das Gesagte bzw. Geschriebene, merke es mir und habe immer schnelle Sprüche an der Hand bzw. im Mund, wenn die üblichen Fragen auftauchen. Nichts hat ein Künstler heute notwendiger als gut getarntes Vorbeireden, da er ja beredt, bewusst, verbal, dialogisch, gesellig und gesellschaftlich ist.
Früher verlangte ich bei heiklen Interviews (wie etwa im Fernsehen), dass man mir vorher die Frage verriet. Ich bekam sie selten, da die Frager meinten, sie bräuchten meine Unmittelbarkeit. In Wirklichkeit waren sie zu faul, sich allein vorzubereiten. So legte ich mir ein mittelgroßes Problem- und Antwortenrepertoire zu, denn meistens muss man dem Interviewer seine eigenen Fragen suggerieren. So dient diese Publikation dem Zweck, künftigen Fragern Zeit und Arbeit zu ersparen. Sie dient mir selbst, da ich lernen muss, dem hier Gedruckten schleunigst zu widersprechen, andere Aspekte bzw. mein Hirn so zu aktivieren, damit dieses Buch im Augenblick seines Erscheinens überholt ist. (1979)[7]

Das ist natürlich eine überzogene Selbstironisierung, die nicht alle Äußerungen Rainers zu seinem Werk entwertet, nicht einmal relativiert, sondern in ihrer zugleich distanzierenden wie gewinnenden Art fast schon als Interpretation des Werks selbst bezeichnet werden kann. Wie man also seine Selbstkommentare auswertet, verlangt hermeneutisches Gespür. Nie kommt es bei Rainer zu diskursiver Stringenz, Widerspruchsvermeidung, also zu einer angestrengten Systematik. Aber das wirklich Gemeinte wird doch immer wieder hinreichend deutlich und ist daher auch durchaus mit in die hier folgenden Überlegungen eingegangen, also in die Fragestellung nach Säkularisation und Ästhetisierung. Die ist aber noch weit komplexer als bislang angedeutet. Denn mit mittelalterlicher Sakralkunst, dem Kultbild zumal, wird die Doppelung, die sie in Rainers Schichtenmalerei erfährt, zusätzlich markiert durch den Zeitenabstand: das Einst der Vorlage, das Jetzt der Übermalung. Das ist die Grundstruktur eines jeden hermeneutischen Umgangs mit Vergangenem, und insoweit decken sich Rainers Übermalungen mit anderen und uns vertrauten hermeneutischen Näherungen an mittelalterliche Kunst, z. B. mit kunst- oder literaturwissenschaftlichen. Nur schaffen wir mit unseren Interpretationen keine neuen Kunstwerke. Rainers Medium hingegen ist kein hermeneutischer Diskurs, sondern ist selbst als Vergangenheit zitierende moderne Malerei malerische Hermeneutik, und damit wird diese Malerei ihrerseits zu einem Objekt des Verstehens. Was er uns zumutet, ist also eine doppelte hermeneutische Reflexion: Hermeneutik hermeneutischer Arbeit. Wie kann man dem sich nähern?

II.

Die Opposition sakral vs. profan ist eine asymmetrische. Das Sakrale ist ein umgrenzter Raum mit Transzendenzbezug, geschichtsresistent, diskursiv beherrscht und kontrolliert von der jeweiligen Dogmatik. Diesem *fanum* steht das *profanum* gegenüber als ein unbegrenzt offener Raum ohne Transzendenzbezug, zumindest ohne einen ihn homo-

---

[7] Rainer (Anm. 1), S. 11.

genisierenden. Beherrscht ist dieser Raum von Geschichte und also Zeitlichkeit. In seinem Innern wie an seinen Rändern finden sich Heterotopoi, andere Räume, die wiederum geschichtsresistenter sind, kontrolliert von je spezifischen Ordnungen, oft aber auch ordnungsfern, andere Räume, Räume des Imaginären. Das also ist die Asymmetrie: das *fanum* als geschlossener Raum, ausgerichtet auf eine ihn beherrschende Transzendenz, das *profanum* als offener Raum des *saeculum*, der Welt als Weltlichkeit.

Die Grenze zwischen *fanum* und *profanum* ist durchlässig. Das *fanum* kann mitbestimmen oder zumindest Mitbestimmung beanspruchen bei den wichtigsten Ordnungen des *profanum*. Das bedeutet eine Machthierarchisierung, der sich die betroffenen weltlichen Ordnungen fügen müssen oder können, oft nur widerwillig oder auch nur zum Schein. Der mittelalterliche Gradualismus ist ein uns vertrautes Beispiel, ein Beispiel auch für die Konfliktträchtigkeit solcher hierarchischer Konstruktionen, zumal die Transgressionen der Grenze nicht einseitig sind. Sie können auch sozusagen von unten ausgehen, als Einbruch der differentiellen Weltlichkeit des *profanum* in die Transzendenzbezogenheit des *fanum*. Das passiert immer dann, wenn die diskursiven Regelungen des *fanum* aus irgendeinem Grund schwächeln. Ein solcher Fall ist generell die christliche Dogmatik, sofern sie entstand aus der urchristlichen Katastrophe der Parusieverzögerung. Der Diskurs christlicher Dogmatik musste dieser Verlegenheit abhelfen, und er musste es stets aufs Neue, je länger die Welt fortbestand. Ein Beispiel dieser Verlegenheitsgeborenheit ist das christliche Bilderverbot und sein Geschichte. Was hier die Dogmatik in Schwierigkeiten brachte, ist ihr Kern selbst, also die Inkarnation, die Doppelnatur Christi von Körper und Geist. Diese Fleischwerdung, die Teilhabe des Geistes an irdischer Sinnlichkeit war von Beginn an prekär. Michel de Certeau hat in *La fable mystique*[8] gezeigt, inwiefern sich das Christentum beschreiben lasse als eine Religion, die sich einer Absenz verdanke: der Absenz des toten Körpers, dem leeren Grab. All seine Institutionen und Diskurse seien substitutive Füllungen dieses initialen Mangels, befasst mit der substitutiven „production d'un corps", wobei sich de Certeau näherhin der mystischen Variante widmet, die mystische Abwertung von Körperlichkeit dialektisch bezieht auf die Körperproduktion mystischer Rede. Es bietet sich an, die bewegte Geschichte des christlichen Bilderverbots und insbesondere die seiner sukzessiven Lockerungen unter eine ähnliche Perspektive zu bringen, bezogen hier nicht auf das Hören, sondern auf das Sehen: Man hat den Verlorenen wenigstens im Bild, und man kann obendrein den visuellen Sinn an das antike Erbe seiner Höchstrangigkeit anschließen. Man verdammt das Bild als Weckung einer potentiell sündhaften *concupiscentia oculorum*, sofern der Schauende in seiner Schaulust die Schönheit von Schöpfer und Schöpfung vergisst, aber man akzeptiert es als Konzession an die wider Erwarten fortbestehende Welt, vor der sich die Augen nicht verschließen lassen.

---

[8] Michel de Certeau: La fable mystique. XVIe–XVIIe siècle. Paris 1982.

III.

Die Probleme ließen sich damit freilich nur notdürftig beheben. So war nicht auszuschließen, dass schon beim Kultbild eine Schaulust ins Spiel kam, die der Andacht eine sinnliche Komponente dienlich machte, derer sie an sich nicht bedurfte. Kontrollierbar war diese Ambivalenz nicht, weder diskursiv von den zuständigen Ordnungsinstanzen noch kommunikativ im selbstkritischen Gespräch unter den Schauenden, etwa in mönchisch-klösterlichem Kontext. In solchen Ambivalenzen von Geistigkeit und Sinnlichkeit kultischer Bildlichkeit hat weltliche Renaissancemalerei ihre verborgensten Ursprünge. Unvermerkt konnte ein in seiner Sinnlichkeit betörendes *fanum* gleichsam überspringen vom Kult in eine sich verweltlichende Kunst. Präsenzerfahrung musste sich damit nicht verlieren. Nur verlagerte sie sich, wo immer der kirchlich-klösterliche Kontext einem städtisch-großbürgerlichen wich, auf eine andere Ebene, eben von der Ebene kultischer Realpräsenz auf die ästhetischer Differenz, erfasste der Ebenenwechsel doch auch den ‚Sitz im Leben' in dem Maße, wie Räume der Andacht von ihrem neuen profanen Kontext infiltriert wurden. Der ‚Sitz im Leben' garantierte nicht mehr die Realpräsenz der Andacht, sondern ließ sie oszillieren mit einer ästhetischen Erfahrung im Sinne des Spiels mit einer Epiphanie, die unmittelbar bevorzustehen scheint, dann aber doch ausbleibt. In diesem Sinne hat Jorge Luis Borges einmal das Ästhetische generell zu bestimmen gesucht:

> La música, los estados de felicidad, la mitología, las caras trabajadas por el tiempo, ciertos crepúsculos y ciertos lugares, quieren decirnos algo, o algo dijeron que no hubiéramos debido perder, o están por decir algo; esta inminencia de una revelación, que no se produce, es, quizá, el hecho estético.[9]

Diese „inminencia de una revelación, que no se produce, es, quizá, el hecho estético", eine Formel, die in den Grundbestand moderner Ästhetik eingegangen ist, war für mich der Punkt, von dem aus ich die Diskussion verfolgt habe, die George Steiner mit seinem Buch über künstlerische Realpräsenz ausgelöst hat. Ich setze sie als bekannt voraus und beziehe mich gleich auf ein Fazit von Hans Robert Jauß, wenn er in seiner Diskussion mit Hans Belting für diesen ganzen Kontext den Begriff der *Säkularisation* auszuschließen vorschlägt. Der Begriff unterstelle nicht nur in geschichtsphilosophischem, sondern auch im interdiskursiven Kontext die List der theologischen Vernunft, „dass ein substantieller religiöser Gehalt nur eben in profaner Gestalt weitergelebt habe".[10]

---

[9] Zit. n. Jorge Luis Borges: Prosa completa. 2 Bde. Barcelona 1980, Bd. 2, S. 131–133, hier S. 133. In deutscher Übersetzung (R. W.): „Die Musik, die Zustände des Glücks, die Mythologie, die von der Zeit gewirkten Gesichter, gewisse Dämmerungen und gewisse Orte wollen uns etwas sagen oder haben uns etwas gesagt, was wir nicht hätten verlieren dürfen, oder schicken sich an, uns etwas zu sagen: Dieses Bevorstehen einer Offenbarung, zu der es nicht kommt, ist vielleicht der ästhetische Vorgang."

[10] Hans Robert Jauß: Über religiöse und ästhetische Erfahrung. Zur Debatte um Hans Belting und George Steiner. In: Ders.: Wege des Verstehens. München 1994, S. 346–377, hier S. 358.

Dem möchte ich vollauf zustimmen. Schwierigkeiten aber habe ich mit Jaußens Alternative. Wenn sich an der Schwelle zur Moderne Dichtung und Kunst an die Stelle des Sakralen setzten, sei ihre ästhetische Aura nicht mehr qua Säkularisation aus der Erfahrung religiöser Kunst erborgt, sondern dieser subversiv, ja provokativ entgegengesetzt: „Es handelt sich hier, kurz gesagt, nicht um eine Profanierung des Sakralen, sondern umgekehrt: um eine Sakralisierung des Profanen".[11] Jauß scheint nicht zu bemerken, dass er damit dem Profanen einen Transzendenzbezug zuschreibt, den er für ästhetische Erfahrung gerade ausschließen will. Denn als ein sakralisiertes Profanes wäre ästhetische Erfahrung immer nur eine Durchgangsstation zu religiöser Erfahrung und folglich potentiell allemal Kunstreligion. Sie würde also Borges' *inminencia de una revelación* substituieren durch eine ereignishafte neue *revelación*, Vorläufigkeit durch Erfülltheit. Eben das will Jauß nicht, und deshalb kann er auch für die Sakralisierung des Profanen keine Kriterien nennen. Er springt über zum Zeitenabstand und seiner hermeneutischen Reflexion, aber wo und wie die Weltlichkeit dieser Reflexion auf ein Sakrales trifft, sagt er nicht.

Ich verzichte also auf den Begriff der Säkularisation wie auf den der Sakralisierung oder der Resakralisierung als hermeneutische Zuschreibungskategorien. Ich greife auf das Sakrale nur zurück, wenn es sich um ein zitiertes handelt, also um ein Strukturelement, mit dem sich das autonome Kunstwerk eine Aura *sui generis* verleiht. Das Sakrale regrediert dann, wie Arnulf Rainer in der eingangs zitierten Definition seiner Übermalungen sagt, zum Katalysator. Ein Katalysator ist bekanntlich ein Stoff, der Reaktionsabläufe und ihre Geschwindigkeiten beeinflusst, im Endprozess aber nicht mehr als solcher erscheint, eine emphatische Metapher für Diskontinuität also. Im autonomen Kunstwerk wird nicht profaniert oder säkularisiert, was immer eine unterschwellige Kontinuität, eine fortbestehende Gültigkeit des Profanierten impliziert, sondern hier wird zitathaft gleichsam ‚ausgebeutet', was dem auratischen Kunstwerk jene differentielle Präsenz verleiht, von der Borges spricht. Auch Begriffe wie ‚erborgen' oder ‚zehren von' implizieren immer noch Kontinuität. Zitathaftes ‚Ausbeuten' hingegen verstehe ich als eine emphatische Metapher für Diskontinuität, für Differenz, für Ebenenwechsel. Das autonome Bild beutet das sakrale aus über Motive oder Strukturen, nicht um von der Kraft sakraler Präsenzeffekte zu zehren, sondern um sich auf seiner Ebene präsenzaffin zu machen. Es will mit der Offenbarung spielen, ohne sie statthaben zu lassen bzw. lassen zu können. Es weiß sich in jener Aufschubstruktur, welche die Andacht des Kultbilds in hermeneutisch reflektierte Meditation überführt. Zeitenthobene Andacht wird substituiert durch einen imaginären Dialog zwischen dem Bild und seinem Betrachter, der der Temporalität hermeneutischer Reflexion eingedenk bleibt und darin allen Machtansprüchen abgesagt hat.

Unsere hermeneutische Aufgabe erschöpft sich daher nicht schon in der Überwindung des Zeitenabstands zwischen einst und jetzt. Ihre eigentliche Crux ist die poten-

---

[11] Ebd.

ziell immer normativ labile Besetzung beider Zeitebenen. Bei mittelalterlicher Literatur geht es darum, wie sie mit dem Gradualismus umgeht, in eindeutigen und entsprechend leicht identifizierbaren Bezugnahmen auf Geistliches und Weltliches oder in den mannigfaltigen Ausprägungen hybrider Formen, die ihr unterlaufen können, ebenso gut aber auch als Ergebnis kunstvoller Konstruktion erkennbar werden. Entsprechendes gilt für die bildenden Künste, das Kultbild zumal, das bei allem Vertrauen in die Macht des Sakralen dessen Schönheit in gefährliche Nähe zu einer Augenlust bringen kann, die übersinnliche Macht unterläuft. Auch hier also lauert die Gefahr der unreflektierten oder vielleicht auch gewollten Hybride. Und eben diese normative Labilität beherrscht auch die Ebene des Jetzt, also uns selbst als Subjekte des Verstehens. Wir bemühen uns um rationale Plausibilisierungen, können aber nicht jene Normhorizonte ausschließen, in denen wir aufgewachsen sind und die uns auch dort noch beherrschen, wo wir es selbst gar nicht mehr bemerken oder wahrhaben wollen. Daher kommt es, dass Interpretieren so oft in herrschsüchtiges Rechthabenwollen degeneriert. Der eine will als Realpräsenz erfahren, was sich der andere als Differenzerfahrung zur hermeneutischen Aufgabe macht.

Arnulf Rainer ist bekennender Katholik, hat sich aber stets gegenüber theologisierenden Interpretationen seiner Übermalungen verwahrt. Er möchte, so sagt er einmal anlässlich seiner Kreuzesübermalungen, „religiöse Auslegungen meiner Arbeit unterlaufen" (1980).[12] Man kann das nicht dem eingangs zitierten Trick-Repertoire seiner Selbstinterpretationen zuschlagen, denn diese Absage durchzieht seine Selbstkommentare mit ungebrochener Konsequenz. Ausdrücklich hat er Steiners These von der Realpräsenz des Kunstwerks widersprochen: „In der Moderne gibt es das nicht. In Wirklichkeit ist das eine Verwechslung des Nostalgischen mit dem Göttlichen".[13] Was also können wir mit seinen Bibelübermalungen machen? Wir haben es nicht zu tun mit mittelalterlichen Gegenständen des Verstehens. Das wäre schon, ich habe es angedeutet, kompliziert genug. Wir haben es zu tun mit moderner Kunst, die Mittelalterliches oder Frühneuzeitliches zitiert und damit unsere hermeneutischen Bemühungen um Säkularisation mit einer zusätzlichen Reflexionsstruktur belastet. Es geht, ich wiederhole es, um das Verstehen einer malerisch bereits inszenierten Hermeneutik, um eine Hermeneutik malerischer Hermeneutik. Das bedeutet Komplexionssteigerung, aber auch, ich hoffe es wenigstens, eine wechselseitige Steigerung von Reflexionsgenuss und Schaugenuss. Aus dem Gesamtkorpus der einhundertsechzig Übermalungen, die der Band enthält, wähle ich für meine folgenden Interpretationen einige wenige von Botticelli, Giotto, Mantegna und Fra Angelico, ausnahmslos also Beispiele aus der italienischen Frührenaissance, weil sich hier wohl am besten der Übergang vom Andachtsbild zur ästhe-

---

[12] Rainer (Anm. 1), S. 197.
[13] Zit. n. Hoeps (Anm. 5), S. 116, dort mit der Quellenangabe: Friedhelm Mennekes SJ: „Die Kunst macht aus der Lösung ein Rätsel". Arnulf Rainer im Gespräch mit Friedhelm Mennekes. In: Stimmen der Zeit 218,7 (2000), S. 480–494, hier S. 486. In Rainer (Anm. 1) habe ich diese Referenz nicht ausfindig machen können.

schen Autonomie illustrieren lässt, ein Prozess also, bei dem ich die Kategorien der Säkularisation wie der Sakralisierung oder Resakralisierung aus den diskutierten Gründen zu vermeiden suchen werde.

IV.

Ich beginne mit Botticellis Verkündigung Mariä,[14] der sogenannten *Cestello Annunciatio*, entstanden 1489/90, jetzt in den Uffizien (Abb. 1). Die Entstehungsgeschichte ist unklar, die Bezeichnung *Cestello Annunciatio* verweist auf ein monastisches Milieu. Gesichert scheint, dass sie gemalt wurde im Auftrag von Ser Francesco Guardi, einem wohlhabenden Florentiner, als Altarbild für dessen Hauskapelle. Der ‚Sitz im Leben' verweist damit in beiden Fällen, ob Kloster oder Familienkapelle, auf eine kultbildliche Lokalisierung und Funktion.

Mariä Verkündigung ist eines der bekanntesten und häufigsten Motive mittelalterlicher Andachtskunst, die Botticelli einlöst und zugleich an ihre Grenze zum autonom ästhetischen Kunstwerk führt. Was Botticelli einlöst, ist die zweihälftige Grundstruktur: links, von außen kommend, der Engel, rechts, im umfangenden Interieur als Keuschheitssymbol, Maria. Die Zweihälftigkeit ist bei Botticelli aber nicht einfach eine symmetrische, sondern sie gehorcht dem als Harmonieideal geltenden goldenen Schnitt, verborgen im Widerspiel der beiden Hände. Die des Engels ist markiert, indem sie scheinbar die Türlaibung noch ein klein wenig weiter nach rechts versetzen und damit den Innenraum verkleinern möchte zugunsten des von außen gleichsam einbrechenden Ereignisses. Maria antwortet mit einer Begrüßungsgeste, welche die geschraubte Körperdrehung der üppig Gekleideten gleichsam zum Engel hin auslaufen lässt. Wahrscheinlich hätte auch diese Maria noch Savonarolas Kritik herausgefordert, selbst wenn sich unter dem dunklen Übermantel ein üppiges Rot auftut, das dem heiligen Rot des Engelsgewands korrespondiert.

Rainers Übermalung[15] könnte nicht provokanter ausfallen als mit der Tilgung der gesamten rechten Bildhälfte (Abb. 2). Preisgegeben werden mit dieser Halbierung nicht nur die Darstellung der Adressatin als der Hauptbetroffenen und der größere Teil der durch die Türöffnung sichtbaren Fernlandschaft, sondern auch die für die Horizontale zentrale Struktur des goldenen Schnitts und die sorgfältig kodierte, beide Hälften korrespondieren lassende Farbsymbolik mit der Rot- und Gelbdominanz. Die Farben selbst kehren bei Rainer wieder, aber nicht Botticellis Farben sind übermalt. Übermalt ist eine farbneutrale Fotografie, als Graudruck aufgezogen oder projiziert. Rainer übermalt nicht Originalfarben, sondern einen farbneutralisierten Druck. Wir haben es also zu tun

---

[14] Barbara Deimling: Botticelli. Köln 1999, S. 64.
[15] Friedel (Anm. 3), Nr. 88.

Abb. 1
Sandro Botticelli
*Verkündigung
von Cestello*
Tempera auf Holz
Galleria degli
Uffizi, Florenz

nicht mit Farbhybriden, sondern mit Farben Arnulf Rainers. Diese übernehmen die Leuchtkraft der Farben Botticellis, folgen aber nicht mehr, zumindest nicht streng, ihrer religiösen Symbolik. Das Grün der Hoffnung ist reduziert, das Rot der Liebe kehrt wieder beim Engel und mit der Bodenfliesung, beim Engel aber oberhalb der Kleidung. Es erfasst und beherrscht die Flügel, deren Gelb sich nach unten verlagert. Beides, das Rot und das Gelb, laufen aus im Violett als einer Mischfarbe, die als Symbolfarbe wiederum unkodiert bleibt. So wird Botticellis präzise Farbsemantik substituiert durch einen Farbrausch, der den Engel nur noch gleichsam randständig mit der Gesichtsphysiognomie und Handgestik rechts und mit den Flügeln links erkennen lässt. Man kann in diesem Farbrausch, wenn man will, eine C-Form erkennen, was *Cestello* assoziieren lässt, aber selbst das würde nicht die Vermutung einer Resakralisierung stützen. Beherrschend ist die Substitution des Theologumenons der Verkündigung durch eine rauschhaft-affektive Farb-Sinnlichkeit. Das war oben mit ‚Ausbeutung' gemeint: Botticellis sakrale Farbigkeit wird ausgebeutet für ein autonomes Kunstwerk. Sie wird gesteigert bis zum explosionsartigen Exzess, dessen Sinnlichkeit das Wort substituiert. Die Adressatin ist *in persona* gar nicht präsent. Die andächtige Versenkung in eine *annunciatio* gerät in Konkurrenz mit einer Sinnlichkeit, gegen die die Botschaft der Verkündigung einge-

Abb. 2
Arnulf Rainer
Der Verkündigungsengel
Tusche und Öl auf
bedrucktem Papier
Museum Frieder Burda
Baden-Baden

bracht werden muss kraft hermeneutischer Reflexion. Letztere muss das Wort sozusagen heraussaugen aus der Farbexplosion. Damit haben wir eine prägnante ‚Differenz' zwischen dem Sakralen und dem Profanen, ‚Differenz' verstanden wiederum im Sinne der Borges'schen Formel profaner Kunst als „inminencia de una revelación, que no se produce".

Aber Rainers Übermalung ist mit all dem noch nicht erschöpfend beschrieben. Vernachlässigt haben wir bislang die farbfrei bleibende Engelshand am rechten Rand, also direkt am Schnitt. Darin kulminiert zum einen, wie bereits gesagt, die ikonoklastische Zerstörung des goldenen Schnitts als potentiellem Begegnungspunkt der beiden Hände. Dessen Preisgabe erfährt indes eine erste Kompensation mit der Zentrierung der Hand des Engels präzis in der Mitte der Vertikalen und damit zugleich in Verlängerung des Rots der Fliesung, aus dem sie sich zu erheben scheint wie auf einem Altarsockel. Das konnotiert bereits die Verweisungsfunktion der Geste auf die unsichtbare, da getilgte rechte Bildhälfte, die dem Betrachter zu imaginärer Ergänzung aufgegeben ist. So wird an einem Detail neuerlich deutlich, wie Rainer Andacht in Hermeneutik überführt, seine Übermalung insgesamt zu einer hermeneutischen Aufgabe macht, in die er schließlich auch noch den basalen Graudruck einbezieht. Denn wenn die Hand farbfrei, also dem

Abb. 3
Giotto di Bondone
Geburt Christi
Fresko
Cappella degli
Scrovegni, Padua

Fotodruck integriert bleibt, wird damit ihre gestische Funktion nicht etwa geschwächt, sondern sie wird als Leerstelle markiert und damit zugleich auch wieder, gleichsam *ex negativo*, gestärkt. Sie macht den Farbrausch zu einem Pol des Bildes und wertet die Leerstelle des Fotodrucks zum zweiten Pol auf, hebt sich doch gerade das Weiß der Hand wiederum aus diesem Substrat heraus. Und so wird denn genau auf der Grenze der Übermalung der ‚differentielle' Übergang vom Sakralen der Vorlage zum Profanen eines Kunstwerks dramatisiert, der die Vorlage nicht resakralisiert, wohl aber das Sakrale zitathaft in ästhetische Autonomie einbringt: Die Hand wird zum Fixpunkt einer „revelación, que no se produce", einer Offenbarung also, die nicht stattfindet in bildnerischer Repräsentation, die aber konnotativ präsent bleibt in den hermeneutisch aufgerufenen Worten der Verkündigung. Denn in heilsgeschichtlicher Perspektive ist die Verkündigung eine Offenbarung, die sehr wohl stattfindet, also eine theologische Wahrheit, welche die Übermalung zugleich unterläuft und palimpsestartig präsent hält.

Abb. 4
Arnulf Rainer
Madonna mit dem Kind
Aquarellkreide und Graphit
auf bedrucktem Papier
Museum Frieder Burda
Baden-Baden

V.

Giottos *Geburt Christi* in der Arena-Kapelle[16] hat eine strukturelle Besonderheit in der starken Dezentrierung der Bettstatt, die freilich zugleich auch eine Kompensation findet in der Zentrierung des Christus-Kopfes präzis in der Mitte der linken Vertikale. So wird das Wichtigste, eben der Neugeborene, zum Fixpunkt der Blicke aller Figuren, mit Ausnahme des nachdenklich in sich versonnenen Joseph. Rainer forciert diese Dezentrierung durch eine zunächst irritierende Ausschnitthaftigkeit.[17] Damit setzt er den Kenner Giottos voraus, also nicht den andächtigen Betrachter, sondern den kontemplativ-reflektierenden, den fragenden Interpreten (Abb. 3/4).

Dieser Betrachter sieht sich mit drei Fragen konfrontiert, die Weglassungen betreffend: Joseph, die Hirten und vor allem Maria, die Mutter. Der Ikonoklasmus scheint also dadurch noch gesteigert, dass der erste Blick fast automatisch auf eine Nebenfigur fällt: auf die biblisch gar nicht erwähnte, wahrscheinlich legendarisch vorgegebene

---

[16] Luciano Bellosi: Giotto. Das malerische Gesamtwerk. Florenz/Königstein i. Taunus 1981, Nr. 72.
[17] Friedel (Anm. 3), Nr. 95.

hilfreiche Frau ganz links, offenbar in Hebammenfunktion. Alle Weglassungen auf Figurenebene aber sind auch hier wieder kompensiert, und dies auf der Ebene der Blickführung. So bringt die Hebamme die abwesende Maria wieder ins Spiel, wird doch der Blick des Betrachters von der Hebamme auf den Neugeborenen und von diesem auf Maria geführt, Maria die Abwesende oder nun genauer: die abwesend Anwesende. Der ikonoklastische Ausschnitt bekommt damit eine Struktur *sui generis*. Die kultbildliche Realpräsenz ist überführt in eine bildhafte Zeitstruktur, welche nicht der Andacht sich anbietet, sondern einer hermeneutischen Reflexion, die erst ihren Blickweg suchen muss, um das Ganze zum Ereignis der Geburt Christi schließen zu können.

Was solchermaßen strukturell angelegt ist, wird auch die zunächst rätselhafte Farbgebung einer Lösung zuführen. Dass nicht Giottos Farben übermalt werden, sondern deren profanisierende Neutralisation zum Grau eines Fotodrucks, wird hier besonders deutlich, ist doch Giottos Goldgelb-Dominanz mit der daraus resultierenden Helligkeit einem monochromen Graublau gewichen. Rainer nähert sich damit seinen ‚Vorhängen', ‚Zuhängungen', wären nicht die Aussparungen: Hebamme und Christuskopf. Die Hebamme ist am hellsten gehalten, gleichsam als Anweisung zum Ausgangspunkt des Blickwegs. Auch der Christuskopf ist als solcher noch deutlich erkennbar, einmal über die Aureole, auch wenn ihr Gold dem dunklen Graublau gewichen ist, dann über das Gesicht mit Blickrichtung zur Mutter. Erkennbar ist auch noch die Aureole, freilich nicht deren Goldeinbettung. Beantwortet ist damit aber noch nicht die zentrale Frage, die sich aus Rainers zentraler Änderung ergibt, eben der Tilgung Giotto'scher Goldgelb-Dominanz als Symbolisierung der eminenten Göttlichkeit des Geburtsereignisses.

Diese Frage stellt sich im Grunde bei allen Übermalungen Rainers, die auf Verdunklung zielen und Interpretationen Raum bieten, der womöglich mit noch dunkleren Hypothesen ausgefüllt wird. Ich bin daher mit meiner Hypothese zurückhaltender. Die Verdunklung der Giotto'schen Geburt Christi folgt einerseits ganz Rainers durchgehender Tendenz wiederholter Übermalungen, die in der Schwarzmalerei enden können und eine Grundebene suggerieren, die ihr Geheimnis nicht preisgibt. Umso mehr hat er damit spekulativen Interpretationen in Richtung negativer Theologie Raum gegeben, ohne dass diese je von ihm selbst bestätigt worden wären. Die Begrifflichkeit der Mystik hat er stets zu meiden gesucht. Man braucht aber in unserem Fall durchaus nicht mystisch zu werden, könnte hier doch die Abdunklung eine Weltlichkeit suggerieren, in die Jesus hineingeboren wurde, die er aber mit dem noch dunkleren Golgatha überwand. Damit wäre eine heilsgeschichtliche Wahrheit in das Bild hineingelesen. Das ließe sich weiter stützen mit den breiten Horizontalstreifen in blauem Graphit. Sie alle lassen eine leichte Aufwärtsbewegung erkennen, welche die Blickrichtung der Figuren bereits vorgibt. Aber damit tritt Rainer auch schon wieder in einen zitathaften Dialog mit der Vorlage ein, wo das Blau der Bettstatt und das des angelischen Überbaus die dominante Farbe der Arena-Kapelle selbst aufnimmt, das Blau ihrer alles überspannenden Decke. So werden das kultbildliche Goldgelb und das Blau der Geburt Christi einem weltlichen Grau geopfert, aus dem zwar die Wahrheit der Offenbarung auftaucht, aber zurückgenommen in die Zeitstruktur einer Ankündigung, die wiederum nicht zu bildlicher Repräsentation fortschreitet und insofern nicht sich ereignet – „l'inminencia de una revolución, que no se produce".

VI.

Die *Gefangennahme Jesu*[18] ist eines der bekanntesten und meist interpretierten Fresken der Arena-Kapelle (Abb. 5). Eine der wichtigsten Analysen der letzten Jahre ist die von Max Imdahl. Was er herausgearbeitet hat, ist die Schräge von links oben nach rechts unten, also vom schlagbereiten Knüppel zum Zeigegestus des Pharisäers.[19] Diese Schräge leistet strukturell, so Imdahl, die Verbindung der nach links ausgerichteten rechten Bildhälfte mit der nach rechts ausgerichteten linken. Ohne sie zerfiele das Ganze in das Tumulthafte der dargestellten Szene. Und semantisch gesehen bringt die Schräge den unterlegenen Jesus unter den Horizont seiner Überlegenheit, die machtmäßig Überlegenen hingegen unter den Horizont ihrer Unterlegenheit. Sie durchzieht die Köpfe von Jesus und Judas, ja noch die kussbereiten Lippen des Verräters. Jesus aber blickt, und das ist das Entscheidende, auf Judas herab.

Was macht Rainer daraus? Seine Übermalung[20] besteht wesentlich darin, dass er die ganze rechte Bildhälfte, ähnlich wie bei Botticellis *Annunciatio*, tilgt (Abb. 6). Damit ist die Schräge preisgegeben, entfunktionalisiert, zumal sich der Ikonoklasmus noch nicht erschöpft in der radikalen Bildhalbierung, sondern, ähnlich wie bei der *Geburt Christi*, zu einer noch radikaleren Ausschnitthaftigkeit steigert. Rainer ist offenbar gelegen an der Horizontalen der fünf Köpfe, die einerseits in ihrer je anderen Blickrichtung den Tumult dramatisieren, andererseits aber mit den beiden durch eine Aureole markierten Köpfen Jesu und eines seiner Jünger wiederum Überlegenheit suggerieren. Dem entspräche, dass die Trennung der beiden Hälften nicht genau mittig ist. Dann nämlich hätte sie von Judas noch das gesamte Antlitz zeigen müssen. Der Schnitt aber lässt nur noch die Nase und den kussbereiten Mund erkennen. So kommt es zu einer Engführung mit dem Kopf Jesu, bei der nun auch die Farbe in einer Weise eingesetzt wird, die uns im Prinzip schon von der Botticelli-Übermalung vertraut ist. Wie dort bei der Hand des Engels, so fokussiert hier die unbemalte Schwarz-Weiß-Grundierung das Antlitz Jesu. Judas und den Verräterkuss muss der Betrachter aus seiner Vorkenntnis einbringen, das Ereignis des Verrats wird mit der allein an dieser Stelle aussetzenden Farbe zu einem Ereignis der Übermalung.

Deren vordergründige Paradoxie besteht somit darin, dass sie zum einen die Vorlage großflächig mit einem abgedunkelten Goldgelb monochrom übermalt, also, ähnlich wie

---

[18] Bellosi (Anm. 16), Nr. 86.
[19] Max Imdahl: Giotto, Arenafresken. Ikonographie. Ikonologie. Ikonik. München 1980, S. 93.
[20] Friedel (Anm. 3), Nr. 128.

Abb. 5
Giotto di Bondone
Jesu Gefangennahme in Gethsemane
Fresko, Cappella degli Scrovegni, Padua

bei der *Geburt Christi*, den Farbreichtum Giottos tilgt. Das gilt für die Kleidungen wie die Blauüberwölbung, in die das Gelb der erhobenen Knüppel hineinragt, wobei die Knüppel, die bei Giotto die Aureole Christi profanieren, mit Ausnahme der sie umfassenden Hände überhaupt nicht mehr erkennbar sind. Diese Tendenz zur monochromen ‚Zuhängung' wahrt allerdings mit dem dunkelgetönten Goldgelb die christliche Symbolik und läuft gleichsam aus zum rechten Rand mit dem nicht übermalten Christuskopf. Rechtsgerichtet mit leichter Hebung sind auch die Überstreichungen mit schwarzer Kreide, die die Vertikale des graublauen Jüngerkleides abschwächen, insgesamt also eine Orientierung der Blickführung nach rechts zum unausgearbeiteten offenen Rand. Wesentlich für das Ganze scheint mir nun wieder gerade diese Offenheit. Sie negiert das Andachtsbild zugunsten einer hermeneutischen Aufgabe des Betrachters, der nach Rainers Angeboten einer Füllung der Leerstellen fragen und in diese Füllung seinerseits allemal normative Vorentscheidungen einbringen wird. Denn seine Lesung kann einer Tendenz zur Resakralisierung folgen oder gerade umgekehrt deren Dementi, eingedenk Rainers eigener oben zitierter Bemerkung zu George Steiner, in der er derartige Resakralisierungen zu verfehlter Nostalgie erklärt. Folgt man dieser Absage an transzendente Überhöhungen moderner Kunst, behielte auch hier wieder die Borges'sche For-

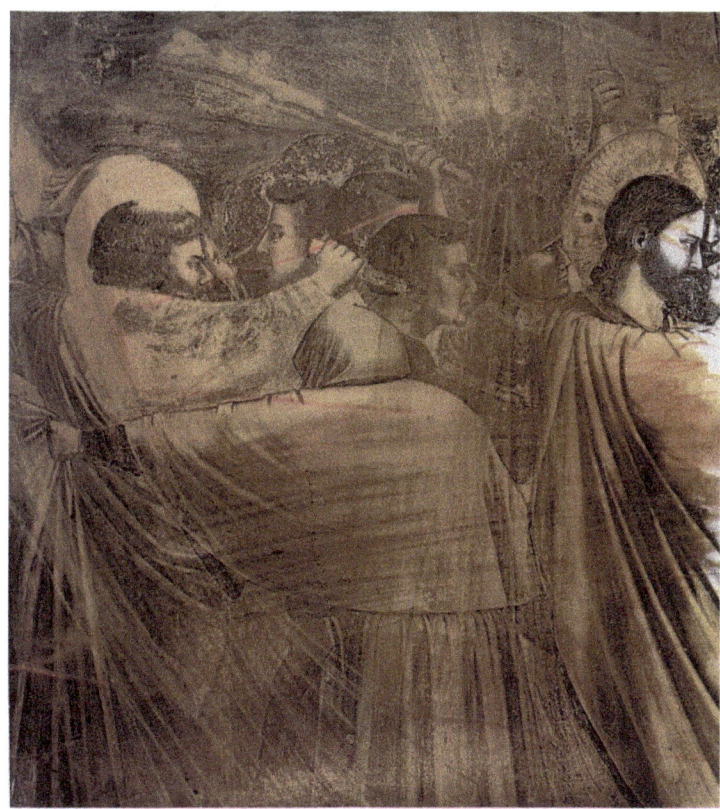

Abb. 6

Arnulf Rainer
Petrus schlägt dem Diener des Hohen Priesters ein Ohr ab
Aquarellkreide
auf bedrucktem Papier
Museum Frieder Burda
Baden-Baden

mel ihre Relevanz, nach der auch die Kunst der Moderne zwar nicht ohne Transzendenzbezug auskommt, ihre Werke selbst aber von allem Anspruch auf Realpräsenz freihält. In unserem Beispiel also wäre gerade der scheinbar unentschieden gehaltene rechte Rand, wären seine Offenheiten die metaästhetische Chiffre für die Autonomie der Moderne.

VII.

Mantegnas Madonna und Kind, die sogenannte *Butler Madonna*,[21] ist eines der bekanntesten Kultbilder Mantegnas und der Renaissance überhaupt: Maria in weißem Schleier, im Hintergrund mit Seraphen und Cherubinen die höchsten Engelschöre, Mutter und Kind mit der ihnen zukommenden Gloriole (Abb. 7).

---

[21] Mantegna. Hrsg. von Jane Martineau. Ausst. Kat. Royal Academy of Arts, London, Metropolitan Museum of Art, New York. Mailand/New York 1992, Nr. 12.

Abb. 7
Andrea Mantegna
Madonna mit dem Kind
sog. Butler-Madonna
Tempera auf Holz
The Metropolitan Museum of Art
New York

Bei Rainer[22] haben wir wiederum einen markanten Ikonoklasmus in Form eines Ausschnitts, der all das tilgt, was das kultische Ikon als kultisch ausweist: die Engelschöre, die Glorien Mariens und des Jesuskinds, das Weiß des Schleiers, das Goldgelb und Rot der Engelschöre, schließlich das Schwarz der unteren Hälfte, also des Marienkleids, das zusammen mit dem ebenfalls dunkel gehaltenen Kleid und der Gloriole des Jesuskinds auf dessen Leiden voraus weist. Seine Übermalung integriert den kunstvoll gefalteten Weißschleier Mariä in das Dunkel der Überwölbung von Mutter und Kind. Erzielt wird damit der Effekt einer geöffneten ‚Zuhängung', eines dunklen Farbschleiers mit den schwach erkennbaren Symbolfarben Blau, Rot und Grün. Aus diesem Farbschleier rinnen die genannten Farben in Vertikalen nach unten ab, ergänzt um das nur noch dünnrandig angedeutete Gold der Aureole. Durch diese Öffnung sichtbar werden allein die Antlitze von Mutter und Kind, beide wiederum mit Ausnahme der Farbvertikalen unübermalt. Umso mehr akzentuieren diese Farbstreifen die Aussparung, also den nicht übermalten Papierdruck, der als solcher aktiviert wird für eine schmerzvolle Physiognomie. Diese wirkt besonders intensiv beim Kind, so mit der Tilgung der bei Mantegna

---

[22] Friedel (Anm. 3), Nr. 96.

Abb. 8
Arnulf Rainer
Madonna mit dem Kind
Leimfarbe
auf bedrucktem Papier
Museum Frieder Burda
Baden-Baden

noch schwachrötlichen Farbe der Lippen, vor allem aber mit allen Gesichtsöffnungen, also Augen, Nase und Mund, die zu schwarzen Löchern fokussiert sind und Todesassoziationen wecken (Abb. 8).

Rainers Mantegna-Übermalung fügt sich damit ein in den breiten und in sich stark differenzierten Komplex seiner Schmerz- und Todesstudien, die sich wiederum Begriffen wie Säkularisation, Profanation und Resakralisierung entziehen. Sie lokalisieren sich auf der Ebene des autonomen Bildes. Was sie noch an Zitaten aus dem Bereich des Kultischen aufweisen, verdeutlicht nur den Abstand, die Differenz der Ebenen. Will man ihre Intensität mit dem Präsenzbegriff fassen, ist es jedenfalls nicht eine theologische Realpräsenz, es sei denn die Suggestion einer bildlichen Präsenz im Sinne der Borges'schen Formel. Was ihnen respondiert, ist also nicht andächtige Vertiefung in eine transzendente Wahrheit, sondern hermeneutische Vertiefung in mögliche Transzendenzbezüge, deren Identität gebunden bleibt an vorgängige Normativitäten des Betrachters.

Abb. 9
Arnulf Rainer
Schmerzensreiche Mutter
Leimfarbe
auf bedrucktem Papier
Museum Frieder Burda
Baden-Baden

VIII.

Was für eine solche entsakralisierende Interpretation spricht, sind auch Schmerzstudien Rainers in anderen Marienübermalungen, die als solche die Grenze der Identifizierbarkeit eines Originals erreichen, so ein Marienbild, das Friedel noch der Himmelfahrt Mariä in der *Chiesa degli Eremitani* in Padua zuordnet,[23] generell aber mit der Einschränkung, dass es sich in solchen Fällen um Bilder in ihrem eigenen Recht handele, die Referenz also sekundär bleibe (Abb. 9).

Ähnlich anonym scheint zunächst auch das Schmerzgesicht, ja fast schon das Totengesicht einer Maria, für die Friedel nun allerdings eine Referenz hat,[24] die sich hermeneutisch gerade im vorliegenden Diskussionskontext als ergiebig erweist und die ich daher dankbar aufnehme (Abb. 10/11). Was Friedel entdeckt hat, ist die Identität dieser Mater Dolorosa mit einer Maria Fra Angelicos in San Marco. Dort finden sich zwei Verkündigungen Fra Angelicos, eine große im Korridor des Obergeschosses, dann eine

---

[23] Ebd., Nr. 136.
[24] Ebd., Nr. 135.

Abb. 10
Arnulf Rainer
Die Verkündigung
Aquarellkreide
auf bedrucktem Papier
Museum Frieder Burda
Baden-Baden

zweite in der Zelle 3 des Dormitoriums, und letztere hat Rainer ebenfalls übermalt.[25] Das ermöglicht uns eine Rückkehr zum Anfang des hier vorgestellten Korpus, zeitlich gesehen eine Rückkehr noch vor den Anfang, den wir mit Botticellis Verkündigung gewählt hatten. Denn die Fra Angelicos ist etwa vierzig Jahre früher zu datieren und auch bei Rainer selbst sehr wahrscheinlich eher den Anfängen seiner Bibelübermalungen zuzurechnen. Rainer hat das Fresko der Mönchszelle rötlichgelb übermalt, wie stark in der Farbgebung, lässt sich nicht ausmachen, weil wir seine Vorlage nicht kennen und also auch nicht wissen, in welchem Helligkeitsgrad sie die Zelle präsentierte. Für eine relativ frühe Übermalung spricht auch die rote Kreidelinie, die, ausgehend vom Engel, zunächst diesen umfährt und in einer Diagonalen über Maria hinweg wieder auf ihn zuläuft, auf dem Boden dann einige Schleifen hin zu Maria auswirft, bevor sie zum Engel zurückkehrt. Derartige farbige, das ganze Fresko überziehende Linien finden sich in zahlreichen Übermalungen mit unterschiedlich eindeutiger Semantisierungsfunktion. Hier, bei der Verkündigung, schwanken sie zwischen ikonoklastischem Eingriff und hierarchiebetonender Zuordnung der beiden Figuren, die ihrerseits keinerlei Eingriffe

---

[25] Ebd., Nr. 87.

Abb. 11
Arnulf Rainer
Schmerzensreiche Mutter
Ölkreide und Graphit
auf bedrucktem Papier
Museum Frieder Burda
Baden-Baden

erfahren – bis auf die Rücknahme der Übermalung bei Maria, womit deren Physiognomie deutlich erkennbar bleibt.

Gerade das aber wird nun für den Vergleich wichtig. Allein das genaue Studium der beiden Köpfe lässt ihre Identität erkennen, wobei im Falle des Schmerzbilds erst der malerisch mit eingebrachte und zum Totenschädel dramatisierte Riss im Fresko der Mönchszelle letzte Eindeutigkeit herstellt. Und derer bedarf es, denn das jugendliche Gesicht der dem Engel andächtig Lauschenden ist einem Totengesicht gewichen, ohne Aureole wie überhaupt ohne jedes Zeichen metaphysischer Überhöhung. Das Rot und Blau der wirren Kreidestriche spielt selbst noch die Symbolfarben ins Desolate, ins potenzielle Nichts hinüber.

IX.

In ganz ähnlicher Weise hat Rainer das Haupt des am Kreuz Gestorbenen übermalt, sodass Maria wie der Gekreuzigte Gegenstand einer Schwarzmalerei geworden sind, die unüberbrückbar eindrucksvoll den Betrachter konfrontiert mit jenem Rätsel, das wir

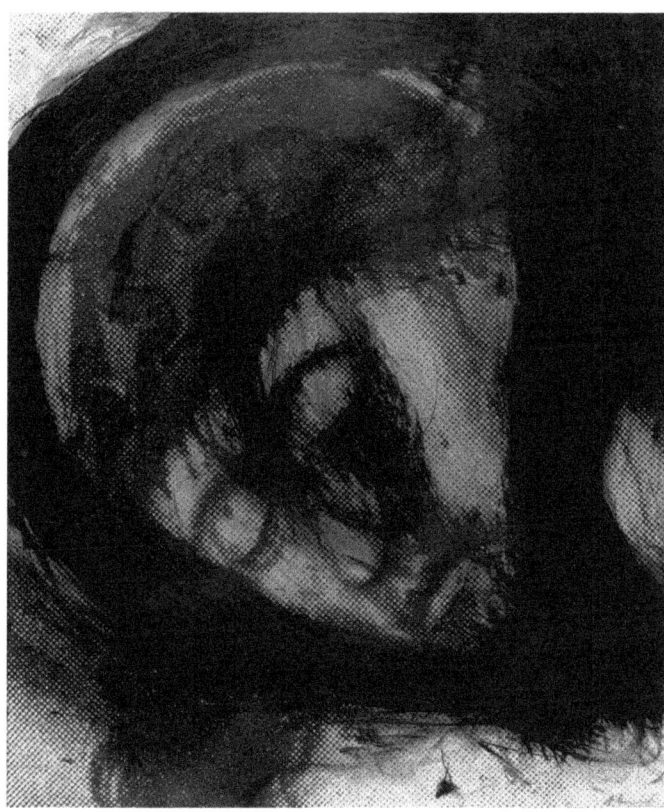

Abb. 12
Arnulf Rainer
Das Haupt Christi
Tusche und Ölkreide
auf bedrucktem Papier
Museum Frieder Burda
Baden-Baden

hier bei allen Bildern verfolgt haben und mit dem Rainer uns ohne jede Hilfe bei der Suche nach einer Lösung zurücklässt (Abb. 12).[26] Dass die frohe Botschaft der Verkündigung schon den Tod des Gekreuzigten einschließt, wäre eher eine Trivialität. Die heilsgeschichtliche Antwort gewinnt erst darin ihre ganze Bedeutungsdimension, dass wir ihre Wahrheit erst erfahren werden, wenn darüber keine Auskunft mehr möglich ist.

---

[26] Ebd., Nr. 139.

Manuel Braun

Verdeckte Voraussetzungen oder: Versuch über die Grenzen der Hermeneutik
Einige Vorüberlegungen zur Erfassung ‚literarischer Säkularisierung'

„Es waren schöne glänzende Zeiten, wo Europa ein christliches Land war, wo *Eine* Christenheit diesen menschlich gestalteten Weltteil bewohnte; *Ein* großes gemeinschaftliches Interesse verband die entlegensten Provinzen dieses weiten geistlichen Reichs."[1] – So hebt Novalis' Aufsatz *Die Christenheit oder Europa* aus dem November 1799 an. Er beschwört eine mittelalterliche Gesellschaft herauf, die vor allem durch zwei Momente bestimmt ist: ihre Christlichkeit und ihre Geschlossenheit. Damit kann das Mittelalter das Gegenbild zu einer Moderne abgeben, die, um es soziologisch auszudrücken, säkularisiert und differenziert ist. Für uns ist ‚das christliche Mittelalter', deswegen dieser Einstieg, untrennbar mit der deutschen Romantik verbunden, es ist Teil eines mit Vorsicht zu genießenden Stücks Geistesgeschichte, keine Beschreibung, die noch für irgendwelche wissenschaftlichen Zwecke zu gebrauchen wäre.

Wenn dem aber so ist, hat die Erforschung der ‚literarischen Säkularisierung im Mittelalter' ein Problem: Der Startpunkt, den man setzen muss, wenn man die „Prozeßkategorie"[2] der Säkularisierung in Anschlag bringen will, verliert an Selbstverständlichkeit. Es kennzeichnet freilich die interdisziplinäre Säkularisierungsforschung, dass sie sich nur selten damit aufhält, den Ausgangszustand vor der Säkularisierung genauer in den Blick zu nehmen. Über den religiösen Charakter der jeweiligen Vergangenheit scheinen sich die philosophischen Befürworter der Säkularisierung mit ihren Gegnern einig zu sein, so einig, dass dieser kaum einmal eigens erörtert wird.[3] Ähnliches lässt sich von den Historikern der verschiedenen Fächer sagen, die sich mit Phänomenen der Säkularisierung beschäftigen. So bleiben für „eine Kategorie der Selbstwahrnehmung

---

[1] Novalis: Die Christenheit oder Europa. Ein Fragment. Geschrieben im Jahre 1799. In: Ders.: Werke. Hrsg. und kommentiert von Gerhard Schulz. 3. Aufl. München 1987, S. 499–518, hier S. 499.
[2] Bernd Schwarze: Säkularisierung. In: TRE. Bd. 29. 1998, S. 603–638, hier S. 605.
[3] Zur unbefragten Annahme eines ‚Goldenen Zeitalters des Glaubens' als verzerrende Rückprojektion aus Sicht der Moderne vgl. Johannes Zachhuber: Die Diskussion über Säkularisierung am Beginn des 21. Jahrhunderts. In: Säkularisierung. Bilanz und Perspektiven einer umstrittenen These. Hrsg. von Christina von Braun, Wilhelm Gräb, Johannes Zachhuber. Berlin 2007 (Religion – Staat – Kultur. 5), S. 11–42, hier S. 19 f.

der Moderne hinsichtlich ihrer religiösen Herkunftsbedingungen"[4] ausgerechnet jene im toten Winkel.

Das ist umso erstaunlicher, als die Säkularisierung auf ganz unterschiedliche geschichtliche Kräfte zurückgeführt wird: auf die kirchliche Reformbewegung, die im Investiturstreit das *regnum* vom *sacerdotium* trennte; auf die Renaissance, die ein neues Bild des Menschen zeichnete; auf die verschiedenen reformatorischen Strömungen wie das Luthertum, den Calvinismus und den Pietismus, die in je eigener Weise Voraussetzungen für eine Verweltlichung schufen; auf die Aufklärung, die wissenschaftliche Erklärungen der Natur an die Stelle religiöser setzte; auf die Moderne, die durch Bürokratie, Kapitalismus, Technologie, Massenmedien und Demokratie religiöse Deutungsmuster einem massiven Konkurrenzdruck aussetzte.[5] Damit umspannt die Säkularisierung aber ein volles Jahrtausend,[6] und entsprechend löst sie sehr unterschiedliche religiöse Welten auf: die des frühen und hohen Mittelalters, die des Spätmittelalters, die der Konfessionalisierung oder die der Neuzeit.[7] Und gerade wenn man Säkularisierung nicht-linear und nicht-teleologisch denkt, hätte man auch mit Phasen einer Rechristianisierung zu rechnen, welche die Religion auf eine neue Grundlage stellen.[8] Dann würde sich der nächste Schub der Säkularisierung aber auch gegen eine durchgreifend veränderte religiöse Kultur richten. Solche Unterschiede werden kaum je einmal thematisiert – eine Ausnahme stellt die soziologische Debatte darüber da, wie eng oder weit der Religionsbegriff zu fassen ist und was das für die Frage nach der Säkularisierung bedeutet –,[9] obwohl sie sich massiv auf das auswirken, was Säkularisierung jeweils mei-

---

[4] Schwarze (Anm. 2), S. 603, ähnlich Werner Conze, Hans-Wolfgang Strätz, Hermann Zabel: Säkularisation, Säkularisierung. In: Geschichtliche Grundbegriffe. Historisches Lexikon zur politisch-sozialen Sprache in Deutschland. Hrsg. von Otto Brunner, Werner Conze, Reinhart Koselleck. Bd. 5. Stuttgart 1984, S. 789–829, hier S. 827, und G. Marramao: Säkularisierung. In: HWPh. Bd. 8. 1992, Sp. 1133–1164, hier Sp. 1133.

[5] So die Abrisse der Begriffs- bzw. Theoriegeschichte bei Conze, Strätz, Zabel (Anm. 4), Marramao (Anm. 4) und Schwarze (Anm. 2).

[6] Das lässt jene Sichtweise außen vor, die den Impuls zur Säkularisierung bereits in der Bibel, in der paulinischen Theologie oder gar der Genesis wirksam sieht. Die klassische Formulierung dieser These findet sich bei Friedrich Gogarten: Verhängnis und Hoffnung der Neuzeit: Die Säkularisierung als theologisches Problem. Stuttgart 1953.

[7] Zachhuber (Anm. 3), S. 20.

[8] Eine Vernachlässigung solcher Bewegungen der Rechristianisierung wirft Hartmut Lehmann: Von der Erforschung der Säkularisierung zur Erforschung von Prozessen der Dechristianisierung und der Rechristianisierung im neuzeitlichen Europa. In: Säkularisierung, Dechristianisierung, Rechristianisierung im neuzeitlichen Europa. Bilanz und Perspektiven der Forschung. Hrsg. von Hartmut Lehmann. Göttingen 1997 (Veröffentlichungen des Max-Planck-Instituts für Geschichte. 130), S. 9–16, hier S. 13, seinen Kollegen aus der Geschichtswissenschaft vor. Aus politikwissenschaftlicher Sicht erfolgt ein ähnlicher Vorstoß in dem Band Säkularisierung und Resakralisierung in westlichen Gesellschaften. Ideengeschichtliche und theoretische Perspektiven. Hrsg. von Mathias Hildebrandt, Manfred Brocker, Hartmut Behr. Opladen 2001.

[9] Angestoßen wurde diese Debatte vor allem durch den Vorschlag Thomas Luckmanns, den Religionsbegriff über das Kirchliche hinaus zu erweitern, und den Niklas Luhmanns, ihn abstrakt zu fas-

nen kann. Oder, um es mit Hans Blumenberg zu sagen: Säkularisierung als Prozess, der sich über Jahrhunderte erstreckt, kann nicht immer dieselbe religiöse Substanz betreffen.[10]

Wenn also kein Weg zu Novalis und zu ‚dem christlichen Mittelalter' zurückführt, müssten wir uns dann nicht mehr Gedanken darüber machen, mit welchen Annahmen in Sachen Religion wir alternativ arbeiten? Gerade eine germanistische Mediävistik, die Religion zu einem ihrer zentralen Themen macht – dass sie jetzt sogar nach ‚literarischer Säkularisierung' fragt, ist ein weiterer Beleg für die entsprechende Konjunktur –,[11] ist hier gefordert, weil sie ständig auf solche Hypothesen angewiesen ist. So lässt sich, um nur ein Beispiel zu bringen, *Geistliches in weltlicher und Weltliches in geistlicher Literatur des Mittelalters*[12] nur dann beobachten, wenn man davon ausgeht, dass sich geistliche von weltlicher Literatur des Mittelalters überhaupt unterscheiden lässt.[13] Im Umkehrschluss bedeutet das: Man postuliert, dass die Religion nicht jede Äußerung der mittelalterlichen Kultur imprägniert oder dies jedenfalls nicht in einem Maße tut, das es unmöglich macht, Texte anhand der Differenz geistlich/weltlich zu sortieren. Wenn jede Untersuchung der literarisch-religiösen Kommunikation des Mittelalters[14] auf solchen Annahmen beruht, sollten wir diese auch reflektieren und diskutieren. Nur so lässt sich nämlich sicherstellen, dass wir mit den bestmöglichen Hypothesen arbeiten und nicht unter der Hand wieder auf romantische Denkmuster zurückfallen.

---

sen; zu diesen Diskussionen vgl. Alois Hahn: Religion, Säkularisierung und Kultur. In: Säkularisierung, Dechristianisierung, Rechristianisierung (Anm. 8), S. 17–31, hier S. 17 f.; Lehmann (Anm. 8), S. 11; Detlef Pollack: Säkularisierung – ein moderner Mythos? Studien zum religiösen Wandel in Deutschland. Tübingen 2003, S. 6–14, 28–73; Schwarze (Anm. 2), S. 621 f.; Zachhuber (Anm. 3), S. 12 f., 17–19.

[10] Hans Blumenberg: Die Legitimität der Neuzeit. Erneuerte Ausgabe. 2. Aufl. Frankfurt a. Main 1988, S. 23 f.

[11] Und zwar auch deshalb, weil die Geltung des Theorems ‚Säkularisierung' seit einiger Zeit massiv in Frage gestellt wird, vgl. etwa Pollack (Anm. 9); The Desecularization of the World. Resurgent Religion and World Politics. Hrsg. von Peter L. Berger. Washington/Grand Rapids 1999; Zachhuber (Anm. 3), S. 12 f., 18, 22–24. Außerdem setzt sich die Säkularisierungsforschung dem Verdacht aus, einen emphatischen Selbstverständigungsbegriff des Westens, der sich seit dem 11. September 2001 im Konflikt mit religiös geprägten Gesellschaften sieht, mit einer Vorgeschichte zu versehen; vgl. Dirk Kemper: Literatur und Religion. Von Vergil bis Dante. In: Ästhetik – Religion – Säkularisierung. Bd. 1: Von der Renaissance zur Romantik. Hrsg. von Silvio Vietta, Herbert Uerlings. München 2008, S. 37–53, hier S. 42 f.

[12] Geistliches in weltlicher und Weltliches in geistlicher Literatur des Mittelalters. Hrsg. von Christoph Huber, Burghart Wachinger, Hans-Joachim Ziegeler. Tübingen 2000.

[13] Kritisch hierzu für das Spiel Hansjürgen Linke: Unstimmige Opposition. ‚Geistlich' und ‚weltlich' als Ordnungskategorien der mittelalterlichen Dramatik. In: Leuvense bijdragen 90 (2001), S. 75–126.

[14] In Anlehnung an den grundlegenden Band Literarische und religiöse Kommunikation in Mittelalter und Früher Neuzeit. DFG-Symposion 2006. Hrsg. von Peter Strohschneider. Berlin/New York 2009.

Der folgende Beitrag verfolgt also das Anliegen aufzuzeigen, dass die Frage nach der ‚literarischen Säkularisierung im Mittelalter' nicht allein auf der Ebene eines einzelnen ‚literarischen Textes' (oder der einer Gruppe verwandter ‚literarischer Texte') entschieden werden kann. Vielmehr werden in eine solche Interpretation ‚literarischer Texte' immer auch Hypothesen über die Kultur eingehen, in die diese eingebettet sind, und zwar auch dann, wenn sie unausgesprochen bleiben. Anders gewendet: Ich möchte behaupten, dass die Erforschung der ‚literarischen Säkularisierung' die Hermeneutik notwendig hin zu einer historisch informierten Wissenssoziologie überschreiten muss.[15] Darin ist sie exemplarisch für das Forschungsfeld ‚Literatur und Religion' überhaupt, das ja nichts anderes als eine Text-Kontext-Relation beschreibt und einen also nötigt, sich auch auf den kulturellen Kontext ‚Religion' einzulassen.

Um diese Thesen zu stützen, soll ein erster Teil des Aufsatzes darlegen, dass konkreten textbezogenen Aussagen zum Thema ‚Literatur und Religion im Mittelalter' allgemeinere kulturgeschichtliche Annahmen zugrunde liegen, die allerdings häufig implizit bleiben (I). Da es in diesem Rahmen nicht um eine Aufarbeitung der einschlägigen Forschung gehen kann – dazu ist das Thema viel zu umfassend – beschränke ich mich auf drei literaturwissenschaftliche Beiträge, die die ihnen aufgebürdete Beweislast qua Prominenz tragen können.[16] Bescheiden bleibt auch das Anliegen des zweiten Teils; dieser soll einige der Punkte benennen, die in meinen Augen geklärt gehören, wenn man literaturwissenschaftlichen Untersuchungen – etwa solchen zur Säkularisierung – ein adäquates Bild der mittelalterlichen Religionsverhältnisse bieten will, an dem sie ansetzen können (II). Auch hier ist es mir in erster Linie darum zu tun, ein Problembewusstsein zu schaffen, denn selbst eine – um im Bild vom Bild zu bleiben – flüchtige Skizze würde die Möglichkeiten eines einzelnen Aufsatzes (und Forschers) weit übersteigen.

I.

Die folgende Auseinandersetzung mit denjenigen Beiträgen der mediävistischen Forschung, die das Verhältnis von Literatur und Religion zum Thema machen, unterscheidet zwischen Befund und Deutung. Ein Textbefund wäre etwa die Feststellung, dass ein literarischer Text sich einer religiösen Metaphorik bedient; gedeutet werden könnte er

---

[15] Diese beiden methodischen Zugänge zur Säkularisierungsproblematik stellt nebeneinander Paul Ricœur: Die Hermeneutik der Säkularisierung. Glaube, Ideologie, Utopie. In: Zum Problem der Säkularisierung. Mythos oder Wirklichkeit – Verhängnis oder Verheißung? Hrsg. von Franz Theunis. Hamburg-Bergstedt 1977 (Theologische Forschung. 40 – Kerygma und Mythos. VI-9), S. 33–46, hier S. 33.

[16] Ihnen folge ich auch, was den Literaturbegriff angeht, den ich hier nicht genauer diskutieren kann.

etwa als Sakralisierung oder als Säkularisierung.[17] Auf beiden Ebenen können unausgesprochene Annahmen über die mittelalterliche Religion die Aussagen der Forschung steuern. Die drei Beispiele, an denen ich dies aufweisen möchte, decken verschiedene Ebenen literaturwissenschaftlichen Arbeitens ab: das erste die der Wortsemantik, das zweite die des Erzählmotivs bzw. -musters und das dritte die der Textstruktur.

Auf der Ebene der Wortsemantik bewegt sich vor allem die Lyrikforschung. In einem grundlegenden Beitrag hat Rainer Warning die Anleihen der Trobadorlyrik bei der religiösen Semantik als „konnotative Ausbeutung"[18] beschrieben. Mit dieser Formulierung versucht er das Faktum zu fassen, dass die Trobadorlyrik auf die Religion rekurriert, indem sie zum einen Lexeme wie *bona domna* oder *mielhs* aus der religiösen Sprache übernimmt, zum anderen ihre Rollenkonzepte so anlegt, dass sie sich an solche des Christentums anlehnen: die Dame als ferne unerreichbare Herrin, die in ihrer Schönheit als *summum bonum* zu verehren ist, und den Liebenden als freiwillig Leidenden, als Märtyrer, der auf ihre Gnade hofft.[19] Auf diese Weise wird, so Warnings Deutung des Befunds, der „transzendente[] Heilsbegriff […] durch einen säkularen"[20] ersetzt, das säkulare Rollenkonzept zugleich aber religiös legitimiert.

Mit dem Konzept der ‚konnotativen Ausbeutung' ist eine Reihe von Annahmen verbunden. Erstens behauptet es eine Vorgängigkeit der religiösen Semantik, denn ausbeuten kann man nur etwas schon Vorhandenes. Es notiert also nicht nur die Ähnlichkeiten beider Semantiken, sondern bringt sie auch in eine zeitliche Abfolge. Diese ist plausibel, wenn man etwa das biblische Hohelied oder die lateinische Hymnik als wichtige Speicher religiöser Liebessprache ansieht. Für spätere Phasen der höfischen Liebeslyrik eignet sich die Rede von der Ausbeutung geistlicher Lyrik hingegen nicht mehr so gut, weil sich hier – darauf hat Susanne Köbele hingewiesen – auch semantische Übernahmen in der umgekehrten Richtung beobachten lassen.[21]

---

[17] Anders als Teile der Literaturwissenschaft – stellvertretend sei hier genannt Albrecht Schöne: Säkularisation als sprachbildende Kraft. Studien zur Dichtung deutscher Pfarrersöhne. 2., überarbeitete und ergänzte Aufl. Göttingen 1968 (Palaestra. 226), S. 30–36 – gehe ich also nicht davon aus, dass schon der bloße Befund, wonach sich literarische Texte bei der Religion bedienen, als Säkularisierung angesprochen werden sollte. In meinem Verständnis ist mit Säkularisierung mehr ausgesagt, nämlich eine Distanzierung des Religiösen. Den doppelten Sprachgebrauch der Literaturwissenschaft, der mich zu dieser Unterscheidung veranlasst, beobachtet Ulrich Ruh: Bleibende Ambivalenz. Säkularisierung/Säkularisation als geistesgeschichtliche Interpretationskategorie. In: Ästhetik – Religion – Säkularisierung (Anm. 11), S. 25–36, hier S. 35, mit Blick auf neugermanistische Arbeiten.
[18] Rainer Warning: Lyrisches Ich und Öffentlichkeit bei den Trobadors. Wilhelm IX. von Aquitanien: *Molt jauzens, mi prenc en amar*. In: Ders.: Lektüren romanischer Lyrik. Von den Trobadors zum Surrealismus. Freiburg/Breisgau 1997 (Rombach Wissenschaften. Reihe Litterae. 51), S. 45–84, hier S. 65.
[19] Ebd., S. 64 f.
[20] Ebd., S. 65.
[21] Susanne Köbele: Umbesetzungen. Zur Liebessprache in Liedern Frauenlobs. In: Geistliches in weltlicher und Weltliches in geistlicher Literatur (Anm. 12), S. 213–235, hier S. 231.

Zweitens impliziert es ein Moment der Kritik, wenn man das Verhältnis des *fin'amor* zur religiösen Semantik als ein ausbeuterisches oder parasitäres fasst.[22] Denn zumindest alltagssprachlich sind sowohl der Ausbeuter als auch der Parasit negativ besetzt, weil sie sich von anderen nähren und ihnen dadurch schaden. Übertragen auf das *trobar* würde das in etwa bedeuten, dass die Adelskultur auf Kosten der Klerikerkultur lebt und dem Ritter respektive der *domna* das gibt, was eigentlich Gottes oder der Himmelskönigin ist. Die Logik der Metaphern ‚Ausbeuter' und ‚Parasit' unterscheidet sich freilich darin, dass der Ausbeuter stärker ist als der Ausgebeutete,[23] der Parasit hingegen schwächer als der Wirt. Auch diese Aussage zum Stärkeverhältnis ließe sich nun wieder auf die kulturelle Konstellation hinter der Trobadorlyrik abbilden. In jedem Fall scheint hier aber ein Modell kultureller Konkurrenz zur Diskussion zu stehen, doch widerspricht Warning einer solchen Sichtweise:

> Die christlichen Konnotatoren fungieren solchermaßen als Instrumente der Ausbeutung ihres genuinen Referenzsystems zum Zwecke der Artikulation und Legitimation eines säkularen Rollenprogramms. Das Rollenprogramm des christlichen Heilsweges wird gleichsam umgeschrieben auf säkulare Bezugswerte, ohne daß sich das Produkt dieser Umschreibung an die Stelle des transzendent begründeten Konzepts hätte setzen wollen – eine Symbiose, die wohl nur verständlich wird angesichts der den Trägern der Kirchen- wie der Ritterkultur gemeinsamen klerikalen Bildung.[24]

Ein symbiotisches Verhältnis ist aber etwas ganz anderes als ein ausbeuterisches oder ein parasitäres, nämlich ein Bündnis zu beidseitigem Nutzen.[25] Begründet wird die Symbiose mit der klerikalen Bildung, an der angeblich auch die Ritter Anteil haben – eine weitere, durchaus diskussionsbedürftige Annahme. Die auf ihr gründende harmonische Vorstellung passt allerdings nicht zur Rede von der Ausbeutung und vom Parasiten, und sie passt auch nicht gut zu dem Konflikt des Minnemodells mit der christlichen Ehelehre, den Warning am Anfang seines Aufsatzes ausmacht.[26]

Drittens versieht Warning den Befund mit einer weiteren voraussetzungsreichen Deutung: „Die konnotative Ausbeutung christlicher Rollenkonzepte ist also nicht mit deren Säkularisation zu verwechseln."[27] Er begründet dies damit, dass Säkularisierung nach Blumenberg die „Identifizierbarkeit des enteigneten Gutes" meint, diese „Identifizierbarkeit des theologischen Moments als eines theologischen in der Idee der *fin'amor* gerade nicht gegeben" ist.[28] Dagegen versteht Gert Hübner den semantischen Transfer

---

[22] Warning (Anm. 18), S. 61: „Die Konnotation hat also einen eigentümlichen parasitären Status".
[23] Dass die Rede von der Ausbeutung „eine klare Hierarchie" impliziert, konstatiert Köbele (Anm. 21), S. 231.
[24] Warning (Anm. 18), S. 65.
[25] Zum Nebeneinander beider Begriffe bei Warning bereits Köbele (Anm. 21), S. 231 f., Anm. 36.
[26] Warning (Anm. 18), S. 45 f.
[27] Ebd., S. 65.
[28] Ebd.

in die Liebeslyrik durchaus als Säkularisierung.[29] Wenn man diese Deutung wählt, geht man davon aus, dass der neue Kontext des weltlichen Liebesliedes die überkommenen Bedeutungen der religiösen Semantik dominiert, ohne ihnen ihren Wiedererkennungswert zu nehmen. Letzteres muss eigentlich auch Warning annehmen, da er der religiösen Semantik ja die Funktion zuschreibt, die Liebe des Sängers zur Dame zu legitimieren – eine Funktion, die diese nicht ausüben könnte, wenn sie nicht als eine religiöse zu identifizieren wäre. Offenbar geht er davon aus, dass die Texte der Trobadors den theologischen Gehalt gleichzeitig bewusst halten und verdecken.

Dieser Schwebezustand ist nicht leicht zu verstehen,[30] und hinter ihm zeichnet sich ein grundlegendes Problem ab: Während sich der Befund gut an den Texten absichern lässt und die semantische Entlehnung selbst unstrittig ist, ist seine Deutung auf Zusatzannahmen angewiesen. Manche davon, wie die relative Chronologie von Hohelied/Hymnik und Trobadorlyrik, lassen sich prüfen und damit in sicheres Wissen überführen. Dagegen entzieht sich die Frage, wie religiöse Semantik im Kontext eines Trobador- oder eines Minneliedes wirkt, einer solchen Prüfung. Denn sie nimmt einen Wechsel von der Ebene des Textes auf die der Rezeption vor, wo man, zumindest im dokumentenarmen Mittelalter, auf Hypothesen angewiesen bleibt. Im konkreten Fall sind das solche zum mittelalterlichen Textverstehen und solche zum Verhältnis von Adels- und Klerikerkultur.

Was das Textverstehen angeht, so nehmen Deutungen, die wie die Warnings auf Ambiguität abstellen, einen mittelalterlichen Rezipienten an, der diese nicht immer schon auflöst, weil er gar nicht anders als einseitig religiös wahrnehmen und denken kann. Dass diese Vorstellung immerhin eine mögliche ist, belegt die Wissenschaftsgeschichte der Mediävistik – man denke nur an die Bedeutungsforschung, die genau einen solchen Rezipienten postuliert. Was das Verhältnis von Adels- und Klerikerkultur betrifft, schreibt man ersterer eine stärkere Stellung zu, wenn man in Hinblick auf die mittelalterliche Liebeslyrik von Säkularisierung spricht, als wenn man annimmt, die weltliche Liebe sei auf die Legitimation durch geistliche Konzepte angewiesen gewesen. Für beide Sichtweisen mag es Gründe geben, nur müsste man diese dann auch anführen und abwägen. Man sollte dieser Diskussion nicht ausweichen, indem man die Deutungen immer gleich in Ambivalenzen und Aporien münden lässt. Denn dann unterlässt man es, nach Erklärungen zu suchen, die in der Lage wären, diese aufzulösen, und man bleibt, da Ambivalenzen und Aporien auf Oppositionen aufruhen, „einem modernen Differenzdenken"[31] verhaftet, das möglicherweise ahistorisch ist.

---

[29] Gert Hübner: Frauenpreis. Studien zur Funktion der laudativen Rede in der mittelhochdeutschen Minnekanzone. Bd. 1. Baden-Baden 1996 (Saecvla Spiritalia. 34), S. 46–55; kritisch hierzu Köbele (Anm. 21), S. 231.
[30] Dazu auch Köbele (Anm. 21), S. 231.
[31] Hartmut Bleumer: Oblique Lektüren. Ein Versuch zu: *Jan-Dirk Müller, Höfische Kompromisse. Acht Kapitel zur höfischen Epik*, Niemeyer, Tübingen 2007. In: ZfdPh 131 (2012), S. 103–115, hier S. 107.

Bei Erzählmotiven und Erzählmustern und damit auf einer mittleren Ebene setzen Jan-Dirk Müllers *Höfische Kompromisse* an.[32] Das Kapitel *Antagonistische Lebensformen* rekonstruiert Kompromisse, die die volkssprachliche Literatur des Hochmittelalters zwischen Vorgaben der Adels- und solchen der Klerikerkultur aushandelt.[33] So widerstreiten das mönchisch-asketische Ideal der Virginität und das weltlich-adelige Konzept der Genealogie, und die volkssprachlichen Texte, die das Leben Jesu bzw. Marias erzählen, müssen beide irgendwie zur Geltung bringen. Die höfischen Legenden wiederum arbeiten sich an der Normalität der Familie ab, die ihre Helden im Lauf der Erzählung hinter sich lassen, ohne mit ihr zu brechen. Sie tun das etwa, indem sie den leiblichen durch einen geistlichen Vater ersetzen (Konrads *Silvester*) oder die sexuelle durch eine spirituelle Zeugung überformen (Ottes *Eraclius*). Eine Reihe sehr unterschiedlicher Texte – Ebernands *Heinrich und Kunigunde*, die verschiedenen *Oswald*-Fassungen, *Mai und Beaflor* sowie der *Reinfried von Braunschweig* – kopieren das Modell der Virginität in eine Ehe hinein, die aus genealogischen Gründen doch notwendig bleibt. Sie tun das, indem die Ehe entweder gleich als keusche Josephsehe gelebt oder zumindest von einer als lasterhaft gezeichneten Sexualität abgesetzt wird. Andere Texte beschränken die asketischen Ideale auf bestimmte Phasen im Leben ihrer Protagonisten. Konrad Flecks *Flore* verordnet den Liebenden sexuellen Verzicht bis zur Eheschließung; die *Gute Frau* und Ulrichs von Etzenbach *Wilhelm von Wenden* lassen die adeligen Protagonisten eine Zeit lang in selbst gewählter Armut leben, wobei sie auch die Familiengemeinschaft aufheben, nur um sie am Ende zur Herrscherfamilie zu erhöhen; Ulrichs *Arabel* und *Rennewart* beziehen die erotische Liebe paradigmatisch auf die Alternative eines keuschen Lebens; und Hartmanns von Aue *Armer Heinrich* schließlich überführt die Opfer- in eine Ehekonstellation. Die höfische Epik drängt den Vater zurück und übernimmt damit, gegen das genealogische Interesse des Adels, ein Modell der geistlichen Literatur. Reinbots von Durne *Georg* stellt einen Ritterheiligen vor und überblendet damit zwei Lebensformen.[34] Demgegenüber verweigert Hartmanns *Gregorius* die Kompromissbildung, indem er sowohl das adelige als auch das klösterliche Leben verwirft und seinem Helden „[d]ie Nicht-Existenz in der Einöde", „den radikalen Bruch mit der Welt" verordnet.[35] Anders verhalten sich hier die heldenepischen Texte, die die Laufbahn ihres Helden mit einer *moniage* krönen und ihn die heroische Existenz in der klösterlichen fortführen lassen.

Die Vielfalt der behandelten Themen und Texte ist, das belegt bereits diese stark kürzende Zusammenstellung der wesentlichen Befunde, beeindruckend groß. Die grundlegende Struktur der Deutung, die sich hinter den ungemein differenzierten Ana-

---

[32] Jan-Dirk Müller: Höfische Kompromisse. Acht Kapitel zur höfischen Epik. Tübingen 2007.
[33] Hierzu und zum Folgenden ebd., S. 107–169.
[34] Der glücklich gewählte Begriff der Überblendung stammt von Stephanie Seidl: Blendendes Erzählen. Narrative Entwürfe von Ritterheiligkeit in deutschsprachigen Georgslegenden des Hoch- und Spätmittelalters. Berlin/Boston 2012 (MTU. 141), S. 15.
[35] Müller (Anm. 32), S. 157.

lysen abzeichnet, ist freilich eine einheitliche: Im Mittelalter stehen sich die Adels- und die Klerikerkultur mit ihren unterschiedlichen, ja teilweise auch unvereinbaren Wertanforderungen gegenüber. Die überlieferten volkssprachlichen Texte ordnen sich dominant einer der beiden Kultursphären zu. Weil sie aber die Ansprüche der anderen nicht einfach ignorieren können, suchen sie auch dieser irgendwie gerecht zu werden. Das Ergebnis sind die in den Texten vorfindlichen Kompromisse, die dort freilich nicht diskursiv formuliert, sondern narrativ ausagiert werden.[36]

Wenn diese Rekonstruktion in etwa richtig ist – Müller selbst beschränkt sich auf eine Fußnote, in der er mit Otto Gerhard Oexle und gegen Niklas Luhmann die Vorstellung einer mittelalterlichen „christliche[n] ‚Einheitskultur'"[37] verwirft –, könnte man sie in mehrfacher Hinsicht auf ihre Voraussetzungen befragen. Erstens: Welchen Status haben eigentlich die weltliche und geistliche Kultur, von denen Müller ausgeht? Sind sie als historische Beschreibung gemeint oder als idealtypische Annahme? Da das Buch keine historischen Teile enthält, kann es sich nur um Idealtypen handeln.[38] Da sie heuristischen Zwecken dienen und also die Texte aufschließen sollen, ist daran auch nichts auszusetzen.

Zweitens: Trotzdem ist zu fragen, wie man die Idealtypen eigentlich gewinnt. Das Problem stellt sich für beide Bereiche ähnlich dar. Wenn die feudal geprägte Literatur immer schon dem Zwang zum Kompromiss unterliegt, wie kann man dann eigentlich herausfinden, was genuin adelige Werte sind? Auf Vermutungen über eine germanische Volkskultur oder eine mittelalterliche Adelskultur auszuweichen, dürfte keine ernsthafte Option darstellen, da es für sie kaum andere Quellen gibt beziehungsweise nur solche, die als Fremdbeobachtungen aus römischer oder christlicher Sicht einzustufen sind. Wenn aber die Literatur die einzige Basis für die Rekonstruktion einer Adelskultur darstellt, als deren Ausdruck sie zugleich verstanden wird, droht ein Zirkel.[39] Man kann versuchen, diesen zu kontrollieren, indem man sich an diejenigen Texte hält, die zur Religion eine gewisse Distanz wahren wie die Heldenepen mit germanischem Sagen-

---

[36] Bleumer (Anm. 31), S. 104, stellt freilich fest, dass „Müllers Textauffassung [...] entschieden diskursiv, aber nicht narrativ orientiert" ist, weil sie vor allem bei den kulturellen Konfigurationen ansetzt, die den erzählenden Texten vorausliegen.
[37] Müller (Anm. 32), S. 107, Anm. 1.
[38] Die dahinter liegende theoretische Entscheidung, über das Programm einer ‚literarischen Anthropologie' „eine Neuausrichtung sozialgeschichtlicher Frageansätze ohne reduktionistische Fehlschlüsse auf die historische Wirklichkeit" vorzunehmen, benennt Burkhard Hasebrink: Rezension zu Müller (Anm. 32). In: Arbitrium 28 (2010), S. 145–155, hier S. 147.
[39] Ähnlich macht Julia Weitbrecht: Rezension zu Müller (Anm. 32). In: ZfG 18 (2008), S. 654 f., „ein methodisches Problem au[s]: Wie genau ist das Verhältnis von ‚gesellschaftlich' und ‚literarisch Imaginärem' zu denken, wenn Letzteres einen so spezifischen, dabei aber ‚integralen Teil des gesellschaftlich Imaginären' (S. 17) ausmacht?" Und Hasebrink (Anm. 38), S. 146, konstatiert: „Aber die Frage, wie interpretatorisch erschlossene ‚Erzählkerne' zugleich für allgemeine kulturelle Phänomene paradigmatisch sein können, lässt sich meines Erachtens mit Rückgriff auf fiktionale Literatur allein nicht lösen".

hintergrund, handelt sich damit aber auch neue Probleme ein und wird mit dieser Textbasis nicht bei allen Fragen auskommen.

Anders verhält es sich bei der Klerikerkultur, bei der man immerhin die Hoffnung haben könnte, sie in den lateinischen Quellen in ihrer ‚eigentlichen' Gestalt zu fassen. Allerdings dürfte es dabei, so meine Vermutung, rasch zum *re-entry* genau jener Kompromissstrukturen kommen, die für Müller das Verhältnis von geistlicher und weltlicher Kultur kennzeichnen. Das gilt für das hohe Mittelalter, wo etwa die lateinische Kreuzzugspropaganda den Heiligen und den Ritter in einer Weise verbindet – man denke an Bernhards von Clairveaux Schrift über den Templerorden –, die von den Hybridbildungen der volkssprachlichen Literatur nicht weit entfernt ist. Das Problem reicht aber bis zur Bibel zurück, die als ein vielstimmiges Gebilde erscheint, das teils selbst schon Kompromisse enthält, teils bei der Auslegung erzwingt. Ein Beispiel hierfür findet sich bei Müller selbst, der darauf hinweist, dass bereits die Bibel neben die göttliche Zeugung durch den Heiligen Geist die genealogische Herleitung mit der Wurzel Jesse stellt.[40] Wenn aber Religion ihrerseits immer schon Kompromisse mit der (Adels-)Gesellschaft eingeht, deren Teil sie ist, weckt das Zweifel am Idealtypus ‚geistliche Kultur', zumindest insofern, als sich diese einer ‚weltlichen' gegenüberstellen lässt und so die Erfassung der „Differenz zweier deutlich voneinander abgrenzbarer Ordnungen"[41] ermöglichen soll.

Drittens: Setzt man trotz solcher Schwierigkeiten die Idealtypen einer Adels- und einer Klerikerkultur einmal an, stellt sich immer noch die Frage nach ihrem Verhältnis. Wenn man wie Müller vom Zwang zum Kompromiss ausgeht und damit die Deutungsalternative Sakralisierung/Säkularisierung unterläuft, heißt das zum einen, dass beide kulturellen Sphären etwa gleich stark sein müssen, und zum anderen, dass sie einander nicht ignorieren können. Auch hierüber könnte man weiter nachdenken. Denn in bestimmten Texten erscheint das Kräfteverhältnis durchaus ein anderes zu sein, etwa im *Großen Rosengarten*, für den Müller zeigen kann, wie sich die heroische Welt über die klösterliche lustig macht und so die Kompromissbildung unterläuft, die im *moniage* sonst angelegt ist. Auch Müllers *Gregorius*-Interpretation wäre hier anzuführen, die den Text als einen liest, der sich nicht nur über die adeligen, sondern auch über die geistlichen Modelle hinwegsetzt. Wenn dem aber so ist, warum können sich dann andere Texte solche Freiheiten nicht nehmen, sondern müssen mühsame Kompromisse eingehen? Und eine Stufe darunter: Warum lässt sich die volkssprachliche Adelsliteratur eigentlich auf die am weitesten getriebenen Anforderungen der christlichen Kultur ein, auf die asketischen Ideale der religiösen Virtuosen, der Mönche und Eremiten? Sie hätte es doch mit der Amtskirche und deren Ethik bequemer. Meine Antwort – sie ist bei Müller angelegt, wenn er in Hinblick auf Gottfried und Konrad von „extremen Versuchsanordnungen"[42] spricht – wäre: weil sich die Literatur gerade vom Irritationspo-

---

[40] Müller (Anm. 32), S. 68.
[41] Hasebrink (Anm. 38), S. 149.
[42] Müller (Anm. 32), S. 315.

tential einer radikalen Religiosität faszinieren lässt und so die eigenen Weltentwürfe interessant machen möchte. Dann ist aber die Vorstellung vom Kompromiss falsch. Denn Kompromisse geht man ein, weil man muss, nicht weil man will.

Auf der Ebene der Textstruktur ist Bruno Quasts Studie *Das Höfische und das Wilde* angesiedelt, die dem Verhältnis von Roman und Legende nachgeht.[43] Sie setzt bei der Beobachtung an, dass Erec seinen Aufbruch aus Karnant geheim hält, dass diese Heimlichkeit unmotiviert ist und dass sie folgenlos bleibt. Auch Iwein flieht, nachdem er von Lunete der Untreue angeklagt worden ist, unbemerkt aus der Artusrunde, verliert seine bisherige Identität und wird – auch das bleibt im Text unmotiviert – nicht einmal von seiner Frau wiedererkannt. Was in den Romanen zunächst einmal nur befremdlich wirkt, gewinnt an Kontur, wenn man die geistliche Literatur mit in den Blick nimmt. Denn strukturelle Analogien zu den Geschichten Erecs und Iweins finden sich in der Legende, wo etwa Ägidius die Gesellschaft heimlich verlässt, um sich in die Einöde zurückzuziehen, oder Alexius unerkannt unter den Seinen lebt. Der Heilige der Legende durchlebt wie der Ritter im Roman eine liminale Phase, während der ihn auch seine unmittelbare Umwelt nicht erkennt.

Der Aufsatz entwirft zwei alternative Anordnungen von Roman und Legende. Nach der ersten Deutung stützt sich der Roman auf die Legende. Das liegt für Quast deshalb nahe, weil sich in beiden die Identität des Protagonisten auf einem Schauplatz verändert, der sich außerhalb der Zivilisation befindet. Zudem sei „das Modell der Eremitenvita dem höfischen Erzählmodell des Artusromans [...] zugleich vorgängig und kontemporär".[44] Die zweite Deutung führt das Erzählschema des Romans gerade nicht unmittelbar auf die Legende zurück, sondern nimmt an, dass beide auf „ein mutmaßlich universales Erfahrungsschema"[45] zurückgehen.

Die erste Anordnung von Roman- und Legendenstruktur bezieht den höfischen Roman auf die geistliche Literatur, was verschiedene Implikationen hat. Zunächst einmal ist damit gesetzt, dass sowohl Chrestien als auch Hartmann entsprechende Legenden gekannt haben. Das ist insofern kein Problem, als volkssprachliche Legenden weit verbreitet gewesen sind und man beiden Autoren darüber hinaus die Teilhabe an der klerikalen Kultur zuspricht. Schwieriger wird es bei der Frage, die sich hieraus ergibt, nämlich wie sich die beobachteten Bezüge auf christliche Erzählmuster mit solchen auf keltische Mythen und Märchen vertragen, zumal letztere sich nicht auf die Textoberfläche beschränken, sondern ebenfalls, denkt man an die Laudinehandlung des *Iwein*, die

---

[43] Bruno Quast: Das Höfische und das Wilde. Zur Repräsentation kultureller Differenz in Hartmanns *Iwein*. In: Literarische Kommunikation und soziale Interaktion. Studien zur Institutionalität mittelalterlicher Literatur. Hrsg. von Beate Kellner, Ludger Lieb, Peter Strohschneider. Frankfurt a. Main u. a. 2001 (Mikrokosmos. 64), S. 111–128.
[44] Ebd., S. 122.
[45] Ebd., S. 113.

Strukturebene betreffen.[46] Ein solches Nebeneinander wirft ein bezeichnendes Schlaglicht auf die mittelalterliche Kultur und fordert zum Nachdenken darüber auf, ob der Widerspruch zwischen christlich-legendarischen und keltisch-mythischen Strukturen auch im Mittelalter wahrgenommen worden ist und wie man damals mit ihm umgegangen ist.

Die zweite Anordnung der Strukturmodelle denkt diese lediglich als homologe und führt sie auf eine gemeinsame Basisstruktur zurück. Damit ist zwar die Problematik vermieden, Adels- und Klerikerkultur relationieren zu müssen, es ergeben sich aber sogleich neue Fragen. Denn wenn man die Legenden- wie die Romanstruktur als Ausdruck des universalen Erzählschemas begreift, das Victor Turner als ‚soziales Drama‘ beschrieben hat, kollabiert die Unterscheidung zwischen weltlicher und geistlicher Literatur, da beide in einem allgemeinen Kulturmodell aufgehen. Man müsste es dann wie Quast vermeiden, von Säkularisierung oder Sakralisierung zu sprechen, und sich auf den Befund beschränken, dass kulturübergreifende Tiefenstrukturen auf der Oberfläche entweder weltlich oder geistlich besetzt werden.

Literaturwissenschaftliche Fragen nach dem Verhältnis weltlicher zu geistlichen Semantiken, Mustern und Strukturen führen – das zeigen alle drei Beispiele – unweigerlich auf solche, die allgemein und grundsätzlich der Verfasstheit der mittelalterlichen Kultur gelten. Eine kulturwissenschaftlich orientierte Mediävistik sollte diese Diagnose eigentlich nicht überraschen. Dennoch könnte man den Eindruck haben, dass sie sich gegen sie sperrt. Dafür gibt es gute Gründe, denn dem Mittelalter Gretchenfragen zu stellen, erfordert ein gerüttelt Maß an Naivität und Hybris, und wer möchte sich die schon zuschreiben lassen. Aus disziplinärer Perspektive verschärfen allfällige Kompetenzlücken dieses Problem. Dennoch wird man sich auch als Literaturwissenschaftler dieser Aufgabe stellen müssen, weil Säkularisierung, auch ‚literarische Säkularisierung‘, nie ein reines Textphänomen sein kann, sondern als Prozesskategorie immer auch auf übergreifende kulturelle Konstellationen verweist und nur im Blick auf diese zu bestimmen ist.

II.

Auf welcher Grundlage sich diese erfassen ließen und welche Problemstellungen ihre Rekonstruktion aufzunehmen hätte, möchte ich nun überlegen. Selbstredend hätte ein Modell, das die Bedeutung der Religion für die mittelalterliche Adelskultur und deren Literatur darzustellen suchte, Erkenntnisse aus verschiedenen Disziplinen zu integrieren, etwa aus den anderen Mittelalterphilologien, der Geschichtswissenschaft, der Kir-

---

[46] Ralf Simon: Einführung in die strukturalistische Poetik des mittelalterlichen Romans. Analysen zu deutschen Romanen der matière de Bretagne. Würzburg 1990 (Epistemata. Reihe Literaturwissenschaft. 61), bes. S. 35–63.

chengeschichte und der Kunstgeschichte. Zusammenziehen ließen sie sich nur auf einer geeigneten Theoriegrundlage. Besondere Dringlichkeit scheint mir hier die Frage zu besitzen, wie die Religion in die mittelalterliche Gesellschaft einzupassen ist. Denn derzeit stehen zwei Ansätze unabgestimmt nebeneinander. Der erste geht offenbar davon aus, dass auch die mittelalterliche Gesellschaft nicht in ihrer Gesamtheit durch Religion bestimmt war und dass diese einen eigenständigen Bereich der Gesellschaft bildete. Entsprechend beschreibt er beispielsweise das Verhältnis von Adels- und Klerikerkultur, von weltlicher und geistlicher Literatur usw., und diese Beschreibungen, die auf Differenz setzen, finden ihre Berechtigung beispielsweise darin, dass die Lebensordnung der Laien und die der Geistlichen in vielfacher Weise unterschieden waren. Der andere versucht hingegen, das Mittelalter von der Moderne abzusetzen, die funktionale Differenzierung gleichsam gedanklich rückabzuwickeln und Religion als gegenüber Politik, Moral, Recht usw. nicht ausdifferenziert zu begreifen. Auch dafür gibt es Argumente, die einen freilich nicht dagegen feien, ständig die eigene Annahme zu unterlaufen, weil man immer noch von Religion, Politik, Moral und Recht sprechen muss, wo man doch eigentlich meint, dass diese eine Einheit bilden. Hier wären Konzepte gefragt, die einem helfen, jene verlorene Einheit vor der Ausdifferenzierung zu denken. Außerdem wäre zu klären – das wäre eine erste Grundsatzfrage –, wie man sich als Mediävist zu den beiden eben rekonstruierten Sichtweisen auf die mittelalterliche Religion und ihr Verhältnis zur mittelalterlichen Gesellschaft verhält, da diese sich eigentlich nicht vereinbaren lassen.[47] Für alle Überlegungen zur ‚literarischen Säkularisierung im Mittelalter' ist ihre Beantwortung von besonderer Bedeutung, da die Theoreme ‚Säkularisierung' und ‚Ausdifferenzierung' stets aufeinander verweisen.[48]

Bei Luhmanns Geschichte der Ausdifferenzierung handelt es sich um eine der ‚großen Erzählungen', die als solche problematisch geworden sind. Der Frage nach der Legitimität solcher *grands récits* kommt man jedoch schlecht aus, wenn man sich eingehender mit den Religionsverhältnissen des Mittelalters beschäftigt. Denn eine entsprechende Einschätzung lässt sich nur vergleichend entwickeln, und der Vergleichshorizont kann nach Lage der Dinge – das belegen bereits die Implikationen des Novalis-Zitats – doch wohl nur die Neuzeit sein.[49] Zwischen dieser Neuzeit, über deren Beginn und vor allem über deren religiöse Verfasstheit man sich also wenigstens in Ansätzen verständigen müsste, und dem Mittelalter hätte eine Geschichte zu vermitteln, die die Transformation – oder besser: die zahlreichen Transformationen – in geeigneter Weise beschreibt. Die Alternative bestände ja nur darin zu bestreiten, dass sich die Rolle der Religion grundlegend geändert hat; dann könnte man das Mittelalter mit einem allein an

---

[47] Köbele (Anm. 21), S. 231, spricht in Blick hierauf von einem „Dilemma".
[48] Etwa Pollack (Anm. 9), S. 3–5, 15 f.
[49] Dorothea Weltecke: „Der Narr spricht: Es ist kein Gott". Atheismus, Unglauben und Glaubenszweifel vom 12. Jahrhundert bis zur Neuzeit. Frankfurt a. Main/New York 2010 (Campus Historische Studien. 57), S. 15: „Jede Aussage über Glauben im Mittelalter ist somit eine Aussage über die Neuzeit".

der Gegenwart gewonnenen Instrumentarium beschreiben. Die zweite zentrale Theoriefrage, die zu klären wäre, betrifft also die Modellierung des Verhältnisses von mittelalterlicher und moderner Religion. Das Paradigma der Säkularisierung stellt ein Angebot hierfür bereit, allerdings kein unstrittiges und kein alternativloses.

Was die mittelalterliche Religion angeht, liegt es für Philologen nahe, sich ihr über die Überlieferung zu nähern. Wer das *Verfasserlexikon* durchblättert, kann keinen Zweifel an der enormen Bedeutung der Religion für die mittelalterliche Kultur hegen. Die volkssprachliche weltliche Literatur macht nur einen Bruchteil der Gesamtüberlieferung aus, sie ist allerorts, oft auch in den Codices selbst, von geistlicher Literatur umstellt. Demnach wäre Religion ganz klar die Dominante der mittelalterlichen Kultur. Ebenso klar ist aber auch, dass das Schriftmonopol der Kirche die Zustände verzeichnet. Die Adelskultur ist zu einem Gutteil mündlich und als solche verloren, und es liegt der Verdacht nahe, dass sie gerade dort überdurchschnittlich stark von Verlusten betroffen ist, wo sie ihre Autarkie wahrt. Wie wollen wir, so lautet demnach eine dritte wichtige Frage, mit der Problematik umgehen, dass die Klerikerkultur unseren Blick auf die Adelskultur filtert und verzerrt? Reichen die vorliegenden Forschungen zum Verhältnis von Mündlichkeit und Schriftlichkeit, Volkssprache und Latein, Klerikern und Laien aus, um die zu vermutenden Lücken auch nur einigermaßen zuverlässig abschätzen oder sie gar mit Hypothesen füllen zu können? Und wie verhält es sich damit, dass solche Untersuchungen, bei aller Differenzierung, immer von einer Dichotomie ausgehen? Gedankenspiele zu mittelalterlichen Autoren, wie sie immer wieder angestellt werden, illustrieren diese Problematik, indem sie einer anzunehmenden kirchlichen Ausbildung die Anforderungen des Hofdienstes entgegenhalten. Auf einer abstrakten Ebene stellt sich die Frage, ob das Schriftmonopol des mittelalterlichen Klerus – von ihm wird man ausgehen müssen – es wirklich ausschließt, eine autarke Adelskultur anzunehmen. Das ist in unserem Zusammenhang ein zentraler Punkt, weil man frei nach Blumenberg[50] auch das Konzept der ‚literarischen Säkularisierung im Mittelalter' im Verdacht haben könnte, die Legitimität einer weltlichen Kultur von vornherein zu bestreiten.

Fragen, wie ich sie eben aufgeworfen habe, werden sich freilich nur dann fundiert beantworten lassen, wenn man ihren Geltungsbereich genau eingrenzt. Das gilt in zeitlicher, in örtlicher und mitunter auch in biographischer Hinsicht. Die Religion und ihre kulturelle Bedeutung haben sich in dem Jahrtausend, das wir als Mittelalter ansprechen, immer wieder fundamental verändert. Am Anfang dieses Zeitraums ist Europa von irischen Mönchen oberflächlich missioniert, am Ende lebt es eine überbordende Frömmigkeit, die den Umschlag in die reformatorische Ernüchterung in sich trägt. Zugleich wird man aber auch immer wieder mit diskontinuierlichen Entwicklungen rechnen müssen – die Bedeutung des Begriffs *reformatio* mag als Indiz hierfür dienen –[51] sowie mit der Gleichzeitigkeit des Ungleichzeitigen. Ähnlich vielfältig präsentieren sich die regi-

---

[50] Blumenberg (Anm. 10).
[51] Reinhart Koselleck: Reform. In: Geschichtliche Grundbegriffe (Anm. 4). Bd. 5. 1984, S. 313–360.

onalen Verhältnisse, wofür unter anderem die beschränkten Kommunikationsmittel verantwortlich sind: Zwischen Ost und West, zwischen Land und Stadt, zwischen der einen Diözese und der anderen finden sich bezeichnende Unterschiede.

Weitere Differenzierungen wären am Bild der mittelalterlichen Kirche anzubringen, und zwar bei den Klerikern wie bei den Laien sowie bei ihrem Verhältnis zueinander. Die Kleriker unterscheiden sich etwa in Welt- und Ordensgeistliche, letztere zerfallen wieder in die unterschiedlichen *ordines*. Zwar gibt es Spezialisten für das Schrifttum einzelner Orden, ja für die Überlieferung einzelner Klöster. Ihr Wissen bleibt aber oft isoliert, und es wird nicht zur Beantwortung der Frage verwandt, welche Gruppen des Klerus eigentlich den entscheidenden Einfluss auf die weltliche Literatur ausübten. Was sich durch solche Nachprüfungen erreichen lässt, demonstriert etwa die Studie Timo Reuvekamp-Felbers, die zu zeigen sucht, dass nicht die Hofgeistlichen als Autoren der hochmittelalterlichen deutschen Epik hervorgetreten sind, sondern vielmehr Mönche in den Hausklöstern der fürstlichen Gönner.[52] Man müsste nun da weitergehen, wo das Buch stehen bleibt, und zu der Frage vorstoßen, was es eigentlich für die Literatur bedeutet, wenn sie solcherart einer anderen Trägergruppe zugeordnet wird. Hier tun sich dann Fragen danach auf, was wir eigentlich meinen, wenn wir einem Autor einen klerikalen Bildungshintergrund zuschreiben: tiefgehende Kenntnisse der Grammatik, der Rhetorik, der Topik; solche der antiken und mittellateinischen Literatur; dauerhafte Teilhabe an einer Kultur mit eigenen Werten, Mentalitäten, Habitus?

Will man hierauf antworten, hat man zwei Optionen: sich auf die Besonderheit eines jeden Falls zurückzuziehen oder einen einheitlichen Typus ‚klerikale Ausbildung' anzunehmen. Damit ist ein Problem angeschnitten, das sich auch sonst stellt, nämlich das, zu entscheiden, wie man Personalität und Institutionalität im Bereich der mittelalterlichen Religion gewichtet. Die mittelalterliche Gesellschaft insgesamt beruht auf personalen Bindungen, von denen die zwischen adeligem Gönner und klerikalem Autor nur eine ist. Auch das Verhältnis des Burgherren zu seinem Kaplan, das eines Territorialfürsten zum Bischof der Diözese oder zum Abt des Hausklosters ist ein personales und als solches immer neu auszuhandeln. Entsprechend hängt die Rolle der Religion auch von menschlichen Beziehungen ab, die sich rasch wieder ändern können. Andererseits erreicht die Kirche als Institution eine gewisse Stabilität: durch geregelte Mechanismen der Ämterfolge, durch den Bezug auf autoritativ gesicherte schriftliche Texte, durch die Ausrichtung auf das römische Zentrum usw.

Auch in inhaltlicher Hinsicht tritt das Christentum dem Adel nicht als monolithischer Block gegenüber. Es handelt sich bei ihm eher um eine Hybridkultur, ein Haus, das für verschiedene Bewohner verschiedene Wohnungen bereithält: eine für den Mystiker, eine für den Scholastiker und eine für den Kanonisten. Diese Vielfalt ist das Ergebnis der Entstehung dieser Religion, die es mit Ideen aus sehr unterschiedlichen Kulturen

---

[52] Timo Reuvekamp-Felber: Volkssprache zwischen Stift und Hof. Hofgeistliche in Literatur und Gesellschaft des 12. und 13. Jahrhunderts. Köln/Weimar/Wien 2003 (Kölner germanistische Studien N. F. 4).

anreichert, aus der jüdischen, der griechischen und der römischen. Und als es in der Mission den germanischen Völkern gegenübertritt, geht es auch auf diese ein. Auch später setzt sich das Christentum intensiv mit anderen Religionen, der jüdischen und der islamischen, auseinander.[53] Die lange Geschichte des Christentums hat die ohnehin schon vielfältige Textbasis, auf die es sich als Buchreligion stützt, weiter angereichert. Man kann sich auf das Alte Testament beziehen oder auf das Neue, auf Dionysios Areopagita oder auf Thomas von Aquin usw. Auch ist die Geschichte des Christentums – das hat die neuere Devianzforschung herausgearbeitet – geprägt vom Geist des Widerspruchs, der sich manchmal als Reformimpuls Geltung verschafft, manchmal der Verfolgung anheimfällt und dadurch unter die Oberfläche verdrängt wird: „Über keine zentrale Lehre des Christentums bestand unangefochten Konsens in der Bevölkerung, weder bei Gelehrten und Mächtigen noch bei der illiteraten Stadt- und Landbevölkerung."[54] So verändert sich ständig das, was als christlich gilt. Selbst die Kultpraxis ist vor Trient eine vielgestaltige.

Zu erwähnen ist in diesem Zusammenhang auch der verschiedentlich vorgelegte Vorschlag, die volkssprachliche Literatur als Ausdruck einer höfischen Laientheologie zu verstehen, die sich von der kirchlichen Hochtheologie genuin unterscheidet und folglich nicht an ihr gemessen werden sollte.[55] Er ist insofern wichtig, als er darauf aufmerksam macht, dass unsere Modellbildungen vermutlich viele Stufen der Vermittlung überspringen, über die das geistliche Wissen zu den Laien gelangt ist, und auch die Möglichkeit unterschätzen, dass dieses in einer sehr eigenständigen Weise angeeignet und fortentwickelt wird. Außerdem weist er darauf hin, dass zwischen narrativ und diskursiv vermittelter Theologie ein Hiat liegt. Der Bayreuther Ansatz ist aber auch heikel, weil er die Laientheologie eben der Literatur entnehmen muss, zu deren Erklärung er sie verwenden möchte.[56] Am deutlichsten tritt diese Problematik hervor, wenn jedem Text eine eigene Theologie zugesprochen wird.[57] Man könnte an diesem Defizit möglicherweise arbeiten, wenn man die Laientheologie über andere Quellen erforschte, ist dabei aber als Literaturwissenschaftler rasch auf die Hilfe anderer Disziplinen angewiesen.

Die Annahme einer Laientheologie ist eine von vielen Vorstellungen zur Durchdringung der Adelskultur durch die christliche Religion. Das Spektrum reicht von einem hohen Grad von Passförmigkeit bis hin zu einer weitgehenden Resistenz. Man wird auch hier genauer unterscheiden müssen, denn sicher gibt es Adelsgruppen und

---

[53] Michael Borgolte: Christen, Juden, Muselmanen. Die Erben der Antike und der Aufstieg des Abendlandes 300 bis 1400 n. Chr. München 2006 (Siedler Geschichte Europas).
[54] Weltecke (Anm. 49), S. 454.
[55] Zuletzt Susanne Knaeble, Silvan Wagner, Viola Wittmann: Gott und Tod in der höfischen Kultur des Mittelalters. Einleitung. In: Gott und Tod. Tod und Sterben in der höfischen Kultur des Mittelalters. Hrsg. von dens. Berlin 2011 (bayreuther forum TRANSIT. 10), S. 9–32, hier S. 23–27.
[56] Das legen Knaeble, Wagner und Wittmann ebd., S. 24, selbst offen.
[57] Ebd.

-familien, die gegenüber dem Christentum aufgeschlossener waren als andere, und es gibt Themen, mit denen die Kirche im Adel leichter durchgedrungen sein dürfte als mit anderen. Manches ist bekannt, doch halten neuere Untersuchungen immer noch Überraschungen bereit. So hat Dorothea Weltecke unlängst überzeugend dargelegt, dass der einzelne auch im Mittelalter ein Verhältnis zur Religion einnehmen kann, das man heute Atheismus nennen würde, das aber hier adäquater als Nichtglauben und Zweifel zu fassen ist.[58] Die spirituelle Literatur zeigt, dass diese Haltung als Sünde, nicht als Verbrechen eingestuft wurde. Auch sonst hat die historische Forschung das Bild des naiv gläubigen mittelalterlichen Menschen vielfach korrigiert.[59]

Ob es sinnvoll ist, von „[r]eligiöse[m] Pluralismus im Mittelalter"[60] zu sprechen, sei hier einmal dahingestellt; in jedem Fall ist aber deutlich, dass die Frage, wie christlich das Mittelalter war, insofern eine obsolete ist, als sie viel zu allgemein gestellt ist. Sie lässt sich so nicht beantworten, und mit einer Antwort könnte niemand etwas anfangen, jedenfalls nicht zu wissenschaftlichen Zwecken. Andererseits birgt auch die Differenzierung ein Problem in sich. Wenn sie nämlich so weit getrieben wird, dass sie jede Synthese unmöglich macht, helfen einem die entsprechenden Einsichten nicht, Fragen wie die nach der Säkularisierung zu beantworten. Anzustreben wäre demnach eine mittlere Ebene, die Pauschalaussagen zwar vermeidet, zugleich aber die Vielfalt der Einzelerkenntnisse so bündelt, dass ein Bild entsteht, das einen geeigneten Hintergrund dafür abgibt, Phänomene ‚literarischer Säkularisierung' zu beleuchten. Auf dem Wege der hermeneutischen Textarbeit allein lassen sich diese nämlich nicht erfassen, vielmehr bedürfen entsprechende Aussagen immer auch wissenssoziologischer Annahmen über kulturelle Kontexte, und zwar solcher, die sich auf der Höhe der Wissenschaft befinden. Bleiben die Hypothesen, die die Deutungen der Textbefunde steuern, hingegen unausgesprochen, verschenkt man Potentiale wissenschaftlicher Rationalität.

---

[58] Weltecke (Anm. 49).
[59] Dazu die Diskussion der älteren Forschung ebd., S. 85–92.
[60] Religiöser Pluralismus im Mittelalter? Besichtigung einer Epoche der europäischen Religionsgeschichte. Hrsg. von Christoph Auffarth. Münster/Berlin 2007 (Religionen in der pluralen Welt. 1).

Abkürzungsverzeichnis

Archiv	Archiv für das Studium der neueren Sprachen und Literaturen
ATB	Altdeutsche Textbibliothek
BMZ	Mittelhochdeutsches Wörterbuch. Mit Benutzung des Nachlasses von Georg Friedrich Benecke, ausgearbeitet von Wilhelm Müller, Friedrich Zarncke. 3 Bde. Leipzig 1854–1861.
DTM	Deutsche Texte des Mittelalters
DVjs	Deutsche Vierteljahrsschrift für Literaturwissenschaft und Geistesgeschichte
EM	Enzyklopädie des Märchens. Handwörterbuch zur historischen und vergleichenden Erzählforschung. Hrsg. von Kurt Ranke zusammen mit Hermann Bausinger u. a. Berlin/New York 1977 ff.
GAG	Göppinger Arbeiten zur Germanistik
GRM	Germanisch-romanische Monatsschrift
HdA	Handwörterbuch des deutschen Aberglaubens. Hrsg. unter besonderer Mitarbeit von Eduard Hoffmann-Krayer und Mitarbeitern zahlreicher Fachgenossen von Hanns Bächtold-Stäubli. Berlin/New York 1927–1942.
HRG	Handwörterbuch zur deutschen Rechtsgeschichte. Begründet von Wolfgang Stammler. Hrsg. von Adalbert Erler. Berlin 1971–1998.
HWPh	Historisches Wörterbuch der Philosophie. Völlig neubearbeitete Ausgabe des Wörterbuchs der philosophischen Begriffe von Rudolf Eisler. Hrsg. von Joachim Ritter. Basel 1971–2007.
JOWG	Jahrbuch der Oswald von Wolkenstein Gesellschaft
LCI	Lexikon der christlichen Ikonographie. Hrsg. von Engelbert Kirschbaum SJ in Zusammenarbeit mit Günter Bandmann u. a. Rom u. a. 1968–1976.
LexMA	Lexikon des Mittelalters. Hrsg. von Robert-Henri Bautier u. a. München 1980–1999.
LiLi	Zeitschrift für Literaturwissenschaft und Linguistik
LJb	Literaturwissenschaftliches Jahrbuch

LThK	Lexikon für Theologie und Kirche. Begründet von Michael Buchberger. 3., völlig neu bearbeitete Auflage. Hrsg. von Walter Kasper mit Konrad Baumgartner u. a. 11 Bde. Freiburg u. a. 1993–2001.
MTU	Münchener Texte und Untersuchungen zur deutschen Literatur des Mittelalters
PBB	Beiträge zur Geschichte der deutschen Sprache und Literatur. Tübingen
RL	Reallexikon der deutschen Literaturwissenschaft. Neubearbeitung des Reallexikons der deutschen Literaturgeschichte. Hrsg. von Georg Braungart u. a. 3 Bde. Berlin/New York 1997–2003.
TMP	Trends in Medieval Philology
TRE	Theologische Realenzyklopädie. In Gemeinschaft mit Horst Robert Balz u. a. hrsg. von Gerhard Krause, Siegfried M. Schwertner. Berlin/New York 1977–2004.
²VL	Die deutsche Literatur des Mittelalters. Verfasserlexikon. Begründet von Wolfgang Stammler, fortgeführt von Karl Langosch. 2., völlig neu bearbeitete Auflage. Hrsg. von Kurt Ruh zusammen mit Gundolf Keil u. a. 14 Bde. Berlin/New York 1978–2008.
WdF	Wege der Forschung
WS	Wolfram-Studien
WW	Wirkendes Wort
ZfdA	Zeitschrift für deutsches Altertum
ZfdPh	Zeitschrift für deutsche Philologie
ZfG	Zeitschrift für Germanistik

Abbildungsnachweis

S. 277: Solothurn, Zentralbibliothek, Cod. S II 43, f. 163v (www.e-codices.unifr.ch) | S. 278: Copyright Royal Library of Belgium. Gottfried von Straßburg. Tristan, Brussels, KBR, Ms. 14697, fol. 59r: Florete presents Tristan to Rual | S. 279: Reproduktion aus: Die Kupferstiche des Meisters E.S. Hrsg. von Max Geisberg. Berlin: Bruno Cassirer 1924, L. 27. Exemplar der ULB Münster, Sign. $2°k^4$ 867/50 | S. 280: Schutzmantelmadonna, Oberösterreich, um 1460, Tafelbild, Stift Kremsmünster, Kunstsammlungen | S. 290: Biblioteca de San Lorenzo del Escorial MS 28-I-20, fol. 49v (© Patrimonio Nacional) | S. 292: Cologny, Fondation Martin Bodmer, Cod. Bodmer 130, f. 10v (www.e-codices.unifr.ch) | S. 394: Gabinetto Fotografico della Soprintendenza Speciale per il Patrimonio Storico, Artistico ed Etnoantropologico e per il Polo Museale della città di Firenze; N. Inv. 1608 | S. 395: Museum Frieder Burda, Baden-Baden | S. 396: Assessorato alla cultura – comune di Padova | S. 397: Museum Frieder Burda, Baden-Baden | S. 400: Assessorato alla cultura – comune di Padova | S. 401: Museum Frieder Burda, Baden-Baden | S. 402: The Metropolitan Museum of Art (MMA), © bpk – Bildagentur für Kunst, Kultur und Geschichte, Berlin | S. 403–407: Museum Frieder Burda, Baden-Baden

www.ingramcontent.com/pod-product-compliance
Lightning Source LLC
Chambersburg PA
CBHW061125010526
44115CB00025B/3000